威县志

（1979—2009）

下卷

威县地方志编纂委员会 编

方志出版社

《威县志（1979—2009）》要目

上 卷

下　卷

目　　录

第十四编　中国共产党

第十五编　人民代表大会

第十六编　人民政府

第十七编　人民政协

第十八编 群众团体

第十九编 综合政务

第二十编　法　治

第二十一编　军　事

第二十二编 科学技术

第二十三编 教 育

第二十四编　文化艺术

第二十五编　艺　文

第二十六编 非物质文化遗产

第二十七编 文物古迹

第二十八编　卫　生

第二十九编　体　育

第三十编 人 物

第十四编　中国共产党

1929年，威县进步青年潘笑圃、宋彩芹、马东斗在大名师范求学期间，先后加入中国共产党，成为威县最早的党员。1930年1月，潘笑圃、宋彩芹、马东斗3人在放寒假期间，经组织批准，在现章台镇宋庄小学建立中共威县第一个支部。同年7月，在北胡帐高级小学建立中共威县县委。1932年春，建立中共威县中心县委，领导威县、南宫、广宗、巨鹿、冀县的党组织。1935年冬至1936年春，威县地方党组织受中共广宗中心县委领导，先后建立中共威南工作委员会、中共威邱工作委员会。1936年4月，斗争环境恶化，组织活动中断。1938年6月，重新组建中共威县县委。1940年5月，威县成为冀南区实验县，由中共冀南区党委直接领导。1942年1月，恢复中共威县县委。1958—1961年威县建置撤销，并入南宫大县。1961年5月，恢复威县建置，重建中共威县县委。1967年2月，县委被造反派非法夺权，停止工作。1971年5月，中共威县县委恢复正常工作。

1930年至1949年，威县人民在中国共产党的领导下，浴血奋战，前赴后继，历经土地革命、抗日战争和解放战争，经过19年艰苦卓绝的斗争，终于迎来中华人民共和国的成立。1949年后，威县进入社会主义建设新时期，中共威县县委领导全县人民，艰苦创业，在开拓中前进。

自中共威县县委成立至1979年，中共威县历任县委书记依次为：潘笑圃、田普航、谢梨夫、范开武、王悦尘、高绪之、王一夫、李光军、王东宁、杜光（贾庭修，女）、任光亚、贾庭修、刘洪范、王真如、李子元、刘栋、王从吾、王浩、张雨秋、王前、宋书亭、赵树人、赵子平、姬增、孙成群、张潘义、李德祥、李清铎、赵培仁。

1979—2009年，中共威县县委历经第二、三、四、五、六、七、八、九届委员会。期间，威县党组织全面贯彻落实中共中央把党和国家工作重点转移到社会主义现代化建设上来和改革开放的战略决策，解放思想、实事求是、开拓进取、与时俱进，紧紧围绕“发展经济，富民强县，全面建设小康社会”总目标，实施以经济体制改革为重点的各项改革，社会主义市场经济体制逐步建立和不断完善，党的执政能力，民主政治建设，党风建设，社会综合治理工作得到加强，全县政治局面、经济发展水平、综合实力和人民生活水平不断提高。各级党委的主体责任意识和纪委的监督责任均需进一步强化。

第一章　党员与党的代表大会

1979—2009年，党员队伍不断壮大，全县党员人数由15138人增至22621人，增长49.43%；学历层次有较大提高，高中以上文化程度的党员，由占总数的12.04%升至46.45%。期间，全县共召开7次党员代表大会。

第一节　党　员

党员发展

1979年，全县党员15138人，党政干部、工人和农村的老干部占较大比例。中共十一届三中全会后，消除“文化大革命”的影响，发展党员实施新的培养标准，并注重在知识分子和青年农民中发展党员，1979至1986年，发展党员3188人，其中知识分子党员1228人。

1987—1990年，县委及其组织部门按照“坚持标准、保证质量、改善结构、慎重发展”方针和“四化”（革命化、年轻化、知识化、专业化）要求，着重在知识分子中发展党员。5年中，全县共发展党员1126人。其中，1987年272人，1988年242人，1989年331人，1990年281人。

1991—1993年，发展党员工作重点向生产第一线对象倾斜，实行数量上宏观控制，质量上严格把关，三年共发展党员1309人。

1994—2000年，发展党员工作重点除继续放在生产第一线外，着重在青年、妇女中发展，实行全面质量管理，七年共发展党员2037人，其中35岁以下1564人，女性236人。

2001—2003年，重点改善农村党员知识、年龄结构，三年共发展党员465人，其中35岁以下呈负增长。

2004—2009年，增强发展党员工作宏观指导的针对性和主动性，六年发展党员409人，其中，女性101人，占24.69%。

党员结构

年龄结构　年龄在35岁以下的党员所占比例，1979年为37.72%，2009年降至16.4%。年龄56岁以上的党员，1979年所占比例为21.77%，2009年升至36.33%。

学历层次　30年间，全县党员的文化水平明显提高。1979年，全县党员中初中以下文化程度的有1689人，占党员总数的11.1%；高中以上文化程度的有2637人，占总数的17.4%。20世纪90年代，各级各类教育事业随着改革开放的深入而发展，党员的文化程度逐步提高，党员的发展对象对文化的要求也逐步成为相应的具备条件。1998年，全县党员初中以下文化程度的有13552人，占总数的64%；高中以上文化程度的有6777人，占总数的32%，党员的文化结构发生较大变化。进入21世纪，函授教育和成人教育发展加快，并注重在知识分子中发展党员，使党员的文化层次逐步提高。2009年，全县党员初中以下文化程度的有5134人，占22%，高中以上文化程度的有10254人，占全县党员总数的45%。其中大专以上文化程度的有2907人，占12%。

1979—2002 年威县部分年份共产党员基本情况统计表

表 14－1　　单位：人

年份	党员总人数	性别		民族		年龄构成			文化程度			行业分布					
		男	女	汉	少数民族	35岁以下	36~55岁	56岁以上	大专以上	高中中专	初中以下	农林牧渔水	工交电	商业金融	文教体卫科	党政群团	其他
1979	15138	13382	1756	15056	82	5710	6132	3296	116	1706	13316	11661	568	1070	749	975	115
1984	16456	14760	1696	16362	94	5873	6638	3945	218	2612	13626	12714	606	894	789	1407	46
1990	18507	16575	1932	18401	106	10927	4740	2840	529	4246	13732	13337	865	1395	1163	1608	139
1994	19816	17822	1994	19699	117	5736	9820	4260	652	5101	14063	13682	995	1587	1472	2080	0
1998	21136	19016	2120	21016	120	6816	10639	3681	909	5868	14359	14829	359	174	1674	2615	1485
2000	21747	19533	2214	21609	138	7130	11008	3609	1097	6694	13956	15206	482	104	1736	2310	1909
2002	22062	19879	2183	21916	146	6782	11392	3888	2021	6857	13184	15301	401	136	1920	2233	2071

2003—2009 年威县共产党员基本情况统计表

表 14－2　　单位：人

年份	党员总人数	性别		民族		年龄构成			文化程度			行业分布					
		男	女	汉	少数民族	35岁以下	36~54岁	55岁以上	大专以上	高中中专	初中以下	公有制经济单位	非公有制经济单位	农牧渔业	学生	离休、退休、退职人员	其他
2003	22212	20063	2149	22047	138	6566	11527	4119	2428	7491	12293	4414	752	15143		1294	609
2004	22299	20127	2172	22159	140	6684	11496	4119	2508	7652	12139	4434	525	15503		1193	644
2005	22377	20246	2131	22236	141	6699	11698	3980	2626	7769	11982	4537	317	15518		984	1021
2006	22298	20229	2069	22173	125	3923	10747	7628	2670	7224	12395	4569	347	16417	55	910	0
2007	22342	20192	2150	22212	130	4138	10674	7530	2871	7225	12246	4724	517	16591	43	467	0
2008	22413	20247	2166	22284	129	4142	10412	7859	2903	7243	12267	4731	421	16636	13	612	0
2009	22621	20371	2250	22488	133	3706	10697	8218	2907	7347	12367	4412	351	16645	13	826	374

第二节　党的代表大会

1979—2009年，威县共召开7次党员代表大会。

第三次代表大会

1982年3月5日至9日，中国共产党威县第三次代表大会在县城召开。出席会议代表379人。县委书记赵培仁作题为《加强党的建设，改善党的领导，为进一步提高党的战斗力，加快经济步伐而奋斗》的工作报告，赵庆凯代表中共威县纪律检查委员会作工作报告。这次大会是在贯彻落实中共十一届三中全会精神，努力清除“文化大革命”的消极后果，实现拨乱反正的形势下召开的。大会选举产生中共威县第三届委员会委员33人，候补委员6人，选举产生中共威县纪律检查委员会委员9人。在三届一次全会上选举产生县委常务委员11人，分别是赵培仁、杨其海、任风华、贾书奎、黄成俊（回族）、李岚锁、刘润生、赵庆凯、张士怀、赵俊景、郝洪考。赵培仁任书记，杨其海、任风华、贾书奎、黄成俊（回族）任副书记，赵庆凯任纪委书记。

第四次代表大会

1986年1月29日至2月1日，中国共产党威县第四次代表大会在县城召开。出席会议代表358人，列席代表26人。县委书记马德俊作题为《团结奋斗，扎实奋斗，坚韧奋斗，进一步开创威县社会主义现代化建设的新局面》的工作报告，罗兆群代表中共威县纪律检查委员会作工作报告。选举产生中共威县第四届委员会和中共威县纪律检查委员会。大会选举产生中共威县第四届委员会委员33人，候补委员5人，选举产生中共威县纪律检查委员会委员13人。在四届一次全会上选举产生县委常务委员11人，分别是马德俊、李岚锁、黄成俊（回族）、徐学清、李立欣、郝洪考、罗兆群、段辰保、李耀欣、孟庆锁、王兰荣。马德俊任书记，李岚锁、黄成俊（回族）、徐学清任副书记，罗兆群任纪委书记。

第五次代表大会

1989年12月19日至20日，中国共产党威县第五次代表大会在县委礼堂召开。县委书记马德俊作题为《治理整顿，深化改革，为进一步推进威县社会主义现代化建设事业健康发展而努力奋斗》的工作报告。罗兆群代表中共威县纪律检查委员会作工作报告。大会在肯定第四届县委工作成就的同时，分析指出了存在的困难和工作中的问题，提出1990年整体工作的指导思想及经济工作的重点和奋斗目标。大会选举产生中共威县第五届委员会委员33人，候补委员5人，选举产生中共威县纪律检查委员会委员13人。在五届一次全会上选举产生县委常务委员10人，分别是马德俊、顾自忠、黄成俊（回族）、段辰保、罗兆群、王兰荣、韩德柱、李英武、孟庆锁、常文元。马德俊任书记，顾自忠、黄成俊（回族）、段辰保任副书记，罗兆群任纪委书记。

第六次代表大会

1992年12月24日至25日，中国共产党威县第六次代表大会在燕南宾馆召开。出席会议代表165人，列席代表50人。县委书记张洪义作题为《全面贯彻党的十四大精神，为实现我县经济超常规发展而努力》的工作报告，甄志国代表中共威县纪律检查委员会作工作报告。大会的主要任务是：全面落实党的十四大精神，用邓小平同志建设有中国特色的社会主义理论武装全体党员和全县人民，进一步解放思想，转换脑筋，抢抓机遇，走向市场，加大改革力度，加快开放步伐，促使国民经济尽快跃上新台阶，进入全区经济强县行列。大会选举产生中共威县第六届委员会委员35人，候补委员6人，选举产生中共威县纪律检查委员会委员19人。在六届一次全会上选举产生县委常务委员10人，分别是张洪义、田庆彬、王富友、王兰荣、荀保金、甄志国、常文元、于瑞峰、柴献臣、李德广。张洪义任书记，田庆彬、王富友、王兰荣、荀保金任副书记，甄志国任纪委书记。

第七次代表大会

1998年2月14日至16日，中国共产党威县第七次代表大会在燕南宾馆召开。出席会议代表255人，列席代表53人。县委书记王中山作题为《以十五大精神为指针，团结拼搏，为实现跨世纪宏伟目标建设富裕文明的新威县而奋斗》的工作报告，刘贵世代表中共威县纪律检查委员会作工作报告。会议回顾总结了县六届委员会以来的工作，提出县委今后五年改革和建设的主要任务。大会号召全县各级党组织、广大共产党员、共青团员和全县人民，要紧密团结起来，振奋精神，拼搏实干，立足长远，狠抓当前，锲而不舍地向富民强县的战略目标前进。大会选举产生中共威县第七届委员会委员35人，候补委员7人；选举产生中共威县纪律检查委员会委员15人。在七届一次全会上，选举产生县委常务委员12人，分别是王中山、窦孟朔、王富友、荀保金、王少坤、刘贵世、罗兆群、柴献臣、张万双、赵建忠、孙笑武、李庆环（女）。王中山任书记，窦孟朔、王富友、荀保金、王少坤任副书记，刘贵世任纪委书记。

第八次代表大会

2003年4月20日至22日，中国共产党威县第八次代表大会在燕南宾馆召开。会议应到代表253人，实到代表242人，列席代表63人。县委书记窦孟朔作题为《深入贯彻“三个代表”重要思想，为实现全面建设小康社会的宏伟目标而奋斗》的工作报告，檀振兴代表中共威县纪律检查委员会作工作报告。大会的指导思想和主要任务：以党的十六大精神为指针，深入贯彻“三个代表”重要思想，以全面建设小康社会为目标，走农业产业化、推进工业化、带动城镇化“三化联动”的发展路子，从项目建设和优化环境入手，实施民营主体、开放带动、人才兴县、可持续发展四大战略，实现经济结构调整与壮大主导产业、培育龙头企业与规模企业、园区建设、城镇建设四个突破，正确处理改革、发展、稳定的关系，切实加强政治文明建设、精神文明建设和党的建设，努力开创各项工作新局面，推进经济跨越式发展和社会全面进步。大会选举产生中共威县第八届委员会委员35人，候补委员7人，选举产生中共威县纪律检查委员会委员15人。在八届一次全会上选举产生县委常务委员12人，分别是窦孟朔、冀东书、王少坤、贺连双、柴献臣、檀振兴、王运亭、李俊申、赵雪峰、徐学云（女）、赵忠强、刘云山。窦孟朔任书记，冀东书、王少坤、贺连双、柴献臣、檀振兴任副书记，檀振兴任纪委书记。

第九次代表大会

2006年6月15日至16日，中国共产党第九次代表大会在燕南宾馆召开。会议应到代表259人，实到代表251人。县委书记孔祥友作题为《弘扬主旋律，抢抓新机遇，为建设繁荣昌盛的新威县而奋斗》的工作报告，贺连双代表中共威县纪律检查委员会作工作报告。大会确定今后五年总的指导思想：以经济建设为中心，以跨越式发展为总揽，继续弘扬在干中解放思想、靠发展凝聚人心的主旋律，大力实施招商引资、城镇建设两大主体战略，努力实现项目建设、环境建设和农业产业化三大突破，切实加强政治建设、社会建设和党的建设，不断开创各项工作新局面，推进经济跨越式发展和社会全面进步。大会选举产生中共威县第九届委员会委员38人、候补委员7人、中共威县纪律检查委员会委员15人及出席中共邢台市第七次代表大会的代表24人。在九届一次全体会议上，选举产生常委11人，分别是孔祥友、卢建华、曹明印、贺连双、王运亭、顾鹏图、李丽（女）、张锋、孙殿芳、温战军、李普川。孔祥友任书记，卢建华、曹明印、贺连双任副书记，贺连双任纪委书记。

第二章　组织机构

1979—2009年，中国共产党威县委员会换届7次。随着乡镇建制和机构变更，党的基层组织的设置也相应做出调整。

第一节　县委员会

中国共产党威县委员会由党的代表大会选举产生，由委员和候补委员组成。

县第三届委员会（1982. 3—1986. 1）

委员33人：赵培仁、杨其海、任风华、贾书奎、黄成俊（回族）、李岚锁、刘润生、赵庆凯、张士怀、赵俊景、郝洪考、宋书仲、刘新文、杨其升、赵雨生、张冠卿、邱海洲、张全之、李文泉、刘志普、贾明善、宋永堂、张金柱、田湘行、徐光磊、顾自忠、刘朝林、郭会民、刘锐、刘风梅、曹长根、郭书彦、韩顺奇

候补委员6人：马长安、赵连群、赵连芳、潘振环、刘炳才、陈星汉。

县第四届委员会（1986. 2—1989. 11）

委员33人：马德俊、王杰臣、王兰荣、王俊杰、史芳泽、刘志普、孙建国、吕继军、宋

书仲、李之瑞、李丙军、李立欣、李岚锁、李庚豪、李耀欣、吴二全、张方洲、张长起、罗兆群、孟庆锁、陆秀珍（女）、赵中强、钟书保、段辰保、姜长岭、郝洪考、贾英福、徐学清、徐修业、郭巧存（女）、顾自忠、黄成俊（回族）、曹长根

候补委员5人：尹泮生、庄永春、李翠珍（女）、李林考、李佩刚、刘占杰

县第五届委员会（1989.12—1992.11）

委员34人：于瑞峰、马德俊、王兰荣、王杰臣、牛俊山、史振荣、吕继军、米保航、孙笑武、李书江、李英武、李林考、李建军、张长起、张保中、张胜利、陆秀珍（女）、武明辰、林金森、罗兆群、孟庆锁、赵中强、段辰保、姜长岭、顾自忠、高培英、郭巧存（女）、黄成俊（回族）、黄增维、常文元、董金柱、韩双石、韩德柱、田庆彬

候补委员5人：王金利、邢玉林、李丙军、李庚豪、李汝海

县第六届委员会（1992.12—1998.2）

委员35人：于恒昌、于瑞峰、王长生、王兰荣、王富友、王德君、田庆彬、冯汝堂、刘光烛、孙笑武、张长起、张洪义、李庚豪、李俊山、李俊申、李德广、李斌俊、杨兰生、陆秀珍（女）、林金森、罗兆群、赵中强、赵志忠、姜长岭、荀保金、柴献臣、顾鹏图、高培英、黄成俊（回族）、常文元、董金柱、甄志国、潘炳章、霍祥廷、魏锡泽

候补委员6人：孙建国、孟祥群、邢玉林、林金颖、郭素婷（女）、柴娥军

县第七届委员会（1998.2—2003.4）

委员35人：于瑞峰、王中山、王云芳（女）、王少坤、王留占、王富友、王德君、牛俊山、史振龙、刘光烛、刘贵世、孙西峰、孙笑武、杨光辉、李庆环（女）、李庚豪、李俊申、李斌俊、李德广、张万双、张永平、陆秀珍（女）、陈英津、林金森、尚国英、罗兆群、胡永奎、荀保金、赵中强、赵建忠、顾鹏图、柴献臣、高培英、商智辉、窦孟朔

候补委员7人：王玉春（女）、孙建国、朱洪旺、米树标、邱永茂、张志轩、岳清江

县第八届委员会（2003.4—2006.6）

委员35人：王云芳（女）、王少坤、王运亭、王留占、史振龙、刘云山、刘朝瑞、孙西峰、孙笑武、杨双俊、杨光辉、李庆环（女）、李俊申、李恩平、张启军、张志轩、张宏、张金斗、尚国英、罗兆群、赵中强、赵国军、赵雪峰、赵新河、贺连双、顾鹏图、夏岳普、柴献臣、徐学云（女）、郭志忠、高培英、彭鲁来、窦孟朔、冀东书、檀振兴

候补委员7人：王灿华、王敬爽、米树标、李炯娜（女）、岳清江、庞德存、姜瑞臣

县第九届委员会（2006.6—2011.9）

委员38人：孔祥友、卢建华、曹明印、贺连双、王运亭、顾鹏图、李丽（女）、张峰、孙殿芳、温战军、李普川、赵中强、宋洪起、赵新河、赵国军、彭鲁来、孙西峰、李恩平、张启军、刘朝瑞、杨双俊、夏光耀、张志国、董贵龙、林金颖、高成兵、谷印荣、刘献贵、刘金健、王安涛、蒋志华、潘国军、杨光辉、张宏、庞德存、姜瑞臣、孟祥义、王灿华

候补委员7人：王敬爽、李炯娜（女）、李东强、罗向政、赵立军、徐树杰、董占坤

图 14－1　县四大班子领导欢送毛润起同志合影/2009 年 9 月摄

前排左起：温战军、赵中强、安庆杰、李俊申、张怀芝、刘果芳、毛润起、段小勇、曹明印、柴献臣、王运亭、赵俊生、尤超

后排左起：于源、刘汝海、商黎英、王玉春、李庆环、郑海林、赵国军、赵保玺、尹福山、杨兴根、苑立刚、宋洪起、黄俊莲、尚国英、董庆国、董占坤

图 14－2　威县县级领导合影/2017 年 1 月摄

前排左起：孟祥义、张力超、张新立、韩明智、安庆杰、商黎英、孙殿芳、王建华、董占坤

中排左起：赵振营、张成宝、庞德存、黄清宇、翟石岭、谷荫荣、田立宪、徐艳刚、王安涛、杨兴根

后排左起：李东强、董庆国、潘延彬、王敬爽、高振防、陈耀华、赵立强、王吉儒、翁乃侠

第二节　常务委员会

常务委员会委员（简称常委）由全委会委员以无记名投票方式，采取差额选举办法，在委员中选举产生。常委会组成人员因届中人事变动而有所变动。

1979—2009 年，中共威县委员会历经 8 届。1971 年 5 月，中共威县第二次代表大会在县城召开，选举产生中共威县第二届委员会。第二届常务委员会由 9 人组成，李德祥当选为县委书记。1982 年 3 月，中共威县第三次代表大会选举产生中共威县第三届委员会；由全委会委员选举产生第三届常务委员会委员 11 人，其中县委书记 1 人，副书记 4 人，同时选举产生纪律检查委员会书记 1 人。1986 年 1 月，中共威县第四次代表大会选举产生中共威县第四届委员会；由全委会委员选举产生第四届常务委员会委员 11 人，其中县委书记 1 人，副书记 3 人，同时选举产生纪律检查委员会书记 1 人。1989 年 12 月，中共威县第五次代表大会选举产生中共威县第五届委员会；由全委会委员选举产生第五届常务委员会委员 10 人，其中县委书记 1 人，副书记 3 人，同时选举产生纪律检查委员会书记 1 人。1992 年 12 月，中共威县第六次代表大会选举产生中共威县第六届委员会；由全委会委员选举产生第三届常务委员会委员 10 人，其中县委书记 1 人，副书记 4 人，同时选举产生纪律检查委员会书记 1 人。1998 年 2 月，中共威县第七次代表大会选举产生中共威县第七届委员会；由全委会委员选举产生第三届常务委员会委员 12 人，其中县委书记 1 人，副书记 4 人，同时选举产生纪律检查委员会书记 1 人。2003 年 4 月，中共威县第八次代表大会选举产生中共威县第八届委员会；由全委会委员选举产生第八届常务委员会委员 12 人，其中县委书记 1 人，副书记 5 人，同时选举产生纪律检查委员会书记 1 人。2006 年 6 月，中共威县第九次代表大会选举产生中共威县第九届委员会；由全委会委员选举产生第九届常务委员会委员 11 人，其中县委书记 1 人，副书记 3 人，同时选举产生纪律检查委员会书记 1 人。

图 14－3 县常委会议室/王春晓 2019 年摄

1979—2009年中共威县县委书记、副书记任职情况一览表

表14－3

届别	姓名	籍贯	职务	任职时间
第二届委员会（1976.10—1982.3）	赵培仁	邢台县	书记	1979.1—1982.3
	张殿祥	侯贯镇侯贯	副书记	1976.10—1979.2
	安学琪	邢台县	副书记	1976.10—1980.9
	赵信良	南宫市	副书记	1977.9—1982.1
	任风华	隆尧县	副书记	1979.2—1982.3
	贾书奎	第什营乡芦头	副书记	1980.1—1982.3
	黄成俊（回）	洺州镇王庄	副书记	1981.12—1982.3
第三届委员会（1982.3—1986.1）	赵培仁	邢台县	书记	1982.3—1983.7
	张金柱	赵村乡中赵村	书记	1983.10—1985.10
	马德俊	邢台县	书记	1985.10—1986.1
	杨其海	赵村乡安仁	副书记	1980.9—1983.10
	任风华	隆尧县	副书记	1982.3—1983.10
	贾书奎	第什营乡芦头	副书记	1982.3—1983.10
	黄成俊（回）	洺州镇王庄	副书记	1982.3—1983.12
	赵惠保	内丘县	副书记	1983.1—1986.1
	李岚锁	南宫市	副书记	1983.10—1986.1
	姜长岭	方家营乡王家陵	副书记	1983.10—1986.1
	徐学清	赵村乡徐家庄	副书记	1986.1—1986.1
第四届委员会（1986.1—1989.11）	马德俊	邢台县	书记	1986.1—1989.11
	李岚锁	南宫市	副书记	1986.1—1987.4
	黄成俊（回）	洺州镇王庄	副书记	1986.1—1989.11
	徐学清	赵村乡徐家庄	副书记	1986.1—1988.12
	李希顺	邢台县	副书记	1987.4—1989.12
	段辰保	内丘县	副书记	1989.1—1989.11

续表 14－3

届别	姓名	籍贯	职务	任职时间
第五届委员会（1989. 12—1992. 11）	马德俊	邢台县	书记	1989. 12—1990. 10
	张洪义	任县	书记	1990. 10—1992. 11
	顾自忠	清河县	副书记	1989. 12—1992. 1
	黄成俊（回）	洺州镇王庄	副书记	1989. 12—1992. 11
	段辰保	内丘县	副书记	1989. 1—1991. 4
	周玉林	沙河市	副书记	1991. 4—1992. 11
	田庆彬	平乡县	副书记	1992. 10—1992. 11
第六届委员会（1992. 12—1998. 2）	张洪义	任县	书记	1992. 12—1993. 10
	王中山	隆尧县	书记	1994. 6—1998. 2
	田庆彬	平乡县	副书记	1992. 12—1997. 7
	王富友	清河县	副书记	1992. 12—1998. 2
	王兰荣	洺州镇南关	副书记	1992. 12—1997. 3
	荀保金	隆尧县	副书记	1992. 12—1998. 2
	窦孟朔	平乡县	副书记	1997. 7—1998. 2
	王少坤	南宫市	副书记	1997. 11—1998. 2
	李平（女）	晋州市	副书记（挂职）	1997. 2—1998. 2
第七届委员会（1998. 2—2003. 4）	王中山	隆尧县	书记	1998. 2—2002. 1
	窦孟朔	平乡县	书记	2002. 1—2003. 4
	窦孟朔	平乡县	副书记	1998. 2—2002. 1
	王富友	清河县	副书记	1998. 2—2002. 3
	荀保金	隆尧县	副书记	1998. 2—2002. 1
	王少坤	南宫市	副书记	1998. 2—2002. 4
	刘贵世	南宫市	副书记	2002. 1—2003. 4
	柴献臣	张营乡前小辛	副书记	1998. 2—2003. 4
	冀东书	沙河市	副书记	2002. 1—2003. 4
	檀振兴	隆尧县	副书记	2002. 1—2003. 4

续表 14－3

届别	姓名	籍贯	职务	任职时间
第八届委员会（2003.4—2006.6）	窦孟朔	平乡县	书记	2003.4—2005.1
	孔祥友	清河县	书记	2005.1—2006.6
	冀东书	沙河市	副书记	2003.4—2004.3
	王少坤	南宫市	副书记	2003.4—2005.6
	贺连双	广宗县	副书记	2003.4—2005.6
	柴献臣	张营乡前小辛	副书记	2003.4—2005.5
	檀振兴	隆尧县	副书记	2003.4—2004.3
	顾鹏图	清河县	副书记	2005.5—2005.12
	卢建华	香河县	副书记	2004.3—2006.6
	尹晨茹（女）	遵化市	副书记（挂职）	2005.6—2005.12
第九届委员会（2006.6—2009.12）	孔祥友	清河县	书记	2005.1—2008.12
	段小勇	沙河市	书记	2009.3—2013.4
	卢建华	香河县	副书记	2004.3—2008.6
	曹明印	临西县	副书记	2006.4—2009.12
	贺连双	广宗县	副书记	2003.4—2009.3
	刘果芳	隆尧县	副书记	2008.6—2009.12
	张怀芝	南宫市	副书记（挂职）	2007.7—2009.12

1979—2009 年中共威县县委常委任职情况一览表

表 14－4

姓名	届别	籍贯	任职时间	备注
宋志恩	二	沙河市	1976—1982.03	
苏桂珍（女）	二	第什营乡苏庄	1976.10—1979.10	
张殿祥	二	侯贯镇侯贯	1976.10—1979.02	
安学琪	二	邢台县	1976.10—1980.09	
赵信良	二	南宫市	1977.09—1982.01	
任风华	二、三	隆尧县	1979.02—1983.10	

续表 14－4

姓名	届别	籍贯	任职时间	备注
杨其海	二、三	赵村乡安仁	1980. 9—1983. 10	
黄成俊（回）	二、三	洺州镇王庄	1982. 1—1983. 12	
	四、五		1986. 2—1992. 12	
赵俊景	二、三	广宗县	1977. 3—1983. 12	
李岚锁	二、三、四	南宫市	1977. 9—1987. 4	
郝洪考	二、三、四	辛集市	1978. 12—1987. 4	
刘新文	二	第什营乡第四营	1978. 12—1982. 3	
马春荣	二	山西汾阳市	1978. 12—1981. 5	
刘润生	二、三	赵村乡安仁	1980. 5—1983. 10	
李志申	二	章台镇中章台	1980. 8—1982. 3	
张士怀	二、三	枣园乡东庄	1980. 8—1983. 10	
赵培仁	二、三	邢台县	1977. 7—1983. 7	
贾书奎	二、三	第什营芦头	1976. 10—1983. 10	
赵庆凯	三	枣园乡东台吉	1982. 3—1983. 12	
赵惠保	三	内丘县	1983. 3—1986. 1	
张金柱	三	赵村乡赵村	1983. 10—1985. 10	
姜长岭	三	方家营乡王家陵	1983. 10—1986. 1	
王杰臣	三	方家营乡宋庄	1983. 12—1986. 1	
李立欣	三、四	章台镇中章台	1983. 12—1987. 4	
罗兆群	三、四、五	枣园乡罗庄	1983. 12—1992. 11	
	六、七		1997. 11—2003. 4	
杨夫章	三	梨园屯镇红桃园	1983. 12—1986. 1	
吕继军	三	高公庄乡宋安村	1983. 12—1986. 1	
马德俊	三、四、五	邢台县	1985. 10—1990. 10	
徐学清	三、四	赵村乡徐家庄	1986. 1—1988. 12	
段辰保	三、四、五	内丘县	1986. 1—1991. 4	
李耀欣	四	贺钊乡东贺钊	1986. 2—1987. 5	

续表 14－4

姓名	届别	籍贯	任职时间	备注
孟庆锁	四、五	南宫市	1986.2—1992.11	
王兰荣	四、五、六	洺州镇南关	1986.2—1997.3	
李英武	四、五	枣园乡东李庄	1986.4—1992.11	
顾自忠	四、五	清河县	1987.9—1992.10	
张长起	四	第什营乡佃尚营	1987.9—1989.12	
李希顺	四	邢台县	1987.11—1989.12	
韩德柱	四、五	广宗县	1989.3—1992.11	
常文元	四、五、六	隆尧县	1989.3—1997.11	
张洪义	五、六	任县	1990.10—1993.9	
于瑞峰	五、六	张营乡前花疃	1991.4—1996.3	
常兰台	五	清河县	1991.4—1992.11	
周玉林	五	沙河市	1991.4—1992.11	
田庆彬	五、六	平乡县	1992.10—1997.7	
王富友	六、七	清河县	1992.12—2002.3	
荀保金	六、七	隆尧县	1992.12—2002.1	
甄志国	六	临西县	1992.12—1997.11	
柴献臣	六、七、八	张营乡前小辛县	1992.12—2005.5	
李德广	六	枣园乡寺前	1992.12—1998.1	
王中山	六、七	隆尧县	1994.6—2002.1	
王少坤	六、七、八	南宫市	1994.8—2005.6	
李俊申	六、七、八	赵村乡东贤塔	1996.3—2005.12	
张万双	六、七	张营乡张营	1996.3—2003.3	
李平（女）	六	晋州市	1997.2—1998.2	挂职
石振泉	六	沙河市	1997.5—1997.11	
窦孟朔	六、七	平乡县	1997.7—2003.4	
刘贵世	六、七	南宫市	1997.11—2002.4	
赵建忠	六、七	柏乡县	1997.11—2003.4	
孙笑武	六、七	赵村乡后南寺庄	1997.11—2003.4	
李庆环（女）	六、七	南宫市	1998.1—2003.4	

续表 14－4

姓名	届别	籍贯	任职时间	备注
赵雪峰	七、八	巨鹿县	2001. 2—2005. 12	
冀东书	七、八	沙河市	2001. 1—2004. 3	
徐学云（女）	七、八	赵村乡徐家庄	2002. 5—2005. 12	
檀振兴	七、八	隆尧县	2002. 6—2004. 3	
王运亭	八	清河县	2003. 4—2009. 12	
赵中强	八	贺钊乡北小河	2003. 4—2009. 12	
贺连双	八	广宗县	2003. 4—2009. 3	
卢建华	八	香河县	2004. 3—2008. 6	
孔祥友	八	清河县	2005. 1—2008. 12	
顾鹏图	八	清河县	2005. 5—2008. 6	
孙殿芳	八	临西县	2005. 5—2009. 12	
张　锋	八、九	巨鹿县	2005. 5—2009. 3	
尹晨茹（女）	八	遵化市	2005. 6—2005. 12	
曹明印	九	临西县	2006. 4—2009. 12	
李普川	九	沙河市	2006. 4—2009. 12	
温战军	九	永年县	2006. 4—2009. 12	
李　丽（女）	九	邢台县	2006. 4—2007. 4	
攸　超	九	南宫市	2007. 4—2009. 12	
张怀芝	九	南宫市	2007. 7—2009. 12	
毛润起	九	石家庄市	2008. 4—2009. 6	
刘果芳	九	隆尧县	2008. 6—2009. 12	
段小勇	九	沙河市	2009. 2—2009. 12	
安庆杰	九	邢台县	2009. 3—2009. 12	
赵俊生	九	任县	2009. 3—2009. 12	
李殿军	九	张家口市	2009. 6—2009. 12	挂职

第三节　历任县委书记

1979—2017 年，威县共历 10 任县委书记。

赵培仁

赵培仁（1933.2—1999.6），邢台县人，中共党员，自 1977 年 7 月至 1983 年 7 月任中共威县县委书记。任职期间，威县正处于由“以阶级斗争为纲”向经济建设转折时期，对“文化大革命”及中华人民共和国成立以来的冤、假、错案予以平反和纠正。推行家庭联产承包责任制。1983 年 7 月，任中共邢台地委副书记。

张金柱

张金柱，1937 年 2 月 23 日生，赵村乡赵村人，中共党员，1983 年 10 月—1985 年 10 月任中共威县县委书记。任职期间，提出：“抓主体，带两翼”经济发展战略，即稳定发展粮食生产，狠抓棉花生产，带动林业和畜牧养殖业发展。

马德俊

马德俊，邢台县人，中共党员，1985 年 10 月—1990 年 10 月任中共威县县委书记。任职期间，提出：“粮棉一齐抓，重点抓棉花，林果业、畜牧兼养殖业再上新台阶”的口号。实行“狠抓重点，多业并举”的工作方针。调整生产结构，引导农民在发展粮棉生产的同时进行多元化经营。

张洪义

张洪义，1948 年 12 月生，任县人，中共党员，中央党校成教学院经济学专业毕业。1968 年 12 月参加工作。1990 年 10 月—1993 年 10 月任中共威县县委书记。任职期间，提出“全县上下一股劲，扎扎实实抓经济”的口号。1993 年 10 月，任邢台市副市长。

王中山

王中山，隆尧县人，中共党员，1994 年 6 月—2002 年 1 月任中共威县县委书记。任职期间，完成扩乡并镇。在调整产业结构方面，把发展大棚蔬菜作为全县的主导产业。

窦孟朔

窦孟朔，1953年生，平乡县人，1971年参加工作，1975年加入中国共产党，中央党校经济学研究生学历，正高级政工师，中国义和团研究会会员。1997年7月，任中共威县县委副书记、威县人民政府县长。2002年1月—2005年1月，任中共威县县委书记。任职期间，提出“百姓是衣食父母，发展是硬道理”口号，建成全国规模最大、内容最系统的义和团纪念馆。在公开推荐、公开选拔乡局级领导干部方面进行了有益尝试。

孔祥友

孔祥友，1957年8月生，清河县人，1984年12月加入中国共产党，中央党校在职研究生班经济学专业毕业。2005年1月—2008年12月任中共威县县委书记。任职期间，提出威县发展“一二三”发展思路。2008年12月，升任宁晋县委书记（副厅级）。

段小勇

段小勇，1958年8月生，沙河市人，1985年12月加入中国共产党，大学本科学历。2009年3月—2013年4月任中共威县县委书记。任职期间，制定以工业突破为第一方略，以招商引资和项目建设为两大抓手，以城镇建设、园区建设、环境建设为三大支撑的“123”发展思路。科学谋划城建“东进北扩”大布局，高起点超前规划，创造性破解资金瓶颈，建成人民广场、人民公园、影剧院、图书档案馆、星级酒店、金水河生态景观带。

吕志成

吕志成，1966年12月生，广宗县人，1996年5月加入中国共产党，南开大学金融专业毕业，大学本科学历、经济学硕士学位，高级经济师。2011年8月—2013年4月任中共威县县委副书记、威县人民政府县长；2013年4月—2015年7月任中共威县县委书记。任职期间，提出沿西沙河优质林果产业带、沿106国道蔬菜产业带、沿老沙河畜牧养殖带和省级农业科技园区“三带一园”的发展思路。2015年6月，作为全国百强县县委书记，受到中共中央总书记习近平接见。

安庆杰

安庆杰，1968年10月生，邢台县人。1988年11月加入中国共产党，1986年9月在河北农业大学农业经济专业学习。清华大学研究生学院行政管理专业管理学硕士学位。1990年8月参加工作。2009年4月任中共威县县委常委、常务副县长。2011年9月任中共威县县委副书记。2013年5月任中共威县县委副书记、副县长、代县长。2013年6月任中共威县县委副书记、威县人民政府县长。2015年8月升任中共威县县委书记。制定增比进位、撤县设市、全面建成小康社会目标。

第四节　纪律检查机构

1980年6月，恢复中共威县县委纪律检查委员会。1983年12月，经中共邢台地委批准，中共威县县委纪律检查委员会改为中共威县纪律检查委员会，升为县级领导机构。中共威县纪律检查委员会设办公室、宣传教育室、纪检检查室、案件审理室、信访室等5个科室，工作人员17人，各乡镇、县直各部门党委、党组和党支部均配备专职或兼职纪检委员。1988年3月成立威县监察局。1993年4月，中共威县纪委，威县监察局合署办公，内设机构为办公室、执法监察室、信访室、第一纪检监察室、第二纪检监察室、案件审理室、宣传教育室、政策法规研究室、党风廉政建设室等9个科室。1996年11月，县乡机构改革，县纪委、监察局行政编制32人，下设9个科室。2002年8月，县委编办印发《关于中共威县纪律检查委员会机关、威县监察局职能配置、内设机构和人员编制意见的通知》，定编制27人，下设办公室、党风廉政建设室（县纠正部门和行业不正之风办公室）、宣传教育研究室、信访室、第一纪检监察室、第二纪检监察室、案件审理室、执法监察室（县效能监察投诉中心）等8个科室。至2006年底，全县共有33个基层纪委（其中乡镇16个）、7个纪检组，专职纪检干部86人。2003年4月，成立威县治理经济环境办公室，正科级单位，隶属县纪委管理，主任1人（正科），副主任2人（副科），定编10人，下设综合股、稽查股、协调督查股。

2007年6月，增设纠正部门和行业不正之风办公室，设主任1人（副科），副主任1人（股级）。2008年7月撤销29个部门的纪检派驻机构编制，并组建9个纪工委、监察分局。其中4个县直纪工委、监察分局，各设纪工委书记、监察分局局长1人（正科），纪工委副书记、监察分局副局长2人（副科）。5个乡镇纪工委、监察分局，各设纪工委书记、监察分局局长1人（正科），纪工委副书记、监察分局副局长1人（副科）。9个纪工委、监察分局共核定行政编制31人。同年，增设干部管理室和案件管理室，各设主任1人（副科），副主任1人（股级）。2009年11月，县纪委、监察局又先后增设信息资料室、监察综合室和第三纪检监察室三个科室。增加7个行政编制，行政编制增加到39人。

1980—2009年中共威县纪律检查委员会书记任职情况一览表

表14-5

姓名	籍贯	任职时间
赵庆凯	枣园乡东台吉	1980.6—1983.12
罗兆群	枣园乡罗庄	1983.12—1992.11
甄志国	临西县	1992.12—1997.11
刘贵世	南宫市	1997.11—2002.4
檀振兴	隆尧县	2002.6—2005.5
赵雪峰	巨鹿县	2005.5—2006.4
贺连双	广宗县	2006.4—2009.3
赵俊生	任县	2009.3—2009.12

第五节　县委工作机构

1979年1月，中共威县县委设办公室、组织部、宣传部、县直机关党委会、党校5个常设工作机构。之后，在改革开放30年间，县委根据不同阶段的工作需要，进行一系列机构改革，工作部门有所增设和变更。至2009年12月，县委常设工作机构8个，部门管理机构2个，直属事业单位1个，议事协调的办事机构2个。

常设工作机构

县委办公室　主要职责是负责县委文件、领导讲话、专题材料等文稿的起草和修改工作；负责县委文件和县委办公室代县委行文的审核工作；承担上级党委和县委重要工作部署贯彻落实的督促检查及上级指示的转达和催办工作；安排县委各种会议的会务和日常工作活动；负责县委日常文件处理和分发上级文件、管理各类文书档案工作；落实接待服务及后勤保障等工作。

1979年，县委办公室无下设股室，信息、机要、信访等事务由相应人员分管。1987年11月，县委办公室下设综合信息股、秘书股、调研股、行政股。1989年10月，综合信息股分为综合、信息两个股，增设简报股，秘书股由原来的写作职能转化为事务管理。1990年1月，成立县委研究室，3月，综合、调研两股转入县委研究室，在简报股的基础上设立综合调研股。5月，增设督查股。至1992年12月，县委办公室内设秘书股、行政股、综合调研股、信息股、督查股。1995年4月，在原督查股的基础上成立督促检查室，其职能向决策督查转变。1996年8月，机要局、研究室、督查室、党史研究室并入县委办公室，在办公室内设置相对独立的机构。1996年12月，行政股改称财务股、综合调研股改称综合股、信息股改称信息调研股，其职能未变。至1998年2月，县委办公室内设综合股、信息调研股、秘书股、财务股，研究室、机要局、督查室、党史研究室为办公室内设相对独立机构。2002年10月，信息调研股改称信息股，对外称县委信息中心，财务股改称行政股，增设文档股、调研股，研究室、督查室、党史研究室不再设置为相对独立的机构，机要局、保密局设在办公室内，对外保留名称。2007年6月，增设县委机关事务管理中心，党史研究室为县委办公室所属正科级事业单位。2009年，县委办公室设秘书股、综合股、信息股、行政股、文档股、调研股、督查室、党史研究室、政策研究室、机要局、保密局、机关事务管理中心（2007年设立）12个股室，行政编制31人，全额事业13人，工勤人员1人。其中：

1. 政策研究室。主要职责是围绕上级党委、县委整体工作部署综合调研，并根据县委意图，独立或组织有关部门对经济、政治、文化和党建等方面的方针、政策问题进行调查研究，对重要信息进行上报和反馈。1990年1月，县委设立政策研究室，主任由县委办公室副主任兼任。1996年8月，研究室并入县委办公室。

2. 机要局。主要职责是负责全县党政系统和县直单位密码通讯的管理，市、县、乡镇及所属各部门之间的密码电报、内部传真电报翻译、传输、办理工作。1987年10月，成立县委机要室，设主任1人。1990年11月县委机要室改称机要局，设局长1人，副局长1人。1996年8月，县委机要局并入县委办公室。

3. 保密局。主要职责是负责全县党政系统及经济、科技领域的保密管理工作，制定并组织实施保密工作的有关规定，负责保密宣传、教育、督促、检查、协调工作，指导县直和乡镇的保密工作，负责对重大泄密事故的查处工作。1993 年成立县保密委员会办公室，与机要局合署办公，1996 年更名为保密局，列为县委办公室内设机构，设局长 1 人，副局长 1 人。

4. 党史研究室。主要职责是负责地方党史资料的征集、编纂和研究，负责党史教育和党史宣传，向上级有关部门报送有关党史资料，探讨研究和交流党史业务工作。1982 年组建党史资料征集领导小组，下设办公室，1990 年 1 月，党史资料征集领导小组办公室改称党史研究室。1996 年 8 月，党史研究室并入县委办公室，设主任 1 人，副主任 1 人。

组织部　主要职责是研究和指导全县党的组织建设，负责党员的管理和发展，协调规划和指导全县党员教育工作，组织新时期党的建设的理论研究工作，提出关于乡局级领导班子调整、配备的意见和建议，负责县委管理干部的考察和办理任免、工资、待遇、离退休审批手续，指导领导班子的思想作风建设，负责股级干部的调配、交流及安置事宜，组织落实培养选拔后备干部、妇女干部、少数民族干部工作，拟定或参与拟定全县组织、干部人事工作的政策和制度，负责乡局级领导班子和领导干部的考核奖惩及干部考核的日常管理工作：负责干部教育培训和拟定干部监督的制度、规定；负责全县知识分子的综合协调、指导管理工作；制定干部队伍建设的方针、政策；研究和指导党的组织制度和干部人事制度改革。1979 年，组织部设组织组、干部组等。1987 年 11 月，组织部下设秘书股、干部股、组织股、干审股。1989 年 8 月，增设目标管理股。1990 年 9 月，增设知工干训股。1991 年 7 月，增设研究室、电教室。1992 年 3 月，增设档案指导股，同时撤销目标管理股。1996 年 8 月机构改革，老干部局、县直工委并入组织部，保留老干部局与县直工委名称。同年 12 月，撤销档案指导股，知工干训股与干审股合为干部审查培训股。2002 年 4 月机构改革，县直工委由在组织部保留名称改设为县委工作部门，撤销相对独立的干部考核委员会办公室，增设考核股，干部审查培训股更名为干审干训知工股。2009 年县委组织部内设秘书股、干部股、组织股、干审干训知工股、考核股、研究室、电教室 7 个股室，行政编制 14 人，事业编制 5 人。

基层组织建设联系会议办公室　县委常设机构。其主要职责是负责农村党组织建设的调研分析、政策制定并进行宏观指导；负责全县农村党组织的设置、组织、思想和作风建设；研究指导各类新的经济组织中党组织的设置和活动方式；负责先进基层党组织和优秀党务工作者的评选表彰工作。

2005 年 10 月，增设基层组织建设联系会议办公室（简称基层办），挂靠县委组织部。内设办公室、农村组、企业组，行政编制 12 人。

宣传部　是主管意识形态方面工作的综合职能部门。其主要职责是负责指导全县理论研究、理论学习、理论宣传工作；负责引导社会舆论，指导协调新闻部门工作，实施政治方向和方针、政策的指导；负责全县精神产品生产和文化市场管理；组织协调对外宣传；负责全县党员政治理论、思想、形势等方面的教育及全县精神文明建设；受县委委托，会同组织部对文化部门和乡镇的宣传干部实施管理；负责规划、部署全县的学习和宣传工作。

1979 年，宣传部的宣传、报道等工作由相应人员分管。1987 年 11 月，宣传部下设秘书股、报道股、宣传股、理论股 4 个股室。1990 年 9 月，增设信息股。1991 年 1 月，增设党教股，4 月，增设对外宣传股。1992 年 5 月，增设文艺股。1996 年 8 月，精神文明办公室并入宣传部，11 月，撤销宣传股、理论股、信息股、对外宣传股、文艺股。1998 年 2 月，宣传部内设秘书股、报道股、党教股，精神文明办公室挂靠宣传部。2002 年 11 月，成立威县文学艺术界联合会，挂靠宣传部。2009 年，县委宣传部内设秘书股、报道股、党教股，行政编制 11 人。挂靠单位 2 个：精神文明建设委员会办公室、文学艺术界联合会。其中，精神文明建设委员会办公室主要职责是负责安排、组织、协调群众性的社会主义精神文明活动，并对社会主义精神文明建设工作实施指导、监督和检查。1987 年 2 月设立县精神文明建设委员会，下设办公室，属宣传部领导。1996 年 8 月并入县委宣传部，设主任 1 人，副主任 1 人。

农村工作委员会　主要职责是贯彻落实中央、省、市关于农业和农村工作的方针、政策、法律法规和重大决策部署，负责农业和农村工作重大问题的调查研究，为县决策提供依据，组织指导农村经济改革和小康建设，会同有关部门制定全县农业和农村的发展规划，参与农村经济结构调整，拟定和实施农业产业化经营，协调职能部门抓好落实，负责组织指导农村深化改革，协调科技支农工作，做好农村矛盾纠纷排查调处工作等。

1980 年 12 月，复设农村工作部。1984 年改为农村经济指导部。1988 年 2 月改为农村政策研究室。1989 年 2 月改称农村工作部。1998 年 7 月成立农村工作委员会，同时挂县政府农业委员会牌子。2002 年 11 月撤销农业委员会，保留县委农村工作委员会，设立政府农村工作办公室，县委农工委和县政府农办一个机构，两块牌子合署办公。2009 年，内设综合股、产业化股、农业工作办公室，行政编制 7 人。

统一战线工作部　主要职责是贯彻执行党的统战方针、政策，落实上级和县委的工作部署，调查研究统战工作的重大问题，协调各方面成员关系，贯彻落实多党合作和政治协商的政治制度，及时掌握各界人士的思想动态和意见建议，协调党委与有关部门做好人大、政府、政协、司法和关于党外人士的推荐和安排工作，协调检查党的有关民族、宗教、少数民族等政策的贯彻落实。协调有关部门对宗教地下势力进行综合治理，负责海内外统一战线的宣传和联络，联系、联络海内外工商界团体和代表人士，做好台胞、台属的有关工作，指导工商联，联系侨联，做好有关部门和社会团体的统战工作。

1979 年 9 月，设立统一战线工作部。1996 年 8 月，对台工作办公室并入统战部。2009 年，统战部设办公室、台湾工作办公室，行政编制 4 人。其中：台湾工作办公室是县委负责有关台湾事务的工作机构，与政府台湾事务办公室“一套人马，两块牌子”。主要职责是负责落实中央、国务院对台各种的方针、政策，负责国内外台湾同胞的团结和联络工作；协助政府宣传对台工作的方针、政策，向政府反映台胞的愿望和建议；协助有关部门做好台资企业管理与服务，促进两岸交流和往来。1987 年 10 月成立对台工作办公室，1996 年 10 月并入县委统战部。2002 年为统战部内设机构，设主任 1 人。

政法委员会　主要职责是根据党中央的路线、方针、政策和县委的部署，统一全县政法各部门的思想和行动；研究制定全县政法工作、维护稳定工作和社会治安综合治理工作的政策措施，向县委提交决策建议；对一定时期内的政法和稳定工作进行全面部署；支持和监督政法各部门依法行使职权；参与和督促大案要案的指导和督办；协调社会治安综合治理工作，指导和加强综合治理和反邪教组织工作的宣传教育工作；组织重大问题的调查研究，推动政法改革、管理政法干部；强化队伍建设。

1981 年 7 月设立政法委员会，1984 年 4 月成立县委政法委员会，1988 年 12 月政法委改称县委政法领导小组，下设办公室。1990 年 4 月撤政法领导小组改称县委政法委员会。1991

年4月成立县社会治安综合治理委员会（简称综治委），下设办公室。2002年综治委为科级机构，与政法委合署办公。2009年内设办公室、执法监督办公室，行政编制8人。

直属机关工作委员会 主要职责是按照县委的要求，加强专属机关党的思想、组织、作风和制度建设，指导各县直党组织，贯彻执行上级的方针政策和法律法规等；指导党组织的发展工作和对领导干部监督，加强生活会管理和机关党建；接转县直组织关系和对党员的教育培训工作。

1979年为县直机关党委。1990年9月改称县直机关工作委员会，1996年8月并入县委组织部，对外保留名称。2002年4月，县直工委改为县委常设工作机构。2009年内设办公室，行政编制3人。

部门管理机构

老干部局 主要职责是贯彻落实党中央、国务院及省、市关于离退休干部工作方针政策；拟定或参与拟定老干部工作具体规定和办法；指导、督促、检查各单位老干部工作；组织落实老干部的政治和生活待遇，确保两费（离休费、医药费）落实；组织和引导老干部开展各种有益活动；办好老年大学；加强老干部的思想政治工作，发挥老干部在各级领域的积极作用。

1984年4月设立老干部局，属县委常设机构。1996年8月并入组织部。2002年4月改设为组织部管理机构。2009年局内设综合股、老干部门诊部、老年大学秘书股，行政编制9人。

信访局 主要职责是负责受理全县的来信来访；办理上级部门转办的信访问题；按"分级负责，归口办理"原则，负责信访案件的交办、督办和查办；受县委、政府委托，负责群众建议的征集工作。

1986年12月，建立县委信访办公室、政府信访办公室，受县委、县政府双重领导。1998年3月，改称县委信访局、政府信访局。2002年4月改设为县委办公室管理机构。2009年内设秘书股、接待查办股，行政编制10人。

事业单位

党校 为县委直属事业单位。主要职责是对全县现职党员干部进行轮训，对象主要是乡局级党员干部和基层党支部书记；培训中青年党员干部和后备干部；协调组织人事部门负责对学员的考核考察；承担县情调研、理论研究和宣传；负责函授学员的管理；负责对乡镇党校的业务指导。

县委党校始建于1947年，校址在城北潘村。1952年，校址迁至县城北街。1997年，威县成立"威县教育中心"，校址迁至城东，与职教中心、卫生学校合署办公。2005年8月，迁至朝阳路路南现址。2009年内设办公室、教研室、学管室，事业编制13人。

议事协调机构的办事机构

机构编制委员会办公室 主要职责是执行上级关于行政管理体制机构改革以及机构编制的方针政策，拟定威县机构改革和编制管理的具体实施办法；管理全县行政、事业单位和各个群众团体的机构编制工作，审核各党政、司法、群团及乡（镇）职能配置、内设机构、人员编制和领导职数的机构改革方案；负责办理全县机关、事业单位的机构设置、合并、撤销、更名、级别确定、人员编制的调整、领导职数调整和工作人员变动的上报审批及批复通知手续。

1987 年 5 月，成立威县编制委员会，1990 年 10 月威县编制委员会更名为威县机构编制委员会。1996 年 12 月，设置威县机构编制委员会办公室，挂靠在人事劳动局。2002 年列为县委议事协调机构和办事机构，受县委、县政府双重领导，为县委机构序列。2009 年内设综合股、业务股，行政编制 6 人。

县委防范和处理邪教问题领导小组办公室　主要职责是防范和处理邪教、对社会有害气功组织问题的日常工作，挂靠在县委办公室。

2009 年设综合股，行政编制 3 人。

临时工作机构

30 年间，为配合中心任务的完成，中共威县县委曾设置了一些临时机构，人员通常由各常设部门借调，相应任务完成后，机构即行撤销。

1979—2009 年中共威县县委临时工作机构一览表

表 14—6

名称	成立时间	工作职能	兼职领导	办公地点
林业确权发证领导小组	1981. 9. 29	加强对全县林业确权发证工作的领导	赵信良	林业局
创业立功办公室	1985. 10	全面实行干部的目标管理、实绩考评及对先进个人、集体进行表彰	张胜利	宣传部
廉政工作指导小组办公室	1990. 2	指导全县廉政工作	罗兆群	纪委
农村小康建设工作领导小组	1994. 5. 27	加强对全县农村小康建设的领导	荀保金	县委农工部
机构改革工作领导小组及办公室	1995. 3. 30	负责全县行政管理体制和机构改革组织实施的日常工作	荀保金	人事劳动局
法制教育中心领导小组	1995. 4. 21	强化农村法制教育，推进社会治安综合治理各项措施的落实	王富友	司法局
人武部收归军队建制工作领导小组	1996. 2. 20	确保人武部收归军队建制工作的顺利进行	荀保金	武装部
“形象工程”领导小组	1996. 8. 12	推进全县“形象工程”建设	王富友	县直工委
项目建设领导小组	1997. 1. 17	进一步加强对全县项目建设工作的领导	王中山	招商局
“普九”工作领导小组	1997. 3. 5	加强对“普九”工作的领导	王富友	教育局
创建省级文明卫生县城指挥部	1997. 4. 15	加强对创建省级文明卫生县城工作的领导	荀保金	建设环保土地局
换届工作领导小组	1997. 11. 13	加强对换届工作的领导	王中山	组织部

续表 14－6

名称	成立时间	工作职能	兼职领导	办公地点
重点项目建设领导小组	1998. 4. 23	加强对重点项目建设工作的领导	王中山	招商局
“两基”建设领导小组	1998. 8. 27	切实加强农村基层组织建设和基层民主政治建设	王中山	政府三楼会议室
土地延包工作领导小组	1999. 1. 28	加强全县土地延包工作的领导	王少坤	农村工作委员会
依法治县领导小组	1999. 2. 25	全面推进全县依法治县工作	王中山	县人大
计划生育“四清理一治理”工作领导小组	1999. 2. 27	促进全县计划生育“三为主”工作的开展	王中山	计划生育局
殡葬改革领导小组	1999. 5. 21	加快全县殡葬改革步伐，促进全县两个文明建设	王中山	民政局
清理清退乡镇机关及事业单位不在编人员领导小组	1999. 11. 11	加强乡镇基层组织建设和政权建设，减轻农民和财政负担，为乡镇机构改革创造有利条件	窦孟朔	组织部
“三讲”教育领导小组	2000. 5. 15	开展好在县级党政领导班子和领导干部中以“讲学习、讲政治、讲正气”为主要内容的党性党风教育	王中山	政府招待所
农村税费改革工作领导小组	2000. 10. 25	加强农村税费改革工作的领导	王中山	农村工作委员会
农村“三个代表”重要思想学习教育活动领导小组	2001. 2. 22	加强对全县农村“三个代表”重要思想学习教育活动的领导	王中山	政府招待所
防治高致病禽流感指挥部	2004. 2. 9	加强对全县防治高致病禽流感工作的领导	冀东书	畜牧局
威县集中处理信访突出问题联席会议（小组）	2004. 9. 8	加强全县集中处理信访突出问题的领导，防止越级访和群体性事件发生，为全县改革发展创造一个稳定环境	窦孟朔	信访局
保持共产党员先进性教育活动领导小组	2005. 2. 24	加强对保持共产党员先进性教育活动的领导	孔祥友	政府三楼会议室

续表 14－6

名称	成立时间	工作职能	兼职领导	办公地点
国能威县秸秆生物发电项目建设指挥部	2006.2.13	加快国能威县秸秆生物发电项目的实施进展，搞好对项目建设的协调服务	孔祥友 卢建华	开放办公室
农村“两委”换届选举工作领导小组	2006.2.21	切实做好全县第七届村民委员会换届选举和农村党支部换届选举工作，加强对农村“两委”换届选举工作的领导	孔祥友	政府招待所
县城建设管理指挥部	2006.8.29	加快县城建设步伐，推进城市化进程，打造对外开放硬平台	孔祥友 卢建华	建设局
解放思想大讨论活动领导小组	2007.12.31	确保全县解放思想大讨论活动顺利进行	孔祥友	宣传部
奥运安保工作指挥部	2008.4.28	加强社会治安综合治理，做好奥运之年的安全保卫工作，维护社会稳定	孔祥友 卢建华	政法委
城镇建设三年大变样工作指挥部	2008.7.14	落实省市城镇建设三年大变样工作会议精神，使全县城镇建设水平和整体面貌在三年内取得显著改观	孔祥友 刘果芳	城乡规划管理局
深入学习实践科学发展观活动领导小组	2009.3.9	加强对深入学习实践科学发展观活动的领导	段小勇	组织部基层办
“干部作风建设年”活动领导小组	2009.3.9	加强对全县“干部作风建设年”活动的领导	贺连双	县直工委
“百日招商”活动指挥部	2009.4.7	加强对“百日招商”活动的组织领导	段小勇 刘果芳	招商局
新民居建设指挥部	2009.5.20	加快推进全县新民居建设	刘果芳	建设局
第二次“百日招商”活动指挥部	2009.8.18	加强对全县第二次“百日招商”活动的领导	段小勇 刘果芳	招商局
国庆60周年安全保卫工作指挥部	2009.8.22	做好全县国庆60周年安全保卫工作	段小勇 刘果芳	政法委

第六节 基层党组织

党 组

1982年7月，设立县人大常务委员会党组、县人民政府党组、县政协委员会党组。1984

年5月，设立县人民法院党组、县人民检察院党组。

2009年，全县共有党组14个，其中，由中共威县县委批准组成党组的单位共有5个：县人大常务委员会党组、县人民政府党组、县人民政协委员会党组、县人民法院党组、县人民检察院党组。由各垂直单位上级党委批准组成党组的有9个：威县国家税务局、威县地方税务局、威县国土资源管理局、威县药品管理局、中国人民银行威县支行、威县烟草公司、威县农村信用社、威县工商行政管理局、威县质量技术监督管理局。

党委

1979年1月，中共威县县委辖城关、李寨、方家营、南里村、大宁、成志庄、第什营、梨园屯、枣园、干集、固献、白果树、邵固、章台、潘固、雪塔、贺钊、贺营、张营、邵梁庄、侯贯、王村、柳疃、常屯、常庄、桑园、七级、张庄、经镇、高公庄、赵村、寺庄32个人民公社党委，1个县直机关党委和威县人民武装部党委。1984年4月，全县撤销人民公社，人民公社党委改为乡（镇）党委。1990年8月，增设县二轻工业公司党委。1990年9月，县直机关党委改称县直机关工作委员会。1990年10月，增设县委机关党委。1991年1月，增设县供销社党委、县经济委员会党委、县卫生局党委、县商业局党委。1991年3月，增设县政府机关党委。1992年1月，增设县教育委员会党委。1996年1月，并乡扩镇，李寨乡并入洺州镇，张庄乡并入七级镇，潘固乡并入章台镇，干集乡并入梨园屯镇，王村乡并入侯贯镇，邵梁庄乡并入张营乡，南里村乡并入方营乡，桑园乡并入常庄乡，邵固乡并入枣园乡，经镇乡并入高公庄乡，大宁乡并入贺营乡，白果树乡并入固献乡，寺庄乡并入赵村乡，柳疃乡并入常屯乡，雪塔乡并入贺钊乡，全县由32个乡镇党委调整为16个乡镇党委。1996年4月，威县人民武装部党委改称中国人民解放军威县人民武装部党委。1996年8月，县商业局党委改称县商业贸易总公司党委，县经济贸易委员会党委改称县经贸局党委，县教育委员会党委改称县教育局党委。1998年7月，增设县公安局党委、县工商行政管理局党委。2002年7月，撤销县二轻工业公司党委。2005年3月，增设老干部局党委。至2009年12月，县委辖党委25个。

党（总）支部

1979年，全县共建有党支部704个，党总支4个。2005年，全县党支部773个，党总支18个。2009年，全县党支部761个，其中企业支部37个，事业单位支部66个，机关支部72个，农村支部522个，老干部支部64个；党总支部19个，其中，事业总支部3个，企业总支部2个，机关总支部14个。

第三章　县委重要决策

第一节　落实政策　平反冤假错案

1979年始，中共威县县委全面贯彻落实中共中央十一届三中全会所确定的政策路线和思想路线，坚持“解放思想，实事求是，有反必肃，有错必纠”的原则，对全县在“文化大革命”中及1949年以来所造成的一些冤假错案进行全面细致的复查和平反；对“文化大革命”以前的一些“左”倾错误及历史案件进行认真的复查和处理；纠正了1957年反右扩大化的错误，为在反右运动中被错误定为“右倾机会主义分子”的人一律平反。

成立组织

根据省委指示，威县成立落实政策领导小组，县直系统和社队也成立落实政策办公室，并成立专案组，深入基层，查处案件。

落实政策

1978年10月18日，县委做出《关于为岳城水库、郑河完小、威县师范所谓新国民党假案彻底平反的决定》，为1968年5月在“三案”中受迫害的近千名干部、群众和教师恢复名誉，彻底平反。12月，按照中央文件精神，对在1957年被错划成“右派分子”的人进行调查摸底。1980年12月全县345件冤假错案绝大多数得到平反和纠正，对涉及的212名副社长以上领导干部作了重新安排，对“文化大革命”中的“三种人”（造反骨干、闹派性骨干、打砸抢分子）给予处理，对提到领导岗位的人作了调整。1981年6月，中共十一届六中全会通过的《关于建国以来党的若干历史问题的决议》为平反冤假错案提供了可靠的政治依据。威县县委认真贯彻落实中央决议，相继落实台属政策、宗教政策和知识分子政策等一系列重大问题。同时，还实事求是地复查和纠正了20世纪三四十年代肃清反革命分子扩大化的问题。同年12月17日，中共威县县委召开万人广播大会，宣布在运动中造成的冤假错案彻底平反。1982年1月，威县的“右派分子”问题全部得到解决，对150名被错划的干部、教师和群众全部予以改正，有61人安置了工作，10人作了退休安排。18名“中右”也全部予以改正，5人安排了工作。经过5年的拨乱反正，全县“文化大革命”中及以前所造成的冤假错案一一予以平反，到1985年工作基本结束。

第二节　推行完善农村家庭联产承包责任制

推行家庭联产责任制

1979年始，随着中共十一届三中全会各项方针、路线的全面贯彻实施，中国已进入历史转折时期。中共威县县委认真贯彻落实中央的重大决定，确立把工作重点转移到经济建设上来的思想路线，在经济上废除一切旧的经济管理体制，特别是在农业发展上，实行以家庭联产承包责任制为基础的统分结合的经营体制，集中精力把农业搞上去。年底，县委印发贯彻落实《中共中央关于加快农业发展若干问题的决定》和《农村人民公社工作条例〈修正草案〉》的意见，进行专门的研究和部署，并组织推行“联系产量，计算报酬，田间管理，责任到人”的农业生产责任制。

1980年11月，中共威县县委组织25人分成7个工作组，到第什营公社7个大队搞贯彻中央文件精神，落实农业生产责任制的试点。次年1月，从县直机关抽调120余名干部下乡，帮助社队干部贯彻落实和完善农业生产责任制。当时生产责任制处于探索阶段，全县生产队中生产责任制形式并不统一，主要存在有四种责任制形式，即统一联产到劳、包干到户、口粮田与劳力责任田相结合、专业承包。至1982年，大包干（即家庭联产承包责任制）已成为责任制的主要形式，大多数乡、村按人口平均承包土地，为平衡每户承包土地的优劣，每一农户分到若干地块。至年底，全县农村普遍实行家庭联产承包责任制。

1983年1月，中共中央发出《关于当前农村经济政策的若干问题的通知》，3月，县委制定《中共威县县委关于进一步稳定完善家庭联产承包责任制若干办法》，把承包责任制推广到林业、牧业、水利、工副业等各个领域，使承包办法向横宽和纵深发展。

稳定和完善农村工地承包关系

1997年8月，中共中央办公厅、国务院办公厅发出《关于进一步稳定和完善农村土地承包关系的通知》，提出农村土地承包期延长30年不变。1998年，对全县第一轮承包即将到期的484个村，耕地6万公顷，着手组织实施第二轮土地延包。当年4月，县委、县政府“两办”印发《关于进一步稳定和完善农村土地承包关系的通知》，将农村土地承包期确定30年不变，给农民吃了定心丸。1999年1月，县委、县政府制定《关于延长土地承包期工作的实施意见》，并开始实施第二轮土地延包工作。至年底，全县522个村、12万农户、6.9万公顷耕地全部完成第二轮土地延包工作，并与农户签订土地承包合同，向农户发放土地承包经营权证书。

第三节　制定农业“三亿”工程发展战略

威县是传统的农业大县，人口众多，农业一直是县内的主导产业。农业的发展，直接影响着全县社会经济的发展和人民的生活水平。另一方面，威县所处优越的地理条件对农业的发展有着较大的发展空间。改革开放以后，农业虽然有很大的发展，但受传统农业思想的影响，步子较为缓慢。1992年初，县委认真分析研究现状，立足县情实际，出台实施“三亿”工程发展战略，制定“三亿”五年规划实施方案，即到1996年，全县皮棉总产达1亿斤，果品总产量达1亿斤，牧业总产值达1亿元。

亿棉工程

1992年，开始实施亿棉工程方案。县委要求全县上下一股劲，扎扎实实抓经济，常年不懈抓工业，突出优势抓棉花，走以棉兴农、以棉促工、以棉活商、以棉增财、以棉富民之路。但是，由于严重的旱灾和虫灾，造成当年棉花大面积减产，每公顷产皮棉435千克，比1991年下降46.3%。1993年受自然灾害的影响，棉花产量再次滑坡。之后，随抗虫棉推广及地膜覆盖技术的应用，棉花生产滑坡局面才得以扭转。2000年后，种植结构大幅调整，棉花种植面积迅速增加，2004年全县棉花种植面积突破4.7万公顷，产量突破1亿斤，“亿棉”工程目标实现。2009年，全县植棉面积5万公顷，总产量1.15亿斤。

亿果工程

1992年初，县委、县政府印发关于亿果工程（到1996年全县果品总产量达到1亿斤）发展的意见，并制定出新阶段果树发展目标，即1994年，果园面积5900公顷，产量1.325万吨，产值0.13亿元；1995年果园面积8500公顷，产量2.2万吨，产值0.22亿元；到1996年，县内果园发展总面积达到1.3万公顷，果品产量5.1万吨，产值0.51亿元，实现亿果工程目标。1996 年全县果园面积发展到 9000 公顷，总产量 2.28 万吨，总产值 2280 万元。1999 年后，全县以农业产业结构调整优化为重点，按照“主攻三倍体，改造苹果梨，发展上葡萄，鼓励上花卉”的总体要求，加快了全县林果产业的发展。2004 年末，全县果园面积 4000 公顷，其中葡萄 1000 公顷，果品总产量 3.8 万吨。2009 年，全县果园面积近 4700 公顷，产值达到 2.2 亿元。由于果品种植周期长，加上政策不连续等原因，亿果工程目标至 2009 年仍未实现。但对以后林果产业的持续发展奠定了坚实的工程基础和产业基础。

亿牧工程

1992 年，县委、县政府认真组织实施亿牧工程。1995 年，县政府把发展畜牧养殖业作为实现“富民、强县、升位”的主要途径，制定实施“牧业兴县”工程。是年底，全县共有规模养殖场 3820 个，其中百头以上的养牛场 2 个，千头以上的养猪场 18 个，千只以上养鸡场 26 个。全年肉类总产量达 2.52 万吨，禽蛋总产量 1.52 万吨，牧业总产值实现 2.20 亿元，亿牧工程目标提前实现。2005 年，全县养殖专业户 5100 家，养殖小区 5 个，规模饲养企业 2 家。2009 年，畜禽饲养已逐步摆脱传统的家庭饲养方式，走向集约化、规模化养殖道路。全县各类规模养殖场共计达到 4700 余户，养殖小区达到 8 个。全年肉类产量达 2.27 万吨，禽蛋产量达到 4.04 万吨，牛奶产量达到 1.36 万吨，畜牧业总产值提高到 8.8 亿元。

第四节　发展蔬菜产业

引进试用

1994 年，县农业局园艺师吴凤华、高公庄乡东赵庄村支部书记王双杰引进微拱琴弦式高效节能日光室，探索种植大棚蔬菜获得成功，并收到可观的经济效益。县委及时召开现场会，作出调整农业产业结构的决定，并制定相关政策，鼓励、支持农民发展特色农业。在县委、县政府的组织下，日光室蔬菜种植技术首先在高公庄乡东赵庄村和洺州镇马庄村进行试用推广。1995 年，东赵庄村栽培越冬茬西红柿获得成功，填补了县内无日光温室及无冬季生产蔬菜的空白。

规模种植

1996 年，县委引势利导，把瓜菜生产作为主导产业，加快了大棚菜的发展，壮大了产业规模。同年，前高公庄、东高公庄、经镇等村开始发展大棚蔬菜种植；1997 年又辐射带动大宋庄、河里庄、李家屯等十几个村，大棚菜种植初具规模。2003 年，县委、县政府以股份制形式在高公庄村组建威县瓜菜批发市场，吸引了周边县市及北京、内蒙古、石家庄等地 20 余家客商在此设置常年收购点，市场日交易量达 250 吨，年交易量 8 万吨，交易额 1.1 亿元。2005 年，县委、县政府又提出“养鸡猪、扩蔬菜、种优棉、搞间作”的指导方针，全县蔬菜产业得到迅速发展，形成以高公庄乡、章台镇为主线的沿 106 国道两侧的日光温室“白色长廊”设施蔬菜生长带。特色农业产业成为威县农民重要的增收途径。为保证蔬菜的质量，2008 年已完成 8 个无公害蔬菜生产基地的认定，面积 5300 余公顷，并对番茄、豆角、芦笋、平菇等主导品种进行无公害产品申请认定。2009 年，随着产业结构不断调整，种植模式和种植品种日趋多样化，生产结构进一步优化，生产规模也进一步扩大。沿 106 国道和邢临公路两侧的第什营、方家营、固献、常屯、枣园等7个乡镇也建成连方成片的设施蔬菜带，农民收入显著增长。是年，全县新增日光温室大拱棚3500多个，新增种植面积733公顷；种植面积7公顷以上的村34个，面积530余公顷。年底，全县蔬菜种植面积达6670余公顷，其中设施蔬菜3300公顷，芦笋670公顷，裸地蔬菜2700公顷，实现产值3亿元。当年，威县被省列为设施蔬菜生产重点县。

第五节　创建工业园区

威县工业起步较晚，工业基础相对薄弱。1979—1985年间，工业企业基本处于传统的工业阶段，规模小，数量少，布局分散，生产工艺大多较为落后，多为手工作坊式。1986年后，改革开放逐步深入，县委从确立“无工不富”的发展理念入手，在全力发展农业的同时，大力发展工业企业，并对县内企业进行改造和扩建，对原有的化工、机械、食品加工、皮毛加工等规模企业进行具体的指导和引领，使企业取得较快的发展，并相继出现一批省优部优产品。1993年始，县委提出“大力开展全民招商引资”活动，企业发展加快，逐步形成了七级镇的毛毡、常庄乡橡胶制品和汽摩配件、贺钊乡皮毛加工、枣园乡小米加工、洺州镇建筑陶瓷壁画等特色区带。随着招商引资活动的有效开展，引进企业和原有企业对企业的规模发展和硬件设施的需求越加明显。

2003年，县委审时度势，果断作出“以工业园区建设为突破口，推动工业经济整合提升”的战略决策，在大力抓好县内特色工贸小区建设的同时，着力打造和创建县城“工业区”。是年，县委决定在县城东北部、106国道以东，规划出首期占地73公顷的县城工业区，同时对侯贯、贺钊皮毛工贸小区采取疏堵结合的办法，提升一批、联合一批、淘汰一批，促进皮毛产业上档升级。同时，积极发展七级、常庄、贺钊、枣园等乡镇的工业小区。

2004年，县城工业园区破土动工，至2005年基本雏形已形成。为加快工业区的建设进度，保证建设质量，县委、县政府决定将工业园区改为县城新区，并出台《加快县城新区发展的优惠政策》。2006年底，县城新区实现“七通一平”的建设要求，即通路、通水、通电、通排、通电话、通宽带、通有线信号和场地平整，基本达到现代企业发展的基础需要，当年入驻企业12家。2008年，县委提出加快建设，重点打造“一区五园”的发展目标，即县城新区、常庄汽摩工业园、七级建材工业园、侯贯皮毛工业园、梨园屯威清工业园和第什营工业园。县城新区完成了总体规划和控制性详细规划，实施110千伏变电站、污水处理厂、银海路、晨光大街等基础设施的建设，常庄工业园被列为省级创业辅导基地。2009年，园区建设步伐加快。县城新区规划面积由原来的4.02平方千米扩大到21平方千米，改建和扩建晨光大街、燕山路等8条道路，形成五横三纵的交通网络，水、电、汽、通信等功能日趋完善，有数十家外来企业和县内企业入驻和准备入驻，县城新区成为省内范围较大，功能较为完善的县级开发区之一，为县域经济发展奠定了基础。

第六节　制定招商引资主题战略

1986年，县委大力开展对外开放和招商引资活动，专门设立“县经济技术协作办公室”，组织和开展对外经济技术合作。当时的主要形式是以内联为主，引进资金，联合生产，合作经营。1987 年，成功引进中外（港）合资项目——邢台贤达药材有限公司，同时与浙江省诸暨县结成友好县，广泛开展经济合作。1988 年，按照对外开放的需求，在北京、石家庄、武汉、天津、浙江等地设置联络处，专门负责对外开放和横向联合。1991 年，招商引资工作步伐加快。县委立足县情实际，成功举办威县金秋艺术节，利用“文化搭台，经济唱戏”，与 10 多个省市 80 多家大型企业、大专院校、科研单位签订合作协议，引进技术 42 项，资金 23 万元，并与天津市河东区结成友好区县。1996 年，县委把招商引资作为一项战略决策来组织实施，制定目标和计划，实施责任制管理，积极组织招商团队参加国家、省、市各级经贸洽谈会。通过一系列活动，于 1998 年新上投资 2000 万元的台商独资企业 1 家——白杨（邢台）木业有限公司，产品全部外销。2000 年注册三资企业 2 家——邢台俊兴皮业有限公司和威县燕南宾馆有限公司。2001 年注册中外合资企业 1 家——邢台宏成皮毛制品有限公司（威县粮食局皮毛厂与澳大利亚客商合资兴建）。2003 年 10 月，威县举行义和团纪念馆开馆仪式暨威县经贸文化洽谈会，这是威县最大的一次自办招商活动，700 多名国内外客商参加。此次活动签订项目 42 个，贸易合同 56 个，合同交易额 3.6 亿元。2005—2006 年间，县委分别开展“百日百团”和“全民招商”活动，新上固定资产投资在 300 万元以上的招商项目 68 个，其中工业项目 63 个，内资签订合同在 3000 万元以上的项目 8 个，其中亿元以上的项目 5 个；外资签约项目 3 个，总投资 3175 万元。2006 年全县引进外资 320 万美元，内资到位 5.7 亿元。2009 年，县委提出“跨越发展，升位崛起”的奋斗目标，深入推进两次“百日招商”活动，推介招商 623 次，邀请外地客商来威县考察 434 次，签约项目 174 个，固定资产总投资 121.5 亿元，超亿元项目 21 个，比前六年总和还要多 82.18 亿元。

1991—2009 年，县委围绕“对外开放，招商引资”这一中心，相继出台一系列优惠政策，优化经济发展环境，保护客商的合法权益。1991 年制定《威县鼓励外商投资企业的暂行规定》，2005 年制定《关于加快县城新区发展的优惠政策》，2009 年制定《关于进一步扩大对外开放加快招商引资步伐的若干规定》，在用地、税收、信贷、审批、环境保障等方面予以优惠和保护。

第七节 明确发展定位 制定发展思路

明确发展定位和制定“123”发展思路

2009 年 3 月，新的县委领导班子围绕改变落后面貌，积极谋划切实可行的发展思路。以学习实践科学发展观活动为契机，组织广大干部群众深入开展大学习、大参观、大讨论，对威县县情、发展思路定位、发展举措认真进行重新审视，深刻认识改变威县的落后面貌，希望在工业、出路在招商、关键在环境。在此基础上，形成了贯彻落实科学发展观情况分析检查报告，明确了建设“国家重点棉纺织基地、华北新兴商贸城市、冀南区域次中心城市、农畜产品加工集散地、生态宜居宜业城市”的发展定位，制定了“以工业突破为第一方略，以招商引资、项目建设为两大抓手，以城镇建设、园区建设、环境建设为三大支撑”的“123”发展思路，对威县发展指明了方向，统一了干部群众的思想行动。在这一思路的指引下，威县走上了跨越发展之路。

制定《威县县城总体规划（2009－2020）》

2009年，威县在成立城乡规划委员会后，在广泛征求意见的基础上，制定《威县县城总体规划（2009－2020）》。主要内容：规划期限是2009—2020年，规划期末县城用地实际控制面积为44．6平方千米。威县总体发展方向是主要向北、适当向东、控制向南、限制向西发展。县城布局结构为“两轴、三区、四中心”，“两轴”指开放路和世纪大街，寓意用开放的思想、开放的办法，共创世纪伟业。“三区”是指河北威县经济开发区、新城区和建成区。“四中心”指行政服务中心、文化娱乐中心、综合商贸中心和开发区服务中心。根据威县的自然环境、区位优势、产业基础和文化特色，新一届县委、县政府把县城发展定位为：国家重点纺织基地、华北新兴商贸城市、冀南区域次中心城市、生态宜居宜业城市。

此规划于2009年9月20日威县人民政府向邢台市人民政府呈报。10月23日，邢台市人民政府批准实施。

第四章　党务工作

第一节　纪检监察

党风党纪教育

中国共产党威县纪律检查委员会（简称县纪委，下同）一向重视对干部进行党风党纪教育。1992年，县纪委利用先进典型和查办的典型案件对党员干部进行正反两方面教育，民主评议党员，对不合格的党员出示黄牌警告以至除名。1995年4月，在乡局级干部中评选出11名廉洁勤政模范人物，将他们的事迹制成专题片在县电视台播放，先后召开两次案件发布会，公开处理9起典型案件。5月，举行反腐倡廉警示报告会，邀请西安政治学院教授马玉卿作反腐倡廉报告。1996年，在县委机关门口处设置宣传橱窗，定期更换宣传内容。“七一”期间，会同有关部门编印《中国历代官吏廉洁勤政言论集锦》一书1000册，发放到各级领导干部和部分党员手中。举办“廉政书画展”，组织开展党纪政纪条规知识竞赛活动。1998年，先后在不同行业、不同层次筛选5名廉洁勤政模范人物，将他们的先进事迹制成专题片，分期分批在县电视台播放。在全县政府系统开展一次《中华人民共和国行政监察法》知识竞赛，下发《行政监察法问答》1500本。5月，分5期对全县522个村支部书记进行农村财务管理和党纪知识培训。9月，配合县委组织部、农业局对全县539名会计进行一次全面的会计法规、会计业务培训，对522名通过考试合格的农村会计颁发资格证书。11月，邀请市纪委、市检察院有关领导对全县五套班子成员、各乡镇县直单位党政一把手和部分重点企业的厂长、经理共170人进行为期三天的培训，对《中国共产党纪律处分条例》《中华人民共和国行政监察法》以及预防职务犯罪等知识进行学习。

2000年，县纪委搜集河北省具有轰动性的案件，通过各种渠道和形式，多方位在全县大张旗鼓地宣传教育。还出台印发文件，组织机关部门领导干部定时定点集中收看22次，收看人数高达3600余人次。同年，组织领导干部家属一同观看《胡长清、成克杰警示教育》录像、影片《生死抉择》，并分6批次给副科级以上领导干部的家属发放家庭助廉建议信700余封。2001年，开展了思想观念作风转变年活动，5月，印发《关于认真组织收看〈一代廉吏于成龙〉开展党风廉政建设教育的通知》，结合胡长清、成克杰等典型案例剖析，以及《生死抉择》《大雪无痕》等反腐败题材的影视片，认真组织开展警示教育。李真、丛福奎等反面典型案件发生后，县纪委及时在全县开展警示教育活动，召开不同层次的座谈会3次，组织召开了案件新闻发布会，公开发布县内4起重大典型案件。

2003年，在全县党员干部中开展学习郑培民“艰苦奋斗、廉洁从政”主题教育活动。邀请西安政治学院马玉卿教授作“艰苦奋斗、无私奉献”报告，县委、县政府机关全体干部、各乡镇、县直各单位股级以上干部共计1600余人参加报告会；利用李真受贿案例在全县党员干部中开展警示教育活动，县级领导干部撰写体会文章48篇；利用在抗击“非典型肺炎”工作中涌现出来的先进人物，在全县党员干部中开展正面典型教育。2005年11月，组织全县党员干部2800多人在县电影院集中观看影片《任长霞》。组织县四大班子领导、各乡镇、县直各单位党员干部共计1800多人分四场观看影片《郑培民》。同时，组织召开全县党员干部警示教育大会，对11起违纪违法案件进行通报。2006年，印发《关于继续在全县领导干部中开展“访贫思廉”教育活动的实施意见》，全县乡科级以上领导干部共走访贫困家庭2300多户次，送去访贫慰问品及资金12万多元，为贫困家庭解决实际问题1400多个，提供致富信息1600多条，撰写体会文章1000多篇，写访贫笔记2300余篇。8月，举办全县纪检监察干部培训班，县纪委业务骨干就信访工作、案件查处、纠风工作、党风廉政建设等方面业务知识进行授课。组织全体县级干部集中观看《忏悔录》《居安思危》专题片，各单位也组织机关人员观看两部警示教育专题片。2007年1月，在全县乡科级以上领导干部及其家庭中深入开展“读书（报）明廉”“观狱守廉”“家庭助廉”“访贫思廉”四项教育活动，成立“四项教育”活动领导小组，制定“四项教育”活动安排意见。4月，组织召开全县党员干部警示教育大会，公开发布七起违法违纪典型案件。8月15日，组织全县各级党员干部3000余人，在电影院分两场集中观看“七一”献礼影片《小巷总理》。10月，组织全县党员干部观看专题片《赌之害》。2009年，县纪委印发《关于对拟提拔党员领导干部实行党纪政纪法规知识考试的实施办法》，制定出台《关于开展县、乡、村三级“廉政教育大讲堂”的意见》。在县文化中心，建成廉政教育基地，基地共分四个部分，11个展区，展出面积3150平方米，展出实物100多件、图片906张、影像资料30多件、廉政图书200多本、自制专题片3个。是年，该基地被市纪委、市委宣传部命名为邢台市廉政教育基地。

廉政建设

2002年，县纪委建立干部廉政档案，在全县764名科局级以上领导干部中开展自查自纠，填报自查自纠申报表。县级领导干部的申报表报市纪委，科局级干部的申报表全部装入个人廉政档案。对公款吃喝、婚丧事大操大办等歪风进行集中治理，制定具体的规定和处理标准。先后对全县饭店、结婚车队、单位财务账目进行多次突击检查，对违反规定的18个单位22辆公车进行公开曝光，对清出的4辆违规车辆按有关规定退还原单位。

2003 年，制定出台《关于禁止领导干部插手干预建设工程招标投标、经营性土地使用权转让、房地产开发经营等经济活动的暂行规定》。同时，会同建设、国土资源等部门开展专项检查。以县委、县政府名义出台《关于公务接待实行“五不”的规定》。即不到非定点饭店进行公务接待、不接受下属单位和工作人员的宴请、公务接待一般不用高档烟酒、检查工作时坚持同城不吃饭、下乡不喝酒。先后共检查饭店 59 所，查出公款吃喝 24 起，超标准婚宴 7 起，压缩宴请人数 4 起，取消婚宴 6 起。实行领导干部职务消费定额包干制的办法，规范了县级领导干部的移动、办公通信费用管理。规定实施后，通信费用比实施前每月降低 12000 元。

2007—2009 年，县纪委对领导干部全程监督工作做到提前预防、提前教育，对县委调整提拔的 94 名干部进行廉政把关，同下级主要领导谈话 3 次，干部任职前廉政谈话 61 人（次），诫勉谈话 2 人。清纠党政机关及领导干部超编制、超标准配备、使用小汽车 2 辆，处罚 1.5 万元。按照《开展党政机关办公楼等楼堂馆所建设项目清理工作方案》的具体安排部署和要求，对全县党政机关办公楼建设项目审批管理、建设规模、装修及设备标准、项目资金、项目用地等七个方面的内容，共对 72 个单位进行全面清理复查，其中对威县审计局职工培训中心楼、威县公安局刑侦技术服务中心、威县广播电视中心等正在建设中的单位，认真地开展自查自纠活动和监督监察工作。2009 年 5 月，出台新的《关于禁止婚丧事大操大办的暂行规定》，在电视台进行公告。同时出台《关于开展农村党风廉政建设工作专项检查活动的通知》《关于加强农村党风廉政建设实施细则》，对全县 522 个行政村的村干部和乡镇干部进行廉政培训。开展“千名干部入百村、访万户”活动。组织 2800 名党员干部群众，利用一周的时间，带课题、带感情，调研走访 5.5 万户党员干部群众，发放征求意见卡 5 万份，征求各类意见、建议 1.2 万条。

治理乱收费

自 1990 年全国开展治理“三乱”（乱收费、乱罚款、乱摊派）工作后，县纪委一直重视对乱收费的治理。1997 年，落实“一证一书一卡”的收费管理制度，即收费许可证、收费通知书和登记卡，规范收费程序。

涉农收费　1997 年，对 1995 年以来的农民负担项目进行清理整顿，停止收费项目 9 项，涉及金额 589 万元，停止摊派行为 4 个，清退乡统筹支人员 68 人，精简吃补贴村干部 1481 人，减少支出 125.8 万元。2003 年印发《威县减轻农民负担工作实施方案》，对全县 16 个乡镇涉农税收、价格和收费情况进行公示；县纠风办、农业局组成联合督查组定时抽查公示情况，对张营乡勿堂村等 3 个村的搭车收费案件立案调查，3 名村支书受到党纪处分。落实中央、省农业税减免和对种粮农民直接补贴等各项惠农政策，加强对财政转移支付工作的监督审计，不定期对乡（镇）村账目进行抽查，开展对农业用水、用电、农机服务、畜牧、林业等涉农收费和化肥、农膜、种子等农资价格进行专项检查，减轻农民负担 60 多万元。查处各种加重农民负担案件 12 起，涉及金额 8.5 万元，处分 15 人。

2006 年，全县共减免农业税及附加费 1045.25 万元，人均减负 21.3 元。会同财政、审计等部门开展涉农专项资金清理，严查各类惠农支农资金被挪用、挤占、克扣的问题，共清理违纪资金 30 万元。加强对村级财务的监管力度，落实村级财务委托代理制。全县村级财务一律由财务结算中心代管，村财务收支必须经村民理财小组、村负责人、乡财务结算中心主管领导“三支笔”签字后方可报账，并以乡代管村财务为准，定期向村民公开。

2007年，查纠违规问题9个，截留“两补”资金案件1起。同时，对涉农负担突出问题进行专项治理。共查处乡计生委违反“收支两条线”规定，收取未上站罚款共计17万元。查处违规提高新一代身份证办理费用，减轻农民负担70万元。查处乡镇挤占、克扣村级转移支付问题16个，涉及金额86万元，对存在问题的单位分别做出相应处罚，对单位主要负责人进行告诫谈话。

涉教收费　2002年9月，在全县35所中学、208所小学的农村中小学全面实行教育收费“一费制”。从物价、审计、教育等单位抽调专人组成专门小组，在各校自查自纠的基础上，重点对26所学校进行检查。通过深入班级、家庭、查账、座谈会等方式，共查处超标准收费和乱收费金额13.2万元，退还资金10.1万元。2003年，成立县治理教育乱收费工作办公室，召开全县教育系统专题会议，组织财政、物价等部门对“一费制”及“三限”执行情况进行专项检查，共查出违纪金额296.8万元，责令退还学生246.9万元，自行纠正49.9万元，经济处罚6万元。

2006年，组织财政、审计等部门对县内5所重点学校的财务收支情况进行审计，涉及违纪金额4.8万元，对5名干部进行离任审计，审计金额达65万元，审减3.5万元。全年共查处教育乱收费案件5起，给予党纪处分3人，行政记过处分2人，通报批评1人，辞退1人，涉及违纪金额40337元。2007年，全年免除杂费，共减轻学生及家庭经济负担1498元，涉及人数6018人。通过免费提供教科书，共减轻贫困学生家庭经济负担154万元，涉及人数19353人。为900名寄宿生补助寄宿费26万元。通过取消代收费、服务性收费，共减轻学生及家庭经济负担124万元。春季开学初，开展教育“两免一补”政策落实情况大检查，共检查学校45所，座谈学生786人，入户走访家长215人，发现违规问题23个，督促退还向贫困生预收的书费22.3万元。10月，对城区5所中小学收费情况进行检查，共查处乱收费问题7个，给予党内严重警告处分1人。

涉企收费　1997年，对涉企收费项目进行清理，共取消8项收费，降低收费标准25项，并对10家企业进行挂牌保护。

2008年，制定出台《威县关于清理收费项目优化发展环境的实施方案》，全县共审验收费许可证262个，取消收费项目27项，吊销收费许可证6个，查处乱收费问题3个，减轻农民负担200多万元。涉电收费，为保障全县工农业生产的用电规范合理，1997年对电力部门“三电”（关系电、权力电、人情电）、“三乱”（乱收费、乱涨价、乱集资）进行清理整顿，共减负120万元，查处违法违纪案件25起，涉及金额20万元。

2009年，对新上生产项目和现有工业企业，县有权处置的行政事业性收费，予以免收或缓收，对无权处置的行政事业性收费，全部按最低限收取，其中免收9项，缓收6项。在威县报、电视台公布涉企收费政策，免费向企业发放《涉企收费公示手册》，严格实行入企收费“两卡一证”制度（即入企收费人员必须出具入企收费登记卡和收费许可证，并如实填写收费明白卡，否则企业有权拒交）。组织财政、物价、审计等部门采取审查财务账目、核对收费票据、对企业进行问卷调查等方式，对全县涉企收费单位进行专项检查，取消收费59项，涉及23个部门，停收收费项目18项，降低标准5项，其中涉及企业的项目，免收9项，缓收

6 项，为企业减轻负担 180 余万元。

公路“三乱”治理 公路“三乱”指在公路上乱设站卡、乱罚款、乱收费行为。自 1994 年国务院发布《关于禁止在公路上乱设站卡乱罚款乱收费的通知》始，县纪委一直把“三乱”治理当作一项重要工作来抓。2000 年，威县被确定为所有公路基本无“三乱”县。2002 年，进一步加大治理公路“三乱”工作。上路人员与单位“一把手”签订责任状。先后两次召开 8 个执法部门一把手专题会议。通过清理整顿，确定保留公路站点 3 个。9 月，县纪委组织召开由各执法部门参加的打造棉花市场宽松环境的专题调度会，严格规定，在新棉花上市期间不查车、不扣证、不罚款，仅此一项，全县棉农增收 5000 万元。

2008 年，建立治理公路三乱快速反应机制，开通治理公路三乱“12346”举报电话。全年接受咨询 20 余个，解答问题 19 个，电话协调解决问题 24 个，现场处理 6 个，事后举报案件 2 起。

整治医药市场

2002 年 5 月，县纪委印发《关于纠正医药购销中不正之风工作的实施意见》和《关于卫生事业单位药械采购招标的实施办法》，通过专项检查，共查出违纪金额 23 万元，不可供药品 56 种。同年，县成立纠正医药购销中的不正之风领导小组，共清理取缔无证照或证照不全的生产批发药房 7 个，清理、销毁过期、假劣药品案值 14 万元，清理、取缔个体药贩 11 个、非法私人诊所 4 个、虚假广告 26 条，查处销售假劣药品案件 22 起。县医院、中医院和县二院 3 个县级医院全部实行药品招标采购，招标采购药品金额共计 315 万元，占同期进药金额比例的 69%，让利患者达 16.01 万元。全县共有 7 个医疗机构主要收费项目进行公开，2 个单位实行住院费用一日清制度，当地政府定价药品降价的 20 种，新产品市定价格降价的 15 种，分别降价金额为 17.2 万元和 2.9 万元。全面落实医药“分开核算、分别管理”的规定。2005 年，认真纠正医药购销中的不正之风。县级医院全部实行药品、药械招标采购。通过开展药械市场专项治理活动，取缔无证经营医疗器械门市 2 家，取缔非法行医诊所 28 家，查处过期失效药品 3 种、8 批次，违规经营药品 12 起，对 8000 多元假劣药品和医疗器械进行公开销毁。另外，全县 34 家医院、卫生院全部落实服务价格和常用药品价格公示。严格治理开单提成及检查提成行为，对县医院 2 名科室主任和 2 名医生分别给予经济处罚，并在全县进行通报批评。

2008 年，联合卫生、物价、药监、审计等部门对全县定点医疗机构进行拉网式检查，并针对每个医疗单位随机走访 3 至 5 户参合群众，征求意见。共纠正 26 个医疗服务机构的不规范行为，查出超药品差价率违法金额 6.7 万元，无证收费及超标准收费问题 3 个，涉及违法金额 2.9 万元，追缴违规报支新农合基金共计 0.9 万元。

政法机关财务清理

1998 年始，对公、检、法、工商四部门落实“收支两条线”进行清理，当年清理预算外资金 277.484 万元，处理上缴 28.7 万元。全县“收支两条线”清理工作扩大到全县具有执收执罚职能的 36 个部门，并从县直单位延伸到基层所、站、庭，共检查出违纪资金 393 万元，违纪单位 41 个。

开展民主行风评议

1998年始，县纪委组织县人大代表、政协委员和工商代表，对执法部门和经济管理部门进行评议，废除制约经济发展的条文。2002年，组织法院、工商局、财政局、通讯公司等全县48个执法机关、经济管理部门和社会服务单位开展以“树立行业新风，优化发展环境”为主题的民主评议行风活动。制定下发《中共威县纪委关于在全县开展民主评议行风活动的安排意见》及实施细则，成立县民主评议行风工作领导小组。

2005年，组织社会各界代表50人，对县二中调整收费标准情况进行听证。对全县所有中小学普遍实行“一费制”，通过听汇报、走访学生、看书包、查账目、召开座谈会等多种形式，查出少发学生作业本费2.16万元，代收费12万元，各类乱收费5.8万元，并对发现的8个问题进行督导整改。

2007年，对县49个参评部门进行民主评议测评，全县问卷总数拟定为1680张，其中市分配到县的测评票980张，县对窗口单位和基层站所700张。对连续两年被评为民主评议活动优秀单位的县工商局、县物价局、县建设局、县教育局、县广电局、县移动公司、县邮政局等7个行风建设优秀单位，实行免评两年；对连续两年被评为民主评议活动优秀窗口单位的县交通局稽征站、县财政局政府采购中心2个行风建设优秀窗口单位，实行免评两年。

2009年，对县48个参评部门进行民主评议测评，含检察院、法院两个单位，实行群众旁听现场询问质询活动。在以往从人大代表、政协委员、特邀监察员中选聘代表评议调查、现场质询的基础上，专门邀请20名相关群众代表旁听，赋予旁听群众代表现场询问权。10名评议代表就关注的热点问题向被评议单位领导现场质询，被评议单位现场答复，并对询问的问题做出说明和承诺。

案件受理与查处

案件受理　1980—1985年，县纪委所受理的均为1949年后尤其是“文化大革命”中所造成的冤假错案。自1988年至1993年2月，县纪委共受理信访举报28件次，举报信访案件年终结案率100%；对匿名举报信也以一定的形式将查处结果予以反馈。1993年3月，纪委、监察局合署办公，至2005年底，全县纪检监察机关共受理群众来访1875件次，其中来信1413件次，来访429批次，共780人次，举报电话33件，结案1837件，结案率98.5%。2006—2009年，县纪委监察机关共受理群众来电来信来访共计533件次，其中市纪委转来信317件次，直接受理来信来电201件次，来访83批次，共144人次，署名举报241件次，匿名举报292件次。

案件查处　1990—2006年，全县共查处各类案件971起，结案966起，结案率为98%，大要案126起，涉及科级干部54人，一般干部98人。处分干部967人，其中党纪处分：开除党籍131人，撤销党内职务149人，党内严重警告376人，党内警告311人。按性质分，贪污182人，违反廉洁自律436人，其他208人。行政处分：行政开除7人，行政撤职6人，行政降级3人，行政记大过9人，行政记过18人，行政警告13人。

2007—2009年，全县共查处违纪违法案件340起，给予党政纪处分340人，所报案件无一申诉，案件优质率达到100%。

行政监察

1994年，监察局针对公路“三乱”、棉花种植和收购、计划生育及大中专招生、征兵、清理小汽车等项工作开展专项执法监察。到1995年，监察局共开展执法项目13个，提出建议34条，协调解决问题18个，立案调查12起，给予党政纪处分8人，避免和挽回经济损失252.8万元。1996—1997年，针对减轻农民负担、中考、干部职工建私房、预算外资金、公款吃喝、政务公开、建筑市场管理、环境污染、统计法、手机、电话清理等项目开展执法监察，提出建议261条，协助建章立制114项，推广先进典型15个，查处违纪金额433.5万元，节约金额10281万元。1998年，开展执法监察项目17个，查出违法违纪金额108.7万元。重点清理公安、检察、法院和工商四部门的预算外资金，并初步实行“收支两条线”管理。认真开展督促检查和专项监察，全县共查处涉农负担案件14件，取消涉农负担项目11个，减轻农民负担40万元。全县在办理减轻企业负担的收费许可证、收费通知书和企业收费登记卡三项制度方面全部得到规范落实。1999年，以县委、县政府名义转发《关于在全县开展机关效能监察的实施方案》，着重对政府公务人员在廉洁自律、工作效率、令行禁止、依法行政、服务观念等方面开展行政效能监察。同时在上年落实“收支两条线”规定的基础上，将范围扩大到26个单位。按照省委《关于在全省推行四公开工作的意见》，全面推行村务、政务、厂务和校务四项公开。组织开展执法监察项目11个，查出违法违纪金额595万元，开展减负执法监察7次，参加检查人数123人，重点检查单位208个，查纠各类问题30个。

2000—2001年，开展专项监察23项，查出违法违纪金额401.3万元，为国家挽回经济损失847万元，立案查处47件，给予党政纪处分35人，批评教育5人。抽调专业人员对2000年和2001年国债转贷资金和社保资金进行“两金”专项清理，清纠37.5万元。在全县范围内开展打击制售假冒伪劣商品、土地管理两项重点执法检查。2002年，在全县各执法部门推行政务公开。将执法主体、执法依据、执法程序、办事期限、办事结果、承办机构和执法人员、法律责任以及行政管理相对人依法享有的权利、对违法行为的投诉方式等，通过政务公开的形式向社会公布，增加透明度，以公开促公正，主动接受监督。2003年，制定下发《关于经营性土地使用权招标、拍卖、挂牌出让情况执法监察工作方案》，对2001年以来经营性土地使用权出让情况进行统一清理，收回国有土地75.6公顷，查处各类土地案件33起。组织开展“小金库”和银行账户专项清理执法监察，清理账户27个，取消3个，查出“小金库”5个。针对防治“非典”工作开展专项执法监察，立案调查9起失职渎职问题。2004年，会同有关部门完善政府对土地的集中统一管理和收购储备制度，加强土地补偿费用管理使用发放情况的监督检查，督促青银、邢临两条高速公路占地补偿费发放到户，共计发放补偿费4051.7万元。同时，对拖欠工程款和农民工工资方面的问题进行监察，解决拖欠款1248.06万元。继续开展落实“收支两条线”管理执法监察，清理整顿县直单位（含下属）75个、乡镇16个，同时将清理重点延伸到执法部门罚没、暂扣物资等方面，共查纠违纪资金109.37万元，清理罚没、暂扣车辆15辆，清理罚没物资96.9万元。

2005年，进一步完善土地市场治理整顿工作，全年共计发放土地补偿费1140.68万元。成功收回闲置土地6宗，总面积2.65公顷，价值2000万元。成功挂牌拍卖3家，实现土地出让金647万元，完成3个乡5个村的沙荒地开发181.5公顷，总投资600万元，新增耕地140

公顷。配合和督促环保部门纠正企业违法排污、危害群众健康的行为，发整改意见书15份。抓好企业重组改制中侵害职工合法权益的问题，对企业在重组改制和破产中的操作程序进行有效监督。加强对建设工程招投标情况的监督检查，对全县各单位《中华人民共和国行政许可法》的贯彻落实情况进行监督检查；对全县行政事业性收费项目和标准进行清查，共清理收费项目870个，取消130个，降低收费标准92个，减负300余万元。印发《关于对造成计划外生育问题实行责任追究的暂行规定》，认真开展计划生育专项执法监察。围绕经济软环境建设开展执法监察，受理投诉13起，纠正违规行为9起，处理影响经济发展环境案件8起。全面开展专项资金综合治理工作执法监察，共清理项目单位38个，专项资金7608.2万元，查出有问题资金173.8万元，纠正167.5万元，查办案件6起，追回违规违纪资金3.6万元。

2006年，按照市委、市政府“全党抓经济、突出抓项目、强力抓环境”的要求，把打造“黄金”环境，作为推进跨越式发展的重要突破口，立足威县实际和发展要求，坚持群防群治，构建全方位监督网络，使全县发展环境得到明显改善和优化。全年共受理群众咨询举报44起，调查11起，没收违纪款2万元，退还企业不合理收费8000元，制止罚款5万元。

2008年，按照县委提出的“一二三”发展思路（即在威县唱响一个主旋律：在干中解放思想，靠发展凝聚人心；突出两大主题战略：招商引资和城镇建设；努力实现三大突破：项目建设、环境建设和农业产业化）的要求，在县电视台黄金时间开办“创环境、树新风”栏目；监督治理经济发展环境社会监督员和各监测点发挥应有作用，全年共受理群众举报54起，立案查处7起。

2009年，出台《威县优化经济发展环境问责的实施细则》和《严格禁止进企业检查收费的规定》等文件。参与制订县委、县政府《关于进一步优化经济发展环境的意见》，其中《威县优化经济发展环境问责的实施细则》一文被市优化办转发，并有广宗、隆尧、南宫、内丘等县市前来学习借鉴；进一步规范收费工作，经对全县各单位申报的227项收费项目进行清理审核，取消21项，停收27项，降低标准8项，其中，行政事业性收费共涉及29个部门，165项收费，取消20项，停收24项，降低标准5项；经营性收费涉及15个部门，106项收费，取消1项，停收3项，降低标准3项；制定印发《优化企业发展环境征求意见表》，并发放“优化环境重点保护单位”铜牌13块。

第二节　组织工作

党员队伍建设

县乡村三级整党　按照中央和省、市委部署，自1985年5月至1986年8月，县、乡、村三级分三批进行整党，按照“统一思想、整顿作风、加强纪律、纯洁组织”的要求，对在“文化大革命”时期犯有打、砸、抢等问题的130名党员视情节分别进行组织处理。

党员教育　1981年，主要学习中共十一届六中全会通过的《关于建国以来党的若干历史问题的决议》。1982—1985年，主要学习新党章、《邓小平文选》、整党决定及改革决定。1986—1990年，主要对党员进行坚持四项基本原则，反对资产阶级自由化等方面的教育。1992—1995年，主要学习邓小平南方谈话，建立社会主义市场经济等方面的内容。1995—

2009年，相继开展“三讲”教育、“三个代表”重要思想教育、“树、讲、求”教育、保持共产党员先进性教育、学习实践科学发展观。至2000年，共拍摄《群雁奋飞头雁领》《果实累累甜千家》《白衣使者的追求》《税务战线党建一枝花》《拳拳公仆心》《廉政风范录》《奉献之光在闪烁》《钢铁铸就辉煌》《绿色新星》《播撒希望的园丁》等几十部电教专题，分别介绍县一中、东赵庄、县修造厂等各行各业的党员、党组织的先进事迹。1999年，开展党员电教示范点创建活动，全县建成38个电教示范点。到2001年达132个。乡镇电教工作站建30个。2003年，建成远程教育教学C站，创办《威县党员电教》乡土音响教材，制作《堡垒颂歌》《枝开电教别样红》专题片，分别介绍北街村党支部的先进事迹和县电教工作的成就。2008年，作为全市第二批远程教育推广县，共安装终端站点236个。2009年达538个，所制作的专题片《为人民服务一面旗》、《老骥仍抱千里志》（高公庄乡东赵村党支部书记王双杰事迹）等分别在河北电视台（农民频道）和邢台电视台一套播出，并获省委组织部年度评比一等奖。

图14－4 农村党员技术培训/2008年摄

处置不合格党员 1988年，根据上级会议精神，出台《中共威县县委关于处置不合格党员的实施意见》，列出不合格党员标准，至1992年处置不合格党员91人，其中开除党籍20人，取消预备资格4人，劝退除名3人，受其他党纪处分的64人。1993—2005年，结合开展民主评议党员活动，严格处置不合格党员，先后评出不合格党员169人，并视情节分别作了处置，其中限期改正14人，除名13人，劝退10人，取消预备党员资格22人，给予其他党纪处分的110人。2006—2009年，4人被开除党籍，2人被取消预备党员资格。

流动党员管理 1995—2004年，实行流动党员活动证制度，256名流动党员全部持证参加所在地党组织活动。随着改革开放的深化和市场经济的发展，党员的流动性出现新情况和新问题，流动党员人数日趋增多，为教育管理带来新的困难。2005年，威县结合开展保持共产党员先进性教育活动，出台《关于加强流动党员管理的实施意见》，探索建立流动党员规范化管理的长效机制。2007年，制定流动党员管理办法，对152名流动党员健全了县、乡、村三级管理台账，发放活动证。2008年，对135名流动党员健全了县、乡、村三级管理台账，发放活动证。2009年，对127名流动党员健全管理台账，建立手机信息平台。

基层组织建设

党建创新 1995—1997年，开展三年基层组织建设整顿活动。1998年，在全县普遍推行“村务公开民主管理”制度，实行乡、村两级书记“素质工程”。1999年，县委组织部出台《关于农村干部规范化管理的实施意见》《关于加强教徒聚居村党组织建设的意见》《关于选派干部职工到农村任职的意见》，395名农村支部书记通过培训考试获取任职资格证书，按照双项选择，选派112名机关干部职工到80个村任职。2002年，组织千名机关干部到全县522

个村开展中共十六大精神宣讲月活动。2003年7月，被省委评为“基层组织建设先进县”。2004年，在全县农村开展“筑垒举旗”活动，组织宣讲团深入农村宣讲“中央一号文件”精神。2005年，开展“强化基层、集中整治”活动，加强乡村活动阵地建设，选派186名县、乡机关干部和160名大学生村官到村任职。2007年，实施“百、千、万”创业带动工程。培养300名农村支部书记创业带头人、2000名农村干部创业示范者、10000名农村党员创业标兵。2008年，开展万名干部下基层工作，健全落实制度、强化督导管理，促进奥运期间的和谐稳定，被市评为“万名干部下基层工作先进单位”。

阵地建设　1987年，32个乡镇建起乡镇党校。1995—1997年三年基层组织整顿活动中396个村建起“两室”（党支部办公室、党员活动室），建室率为75.9%，“两机一室”配套覆盖率达到57.5%。自1998年，按照“抓两头、带中间”的工作思路，逐年增加阵地建设资金。2005年开展“强化基层、集中整治”活动，投资158万元，全县16个乡镇“一校两室”（党校、基层党建办公室、党员活动室）全部达标；投资180万元，新建农村“两室”129间，修缮374间，更新350个村办公设施，农村两室达标率91.6%。2005年完成县委党校整体搬迁，开通组织工作网站，建成中央党校远程教学C级站，在高公庄乡、第什营乡、梨园屯镇建成三个农村干部培训基地。2006年、2007年，分别确定为村级活动场所建设年和村级阵地建设年，累计投资680余万元，新建村级活动场所103个，完善提高102个，全县村级阵地达标率85%，典型做法在全市推广，并两次代表邢台市接受省委检查验收。2008年，先后投资500多万元，新建村级活动场所46个、提高185个，开通236个乡村远程教育站点，命名6个干部培训基地。2009年，先后投资360多万元，新建农村“两室”32个，规范提高85个。

后进村转化　1986年，通过整党，加强农村支部班子建设，39个三类支部班子转化为一、二类支部班子。1995—1997年，以整顿治理软弱涣散和瘫痪村支部为重点，对全县32个乡镇、522个村普遍进行整顿，选派180名县直机关干部到86个后进村进行对口帮扶，三年治理瘫痪村支部7个，解决56个村三年及以上未发展党员问题，共发展党员1783人，调整充实农村支部班子157个，使86个列入整顿范围的后进村全部转化升级。1998—2004年，每年按倒排5%办法确定后进村党支部进行整顿，先后治理整顿后进支部182个，其中76个跨入先进行列。1999年8月—2000年11月，结合治理转化后进村，从34个县直单位和16个乡镇选派111名干部、职工到80个村任职。2004年，选派102名县、乡机关干部到村任职。2005年，开展“强化基层、集中整治”活动，对按10%倒排的52个后进村支部和新摸排的75个后进村进行集中整治，选派186名县、乡机关干部和160名大学生村官到村任职，实行县级干部、县直部门、下派干部、乡镇党委“四位一体”合力帮扶制度，落实转化责任制，使后进村全部如期转化，有25个村跨入先进行列。2006年，对摸排出的26个后进支部和两委换届中新出现的4个后进村，采取县级干部联系、县直部门分包、下派干部任职、强化乡镇党委责任“四位一体”合力帮扶措施，有18个村跨入先进行列。2007年，对年初确定的38个后进村，精选63名县直机关干部到31个村任职锻炼，并强化督导管理，逐村建立后进转化台账，实行捆绑式考核，使38个后进村如期实现转化，且有16个村跨入先进村行列。2008—2009年，对55个后进村进行合力整治，有52个村实现如期转化，受到市委组织部的肯定。

干部管理

干部人事制度改革　中共十一届三中全会以后，恢复干部考核制度。20世纪80年代，注重按照干部“四化”（革命化、知识化、年轻化、专业化）要求进行选拔。

1990年7月，为加强对股级干部的宏观管理，县委组织部制定《关于选拔配备股级干部的意见》。1992年5月，为各乡镇配备科技副乡镇长，并出台《关于加强科技副乡镇长管理工作的意见》，9月，建立健全乡镇企业经济委员会。1995年，对新提拔的35名局级干部实行助理制，其中11名实绩突出的干部被县委正式委以重任。1996年11月，研究制定《关于选拔任用乡局级干部实行公示的试行意见》，在全国较早试行党政领导干部任前公示制。1998年11月，由省、市、县联合调查形成的《关于威县选拔任用干部实行公示的调查》在《河北组工通讯》刊出，引起中央、省、市有关领导的重视，中共中央政治局常委、书记处书记胡锦涛，中共中央组织部部长张全景，河北省委组织部部长赵世居分别作出批示。2000年，出台《关于建立与领导干部谈话制度的意见》《关于科股级职位竞争上岗的实施意见》。2001年，先后制发《关于干部重大事项报告制度有关问题的通知》《关于对乡局级领导干部实行任期经济责任审计的意见》，共对30名干部进行谈话，对90名乡局级领导干部进行审计。2007年，按照民主推荐与组织认可相结合、资历与能力相结合、个人要求与工作需要相结合原则，严格领导班子职数配备，对26名新提拔县直科级干部实行试用期制。2008年，对4名试用期满、考核合格的科级干部进行正式任命。

干部选拔培养　1992年10月，制定《1992—1994年培养选拔党外干部工作规划意见》。1995—1998年，贯彻落实《党政领导干部选拔任用暂行条例》，先后任免乡局级领导干部15批次，提拔干部194人，重用95人，平职交流166人，降免职23人。1996年，公开选拔县商业局局长。1998年12月，结合乡镇领导班子换届，对16个乡镇领导班子进行调整充实。2002年5月，试行公开推荐、公开选拔乡局级后备干部（简称“公推公选”）制度，先后公推公选正科后备106人，副科后备190人；6月，公开选拔乡镇党委书记7人、乡镇长7人；8月，公开选拔县教育局局长、建设局局长。2003年7月，制定《关于抓紧做好选拔培养非党干部工作的意见》。2005年9月出台《乡科级领导干部考察任免工作规程》；11月，结合乡镇党委换届调整交流乡镇干部175人。2006年，结合乡镇党委换届，调整乡局级班子20个，调整交流干部179人，优化班子结构，消化超职数问题；对县直单位股级干部进行重新登记和审核，解决了24个单位股级干部超职数配备问题；对61名新提拔的科级干部进行任前公示和任职谈话，对30名工作变动的乡局级正职进行任期经济责任审计。2007年，按照乡局级后备干部配备比例要求，通过民主推荐、理论测试、组织考察等程序，选拔正科级后备干部196人，副科级后备干部313人；结合领导班子换届调整，对提拔的163名乡局级干部进行廉政谈话和任职谈话，对26名工作变动的乡局级正职进行任期经济责任审计。2008年，先后调整充实乡局级班子26个，调整交流乡局级干部79人，对新提拔的45名乡局级干部实行考察预告和任前公示。2009年，完善了民主推荐、民主测评、考察预告、任前公示、干部交流等制度，调整充实乡局级班子26个，调整交流乡局级干部37人，进一步优化了乡局级班子结构。

干部下派、挂职锻炼　1993年3月，县委从县直局级干部和优秀局级后备干部中选派一批同志到村任职两年。1997 年 5 月县委抽调 27 名年轻干部到后进村、亏损企业挂职锻炼，或到信访部门帮助工作，时间为一年。1999 年 8 月，选派干部职工 100 名（其中县直选派 40 名，乡镇选派 60 名）到农村任职，时间为两年。2005 年 7 月，选派 61 名县直单位副科级后备干部到 13 个乡镇的 28 个后进村任支部书记或副书记，并挂职副乡镇长，时间为一年；选派 9 名乡镇正科级后备干部到丝网业和养殖业发达的衡水市安平县挂职锻炼，挂职时间为一个半月；9 月，选拔 6 名科级后备干部驻上海、广东东莞、天津等地任外事办主任、副主任；12 月，选派 6 名乡镇正科级干部到栾城县进行为期一个半月的挂职学习。2007 年，选派 16 个乡镇党委书记到发达地区挂职锻炼，制定严格的考核管理办法。公开选拔妇女、非党、少数民族后备干部 32 人，到 16 个乡镇挂职副乡镇长。2008 年，推行“外挂”“内挂”等干部培养模式，选派 16 名乡镇长和新区主任到发达地区挂职，选派 160 名乡局级后备干部到乡镇、到后进村挂职，抽调 48 名优秀干部到信访局、政法委、“三年大变样”拆迁一线等艰苦岗位进行锻炼。2009 年，选派 156 名有基层工作经验的干部到后进村挂职，选派 142 名优秀干部到项目建设主战场，选派 237 名后备干部组成 79 个招商小分队奔赴招商一线，抽调 46 名干部到信访、政法等岗位锻炼，提高能力、锤炼作风。

干部培训　1985 年始，实行干部岗位培训，县委、县政府将部分在职干部输送到大学和省、地干校学习，县劳动人事局还专门对干部进行业务培训。1996，县委组织部年制定《威县 1996—2000 年干部教育培训规划》，是年 10 月，举办乡局级干部培训班一期，培训新提拔乡局级领导干部 80 人。1998 年 4 月对科股级公务员进行任职资格培训；11 月举办全县领导干部法纪培训班，170 人参加培训。1999 年 6 月，举办两期副乡级干部农村政策法规培训班，100 名乡镇副职参加培训。2000 年 11 月组织举办优秀青年干部培训班，60 多名优秀青年干部参加培训。2002 年 8 月，举办党政领导干部“为官”教育培训班；2005 年 7 月，举办县直下派干部培训班，62 名干部参加培训；8 月，举办大学生村官培训班，160 名大学生村官参加培训；12 月威县被市委组织部命名为全市培训工作先进县。

2006 年 5 月，研究制定《威县 2006—2010 年干部教育培训规划》。6 月，举办新提拔科级干部培训班，30 名干部参加培训，并到邢台县前南峪进行参观。10 月，举办一期乡镇组织员培训班，40 名乡镇组织员参加培训，并到河南濮阳西辛庄村参观考察。

2007 年，制定干部党员年度培训计划，以乡局级干部和农村两委干部为重点，累计培训各类党员干部 8000 余人次。2009 年，启动青年干部培育工程，制定《关于实施青年干部培育工程的意见》和《实施方案》，公开选拔出 310 名优秀干部，进行为期一年的培育。实施以“进党校、进基地、进院校”为主要方式的“素质提升”工程，先后举办青年干部、县乡党务干部、农村“两委”干部等培训班 60 余期次，培训党员干部 1.5 万余人次；依托市农校、职教中心等教育资源，开展“送教下乡”活动，组织 1000 名农村党员干部参加“学历班”教育，提升了党员干部的综合素质和能力。

干部考核　1995 年 4 月，成立威县干部考核委员会，下设办公室，挂靠县委组织部。同年 5 月，县委出台《关于建立乡镇领导班子和领导干部目标责任制的意见》和《关于建立县直单位领导班子和领导干部目标责任制的意见》两个专件，1996 年 3 月，首次对全县 32 个乡镇、65 个县直单位进行考核，并对考核为优秀的 16 个乡镇、39 个县直单位以及 118 名领导干部进行表彰，兑现奖金 8 万余元。同时，给予考核为较差的 1 个乡镇和 3 个县直单位领导班子黄牌警告，其单位一把手免职警告，并兑现罚款。1998 年，县委根据考核结果，给予司法局领导班子全体成员就地免职的处理。

2002 年 6 月，县机构改革撤销干部考核办公室，其职责并入县委组织部。2007—2009 年，进一步修订《乡局级领导班子和领导干部考核办法》，突出重点工作重点考核，加大招商引资、项目建设、信访稳定等工作的考核力度，树立“鼓励创新、激励发展”的导向。

知识分子工作　1988 年初，县委、县政府联合制定《关于做好专业技术拔尖人才管理的试行意见》。选拔出第一批县管拔尖人才 9 人。其中从事艺术工作的 2 人、农业技术工作的 1 人、统计工作的 1 人、教育工作的 3 人、畜牧工作的 1 人、企业管理 1 人。1997 年 3 月，成立专家咨询服务团，服务团下设农业农机、医疗卫生、畜牧养殖、林果种植、教育文化、企业管理 7 个专业小组。1998 年，调整充实县知识分子工作领导小组，县委副书记荀保金任组长，县委常委、组织部长赵建忠和政府副县长李德广任副组长，成员由县委办、组织部、宣传部及农、林、畜、教育、卫生、人事等部门的主要负责同志组成。5 月，高公庄乡科技副乡长王迎赏被评为邢台市十佳科技副乡（镇）长。10 月，制定《关于进一步加强县管拔尖人才选拔和管理工作的意见》，对县管拔尖人才的选拔、管理、待遇等方面做出具体规定。1999 年，选拔第二批县管拔尖人才 9 人，乡土人才 82 人。12 月，推荐上报 4 人参加市级专业技术拔尖人才选拔评选，有 2 人被评为市级拔尖人才。2000 年初，对第二批县管拔尖人才的使用和管理落实责任目标，逐人签订目标管理责任书。2002 年 1 月，邢秀石、宋连君两位同志被评为第五批市管拔尖人才。2007 年，成立由县委书记担任组长的县委人才工作协调小组，撤销县知识分子工作领导小组。2008 年，开展第三批县管拔尖人才评选活动，评选出农、林、教育、卫生、企业管理等类型各类拔尖人才 8 人。

第三节　宣传工作

学习宣传

1979 年始，重点学习和宣传中共十一届三中全会以来的党的思想路线和理论路线，开展真理标准的大讨论，纠正“两个凡是”的错误观点，坚持党的基本原则，坚持改革开放。1984 年，学习和宣传党的以经济建设为中心的思想路线，教育广大党员、干部转变观念，发家致富，大搞商品经济。

图 14－5　威县标志

1987 年底，组织全县 1000 余名党员干部，学习和宣传党的关于社会主义初级阶段的基本理论，宣讲社会主义初级阶段党的“一个中心，两个基本点”（以经济建设为中心，坚持四项基本原则，坚持改革开放）的基本路线。其主要内容为：《科学社会主义》《建设有中国特色社会主义》《坚持四项基本原则、反对资产阶级自由化》等，并组织县直机关 250 多名副科级以上的党员干部，参与县组织的解放思想报告会，深化广大党员干部群众对学习宣传中共“十三大”精神实质的理解。1990 年，组织全县各级党员干部学习宣传哲学、政治经济学、科学社会主义和社会主义建设纲领课程，开展“双学”活动（即系统学习党的建设理论、学习党的历史知识），举办各种“双学”活动交流会、报告会、座谈会及知识竞赛等活动。中共十四大召开后，学习和宣传江泽民总书记十四大报告，邓小平建设有中国特色社会主义理论，并围绕坚持党的基本路线不动摇，建设社会主义市场经济等内容进行深入学习和宣传。印发《关于在全县党员干部中开展学习建设有中国特色社会主义理论和党章活动的通知》，把学习《中国共产党党章》《邓小平文选》同学习十四大文件结合起来，总体提高广大党员干部的思想理论水平。2001 年，抽调县直机关党员干部深入到全县 16 个乡镇进行“三个代表”重要思想宣传学习。2006 年，结合威县自身工作实际，组织县委理论中心组集中封闭式学习“八荣八耻”和《中华人民共和国国民经济和社会发展第十一个五年规划纲要》，树立科学发展观的发展理念，采取外出参观、看录像、集中学习等方式，贯彻落实党的十六届四中全会精神，进一步解放思想，一心一意搞经济，促进招商引资动员工作健康发展。2007 年，组织有关单位深入到全县 16 个乡镇开展贯彻落实党的十七大精神系列宣讲活动，为全县招商引资营造浓厚的舆论氛围。2009 年，在第二批和第三批学习实践科学发展观活动中，采取集中学习、主题讲座、交流研讨、参观交流等方式，促使党员干部的思想转化。先后邀请省委党校副教授李志勇作“学习实践科学发展观”主题讲座，聘请经济学家张凤岗、赵海成作“金融形势”报告会，聘请昆山和省商务厅专家对县乡干部进行“招商引资”业务培训。

图 14－6　2009 年 8 月 28 日，威县党政门户网开通仪式

思想教育

社会主义思想教育　按照省、市委的有关要求，威县于 1990 年冬着手部署全县农村社会主义思想教育活动（简称社教），成立威县社会主义思想教育活动领导小组，并下发《关于在全县农村开展社会主义思想教育活动的实施意见》。12 月，召开全县三级干部大会，对“社教”活动进行动员和发动。县委从县直部门抽调 210 名副科级以上干部，各乡镇抽调 200 名干部，组织 400 多人的社教工作队，进驻 200 多个村，帮助开展“社教”活动。这次“社教”活动的主要内容是：对农民进行社会主义优越性教育；有关农村的现行政策、法规的教育；坚持走共同富裕道路的教育；正确处理个人、集体、国家三者之间利益关系的教育；培养社会主义新风尚的教育；坚持党的领导的教育。这次农村“社教”活动历时 5 个月。1991 年 4 月 20 日开始，“社教”的对象是全县党政机关、企事业单位、学校的党员干部职工。这次教育活动有 6000 余人受到较为系统的社会主义思想教育，受教育面达 98%。12 月，县委安排部署历时 4 个月的思想教育活动。市委 30 余名社教巡视员、联络员，县抽调 100 余名副科级以上干部，乡镇抽调 200 余名干部，组织 400 多人的“社教”队，进驻 180 多个村，帮助乡（镇）村开展教育活动，至 1992 年 4 月，较好地完成这次“社教”任务。

1997年3月，县委印发《关于在全县深入开展经常性社会主义思想教育的意见》。经常性教育的内容有广泛开展社会主义思想道德教育，促进中共十四届六中全会精神的深入贯彻落实，热烈庆祝香港回归祖国，广泛进行爱国主义教育，振奋民族精神，迎接党的十五大召开，深入开展党的基本理论、基本路线和宗旨教育。12月，县委下发《关于在全县城乡集中开展党的十五大精神教育活动的实施方案》，这次集中教育活动围绕“解放思想，加快发展”这一主题，深入学习贯彻中共十五大精神。

2001年12月，在全县农村集中开展道德教育活动。集中教育以实施《公民道德实施纲要》为主线，着力提高公民素质，开展社会主义公德教育，开展以诚实守信为主要内容的职业道德教育，开展崇尚科学、移风易俗、尊老爱幼的家庭美德教育。

邓小平理论教育　1992年5月开始，县委组织县直党政机关、企事业单位、学校开展“解放思想、扩大开放”大讨论，对全县党员干部集中进行邓小平理论教育。集中教育的目的是，落实邓小平南方讲话精神和中共十四大会议精神，破除全县党员干部“左”的思想、旧的传统观念和小生产意识的束缚，树立与发展社会主义市场经济相适应的思维方式和价值观念，为深化改革，扩大开放，创建良好的思想基础、舆论环境和社会环境。

1993年5月，县委下发《关于在全县职工中开展社会主义市场经济教育的实施意见》，将邓小平理论教育具体化，并指导创业实践，集中教育时间为5个月。1994年6月，在全县范围内开展解放思想大讨论活动，进一步对干部群众进行邓小平理论集中教育。教育的对象是全县党政机关、企事业单位、学校、各乡镇机关党员干部。学习内容有《邓小平文选》第三卷、邓小平南方讲话等。

1998年6月，中共中央发出《关于在全党深入学习邓小平理论的通知》，以促进邓小平理论教育的深入开展。县委组织全县党员干部对邓小平理论进行深入学习。

“三讲”教育　遵照《中共中央关于在县级以上党政领导班子和领导干部中深入开展“讲学习、讲政治、讲正气”为主要内容的党性党风教育的意见》。1999年11月，县五套班子成员开展“三讲”教育。这次“三讲”教育总的要求是，推动县级以上党政领导班子深入学习邓小平理论和中共十五大精神，提高政治素质，加强党性修养，端正思想作风。五大班子及法院、检察院领导班子成员参加了学习教育，并经过思想发动、学习提高、自我剖析、听取意见、交流思想、开展批评、认真整改、巩固成果等几个步骤，在12月底前基本结束。

2000年4月，县委发出《关于在全县开展“三讲教育”活动的实施意见》，动员全县各乡镇、县直各单位党员干部深入开展“三讲教育”活动。

“三个代表”重要思想教育　2000年7月，县委发出《关于深入学习、宣传江泽民总书记“三个代表”重要思想和论述的通知》在全县掀起学习、实践江泽民总书记“三个代表”重要思想的高潮。广大党员干部认真回顾中共十一届三中全会以来，全县改革和建设所取得的各项成就，进一步坚定理想信念，增强改革发展的紧迫感，进一步弘扬艰苦创业的精神，推动经济和各项事业发展。

2003年，“非典”时期，威县“三个代表”思想教育的重点是呼吁全县各条战线的党员干部齐心协力，克难攻艰，众志成城，互相关爱，互相帮助的文明意识和奉献精神。2005年，中央一号文件制定出台，“三个代表”思想教育的重点是学习贯彻中央一号文件精神，配合省、市、县三级宣讲团，号召党员干部为切实解决“三农”问题做好服务工作。2006年，

“三个代表”重要思想教育活动的重点是学习贯彻中共中央十六届四中全会和五中全会精神，围绕社会主义荣辱观教育、“十一五”规划纲要、社会主义新农村建设和《江泽民文选》等内容，把“三个代表”重要思想的学习贯彻推向新的高潮。

保持共产党员先进性教育　2005 年 2 月 3 日，全县召开保持共产党员先进性教育活动动员大会。会后，县委宣传部周密部署，成立由常委、宣传部长任组长的先进活动领导小组，制定出台《中共威县县委宣传部关于深入开展保持共产党员先进性教育活动的实施方案》，对先进活动的每个环节进行细致的安排部署。为配合全县先教活动的顺利开展，从宣传部抽调 3 名同志到县先教办集中办公。加大对上对外宣传报道的力度，及时宣传报道全县先教活动中涌现出的典型事迹、典型人物和典型经验。

学习实践科学发展观教育　威县第二批学习实践活动从 2009 年 3 月 9 日全面启动，到 8 月底基本结束，第三批学习实践活动从 2009 年 9 月全面启动。两批学习实践活动中，省、市共刊发威县信息稿件 56 篇，市委书记姜德果、市长刘大群先后数次到威县专题调研参观，威县在全市综合排名均在前 3 名，市学习实践活动办公室宣传组组长李秋君先后两次率领市两台两报记者到威县进行采访，将威县学习实践活动的经验在全市进行推广。

新闻报道

宣传队伍　1979 年，县委宣传部有通讯干事 1 人，负责组织群众撰写稿件，向上级新闻单位投递。1979 年后，全县通讯报道工作由县委宣传部主抓，新闻报道开始走向正规。1985 年，宣传部报道科设专职人员 2 人，全县有骨干通讯员 22 人。1990 年，全县骨干通讯员增至 55 人。1979—1990 年，全县共举办新闻工作者和通讯员培训班 60 余期，5500 人次。其中 1988 年，举办新闻专业大专班，50 名采编人员参加学习。1991 年经县委研究批准，从全县招聘 16 名骨干通讯员，他们工作在乡镇，由乡镇和宣传部实施双重管理。是年，宣传部还举办 6 期通讯员培训班，培训通讯员 250 多人次。1993 年上半年，各乡镇成立新闻通讯报道小组，由乡镇专职兼职通讯员和业余通讯员 3 至 5 人组成。1995 年上半年，聘请河北日报社、河北人民广播电台、邢台日报社、邢台广播电台的记者和编辑，联合举办通讯员培训班。

1997 年初，确定每年拿出专项奖金用于通讯报道工作，各乡镇党委还制定加发稿酬、表彰奖励等激励措施。4 月，县委下发《关于加强新闻宣传工作的通知》，对乡镇和县直单位下达年度通讯报道任务指标。1998 年，全县专职、业余通讯员 180 多人，形成上下贯通的通讯报道网络。1999 年邀请《河北日报》《河北经济日报》《共产党员》杂志及省电视台、电台的编辑、记者到威县举办培训班 2 期，培训通讯员 200 人次。

2008 年，成立威县报社，有工作人员 3 人，编辑出版《威县报》，每周一期，每期四版，开辟县内宣传领域新阵地。2009 年，全县通讯员队伍建设得到进一步加强，举办 2 期培训班，提高全县通讯员的整体素质。《威县报》进行改版，扩版为每期八版。

新闻稿件　为推动威县改革开放，扩大威县的知名度，所写稿件除供威县广播电视所用外，还积极地为上级新闻单位提供稿件。1985—1990 年，全县共投稿 3000 余篇，其中在国家级报刊、电台、电视台刊登和播出稿件 32 篇，在省级报刊、电台、电视台刊登和播出稿件 500 篇，在地区级报刊、电台、电视台刊登和播出稿件 2310 篇。1991 年，市以上新闻单位用稿达 506 篇。1994 年 3 月和 10 月，县委宣传部两次邀请省、市新闻单位记者、编辑到威县进行较大规模的采访活动，围绕乡镇、双高一优农业和棉花加工厂等骨干企业的技术改造及经济战线上的标兵等专题，作了大量的宣传报道。是年，全县市级以上新闻单位用稿600篇，县委县政府对16个通讯报道先进集体、21名模范通讯员进行大会表彰。

1997年，全年市级以上新闻单位用稿690篇，其中《邢台日报》刊用230篇，内有50多篇报道威县发展民营经济的做法和典型。市广播电台、电视台用稿160篇。1999年，先后聘请市以上新闻单位记者30多人次到威县采访。《河北日报》刊发的通讯《威县农民动脑筋种田向土地要钱》，引起强烈反响，备受社会各方关注。

2003年，围绕威县义和团纪念馆开馆暨经贸文化交流洽谈会的召开，精心组织和宣传，并邀请《人民日报》《河北日报》《邢台日报》《牛城晚报》等十几家新闻媒体记者进行专访报道。全年市级以上新闻单位用稿850篇，4人被《邢台日报》评为优秀通讯员。

2006年，在省级以上重点新闻单位用稿有所突破，7月22日，《河北日报》头版头条刊发《水变甜来村变新——发自威县小高庙村的报道》，并附编辑短评《整村推进形成合力》。9月18日《中国人口报》一版刊发《威县在全省率先推行星级管理新模式育龄妇女小组长争比摘“星”》。11月16日，《河北经济日报》组织专版，专题报道《河北民营经济——威县篇》，一系列重点报道的推出，在社会上引起广泛的反响。2007年，全年在市级以上新闻单位用稿900多篇。重点在《河北日报》《河北电视台》《燕赵都市报》《邢台日报》等媒体宣传报道威县在全省首推农村治安保险“十元钱工程”这一典型事迹。2008年，邀请《河北经济日报》《邢台日报》《牛城晚报》记者对威县开足马力加快抗震救灾安置房生产进行集中报道。全年在市级以上新闻单位用稿900多篇，其中，在《邢台日报》组织《解放思想全民创业全力打造活力威县》《威县迎“七一”旗帜鲜明谋跨越》《威县：39万农民受惠新农合》三个专版。9月30日，中央电视台10频道播出《“武林传奇”——仁者无敌》。

2009年，邀请中央电台、新华社、河北日报社、河北电视台、燕赵都市报社、长城网、邢台日报社、牛城晚报社等十多家媒体对威县人民公园开工奠基进行集中宣传，《邢台日报》《牛城晚报》、邢台电视台、邢台人民广播电台记者走进威县，开展看项目观城建大型系列宣传活动。在《河北日报》《燕赵都市报》《河北经济日报》《邢台日报》等媒体上重点宣传威县招商引资活动。全年在市级以上新闻单位用稿900多篇。其中，5月27日《人民日报》十三版《河北“维稳”纳入政绩考核》一文介绍了威县治安防控典型事例。11月13日《农民日报》七版刊发《威县720万元贴息贷款助农户建大棚》一文。

第四节　精神文明建设

1980—1995年，威县精神文明建设以培养“四有”新人（有理想、有道德、有文化、有纪律）为核心，在全县广泛开展文明礼貌月、治理脏乱差、反对封建迷信、倡导以文明科学为内容的群众性精神文明建设活动，全县社会风气明显好转。1996年始，遵循《中共中央关于加强社会主义精神文明建设若干重要问题的决议》，把精神文明建设摆在突出位置，纳入全县工作的总体布局。2003年后，威县以党的十六大精神为指导，以构建和谐社会为重点，以文明生态村创建为载体，推动了全县精神文明建设的纵深发展。

创建活动

文明单位　1999年9月，县文明委在全县范围内开展“四大杯”（素质杯、献礼杯、服务杯、效率杯）竞赛活动，11月开展花园式单位创建活动，全县评出花园式单位55个，此活动受到邢台市领导的肯定和表彰。同月，还印发《威县精神文明建设委员会关于开展创建企业最佳形象单位活动的实施意见》，邢台橡胶有限公司、威县东关皮毛厂等15家企业受到表彰。2000年对1999年创建的55个花园式单位提高了标准，为创建园林式单位打下基础。2001年，对县财政局、农行、国税局、交通局等30个单位进行“破墙见绿、破硬见绿、见缝插绿”绿化活动，推出县工商局、广播局、交通局等一批创建花园式单位的典型，并制作了以创建花园式单位为内容的专题片——《洺城绽放文明花》，引起强烈的社会反响。2002—2003年度上报市级文明单位40个，其中县财政局、交通局、电力局被评为省级文明单位。

图14－7　1988年，河北省委副书记、省政协主席李文珊（右四）到固献乡刘河北寨考察道德评议工作/黄成俊供图

2003年7月，县文明委印发《关于进一步深化创建花园式单位活动的实施意见》，9月，在全县开展各级文明单位及“三职一优”竞赛优胜单位参与的“百村文化帮扶”活动，对全县101个村和39个文明生态村建设试点进行二次帮扶。县财政局、计生局、农行、人行、电力局等29个单位参与此项活动。同年底，还在全县范围内开展评选文明服务示范窗口、文明服务示范岗台、文明服务示范标兵活动，并形成制度，作为每年年终的考核指标。

文明村镇　1998—1999年，威县16个乡镇522个行政村全部投入到创建活动中，全县90%以上村成立红白理事会和道德评议会。文明村镇评选范围进一步扩大，涌现出戚霍寨、杏园屯等一批各具特色的创建村。2000年，在全县调查摸底的基础上，筛选110个村作为县级文明村的创建重点。针对威县是农业大县的特点，县委、县政府确定“县乡联动、分级实施、典型引路、全面推进”的整体工作思路，在106国道、邢清、邢临等交通要道沿途选村布点，建立创建文明生态村示范带，在抓好市级东张庄、前花疃、戚霍寨3个村的基础上，以县城为中心选择基础较好的43个村为县级示范村，重点推进第二批文明生态村创建步伐，同时积极安排部署第三批文明生态示范村，以“点”带“面”，形成全县文明生态村示范网。2005年底统计，两年共建沼气池200余个，清理垃圾柴草6000余立方米，栽种花草树木12000余株，粉刷墙壁25000平方米，并先后组织2次全县范围的文明生态示范村参观活动。

文明户　1999年，县文明委开展创建“五星级”文明家庭活动。2000年后，县直单位参评户达100%，星级户达90%以上。创建活动中推出“六到位”做法，即县、乡、村三级建档到位；组织到位；“星级”文明户档案设置到位；“星级”文明户公开栏到位；“星级”文明牌挂放到位；宣传工作到位。此做法得到市领导的肯定，并作为先进经验在全市各县推广。2004年后，县文明委继续执行“六到位”做法，进一步规范“十星级”档案管理，并对全县

“十星级”公开栏进行统一检查，培树了戚霍寨、杏园屯等一批典型村，为全县的“十星级”文明家庭的创建树立样板。还在继续坚持县、乡、村三级建档的基础上，进一步完善档案管理，按照各户自报与群众评议相结合的办法，增强工作的透明度，并把“十星级”文明家庭的创建工作作为年终考核的重要内容。

文明窗口　自1998年始，县文明委每年年底都开展以文明执法、优质服务、便民利民为主题的“三杯竞赛”活动。2004年12月，县文明委印发《威县精神文明建设委员会关于开展评选“文明服务示范窗口”“文明服务示范岗台”“文明服务示范标兵”活动的通知》，在县直各单位开展大规模的评选，评选范围包括法院、检察院、公安、司法、工商、国税、地税、技术监督、环保、物价、土地管理、交通、卫生、电力等30多个部门。并分别制定评比条件和评选办法。此次活动共评出邢台市文明服务示范窗口8个，邢台市文明服务示范岗台8个，邢台市文明服务示范标兵13个。

社会教育

诚信教育　2005年7月起，威县开展第一个诚信教育年活动。8月，县精神文明建设委员会印发《关于在执法执纪和窗口服务部门开展诚信招商活动的实施意见》。该项活动由县纪委牵头，组织全县各部门和乡镇村共同参与，整个教育活动分宣传动员、活动落实和评定总结三个阶段。教育重点是建设诚信机关、诚信企业、诚信商户、诚信市场、诚信乡镇村户。要求各部门结合自身业务，建立管理或服务对象的诚信档案，并于每月月底前将工作进展情况报县纪委。同时严格执行失信惩罚制、责任追究制和赔偿制，及时加强督查，在评定总结阶段将诚信活动开展情况作为各部门和乡镇年度考核的重要依据。

移风易俗　1986年，针对部分农村仍不同程度地存在婚丧大操大办、铺张浪费、结婚要彩礼等陈规陋习，农村精神文明建设活动把移风易俗作为重点内容，对群众进行有针对性的学习教育。是年底，在全县绝大部分村建立红白理事会和道德评议会，将广大群众要限制、取缔和发展、推广的事项，写成村规民约，由道德评议会监督实施。1988年8月27日至29日，全省基层群众自治组织建设现场会理论研讨会在威县召开，推广威县的成功经验，省委副书记李文珊、宣传部部长刘荣惠出席会议。

第五节　农村工作

农村基层民主政治建设

20世纪80年代形成的以村民自治为主要形式的农村基层民主政治建设，是农村基层民主制度和农村治理的一种有效方式。

自1996年始，根据农村工作的新特点以及出现的新问题，在全县农村普遍开展村务公开工作。其主要内容是村财务、计生、宅基地发放等方面的公开，实施民主决策和民主理财。县委、县政府印发《关于认真贯彻〈河北省推进农村基层民主政治建设纲要〉的通知》，进一步明确推进农村基层民主政治建设的指导思想、主要任务和工作目标。1998年8月，召开全县三级干部大会，对农村基层民主政治建设全面起动，全县522个村普遍建立村务公开制度和组织，实现公开阵地、公开内容、公开程序、公开时间、公开档案“五统一”。1999年1

月，省委办公厅、省政府办公厅转发河北省农村基层民主政治建设领导小组办公室《关于1999年村务公开的意见》。随后，邢台市“两基”办下发《关于认真贯彻落实冀办发〔1999〕5号文件精神，切实抓好1999年村务公开工作的通知》。根据这两个文件精神，结合威县实际，全县村务公开在原来六项内容的基础上统一规定为12项：村经济社会发展规划和村委会年度工作计划；财务各项收入和支出（逐笔逐项公开）；乡统筹、村提留的收缴和使用，劳动积累工、义务工的使用；招待费开支和享受补贴的人员及标准；村集体所得收益和接受拨款、补偿费、捐赠款物的数额及使用；救灾、扶贫、助残等款物的发放；水价电价及水电费的收缴；公益事业经费筹集及实施情况；集体资产、资源管理和经营情况；宅基地的申报、批准和使用；计划生育、结婚登记情况，计生费的收缴和使用；村民普遍关心的其他事项。2000年后，每季度公开一次，公开程序为：村委会制定公开内容清单，填写公开档案表，经村民主理财小组或村务公开监督小组审核同意并签字，报乡（镇）农经管理部门审批后，利用公开栏向群众进行公开，接受群众的监督。

2003年11月，根据省委、省政府两办《关于2003年全省农村基层民主政治建设的安排意见》文件精神，邢台市委农工委、邢台市税改办印发《关于在全市农村建立“三资”管理台账的通知》，要求全市农村普遍建立起资金、资产、资源台账，对集体资产、资源的种类、数量、价值、承包经营方案、承包年限等情况详细登记，并向村民公开，接受群众监督。按照上级文件精神，威县农村于2003年底至2004年初普遍建立“三资”台账，并作为集体财产档案永久保存。2003年后，在全面开展村务公开的同时，普遍建立健全民主选举、民主决策、民主管理、民主监督等制度，逐步完善村民会议、村民代表会议、民主议政日、民主评议村干部、民主理财等各项民主管理制度，农村基层民主政治建设进一步得到加强。税费改革后，村务公开内容由12项增至14项，增加党务公示和村办集体企业厂务公开两项内容。2006年后又增加新农村建设情况和新型农村合作医疗情况，村务公开内容达到16项。村民的民主选举、民主决策、民主管理、民主监督四项民主权力进一步得到落实。

2009年，中纪委、中组部等12部委联合下发《关于开展村务公开和民主管理“难点村”治理工作的若干意见》。市委办公室下发专门文件进行安排部署，威县县委农工委制定实施方案，确定从2009年5月起，对全县倒排3%的“难点村”进行为期两年的集中专项治理。到2009年底，治理工作取得明显成效，部分“难点村”提前实现转化。

农村经济合作组织建设

1986年，县委、县政府制定“完善乡级，加强村级，发展民办”的指导原则，鼓励农民专业合作经济组织多样化发展，全县掀起第一次农民专业合作经济组织发展高潮。至1996年，全县相继成立棉花、蔬菜、养鸡、制种、耕种等专业合作社及协会510个，有近半数的村能够通过专业合作组织向农民有效提供耕、播、浇、收等统一服务。之后，这种半官半民、互帮互助、无偿服务为特点的合作服务，随着农村经济体制的深化和完善而逐渐消失。1998年后，全县大力推行农业产业化经营，按照“民办、民管、民受益”的发展思路，鼓励农民自愿组织起来，在生产、加工、销售诸环节联合经营，农民专业合作经济组织又一次迅速发展。2005年，全县建立起农民自愿联合的、以主导产业为依托、以专业化生产经营为特征、以合作服务为宗旨、以发展商品经济为目的的新兴民办专业合作经济组织55个，入社会员

4000 余人，辐射带动农户 12000 户，占全县农户总数的 10%，固定资产总额 600 多万元，年经营服务收入 1260 万元，为农民销售农副产品 8000 吨。从产业分布看，种植业 25 个，占 46%；畜牧业 15 个，占 27%；其他 15 个，占 27%。2007 年 7 月 1 日，实施《中华人民共和国农民专业合作社法》，该法颁布施行以后，威县农民专业合作社得到迅速发展。到 2009 年底，仅两年多的时间，全县在工商部门注册登记的合作社达到 150 多家，正常经营的有 105 家，其中注册资金百万元以上的就有 26 家。全县合作社按行业分，主要有棉花、畜牧养殖、蔬菜、水果、农资等 5 个行业，合作社成员总数达到 6000 多人，带动农户 3.5 万户；有 4 个合作社被评为省级示范合作社，有 2 个合作社被评为市级示范合作社；威县华威养猪专业合作社被命名为“河北省十佳农民专业合作社”。

减轻农民负担

20 世纪 80 年代，农村实行家庭联产承包责任制后，农民生活有了显著改善，但集体统一经营收入减少。为满足农村社会事业的发展，农民在承担农业税的基础上，还需要负担村提留、乡统筹以及劳务等法定费用。由于一度缺乏对农民负担的有效监控，导致农民负担加重。从 1991 年调查情况看，当时村提留、乡统筹人均 29 元，占上年人均纯收入的 7.2%，后经各级努力，农民负担得到逐步减轻。出台的政策条规有：

1984 年 3 月 14 日，省政府下发《关于减轻农民负担的若干试行规定》；1990 年 8 月 30 日，省政府下发《关于贯彻落实国发〔1990〕12 号文件，切实减轻农民负担的通知》，按照文件精神，中共威县县委、县政府成立威县农民负担监督管理领导小组，下设办公室，具体负责减轻农民负担工作的日常监督管理。

1991 年 12 月 7 日，国务院发布《农民承担费用和劳务管理条例》；1992 年 8 月，省七届人大常委会第二十九次会议通过《河北省农民承担费用和劳务管理规定》，按照该条例和规定要求，1993 年，威县开始执行农民负担预决算制度，要求村提留乡统筹不超过上年人均纯收入的 5%。

1993 年，国务院下发文件，宣布取消涉及农村的 432 项达标升级活动，纠正 10 种错误收费与管理办法，取消 37 项涉农集资、基金、收费负担。河北省委办公厅、河北省人民政府办公厅下发通知，取消省级国家机关出台的 15 项达标升级活动和 9 项涉农收费。威县对上述两个文件的主要精神进行落实据统计，1993 年减轻农民负担 360 万元，农民负担过重的问题得到有效遏制。

1996 年 12 月 30 日，根据中共中央、国务院文件精神，威县印发《中共威县县委、威县人民政府认真贯彻〈中共中央国务院关于切实做好减轻农民负担工作的决定〉的意见》。对减轻农民负担工作作出规定。同年，印发《中共威县县委、威县人民政府关于对农民负担问题进行专项治理的通知》，对农民群众最关心、反映最强烈的 8 个方面的问题进行专项治理。治理的主要内容包括：强行摊派农村养老保险；强行征订报刊杂志；结婚登记搭车收费；中小学乱收费、乱摊派、乱集资；擅自提高农村初级卫生保健标准，强行推销鼠药；强行推销碘盐；农村电价超限额和乱集资；超越农民承受能力兴办公益事业。同时针对上述 8 个方面印发 8 个专件，明确治理的重点和措施。通过专项治理，全县人均减负 9.8 元，共计减轻农民负担 484.2 万元。

1999 年，河北省第九届人民代表大会常务委员会第八次会议通过《河北省人民代表大会常务委员会关于进一步规范和加强村提留乡统筹费征收管理的决定》，同年，威县以“两办”名义印发《关于坚决杜绝涉及农民负担恶性案件发生的通知》。在此期间，县农民负担监督管理领导小组及其办公室严格落实各项农民负担监督管理制度，坚持不懈地开展农民负担专项治理，实现减轻农民负担工作“三不一降低”（即不出现村提留乡统筹费突破上年人均纯收入5%的村，不违规出台加重农民负担的项目，不发生因农民负担引发的严重事件和恶性事件，确保农民负担明显降低）的总体目标。

2000年，威县被河北省列入税费改革试点县，县委、县政府根据上级税费改革文件精神，印发《中共威县县委、威县人民政府关于农村税费改革工作的意见》，在全县全面组织农村税费改革，主要内容为“三取消、两调整、一改革”，“三取消”即取消乡统筹费、农村教育集资等所有专门面向农民征收的行政事业性收费和政府性基金、集资，取消屠宰税，取消统一规定的劳动积累工和义务工；“两调整”为调整农业税政策，调整农业特产税政策；“一改革”为改革村提留征收使用办法，村提留统一采用新的农业税附加方式收取，农业税附加比例为20%。当年，全县农业税正税为3263万元，附加653万元，共计3916万元，与税改前相比，减轻农民负担2494万元，人均减负50.9元，减负率为38.9%。2003年通过核实计税要素，到户计税耕地面积从61133公顷下调到58467公顷，调减耕地4800公顷，调减农业税及附加223万元。从2004年开始，按照省市统一部署，利用三年时间，全面减免农业税。2004年减少3个百分点，2005年减少2个百分点，到2006年，实现农业税零负担。

2008年，按照中央和省市关于农民负担问题专项治理和专项考核工作文件精神，威县减负办、威县纠风办制发《关于在全县开展减轻农民负担工作专项检查的通知》，对教育、财政、农业、土地、物价、水利、报刊、民政、计生、公安等10个涉农收费和政策方面进行专项检查，农民合法权益得到有效保护。2009年8月，威县减负办、威县纠风办联合下发《威县2009年农民负担突出问题专项治理安排意见》，进一步明确各有关部门的工作重点和责任分工，加大违法违纪行为的治理和查处力度，确保农民权益得到保护和农民负担不反弹。

村级公益事业一事一议

为解决村级公益事业建设的资金和劳务来源问题，中央规定村级公益事业建设所需资金、劳务，实行村民一事一议，通过民主决策、民主管理，自愿出资出劳的方式来解决。2008年6月，省政府办公厅下发《关于印发河北省村级公益事业建设一事一议财政奖补试点工作方案的通知》，河北省财政厅、河北省农业厅印发《河北省村级公益事业建设一事一议财政奖补资金管理暂行办法》和《关于做好村级公益事业建设一事一议财政奖补试点工作有关问题的通知》，明确了奖补政策。

2008年，全县有354个村申报并开展了一事一议财政奖补项目，占总村数的68%，项目总投资2008.07万元，其中村民筹资633.1万元，申请财政奖补708万元；2009年，有336个村申报并开展一事一议财政奖补项目，占总村数的64%，项目总投资1375万元，其中村民自筹737万元，申请财政奖补638万元。项目主要涉及人畜饮水、街道硬化、小型农田水利建设、村内街道照明、排水设施等。通过实施一事一议财政奖补项目，在很大程度上破解了农村税费改革后村级公益事业建设面临的筹资筹劳难题，填补了公共财政覆盖农村建设的一部分空白，与农村生产、生活密切相关的基础设施建设明显加快，饮水难、浇地难、行路难等问题进一步得到解决，使广大农民普遍受益。

第六节　统一战线工作

民族宗教工作

县委一直重视民族宗教工作。1985 年，县委成立宗教工作领导小组。1988 年，在少数民族聚居地帮助打井、修路、投资兴办教育、发放生产补助款。1984—1990 年，先后安排 15 名党外人士进入县、局级领导班子。

2004 年，根据市委组织部、市委统战部《关于在宗教工作重点乡（镇、办事处）配备专职党政副职的通知》，在全县 9 个宗教工作重点乡镇配备专职宗教工作的副书记或副乡镇长。4 月，全县开展以天主教地下势力为重点的综合治理工作，2005 年，在全县 98 个宗教聚居村开展国家和省《宗教事务条例》学习培训活动，提高信教群众关于国家“独立自立、自办教会”宗教政策的认识。2007 年，开展“爱家乡、做贡献、促和谐”活动，加强对上层宗教界人士和信教群众的有关法律法规教育培训，增强信教群众坚持“独立自主、自办教会”的方针，走“爱教必须爱国”道路的决心。2008 年，通过采取加强领导、搞好排查、落实“三包”等措施做好民族宗教领域政治稳定工作；同时，通过积极协调有关部门为少数民族群众和信教群众解决在吃水、修路等方面困难和问题，引导大家把注意力集中到发展经济上来，促进社会和谐稳定。

2009 年，县委、县政府认真贯彻党的民族政策，坚持“民族团结”和“民族共同繁荣”，帮助少数民族聚居村解决饮水、修路、建校等困难和问题，实现脱贫致富的目的。民族宗教工作围绕国庆 60 周年安保这一主线，及早排查问题与隐患，并通过强化领导、做好“三支”队伍培训等工作，维护民族宗教领域的政治稳定。

党外人士工作

党外人士工作的对象主要是党外干部和党外知识分子。县委每年召开 2 次党外人士座谈会，听取党外人士对威县发展的意见和建议。威县建立县委领导班子与党外人士交朋友制度，每位县委领导班子成员联系 1 ~2 名党外人士，重大问题坚持与党外人士协商和沟通，征求党外人士好的意见。每年在党外人士和非党知识分子中选拔优秀人员担任各级领导职务。对做出突出成绩的党外知识分子，积极推荐做好他们的政治安排工作。县第十二届人大有党外人士代表 76 人，县第十一届政协有 98 名代表为党外人士；县第十三届人大有党外非公经济人士 35 人、少数民族干部 5 人、妇女干部 44 人，县第十二届政协有党外非公经济人士 37 人、少数民族干部 7 人、妇女干部队 11 人。2008 年，推荐党外人士田鸿翔为“邢台市三十佳民营企业家”。2009 年，推荐党外人士崔亚存、张宗桓为邢台市党外知识分子联谊会第一届理事会理事。

至 2009 年，全县党外知识分子 2980 人，其中中级以上职称的 356 人；党外干部 945 人，其中科局级以上干部 15 人；培养 49 名副科级党外后备干部。

对台工作

海外联谊组织　1987 年 6 月 24 日，威县成立海外统战工作领导小组，组长由县委副书记担任，领导小组下设办公室。1997 年 1 月成立威县海外联谊会，会长由县委统战部部长担任，共有理事 47 人、常务理事 13 人。威县台属侯贯镇大里庄村支部书记李景生与县一中教师吴家彬当选为邢台市海外联谊会第三届、第四届理事会理事。

联谊活动 1997 年 6 月，应台湾金驼奖艺术基金会董事长田玉青之邀，威县政协副主席、冀南书画院院长、画家冯英杰赴台从事海峡两岸文化艺术交流活动，威县统战部、台办举办冯英杰赴台艺术交流欢送座谈会，邀请 5 名台属代表参加。冯英杰从台湾归来后，召开冯英杰赴台艺术交流报告会，邀请海外联谊会的全体理事和部分台属代表参加，冯英杰把在台湾举办的画展情况、交流情况、探访台胞情况等作了报告。冯英杰的成名作《百鸡图》在台被典藏。冯英杰赴台举办画展的消息《人民日报》《河北日报》《邢台日报》都进行了报道。台湾《中国时报》也在头版进行大篇幅报道。

2001 年 8 月 27 日，台湾高雄县观光协会总干事郑温乾率凤山“曹谨公行谊参访团”一行 5 人抵威县进行参观考察，受到县委、统战部的高度重视和热情接待。参访团与威县台办同志进行参观、交流和座谈。郑温乾表示将根据调查证实的有关资料编成豫剧，在海峡两岸演出，以推动两岸文化交流活动。省、市台办有关负责同志陪同考察。〔曹谨，今河南沁阳人，清道光年间（1821—1850）先后三次在威县任知县，后调任台湾凤山（高雄）知县、淡水厅同知。在台任职八年，勤政爱民，刚直不阿，英勇抗击外寇，对开发台湾、保卫台湾做出了重要贡献。清道光二十五年（1845）曹谨离任时，成千上万的老百姓夹道抚轿，攀辕涕泣。曹谨去世后葬于河南。现台湾高雄县建有曹公神祠，金身塑像。每逢佳节，前往祭祀的民众络绎不绝。〕

对台服务 1987 年台当局放宽民众到大陆探亲政策后，威县陆续接待大批回大陆探亲的在台人员，截止到 2009 年共接待探亲、祭祖的台胞 120 余人次。为让回乡探亲的台胞感到大陆亲人的温暖，台办认真做好接待工作的同时，积极为他们排忧解难，做好协调工作。台胞杨芝芳系中七级人，在台孤身一人，无人照顾，回乡探亲几次后于 1994 年有回大陆定居愿望。县台办得知情况后，积极协助办理回乡定居手续，了却了老人的多年夙愿。

2000 年，威县实行殡葬改革，台胞李临济、宋振渭等人有保留家中墓碑的愿望，县台办按有关文件规定，积极向县委、县政府请示，并与有关部门协调，使墓碑得以保留，满足了台胞纪念家乡亲人的愿望。是年中秋节期间，台胞王静华一家 7 口人回乡探亲，县台办精心做好接待工作，县委、县政府设宴招待王静华，使他深切感受到浓浓的亲情。同时，台办邀请他参观工厂、学校，积极介绍家乡经济、社会各方面发生的深刻变化，加深了对家乡的了解和恋乡情结。王静华在返台前，慷慨解囊，捐款 3 万元，筹建一所小学，表示要为家乡建设贡献一份力量。另有台胞王庆茂一行回乡探亲，到鸿志小学参观，为学校捐献语音教学设备一套，价值 500 美元。

对台招商 县台办在搞好接待的同时，积极向回乡探亲台胞宣传威县招商引资优惠政策，介绍威县的资源优势、投资环境。台商吴泓基投资 70 万美元，创建白杨木邢台木业有限公司；香港哈佛斯特贸易公司在威县投资 200 万美元成立贤达中药材有限公司，主要经营中药材出口。2009 年，对全县“三胞”及眷属情况进行详细系统的调查，对台胞的在台情况、联络情况进行重新登记，全县有在台人员 92 人，台属 270 人。

第七节　政法工作

社会治安综合治理

20 世纪 80 年代末，全县开始实施社会治安综合治理。1992 年始，政法部门包乡镇，全县各级层层签订社会治安综合治理责任书，按照“谁主管、谁负责”的原则，建立五部门联席会议制度、一票否决制度、重大案件防范责任查究制度和黄牌警告制度，调动各级各部门强化社会治安综合治理。2002 年，全县共有农村治保组织 522 个，成员 1566 人；调解组织 515 个，调解员 1030 人；巡逻队 423 支，队员 2357 人。同时，加强各级综治工作机构的软硬件建设，全部实现“四有”（有人员、有房子、有制度、有办公设施），构筑起基层立体化治安防范网络。2005 年，进一步完善县乡村三级巡逻网络，实行 24 小时值班，重要节日加强防范力度。

2007 年，县政府出资 165 万元，在城区建设 5 个高标准治安岗亭，购买 10 辆巡逻车，在县城公共复杂区域安装视频监控设备，从大中专毕业生中公开招录 95 名巡防队员和消防员。在 16 个乡镇和 522 个村全部组建专兼职治安巡逻队，并推广电视监控、红外线报警器、“气死贼”报警器等多种形式的人防、物防、技防措施。实施在全省首创的“治安保险十元钱”工程。在全县 24 所中学成立社会治安综合治理办公室。2008 年紧紧围绕北京奥运安保，组织全县党员干部和政法、综治队伍，做好奥运安保工作，成立以县委书记任政委，县长任总指挥长，有关部门一把手为成员的奥运安保指挥部，对重点人、重点事、重点物开展大规模的排查整治活动。

2009 年 7 月，县委、县政府作出《关于开展“平安威县，威县平安”创建活动的实施意见》。新建县“三位一体”（人民调解、行政调解、司法调解）矛盾纠纷调解中心，统一规范乡镇“三位一体”调解中心。522 个行政村全部设立综治办公室和矛盾纠纷调解室，调整充实农村治保会、民调会 522 个。11 月，在威县召开邢台市平安互助网建设现场经验交流会，推广了威县在平安创建中科技防范建设的经验。

专项治理

县公安局各治安部门以公共复杂场所、歌舞娱乐服务场所、网吧等为重点，不断加大清理整顿力度。1998—2009 年，先后开展治爆缉枪、扫黄打非、禁赌、打恶除霸、打击“两抢一盗”，打击盗窃破坏“三电”等一系列专项整治活动，清查公共娱乐场所 280 次，打掉非法生产、经营烟花爆竹窝点 125 个，收缴民用枪支 3000 余支、仿真手枪 3000 支、管制刀具 2500 余把，收缴淫秽书刊 2000 余册、非法音像制品 4000 余盘，取缔赌博窝点 63 处，处理赌博人员 3200 余人、卖淫嫖娼人员 400 余人。查处盗窃自行车案件 32 起，打掉销赃窝点 8 个，收缴被盗自行车 241 辆，处理违法人员 13 人，破获破坏电力设施案件 17 起，破坏电信设施案件 26 起。

“打黑除恶”　2007 年，县公安局统一思想，提高认识，多措并举，依法严惩侵害群众利益、干扰企业生产经营的违法犯罪和危害人民生命财产安全的“黑恶痞霸”违法犯罪，切实维护企业、商户和广大干部群众的合法权益，全力为经济建设保驾护航。2007 年 1 月，侦破枣园乡枣园村徐某等 4 人团伙多次到一些棉花加工企业强买强卖、寻衅滋事、敲诈勒索案件；2 月 21 日，侦破马某、范某持刀砍伤华联超市经理邵某案件；是年 4 月至 5 月，破获不法分子马某、吴某等多次在国能生物发电有限公司强买强卖、寻衅滋事，严重侵害群众和企业利益案，并分别于6月24日、10月4日将二人抓获，一举挖出一个恶势力犯罪团伙；6月中旬，严厉查处一起性质恶劣的敲诈勒索案，地痞贾某、赵某等被抓获。

奥运安保严打整治　2008年，根据上级统一部署，组织开展奥运安保严打整治战役，共破获现行刑事案件121起、积案155起、外省市案件36起，抓获犯罪嫌疑人150人，其中上网逃犯62人（外地上网逃犯18人），逮捕150人；打掉犯罪团伙5个，抓获团伙成员26人。先后破获范某系列抢劫案、潘某系列诈骗案、井某团伙抢劫案、郭某故意伤害致死案、刘某抢劫160万元物资案、张某强奸幼女案、“6·19”马某故意杀人案、孙某团伙盗窃案等一批大案要案。

第八节　老干部工作

图14－8　老干部活动中心/2018年摄

1984年4月设立老干部局，负责离休干部的管理、服务工作。1984年底，全县离休干部总数为1200人，为历史最高纪录。1995年实行离退休干部统管政策后，老干部局工作职能增加。至2009年底，全县共有离退休干部2451人。其中在147名离休干部中，享受副省（部）级医疗待遇的有1人，享受副地（厅、司、局）级待遇的有2人，享受县（处）级待遇的有81人。分布在行政机关35人，事业单位42人，企业单位70人。退休干部中，有20人为县（处）级干部。

离休老干部生活待遇

离休费发放　1982年起执行离职休养制度，离休干部的离休费以在职时全额工资为基数，每逢工资调整，离休干部与在职人员按相同标准上调。属在财政开支的行政、事业单位的离休干部，其离休费都能及时足额发放。企业单位的离休干部，其离休费由原单位负责发放。拖欠部分，由县财政基金会视情况辅助解决。1997—2000年，威县分3批将77名企业离休干部的离休费转入县财政开支。2001年，将所有剩余的企业离休干部的离休费全部纳入社会养老保险，统一执行机关工资标准。

医药费报销　1989年，全县在财政开支的行政事业单位离休干部的医药费在财政据实报销。企业单位离休干部的医药费在原单位报销。拖欠部分，由县财政基金会视情况辅助解决。1997—2001年，威县先后分四批，将所有企业离休干部的医药费，全部转入县财政报销。2009年，全年为离休干部报销医药费计306万元。

工资补贴　干部离休后，除享受一般政策性补贴外，还按参加工作时间发给工资补贴。标准为：1937年7月6日前参加革命工作的，每年增加两个月的基本工资补贴；1937年7月7日—1942年12月31日参加革命工作的，增加一个半月基本工资补贴；1943年1月1日—1945年9月2日参加革命工作的，增加1个月基本工资补贴。全县符合条件的离休干部，都按规定享受这项补贴。所有离休干部与在职干部一样，享受年终奖励的1个月基本工资补贴。

护理费　1982年，离休干部由于瘫痪等原因，生活完全不能自理的，可申请享受护理费，标准为每月51元。1993年护理费的享受条件扩大到抗日战争时期及以前参加革命工作、年满70周岁的离休干部，标准不变。2002年10月，又对离休干部护理费的享受条件和标准作了新的调整，规定是：抗日战争时期及以前参加革命工作的离休干部及经有关部门鉴定和批准，生活饮食、起居需要他人扶助的其他离休干部，享受护理费的标准为每月150元；解放战争时期参加革命工作年满80周岁的，享受护理费的标准为每月100元；解放战争时期参加革命工作年满70周岁的离休干部护理费的标准为每月51元。2005年8月，2008年1月分两次对离休干部的护理费标准再次做出调整，规定是：因瘫痪等原因生活长期完全不能自理的离休干部每月600元；抗日战争时期参加革命工作的离休干部每月500元；解放战争时期参加革命工作的离休干部每月400元。至2009年，全县符合条件的离休干部，均已按规定的标准享受护理费。

离退休老干部管理

组织生活　为进一步加强对党员离退休干部的组织领导工作，保证老干部党员开展好组织活动和过好组织生活，县委于2003年6月成立老干部局党委。2009年底，全县共有老干部党支部41个，开展适合老干部特点的组织活动和组织生活。老干部局党委会每季召开一次支部书记和协助员例会，不断对各支部进行调整和培训，增强老干部党支部活力。

报刊订阅　按规定：享受地（厅、司、局）级待遇的老干部应订阅《人民日报》《河北日报》《邢台日报》三级党报，享受县（处）级待遇的应订阅《河北日报》《邢台日报》两级党报，一般干部订阅《邢台日报》；所有离退休干部均订阅一份《老人世界》刊物。全县离退休干部基本上都能按规定订阅报刊。

组织参观考察　老干部局每年至少两次组织部分老干部外出考察或参观县内工农业生产。每次活动老干部局都专门为老干部安排医护人员和服务人员，保证老干部外出安全。

座谈慰问　每逢春节、重阳节等重大节日，县四套班子领导都召开老干部代表座谈会，向老干部祝贺节日，通报工作，征求老干部的意见和建议。特别是在每年春节来临之际，县领导都深入到曾担任过县级实职的离退休干部家中进行慰问。老干部局每年两次对全县离休干部进行普遍慰问。各乡镇、县直各单位都以不同的方式，对老干部进行慰问。

老干部服务

老年大学　1998年11月，威县设立老年大学，归口县委老干部局管理，为事业单位，设在老干部活动中心三楼，开设书画、医疗保健、舞蹈、歌咏、政治理论等课程，聘请教师及教练15人。2009年底，老年大学有学员686人。老同志通过学习增长了知识、陶冶了情操、强壮了身体、培养了乐趣，为丰富老年人晚年生活发

图14－9　老年大学学员正在上课/2003年摄

挥了积极作用。

老干部门诊　老干部门诊成立于1988年7月，有医生、护士各1人，事业编制。成立之初曾聘请两名离休医生。主要任务是做好离休干部医疗保健工作，确保离休干部身体健康。如实行巡诊、送医送药、上门服务；定期为老干部体检、建立健全离休干部健康档案，及时掌握老干部健康状况，方便离休干部就医。2009年底，门诊工作人员有6人，配备有B超、心电图、血糖仪等部分医疗器械，医疗水平和服务项目较前都有所提高和增加。

老干部文体活动

威县是文化部命名的中国民间艺术之乡，老干部文体活动也丰富多彩。至2009年底，县城内活跃着10支主要由老干部组成的秧歌队、太极拳协会、门球队、健身球体操队、老年书画研究会、京剧协会等活动组织，参加活动的老干部有600多人。老年书画研究会在两名离退休老干部的带领下，发展会员70人，举办书画展10余场。2003年底，为纪念毛泽东110周年诞辰集体创作的作品，受到国家领导人的高度评价。老年书画研究会成员历时两年，对威县历来书画作品进行搜集、整理、编印，于2007年5月出版首册《威县书画作品集》。威县老年秧歌队，2002年、2003年两次赴无锡和五台山参加全国性老年艺术比赛，分别获得铜奖和二等奖。每逢重大节日，老干部表演队踊跃参加县组织的联欢活动。

第九节　信访工作

信访接待

20世纪80年代初，人民群众反映的问题集中在“文化大革命”及以前的遗留问题、民事纠纷、房产宅基地纠纷等方面，每年来信来访500余件（次）。1986年12月，县成立信访办公室，专门受理全县来信来访。1988年受理人民群众来信来访882件，其中宅基地纠纷129件，检举揭发213件，民事纠纷64件，历史遗留81件。

1993年以后，随着社会的发展和变化，社会矛盾也发生改变，集体上访和越级上访明显增多，上访总量增加，且处理难度加大。信访反映的问题多为农村干部违法违纪、村级班子选举、土地纠纷、企业改制中职工待遇等。这些涉及群众个人利益的问题和矛盾越来越突出，加之人民群众的民主与法治意识不断增强，使信访量一直呈上升趋势，年信访总量连续多年保持在900件左右。

信访工作主要措施：1. 县领导接待日制度。1996年，在邢台市率先实行县委常委、县长信访接待日制度，每月15日为县政府领导接待日，每月30日为县委常委接待日，接待地点为县信访局，此制度一直延续至2009年。自1999年起，威县每年开展矛盾纠纷排查调处和集中整治活动，集中解决信访老户、难案、缠案。实行县级领导信访接待日制度，每周三为县级领导接待日，地点在县信访局。2. 县领导包案责任制。2000年，县委、县政府实行领导包案责任制，并推行“一岗双责制”，将信访工作纳入全县社会治安综合治理考核内容。同时，通过采取首问责任制，落实领导包案责任制，加大督办、催办力度，信访工作实现“一封来信、一次来访、一次排查、一次办好”的“四个一”目标。2004年，县委、县政府制订印发《威县领导接待日制度实施细则》，重新修订下发《关于信访工作责任追究的有关规定》，进一步明确规定各级领导在信访稳定中应负的责任。2007 年，县委、县政府在落实领导包案责任制基础上，推行“县领导在做好分管部门或单位的工作的同时，要负责所分管部门或单位内所发生的信访案件的查处”为内容的“一岗双责”制，并将信访工作纳入全县社会治安综合治理考核内容，实行一票否决。3. 变上访为下访。2009 年 2 月，县委、县政府在全县开展变群众上访为干部下访活动，同时大力解决信访老户、信访积案问题，降低重信重访。4. 集体信访接待日。2009 年 8 月，县委、县政府对原来的领导信访接待日制度进行重大改革，在邢台市首创领导集体信访接待日制度。县领导集体接待日时间为每周三，地点设在县信访局，接待日按群众反映问题的性质分村政村务、土地宅基地、涉法、综合四个组进行。各乡镇及县直各部门签署群众来访承办卡和信访答复意见书。5. 多层并管机制。2009 年 12 月，领导接待日制度再次改革，实行县领导每周三、乡镇领导每周四及县直部门领导每周二信访接待制度。县政府领导两人一组，轮流在县信访局接待上访群众。

1986—2009 年，县信访局共受理群众来信 7223 件，群众来访 12135 件（次），信访总量 19358 件（次），按期办结 18391 件，办结率 95%；排查各种信访纠纷隐患 1920 件，调处化解 1824 件，排查率和化解率分别达到 98% 和 95%；妥善化解稳定 1288 批 20476 人次集体上访、438 户到市以上个体类越级访案件。

信访案件查处

1986 年始，县信访局办理群众信访事项遵循“分级负责、归口办理”原则，办理方式分交办、转办、自办、督办、催办等，一般以交办、转办、督办为主；对重点信访案件实行领导包案责任制，对一些疑难信访案件，通过采取召集有关部门或单位协调调度的办法，联合办案，共同处理。

2007 年 4 月，推行信访“四卡”和“二书”制，即县领导信访接待案件受理卡、县领导信访接待案件反馈卡、县领导信访接待案件督办卡、县领导信访接待案件终结卡和信访双向责任书、信访答复意见书。2007 年 5 月，县委、县政府实行县、乡集中调度处理信访案件的办法，每月 10 日县四大班子领导分土地宅基地、涉法、村政村务、综合四个组分别召集有关涉案乡镇、县直有关部门主要领导，集中调度处理拖而不决的信访案件和上访人不服、乡镇或县直部门难以解决的复杂信访案件；同时，每月最后一天，乡镇、县直部门对各自单位接待受理的久拖未决案件进行集中调度处理。

1986—2009 年，中央、省、市三级交办的 1205 件要结果信访案件，按期结案率年终结案率均为 100%，无信访积案和错案。县领导批办案件 8714 件，办结 8487 件，结案率为 97%。1986—2005 年，县信访局自办案件 15646 件，办结 15646 件，结案率为 100%；2006—2009 年，县信访局自办案件 14646 件，其中直接答复 3481 件，亲自查办 5216 件，组织有关部部门调查处理 5949 件。

依法治访

2003 年初，县委、县政府制订印发《关于依法规范信访秩序的意见》等文件，加强对信访法规的宣传，大力整顿全县信访秩序，让群众懂法、守法、依法信访。2006 年，县信访局将《中华人民共和国信访条例》《河北省信访条例》《河北省逐级信访制度》，以及中共邢台市纪委、市监察局《关于严禁共产党员、国家机关工作人员参与群众集体上访的暂行规定》等信访法规编印成6000余册宣传小册发至各乡镇村、县直各部门及工厂企业，并组织乡镇、村在主要街道、公路两侧书写信访法规宣传标语，广泛宣传信访法规；同年，县成立法制教育中心，对违法上访人员进行法制教育。

1986—2009年，全县妥善化解607批9388人次集体上访。如：洺州镇胡庄群众集体上访、龙邦集团职工集体上访、龙腾制衣集团职工上访案件等；对9批25人违法上访人员进行强化法制教育和治安处理。同时，对有关责任人给予党政纪处分，有效地维护了全县信访秩序。

第十节　党校教育

中共威县县委党校始建于1947年，原址在冀南行署驻地——威县城北潘村，1952年搬迁到县城北街。1997年，为改善党校办学条件，搬迁到县城东，与职教中心、卫校合署办公。2005年8月，党校搬迁到现址，朝阳路路南，后筹资300余万元对校舍进行改扩建，占地面积4870平方米，建有2164平方米的四层综合办公楼1座，多媒体大教室1个、普通教室5个、微机室1个，图书室藏书近万册，伙房餐厅配套齐全，可同时容纳300人上课、120人住宿，成为集办公、教学、培训于一体的干部教育基地。

干部培训

1979—1991年底，共举办各类培训班31期，参训党员达到2300人次。1992年邓小平南方谈话发表后至中共十六大召开前，共举办各级各类培训班42期，累计培（轮）训3450人。2003年后，围绕宣传中共十六大会议精神、中央1号文件、中共十七大会议精神、科学发展观和中共十七届四中全会精神，进一步适应“大规模培训干部、大规模提高干部队伍素质”的要求，县委党校进一步加大对党员领导干部、青年后备干部和农村支部书记、村主任等基层干部的培训力度，至2009年底，共举办各级各类培训班142期，累计培训各类学员16500余人次。

图14－10　河北省委党校副校长梁志忠（左一）到威县指导工作/2005年摄

函授教育

1991年，根据上级文件精神，党校开办函授教育，坚持“社会效益第一，从严管理第一，提高素质第一”的方针，截至2007年，共举办中专班5届、大专班9届、本科班10届，累计毕业学员达3980余人，多次受到中央党校函授学院、省、市委党校的表彰。1998年分别被中央党校函授学院、省委党校函授学院授予先进辅导站和优秀教学点称号。2005年，威县党校被省函授学院授予优秀辅导站

图14－11　县委党校获得的荣誉

称号。县委党校本专科毕业学员中，有600多人走上各级领导岗位。

科研工作

1979年后，党校科研工作在不同的发展时期，坚持“为教学服务、为县委、县政府科学决策服务”的方针，在市级以上理论刊物和理论研讨会发表论文130余篇，特别是2003年以后，围绕“三个代表”重要思想、先进性教育、改革开放30周年、科学发展观、新农村建设等理论和现实热点问题，开展科研攻关，撰写的科研论文《案例教学是创新党校函授教学的新途径》《党校教育要倡导研究性教学》等38篇均获省市级科研奖励；发表《试论新形势下如何保持共产党的先进性》《对欠发达地区建设新农村的认识与思考》《农村免费义务教育：教育公平的新起点》等调研文章53篇。

创新工作

2002年8月，县委党校和县妇联依托党校师资和设施，联合创建威县妇女干部培训学校，8年间共举办各类政策法规、实用技术培训班62期，累计培训各类妇女7000余人次。党校先后被评为省巾帼文明岗、巾帼建功先进单位、市三八红旗集体等荣誉称号，常务副校长赵红英分别被授予省、市级三八红旗手称号。2005年3月，县委党校与青岛黄海职业学院签订联合办学协议。至2008年，共有200余名学生成功就业。同时，党校开始举办联办班。至2009年，先后与县畜牧办公室、公安局、财政局、司法局、建设局等十几个单位联合举办各种培训班41期，培训学员7000余人。

第十五编　人民代表大会

威县人民代表大会是经人大代表选举产生的国家权力机关。中华人民共和国成立初期至1953年，威县以各界人民代表会议代行人民代表大会职权。县各界人民代表会议的代表，是在中国共产党的领导下，通过工会、农会、青年团、妇联、工商联等群众组织和民主党派、社会人士民主协商产生。威县第一届各界人民代表会议于1949年11月召开。1954年，依《中华人民共和国宪法》，威县建立人民代表大会制度。是年7月，在县城召开威县第一届人民代表大会。“文化大革命”期间，人民代表大会制度中断。

1979年7月，第五届全国人大二次会议通过《地方各级人民代表大会和地方各级人民政府组织法》和《地方各级人民代表大会和地方各级人民政府选举法》，明确规定“县级设立人大常委会”“县革命委员会改为县人民政府，并相应地恢复县长职务”“县级人大代表由选民直接选举”。据此，威县第六届人大一次会议于1982年2月27日选举产生县六届人大常委会。1982—2009年，威县共经历八届人大及其常委会。30年间，威县人大及其常委会通过认真贯彻落实国家各项法律法规，为坚持和完善人民代表大会制度，推进民主法制建设发挥了重要作用。

第一章　人大代表

县人民代表大会代表均依法选举产生，依法行使代表职权，积极履行代表义务，充分发挥代表作用。县一届人大至五届人大代表是由乡镇人民代表大会间接选举产生，从县六届人大始，按《中华人民共和国选举法》规定，代表由选区选民直接差额选举产生。

第一节　代表产生

县一届人大至五届人大代表是由乡镇人民代表大会间接选举产生，从县六届人大始，按照《中华人民共和国选举法》和《河北省县乡两级人民代表大会选举实施细则》规定，代表由选区选民直接差额选举产生，县级人民代表大会代表名额按全县人口比例确定。1981年，按规定选出威县第六届人民代表大会代表360人；1989年，修正为以100名代表为基数，每3000人增加1名代表；1998年，修正基数为120名，每5000人可以增加1名代表。同时按照农村每一代表所代表的人口数四倍于城镇每一代表所代表的人口数进行名额分配。

选举程序一般分四步：第一步，成立选举机构，划分选区，分配代表名额，培训干部，开展宣传；第二步，进行选民资格的摸底、审查、登记，颁发选民证，公布选民名单；第三步，提名推荐，酝酿候选人；第四步，召开新一届人民代表大会第一次会议。

威县选区按居住状况、生产单位、事业单位、工作单位划分。每次换届选举前，先行划分选区，原则上按照每一选区选1～3名代表进行划分。

威县选民登记按选区进行，经登记确认的选民资格长期有效。每次选举前，对上次选民登记以后新满18周岁、被剥夺政治权利期满后恢复政治权利的选民，予以登记。对选民经登记后迁出原选区的，列入新迁入的选区的选民名单；对死亡的和依照法律被剥夺政治权利的人，从选民名单上除名。按照规定，选民名单在选举日的20日前公布，发给选民证，实行凭证参加投票选举。

1979—2009年历届威县人民代表大会代表选举情况一览表

表15－1　　单位：人、个

届别	时间	选民人数	投票人数	选区数	选出代表
第六届	1981.10—1982.1	—	—	162	360
第七届	1984.7—1984.8	266731	261425	174	360
第八届	1986.12—1987.4	276776	275669	133	198
第九届	1989.12—1990.3	301425	300951	134	259
第十届	1992.10—1992.12	311751	309254	139	269
第十一届	1997.10—1998.3	337727	336605	110	224
第十二届	2003.3—2003.4	337975	327835	110	215
第十三届	2007.2—2007.5	354703	340515	106	220

第二节　代表组成

1982—2009年，各届人大代表均由工人、农民、干部、知识分子、爱国民主人士等组成，各占适当的比例和数量。代表比例，妇女约20%，非中共人士不低于30%，县十三届人大代表中工农66人，占30%，干部44名，占20%，知识分子53人，占24%，无党派爱国人士57人，占25.9%，其中非中共人士78人，占35.4%，妇女44人，占20%。

1979—2009 年历届威县人民代表大会代表组成情况表

表 15－2　　单位：人

届别	当选代表								
		其中						其中	
	合计	工人	农民	知识分子	干部	军人	其他	妇女	非中共人士
第六届	360	10	253	15	81	1	—	69	177
第七届	360	216		81	60	1	2	71	172
第八届	198	7	98	48	45	—	—	38	82
第九届	259	22	140	56	40	1	—	53	92
第十届	269	29	136	50	53	1	—	54	92
第十一届	224	88		55	81	—	—	47	79
第十二届	215	60		42	65	—	48	46	76
第十三届	220	66		53	44	—	57	44	78

第二章　历届人民代表大会会议

图 15－1　人大代表举手通过决议/1989 年 3 月摄

1982—2009 年，威县共召开 8 届 30 次人民代表大会会议，各次会议都在中共威县县委和大会临时党委领导下，大会主席团主持下进行。会议的主要议程是听取和审议县人大常委会、县人民政府、县人民法院、县人民检察院等六项工作报告，并作出相应决议，同时还要按照大会选举办法规定，进行选举事项。每次会议乡镇党政正职、县直党群团负责人、政府组成部门正职及县政协全体委员均列席会议，使人代会的透明度、严肃性和民主化程度大为提升。

第一节　第六届人民代表大会

第一次会议

县第六届人民代表大会第一次会议于 1982 年 2 月 23 日至 27 日在县城召开。会议应出席会议代表360人，实际出席代表326人，列席会议人员117人。此次会议是“文化大革命”后，恢复人民代表大会制度的第一次代表会议。会议圆满完成各项议程。会议以后，取消威县革命委员会称谓，改称威县人民政府。会议选举产生威县人民代表大会常务委员会，刘润生为县第六届人大常委会主任，赵雨生、刘新文、刘抱良、王振泗、孙绍魁、郭省三、孙宝林、华寅春为副主任，选举林登玉（女）等10人为县人大常委会委员；选举杨其海为威县人民政府县长，李岚锁、贾明善、张士钧、宋书仲、宋永堂、张金柱、高炳全、顾自忠为威县人民政府副县长；选举张冠卿为威县人民法院院长，杨其生为威县人民检察院检察长。

第二次会议

县第六届人民代表大会第二次会议于1983年3月21日至23日召开，出席会议代表256人。会议圆满完成各项议程。会议选举王东宁、刘艺亭、杨其海、王二贵（女）、刘炳才、柳景昶、张乃芳（女）7人为出席河北省第六届人民代表大会代表。

第二节　第七届人民代表大会

第一次会议

县第七届人民代表大会第一次会议于1984年10月5日至8日召开，应出席会议代表360人，实际出席代表329人。

会议听取和审议了代理县长李岚锁所作的《政府工作报告》。报告指出，全县人民经过两年多来的改革，思想发生很大变化，“左”的思想束缚已被冲破，党的富民政策深入人心。在农村，土地经营全部实行家庭联产承包制，畜牧业全部转变为农村家庭经营，农林牧副渔全面发展，农工商综合经营的局面开始形成。农业连年丰收，农村商品生产出现好的势头。全县工业生产有了新变化，66个工商企业全部实行经济承包责任制，使企业有了新的生机。报告还提出新一届政府的主要任务：进一步解放思想，大胆改革，努力发展商品生产，加快经济建设步伐。教育、文化、卫生、广播电视、体育和计划生育工作要取得新成就，交通电力，邮电和城乡建设要有新发展，开创一个社会安定、人民团结、经济发展、环境改善、生活提高的新局面。大会还听取审议了其他报告，并分别作出相应决议。

会议选举宋书仲为县人大常委会主任，赵雨生、赵庆凯、刘新文、孙宝林、宋永堂、华寅春为副主任；选举李岚锁为县人民政府县长，李立欣、顾自忠、高炳全、李佩刚为县人民政府副县长；李之瑞为县法院院长，史方泽为县检察院检察长。

第二次会议

县第七次人民代表大会第二次会议于1985年2月2日至27日召开。出席会议代表320人，会议完成各项议程。会议要求，全体代表要积极投身于改革，带头改革，推进改革，坚定不移地依法支持和保护改革，努力排除改革中的阻力，克服前进中的困难，保护改革的顺利进行，夺取改革的胜利。

第三次会议

县第七届人民代表大会第三次会议于1986年3月27日至29日召开。出席会议代表273人，列席会议人员127人。会议完成各项议程。会议审议通过《威县第七届人民代表大会关于议案及代表建议、批评和意见的暂行规定》。补选高炳全为县第七届人大常委会副主任。

第三节　第八届人民代表大会

第一次会议

县第八届人民代表大会第一次会议于1987年4月16日至17日召开。应出席会议代表198人，实际出席会议代表194人，列席152人。

会议听取和审议代理县长李希顺所作的《政府工作报告》，报告回顾总结了县政府两年多的工作情况：国民经济有了较快发展，人民生活水平明显提高。1986年，全县工农业总产值达2.85亿元；农村经济进一步发展，产业结构日趋合理。1986年，在农业总产值中，林牧副渔四业比重由1983年的8.3%上升到15.1%，全县粮食总产达到13.8万吨，连续三年居全省首位；工业生产保持较快的发展速度，经济效益不断提高，1986年，全县工业总产值首次突破亿元大关；乡镇企业蓬勃发展，全县乡镇企业摊点迅速增加，已形成以皮毛、皮革、针织、棉纺、食品加工、橡胶制品等为主的八个骨干行业，且正向区域化、专业化发展；流通渠道更加通畅，财贸工作取得新成绩，建成洺水、章台、邵固古堤三个大型多功能市场，对活跃城乡经济起到明显的作用。报告提出新一届政府的目标和任务：到1990年全县工农业总产值要达到4.44亿元，国民总收入达到2.9亿元，人均国民收入623元。科技、教育、卫生、体育等项精神文明建设事业都要争取有较大发展。

会议还听取审议了其他报告，并分别作出相应决议。会议选举孙宝林为县人大常委会主任，高炳全、吴二全、刘文暖（女）、吕继军为副主任，选举武风栓等10人为县人大常委会委员；选举李希顺为县人民政府县长，顾自忠、姜长岭、李耀欣、牛俊山为副县长；选举李书江为县法院院长，韩双石为县检察院检察长。

第二次会议

县第八届人民代表大会第二次会议于1988年3月24日至25日召开，出席会议代表153人，列席162人。会议完成各项议程。

会议通过《威县人民政府筹资修筑环城路报告的议案》，选举王东宁、李希顺、刘炳才、王巧玉（女）为河北省第七届人民代表大会代表。

第三次会议

县第八届人民代表大会第三次会议于1989年3月24日至25日举行。出席会议代表190人，列席167人。会议听取和审议县人大常委会、县政府、县法院、县检察院的工作报告，并作出相应的决议；审查批准威县1989年国民经济和社会发展计划以及威县1988年财政决算和1989年财政预算。

第四节　第九届人民代表大会

第一次会议

县第九届人民代表大会第一次会议于1990年3月22日至24日在县城燕南宾馆召开。出席会议代表259人，列席148人。

会议听取和审议代理县长顾自忠所作的《政府工作报告》，报告中指出该届政府认真贯彻执行党的路线、方针、政策，紧紧围绕着经济建设这个中心，坚持两个文明一起抓，治理整顿，深化改革，国民经济得到进一步发展。1989年全县社会总产值达到80416万元，工农业总产值达到46542万元，农村人均纯收入达到406元。报告提出以后的任务和目标：到1992年，全县工农业总值要达到6.4亿元，国民总收入达到3.84亿元，农村人均纯收入达到500元。新一届政府要抓好的几项工作：一是继续大力加强农业，齐心合力实现农业新突破；二是依靠内涵挖潜，发展工业生产，努力提高经济效益；三是加强财政税收工作，努力增收节支；四是搞活市场流通，加强市场管理，严格控制物价；五是继续深化和完善工商企业改革；六是大力发展科技教育事业，加强精神文明建设；七是转变工作作风，搞好廉政建设，切实加强对经济工作的领导。

会议还听取审议了其他报告，并分别作出相应决议。会议选举姜长岭为县人大常委会主任，高炳全、吕继军、刘文暖（女）、苏桂珍（女）、米保航为副主任，选举王巧玉（女）等9人为县人大常委会委员；选举顾自忠为县人民政府县长，王兰荣、牛俊山、张长起、霍保印、王忠德、王孟缺（女）、田文学为副县长；选举李书江为县法院院长，梁平均为县检察院检察长。

第二次会议

县第九届人民代表大会第二次会议于1991年3月21日至22日召开。会议听取和审议县人大常委会、县政府、县法院、县检察院的工作报告，作出相应的决议；审查和批准威县国民经济和社会发展十年规划和第八个五年计划，1991年国民经济和社会发展计划以及1990年财政决算和1991年财政预算。会议补选陈耀起为县人大常委会委员。

第三次会议

县第九届人民代表大会第三次会议于1992年3月20日至22日召开。出席会议代表235人。会议听取和审议县人大常委会及“一府两院”等6项工作报告，以及县人民政府关于“亿棉工程”议案的说明，并分别作出相应决议。

第五节　第十届人民代表大会

第一次会议

县第十届人民代表大会第一次会议于1993年1月8日至10日召开。出席会议的代表269人，列席172人。

会议听取和审议代理县长田庆彬所作的《政府工作报告》，报告指出该届政府组织和依靠全县人民，始终坚持以经济建设为中心，积极推进改革开放，全县经济建设和各项社会事业保持稳定发展的好势头。农业生产全面发展，1992 年制订并实施农业发展“三亿工程”，加快依靠科技发展农业的步伐。1990 年、1991 年两年粮棉生产均获得较好的收成，其中棉花总产继续保持全省第一。乡镇企业呈现出良好的发展势头，三年来全县新上规模企业 140 个，其中百万元产值以上企业 20 个，到 1992 年底，全县四级企业摊点发展到 2 万多个。科技、教育、文化、卫生、计生等诸方面均取得长足发展。报告还对新一届政府提出工作建议：“八五”期间，全县国民生产总值保证 9.75 亿元，争取 11.05 亿元，工农业总产值保证 15 亿元，争取 17 亿元，农民人均纯收入保证 800 元，争取 850 元。2000 年全县工农业总产值确保 25 亿元，实现国民经济的高速增长。

会议还听取和审议其他报告，并分别作出相应决议。会议选举姜长岭为县人大常委会主任，高炳全、吕继军、孟庆锁、苏桂珍（女）、米保航为副主任，选举申存福等 9 人为县人大常委会委员；选举田庆彬为县人民政府县长，王兰荣、罗兆群、张长起、王德君、陆秀珍（女）为副县长；选举李斌俊为法院院长，王长生为检察院检察长。选举姜长岭、白雪莲（女）、刘炳才为出席河北省第八届人民代表大会代表。

第二次会议

县第十届人民代表大会第二次会议于 1993 年 8 月 20 日召开。出席会议代表 266 人。县委、县政府和县人大常委会各科室的负责人，以及出席县政协会议的全体政协委员列席会议。此次会议是配合邢台地市合并而召开的，会议有三项议程：一是选举威县出席邢台市第十届人大代表 41 人；二是听取县长田庆彬关于 1993 年上半年工作情况的汇报；三是学习《中华人民共和国代表法》。

第三次会议

县第十届人民代表大会第三次会议于 1994 年 3 月 22 日至 24 日召开。出席会议代表 260 人，列席会议的有县委、县政府各部局负责人和人大常委会各科室负责人、市直驻县单位的负责人以及出席县政协会议的全体政协委员。会议完成各项议程。会议还审议县政府《关于搞好 1994 年棉花生产的议案》。

第四次会议

县第十届人民代表大会第四次会议于 1995 年 3 月 22 日至 23 日召开。出席会议代表 256 人，列席会议的有县委、县政府各部局负责人和人大常委会各科室负责人、市直驻县单位的领导 78 人，以及出席县政协会议的全体政协委员。会议完成各项议程。会议还听取和审议县人民政府《关于搞好 1995 年棉花生产的议案》《关于大力发展畜牧业的议案》《关于大力发展林果业的议案》。

第五次会议

县第十届人民代表大会第五次会议于 1996 年 3 月 22 日至 23 日召开。出席会议代表 245 人，县委、县政府各部局负责人和人大常委会各科室负责人、市直驻县单位的负责人 80 人，以及出席县政协会议的全体政协委员列席会议。会议审议通过《威县国民经济和社会发展的“九五”计划和 2010 年远景目标纲要的报告》，该报告提出“九五”计划和 2010 年远景目标：国内生产总值，到“九五”期末，达到23.4亿元（1990年不变价，下同），到2010年国内生产总值达到64亿元；工农业总产值，到“九五”期末，达到63亿元，到2010年全县工农业总产值达到168亿元；农民人均纯收入2000年达到3100元，2010年达到6000元。该报告对产业结构和经济布局，农业和农村经济，工业、电力、交通、邮电、内外贸易及市场建设、财政、金融、保险、科技、教育、人口及计划生育、其他各项事业和人民生活等诸方面均做出详尽的安排部署和发展规划。为完成“九五”计划和2010年远景目标，该报告提出如下主要措施：一是农业实施五大工程，即“亿棉”工程、棚菜建设工程、畜牧兴县工程、林果基地建设工程、旱薄沙荒地开发工程；二是工业实施产品突破和大公司、大集团战略；三是加大改革力度，扩大对外开放，大力推进经济市场化、结构合理化、农村城镇化、工业现代化，加大投入力度，加快产业结构调整，努力提高经济效益；四是坚持两个文明一起抓，团结、拼搏、务实、争先，实现全县经济和社会健康、快速、协调发展。到20世纪末，人民生活达到小康水平，力争跨入先进县行列。会议还听取审议了其他报告，并作出相应决议。

第六次会议

县第十届人民代表大会第六次会议于1997年3月18日至20日召开。出席会议代表204人。县委、县政府各部局负责人和人大常委会各科室负责人、市直驻县单位的负责人84人，以及出席县政协会议的全体政协委员列席会议。会议完成各项议程。会议审议通过《威县综合财政预算管理实施办法》，并分别做出相应决议。会议还对县人民政府五位副县长进行述职评议。会议根据县政府工作报告中承诺的1997年要办的十件实事，承办十件实事的八位局长分别在大会上作表态发言。会议补选潘炳章为县十届人大常委会副主任。

第六节　第十一届人民代表大会

第一次会议

县第十一届人民代表大会第一次会议于1998年2月17日至20日召开。出席会议代表221人，列席212人。

会议听取和审议代县长窦孟朔所作的《政府工作报告》，报告指出：五年来，县政府组织和依靠全县人民，始终坚持以经济建设为中心，不断解放思想，推进改革，扩大开放，务实争先，克服种种困难和不利因素，全县经济建设和社会事业均取得令人鼓舞的成绩。1997年全县国民生产总值12.2亿元，财政总收入6580万元，农民人均纯收入2026元，粮食总产28.55万吨。坚持实施“科技兴威”战略，使全县的科技、教育事业得到较大发展。文化、体育、卫生、计划生育、城建等诸方面均取得长足发展。五年来，县政府累计办理人大代表建议265件，政协委员提案217件，促进了决策民主化和科学化，行政水平不断提高。报告还对以后全县改革和建设及1998年政府工作提出建议：1998年国内生产总值要达到14.5亿元，粮食总产30万吨，财政总收入8018万元，农民人均纯收入2426元。并为完成以上经济指标，建议下届政府要切实抓好八项工作。

会议还听取审议了其他报告，并分别作出相应决议。会议选举史振龙为县人大常委会主任，吕继军、苏桂珍（女）、米保航、潘炳章、于恒昌、李金鹏为副主任，选举王辉等14人为县人大常委会委员；选举窦孟朔为县人民政府县长，罗兆群、于瑞峰、王德君、李德广、陆秀珍（女）、李俊申、顾鹏图为副县长；选举李斌俊为县法院院长，胡永奎为县检察院检察长；选举出席邢台市第十一届人民代表大会代表 32 人。

第二次会议

县第十一届人民代表大会第二次会议于 1999 年 3 月 18 日至 19 日在县城召开。出席会议代表 224 人，列席 226 人。会议听取审议县人大常委会、县政府、县法院、县检察院的工作报告，并作出相应决议。审查批准县人民政府《关于 1998 年国民经济和社会发展计划执行情况与 1999 年国民经济和社会发展计划（草案）》和《关于威县 1998 年县本级预算及县总预算执行情况和 1999 年县本级预算及总预算草案的报告》。

第三次会议

县第十一届人民代表大会第三次会议于 2000 年 3 月 5 日至 7 日在县城召开。出席会议代表 216 人，列席 234 人。会议审议通过县人大常委会、县政府、县法院、县检察院的工作报告以及县政府关于计划、财政报告。审查批准威县 2000 年国民经济和社会发展计划以及 2000 年县本级预算及县总预算。

第四次会议

县第十一届人民代表大会第四次会议于 2001 年 3 月 2 日至 3 日在县城召开。出席会议代表 206 人，列席 221 人。会议完成各项议程。会议审议通过县人民政府《关于威县国民经济和社会发展第十个五年计划纲要的报告》。该报告指出：到 2005 年，国内生产总值达到 35.1 亿元（2000 年预计价，下同），财政收入达到 1.36 亿元，年均递增 9% 左右。一、二、三产业年均递增分别为 3.6%、11.7%、12.7% 左右，三次产业比重调整为 31∶45∶24。全社会固定资产投资累计达到 55.4 亿元，年均递增 10% 左右。报告对产业结构和经济布局、农业和农村经济、工业、电力、交通、财政、科技、教育、人口及计划生育，其他各项事业和人民生活等诸方面均做出详尽的安排和计划。

第五次会议

县第十一届人民代表大会第五次会议于县第十一届人民代表大会第一次会议于 2002 年 2 月 28 日至 3 月 2 日召开。出席会议代表 220 人，列席 237 人。会议完成各项议程。会议选举冀东书为威县人民政府县长。

第六次会议

县第十一届人民代表大会第六次会议于 2003 年 3 月 12 日至 13 日召开。出席会议代表 208 人。此次会议议程只有一项，即选举威县出席邢台市第十二届人民代表大会代表 30 人（其中市直参选 3 人）。

第七节　第十二届人民代表大会

第一次会议

县第十二届人民代表大会第一次会议于 2003 年 4 月 26 日至 27 日召开。出席会议代表

208 人，列席 233 人。

图 15－2　第十二届人大第一次会议/2003 年 4 月摄

会议听取和审议县长冀东书所作的《政府工作报告》，该报告指出，五年来，县政府组织和依靠全县人民，团结拼搏，开拓进取，克服种种困难，较好地完成县十一届人大各次会议确定的任务目标，经济建设和社会事业取得新的进展。2002 年全县国内生产总值达到 18 亿元。农业结构调整迈出较大步伐，粮经种植比例由 1997 年的 6∶4 调整为 2002 年的 3∶7，棉花产业被省认定为特色主导产业。工业经济稳步发展，固定资产投资力度加大，2002 年全社会固定资产投资完成 8.7 亿元。五年办理人大代表建议 267 件，政协委员提案 296 件。科技、教育、卫生、计划生育、城建等诸方面均取得较快发展。对以后五年和 2003 年政府工作的建议：今后五年，在优化结构和提高效益的基础上，保持经济较快增长，力争每年迈上一个新台阶。第一阶段，2003—2004 年，国民经济年均增长 11% 以上，到 2004 年全县国内生产总值达到 23 亿元，人均 4200 元。第二阶段，2005—2007 年，国民经济年均增长 16% 以上，到 2007 年全县国内生产总值超过 36 亿元，人均 6730 元，比 2002 年翻一番。

会议还听取了其他报告，并分别作出相应决议。会议选举史振龙为县人大常委会主任，李德广、陆秀珍（女）、潘炳章、于恒昌、李金鹏、刘光烛为副主任，选举王辉等 14 人为县人大常委会委员；选举冀东书为县人民政府县长，李俊申、顾鹏图、孙笑武、李庆环（女）、刘兰浩、赵新河为副县长；选举赵国军为县人民法院院长，彭鲁来为县人民检察院检察长。

图 15－3　人大代表表决通过大会决议/2003 年摄

第二次会议

县第十二届人民代表大会第二次会议于县第十二届人民代表大会第二次会议于 2004 年 2 月 10 日至 12 日在县城召开。出席会议代表 196 人，列席 230 人。会议听取和审议县人大常委会、县政府、县法院、县检察院的工作报告，并通过相应决议，听取县政府《关于威县 2003 年国民经济和社会发展计划执行情况与 2004 年国民经济和社会发展计划（草案）的报告》《关于威县 2003 年县本级预算及县总预算（草案）的报告》，并审查和批准了以上报告。

第三次会议

县第十二届人民代表大会第三次会议于 2005 年 2 月 3 日至 4 日召开。出席会议代表 207

人，列席 233 人。会议听取和审议县人大党委会、县政府、县法院、县检察院工作报告，并通过相应决议。听取审查和批准财政预决算报告。会议补选卢建华为县人民政府县长。

第四次会议

县第十二届人民代表大会第四次会议于 2006 年 3 月 28 日至 29 日召开。出席会议代表 215 人，列席 60 人。会议听取和审议县人大党委会、县政府、县法院、县检察院工作报告，并通过相应决议。听取审查和批准财政预决算报告。会议审议并批准《威县国民经济和社会发展第十一个五年规划纲要》，补选柴献臣为县人大常委会主任，孙笑武为副主任。

第八节　第十三届人民代表大会

第一次会议

县第十三届人民代表大会第一次会议于 2007 年 4 月 18 日至 20 日召开。出席会议代表 216 人，列席 243 人。

会议听取和审议县人民政府县长卢建华所作的《政府工作报告》，报告指出：四年来，全县经济取得重大成就，圆满完成县十一届人大各次会议确定的任务目标，“十五”计划胜利完成，“十一五”规划开局良好。到 2006 年，全县生产总值达到 26.1 亿元，比 2002 年增长 45%，年均递增 9.7%。农业结构不断优化，确立并落实农业结构调整的新思路，畜牧、棉花、蔬菜产业进一步壮大，规模饲养场户 5000 多个，棉花面积始终保持在 5.33 万公顷左右，设施蔬菜发展到 3667 公顷。工业经济稳步增长，2006 年全县入统工业企业增加值完成 1.4 亿元，比 2002 年增长 146%。城镇建设和基础设施建设成效显著，修编《县城总体规划》，实施了供水管网改造等一批重点工程，建成乡村公路 455 千米，通公路村达到 465 个，比 2002 年增加 101 个。其他财政、教育、卫生、科技、体育均取得较快发展。报告还对以后五年和 2007 年政府工作提出了建议：全县生产总值年均增长 15% 以上，到 2011 年达到 53 亿元；财政收入年均增长 20% 以上，2008 年力争突破亿元大关，到 2011 年达到 1.8 亿元；农民人均纯收入到 2011 年达到 3800 元。县域经济结构更趋合理，特色主导产业更加突出，骨干企业实力进一步壮大，达到经济社会共同进步、各项事业协调发展的良好格局，综合经济实力跨入全省 100 名以内。2007 年要在招商引资、项目建设、加快城镇化进程、推进新农村建设、财税金融、民心工程等方面扎实做好工作。

会议还听取审议了其他报告，并分别作出相应决议。会议选举柴献臣为县人大常委会主任，陆秀珍（女）、孙笑武、于恒昌、高振防为副主任，选举王辉等 20 人为县人大常委会委员；选举卢建华为威县人民政府县长，顾鹏图、张锋、赵忠强、宋洪起、刘兰浩、赵新河为县人民政府副县长；选举赵国军为县人民法院院长，焦朝坤为县人民检察院检察长。

第二次会议

县第十三届人民代表大会第二次会议于 2008 年 3 月 4 日至 5 日召开。出席会议代表 210 人，列席 248 人。会议听取和审议县人大党委会、县政府、县法院、县检察院工作报告，并通过相应决议。会议听取审查和批准财政预决算报告。选举任学俊、高振广等 32 人（其中市直 5 人）出席邢台市第十三届人民代表大会。

第三次会议

县第十三届人民代表大会第三次会议于2009年3月16日至17日召开。出席会议代表213人，列席262人。会议听取和审议县人大党委会、县政府、县法院、县检察院工作报告，并通过相应决议。会议听取审查和批准财政预决算报告。补选刘果芳为威县人民政府县长。

第三章　常务委员会

县人民代表大会是地方国家权力机关，县人大常务委员会是地方人民代表大会的常设机构，对县人大负责并报告工作。1982—2009年，县人大常委会在人大闭会期间，共召开常委会议212次，并依法开展各项工作，行使职权。

第一节　工作机构

1982年，县人民代表大会恢复。2月27日，县第六届人民代表大会第一次会议选举产生县第六届人大常务委员会。县人大常委会下设办公室。1987年，县人大常委会增设政法科、财经科、教科文卫科。1989年，县人大常委会增设代表联络科。办公室是县人大常委会的综合办事机构，主要为县人大常委会行使职权搞好各方面的服务。其他4个科的主要职责是：分别负责有关方面的工作及法律执行情况的调查研究，向县人大常委会提出报告和意见；分别对需要提交县人大常委会讨论决定的有关方面的重大事项进行调查了解，提出意见和建议。

图15－4　县人大常委会办公楼/耿尚斌2017年10月摄

第二节　常务委员会会议

常务委员会会议是人大常委会行使职权的基本形式。常务委员会会议由主任召集，每两个月至少举行一次。常务委员会会议的决议，应由常务委员会全体组成人员的过半数通过。威县人大常委会自1982年2月至2009年12月31日，共举行常务委员会会议212次，听取和审议“一府两院”工作报告226个，审查并决定该行政区域的重大事项，以及有关人事任免事项。

第六届人大常委会会议

1982年2月至1984年10月，共召开16次常委会会议。该届人大常委会组成人员19人。

县六届人大常委会第一次会议于1982年2月28日在县委小会议室举行。会议学习《中华人民共和国地方各级人民代表大会和地方各级人民政府组织法》和《中华人民共和国各级人民代表大会和地方各级人民政府选举法》。通过学习讨论，明确县级人大常委会的性质、地位、任务和作用，增强常委会组成人员的责任感、使命感。与会同志一致认为，在县一级设立的人大常委会是一个新机构，肩负着新的使命，大家没有经验，但大家决心边工作边学习，在实践中逐步积累经验，把人大常委会的工作努力做好，不辜负全县40万人民的厚望。会议还就县人大常委会内部设立工作机构、人员配备等方面的问题进行研究安排。

第七届人大常委会会议

1984年10月—1987年4月，共召开22次常委会会议。该届人大常委会组成人员15人。

县七届人大常委会第七次会议于1985年7月25日至26日在县人大常委会办公室举行。会议听取副县长李立欣所作的《关于1985年上半年主要经济工作情况的报告》县财政局所作的《关于1985年上半年财政收支预算执行情况的报告》和县司法局所作的《关于普及法律知识教育五年规划的报告》和县人大常委会副主任孙宝林所作的《关于8个棉花加工厂（站）调查情况和走访代表座谈情况的报告》。

会议对四个报告进行认真地审议，提出意见和建议。会议对政府制订的《关于普及法律知识教育五年规划》进行认真地讨论，提出修改和补充意见。会议通过威县人大常委会《关于加强法制宣传、普及法律常识的决定》。

第八届人大常委会会议

1987年5月—1990年4月，共召开24次会议。该届人大常委会组成人员15人。

县八届人大常委会第二次会议于1987年7月9日至10日在人大常委会会议室举行。会议听取和审议县政府办公室所作的关于县八届人大一次会议代表建议、批评和意见办理情况的汇报，县供销社所作的关于棉花收购工作的汇报，县经委、二轻公司所作的关于县办工业的汇报，县水利局所作的关于防汛工作的汇报。会议就进一步办理好代表建议，加强棉花收购工作，发展县办工业和认真搞好防汛工作提出意见和建议。

会议讨论通过《关于考评国家工作人员的决定》和《乡（镇）人大代表联络组工作试行办法》。会议通过县人大常委会、县政府和县法院提请的人事任免事项。

第九届人大常委会会议

1990年4月—1993年3月，共召开20次常委会会议。该届人大常委会组成人员15人。

县九届人大常委会第八次会议于1991年5月16日在县人大会议室举行。此次会议，听取和审议县人民政府《关于农资专营和供销情况的工作报告》《关于1991年林业达标情况的报告》《关于威县县城总体规划修改意见的报告》《关于社会治安综合治理情况的工作报告》。常委会组成人员对县政府的四个报告进行认真审议，并针对存在的问题，提出了意见和建议。

第十届人大常委会会议

1993年3月—1998年2月，共召开31次常委会会议。该届人大常委会组成人员15人。

县十届人大常委会第十二次会议于1995年1月17日在人大会议室举行。会议听取和审议县物价局所作的《关于控制物价情况的报告》、县工商行政管理局所作的《关于春节市场打假情况的报告》、县检察院所作的《关于开展法纪监督和反贪污贿赂工作的报告》、县法院所作的《关于法院经济审判和民事审判工作的报告》。常委会组成人员对政府和“两院”上述几方面的工作表示满意，同时就如何控制物价，净化春节市场，严厉打击贪污、行贿、受贿，以及切实搞好审判工作等提出意见和建议。会议补选齐耀增为邢台市第十届人民代表大会代表，决定威县第十届人民代表大会第四次会议的召开时间。

第十一届人大常委会会议

1998 年 2 月—2003 年 4 月，共召开 42 次常委会会议。该届人大常委会组成人员 21 人。

县十一届人大常委会第三次会议于 1998 年 7 月 6 日在政府联席会议室举行。会议听取和审议县教育局所作的《关于贯彻实施〈中华人民共和国义务教育法〉和普及九年义务教育工作情况的报告》；听取县人大教科文卫科《关于对〈中华人民共和国义务教育法〉贯彻执行情况及“普九”情况的调查报告》。会议通过《关于进一步贯彻实施义务教育法、巩固“普九”成果的决议》，通过县人大常委会《关于积极推进依法治县的决议》和《威县国家机关联系县人民代表大会代表办法》。会议还通过县检察院提请的人事任免事项。

县十一届人大常委会第二十七次会议于 2001 年 9 月 24 日在县政府招待所二楼会议室举行。会议听取赵红英所作的学习《江泽民庆祝中国共产党建党八十周年讲话》辅导报告。会议听取并审议副县长于瑞峰所作的《关于威县畜牧业发展情况的汇报》。会上，潘炳章等 7 名常委会组成人员就如何加快威县畜牧业发展提出一些建设性的意见和建议。

会议结束后，县政府及畜牧部门根据县人大常委会的建议，召开了会议，制订县畜牧业发展规划，加强和完善畜牧养殖的料、种、治等技术服务 7 项具体措施。

第十二届人大常委会会议

2003 年 4 月—2007 年 4 月，共召开 34 次常委会会议。该届人大常委会组成人员 21 人。

县十二届人大常委会第四次会议于 2003 年 9 月 25 日在人大会议室举行。会议听取和审议县政府《关于扶贫工作情况的报告》。会上，李金鹏等 11 名县人大常委会组成人员就县政府扶贫工作作重点发言，提出一些建设性的意见和建议。主任史振龙就如何搞好扶贫开发工作讲了五点意见：一是要提高对开发式扶贫的认识，引导贫困乡村以市场为导向，走出一条发展路子；二是加强贫困乡村的基础设施建设，如打井、修路；三是帮助贫困乡村群众促增收，调整农业结构；四是抓科技扶贫，变“输血”为“造血”；五是抓好贫困村的领导班子建设。

图 15－5　第十二届人大常委会第 11 次会议/2004 年 4 月摄

县十二届人大常委会第十一次会议于 2004 年 4 月 29 日在燕南宾馆二楼大会议室举行。此次会议议题是对县农业局局长王荣彬、水务局局长杨光辉、畜牧局局长王留占进行述职评议。常委会组成人员对评议人员进行无记名投票，并当场宣布投票结果。会议还通过县法院提请的人事任免事项。

第十三届人大常委会会议

2007年5月—2009年12月，共召开23次常委会会议。该届县人大常委会组成人员25人。

县十三届人大常委会第二次会议于2007年6月5日在燕南宾馆二楼大会议室举行。会议通过县长卢建华提请的24个行政局局长任命。县人大常委会主任柴献臣向新一届被任命人员颁发任命书，24名被任命人员面向国徽进行集体宣誓。会上，县委书记孔祥友就如何坚持党管干部与人大依法任免干部，以及如何支持人大依法开展监督工作讲了意见。县人大常委会主任柴献臣就如何提高被任命人员的领导水平、坚持依法行政、公正司法、廉洁勤政、自觉接受人大及其常委会的监督等方面提出了要求。政府县长卢建华就如何提高政府的执政能力和执政水平向被任命人员提出了具体要求。

县十三届人大常委会第十二次会议于2008年12月12日在县人大会议室举行。会议听取和审议县民政局《关于城乡低保扩面工作情况报告》，县水务局《关于农村安全饮水情况的报告》，县政府督查室《关于县十三届人大二次会议代表建议、批评和意见办理情况的报告》，县城乡规划局《关于县城规划修编情况的报告》。审查通过县财政局《关于2008年财政预算调整情况的报告》。会上，唐秀兰等8名县人大常委会组成人员先后就城乡低保、农村安全饮水和代表建议办理情况进行审议发言。

第三节 主任会议

县人大常委会由主任、副主任组成主任会议，职责是处理常务委员会的重要日常工作。1982年2月27日第六届人民代表大会设立常务委员会后，1982年3月29日召开威县第六届人大常委会第一次主任会议，至2009年底共召开主任会议308次。

1982年3月29日，县六届人大常委会第一次主任会议在县委小会议室举行。会议宣布县委批准的县人大常委会党组成员名单，研究主任、副主任的工作分工，讨论必要的工作制度，确定主任办公会每半月召开一次，常委会两个月召开一次，人民代表大会每年至少召开一次。并就常委会的其他工作也进行了安排。

1984年12月6日至8日，县七届人大常委会主任会议在人大会议室举行。会议学习和传达河北省第一次人大工作经验交流会会议精神。结合省人大会议精神，讨论研究县人大机构设置人员编制情况，宣布县委关于人大党组成员名单。会议还通过代表资格审查委员会建议名单。

1987年7月3日，县八届人大常委会主任会议在人大常委会会议室举行。会议听取县政府县长李希顺《关于修建邢清公路威县段选址情况的报告》。

1990年4月7日，县九届人大常委会第一次主任会议在人大常委会会议室召开。会议研究召开常委会会议的时间和内容。讨论《1990年常委会工作要点》《威县人大常委会议事规则（草案）》。研究县九届人大一次会议代表提出的批评、意见和建议的办理工作。研究人大机关档案升级工作。

1995年5月24日，县十届人大常委会主任会议在人大常委会会议室召开。会议听取县检察院《关于威县洺水市场派出所违法处理1995年5月17日群众看录像一案的情况报告》，会议责成县检察院立案查处，并将查处结果报县人大常委会。

1999 年 7 月 7 日，县十一届人大常委会主任会议在人大会议室召开。会议研究第九次常委会各项调查报告；安排主任会议听取县法院执行案件的情况汇报；确定主任接待代表日（每月 6 日）；议定常委会组成人员联系人大代表制度。

2003 年 9 月 5 日，县十二届人大常委会主任会议在县检察院会议室举行。会议听取检察长彭鲁来《关于县检察院整体工作情况的报告》。

2008 年 11 月 19 日，县十三届人大常委会主任会议在县法院会议室举行。会议听取县法院院长赵国军《关于县法院审判工作情况报告》。县人大常委会 7 名委员和人大政法科，以及县法院各副院长、各庭庭长列席会议。

2009 年 10 月 27 日，县十三届人大常委会主任会议在县公安局会议室举行。会议听取县公安局局长郑海林《关于社会治安工作情况的报告》。县人大党组成员刘光烛、赵保玺和常委会 6 名委员，以及县公安局各位副局长列席会议。

1982—2009 年县人大常委会主任、副主任任职情况一览表

表 15 - 3

<table>
<tr><th>届次</th><th>职务</th><th>姓名</th><th>任职时间</th><th>籍贯</th></tr>
<tr><td rowspan="9">第六届</td><td>主任</td><td>刘润生</td><td>1982. 2—1984. 10</td><td>赵村乡东安仁</td></tr>
<tr><td rowspan="8">副主任</td><td>赵雨生</td><td>1982. 2—1984. 10</td><td>固献乡沙柳寨</td></tr>
<tr><td>刘新文</td><td>1982. 2—1984. 10</td><td>第什营乡第四营</td></tr>
<tr><td>刘抱良</td><td>1982. 2—1984. 10</td><td>章台镇鱼堤</td></tr>
<tr><td>王振泗</td><td>1982. 2—1984. 10</td><td>枣园乡丁寨</td></tr>
<tr><td>孙绍魁</td><td>1982. 2—1984. 10</td><td>赵村乡西贤塔</td></tr>
<tr><td>郭省三</td><td>1982. 2—1984. 10</td><td>贺钊乡黄台</td></tr>
<tr><td>孙宝林</td><td>1982. 2—1984. 10</td><td>南宫市</td></tr>
<tr><td>华寅春</td><td>1982. 2—1984. 10</td><td>南宫市</td></tr>
<tr><td rowspan="8">第七届</td><td>主任</td><td>宋书仲</td><td>1984. 10—1987. 4</td><td>章台镇宋庄</td></tr>
<tr><td rowspan="7">副主任</td><td>赵雨生</td><td>1984. 10—1987. 4</td><td>固献乡沙柳寨</td></tr>
<tr><td>赵庆凯</td><td>1984. 10—1987. 4</td><td>枣园乡东台吉</td></tr>
<tr><td>刘新文</td><td>1984. 10—1985. 5</td><td>第什营乡第四营</td></tr>
<tr><td>孙宝林</td><td>1984. 10—1987. 4</td><td>南宫市</td></tr>
<tr><td>宋永堂</td><td>1984. 10—1987. 4</td><td>高公庄乡吴宋庄</td></tr>
<tr><td>华寅春</td><td>1984. 10—1987. 4</td><td>南宫市</td></tr>
<tr><td>高炳全</td><td>1986. 3—1987. 4</td><td>高公庄乡经镇</td></tr>
</table>

续表 15－3

届次	职务	姓名	任职时间	籍贯
第八届	主任	孙宝林	1987.4—1990.3	南宫市
	副主任	高炳全	1987.4—1990.3	高公庄乡经镇
		吴二全	1987.4—1990.3	七级镇阎家庄
		刘文暖（女）	1987.4—1990.3	冀州市
		吕继军	1987.4—1990.3	高公庄乡宋安村
第九届	主任	姜长岭	1990.3—1993.1	方营乡王家陵
	副主任	高炳全	1990.3—1993.1	高公庄乡经镇
		吕继军	1990.3—1993.1	高公庄乡宋安村
		刘文暖（女）	1990.3—1993.1	冀州市
		苏桂珍（女）	1990.3—1993.1	第什营乡苏庄
		米保航	1990.3—1993.1	常屯乡亭上
第十届	主任	姜长岭	1993.1—1998.2	方营乡王家陵
	副主任	高炳全	1993.1—1998.2	高公庄乡经镇
		吕继军	1993.1—1998.2	高公庄乡宋安村
		孟庆锁	1993.1—1998.2	南宫市
		苏桂珍（女）	1993.1—1998.2	第什营乡苏庄
		米保航	1993.1—1998.2	常屯乡亭上
		潘炳章	1997.3—1998.2	枣园乡潘店
第十一届	主任	史振龙	1998.2—2003.4	梨园屯镇红桃园
	副主任	吕继军	1998.2—2003.4	高公庄乡宋安村
		苏桂珍（女）	1998.2—2003.4	第什营乡苏庄
		米保航	1998.2—2003.4	常屯乡亭上
		潘炳章	1998.2—2003.4	枣园乡潘店
		于恒昌	1998.2—2003.4	常屯乡西郝庄
		李金鹏	1998.2—2003.4	七级镇中七级

续表 15－3

届次	职务	姓名	任职时间	籍贯
第十二届	主任	史振龙	2003.4—2006.3	梨园屯镇红桃园
		柴献臣	2006.3—2007.4	张营乡前小辛
	副主任	李德广	2003.4—2007.4	枣园乡寺前
		陆秀珍（女）	2003.4—2007.4	梨园屯镇王世公
		潘炳章	2003.4—2007.4	枣园乡潘店
		于恒昌	2003.4—2007.4	常屯乡西郦庄
		李金鹏	2003.4—2007.4	七级镇中七级
		刘光烛	2003.4—2007.4	枣园乡魏家寨
		孙笑武	2006.3—2007.4	赵村乡前南寺庄
第十三届	主任	柴献臣	2007.4—2009.12	张营乡前小辛
	副主任	陆秀珍（女）	2007.4—2009.12	梨园屯镇王世公
		孙笑武	2007.4—2009.12	赵村乡前南寺庄
		于恒昌	2007.4—2009.12	常屯乡西郦庄
		高振防	2007.4—2009.12	张营乡前花疃

第四节　历任主任

1982—2017 年，威县人大常委会主任共历 8 任。

刘润生

刘润生，（1916—2009），赵村乡东安仁村人。师范学历。1944 年 3 月参加工作，1945 年 1 月加入中国共产党。曾任威县第二届、第三届、第四届、第五届县人民政府副县长，南宫大县副县长，县委常委、副县长，1982 年 2 月，县第六届人民代表大会第一次会议当选为人大常委会主任。1984 年 10 月离任。

宋书仲

宋书仲（1928—1998），章台镇宋庄村人。高小学历。1948 年 5 月参加工作，1947 年 10 月加入中国共产党。曾任威县县委委员，公社书记，卫生局局长，农工部部长，县第六届人民政府副县长，1984 年 10 月当选为县第七届人大常委会主任。1987 年 4 月离任。1998 年 12 月病逝。

孙宝林

孙宝林（1928—2002），南宫市人，高中学历。1942 年 2 月参加工作，1943 年 5 月加入中国共产党。曾任邢台地区化肥厂书记，任县革委会副主任，威县革委会副主任，威县第六届、第七届人大常委会副主任，1987 年 4 月当选为县第八届人大常委会主任。1990 年 3 月离任。2002 年 3 月病逝。

姜长岭

姜长岭，（1937. 8—2019. 6），方家营乡王家陵村人，大专学历，1962 年 10 月参加工作，1969 年 9 月加入中国共产党。曾任威县人民政府副县长，县委副书记，1990 年 3 月和 1993 年 1 月连续当选县第九届、第十届人大常委会主任。1998 年 2 月离任。河北省第八届人民代表大会代表。

史振龙

史振龙，1947 年 9 月生，梨园屯镇红桃园村人，大专学历，1970 年 11 月参加工作，1971 年 4 月加入中国共产党。曾任威县政府办公室主任，临西县人民政府副县长，中共临西县委副书记、常务副县长，临西县委副书记。威县人大常委会党组书记，1998 年 2 月、2003 年 4 月连续当选威县第十一届、第十二届人大常委会主任。2006 年 3 月离任。

柴献臣

柴献臣，1954 年生，张营乡前小辛村人，大学本科学历，1970 年 12 月参加工作，1972 年 8 月加入中国共产党。曾任威县武装部政委，县第八届人大一次会议选举为县人大常委会委员。2006 年 3 月，任县人大常委会主任。2007 年 4 月，县第十三届人大一次会议再次当选。2012 年 1 月离任。

孙殿芳

孙殿芳，1960 年生，临西县人，大学本科学历，1982 年 8 月参加工作，1983 年 11 月加入中国共产党。2005 年任中共威县县委常委、组织部部长，2011 年 3 月任威县人大党组副书记、副主任，2012 年 1 月，县第十三届人大一次会议当选为任人大常委会主任。2017 年 2 月离任。

董占坤

董占坤，1963 年 9 月生，第什营乡董家庄村人，中共党员，大学本科学历。1979 年 11 月参加工作。1999 年 8 月至 2001 年 12 月，在中央党校函授学院行政管理专业学习。2007 年 4 月至 2011 年 6 月，任威县政府办公室主任。2011 年 6 月至 2012 年 1 月，任威县政府副县长、兼政府办主任。2012 年 1 月至 2014 年 2 月，任威县政府副县长。2014 年 2 月至 2014 年 6 月，任威县政府副县长、农工委书记。2014 年 6 月至 2016 年 2 月，任威县政府副县长。2016 年 2 月，任威县政府副县长、省级农业科技园区党工委书记、管委会主任（兼）。2017 年 2 月，任威县人大常委会主任。

第四章　主要工作

人大常委会在人民代表大会闭会期间，依法行使国家宪法和法律赋予的权力。主要任务是在全县范围内开展普法宣传，监督“一府两院”依法行政和公正执法，办理议案和建议，进行视察、调查，致力依法治县工作。

第一节　议案和建议办理

1982—2009 年，县第六届人民代表大会第一次会议至第十三届人民代表大会第三次会议期间，共收到代表议案、建议、批评和意见 1610 件。人代会会议期间代表建议的办理，根据威县人大常委会《关于代表建议、批评和意见的提出和办理办法》规定，采取“会前会中收集，会后办理”的办法，并及时转交“一府两院”及有关部门办理。闭会期间，通过走访、座谈、联系代表、代表接待日等形式收集代表的意见和建议，由县人大常委会代表联络科、各乡镇人大主席团负责整理转交有关部门办理，并负责跟踪督查和反馈。县人大常委会将代表提出的热点、难点问题作为督办重点，实行跟踪—反馈—再跟踪—再反馈，直到解决，做到事事有回音，件件有着落，达到代表满意。

1982 年，六届人大一次会议共收提案 165 件，大会提案审查委员会对每项提案进行审查和处理。对转交有关部门办理的提案，县人大常委会第二次会议进行研究，将 165 件代表提案，经过整理合并为 72 件，决定交由县人民政府研究办理的 70 件，交由县法院、县检察院研究办理的 2 件。县政府的 70 件代表提案，涉及有关委、办、局 24 个单位，按要求时限落实解决的 31 件。如代表何自欣、陈跃起和邵梁庄人民公社全体代表提出要求解决农民卖棉难的问题。县政府针对当年棉花增产幅度大、摘售时间集中、收购手续繁杂等新的情况，除对原有 10 个收棉厂、站扩建以外，又增设 5 个固定站和 11 个临时站，分期培训新增的棉检、司秤、会计人员 82 人。此外，还雇用一部分临时人员，并以县人民政府的名义印发《关于作好今年棉花收售工作布告》，针对当年情况做出若干新规定，从县直单位抽调局长以下干部 237 人到基层协助此项工作，方便了群众，加快了进度。又如南里村代表提出“建议及时供应化肥、排灌机械、高效低毒农药”问题。政府加强化肥的生产，改善供应办法，狠抓棉奖粮食和化肥的兑现，除委派专人到上海等地大量采购溴氰菊酯、杀灭菊酯高效低毒农药外，还积极鼓励社队到外地采购化肥农药，基本满足了要求，控制了各种病虫的危害。

1984 年，七届人大一次会议共收代表提案 75 件，由县政府有关部门答复的 66 件，经县政府研究后答复的 9 件。如代表提出的关于加快教育改革步伐、提高教育质量的提案。县文教局通过认真研究，努力做好三个方面的工作：一是对中小学实行三级管理，即县、乡、村分别管好县中、乡中和小学，充分发挥乡村教委会的作用；二是建立健全教师工作制度和奖惩制度，提高教师待遇；三是县教育部门进一步加强教育教学管理。为此，重点抓了两项工作：召开两次县办中学教师和负责人会议，提出具体要求，后根据工作成绩进行表彰；考核中小学教师，进行全县统一考试，以鼓励学校领导和教师争当先进。又如代表提出威县工业落后，企业内部存在吃“大锅饭”以及产品质量差、名牌产品少等问题的提案。县政府根据县工业底子薄、技术力量弱，1984 年实行经济改革，各企业都制订并落实不同形式的责任制，在加强经营管理，增加企业内部活力等方面都有不同程度的改善。

1990 年，九届人大一次会议共收代表建议、批评和意见 42 件，其中财贸方面 6 件，工交水电 13 件，教科文卫 9 件，治安 4 件，其他方面 10 件。经县人大常委会审理后全部交由县人民政府研究办理，其中涉及治安方面的 4 件建议直接责成县公安局办理，需请示上级或县无力解决的有 13 件，由于代表不清楚有关规定和不清楚事实，进行解释的有 5 件，政府部门已作处理转交法院的有 1 件。

1999 年，十一届人大二次会议共收代表建议、批评和意见 82 件，经审理分别交有关部门限期办理。县政府将返还简易人身保险、挖补高寺路等几个涉及面广的建议作为重点办理件，进行重点督促、协调。对于杨光辉代表提出的“解决二中路生活区用水问题”，县水务局筹集资金 40 多万元，在附近打了一眼 500 米的深井，改造了 200 米水管道，并于当年 9 月正式启用，居民的生活用水问题得到彻底解决。对于刘勤义等 18 名代表联名提出挖补高寺路的建议，县交通局千方百计筹措资金启动工程，高寺路交通差的状况得到改善。

2004 年，十二届人大二次会议共收代表建议、批评和意见 62 件，其中交县政府办理的 60 件，交县人大常委会办理的 1 件，交县法院办理的 1 件。如在承办县代表刘和平提出的“关于修建邢临线至大芦村线”这一建议中，县交通局协同枣园乡顺利完成集资任务，迅速组织施工队伍施工，两个月便建成通车。

2009 年，十三届人大三次会议共收代表建议、批评和意见 53 件，涉及 2 个乡镇 21 个县直部门，共计 23 个承办单位。如王肖华代表提出的关于依靠科技兴农的建议，县政府主管副县长安排，责成农业局组织专业技术人员研究高效农业结构工作思路，推广棉瓜套种、棉豆套种等新模式。积极发展棚室蔬菜，2009 年新增大、中棚蔬菜 8000 亩，新增日光温室 2100 多个。并结合农广校对新增棚室蔬菜户进行专业技术培训，加强农业院所联系，促进农业新技术的引进与转化。又如代表提出的关于制止中小学生外流、农村学前三年教育师资、提高农村教师队伍素质的建议。县委、县政府高度重视，在巩固、提高基础教育的前提下，确定“一年见成效、两年扭转局面、三年实现高中教育振兴”的发展目标。采取措施，实施支教工程，招聘 230 名大学生到农村中小学任教，争取到特岗教师 300 人，充实农村学校教师队伍。出台《关于加强高中教育工作的实施意见》。在人口密集的村开设幼儿园，在农村小学抽调在编教师充实农村幼儿园师资队伍，解决幼儿教师短缺现象。

1982—2009 年代表议案、建议、批评和意见分类情况一览表

表 15 - 4　　　　单位：件

会议届次	总数	农业	工业交通	财贸	科教卫生	其他
六届一次	165	27	29	16	38	55
七届一次	75	17	17	—	24	17
八届一次	20	—	10	6	2	2
八届二次	45	分类待考				
八届三次	65	25	16	4	16	4
九届一次	42	—	13	6	9	14
九届二次	59	27	—	15	8	9
九届三次	69	—	—	56	6	7
十届一次	131	—	—	102	17	12
十届三次	40	—	—	28	6	6
十届四次	57	—	—	46	5	6
十届五次	56	—	35	—	13	8
十届六次	51	—	—	40	6	5
十一届一次	34	—	21	—	8	5
十一届二次	82	—	—	44	15	23
十一届三次	62	—	20	27	12	3
十一届四次	52	—	—	35	—	17
十一届五次	47	—	—	29	11	7
十二届一次	86	—	21	41	14	10
十二届二次	62	—	21	23	9	9
十二届三次	60	—	—	45	11	4
十二届四次	69	—	—	48	6	15
十三届一次	66	—	—	54	6	6
十三届二次	54	—	—	21	7	26
十三届三次	64	—	—	38	12	14

第二节　代表联络

县人大常委会实行常委会主任、副主任接待人大代表制度，常委会组成人员走访联系代表制度，代表联系选民制度。工作中加强代表小组制度建设，组织指导代表、代表小组开展形式多样的联络活动，采取以会代训和各代表小组集中学习的方法对代表进行培训。自1982年3月至2009年底，全县建起18个代表小组，这些代表小组根据不同时期的任务要求，开展活动。活动的主要内容有学习党的方针、政策和宪法、法律、人大代表基本知识；开展视察、调查活动；走访联系选民等。

1982年7月，县人大常委会6名副主任分别在县直机关、城关、章台、七级、梨园屯、侯贯分片召开县人大代表座谈会，向代表宣讲县人大及其常委会的职权任务及人大代表的权利和义务，征求人大代表对县人大常委会和“一府两院”工作的意见。并对360名县人大代表进行编组。通过建立代表小组，使县人大常委会可以联系群众，了解情况，实行监督。

1990年5月，县人大常委会为加强与代表的密切联系，充分反映人大代表参政议政的各项活动，创办《人民代表》不定期简报，共出12期。同年7月，制定《关于加强同代表联系的办法》。1996年，县人大常委会为便于代表活动，在原来属地编组的基础上，重新进行调整，并建立代表活动制度。为充分发挥人大代表在村务六公开工作中的监督作用，县人大常委会向全县各级人大代表发出通知，要求人大代表在村务公开工作中，积极参与，认真监督，有的代表还参加监督小组，推动了村务六公开工作的开展。

1998年7月，县第十一届人大常委会第三次会议通过《威县国家机关联系县人民代表大会代表办法》，联系代表工作得到进一步改善和加强。

2003年12月，县人大常委会主任和各位副主任深入到县人大代表家中或工作单位走访，听取代表对县人大常委会和“一府两院”工作的意见和建议。代表们建言献策，提出76条意见和建议，及时转交有关部门办理。

2009年10月13日，县人大组织部分委员深入到县人大代表家中或工作单位进行走访，听取人大代表对20件建议的办理落实情况的意见，有效促进建议的办理质量。

第三节　执法检查

为保证国家宪法和法律在威县贯彻执行，县人大常委会每年都要不定期地对有关法律、法规在全县贯彻实施情况进行执法检查。

1988年11月，县人大常委会组织部分人大代表及物价局、计量局参加的检查团，对全县市场物价进行重点检查。检查范围是城内集贸市场和邵固、七级、贺钊等大集镇，以及群众比较关心的生产资料、生活资料的价格。检查内容包括价格的上升幅度、商品质量、商品标价及消费者的反映意见，市场动态及市场管理措施。检查历时15天，检查了县内6个市场，8个单位，8个行业，70个摊点的百余种商品。并召开人大代表座谈会，走访消费者听取群众对物价工作的反映和意见。检查团针对检查中存在的问题，向县政府及物价部门提出意见和建议。

1990 年，先后对《河北省计划生育条例》《河北省保护消费者权益条例》《河北省发展职业技术教育暂行条例》，以及土地管理法律法规的执行情况进行执法检查。每项执法检查，都是在调查研究的基础上，听取县政府及有关部门的专题汇报，指出存在的问题，并限期进行整改，保证法律法规的贯彻落实。

1992 年，县人大常委会根据省人大和地区人大工委的部署，先后对《中华人民共和国企业法》《全民所有制工业企业转换经营机制条例》《河北省保护消费者合法权益条例》《中华人民共和国义务教育法》和《河北省普及义务教育条例》的宣传执行情况进行检查。1996 年，就《中华人民共和国产品质量法》《中华人民共和国环境保护法》《中华人民共和国农业法》和《河北省农业技术推广条例》进行执法检查。1998 年，就全县 1995—1997 年城乡教育费附加的征收、管理和使用情况及县政府对教育的拨款情况，进行专项检查和审计。

2000—2005 年，先后就《中华人民共和国环境保护法》《中华人民共和国土地管理法》《中华人民共和国水土保特法》《中华人民共和国动物防疫法》《中华人民共和国招投标法》《中华人民共和国森林法》《中华人民共和国公路法》《中华人民共和国安全生产法》《中华人民共和国城市房地产管理法》等实施情况，对 13 个乡镇、9 个县直部门、8 个企业进行执法检查，及时纠正一些不规范的执法行为，提出批评、意见和建议。就社会保障、打击制售假冒伪劣商品等情况，对 6 个单位、21 个销售摊点进行执法检查。

2006—2009 年，就《中华人民共和国科技进步法》《中华人民共和国畜牧法》《中华人民共和国环境保护法》《中华人民共和国中小企业法》等实施情况，对 5 个乡镇、12 个企业进行执法检查，及时纠正不规范执法行为，并提出批评意见。就《中华人民共和国义务教育法》、农资市场秩序、食品药品等情况，先后对 16 个乡镇、12 所学校、20 个农资经营门店、15 个食品药品经营户进行执法检查。

第四节　工作监督

听取和审议县政府、县法院、县检察院的工作报告，是县人民代表大会及其常务委员会行使监督权力的一种基本形式。县人大常委会定期听取和审议“一府两院”工作报告及国家各项法律、法规贯彻实施情况的报告，就其贯彻实施情况进行监督。从 1982 年六届人大设常委会到 2009 年 12 月，共听取和审议“一府两院”工作报告 228 个，召开常委会会议 212 次。

1982 年 9 月，县第六届人大常委会第三次会议召开，听取县人民政府、县法院、县检察院关于县六届人大一次会议代表提案办理情况的汇报。会议认为县六届人大一次会议的 72 件提案，经过各承办部门的努力，在六个月的时间里都已办理完毕。常委会对“一府两院”关于代表提案办理工作表示满意。会议要求“一府两院”要把办理代表提案提高到关系发扬社会主义民主，改进政府工作，推动全县政治、经济、社会稳定，促进全县社会进步，推动全面改革和建设的高度来认识，使代表提案做到件件有着落，事事有交代，给代表以满意的答复。

1987 年 10 月，县第八届人大常委会第三次会议召开，听取和审议县人民政府《关于上半年财政预算执行情况和关于上半年国民经济计划执行情况的报告》《关于市场管理工作情况和关于物价管理工作情况的报告》。常委会经过认真审议，一致认为政府工作成绩突出，出色地完成任务。国民经济计划超额完成各项指标，财政收入提前完成任务，名列全区首位。工商市场管理逐步达到文明、规范目标。同时建议县人民政府要在经济工作中，进一步搞好企业革新、挖潜和内引外联，增加企业后劲。工商管理工作，要认真清理乱摆乱占摊位问题，尽快使市场秩序规范化。

1993 年 10 月，县十届人大常委会第五次会议召开，听取和审议县政府《关于减轻农民负担问题落实情况的报告》。常委会对政府报告进行认真审议和讨论，提出一些意见和建议：一是县政府要加大对减轻农民负担的宣传力度，要把减轻农民负担管理法规和中央及省有关政策、措施的宣传作为今后工作的一项长期任务。要把政策直接交给群众，要解决好基层干部特别是乡、村两级干部的思想认识和增强法制观念，要逐项逐条地把国家法律、法规和政策向农民解释清楚，让农民知道哪些是自己的权利，哪些是应尽的义务，学习如何依法保护自己的合法权益。二是针对当前存在的问题，及时采取措施，狠抓落实。要把人均村提留、乡统筹费总额以乡镇为单位不得超过上年人均纯收入的 5% 作为硬任务、死命令，坚决执行。县政府要加强监督检查，凡在执行中突破 5% 的，要依法追究责任，严肃查处，使上级减轻农民负担的文件精神真正落实到实处。

2000 年 7 月，县十一届人大常委会第十六次会议召开，听取和审议县政府《关于个体私营经济发展情况的报告》。常委会对报告进行认真审议，对县政府及主管部门在抓个体私营经济方面，积极实施优惠政策，促进个体私营经济发展所取得的成绩予以肯定。同时，也指出个体私营经济发展环境不够宽松，有关政策落实不到位，特别是县政府在对个体私营经济的摆位上还不够高，以致造成全县大多数个体和私营企业规模小，产品质量差，难以发挥龙头带动作用。建议县政府：一是加强领导，提高认识。要进一步树立快发展的意识，切实把个体私营经济摆在重要位置，在抓落实上下功夫，以完成年初人代会上提出的任务。二是集中力量，集中精力，落实"三培育"要求。要大力培育优势企业，实施名牌战略；要培育规模企业，筛选一批骨干私营企业，在资金、技术、人才等方面实行倾斜，特别在引进人才方面要实行优惠政策。要抓好股份制、股份合作制企业的试点，并逐步推行，以适应市场经济的发展要求。

2005 年 3 月，县十二届人大常委会第十七会议召开，听取和审议县政府《关于医疗卫生工作情况的报告》。常委会组成人员进行认真审议，在充分肯定成绩的同时，指出存在的卫生基础设施落后，农村医疗预防保健"三级网"不完善、农民因病致贫、因病返贫等问题。提出加强疾病控制和卫生监督机构基础设施建设，以及加强农村卫生队伍建设的五条建议。会议要求：县政府及卫生主管部门根据县人大常委会的建议及时制定整改方案，并将整改结果按时报县人大常委会。

2008 年 6 月，县十三届人大常委会第九次会议召开，听取和审议县政府《关于整顿和规范农资市场秩序情况的报告》。常委会就全县整顿和规范农资市场秩序工作情况进行认真审议和讨论。会议指出，农资市场秩序的规范与否关乎农民的切身利益。当前假化肥、假种子、假农药坑农案件时有发生，县政府及工商部门要加大查办力度，严把农资产品的市场准入关口，督促农资经营门市守法经营、诚信经营，建立健全进货台账、销售台账和商品信誉卡。会议要求县政府结合巡查制度，进一步加强对农资市场的日常监管，加强对农资产品的质量监测工作，要利用电视广播等形式强化对农民群众辨识真假农资的宣传教育，提高群众的防范意识和能力。

第五节　考察　调查

为更好行使宪法和法律赋予的职权，有效地对国家机关的工作进行监督，县人大常委会每年都围绕全县的中心工作和群众关心的热点问题，组织部分人大代表或常委会组成人员开展考察活动。并将考察结果以文字形式向县委写出报告。此外，还根据每次常委会议审议的议题，由主管主任带领有关科室人员深入到城镇、乡村和企事业单位，有针对性地开展调查研究，写出调查报告，为人大常委会审议“一府两院”工作提供可靠依据。

考察

1985 年 7 月，县人大常委会主任、副主任带领机关工作人员和部分人大代表一起，考察 8 个乡的棉花加工厂、站的棉花加工和收购工作，针对群众最关心的卖棉难和棉花加工问题，同厂、站的负责人一起进行座谈，征求他们对政府各部门工作上的意见，并转交政府进行办理，政府及时答复代表。

图 15 -6　省人大常委会主任孙国治（左一）到威县考察乡镇企业/1987 年 12 月摄

1991 年，为强化县人大常委会的法律监督，保证《河北省计划生育条例》在威县的贯彻执行，常委会组织由 40 人参加的有关条例贯彻执行情况大型考察活动。此次考察分 5 个组，采取听汇报、召开座谈会和到户走访等方法，先后考察 10 个乡镇 20 个村庄。针对考察中发现的问题，及时向县政府提出意见和建议。

1995 年初，常委会围绕抑制市场物价和加强社会保障工作，组织 20 名县人大代表在工商行政管理局等 13 个职能部门的配合下，分 3 组对全县市场的粮、油、肉、烟、酒等商品的价格及产品质量进行考察。通过考察，共查出变质饮料 40 箱、罐头 87 瓶、假烟 50 条、变质啤酒 10 捆、蛋糕 35 袋，依规进行了处理。

2000 年 11 月 23 日至 24 日，县人大常委会按照邢台市人大常委会的要求，组织 20 名省、市、县人大代表，对威县农业和农村经济发展情况进行考察。先后深入到部分乡镇，对全县的棉花、蔬菜种植、畜禽养殖等产业进行考察。在洺州股份养牛场和方营油坊养牛场考察时，代表们认真听取养牛户情况介绍，并详细询问他们饲养、销售情况。在梨园屯镇陈固永胜养鸽场、西小庄鸡鸭养殖小区以及李寨京威种猪繁育中心等地考察时，代表们深入到各养殖户的养殖场地进行考察，听取各养殖户的情况介绍，详细询问养殖户的畜禽养殖销售、加工等情况。在高公庄、章台两乡镇考察时，代表们深入到田间地头，详细查看蔬菜的种植情况，并与菜农就大棚建设投入、蔬菜种植技术、销售收入等情况进行交谈。同时，还听取两乡镇党委书记就农业和农村经济结构调整情况的介绍。代表们对这些产业的发展提出了建议。

2003 年，县人大常委会组织有关人员深入到高公庄、贺钊、常庄、枣园、侯贯、洺州、方营七个乡镇 30 个村就《中华人民共和国村民委员会组织法》的贯彻落实情况进行考察。对个别乡镇、村存在的问题，常委会及时向县政府及民政部门提出意见和建议。

2006 年 3 月，县人大常委会先后组织 40 名市、县两级人大代表和 21 名常委会组成人员，深入到养殖户、制衣公司、纺织集团及县城基础建设工地进行考察。

2009 年 12 月，县人大常委会组织省、市、县三级人大代表 46 人组成考察组，对县城工业园区建设和部分重点项目建设、县政府承诺的 10 项民心工程、县城八项重点工程建设落实情况进行集中考察。代表们先后考察洺光电缆项目、春天纺织项目、泰达新闻纸项目、久兴公司电动车项目、县城污水处理厂、垃圾处理场和住宅小区建设等处在建项目，并听取 11 个单位的情况汇报，促进了县政府承诺工程的落实。

调查

1987 年，在邢清路的修建拖延多年、悬而未决时，经县人大常委会主任们实地勘察、调查研究，会同政府一起提出较为妥善的解决方法，少占耕地 33 公顷，既解决了问题，又维护了农民的切身利益。

1990 年 6 月 28 日，县人大常委会主管主任带领政法科的工作人员，到县看守所进行调查。了解到县看守所共有羁押人员 64 人，其中超期羁押的 27 人，有的超期羁押多达 713 天。为严肃执法，县人大常委会在调查的基础上，召集公安局局长、法院院长、检察院检察长带案卷向县人大常委会主任会议汇报，进一步澄清超期羁押的情况，统一思想认识，超期羁押问题基本得以解决。

1998 年 5 月 28 日，县人大常委会主管主任带领教科文卫科的工作人员，利用 6 天的时间，对县政府《中华人民共和国义务教育法》贯彻执行情况及“普九”（普及九年制义务教育）情况进行专题调查。调查组先后对县二中、实验小学等 8 所中学、3 所小学进行调查，涉及 5 个乡镇，6 个学区。调查中采取听取汇报、查看硬件、走访家长等方式，召开县乡人大代表、学生家长和教师代表参加的座谈会，写出有情况、有问题、有建议的调查报告。县十一届人大常委会第三次会议听取县政府《关于义务教育法贯彻执行情况及“普九”（普及九年制义务教育）情况的报告》，作出《关于进一步贯彻实施义务教育法，巩固“普九”成果的决议》。县政府及其主管部门在落实县人大常委会决议中，多次召开会议进行研究，制定切实可行的整改措施，推动《中华人民共和国义务教育法》的贯彻实施。

2002 年 4 月，县人大常委会组织常委会组成人员和部分代表，在工商局、技术监督局、农业局等单位的配合下组成调查组，深入 5 个乡镇、县城 15 家种子公司门市就《中华人民共和国种子法》的贯彻落实情况进行调查，及时向县政府和有关部门反馈，采取措施规范种子市场，维护农民权益。

2005 年 5 月，县人大常委会主任、副主任分别带领常委会委员和机关科室人员深入 12 个乡镇，召开由县人大代表、村干部、群众代表共 120 余人参加的座谈会，就乡（镇）村林业发展现状、项目政策落实情况等问题进行调查。

2009 年 12 月，县人大常委会组织代表就新型农村合作医疗制度建设、乡镇卫生院（室）建设、村村通工程建设、农村饮水工程、城乡低保等方面情况，对 12 个乡镇、12 所乡镇卫生院、20 个村卫生室、25 个农户进行调查。还对法院的审判、执行工作，检察院的刑事审判监督、预防职务犯罪工作，县政府的社会治安等情况进行调查，并听取相关情况报告。

第六节　人事任免与述职评议

人事任免

县人大常委会根据《中华人民共和国地方各级人民代表大会和地方各级人民政府组织法》的有关规定，按照“四化”的方针和德才兼备的原则，对威县国家机关工作人员依法行使人事任免权。为更好地行使《中华人民共和国地方各级人民代表大会和地方各级人民政府组织法》，2004 年 1 月，县十二届人大常委会第七次会议通过《威县人民代表大会常务委员会人事任免暂行办法》，制定提请任免的范围、提名、呈报、审议和表决、公布和备案等任免工作的具体环节。同时，进一步完善人事任免工作程序，严把任免关。对“一府两院”提请任命的人员进行任前了解，提出是否提请常委会会议进行表决的意见。

图 15－7　人大常委会颁发任命书大会/2004 年摄

2004 年前，提请机关通常在常委会会议举行的前几天或会中报送任免材料，且成批提请任免。2004 年，县人大常委会规定，提请机关必须在常委会主任会议召开七日前报送任免职务的提请报告和其他有关材料（任免呈报审批表和考核材料）。会议通过任免后，通过正式文件通知提请机关，并予以公告。对新任免的国家机关工作人员，均举行颁发任命书仪式。

1982—2009 年，县人大常委会依法任免代理县长、副县长 67 人次，接受县长辞呈 5 人次，任命人民法院代理院长 3 人次，接受法院院长辞呈 3 人次，任命人民检察院代理检察长 6 人次，接受检察长辞呈 5 人次，任免其他国家机关工作人员 978 人次。

述职评议

1995 年，县人大常委会为进一步增强对“一府两院”和依法任命的国家机关工作人员的监督力度，多次组织人大代表对“一府两院”的工作进行民主评议，对依法任命的国家机关工作人员进行述职评议。2004 年，制定县人大常委会《关于选举和任命人员述职评议办法（试行）》。规定述职包括两种方式：述职评议和年度述职。述职评议是指每年选择若干名县人大常委会决定任命的县政府办公室主任、县政府组成部门各局局长或县法院副院长、县检察院副检察长等人员，在常委会举行会议的时候，就任职以来的全面工作，向常委会述职，并由常委会组成人员进行评议。年度述职是指所有由常委会决定任命的人员每年必须向常委会述职。述职评议内容主要是工作完成情况、贯彻实施法律、法规情况，落实县人大及其常委会决议、决定、审议意见情况及办理人大代表建议情况，廉政勤政和行风建设情况，解决人民群众关心的热点、难点问题情况等。述职评议的程序一般是分期分批进行，常委会有关工作部门在年初提出每年的评议对象建议，主任会议确定后，印发有关机关及本人，并向社会公布。评议对象名单公布后，县政府审计机关应当依法对述职人进行任期经济责任审计，向常委会提交审计报告。述职评议前，由主任会议组织评议考察组，对评议对象任职以来的任期责任目标完成情况、执法或司法情况、廉政和作风建设情况、办理人大代表建议情况，以及其他方面的情况进行考察。可以通过座谈、函证、个别谈话、问卷调查、案件调查、组织测评等方式，广泛听取意见。在常委会会议进行述职评议时参加调查了解的代表应邀列席会议，由述职人员先作述职报告，然后进行评议。常委会组成人员对评议对象的述职报告进行无记名投票表决，表决意见分满意、基本满意、不满意三个档次，并宣布评议结果。述职干部根据评议意见，限期制定整改措施，并将落实情况向县人大常委会主任会议进行汇报。每次述职评议情况向县委写出书面报告，县人大常委会对整改工作进行跟踪督导，对整改不力，问题严重的，按法定程序撤销其职务。

1995 年 4 月，县人大常委会对县建委、工商局、教委三个行政执法部门的工作进行评议。首先召开主任会议和乡镇人大主席会议，对评议工作进行安排，成立三个调查评议小组，深入到三个局和有关乡村，走访调查三部门依法行政情况，撰写调查报告。8 月 3 日，在十届人大常委会第十五次会议上，三部门先后进行了汇报，调查组宣读了调查报告。代表们指出中小学乱收费及重复征收小学生保险费、城镇建设乱占耕地、市场管理混乱等问题。会议要求三个部门限期解决。

2004 年 4 月 29 日，县十二届人大常委会第十一次会议，对县农业局、水务局、畜牧局三局局长进行述职评议。2006 年 9 月 19 日，县十三届人大常委会第二十八次会议，对县法院 2 名副院长、县检察院 4 名副检察长进行述职评议。

第七节　来信来访办理

办理人民群众的来信来访，保持与广大人民群众的信息往来，是人大常委会密切联系人民群众，对“一府两院”实施有效监督的重要渠道。县常委会实行主要领导成员亲自接待重要来访、阅批重要来信制度。明确专人负责，并按照“分级负责、归口办案”的原则进行办理。在信访工作中，既注意帮助群众解决实际问题，做到接待热心、解释耐心、办理诚心，又注意向群众宣传解释有关法律、法规，引导群众依法正确行使自己的申诉、控告、检举等民主权利。

县人大信访工作由人大办公室兼管，一名干部具体负责，一名常委会副主任分管。

1985 年，县人大常委会共收到人民来信来访 34 件，其中 6 件由人大常委会主要领导直接批办，解决了人民代表和群众反映的一些重要问题。

1987 年，县人大常委会共接待群众来访 42 人，来信 15 件，解决一些群众的切身问题。如梨园屯三户农民集资在东北买木材受骗一案，两年多解决不了，人大代表把此案反映到县人大常委会，经主任会议研究督促，县人民法院派专人赴东北，查清事实，了结此案，为三位农民挽回经济损失。

1991—1994 年，县人大常委会共受理代表和群众来访 535 人次，来信 245 件。常委会施行主任接待来访日和重要来信来访领导亲自接待批办制度，对一些重要的和久拖不决的案件，派人进行调查，督促有关部门尽快办理，大部分案件得到妥善处理。

1996—1998 年，县人大常委会共受理来信 146 件，接待来访 398 人次，达到基本无积案。对两起较为典型的错案，人大常委会主任会议专门研究，责成有关部门按照“两错”责任追究制进行了严肃处理。

1999—2000 年，县人大常委会共接待群众来访 263 人次，来信 202 件，均转交“一府两院”办理。为加强信访工作，常委会在明确专人负责的同时，坚持领导亲自接待重要来访，阅批重要来信。对重要信访问题，主任还带领工作人员深入下去，了解情况，认真督促基层予以解决，努力把矛盾和问题解决在基层和萌芽状态。对其中的重要申诉控告案件，主任会议进行专题研究，提出处理意见，并责成有关办事机构跟踪督办，加大督办力度，化解社会矛盾，维护了公民的合法权益。

2001—2005 年，县人大常委会共接待群众来访 564 人次，接收省市人大转交信访案件及群众来信 481 件，及时转交有关部门办理。

2006—2009 年，县人大常委会共接待群众来信来访 660 人次，及时转交有关部门办理。如 2008 年章台镇三益庄村因土地纠纷引起的群众集体上访案件，常委会主任多次组织有关部门和乡镇、村协调解决方案，经过一年多的不懈努力，终于妥善解决。

第八节　指导乡镇人大工作

为完善人民代表大会制度，强化基层政权建设，县人大常委会把加强对乡镇人大工作的指导摆在重要位置，列入常委会重要议事日程。每年都召开乡镇人大主席工作会议，并组织乡镇人大主席进行集中培训，同时，县人大在每次召开常委会会议前，都邀请部分乡镇人大主席对常委会会议的相关议题陪同调研，对进一步提高乡镇人大工作水平产生较好作用。开展乡镇人大规范化建设，制定了乡镇人大主席、副主席目标责任制。通过建立和完善各项规章制度，促使乡镇人大工作纳入制度化、规范化、程序化的轨道。

1987 年，各乡镇设立乡镇人大代表联组。同年 7 月，县人大常委会召开各乡镇人大联组组长会议，议题是研究乡镇人大联组如何发挥作用，10 月，召开乡镇人大代表联组工作研讨会。1990 年，各乡镇设立人大主席团及常务主席，并明确乡镇人大主席团为常设机构，常务主席的政治经济待遇为正科级，主席团还配备了秘书及工作人员。

1996 年 8 月，县第十届人大常委会第二十一次会议通过《威县乡镇人民代表大会主席、副主席目标责任制（试行）》，用以完善乡镇人民代表大会制度。

1999 年 7 月，县人大常委会对 31 名乡镇人大正副主席进行集中培训，同时组织 16 个乡镇人大主席参加省人大在北戴河举办的全省乡镇人大主席培训班。

2000 年 11 月，县人大常委会召开各乡镇人大主席会议，会议就乡镇规范化建设中的各项制度的落实情况，以及代表工作的开展情况进行了总结。2003 年 9 月，召开各乡镇人大主席会议，要求建立和完善各项规章制度，逐步使乡镇人大工作纳入制度化、规范化、程序化的轨道。

第十六编　人民政府

1938年5月5日，威县成立抗日民主政府，为中共地方党组织领导下的统一战线性质的抗日政权组织，同时受冀南区第四行政督察专员公署领导。1945年8月，威县抗日民主政府改称人民民主政府，受冀南四专署领导。1949年8月，威县人民民主政府改称威县人民政府。1955年2月，威县人民政府改称威县人民委员会。1958年11月20日，撤销威县建置，并入南宫县。1961年5月8日，恢复威县建置，重新建立威县人民委员会。1967年2月14日，威县人民委员会被“造反派”组织的“联合指挥部”非法夺权，工作机构瘫痪。1968年1月13日，威县革命委员会成立，掌管人民委员会一切权力。1971年5月31日中共威县县委恢复后，县委和革命委员会合署办公，实行党的“一元化”领导。

1938—1978年，威县人民政府（人民委员会、革命委员会）历任县长（主任）依次为范若一、于光甫、江东平、魏誉山、马东斗、王维潭、李慕三、江东平、郑晶华、徐合安、张汸农、赵子平、董维刚、赵子平、王培勋、冀怀安、刘贵昌、李德祥、李清铎、赵培仁。

1979年，仍由县革命委员会代行县人民政府职能。1982年2月，县第六届人民代表大会第一次会议宣布撤销县革命委员会，恢复县人民政府。县人民政府实行行政首长负责制。1982—2009年，威县历经八届人民政府。历届县政府实施发展县域经济、改善投资环境、提高人民群众生活质量的重点建设项目和利民工程。乡镇人民政府在落实县政府重要决策和工作部署、制定并实施威县经济社会发展规划方面发挥着重要作用。

第一章　政府机构

第一节　县人民政府

1979年初，仍由威县革命委员会（简称“县革委”）行使县委、县人民委员会的权力，实行党、政合一的“一元化”领导，县革委设主任1人，设副主任、常委若干。5月，县委、县革委分署办公，党、政分开，县革委设主任1人、副主任8人。1982年3月，县第六届人民代表大会第一次会议宣布撤销县革命委员会，恢复县人民政府，威县人民政府（简称县政府）作为县人民代表大会的执行机关和县国家行政机关开始工作。大会选举产生县长1人、副县长8人。此后，每届政府及其主要成员均由县人民代表大会选举产生，每届三年，县长为交流干部，威县籍干部不得在县内任县长。1993年开始，每届五年。1995年开始，部分副县长实行干部交流。2009年，县人民政府设县长1人、副县长5人。自1982年2月至2009年，威县人民政府共历八届。

1979—2009年威县人民政府（革命委员会）领导人任职情况一览表

表16－1

名称	届次	职务	姓名	性别	籍贯	政治面貌	任职时间
革命委员会		主任	赵培仁	男	邢台县	中共党员	1979.1—1979.4
			赵信良	男	南宫市	中共党员	1979.4—1982.1
		副主任	王增涛	男	南宫市	中共党员	1979.1—1981
			苏桂珍	女	第什营乡苏庄	中共党员	1979.1—1980.10
			安学琪	男	邢台县	中共党员	1979.1—1980.9
			张殿祥	男	侯贯镇	中共党员	1979.1—1979.2
			孙保林	男	南宫市	中共党员	1979.1—1982.2
			赵信良	男	南宫市	中共党员	1979.1—1979.4
			郭元龙	男	张营乡东平镇	中共党员	1979.1—1979.4
			刘润生	男	赵村乡安仁	中共党员	1979.1—1982.1
			王振泗	男	枣园乡丁寨	中共党员	1979.1—1982.2

续表 16－1

名称	届次	职务	姓名	性别	籍贯	政治面貌	任职时间
人民政府	第六届（1982.2—1984.10）	县长	杨其海	男	赵村乡	中共党员	1982.2—1984.1
		代理县长	李岚锁	男	新河县	中共党员	1984.1—1984.10
		副县长	李岚锁	男	新河县	中共党员	1982.2—1984.1
			贾明善	男	侯贯镇大里庄	中共党员	1982.2—1984.1
			宋书仲	男	章台镇宋庄	中共党员	1982.2—1984.1
			宋永堂	男	高公庄乡吴宋庄	中共党员	1982.2—1984.1
			张士钧	男	侯贯镇杨长屯	中共党员	1982.2—1984.1
			高炳全	男	高公庄经镇	中共党员	1982.2—1984.10
			张金柱	男	赵村乡赵村	中共党员	1982.2—1984.1
			顾自忠	男	清河县	中共党员	1982.2—1984.10
			姜长岭	男	方家营乡王家陵	中共党员	1983.9—1984.1
			刘文暖	女	冀州市	中共党员	1983.9—1984.1
			吕继军	男	高公庄乡宋安村	中共党员	1983.9—1984.1
			李立欣	男	章台镇小章台	中共党员	1984.1—1984.10
			李佩刚	男	章台镇西小河	中共党员	1984.1—1984.10
人民政府	第七届（1984.10—1987.4）	县长	李岚锁	男	新河县	中共党员	1984.10—1987.3
		代理县长	李希顺	男	邢台县	中共党员	1987.3—1987.4
		副县长	李立欣	男	章台镇小章台	中共党员	1984.10—1987.1
			顾自忠	男	清河县	中共党员	1984.10—1987.4
			高炳全	男	高公庄乡经镇	中共党员	1984.10—1986.3
			李佩刚	男	新河县	中共党员	1984.10—1986.3
			姜长岭	男	方家营乡王家陵	中共党员	1986.3—1987.4
			牛俊山	男	方家营乡西方家营	中共党员	1986.3—1987.4
	第八届（1987.4—1990.3）	县长	李希顺	男	邢台县	中共党员	1987.4—1989.12
		代理县长	顾自忠	男	清河县	中共党员	1989.12—1990.2
		副县长	顾自忠	男	清河县	中共党员	1987.4—1989.12
			姜长岭	男	方家营乡王家陵	中共党员	1987.4—1990.2
			李耀欣	男	贺钊乡东贺钊	中共党员	1987.4—1989.11

续表 16－1

名称	届次	职务	姓名	性别	籍贯	政治面貌	任职时间
人民政府	第八届（1987.4—1990.3）	副县长	牛俊山	男	方家营乡西方家营	中共党员	1987.4—1990.3
			田文学	男	临城县	中共党员	1988.9—1990.3
			王兰荣	男	洺州镇南关	中共党员	1989.3—1990.3
			张长起	男	第什营乡佃尚营	中共党员	1989.12—1990.3
			霍保印	男	平乡县	中共党员	1990.2—1990.3
			王孟缺	女	隆尧县	中共党员	1990.2—1990.3
			王忠德	男	辽宁省东港市	民主人士	1990.2—1990.3
人民政府	第九届（1990.3—1993.1）	县长	顾自忠	男	清河县	中共党员	1990.3—1992.10
		代理县长	田庆彬	男	平乡县	中共党员	1992.10—1993.1
		副县长	王兰荣	男	洺州镇南关	中共党员	1990.3—1993.1
			牛俊山	男	方家营乡西方家营	中共党员	1990.3—1992.12
			张长起	男	第什营乡佃尚营	中共党员	1990.3—1993.1
			霍保印	男	平乡县	中共党员	1990.3—1992.12
			王忠德	男	辽宁省东港市	民主人士	1990.3—1992.12
			王孟缺	男	隆尧县	中共党员	1990.3—1992.12
			田文学	男	临城县	中共党员	1990.3—1993.1
			罗兆群	男	枣园乡罗庄	中共党员	1992.12—1993.1
			王德君	男	贺营乡沙西	中共党员	1992.12—1993.1
			陆秀珍	女	梨园屯镇王世公	中共党员	1992.12—1993.1
			王兰荣	男	洺州镇南关	中共党员	1993.1—1997.3
	第十届（1993.1—1998.2）	县长	田庆彬	男	平乡县	中共党员	1993.1—1997.6
		代理县长	窦孟朔	男	平乡县	中共党员	1997.8—1998.2
		副县长	罗兆群	男	枣园乡罗庄	中共党员	1993.1—1998.2
			张长起	男	第什营乡佃尚营	中共党员	1993.1—1996.6
			陆秀珍	女	梨园屯镇王世公	中共党员	1993.1—1998.2
			王德君	男	贺营乡沙西	中共党员	1993.1—1998.2

续表 16－1

名称	届次	职务	姓名	性别	籍贯	政治面貌	任职时间
人民政府	第十届（1993.1—1998.2）	副县长	石振泉	男	沙河市	中共党员	1994.7—1998.2
			于瑞峰	男	张营乡前花疃	中共党员	1996.4—1998.2
			顾鹏图	男	清河县	中共党员	1996.4—1998.2
			李德广	男	枣园乡寺前	中共党员	1998.1—1998.2
			李俊申	男	赵村乡贤塔	中共党员	1998.1—1998.2
人民政府	第十一届（1998.2—2003.4）	县长	窦孟朔	男	平乡县	中共党员	1998.2—2002.2
			冀东书	男	沙河市	中共党员	2002.3—2003.4
		代理县长	冀东书	男	沙河市	中共党员	2002.2—2002.3
		副县长	罗兆群	男	枣园乡罗庄	中共党员	1998.2—2003.4
			于瑞峰	男	张营乡前花疃	中共党员	1998.2—2003.4
			王德君	男	贺营乡沙西	中共党员	1998.2—2003.4
			李德广	男	邵固乡寺前	中共党员	1998.2—2003.4
			陆秀珍	女	梨园屯镇王世公	中共党员	1998.2—2003.4
			李俊申	男	赵村乡东贤塔	中共党员	1998.2—2003.4
			顾鹏图	男	清河县	中共党员	1998.2—2003.4
			牛俊山	男	方家营乡西方家营	中共党员	1998.4—2003.4
			刘果芳	男	隆尧县	中共党员	1998.7—2002.5
			郑更须	男	隆尧县	中共党员	2001.3—2003.4
	第十二届（2003.4—2007.4）	县长	冀东书	男	沙河市	中共党员	2003.4—2004.3
			卢建华	男	香河县	中共党员	2005.2—2007.4
		代理县长	卢建华	男	香河县	中共党员	2004.3—2005.2
		副县长	李俊申	男	赵村乡东贤塔	中共党员	2003.4—2006.3
			顾鹏图	男	清河县	中共党员	2003.4—2005.5
			孙笑武	男	赵村乡后南寺庄	中共党员	2003.4—2006.3
			李庆环	女	南宫市	中共党员	2003.4—2006.3
			尹福山	男	梨园屯镇杏园屯	中共党员	2003.4—2006.3
			刘兰浩	男	张营乡刘家营	民主人士	2003.4—2007.4
			赵新河	男	隆尧县	中共党员	2003.4—2007.4

续表 16－1

名称	届次	职务	姓名	性别	籍贯	政治面貌	任职时间
人民政府	第十二届（2003.4—2007.4）	副县长	赫青栋	男	任县	中共党员	2004.7—2006.5
			徐学云	女	赵村乡徐家庄	中共党员	2005.5—2006.5
			顾鹏图	男	清河县	中共党员	2006.5—2007.4
			李　丽	女	邢台县	中共党员	2006.5—2007.4
			赵中强	男	贺钊乡北小河	中共党员	2006.5—2007.4
			宋洪起	男	清河县	中共党员	2006.5—2007.4
			张志良	男	清河县	中共党员	2006.9—2007.4
	第十三届（2007.4—2009.12）	县长	卢建华	男	香河县	中共党员	2007.4—2008.6
		代理县长	刘果芳	男	隆尧县	中共党员	2008.6—2009.2
		副县长	顾鹏图	男	清河县	中共党员	2007.4—2008.6
			张　锋	男	巨鹿县	中共党员	2007.4—2009.4
			赵中强	男	贺钊乡北小河	中共党员	2007.4—2009.12
			刘兰浩	男	张营乡刘家营	民主人士	2007.4—2009.12
			宋洪起	男	清河县	中共党员	2007.4—2009.12
			赵新河	男	隆尧县	中共党员	2007.4—2009.12
			张志良	男	清河县	中共党员	2007.4—2009.12
			安庆杰	男	邢台县	中共党员	2009.4—2009.12
			商黎英	女	巨鹿县	中共党员	2009.4—2009.12

第二节　乡镇人民政府

职能转变

1984 年，国家建立乡级财政，规定乡镇财政由国家预算资金、预算外资金和自筹资金三部分组成。乡镇政府的职能侧重于管理。比如，三提五统（“三提”指村提留，是村级集体经济组织按规定从农民生产收入中提取的用于村一级维持或扩大再生产、兴办公益事业和日常管理开支费用的总称，包括公积金、公益金和管理费；“五统”，是指乡镇合作经济组织依法向所属单位和农户收取的，用于乡村两级办学、计划生育、优抚、民兵训练、修建乡村道路等民办公助事业的款项）。1996 年，随着乡镇的合并，机构和人员得以精简，在一定程度上减少了乡镇的行政开支。2006 年取消农业税征收之后，三提五统也随之取消。乡镇政府的职能由管理转向服务。

机构演变

1979 年 1 月，威县乡镇地方政府仍为 32 个人民公社革命委员会，第一责任人为革命委员会主任。1982 年 2 月，人民公社革命委员会改为人民公社管理委员会，第一责任人仍为主任。1984 年 1 月，人民公社管理委员会撤销，改设乡人民政府，第一责任人为乡长。1985 年 5 月，城关（后改洺州）、七级、章台、侯贯、梨园屯 5 个乡改为镇。1996 年 1 月，威县调整乡镇区划，设 5 个镇 11 个乡。至 2009 年未变。

第三节　历任县长（革命委员会主任）

自 1979 至 2017 年，威县共历 14 任县长。1982 年之前称革命委员会主任。

赵培仁

赵培仁（1933. 2—1999. 6），邢台县人，中共党员。1977 年 7 月至 1979 年 4 月，任威县革命委员会主任。

（详见第十四编第三节）

赵信良

赵信良（1930. 11—2007. 1），南宫市人，中共党员。自 1979 年 4 月至 1982 年 1 月，任威县革命委员会主任。任职期间，全面调整农业生产结构，全县形成以棉花生产为主的“一业为主，全面发展”的农业生产格局。

杨其海

杨其海，1920 年生，赵村乡安仁村人，中共党员。1948 年参加工作。1982 年 2 月，县第六届人民代表大会第一次会议当选为威县人民政府县长，为恢复县人民政府后当选的第一任县长。任职期间，在落实知识分子政策，平反冤假错案方面做了大量卓有成效的工作；农村全部实行家庭联产承包责任制。1983 年 11 月离任。

李岚锁

李岚锁，1934 年生，新河县人。1951 年参加工作，1953 年加入中国共产党。1983 年 11 月至 1987 年 3 月，任威县人民政府县长。任职期间，威县国民经济有了较快发展，人民生活水平明显提高。非常重视和支持统计工作，为威县成为全国唯一的农业普查试点县打下良好基础。

李希顺

李希顺，1941年生，邢台县人。1961年参加工作，1965年加入中国共产党。1987年3月，任中共威县县委副书记，威县人民政府副县长、代理县长。1987年4月至1989年12月，任威县人民政府县长。

顾自忠

顾自忠，1936年生，清河县人。1958年10月加入中国共产党。1959年参加工作。1982年2月，任威县人民政府副县长。1989年12月至1992年10月任威县人民政府县长。任职期间，制订实施农业发展“三亿工程”。1969年就开始研究义和团。退休后，相继任威县赵三多研究会和义和文化研究会会长，为义和团研究成果的取得做出了巨大贡献。

田庆彬

田庆彬，1943年生，平乡县人。1968年参加工作，1973年6月加入中国共产党。1992年10月至1997年6月，任威县人民政府县长。任职期间，非常重视和支持地方志工作，抽调精干力量加入修志队伍。

窦孟朔

窦孟朔，1953年生，平乡县人。1971年参加工作，1975年加入中国共产党，中央党校经济学研究生学历，正高级政工师。1997年8月至2002年2月，任威县人民政府县长。任职期间，威县被定为省级扶贫开发工作重点县，修建了全国唯一的义和团纪念馆，印刷出版了《威县志》。

（另见第十四编第三节）

冀东书

冀东书，1963年生，沙河市人。1983年8月参加工作，1985年6月加入中国共产党。2002年3月至2004年3月，任威县人民政府县长。任职期间，提出“以工业园区建设为突破口，推进工业经济整合提升”的发展思路，规划了首期占地73公顷的县城工业园区。

卢建华

卢建华，1956 年生，河北香河县人。1974 年 12 月参加工作，1978 年 4 月加入中国共产党。2004 年 3 月至 2008 年 6 月，任威县人民政府县长。任职期间，农业结构不断优化，畜牧、棉花、蔬菜产业进一步壮大。

刘果芳

刘果芳，1963 年 8 月生，隆尧县人，研究生学历。1985 年 1 月加入中国共产党，同年 7 月参加工作。2008 年 6 月至 2011 年 8 月，任威县人民政府代县长、县长。任职期间，财政收入突破亿元大关；建成人民公园、星级酒店、影剧院等工程；县城工业聚集区升格为省级经济开发区；推行了新型农村合作医疗和城镇居民基本医疗保险制度；启动了新型农村养老保险试点。

吕志成

吕志成，1966 年 12 月生，广宗县人。1996 年 5 月加入中国共产党，大学学历、经济学硕士学位，高级经济师。2011 年 8 月至 2013 年 5 月，任威县人民政府县长。

（详见第十四编第三节）

安庆杰

安庆杰，1968 年 10 月生，邢台县人。1988 年 11 月加入中国共产党，1990 年 8 月参加工作。1986 年 9 月在河北农业大学农业经济专业学习。2009 年 4 月，任中共威县县委常委、常务副县长。2013 年 5 月至 2015 年 8 月，任威县人民政府县长。

（详见第十四编第三节）

商黎英

商黎英（女），1966 年 5 月生，巨鹿县人，大学本科学历。1987 年 10 月参加工作，1997 年 7 月，加入中国共产党。2009 年 4 月，始任威县人民政府副县长。2013 年 7 月，任中共威县县委常委、常务副县长。2015 年 8 月，任中共威县县委副书记、威县人民政府县长，制定了增比进位、撤县设市、全面建成小康社会目标。

第二章　工作部门

威县县政府各工作部门，按照上级政策要求，结合威县工作实际进行设置，分为常设工作部门、直属事业机构、议事协调部门和双重领导部门，分别在1984年、1996年、2002年和2005年进行了四次大的机构改革。期间，还对个别机构进行设置、合并、更名等形式的调整。2009年底，县政府有常设工作部门29个，分别是政府办公室、发展改革局、教育局、财政局、科学技术局、公安局、监察局、民政局、司法局、人事劳动和社会保障局、审计局、统计局、国土资源局、建设局、交通局、环境保护局、农业局、水务局、林业局、文化体育局、卫生局、人口和计划生育局、民族宗教局、商务局、县城新区管理委员会、城市管理局、城乡规划管理局、安全生产监督管理局、工业促进局。双重管理部门有21个，分别是国家税务局、地方税务局、工商行政管理局、质量技术监督局、供电局、气象局、邮政局、中国联合网络通信有限公司威县分公司、烟草专卖局、中国人民银行威县支行、中国工商银行股份有限公司威县分公司、中国建设银行股份有限公司威县支行、中国农业银行股份有限公司威县支行、中国农业发展银行威县支行、威县农村信用合作联社、中国人民财产保险股份有限公司威县支公司、中国银行业监督管理委员会邢台监管分局威县办事处、邢台市住房公积金管理中心威县管理部、中国人寿保险股份有限公司威县支公司、经济调查队、食品药品监督管理局。直属事业机构有6个，分别是广播电视局、粮食局、档案局（馆）、物价局、供销合作社联合社、行政服务中心。议事协调部门有扶贫开发办公室1个。

该节按照2009年底威县政府工作部门的机构设置情况进行记述。公安局设置及属于金融系统的双重管理部门的机构设置见有关编章。记述范围以独立办公为准核定，并对自1979年以后曾经存在，至2009年已经取消的部分单位也予以追述。

第一节　常设工作部门

县人民政府办公室

主要职能　1987年，办公室主要职能是掌握全县经济工作开展情况，传达贯彻政府领导指示，负责公文草拟，办理政府机关行政事务等。1992年，增加了法制、行政复议、人大建议和政协提案办理、政务督查、经济体制改革、外事侨务、地方志以及行业工作领导等职能。1998年，增加人民防空、机关办公自动化指导、政府信息公开以及政府招待所和县政府信访局等单位的管理等职能。2009年，政府办公室的主要职能是负责县政府暨办公室文电的起草、审核把关和政府机关的公文处理工作；负责政府机关的档案管理、印信管理和保密工作；协调指导特别重大、重大和较大突发公共事件的预防预警、应急演练、应急处置、调查评估、信息发布和应急保障工作；组织承办人大代表建议、批评、意见和政协委员提案工作；负责全县政府系统电子政务指导工作；负责县政府法制和行政复议工作；负责全县金融、人民防空、档案事业的行政管理工作等。

机构设置　1979 年，称威县革命委员会办公室。1982 年 2 月，正式更名为威县人民政府办公室。1987 年 11 月，政府办公室下设资料、行政、财贸、农业 4 个股。1987 年 12 月，增设秘书股、工交股、信息股、机要股。1988 年 5 月，增设文卫股。1989 年 4 月，撤销农业股，建制归属农业办公室，设在政府办公室内，下设秘书股和资料股。1990 年 6 月，增设法制股。1994 年 8 月，增设督促检查股。1996 年 11 月，撤销信息股，原信息股职能归资料股，改称综合资料股，行政股改为政府机关事务管理中心，工交股改为工交乡镇企业股。1997 年 4 月，撤销农业办公室，其职能划归政府办公室，设立农业股，原设股室撤销。1998 年 2 月，政府办公室内设秘书股、综合资料股、农业股、工交股、财贸股、文卫股、法制股、督促检查股；有政府机关事务管理中心、经济体制改革委员会办公室、招商局、地方志办公室、招待所 5 个挂靠单位。2002 年 7 月，设立县政府法制办公室、人民防空办公室、县政府督促检查办公室，设在政府办公室内，对外保留名称；经济体制改革委员会办公室改为县经济体制改革办公室，设在政府办公室内，对外保留名称；招商局改为独立的县政府直属事业单位，不再挂靠。通过机构改革，政府办公室内设秘书股、综合资料股、农业股、工交股、财贸股、文卫股；有县政府法制办公室、人民防空办公室、县经济体制改革办公室、县政府督促检查办公室 4 个内设机构；有政府机关事务管理中心、招待所、地方志办公室 3 个挂靠单位。2006 年 7 月，县政府招待所破产。2007 年 6 月，经济体制改革办公室划归发展改革局，9 月，设立突发公共事件应急处理工作协调委员会办公室（简称应急办），设在政府办公室内，对外保留名称。至 2009 年，政府办公室内设秘书股、综合资料股、农业股、工交股、财贸股、文卫股 6 个股室，有县政府法制办公室、人民防空办公室、县政府应急办公室、县政府督促检查办公室 4 个内设机构。其中：1. 县政府应急办公室。2007 年 9 月，成立县政府应急办公室，设在政府办公室内。其主要职能是协助县政府领导组织处理需由县政府直接处理的突发事件、重大灾情和事故。负责组织修订、审核应急预案，协调指导应急预案体系和应急体制、机制建设，协调指导特别重大、重大和较大突发公共事件的预防预警、应急演练、应急处置、调查评估、信息发布和应急保障工作等。2. 县政府法制办公室。1990 年 6 月，县政府办公室增设法制股。2002 年 7 月，改称县政府法制办公室，属政府办公室内设机构。其主要职能是在县政府全面推进依法行政中，发挥统筹规划、综合协调、督促指导、政策研究和情况交流作用。负责审核以县政府名义签署的各类协议、合作类会议（会谈）纪要（备忘录）等其他涉法具体行政行为。承办县政府规范性文件的组织起草、审查修改、协调论证和解释工作。负责从法律角度对县政府政策措施审核及规范性文件的备案审查。负责行政执法部门的资格认定和职权界定及行政执法证件、行政执法监督检查证件的审核发放和年检。依法承办行政复议案件等。3. 人民防空办公室。2002 年 7 月，设人民防空办公室，属县政府办公室内设机构。其主要职能是负责人民防空法律、法规的组织实施和监督检查，研究制定或草拟关于人民防空工作的政策措施。组织管理人民防空工程建设，制定人民防空通信、警报建设规划及其保障方案并组织实施，建设人民防空信息系统和信息数据库，为防空防灾提供保障。战时组织指挥人民群众进行疏散隐蔽，发放突袭警报，消除突袭后果，配合城镇防卫、要地防空作战，协助有关部门组织恢复生产、生活秩序等。4. 县政府督促检查办公室。1994 年 8 月，县政府办公室增设督促检查股。2002 年 7 月，督促检查股改称县政府督促检查办公室，为县政府办公室内设机构。其主要职能是负责国务院、省政府、市政府、县政府重大决策和重要工作部署落实执行情况的督促、检查和反馈。负责县政府重要会议议定事项落实情况的督促、检查和反馈。负责办理各级人大代表建议和政协委员提案，办理县人大常委会主任办公会议、县政协主席会议建议案的催办反馈工作。督促、检查、协调、指导各乡镇、各部门的承办工作等。

挂靠单位　县政府办公室挂靠单位有政府机关事务管理中心和地方志办公室2个。1. 政府机关事务管理中心。其职责是为县政府机关办公和干部职工生活提供后勤服务。1996年11月，县政府办公室行政股改称政府机关事务管理中心，仍为政府办公室内设股室。1998年2月始，成为县政府办公室所属正股级事业单位。2009年，单位设股级职数3人，编制13人。2. 地方志办公室。主要职能：组织编纂地方志书、地方综合年鉴及其他地情资料。搜集、整理、保存地方文献和资料，组织整理旧志。组织地情调查研究和开发利用地方志资源等。机构设置：1984年11月，成立县地方志编纂委员会。1987年7月，成立地方志编纂委员会办公室，正科级，挂靠县政府办公室。2009年，机关有事业编制4人，设主任1人，内设秘书股1个股室。

发展改革局

主要职能　拟定并组织实施全县国民经济和社会发展的战略、中长期规划和年度计划；安排国家、省、市和县拨款的建设项目和省、市、县重点建设项目，按规定审批建设项目开工报告；参与协调、调度、督导重点建设项目前期工作，协调解决重点项目实施过程中的重大问题，负责县重点项目的概算调整、竣工验收；指导协调全县招标投标工作；规划和指导全县服务业的建设和发展；提出区域经济协调发展的措施建议，推进城镇化建设；做好人口和计划生育、科学技术、教育、文化、卫生等社会事业以及国防建设与国民经济发展的衔接平衡等。

机构设置　1979年，时称县革命委员会计划委员会，1982年改称县计划委员会。1987年11月，计划委员会下设综合计划股、经济预测股、农业区划股、对外经济贸易股。1990年11月增设食品工业股，1991年3月，撤销对外经济贸易股，设立秘书股。1996年8月，计划委员会改称为计划局，综合计划股改为综合股，经济预测股撤销，食品工业股与秘书股合并为计划股，农业区划股改称为农业区划办公室。2002年7月，计划局改称为发展计划局，原计划股改为综合计划股，原综合股改为基建和招投标办公室，并增设重点项目办公室。2005年11月，发展计划局改称为发展改革局；原综合计划股、基建和招投标办公室撤销，改设办公室、国民经济综合股、经济体制综合改革股、环境和资源综合利用股。2009年，发展改革局内设办公室、国民经济综合股、经济体制综合改革股、环境和资源综合利用股、农业区划办公室、重点项目办公室。行政编制7人，事业编制4人。

工业促进局

主要职能　负责对全县中小企业的综合协调、指导和服务。拟定全县中小企业的发展战略、中长期发展规划并组织实施；指导和推进中小企业产业结构、组织结构和产品结构的调整及中小企业改革与发展；指导中小企业开展科技进步、国内外经济技术交流与合作、对外贸易工作；促进金融机构建立中小企业的融资渠道；负责煤炭资格证书监督管理等。

机构设置　1979年，称社队企业局，下设办公室、生产股、计财股等。1984年，县局曾一度改为农工商联合公司，后更名为县乡镇工业局，下设办公室、生产指导股，有产品工业公司、章台皮毛公司、梨园屯轴承公司、侯贯橡胶制品公司4个下属公司。1987年，改称乡镇企业局。1990年，内设人秘股、计划财务股、生产技术股、企业管理股、审计股，下属公司5个，干部职工37人。1996年8月，实行机构改革，撤销计划财务股、生产技术股、企业管理股、审计股，设立计划财审股、企业项目股，内设办公室、企业项目股和计划财审股3个股室。2002年7月，乡镇企业局改为民营企业局，企业项目股改称企业和经济运行股，撤销计划财审股，设立维护民营经济合法权益投诉中心，行政编制8人。2005年11月，增设规划统计股。2006年4月，撤销民营企业局，设置工业促进局，为发展改革局管理的部门管理机构。2009年，内设办公室、企业和经济运行股、规划统计股3个股室。机关行政编制7人、事业编制2人。机关驻地：朝阳路路北。

统计局

主要职能　对国民经济和社会发展情况进行统计调查、整理、分析、提供统计信息、咨询，为各级及社会提供决策依据和服务；负责工业、商贸、外经、劳动工资、人口、科技、固定资产投资、建筑、物资能源、社会服务、农业、物价、小康监测等专业的统计报表的收集、汇总、上报工作；负责对国民生产总值和第一、二、三产业及涉及专业及小康建设进程中各项统计数字的收集、整理、汇总的上报工作；通过对全县522个村的城乡居民进行经常性家庭收支记账，以计算农民人均收入和城镇居民人均生活费收入、恩格尔系数等小康监测指标的进展情况；负责全县大规模普查工作等。

机构设置　1979年6月9日，建县统计局，设立农业、工业、商业、劳资、基建综合等专业。1984年5月，组建农村经济调查队，在业务上受省农村经济调查队直接领导，编制7人，行政由县统计局代管。1984年12月，建立联合型乡镇统计站。1989年1月，县统计局改为县统计委员会，下设统计监察室、商业调查队、工业调查队、计算站、综合研究室。1990年，乡镇统计站改为乡镇统计所，列入乡镇政府编制。1991年6月，组建人口调查队，设专职队长1人，下设普查股、综合股，编制6人。2000年5月，成立城市社会调查队。2002年7月，统计局内设综合统计股、社会贸易统计股、工业投资统计股、农村统计股4个职能股室。2003年3月，人口调查队更名为普查中心，设普查股、编码数据处理股，股级职数2人。机关行政编制10人，代管农村社会经济调查队。2007年10月，撤销农村经济调查队。2008年8月，增设能源股。2009年，内设综合统计股、城市经济调查队、普查中心、农村统计股、社会贸易统计股、工业投资统计股、能源股7个股室，行政事业编制19人。

安全生产监督管理局

主要职能　综合管理全县安全生产工作，依法行使县安全生产综合监督管理职权，指导、协调和监督有关部门安全生产监督管理工作；组织起草安全生产方面的地方性法规和行政规章；组织协调安全生产事故应急救援工作；负责组织安全生产事故调查处理和办理结案工作；指导协调全县安全生产行政执法工作；负责综合监督管理危险化学品和烟花爆竹安全生产工作；组织实施注册安全工程师执业资格制度；负责相关行业的安全生产许可工作等。

机构设置　1988年，成立安全委员会，下设安全办公室，设在县劳动人事局。2003年1月，县安全委员会办公室设在经济贸易局，10月，县安全委员会办公室增挂威县安全生产监督管理局牌子。2004 年 11 月，县安全生产监督管理局与县经济贸易局一套人马，两块牌子。2005 年 11 月，县经济贸易局改称安全生产监督管理局，内设综合股、危化办公室、烟花股、安全生产委员会办公室 4 个股室，机关行政编制 10 人。2009 年，内设办公室、危化股、烟花股、安全生产委员会办公室 4 个股室，机关行政事业编制 14 人，机关驻地：洺水中路路北。

财政局

主要职能　编制全县财政发展战略和中长期规划；执行《中华人民共和国预算法》和预算外资金管理制度；受县政府委托，会同有关部门管理涉及财政、税收、债务等方面的事务；负责编制全县和县本级年度财政预算草案，严格执行县人民代表大会批准的财政预算；编制全县和县本级年度财政决算；受县政府委托，向县人民代表大会报告全县及县本级预算及其执行情况，向县人民代表大会常务委员会报告全县和县本级财政决算情况；管理县级各项财政收入和非税收入；管理县级财政公共支出；制定政府采购和控制社会集团消费的办法，编制县级政府采购预算；制定全县基本建设财务制度，管理全县基本建设财务；组织实施国有企业清产核资、资本金权属界定和登记；组织实施国有股权管理；承担县国有资产管理委员会办事机构的日常工作；制定和完善社会保障资金财务管理办法，管理县级财政社会保障支出；管理县政府的国内外债权、债务；负责地方金融企业财务监管工作；管理和指导全县会计工作；指导和管理社会审计等。

机构设置　1973 年 8 月，县革命委员会财政组改称财政局。1984 年，县财政局分设预算股、企业股、契税股、农财股、房产管理股、监察股、办公室 7 个股室。1986 年初，办公室改称人秘股，同时取消契税股，12 月，房产管理股改为房产管理公司。1988 年增设行政事业股和会计事务股。1989 年，增设农税股和综合计划股。1990 年，财政局设有人秘股、预算股、企业股、综合计划股、农税股、农财股、行政事业股、会计事务股、监察室及房产管理公司。1996 年 10 月，撤销农税股，成立农业税征收管理局。至 1998 年 2 月，先后成立 5 个事业机构：国债服务部、投资公司、会计师事务所、社会保障股、收费管理局。4 月，增设国有资产管理局。1999 年 12 月，撤销会计师事务所。2000 年 1 月，增设政府采购中心；11 月，增设政府集中支付中心。2001 年 12 月，撤销国债服务部、投资公司。2002 年 7 月，人秘股改称办公室，撤销国有资产局。2003 年 4 月，财政局内设办公室、预算股、行政事业股、农财股、企业股、农业税征收管理局、综合股 7 个职能股和收费管理局、政府采购中心、政府集中支付中心、预算执行股 4 个事业机构。2005 年 4 月，撤销行政事业股，增设社会保障股、行政政法股、教科文股。2009 年，财政局内设办公室、预算股、执行股、行政政法股、教科文股、农财股、经济建设股、综合股、基层财政管理局、社会保障股 9 个股室和行政事业收费性管理局、政府采购中心、政府集中支付中心、信息中心、预算编审中心、财政监督稽查大队、财政投资评审中心 7 个事业机构，行政事业编制 65 人。机关驻地：中华大街 152 号。

监察局

主要职能　协助县委、县政府加强党风廉政建设，开展反腐败斗争；检查党的方针、路线、政策和决议的执行情况；进行行政执法监察；监督检查行政监督对象；受理党员和行政监察对象的控告和申诉等。

机构设置　1988 年 1 月，成立县行政监察局，7 月，监察局设人秘股、监察股、审理股。1990 年 2 月，增设信访股。1993 年 3 月，监察局并入纪律检查委员会，县纪委和监察局实行一套工作机构、两个牌子。2008 年 8 月，设 9 个监察分局。

教育局

主要职能　研究制定全县教育事业发展的长远规划和年度计划，并指导协调规划计划的实施；负责社会力量举办的各级各类学校管理工作；统筹规划、协调指导农村教育改革和全县教育结构调整工作；会同有关部门制定筹措教育经费、教育拨款、教育基建投资有关政策；管理县拨教育经费并对各项经费使用情况进行审计监督；指导学校内部管理体制改革，筹措规划并指导各级各类教师、教育行政干部队伍建设；推动初中后、高中后、大学函授等继续教育工作，负责成人自学考试、高中会考、扫除青壮年文盲等工作；根据教学大纲，落实学科教学计划，负责教学常规管理、课程改革和教育教学改革试点及推广工作等。

图 16－1　县教育局（火神庙街）/2009 年摄

机构设置　1979 年，称威县文教局。1987 年 6 月，文化教育分署办公，设文化局和教育委员会。1992 年 12 月，教育委员会内设秘书股、人事股、计划财务股、教育股、成人教育办公室、招生办公室、教学研究室、教师进修学校等股室。1996 年 8 月教育委员会、文化局、体育委员会合并，对外称教育文化体育局，各自独立行使职权，独立办公，同时增设职业技术教育股，成人教育办公室改称成人教育股。2002 年 10 月，教育文化体育局分设为教育局和文化体育局，秘书股改称办公室，计划财务股改称财务股，成人教育股改称职业教育与成人教育股，县人民政府教育督导室设在教育局（股级），行政编制 16 人。2009 年，教育局内设办公室、人事股、教育股、财务股、职业教育与成人教育股、招生办公室 6 个股室，县人民政府教育督导室仍设在教育局，机关行政编制 15 人。机关驻地：火神庙街路西。

文化体育局

主要职能　研究拟定全县文化事业、体育事业、新闻出版业、文物事业发展的中长期规划和年度计划，并组织实施；指导、协调文化产业发展，统筹安排文化事业经费，规划、指导、协调全县文化设施建设；规划全县体育设施的布局和建设；管理体育彩票发行工作；管理全县文化事业，指导图书馆、电影发行放映等各类社会文化事业的建设与发展；监督管理全县印刷业；管理全县著作权工作，组织查处著作权侵权案件；推行全民健身计划，开展群众性体育活动等。

机构设置　1979 年，县文教局内设文化股，下辖文化馆、电影公司、剧场。1987 年 4 月，成立文化局；9 月，设人教股和文艺股。文化馆分出图书室和文保组，成立图书馆和文物保护管理所，与电影公司、演出公司、剧场均为文化局下辖股级事业单位。1998年2月，教育局、文化局、体育局对外合称教育文化体育局。2002年7月，文化局与体育局合并，成立文化体育局，下辖文化馆、图书馆、文物保护管理所、电影公司、剧场，内设办公室、文体股。11月，增设义和团纪念馆。2007年11月，增设文化综合行政执法大队。至2009年，内设办公室、文体股、文化馆、图书馆、文保所、义和团纪念馆、青少年活动中心、剧场、电影公司、文化综合行政执法大队10个股室。机关行政事业编制69人。机关驻地：义和团纪念馆。

1979年时，体育管理机构为体育运动委员会。1996年8月，体育运动委员会改称体育局。1998年2月，教育局、文化局、体育局对外合称教育文化体育局。2002年7月，文化局与体育局合并，成立文化体育局。

公安局

主要职能　维护社会治安，打击惩罚犯罪分子，保护人民，保卫社会主义建设；在县政府的领导下，贯彻执行党的有关公安工作的方针、政策、国家法律和上级部署，掌握研究敌情、社会治安和犯罪情况，制定公安工作制度和措施，负责对特务间谍分子、反革命分子和其他敌对分子的防范、打击以及情报工作；负责对危害社会治安、破坏社会主义经济和其他刑事犯罪活动的预防、调查和取证，侦察打击，搞好治安行政管理，户籍管理和城乡交通管理，执行治安处罚；组织对犯罪分子及其嫌疑分子进行拘留、搜查、收审、逮捕，搞好预审工作和看守管理；负责对县委、县政府、上级领导机关在全县召开重大会议及外宾来县的安全警卫工作；负责因私出境人员的审批工作；搞好安全防范和公安基层组织建设；负责全县的消防工作；完成县委、县政府和上级部门交办的其他事项。

机构设置　（详见第二十编法治）

司法局

主要职能　编制全县司法行政工作的长期规划和年度规划，并监督实施；制定全县法制宣传教育、普及法律常识规划和年度计划，指导督促检查各项普法任务的落实；指导管理全县律师、律师机构、法律顾问、法律援助工作和公证员、公证机构及公证业务活动；指导管理全县人民调解和司法助理员及基层法律服务工作；指导基层司法所工作等。

机构设置　（详见第二十编法治）

民政局

主要职能　贯彻执行国家有关民政方面的政策和规定，制定威县民政工作的计划和措施；负责基层政权组织建设，指导群众自治组织建设；负责救灾救济、城镇低保、社会福利和有奖募捐事宜；组织开展拥军优属活动，做好烈军属、伤残军人、复员退伍军人的生产扶持和优扶补助工作以及革命军人、人民警察、机关工作人员、参战民兵等抚恤工作；负责退役军人、军队离退休干部、退职职工的接收安置工作和革命烈士纪念建筑物的管理；负责行政区划、地名管理、婚姻管理、殡葬管理、收养登记、社会团体和民办非企业单位登记管理工作等。

机构设置　1977年，县革命委员会设民政局，编制6人。1982年县人民政府设民政局，下设退伍军人安置办公室、优抚股、社会救济股、宗教股。1985年10月，设立县军队离休退休干部休养所（股级）。1989 年 12 月，成立残疾人联合会，由民政局管理。1991 年 5 月，县地名委员会办公室划归民政局（副科级）。1992 年，内设股室有秘书股、优抚股、退伍安置股、救灾救济股。1993 年 7 月，增设社团登记管理股、基层政权建设股。1996 年，宗教事务局更名为民族宗教事务局，划归民政管理；10 月，设立农村社会养老保险处，为股级事业单位。1998 年 2 月，县残联为正局级事业单位并独立。是年，成立勘界工作领导小组。2002 年 7 月，秘书股改称办公室，基层政权建设股和救灾救济股合并为基层政权和救灾救济股，社团登记管理股改设为社会事务股，民族宗教事务局完全独立分出，农村社会养老保险处划归县人事劳动和社会保障局。至 2009 年，民政局内设办公室、优抚股、基层政权和救灾救济股、复员退伍军人安置股和社会事务管理股 5 个股室，机关行政编制 12 人。机关驻地：二中路南侧。

民族宗教事务局

主要职能 贯彻落实党和国家关于民族宗教工作的方针、政策，研究拟定威县民族宗教工作的意见和措施，并组织实施；开展民族政策和民族宗教法制宣传工作，承办民族统计工作；协调处理涉及民族关系的有关事宜，监督办理有关少数民族权益保障事宜，维护各民族团结，协助乡镇和有关部门，处理民族宗教方面的突发事件和影响社会稳定的问题；引导促进宗教在法律、法规和政策允许范围内活动，防止和制止宗教非法活动和不法分子利用宗教进行违法活动等。

机构设置 1982 年，县民政局下设宗教股。1987 年，民政局民族宗教股负责民族宗教事务。1989 年 5 月，成立宗教事务局，1996 年更名为民族宗教事务局，划归民政管理。2002 年 7 月，民族宗教事务局由民政局划出独立，内设秘书股，行政编制 5 人。至 2009 年，内设股室及行政编制均没有变化。机关驻地：二中路南侧。

人事劳动和社会保障局

主要职能 负责全县机关、事业单位工作人员的宏观管理，对全县人事工作进行指导、协调服务；编制下达全县机关、事业单位的人员和工资计划；管理全县国家公务员工作，指导、协调公务员制度的实施及招录公务员的工作；管理全县专业技术人员工作，负责专业技术人员任职资格评定、考试、职务聘任、专业资格制度的实施工作、队伍建设、继续教育工作；负责非师范类大中专毕业生分配派遣工作；综合管理全县机关、事业单位工作人员的工资福利工作和工人技术等级考核评定工作；负责机关、事业单位工作人员的社会保险工作及养老、工伤、失业保险制度的改革，管理机关事业单位工作人员的离休、退休、退职工作；承办县政府提请县人大决定任免人员和县政府任免人员的具体事宜；负责管理全县机关事业单位的奖励、表彰及年度考核工作。制订全县劳动事业发展中长期规划、年度计划和劳动宏观调控措施；负责全县劳动争议处理和劳动监察工作，监督各类企业的劳动管理；负责全县企业职工保险工作，组织推动社会保险服务体系的建设等。

机构设置 1979 年，县革命委员会政治部下设计劳组和组织组，负责干部和劳动管理。1980 年，分别建县劳动局和人事局。1984 年，县劳动局和人事局合并，改称劳动人事局，下设办公室、干部股、奖惩股、工资股、科技干部股、劳力股、仲裁股、安全保护股、编制办公室 9 个股室及劳动服务公司、劳动技工学校、社会保险所 3 个下属机构。1992 年 12 月，劳动人事局内设秘书股、干部股、任免奖惩股、劳力股、工资股、保险福利股、科技干部股，机构编制委员会办公室、安全生产委员会办公室挂靠劳动人事局。1996 年 1 月，成立劳动监察股，劳动人事局更名为人事劳动局。1997 年 1 月，成立合同仲裁股。至 1998 年 2 月，下设秘书股、干部股、科技干部股、任免奖惩股、劳动力股、保险福利股、合同仲裁股、工资股 8 个股室。另有两个挂靠单位及 3 个下属事业单位。2002 年，更名为人事劳动和社会保障局，原民政局承担的农村社会养老保险管理职能，原卫生局承担的公费医疗管理和医疗保险管理职能，原老干部局承担的离退休干部公费医疗管理职能划入人事劳动和社会保障局。将安全生产综合管理、职业安全监察职能移交县经济贸易局，将锅炉压力容器、电梯、防爆电器等特种设备安全监察职能移交县质量技术监督局。根据职能调整，下设办公室、人才劳动力管理与开发股，工资计划与技能管理股、科技干部股、考核任免奖惩股、劳动监察与争议仲裁股（劳动保障监察大队），保险福利股 7 个股室，县政务公开办公室、再就业领导小组办公室挂靠在人事劳动和社会保障局。县机构编制委员会办公室分离出来，成为一个独立单位。至 2009 年，人事劳动和社会保障局内设办公室、人才劳动力管理与开发股、工资计划与技能管理股、科技干部股、考核任免奖惩股、劳动监察与争议仲裁股、保险福利股 7 个股室。机关行政编制 17 人。

卫生局

主要职能　研究拟定全县卫生工作的改革措施和管理办法，经县政府批准后组织实施；研究提出全县卫生事业发展总体规划和战略目标并组织实施；负责组织实施药品法典、国家基本药物制度；负责落实基本药物的采购、配送、使用的政策规定；统筹规划与协调全县卫生资源配置，指导区域卫生规划的编制和实施；组织制订并实施农村卫生发展规划和政策措施，负责新型农村合作医疗的综合管理；制订实施重大疾病防治规划与策略，制订全县免疫规划及政策措施并组织实施；规划并指导社区卫生服务体系建设，负责妇幼保健的综合管理和监督；负责卫生应急工作，制定卫生应急预案和政策措施，组织实施突发公共卫生事件预防控制与应急处置；监督、指导、规范卫生行政执法工作；负责医疗机构医疗服务的全行业监督管理；承担县爱国卫生运动委员会、县防治艾滋病工作委员会和县地方病防治领导小组的具体工作等。

机构设置　1971 年，成立威县卫生局。1980 年，卫生局有工作人员 10 人。1988 年 5 月，成立药品检验所。1990 年，卫生局内设人秘股、计财股、医政股、防保股，下辖人民医院、中医院、妇幼保健站、卫生防疫站、药检所、卫生进修学校及 4 所人民医院分院和 27 所乡卫生院。1996 年 8 月，爱国卫生运动委员会办公室挂靠卫生局。2002 年 11 月，撤防保股，其业务并入医政股。2005 年 12 月，药品检验所分离出卫生局，成立威县药品食品监督管理局。2006 年 4 月，撤销防疫站，增设疾病防控中心、卫生监督所；12 月，增设新农合管理中心。2007 年 9 月，梨园屯、章台、侯贯、七级四所分院改称中心卫生院。2009 年 10 月，增设药品配送中心；至年底，卫生局内设办公室、计财股、医政股、药品配送中心 4 个股室及疾病防控中心、卫生监督所、妇幼保健院、卫生学校、新农合管理中心、梨园屯中心卫生院、侯贯中心卫生院、七级中心卫生院、章台中心卫生院 9 个下属单位。机关驻地：世纪大街南段东侧。

人口和计划生育局

主要职能　根据县政府确定的人口控制目标，拟定全县计划生育中长期规划和年度计划；负责全县计划生育统计工作；组织实施计划生育抽样调查，参与全县人口统计数据的分析研究；综合管理计划生育技术服务工作；围绕生育、节育、不育制定生殖保健服务规划与规范并组织实施；指导和监督计划生育技术和药具发放工作；编报县级计划生育事业费和基本建设支出的预算、决算；负责督查县直机关、企事业单位计划生育管理工作等。

机构设置　1970年6月，成立县革命委员会计划生育办公室。1984年3月，县计划生育办公室更名为计划生育委会员，设股级秘书1人。是年，各乡也设立计划生育办公室。1987年，县计划生育委员会下设秘书股、宣传站、技术服务站、药具站。1989年，增设财务股、规划统计股、县直股。1991年3月，增设政策法规股。1994年2月，增设人事股。1996年4月，县计划生育委员会更名为计划生育局，9月，乡计划生育委员会更名为计划生育办公室，至1998年底，县计生局内设秘书股、人事股、规划统计股、财务股、县直计划生育办公室、技术服务站、宣传教育服务站、药具管理站8个职能股站。2002年7月，秘书股与财务股合为办公室，县直计划生育办公室改为县直股。2006年7月，县计划生育局改称人口和计划生育局。2007年6月，增设流动人口工作站。至2009年，人口与计划生育局内设办公室、政策法规股、规划统计股、人事股、县直股5个股室及计生宣传站、计生药具站、计生技术站、流动人口工作站4个下属事业机构。机关驻地：顺城路东段路南。

审计局

主要职能　对县属各部门和下级政府预算的执行情况，进行审计监督；对本级预算执行情况进行审计监督，向县人民政府和上级审计机关提出审计结果报告；对国有地方金融机构的资产、负债进行审计监督；对政府部门管理的社会团体，受政府委托管理的社会保障基金、社会捐献资金以及其他有关基金、资金的财务收支进行审计监督；对国家与财政局收支有关的特定事项，向有关地方、部门、单位进行审计调查，并向县人民政府和上一级审计机关报告审计调查结果；对其他法律、法规规定应当由审计机关进行审计的事项进行审计监督等。

机构设置　1983年11月，成立县审计局，设副局长1人，负责组建审计机构。1988年2月，设人秘股、工交股、财贸股，并在县直10个主管部门设立内审机构。1989年10月，设立审计事务所。1991年7月，增设行政事业股。1994年6月，财贸股分设财金股和商贸股。1998年，审计事务所改制，脱离审计局。至2002年8月，县审计局设有办公室、财金股、工交股、行政事业股4个股室。2005年12月，增设经济责任审计股。2007年7月，增设投资中心。至2009年，内设办公室、工建交审计股、财金审计股、行政事业股、经济责任股、投资中心6个股室，机关行政编制22人。机关驻地：中华大街南段路西。

科学技术局

主要职能　贯彻落实党和国家的科技方针、政策、法规；制定全县科技发展规划及年度计划，负责科技三项费用的安排和使用；组织实施科技兴县战略，推进科技体制改革；负责民营科技企业和民办科研机构的专业技术人员的职称申报工作，负责民办科研机构的审批；负责科技项目的申报、立项、管理及科学技术鉴定、验收及奖励；负责技术市场、科技培训、人才交流及科技信息的管理；负责新技术、新成果的普及和推广，组织协调科技攻关；负责全县科技成果、科技奖励、科技保密和知识产权的保护工作，统筹协调全县涉外知识产权事宜等。

机构设置　1974年11月，成立威县科学技术委员会（简称科委），有工作人员2人，办公地址在政府大院内。1978年4月，成立科学技术协会，隶属县科学技术委员会领导。1981年4月，科学技术协会分出，改由县委领导。1986年，科委下设科技干部、工业、农业3个股和计量所。1987年，计量所划归计量局，同时新能源办公室划归科委领导。1988年，设立技术市场管理办公室。1990年，科委下设科技干部股、工业股、农业股、新能源办公室、技术市场管理办公室。1996年8月，县科委更名为科学技术局，办公室更名秘书股，撤销科技干部股、农业股、工业股新能源办公室、技术市场管理办公室，增设科技管理股、科学技术开发中心。2002年8月，秘书股改称综合股，保留科技管理股和科学技术开发中心。2005年8月，增设地震股，2008年5月，撤销地震股。至2009年，科学技术局内设综合股、科技管理股和科学技术开发中心3个股室，机关行政编制11人。

交通局

主要职能　拟定全县公路、城市客运行业发展规划、中长期计划和年度计划并组织实施；承担全县公路、城市客运市场监督责任；负责运输市场、运输服务、车辆维修、停车场、搬运装卸、机动车性能检测、机动车驾驶学校和驾驶员培训的行业管理；负责交通国有资产和交通专项资金的管理、使用；负责全县公路及其设施的建设、养护和管理；负责全县收费公路管理；负责并指导全县公路、城市客运安全和应急管理等。

机构设置　1974年，始称县革命委员会交通运输局，下设交通管理站和运输管理站。1980年4月，交通运输局改称威县交通局，下设办公室、公路站、汽车站、监理站、搬运站、汽修厂等。1987年7月，交通监理工作移交县公安局；12月，成立县公路养路费稽征站。至1992年2月，内设办公室、公路股、公路站、稽征站、运管站。1996年12月，公路股更名为地方道路管理站，成立计财股。2002年8月，增设交通战备办公室。至2009年，交通局内设办公室、计财股、交通战备办公室3个股室，下设公路管理站、养路费稽征站、运输管理站、地方道路管理站4个站所，机关行政编制12人。机关驻地：顺城东路路北。

建设局

主要职能　研究拟定全县工程建设、城市建设、村镇建设、建筑业、住宅房地产业、勘察设施咨询业、市政公用事业的有关政策、地方性法规草案及发展规划；负责城乡基本建设项目的综合管理；负责建筑市场准入、工程招投标、工程咨询、工程监理、工程质量、工程稽查和施工安全的监督管理工作；负责旧城改造及拆迁管理工作；负责房地产开发企业资质的审报管理及全县房产市场的管理；负责全县各类房屋产权籍确权、发证和管理；负责全县房屋安全鉴定和建筑节能工作；负责工业与民用建筑抗防震防灾管理工作等。

机构设置　1979年，县革命委员会生产指挥部城建组负责城乡建设工作。1982年，成立县城建局，时有干部职工7人。1987年，改称建设委员会，下设人秘股、城建股、基建股、环保股、房地产公司及交易所、监测站、质监站。1996年8月，与土地管理局合并为建设环保土地局，统管全县的城乡建设规划、土地征用和管理、环境保护工作。2001年3月，环保职能析出，成立环保局，时称建设土地局。2002年6月，土地管理职能析出，成立土地管理局，更名建设局，机关内设办公室和规划管理股、建筑工程管理股3个职能股室和建筑工程质量监督站、房地产交易所、县城环境卫生管理处、城市管理监察大队4个站所。2006年2月，县城环境卫生管理职能划归城市管理局。2007年7月，房地产交易中心改称房地产管理中心；8月，撤销规划建设管理股、城市管理监察大队；9月，增设建设工程安全生产监督站、建设工程交易管理中心。2008年1月，增设建筑执法股；5月，增设建筑工程质量检测站。至2009年，建设局内设办公室、市政建设管理股、建筑管理股、建筑执法股、房地产管理中心、建设工程安全生产监督站、建筑工程质量监督站、建设工程交易管理中心、建筑工程质量检测站9个股室，机关行政事业编制61人。机关驻地：中华大街中段路东。

城乡规划局

主要职能　负责组织编制县域城镇体系规划、城市总体规划、近期建设规划、控制性详细规划等城乡相关规划；负责县城总体规划的审查报批工作，监督指导县规划的实施；负责各类开发区、水资源保护区、自然文化遗产等总体规划的审查报批；负责核发建设项目选址意见书、建设用地规划许可证、建设工程规划许可证；负责全县城乡规划技术、规划设计单位资质管理，监督注册规划师执业行为；负责城乡规划基础信息资料的管理与城乡规划档案的管理等。

机构设置　2007年8月，增设县城乡规划局，是县政府常设办事机构，局内设综合股、城区业务股、村镇业务股3个行政股室，以及规划稽查大队和规划设计信息中心两个事业股室，机关行政编制8人。至2009年，内设机构与人员编制无变化。机关驻地：中华大街中段路东。

环境保护局

主要职能　监督检查县辖区各部门、单位贯彻执行国家和地方环境保护方针、政策、法律、法规的落实情况；负责编制威县辖区环境保护规划、计划，并督促检查执行情况；负责审批辖区限额内建设项目环境影响报告书，监督“三同时”制度的实施；负责威县乡镇工业污染防治、环境监测及污染源调查工作，提出污染防治措施；负责威县环境污染事故纠纷处理和信访工作；依法征收排污费等。

机构设置　1983年10月，县城建局内设环保股。1984年9月，成立县环境保护委员会，下设办公室。1987年7月，撤销城建局，成立威县建设委员会，下设环保股、环境监测站2个股级单位。1995年6月，增设环保局，为建设委员会下属二级局，职能由建设委员会环保股和环境监测站负责。1996年8月，建设委员会与土地管理局合并，对外称建设环保土地局。2001年3月，环保局从建设环保土地局划出，称环境保护局，内设办公室、管理股、监理站、监测站4个股站。2002年8月，环境监理站更名为环境监察大队。2006年6月，内设办公室、管理股、监察大队、监测站、技术服务中心5个股站。至2009年，环境保护局内设办公室、管理股两个股室，机关行政事业编制22人。机关驻地：开放东路路南。

国土资源局

主要职能　组织编制和实施全县土地利用总体规划和其他专项规划；参与审核本级和上级政府审批的城镇总体规划；依法保护土地所有者和使用者的合法权益，承办并组织调查处理该行政区域内的权属纠纷，查处违法案件；拟定并实施全县耕地特殊保护和鼓励耕地开发办法，实施农地用途管制，确保耕地总量动态平衡；管理全县城乡地籍工作；组织土地资源调查、地籍调查、土地统计和动态监测；负责土地确权、土地纠纷调处、城乡地籍登记、发证等工作；负责农村集体非农业土地使用权的流转工作等。

机构设置　1985 年 5 月，县农业局设立土地股，负责土地管理工作。1987 年 5 月，成立县土地管理局，下设建设用地股、监督监察股和人秘股，办公地点在县城南街路西。1989 年 5 月，增设地籍管理股。1992 年 8 月，全县 32 个乡镇成立土地管理所，形成县、乡（镇）二级土地管理体制。1995 年，增设土地估价所。1996 年 8 月，县土地管理局与建设委员会合并为建设环保土地局，办公地点迁至交通南大街路西。2001 年 5 月，成立土地储备管理委员会，6 月，成立土地储备中心，并成立下属事业单位土地开发公司。2002 年 6 月，国土资源局从建设土地局划出成立，内设办公室、地籍规划股、执法监察股、耕地保护股。2005 年 9 月，增设规划测绘股、执法大队、土地储备中心、土地开发整理中心。2009 年 12 月，增设矿产资源管理股，至年底，国土资源局内设办公室、执法监察股、耕地保护股、地籍股、规划测绘股、执法监察大队、土地储备中心、土地开发整理中心、矿产资源管理股 9 个股室，机关行政编制 69 人。机关驻地：中华大街中段路西。

农业局

主要职能　研究制定全县农村经济发展战略、方针、政策；制定农村经济中长期发展规划、计划，经批准后组织实施；负责指导农业结构布局调整，拟定农业产业政策；组织种植业生产管理，负责农业高新技术的引进示范和推广工作；指导农业社会化服务体系建设，负责农业科技项目的管理、申报鉴定等工作；负责全县植物保护、病虫监测及植物的检疫工作，搞好各时期的病、虫、草情预测预报，指导全县农民搞好综合防治工作；组织协调全县种子（不含林木）、农药等农业产品的质量监测、鉴定、执法监督管理，负责全县种子、农药、化肥登记和经营许可证的办理工作；组织实施农业机械的安全监理、产品质量检验、鉴定和论证管理以及农机维修的认证执法工作等。

拟定全县畜牧业经济发展战略中长期发展规划和年度计划；引导畜牧业产业结构合理调整和资源合理配置，负责畜牧项目的立项初审和申报工作；制定全县畜禽良种繁育与改良计划，指导生产、繁育和良种推广工作，并依法对辖区内各种畜禽场进行监督管理；负责全县畜产资源、渔业资源的保护、建设和开发利用，制订农作物秸秆资源开发利用的中长期规划；组织全县兽医医政、兽药药政、兽医卫生监督、药检、渔政、饲料执法与检测等执法监督工作；组织全县畜禽防疫、检疫及疫病防治监测工作等。

机构设置　1979 年 12 月，林业股从农林局析出，县革命委员会农林局更名为农业局，1982 年，改为威县农业局。1985 年 5 月，增设土地管理股。1986 年 3 月，畜牧水产股从农业局划出。1987 年 5 月，土地管理股从农业局中分出；9 月，农业技术推广中心建立，与农业局实行一套人马，两块牌子。1988 年 5 月，县农业局由县城南街迁至交通北大街路西。1990 年，农业局设办公室、监察室、生产办公室、财务股、经营管理股、技术站、植保站、棉花研究所、土肥站、蔬菜站、中心服务站和农广校，下设种子公司、植物保护公司、良棉加工厂、国营原种场和 5 个农技推广站共 9 个下属单位。2002 年 7 月，农业机械管理局撤销，其人员、职能并入农业局。局设办公室、人事教育股、农村经营管理股、生产办公室、农业机械化管理股、植物保护检疫站、种子管理站、农机监理站、农技推广研究所、农机学校、农业技术推广中心、农业广播电视学校、原种场、种子公司、良棉加工厂、植保公司、农机公司、梨园屯拖拉机站等27个股、站、室。2003年9月，良棉加工厂、梨园屯拖拉机站改制撤销。2005年11月，国营原种场改制撤销。2006年4月，农业局与畜牧局合并，综合设置农业局，下设农业办公室、畜牧办公室2个机构；6月，种子公司、农机公司先后改制。2007年6月，撤销农机学校，增设农业行政综合执法大队、植物检疫和农药管理站，植物保护检疫站改称植物保护站，8月，农机推广研究所改称农机推广站。至2009年，农业办公室设办公室、人事教育股、农村经营管理股、生产办公室、农业机械管理股、植物保护站、植物检疫和农药管理站、种子管理站、农业行政综合执法大队、农机监理站、农机推广站、农业广播电视学校、农业技术推广中心、植保公司等26个股站，机关行政事业编制97人。机关驻地：交通北大街路西。

畜牧办公室前身为县畜牧局。1986年3月，建立县畜牧水产局，其前身为县农业局畜牧兽医股。局设人秘股、畜牧工作站、兽医防疫站、水产工作站、畜禽改良站、牧工商服务站、饲料监测站和城关、梨园屯、章台、七级、侯贯5个畜牧兽医站。1987年，增设动物检疫站。人秘股为行政单位，其余12个站均为事业单位。1992年12月，畜牧水产局下设人秘股、畜牧站、水产渔政站、牧工商联合服务站、畜禽改良站、饲料监测站、兽医防疫站。1996年8月，畜牧水产局由政府常设工作部门改为政府直属事业单位；11月，牧工商联合服务站、畜禽改良站撤销，人秘股分设为秘书股、人财股，增设兽医卫生监督检验所。2002年7月，畜牧水产局改称畜牧局，由县政府直属事业单位改为政府常设工作部门，增设畜牧兽医股、畜牧兽医服务中心、饲料工业办公室，撤销饲料监测站。至2006年4月，畜牧局下设办公室、人财股、畜牧兽医股3个行政股室和兽医防疫站、水产渔政站、畜牧站、动物检疫站、畜牧兽医服务中心5个下设机构，有兽医卫生监督检验所、饲料工业办公室2个挂靠单位。2006年4月，农业局与畜牧局合并，下设农业办公室、畜牧办公室2个机构。2007年6月，增设动物防疫监督站。2008年12月，畜产品质量安全监督管理办公室挂靠畜牧办公室。至2009年，畜牧办公室内设办公室、人财股、畜牧兽医股3个行政股室和兽医防疫站、水产渔政站、畜牧站、动物检疫站、动物防疫监督站、畜牧兽医服务中心6个下设机构，有兽医卫生监督检验所、饲料工业办公室、畜产品质量安全监督管理办公室3个挂靠单位，行政编制12人。机关驻地：南街路西。

林业局

主要职能　组织拟定全县林业发展战略规划、中长期和年度计划，按规定程序批准后组织实施；负责林业优良品种的引进、繁育工作；组织指导全县植树造林、国土绿化、防沙治沙、退耕还林和各类绿化、果树基地及工程项目的建设，对林业苗圃和基层林业站实行行业管理；组织编制、上报林木采伐限额并监督执行，负责林木凭证采伐、运输等林政管理工作；负责林地、林权管理，负责林木种子生产、经营证件的发放管理及林果产品的检疫工作；指导、检查、监督和协调全县林木防火工作和林果病虫害防治工作等。

机构设置　1979年12月，县革命委员会农林局下设的林业组分出，建立林业局，下设办公室、造林股、果桑股、财务股。后增设林政股、人事股。至1990年底，局下设办公室、造林股、果桑股、财务股、林政股、人事股外，辖企事业单位有森防站、国营苗圃场、林产品公司、林果植保站、林果技术服务中心及梨园屯、章台、洺州、侯贯、七级等5个林业工作站。1996年8月，办公室改名秘书股，林政股改名为林政资源管理股，人事股、财务股合并为人事财务股，造林股与果桑股合并为造林果桑股。局内设秘书股、人事财务股、造林果桑股、林政资源管理股4个股室，下设有森林植物病虫害防治检疫站、林果技术服务中心、苗圃场、林产品公司和6个工作站。2002年7月，秘书股与造林果桑股合并为办公室，局内只设办公室、人事财务股、林政资源管理股3个职能股室。2007年6月，林果技术服务中心更名为林业技术推广站，增设林木种苗管理站，11月，林木种苗管理站合并到森林植物病虫防治检疫站，增设林业综合行政执法大队。2008年1月，苗圃场改称威县林木良种基地。至2009年底，局内设办公室、人事财务股、林政资源管理股3个股室，下设林业技术推广站、森林植物病虫防治检疫站、林木良种基地、林产品公司、林果植保站、林业综合行政执法大队及5个工作站，机关行政编制12人。机关驻地：朝阳路路北。

水务局

主要职能　组织制订全县水务发展战略规划、中长期规划和年度计划；组织制订全县河道运用计划和“节、打、蓄、引”工程规划以及有关专业规划；拟订节水用水政策，编制节约用水规划；负责全县水资源管理工作和组织实施取水许可证制度；对全县水资源的开发、利用实行统一管理，对水资源保护实施监督管理，协调处理部门间和乡镇间的水事纠纷；管理全县河道、闸涵、主要渠道，并负责综合治理开发；主管全县防汛抗旱工作，负责县防汛抗旱指挥部日常工作；主管全县水务和城乡供水、人畜饮水工作，组织指挥全县农田水利基本建设和农村水利社会化服务体系建设；负责全县供水水源建设，水环境保护等城乡水务工作；对全县水工程建设进行行业管理等。

机构设置　1979年，称威县革命委员会水利局。1982年，更名为威县水利局。1987年11月，下设人秘股、工程管理股、计财股、农田水利股、钻井队。1989年6月，增设水政水资源办公室。1998年11月，县水利局更名为水务局；12月，增设供水公司，人秘股改称人秘教育股，至年底，水务局内设人秘教育股、水资源股、农村水利股、水利工程管理股，下有钻井队、抗旱服务站、供水公司、物资供应站、工程处、支农服务站、闸管所7个直属单位。2005年4月，增设财务股，撤销钻井队、物资供应站、工程处、支农服务站。2008年12月，增设县水利技术推广中心及洺州、章台、七级、侯贯、梨园屯5个水利技术推广站。至2009年，水务局内设办公室、农村水利股、水利工程管理股、水资源股、财务股5个股室，下设抗旱服务站、闸管所、供水公司、县水利技术推广中心等9个下属机构，机关行政编制14人。机关驻地：朝阳路路北。

商务局

主要职能　贯彻落实国家和省、市有关内外贸易、国际经济合作和招商引资的发展战略、方针、政策；拟定全县相应的发展规划及办法、措施并组织实施。培育发展城乡市场，推进流通产业结构调整和连锁经营、物流配送、电子商务等现代流通方式。监测分析市场运行和商品供求状况，组织实施重要消费品市场调控和重要生产资料流通管理；负责旧机动车交易和报废汽车管理；负责批发、零售、餐饮、住宿等行业管理；负责成品油、酒类、调味品等主要生活用品的流通和拍卖、典当等行业的监督管理；负责全县畜禽定点屠宰的监督管理；负责全县利用外资投资和外资企业生产经营情况统计，按权限管理外商投资企业进出口许可证；负责对外经济合作企业的经营资格认定和管理；按照权限签发中国出口货物原产地证明书，认证对外贸易单据，代办申请领事认证，调解涉外商事纠纷等。

机构设置　1976 年，县商业局与县供销社分建，商业局统管国营商业工作，局下有百货、五金、食品、煤建、石油、医药、饮食服务 7 个专业公司。1979 年，医药公司划归县经济委员会，同年食品公司一分为三，单独成立食品公司、糖业烟酒公司和食品加工厂。1985 年，石油公司划归河北省石油公司。1988 年 11 月，糖业烟酒公司一分为二，烟草业实行专卖，并划归县政府领导。至 1990 年，商业局内设秘书股、商管股、人事教育股、计财股、业务股 5 个股室，下属百货、五金、纺织品、食品、糖酒、饮食服务 6 个公司和 1 个食品加工厂。之后，增设保卫股、酒类专卖局。1993 年 4 月，撤销业务信息股。1996 年 8 月，商业局改为商业贸易总公司，由政府常设工作部门转变为政府企业管理部门；9 月，设立酒类专卖股；10 月，增设畜禽定点屠宰办公室。1998 年 8 月，设调味品生产销售管理办公室。至 2006 年 3 月，商业贸易总公司内设办公室、人事股、计财股、畜禽屠宰管理办公室、调味品生产销售管理办公室、酒类专卖办公室 6 个股室。2006 年 4 月，组建县商务局，为县政府常设工作部门，下设商业办公室、招商办公室两个机构。之后，商业办公室内设机构有所调整，至 2009 年，内设办公室、贸易股、市场体系建设股、酒类监督股 4 个股室，机关行政编制 12 人。机关驻地：北外大街路西。

城市管理局

主要职能　贯彻执行国家、省市有关城市管理方面的法律、法规、规章和政策，结合威县实际拟定城区管理措施和实施细则，经县政府颁布后组织实施；研究制定威县城管监察、环境卫生、园林绿化、市政维护、公共交通等方面的发展规划和年度计划，并负责组织实施；负责城市管理综合执法工作；实施市政工程设施、市容环境卫生、园林绿化等监察职能；负责城区内环境卫生、市容市貌管理工作；负责城区市政基础设施的维护与管理工作；负责城区公交管理，城市公共汽车管理；负责城市管理综合协调工作等。

机构设置　2006 年 2 月，设立县城市管理局，内设办公室、综合管理股 2 个职能股室。至 2009 年，内设股室无变化，机关行政编制 8 人。机关驻地：交通南大街路西。

县城新区管理委员会

主要职能　按照规定权限，负责新区内投资项目的洽谈立项和申报、审批；负责项目入区后的占地、选址、规划设计和协调服务；负责组织实施新区内公共基础设施的建设、维护和管理。负责协调新区内企事业单位同县直各职能部门和新区内占地村的关系，并协助办理各种手续；按照国家规定协调县有关职能部门办理新区的涉外事务，管理新区企业的进出口业务等。

机构设置　2006 年 2 月，设置县城新区管理委员会，为正科级行政单位，是县委、县政府的派出机构，内设办公室、招商部、规划建设部 3 个部室。2007 年 6 月，增设综合服务中心。至 2009 年，内设 4 个部室，机关行政编制 10 人。机关驻地：中华大街中段路东。

第二节　双重管理部门

国家税务局

主要职能　贯彻落实国家的各项税收法律、法规和规章制度，研究制定具体的执行措施，负责本局机构编制、人员和经费管理，完成市国家税务局交办的有关事宜。

机构设置　国家税务局的前身是县税务局。1980 年 3 月，县工商局、税务局分设，税务局办公地点在老城南街路西。1990 年，县税务局设秘书股、人教股、税政股、征管股、会计股、检查室、稽查队 7 个股室，下设直属分局、城关分局、梨园屯分局、七级分局、章台分局、侯贯分局 6 个分局和 32 个税务所，共有干部、职工 195 人。1994 年 8 月，县税务局撤销，分设国家税务局和地方税务局。国家税务局内设办公室、税政股、稽征管理股、计划会计股、政工股（包括工会、共青团、妇女工作）、监察室；另设稽查队（为二级机构）和直属征收分局。下设城关、洺州、大宁、第什营、方家营、梨园屯、邵固、固献、侯贯、常庄、常屯、章台、贺营、雪塔、七级、经镇、寺庄 17 个税务所。1995 年，稽查队改为稽查局。1996 年 7 月，设 1 个县直分局，下有城关、梨园屯、侯贯、章台、七级 5 个中心税务所。2001 年 1 月，增设法规股。2002 年 9 月，撤并章台税务所。2005 年 8 月 2 日，计划财务股改为计划统计股，税政征管股改为税政管理股，法规股改为综合业务股，办税服务厅为内设机构，城区税务分局升格为副科级税务分局，侯贯税务所改为侯贯税务分局，七级税务所改为七级税务分局。2009 年 12 月，局设办公室、人事教育股、党办室、政策法规股、征收管理股、信息中心、监察室、纳税服务股、收入核算股、办税服务厅，直属机构稽查局。设城区分局、农村分局 2 个分局。全局在职干部职工 96 人。机关驻地：朝阳东路路南。

地方税务局

主要职能　负责全县地方税收收入组织工作，制定全县地方税收中长期发展规划、年度税收计划并组织实施；负责全县地方税收和所管基金（费、附加）的政策和管理；负责规划和组织实施纳税服务体系建设，制定和监督纳税服务管理制度，贯彻执行纳税人权益保障规章制度；负责全县社会保险费征收工作和对缴费人的监督检查、行政处罚工作；负责税务稽查管理，行使税务稽查执法权；负责监督检查税收执法活动、内部行政管理活动和税务行政处罚、行政复议、行政应诉工作等。

机构设置　1994 年，国家推行分税制。原县税务局一分为二，分设国家税务局和地方税务局。1994 年 8 月 18 日，县地方税务局正式成立，内设机构有办公室、税政股、征管股、政工股，计划会计股、监察股，下设 1 个稽查局（二级局）、1 个直属征收分局和城关、方家营、梨园屯、邵固、侯贯、常屯、章台、贺营、七级、寺庄 10 个税务所。1996 年 4 月，撤销方家营、贺营、寺庄、常屯、邵固 5 个税务所。1997 年 5 月，侯贯所迁至常屯乡更名为常屯所。1998 年 8 月，成立洺州分局，城关所、梨园屯所、常屯所、章台所、七级所均改称税务分局。2003 年 9 月，分局改称税务所，撤销城关所，成立管理股，征管业务划归管理股。2005 年 7 月，撤销洺州所，征管划归管理股。县地税局成立初期在编人员 74 人，到 2009 年底，在编人员 88 人。机关驻地：中华大街路西。

工商行政管理局

主要职能　负责全县各类企业和从事经营活动的单位、个人注册，核定（核转）注册单位名称，审定、批准、颁发有关证照并实行监督管理；依法监督管理市场交易和竞争行为，查处垄断、不正当竞争、走私贩私、传销和变相传销等经济违法行为，监督管理流通领域商品质量，查处假冒伪劣等违法行为，查处侵犯消费者权益案件，保护经营者合法权益；负责对各类市场经营秩序实施规范管理和监督，协助当地政府培育发展市场体系；负责合同、广告、商标监督管理等。

机构设置　1976 年 10 月，市场行政管理局改称工商行政管理局。1980 年 3 月，与税务局分设办公，地址在南街路东。局设办公室、企业管理股，下设城关、章台、七级、梨园屯、侯贯 5 个基层工商所。1983 年 11 月，成立县个体劳动者协会，挂靠在工商局。1985 年，设有邵固、寺庄、贺钊、经镇、方家营、成志庄、固献、常屯 8 个基层工商所。是年 9 月，县局机关从南街迁至现二中路民政局东侧。1987 年 6 月，在城关、七级、梨园屯、侯贯分别设立消费者协会分会和经济合同仲裁委员会派出仲裁庭。至 1987 年 10 月，局内设机构陆续增市场管理股、经济合同管理股、个体经营管理股、经济合同仲裁委员会、消费者协会、经济监督检查股。1988 年 7 月，县公安、工商联合成立洺水市场治安派出所，在经镇、寺庄、邵固、贺钊设立治安室。1989 年 3 月，财务、会计与办公室分设，成立财务股，城关工商所改为洺州工商分局。是年 6 月，局增设监察室。1990 年 9 月，增设人事教育股和商标广告管理股。1993 年 5 月，机关搬迁至顺城路中段路北。1999 年 1 月，工商行政管理局实行垂直管理，局内设办公室、财务股、消费者权益保护股、法制股、注册登记管理股、商标广告监督管理股、经济合同管理股、市场管理股 8 个股室，1 个公平交易局和县直、城关、梨园屯、侯贯、章台、七级 6 个基层工商所，在编人员 220 人。2003 年 10 月，将质量技术监督局原承担的流通领域商品质量监督管理的职能划归工商行政管理局；与原局属拍卖等社会中介服务机构及经济实体彻底脱钩，并按有关规定对其实施监管；与市场建设服务中心实行管办分离。2007 年，工商所更名为分局。2009 年，局内设机构为办公室、人事教育股、监察室、财务装备股、法制股、注册管理股、经济检查股、市场规范管理股 8 个股室；下辖 6 个工商所和 1 个经济检查大队（原公平交易局）；直属事业机构 4 个：个体劳动者协会、私营企业协会、消费者协会和维修行业管理办公室，机关行政事业编制 168 人。

质量技术监督局

主要职能　负责县内产品质量监督工作，组织开展县内产品质量安全强制检验、监督抽查等工作；负责县内工业产品生产许可证管理，监督管理产品质量仲裁检验、鉴定，组织开展产品质量安全专项整治工作；管理该辖区组织机构代码和产品条码工作；统一管理该辖区的计量工作，推动法定计量单位和国家计量制度，建立和管理社会公用计量标准；承担本县食品、食品相关产品生产加工环节的质量安全监督管理责任；承担综合管理威县特种设备安全监察、监督工作的责任，监督检查高耗能特种设备节能标准的执行情况等。

机构设置　1979 年，标准计量工作由县科学技术委员会领导。1984 年，标准计量工作由县经济委员会负责。1987 年 7 月，成立威县标准计量局，属县政府正科级行政执法单位。内设办公室、计量股、标准股、质量监督股、质检所、计量所等 6 个股级单位。1993 年 8 月，更名为技术监督局，内设办公室、质量监督股、标准股、计量股、产品质量监督检验所、计量检定测试所等6个股级单位。2000年，技术监督局实行垂直管理，更名为威县质量技术监督局，内设办公室、综合股、标准计量股、质量监督股、稽查股等5个行政股室，下设质量技术监督检验所等1个直属事业单位。2007年，食品生产环节的监管职能划归质监系统，增设食品安全监察办公室；7月，增设财务股。2009年，局内设办公室、综合股、标准计量股、质量监督股、稽查股、食品安全监察办公室、财务股等7个行政股室，下设质量技术监督检验所1个直属事业单位，行政事业编制52人。机关驻地：中华大街北段路西。

食品药品监督管理局

主要职能　负责本县内食品、保健品、化妆品安全管理的综合监督、组织协调和依法组织开展对事故查处的职能；负责对药品（包括中药材、中药饮片、中成药、化学原料及其制剂、抗生素、生化药品、生物制品、诊断药品、放射药品、麻醉药品、毒性药品、精神药品、医疗器械、卫生材料、医药包装材料和容器等）的研究、生产、流通、使用进行行政监督和技术监督等。

机构设置　2000年11月，组建威县药品监督管理局。2003年5月，药品监督管理局由省垂直管理，内设办公室、药品监督股、药品稽查股。2006年4月，组建威县食品药品监督管理局，地址在洺水东路路北原卫生局院内。内设办公室、食品安全股、药品监督股和药品稽查股。至2009年，局内设股室无变化，行政编制12人。

电力局

主要职能　电力局属国有中型二档企业，在体制上实行以上级电力部门管理为主、县政府管理为辅，既是企业又是县政府的供电职能部门。其职责是负责全县供用电、修设电线、收缴电费；做好电力基础设施的日常维护。

机构设置　1979年，县电力局办公地点在东街路北骆家街，局内设办公室、生产组、财务组、校表室、电料供应门市等。下设城关、李寨、梨园屯、侯贯、赵村、七级、章台7个供电所，为县局派出机构。1984年，电力局更名为供电局。1989年，供电局升为中型企业单位，局内设各股改为科、室，下设办公室、人教科等，并增设农电科、电力工程队和劳动服务公司。电器修试所改为电力修配厂。1990年，全系统有干部职工221人。2004年，供电局改称电力局。2009年，局下设办公室、发展建设部、人力资源部、财务资产部、安全监察质量部、党群工作部、乡镇供电所管理部、电力调度控制分中心、运维检修部、营销部10个职能部门，下辖城郊、洺州、第什营、李寨、方家营、梨园屯、枣园、贺钊、王村、张营、章台、七级、赵村、常屯和侯贯15个供电所。机关驻地：洺水中路路北。

气象局

主要职能　制定和实施全县气象事业的发展规划和计划；做好重大气象灾害的预测和预警工作，及时提出气象灾害防御措施，为县政府防御气象灾害提供决策依据；管理县内人工影响天气工作，指导和组织人工影响天气作业；组织管理雷电灾害防御工作，会同有关部门指导对可能遭受袭击的建筑物、构筑物和其他设施安装的雷电灾害防护装置的设计、审核、检测、安装的资质管理工作；完成上级气象部门规定的气象信息的测报、预报、资料整理及上报任务等。

机构设置　1959年，境内设威镇水文气象站，隶属于南宫县农林局。1961年5月威县建置恢复后，称威县水文气象站，隶属于威县农林局。1971年6月，更名为威县气象站。1981年始，气象站属县政府和上级气象部门双重领导。1987年7月，气象站更名为威县气象局。2009年，内设办公室和业务科，共有工作人员6人。机关驻地：洺州镇皇神庙村东。

邮政局

主要职能　负责信件和其他具有信件性质的物品的寄递；依法开展邮政汇款、储蓄等业务；依法管理邮政市场与集邮市场并实施监督检查，维护通信自由和通信秘密，维护邮政秩序，维护邮政网和邮政设施的安全，维护国家利益和用户权益；加强邮政业务的经营管理，依法开展各种邮政经营活动等。

机构设置　1979—1998年，威县邮政电信一体，统一管理和经营，业务收入和各项开支统一结算互为补充。1998年9月，实行邮政和电信分营，分别成立威县邮政局和威县电信局，邮政业务由邮政局主管。邮政局下设综合办公室、经营服务部及七级、章台、侯贯、梨园屯4个邮政支局和寺庄、邵固、鸭窝3个邮政所。2002年12月，邮政大楼建成启用，地址位于洺水东路路南。2005年，新增大葛寨邮政支局。2009年，邮政局内设综合办公室、市场运行部两个职能部门和金融业务部、函件广告部、集邮业务部、分销业务部、报刊发行业务部5个专业部，编制人员28人，其中行政管理人员6人。

烟草专卖局

主要职能　负责威县烟草专卖工作的领导管理和监督；按照上级规定的权限，负责专卖证件的管理、申报、审核、签发工作；公司有关执法部门对违法经营活动进行查处，保证合法流通渠道，整顿、管理好卷烟销售市场。

机构设置　1979年，成立威县糖业烟酒公司，负责烟草的经营，地址在北外大街路西。1982年，实行烟草专卖制度，国营、集体或个体经销户经营卷烟零售业务须取得烟草专卖零售许可证。1988年10月，威县烟草专卖局（公司）成立，专卖局设专卖科，负责全县的卷烟市场管理。1991年1月，县烟草专卖局（公司）划归河北省烟草公司管理，卷烟购进实行准购证、准运证制度。1997年，建烟草批发部，将全县分成6个辖区，每个批发部负责几个乡镇的供货任务。2002年，专卖科又设城关、章台、七级、侯贯、梨园屯5个市场管理所。2004年4月，县烟草公司改为河北省烟草公司邢台市公司威县卷烟营销部，烟草专卖局名称不变，下设科室有办公室、专卖科、市场部、配送部。机关驻地：北外大街路西。

国家统计局威县调查队

主要职能　完成国家统计局布置的各项统计调查任务；接受地方政府交办的有关调查任务；完成上级调查队交办的地方调查任务；协助完成重大国情国力普查任务；负责查处调查队组织实施的统计调查工作中发生的统计违法行为。

机构设置　1984年5月，成立威县农村社会经济调查队，为国家统计局直属事业单位。2007年12月，改称国家统计局威县调查队，为国家统计局派出机构。2009年，调查队内设办公室、调查股，共有队员7人。

第三节　直属事业及议事协调机构

广播电视局

主要职能　组织制定全县广播电视事业发展的战略目标和中长期规划、年度计划；直接领导和管理“三台”，负责广播电视节目审查把关；管理全县有线电视和卫星电视节目收录；管理好中央、省市广播电视系统在威县建立的转播台，保证准时优质播出等。

机构设置　1975 年 9 月，建立威县革命委员会广播事业管理局。1981 年，更名为威县广播事业局。1984 年 4 月，改称威县广播电视局，实行局台合一体制，广播局局长即电视台台长。1989 年 12 月，增设计财股，下设办公室、编播股、机线股、计财股、电视台后勤股、广播器材门市部。1996 年 12 月，撤销编播股、计财股、机线股、电视台转播后勤股，增设新闻专题部，至 1998 年，局设办公室、综合管理股两个行政股室和新闻专题部、广告文艺部、有线电视管理站、电视台播出部、电台播出部 5 个业务部（站）。至 2009 年，内设股室无变化，机关行政编制 7 人，事业编制 48 人。机关驻地：洺水中路路南。

档案局（馆）

主要职能　指导、检查、协调县直机关、企事业单位、中省直驻威单位和乡镇的档案工作；依据法律、法规履行档案行政监督职能，查处档案违法违纪行为；依据档案法律法规，集中统一管理新中国成立前后各个历史时期形成的档案资料，保守党和国家机密，维护档案完整，确保档案资料安全；负责县直机关、团体、事业单位和企业单位按照有关规定应向档案馆移交的档案，并进行系统化管理；调查收集和征集与威县有关的档案资料；负责全县档案信息的开发、开放和管理等。

机构设置　威县档案局的前身为威县档案馆。1979 年 7 月，威县档案馆有工作人员 2 人。1980 年 6 月，成立威县档案局，下设档案馆，有工作人员 3 人。1990 年底，全局共有工作人员 11 人，下设档案馆、秘书股、业务指导股。1992 年，档案局内设秘书股、督导指导股、档案保管股。1996 年 8 月，县档案局与档案馆实行局馆合一，一套机构，两个名称，为县政府直属事业单位。至 2009 年，局内设秘书股、监督指导股、档案保管股、档案馆 4 个股室，机关事业编制 13 人。

农业综合开发办公室

主要职能　拟定全县农业综合开发规划和实施计划；对全县农业综合开发工作进行综合、协调、指导、服务；组织专家考察、评估、审查有关农业综合开发项目，审核申报项目计划；督促检查综合开发项目及其计划执行情况；管理和组织实施国家主项的海河平原农业综合开发土地治理项目、多种经营龙头项目和科技项目以及其他农业综合开发项目。

机构设置　1989 年 8 月 9 日，成立威县农业开发办公室，机构命名为海河流域平原农业综合开发办公室，后改称威县农业综合开发办公室。1991 年 7 月，设立综合计划股、物资财务股、项目管理站、监测评估站、农业综合开发服务站。1992 年 12 月，内设综合股、内资股和外资股。2003 年 4 月，内设综合股和项目股。至 2009 年，内设股室无变化，机关编制 8 人。机关驻地：顺城东路路北。

粮食局

主要职能　拟定全县粮食流通发展规划和年度计划，研究制定全县粮食流通政策制度；根据有关法律、法规对社会粮食流通进行行政执法；拟定全县粮食总量和品种平衡计划；组织指导全县粮食市场供应，保障军队、灾区、国家重点项目建设等粮食供应；建立和完善县级储备制度，指导地方粮食储备和农民粮食储存工作；管理粮食市场，维护粮食流通秩序；负责全县粮食流通设施建设规划布局；落实国家和省市县粮食流通设施建设投资，组织实施工程建设；负责全县粮食行业管理等。

机构设置　威县粮食局的前身称威县粮食管理局，成立于1952年7月。1979年，粮食局下设秘书股、人事教育股、业务计调股、会计股、油脂股、保管股、工业饲料股。1992年12月，局内设人事股、秘书股、业务股、会计股、储保股、审计股。1996年8月，人事股与秘书股合为人秘股，撤销储保股，增设会统股、企管股。1998年2月，粮食局内设人秘股、会计股、会统股、审计股、业务股、企管股、储备保管股7个行政股室。1979年至1999年2月，下辖5个中心站，1个直属粮库，1个面粉厂及17个购销站。1999年3月，增设第二粮库，按照“一乡一站”原则，将5个中心站、17个购销站分设成16个具有独立法人资格、独立核算的粮站。2000年6月，增设储备库。2002年8月，由政府常设工作部门改设为直属事业机构，人秘股改为办公室，会计股、会统股、审计股合为财会审计股，企管股、业务股合为购销计划股。2009年，局内设办公室、财会审计股、储备保管股、购销计划股4个行政股室，机关行政事业编制19人。机关驻地：顺城东路路北。

物价局

主要职能　监测市场物价动态，分析市场物价趋势，适时提出对市场物价进行调控的意见和建议；对实行国家定价的商品价格实施直接管理；组织全县物价、收费的监督检查工作；对全县收费项目进行清理整顿，对执收单位颁发收费许可证，并进行年度审验；负责重要农产品成本调查工作；为司法、工商等执法部门的涉案物品进行价格认证和资产评估，为企业产品销售出具价格证明；负责制定关系群众切身利益的自来水价格、物业小区服务收费等公用事业价格和公益服务价格，并组织举行价格听证会；受理价格投诉举报，及时查处价格违法案件等。

机构设置　1979年，物价工作由县革命委员会计划委员会管理。1981年1月，县革命委员会计划委员会单设物价科；同年7月，成立县革命委员会物价委员会。1984年，成立威县物价局，属行政单位；同年7月，设立物价检查所。1990年，增设人秘股、信息股。1991年，增设物价管理股、收费管理股、农产品成本调查队，成立梨园屯物价检查所、章台物价检查所。1997年3月，成立价格事务所。2000年1月，价格事务所更名为价格鉴证中心。2002年7月，物价局单位性质变为直属事业单位，局内设人秘股、收费管理股、物价检查所3个行政股室，下辖价格鉴证中心、章台物价检查所、梨园屯物价检查所3个事业股室。2005年8月，增设价格监测股、价格培训中心；11月，设立价格成本调查队。至2009年，局内设人秘股、收费管理股、物价检查股、价格培训中心、价格监测股5个股室，下设物价检查所、章台物价检查所、梨园屯物价检查所、价格鉴证中心4个事业单位。机关行政编制14人。机关驻地：洺水东路路北。

供销合作社联合社

主要职能　负责全县供销系统的计划、协调、指导、监督工作。推动农业产业化经营，更好地服务农村、农业和农民；做好食盐、烟花爆竹专营工作；搞好农资供应和农村产品收购、加工、销售业务等。

机构设置　1976年8月1日，县供销社从县商业管理委员会析出分建。1982年，设32个基层供销社、3个分公司、5个棉油加工厂。1985年，设24个基层供销社社、7个公司。1986年设22个基层社、7个公司、5个科室。1988年8月24日，县供销社召开第四届社员代表大会，选举产生理事会、监事会，县供销合作社改为供销合作社联合社，简称县社或县联社。1997年1月7日，县社机关由南街搬迁到顺城中路路北。1998年2月，机关内设办公室、人事科、计划财务科、业务科、保卫纪检科、基层工业科。2005年，县社机关科室调整，设人事科、计划财务科、业务科3个科和办公室、计划生育办公室、农业合作办公室3个室，下属2个控股公司和1个直属公司。2008年7月，县联社变更为县政府直属事业机构。2009年底，单位内设办公室、人事科、计划财务科、业务科、农合联、资产管理科6个科室，行政编制10人，机关驻址：顺城中路路北。

行政服务中心

主要职能　根据县委、县政府的授权，履行对进驻部门集中审批、收费事项的组织协调、管理监督和指导服务。

机构设置　2009年7月，成立威县行政服务中心，内设办公室、业务部、督察部，机关事业编制8人；9月17日，正式揭牌运行。机关驻址：顺城中路路南。

扶贫开发领导小组办公室

2009年，县政府议事协调机构只有扶贫开发领导小组办公室1个。

主要职能　承办县扶贫开发领导小组的日常工作；组织拟定扶贫开发工作总体规划、中长期规划和年度计划并组织实施；组织拟定扶贫开发资金、物资的分配、使用意见；负责指导、监督和检查资金、物资的使用；组织协调社会各界参与扶贫开发工作，协调联络省、市对口帮扶工作；负责社会各界扶贫捐赠资金、物资的接受和管理；协调扶贫开发项目的规划、立项、申报和储备工作，经批准后组织实施；负责扶贫开发宣传报道和科教扶贫，组织实施贫困乡村干部科技培训和实用技术推广，配合有关部门做好贫困村两委班子建设、计划生育、科技、文化、教育事业等工作；承办县委、县政府和县扶贫开发领导小组交办的其他事项。

机构设置　2002年7月，县政府设立扶贫开发领导小组办公室，是政府议事协调机构的办事机构，内设综合股。2005年10月，增设扶贫办劳动力转移培训中心。至2009年，内设综合股、扶贫办劳动力转移培训中心2个股室，机关行政事业编制10人。

第四节　已撤并单位

经济贸易局

主要职能　研究提出全县工业发展战略和规划；指导产业结构调整，提出重点行业、重点产品的调整方案；编制并组织实施近期经济运行目标、办法、措施；负责拟定行业规划和管理办法，实行行业管理；对各种经济成分的企业实行宏观管理和指导；负责电力管理和“三电”工作；综合管理全县安全生产工作；负责县政府能源办、食品办的指导和管理的日常工作；负责民用爆破器材的生产和流通行业管理工作等。

机构设置　1980年前，县办国营工业归县工业局管理。1980年4月，成立威县经济委员会，县办国营工业归经济委员会管理。1990年，经济委员会下设办公室、人事股、财务股、审计股、生产股、技术股、企业管理股、安全股、监察室，有干部职工28人。1996年8月，县经济委员会更名为经济贸易局，简称经贸局，增设项目信息股、大项目办公室，下设股室达到9个。2003年1月机构改革，9个股室全部撤销，新设办公室、企业股、电力股、安全生产委员会办公室、食品工业办公室，行政编制13人；10月，在安全委员会办公室增挂威县安全生产监督管理局牌子，与安全委员会办公室一套人马，两块牌子。2004年11月，县安全生产监督管理局与经贸局一套人马，两块牌子。2005年11月，成立专门的安全生产监督管理局，经贸局职能划归县发改委、商务局。

威县人民政府经济体制改革办公室

主要职能　负责拟定全县经济体制改革的总体规划和年度综合改革实施方案，并组织有关部门实施。参与制定以建立现代企业制度为目标的企业综合改革方案。协助指导各部门、各行业深化改革。

机构设置　1986年3月，成立威县经济体制改革委员会，主任由县长兼任。1996年8月，成立经济体制改革委员会办公室。1997年4月，划归政府办公室管理。2002年7月，县经济体制改革委员会办公室改称威县人民政府经济体制改革办公室。2007年6月，体制改革办公室撤销，职能划归县发展改革局。

二轻工业局

主要职能　负责二轻所属企业的管理和指导，属政府企业管理部门。

机构设置　1975年建县二轻工业局，负责县办集体工业的管理，属政府企业管理部门。1986年，二轻工业局改为二轻工业公司，后又称二轻工业局。1990年，下设办公室、人教股、财务股、审计股、生产股、技术股、企业管理股，有干部职工26人。1993年2月，审计股、技术股、生产股、企业管理股撤并为综合业务股。1996年8月，二轻工业局改为二轻工业总公司，职能不变。2002年初，公司下设办公室、人教股、财务股、综合业务股4个股室，是年7月，机构改革时单位撤销。机关驻址：南街路东。

对外经济贸易总公司

公司职能　协调县内各部门的对外经济贸易活动，积极利用外资，疏通商品出口渠道，组织外贸出口业务，为企业提供涉外经济方面的业务咨询和服务。

机构设置　1987年之前，出口商品的收购、上交由县供销部门负责。1987年8月，县计划委员会设外贸股，兼管商品出口工作，有工作人员5人。1988年5月，成立对外经济贸易公司，有工作人员6人。1989年8月，成立农产品出口公司、工业品出口公司、土畜产品出口公司；是年12月，县对外经济贸易公司更名为威县对外经济贸易总公司。1990年1月，对外经济贸易总公司更名为威县对外经济贸易局，保留总公司的牌子，属政企合一单位。局机关下设办公室、业务股、计财科和基地开发股4个科（室），干部职工13人。1996年8月，取消对外经济贸易局名称，列入政府企业管理部门。2005年底，外贸职能划归商务局，外贸总公司撤销。公司驻址：交通大街与东街交叉口北路西。

农业机械管理局

主要职能　为全县研究提出农机发展方向及各种技术措施建议；引导农机、牧机和植保机械产品结构调整；提高农业机械化普及水平；拟定农机作业规范和技术标准；组织实施拖拉机、联合收割机、农用运输车等农业机械的安全监理、产品质量检验、鉴定和论证管理，制订农业机械化管理的规章、制度、办法并监督实施。

机构设置　1979年，农业机械管理局下辖拖拉机站、农机物资供应站、农机化研究所、县农机修造厂和城关、梨园屯、侯贯、章台、七级5个农机管理站。1984年，县农机修造厂划归经委管辖。1990年，局内设人秘股、监察股、机务股、油料股、财务股，下属农机公司、农机化研究所、农机监理站、农机培训学校，以及3个国营拖拉机站和5个农机管理站。1992年12月，下设办公室、监察室、财务股、机务股、监理站、农机技术推广站。1996年8月，办公室改称秘书股。1998年2月，下设办公室、财务股、机务股、农机技术推广站、农机监理站、农机公司、梨园屯拖拉机站。2002年7月，全县机构改革，农业机械管理局撤销并入农业局。

物资总公司

公司职能　组织物资流通，完成上级下达的物资供销任务；改善经营管理，指导所属企业开展业务经营，帮助企业解决经营中的困难和问题；为企业提供市场信息等服务；会同有关部门管理全县生产资料市场。

机构设置　1962年10月，由县计划委员会牵头，组建县物资供应站，隶属于县计划委员会。站址设在县城北关外。1963年1月，威县物资供应站改为威县物资管理局，下设综合供应站和木材组，干部职工14人。1968年，物资管理局与煤建公司、石油公司合并，成立燃建公司，隶属于县商业管理委员会。公司下设建材、煤炭、石油3个供应站，干部职工21人。1973年，成立威县革命委员会物资局。1982年，改为威县物资局。1985年，局机关设办公室、业务计统股、物资综合门市部，全局干部职工87人。1990年，县物资局设办公室、监察室、人事股、信息股、财物股、业务统计股和木材公司、建材公司、机电化轻公司、生产资料服务公司、燃料公司、物资综合公司、金属公司，干部职工193人。1996年8月，物资局改称物资总公司，由原行政单位改为政府企业管理部门。公司设经理办公室、综合办公室、财物股、业务统计股和人事股。2006年6月，公司业务划归商务局，物资贸易总公司撤销。公司驻址：洺水西路路北。

河北石油集团威县石油有限责任公司

公司职能　积极组织货源，搞好销售服务，保证全县工农业生产用油供应。

机构设置　1963年4月，威县建第一个石油销售机构——威县石油供应站，隶属于商业局，全站共7人。1967年，石油供应站与煤建公司合并为县燃料公司，归属县商业管理委员会。1978年10月，石油经营业务从燃料公司中划出，成立威县石油公司，在商业局领导下独立核算。1985年7月，公司上划，名称为河北省石油公司威县公司，公司下设办公室、业务统计股、财务会计股、油库、汽车队，下属一个加油站，共有干部职工53人。2000年，公司名称改为河北石油集团威县石油有限责任公司。公司驻址：洺水西路西头路北。

第三章 施政方式

第一节 政府职能及转变

1978年始，随着党和国家工作重心的转移，政府职能由政治职能向经济和社会职能转变。20世纪到80年代中后期，政府职能开始转向发展经济，经济建设成为政府的主要职能目标。90年代始，政府机构改革和职能转变进一步深化，政府办事大厅、行政服务中心等机构的设立，使人们办事更加方便、快捷。90年代末期，政府的职能转变主要是沿着加强对社会事务的公共管理和提供必要基础设施与公共服务方向进行，使政府管理方式真正由微观管理、直接管理、各部门的分割管理转变到宏观管理、间接管理、大行业管理上来。

1979年起，坚持以经济建设为中心，政府职能重心由原来重阶级统治职能转向重经济管理职能。

1985年，县政府按照“精简、统一、效能”的原则和决策、执行、监督相协调的要求，调整和完善机构设置，逐步理顺职能分工，严格控制编制，推进政府职能、机构和编制的科学化、规范化、法定化。

1993年，县政府适应建立社会主义市场经济体制的要求，加快职能转变，逐步把工作重点转到统筹规划、掌握政策、信息引导、组织协调、提供服务和检查监督上来。

1998年，县政府不断推进政企（事）分开，把政府不该管的事交给企业、市场和社会组织，发挥社会团体、行业协会、商会和中介机构的作用。政府在抓好经济调节、市场监管的同时，注重社会管理和公共服务，促进社会事业的发展和建设。

2001年，为适应国家加入世贸组织新形势要求，加快行政管理体制改革，建设服务型政府，健全政府职责体系。加强和改善经济调节、市场监管，把财力、物力等公共资源更多地向社会管理和公共服务倾斜。

图16－2 威县行政服务中心成立（顺城路）/2009年9月摄

2002年始，按照“有所为、有所不为”的政府运行理念，重点搞好宏观规划、政策制定和指导协调，进一步退出微观领域，运用经济手段和法律手段调节经济活动。着力解决管理职能分割和监管力度不够的问题，制定和完善管理规则，丰富管理手段，平等地保护各社会群体的合法权益，维护社会公正和社会秩序。随着经济的发展，逐年增加对公共教育、医疗卫生、社会保障、劳动就业、群众文化、人口计生、公用事业等基本公共服务的投入。深化行政审批制度改革，促进行政审批制度化、规范化和法制化。改变政府直接管理和介入经济活动的做法，从直接代替企业决定项目、招商引资转到为市场主体服务和创造良好发展环境上来。

2004年后，围绕服务经济发展，工作重心转移到招商引资、项目建设上来，全面提高服务质量和效率，优化发展环境。全面清理行政许可项目，对必须保留的行政审批项目，减少环节、简化程序、提高透明度。同时，加快培育、发展和规范行业协会、中介组织等民间组织。建立自然灾害与突发事件应急处理机制、食品安全管理与信息发布制度。推进电子政务，建立高效政务服务体系。

第二节　分工负责制

县政府实行县长负责制和副县长分工负责制相结合的工作制度。对各项政务实行分级管理，分级负责，各司其职，职责明确。县长主持全面工作，副县长按照财贸、工业、农业、城乡建设、文化教育、卫生、非公有制经济等工作门类分工，落实县政府重要会议的决定和工作部署，管理、协调、监督、检查分管单位的工作。对于工作中的重要情况和重大事项，及时向县长报告。各乡（镇）人民政府和县直单位报送县政府的审批事项，属于副县长分管的工作，由副县长审批；重要问题需县长审批或县政府常务会议研究的，主管副县长、县政府办公室事先做好协调工作，提出处理意见，再提交县长或县政府常务会议研究审阅。以县政府名义下发的公文，涉及有关法律、法规、政策性的规范性文件，涉及其他副县长分管的文件，涉及全县经济、社会发展大局的文件，以及属于综合性问题的文件，先由主管副县长负责协调，形成具体意见，再由有关副县长或有关主要负责人签署意见后，报县长或常务副县长签发。2009年，县政府有县长1人，常务副县长1人，副县长4人。按照政府分工，县长主持政府全面工作，常务副县长负责县政府常务工作，主管财税、城建、交通、公安、消防、司法等工作，4名副县长分别主管工业、金融、农业、文化教育等。

乡镇、行政村政府也参照县政府工作模式，实行领导干部分工负责制。

第三节　政务会议

议事协调会议

政府常务会议　县政府常务会议人员由县长、副县长、县政府办公室主任组成，由县长或县长委托负责常务工作的副县长召集和主持。县政府办副主任及与会议议题有关的县政府部门和乡镇政府主要负责人列席；邀请县人大常委会、县政协负责人列席。

图16－3　县政府会议室/王春晓2019年摄

会议的主要任务是：讨论决定县政府工作中的重要事项；讨论通过向县人民代表大会及其常务委员会的工作报告和提请审议的议案；讨论通过向市政府报告和发布的重要文件；听取副县长、政府办公室主任和县政府部门的重要工作情况汇报；讨论决定县政府各部门和乡镇政府请示县政府的重要事项；通报和讨论、决定县政府其他事项。

2008 年，县政府常务会议召开 2 次，议题涉及县政府工作规则、行政事业经费审计监督、县城总体规划修编及工业区规划、污水处理厂筹建、解决机关办公用房、企业破产改制及职工安置等方面内容。

2009 年，县政府常务会议召开 6 次，议题涉及重点项目审批“绿色通道”、争取上级资金和招商引资工作经费保障机制、生态县建设、房地产开发、县城主要街道绿化招标、政府性投资工程管理、县城污水处理厂招标、威县工作制度、规范行政自由裁量权、应急管理等方面内容。

县长办公会议　由县长召集并主持，研究、处理县政府日常工作中的重要问题（其中，2008 年以前，县长和副县长召开会议统称为县长办公会议）。

2008 年，县长办公会议召开 12 次，议题涉及支持项目建设、协调项目建设、筹建廉租住房、扶持贫困村发展、村村通自来水工程建设、扶持企业、县供销社改革发展、退伍士兵养老保险等方面内容。

2009 年，县长办公会议召开 19 次，议题涉及拟报省级重点项目包装、项目建设用地、国有资产处置、调度重点项目建设、县污水处理厂工程建设、申报省级经济技术开发区和市级工业集中区、服务招商引资和项目、县长办公例会制度等方面内容。

专题会议　由副县长受县长委托或按照分工召开；涉及两位以上县领导分管工作的，共同召集会议。会议主要研究、协调和处理县政府工作中的专门问题。

2008 年，县政府专题会议召开 2 次，议题涉及企业贷款担保、财政定补人员养老保险和退休等方面内容。

2009 年，县政府专题会议召开 15 次，议题涉及城市建设、项目调度、新民居建设、协调企业贷款、改善民生等方面内容。

部署会议

县政府全体会议由县政府全体成员组成，由县长或县长委托负责常务工作的副县长召集和主持。会议的主要任务是：传达贯彻上级及县委的重大指示、决定，以及县人民代表大会及其常务委员会的决议；讨论决定县政府工作中的重大事项；部署县政府的重要工作；通报工作情况。

综合及专项工作部署会议有时与县委合并召开全县的综合性会议。如全县“百日招商”总结表彰大会、全县项目建设观摩调度会议等。

第四节　制发公文

各乡镇政府、县政府各部门报送县政府审批的公文，先后由主办部门（会办部门）、法制办公室签署意见，报送政府办公室；由政府办公室协管副主任、主管公文审批工作的副主任审核把关，报政府办公室主任审批；政府办公室主任按照县政府领导分工批转副县长审批，重大事项报县长或负责常务工作的副县长审批。

以县政府名义发文，根据情况报送县长或副县长签发。县政府向市政府的请示、报告等，由县长签发。县政府发布的决定、命令和重要文件，向县人民代表大会及其常务委员会提出的议案，人员任免，由县长签发。以政府办公室名义发文，属政府办公室职权范围内的由县政府办公室主任签发；转发县政府各部门文件的，由副县长签发，涉及重大问题的，由县长或负责常务工作的副县长签发。2008 年，制发政府文件 115 件，政府办公室文件 39 件。2009 年，制发政府文件 155 件，政府办公室文件 48 件。

1994—1999 年威县县政府及政府办制发公文情况一览表

表 16－2　　单位：件

年份＼文种	县政府											政府办公室				
	命令	决定	文件	通知	通告	请示	报告	通报	批复	函	会议纪要	通知	通报	函	批复	报告
1994	1	—	10	44	—	7	5	2	2	—	5	28	—	1	1	—
1995	—	—	14	61	—	17	10	1	1	—	9	30	5	—	—	—
1996	—	1	14	64	—	18	3	1	—	—	7	65	—	—	1	1
1997	—	—	16	48	3	16	3	3	4	—	1	43	9	—	—	—
1998	—	—	10	26	—	16	3	2	1	1	5	36	7	—	—	—
1999	—	—	6	12	1	15	11	1	3	1	6	20	11	—	—	—

2000—2009 年威县县政府及政府办制发公文情况一览表

表 16－3　　单位：件

年份＼文种	威政呈	威政行	威政	政字	威政办	办字
2000	—	—	5	65	7	38
2001	—	—	9	52	1	27
2002	—	—	8	44	31	19
2003	—	—	9	58	2	56
2004	—	—	30	48	2	37
2005	2	—	18	69	7	22
2006	1	—	32	103	9	27
2007	1	1	46	75	14	38
2008	14	—	32	69	10	29
2009	16	4	44	91	20	28

第五节　督查与考核

督查

县政府部署工作后，明确专人现场查看督促工作执行落实情况，并及时向县政府领导报告，以解决工作中遇到的问题，确保政令畅通和工作的落实。每年围绕重点项目建设、城建工程、民生项目和领导批示问题开展督查。其中，2009 年，对《政府工作报告》制定的目标任务、政府各项会议议定事项、8 项城建重点工程和 16 项国庆献礼工程、灾后帮扶救助等工作开展专项督查 21 件，编发《督查通报》16 期。

考核

县政府每年对财政、税收、农业、招商、项目建设等工作进行年终考核。

第六节　接受人大及政协监督

向人大及常委会报告工作

威县人民政府是地方国家行政机关，是威县人民代表大会的执行机关，对威县人民代表大会及其常务委员会负责并报告工作。在每年一次的全县人民代表大会上，县长代表县政府向大会作政府工作报告。在起草政府工作报告、总结上年工作、安排下年工作计划时，反复征求人大常委会意见。在全县人民代表大会闭会期间，主动向威县人民代表大会常务委员会报告工作，2005—2009 年，主要有劳务输出、社会治安、畜牧养殖和设施蔬菜种植、整顿和规范农资市场、计划生育等方面工作情况的汇报。对重大事项提请县人大常委会审议的主要涉及社会治安、乡村卫生院（室）建设、食品药品安全整治、畜牧业发展、城乡低保、农村饮水安全等方面工作。自觉接受县人大及其常委会的依法监督。（详见《威县人民代表大会志》）。

办理人大代表建议、政协委员提案

在每年的人大、政协“两会”结束后，县政府督查室对县人大常委会代表任免联络工委和县政协提案委员会转来的归县政府办理的代表建议和委员提案进行任务分解，根据职责，交有关部门和单位在规定时间办结。承办结果及时反馈县人大、县政协及代表和委员。具体时限为承办单位自闭会之日起三个月内办结并答复；因情况复杂三个月内办结确有困难的，由承办单位在规定期限内做出阶段性答复；“两会”闭会期间提出的建议及提案，承办单位自交办之日起三个月内，最迟不超过六个月办结并答复。承办单位对交办有误或者需要增减承办单位的，自接到交办任务之日起六日内，向政府督查室说明情况，经审核同意后，及时退回或增减承办单位。具体运作程序为：分类确定承办单位、编号、登记、交办、清点审核、批办、办理、协调、催办、起草答复、送审签发、打印、校对、走访、复查落实、立案归档、总结、考评等。县政府由常务副县长主管，政府办公室统筹协调，督查室具体负责，开展建议、提案的登记、交办、催办、报批、答复、督促、检查、审核、协调等工作。

2003—2009 年承办人大建议和政协提案情况一览表

表 16－4　　单位：件、%

种类 年份	承办人大代表建议	承办政协委员提案	完成率	满意率
2003	86	63	100	98
2004	59	54	100	98
2005	60	55	100	98
2006	68	64	100	96.8
2007	60	67	100	—
2008	122		100	—
2009	135		100	—

第七节　政务公开

实行政务公开，是中共十五大提出的加强社会主义民主政治建设的一项重要措施。全县的政务公开，从公开主体上分，包括县政府本身公开、县政府部门政务公开、乡镇政府政务公开和社会服务单位的公开；从公开的内容上分，包括对社会公开和内部事务公开。县政府及其部门和社会服务单位的政务公开每半年公开 1 次，乡镇政务公开每季度公开 1 次。公开形式以政务公开栏为主。

管理体制

1997 年始，威县开展政务公开工作。1997—1998 年，政务公开工作由纪检监察机关指导和监督。1999 年始，政府及其部门的政务公开由人事劳动局主抓，公检法司机关的政务公开由县政法委主抓，乡镇政务公开由县农工委主抓，校务公开由教育部门主抓，厂务公开由县经贸委主抓。1999 年 4 月，县直政务公开转交县人事劳动局主抓。2001 年 5 月，乡镇和公安局、司法局的政务公开转交县人事劳动局主抓。2002 年 11 月 4 日，县政府办公室印发《威县人事劳动和社会保障局职能配置、内设机构和人员编制规定》（威政办〔2002〕31 号），明确将政务公开划入县人事劳动和社会保障局职能，“统一规划、指导协调、监督检查县、乡机关、事业单位（不含学校）政务公开工作，管理县政府部门及事业单位（不含学校）政务公开工作。”成立“威县政务公开办公室”，负责全县的政务公开工作。2007 年以后，随着权力公开透明运行机制的建立（纪检监察机关主抓）和《中华人民共和国政府信息公开条例》的实施（政府办主抓），人事劳动局管理政务公开的职能逐渐弱化。

工作开展

1996—2001 年，在深入开展“两公开、一监督”的基础上，全面推进“三务”（政务、村务、企务）公开。

2002—2009 年，着重实施政务公开内容的细化和规范。结合招商引资和项目建设，在服务客商、简化程序和审批手续上，将土地审批、工商办证、环保审批等热点问题的办事内容、办事程序、办事时限等，通过报纸、电视、单位办事公开栏、政务公开网页、电子显示屏和触摸屏等形式向社会公开承诺。设立县长信箱、县长公开电话、聘请监督员等形式接受广大群众监督。

2008 年 4 月，县政府全面开展政府信息公开工作，建立健全主动公开、申请公开、保密审查和责任追究等各项制度，设置信息查阅场所，完善硬件设施，两年累计公开法规文件、规划计划、人事信息、统计数据、通知公告、政府采购、应急管理、监督检查等信息 186 条。

2009 年 8 月，开通威县党政门户网站，网页设置政务信息公开、投资威县、互动交流等栏目，主动公开各类政务信息。

第八节　政府法治

行政复议、应诉

行政复议及时、正确、依法有效地解决了行政争议，密切了政府与群众的关系，保障了行政机关依法行使职权，纠正了执法不当的行政行为，保护了申请人的合法权益，为创建和谐社会发挥了重要作用。

行政复议案办案程序：申请人向复议机关提出行政复议申请，对符合行政复议条件的予以受理，受理后将复议申请和答辩通知书送达被申请人，被申请人提出答辩意见，复议机关根据案件情况采取询问当事人、调查或听证等方式了解案情，在事实清楚证据确凿的情况下，复议机关作出行政复议决定书。

县政府行政诉讼案办理程序：县政府收到法院的起诉状及举证通知书后，县法制办负责办理或者组织办理，根据案件性质拟定办理意见，建议县政府委托相关部门办理，待领导签批之后交由该部门办理，承办部门根据法律、法规规定的程序和要求办理。

2003—2009 年共受理行政复议案件 17 件，办理行政应诉案件 31 件。

行政执法监督

行政执法监督　行政执法监督作为政府法制工作的重点，不断得到加强完善。制定完善了行政复议应诉、执法监督检查、执法案卷评查、执法证件管理、执法评议考核、执法责任追究、行政许可实施、规范性文件审查等多项制度。

2003 年，对全县 37 个行政执法部门罚没许可证进行清理审验；2004 年，对全县 65 个行政执法机构罚没许可证进行换发，千余名执法人员进行培训考试；2006 年，组织全县 34 个行政执法部门的 700 多名执法人员进行集中考试。对全县 70 多个行政执法机构罚没许可证进行审验换发；2007 年，对全县行政执法人员进行集中考试，换发新执法证。对全县行政执法机构罚没许可证进行年检；2008 年，对全县行政执法机构罚没许可证进行年检，对行政执法人员进行培训，对重点行政执法部门行政处罚行为进行专项检查。2009 年审查政策规划性文件 6 件。

以廉政风险评估防范工作为基础，查找评估确认廉政风险点 1388 项，县政府本级 170 项、乡级政府 88 项、政府部门 40 个 1130 项。16 个乡镇分别制定《乡镇领导班子成员廉政风险等级目录》，实现全县行政权力运行公开、公正、透明。

纠正不正之风　1998 年始，对医药行业不正之风和公路“三乱”之风陆续开展专项治理活动。

2008 年，对全县中小学的收费问题进行清理检查，取消农村义务教育阶段住宿费，规范民办学校收费项目，减轻学生负担380多万元。对医药行业不正之风和公路“三乱”开展清理活动，查处药品违法案件49宗，查处公路“三乱”问题11个。查办各类违法违纪案件82起，为国家挽回经济损失121.8万元。

2009年，对全县农资市场进行全面清理，查处违法种子案件4起。查处公路“三乱”问题6件。对全县各乡镇及15个县直单位的财务收支、专项资金使用、收费等情况进行综合治理，查处各类违规违纪资金700余万元，罚没21.4万元。对涉企收费行为进行联合检查，取消行政事业性收费59项。加大破坏干扰经济环境案件查处力度，办理案件25起。查办各类违法违纪案件102起，为国家挽回经济损失123万元。

第四章　施政辑要

1979年后，根据中共十一届三中全会精神，落实上级政策，坚持实事求是、有错必纠的原则，经过五年的拨乱反正，历史上特别是“文化大革命”中所造成的冤、假、错案得以平反。从根本上转入以经济建设为中心的轨道，在农村进行经济体制改革，落实联产承包责任制。90年代，全方位实行改革开放，实施“抓主体，带两翼”经济发展战略，发展区域性工业，加快经济建设的步伐。

1998—2003年，第十一届县政府坚持稳中求进的方针，大力推进两个根本性转变，稳定和加强农业的基础地位，突出农业产业化、乡镇企业两个重点，实施改革推动、开放带动、科教兴县、可持续发展四大战略，加快构筑具有威县特色的经济格局。

2003—2007年，第十二届县政府以党的十六大精神为指针，深入贯彻“三个代表”重要思想，以全面建设小康社会为目标，走农业产业化推进工业化、带动城镇化“三化联动”的发展路子，从项目建设和优化环境入手，实施民营主体、开放带动、人才兴县、可持续发展四大战略，实现经济结构调整与壮大主导产业、培育龙头企业与规模企业、园区建设、城镇建设四个突破。正确处理改革发展稳定的关系，全面建设社会主义物质文明、政治文明和精神文明，努力开创各项工作新局面，推进经济跨越式发展和社会全面进步。

2007—2009年，第十三届县政府以经济建设为中心，以科学发展观统领经济社会发展全局，树立沿海新意识，抢抓发展新机遇，继续弘扬“在干中解放思想、靠发展凝聚人心”的主旋律，大力实施招商引资、城镇建设两大主体战略，努力实现项目建设、环境建设和农业产业化三大突破，促进经济社会跨越式发展，为全面建设小康社会、和谐社会奠定坚实基础。

第一节　重点项目建设

1993—1998年，新上华威汽车内饰公司、洺州福利陶瓷壁画厂、亚泰橡塑制品公司、七级密封条厂、昌泰面粉二厂等一批规模企业；与河北鲸鱼集团联合投资2600万元，新建邢台橡胶公司；完成县橡胶厂搬迁扩建和1605农药、纸面石膏、康宝冷饮生产线等一批基建技改项目；新建威德汽摩配件有限公司、澳威皮毛有限公司等“三资”企业8家；完成北外大街和交通大街中段（东城墙）的拓宽改造。皮毛皮革、橡塑制品、农副产品加工、汽摩配件等骨干行业扩张加快，特色产业区带正在形成。

1998—2003 年，实施全国节水增产重点县、秸秆养牛示范县、省农业综合开发示范区、扶贫开发等项目。新上久万隆酶制剂、恒威糠醛、华新建材有限公司钢结构生产线、威力方向盘等基建技改项目；新扩建瓜菜批发市场；投资 2200 万元，实施县第一中学扩建工程，建成教学楼、科技实验楼、餐厅和 4 座宿舍楼；投资 3000 万元，实施县医院扩建工程，新建门诊楼、病房楼和综合服务楼；实施 106 国道拓宽改造一期工程和邢清公路整修工程，修建乡村公路 190 多千米，全县通公路村庄达 364 个；实施农网改造工程，新建枣园、洺州、第什营等 5 座 35 千伏变电站，对李寨、赵村、七级等 5 个变电站进行增容改造；实施了县城东街、北街拓宽改造、洺水路整修、城区“四化”等一批重点工程；新建城区与 106 国道的三条连接线；建成馨怡小区等一批住宅小区；建设洺州苑园区、欧式文化商贸街。

2003—2007 年，实施国能发电、馨帛纺织、华新冷轧钢、德隆棉纺等省、市级重点项目 16 个，投资百万元以上项目 414 个。2005 年实施的国能发电、贺营 220 千伏变电站项目，结束了威县没有亿元项目的历史。2007 年，实施邢台豪达牧业有限公司肉鸡产业化项目。

2008 年，实施固定资产投资 300 万元以上项目 82 个，其中省级重点项目 2 个、市级重点项目 3 个。主要有河北三高集团有限公司年产 15 万吨生物有机肥项目、邢台康美食品有限公司年产 1. 8 万吨杂粮食品生产线项目、邢台威力汽车零部件有限公司年产 10 万套空气悬挂座椅生产线项目。

2009 年，全年实施固定资产投资 300 万元以上项目 114 个，完成投资 12. 6 亿元，其中，实施省级重点项目 3 个、市级重点项目 8 个、市级管理项目 10 个，均创历年之最。主要有河北春天纺织有限公司年产 1. 6 万吨出口针织坯布项目、正大鸿福牧业有限公司年产 3000 吨兽药项目、泰达纸业公司年加工 10 万吨新闻纸项目、威县久兴电动车业有限公司年产 8 万辆电动三轮车项目、海纳电子有限公司年产 20 万平方米刚挠结合印制板项目。

第二节　工业园区

1998 年，经过多年发展，逐步形成七级毛毡、常庄橡塑制品和汽摩配件、贺钊皮毛加工、枣园小米加工和洺州建筑陶瓷壁画等特色区带。

2003 年，县政府提出“以工业园区建设为突破口，推进工业经济整合提升”，通过抓园区，推动工业快速发展。是年，在县城东北部、106 国道以东，规划了首期占地 73 公顷的县城工业园区。对侯贯、贺钊皮毛工贸小区采取疏堵结合的办法，提升一批、联合一批、淘汰一批，促进皮毛产业上档升级。积极发展七级、常庄、贺钊、枣园等乡镇工贸小区。

2004 年，县城工业区实施冀南纺织城项目，列为市级重点项目，包括馨帛集团、德宏棉业、德隆棉业、龙邦集团等项目建设。

2005 年，县城工业区改为县城新区，出台《加快县城新区发展的优惠政策》。到 2006 年底，县城新区实现“七通一平”，入区企业达到 12 家。

2007 年，县城新区实施 4 个千万元以上项目，侯贯皮毛园区实施污水处理厂项目。

2008 年，县政府提出重点打造“一区五园”，即县城新区、常庄汽摩工业园、七级建材工业园、侯贯皮毛工业园、梨园屯威清工业园和第什营工业园。县城新区完成总体规划和控制性详细规划，实施110千伏变电站、污水处理厂、银海路、晨光大街等基础设施建设。常庄汽配工业园被列入省级中小企业创业辅导基地。

2009年，工业园区建设步伐加快。县城工业园区规划面积由4.02平方千米扩大到21平方千米，改建、扩建晨光大街、燕山路等8条道路，动工建设110千伏变电站，园区功能日趋完善。

第三节　利民实事

县政府始终牢记服务宗旨，始终把人民群众的冷暖放在心上，每年都围绕人民群众最关心、最直接、最现实的问题，精心筛选一批利民实事，使全县群众共享发展成果。

1995—2009年威县民生工程建设情况一览表

表16－5

年份	序号	事项
1995	1	完成9个乡卫生院的扩建改建工程，实现全县乡乡都有一个较好的医疗场所
	2	投资400万元，修通8个乡、总长50千米的乡间公路，实现乡乡通公路，投资150万元完成邵固至邢临路15千米的乡间路建设
	3	投资400多万元，完成县职教中心建设工程
	4	在县城新建一所高标准的小学
	5	保证乡乡通电话，力争使85%的村通电话
	6	完成县城顺城路、北关外街、朝阳路“两路一街”的扩建与治理工程
	7	投资200万元，完成方家营11万伏变电站至梨园屯镇，总长为13千米的输电专用线路架设；投资120万元，完成梨园屯镇“两线一地”输电线路改造工程
	8	完成县财政局、建行、交通局三座机关办公大楼建设工程
	9	完成总投资1300万元的邢台橡胶有限公司项目建设工程和投资800万元的精细化工有限公司建设项目
	10	投资500万元，完成洺水、李庄、常庄、古堤、七级、章台等6个市场的扩建、新建工程
1996	1	投资400万元，建成纸面石膏板项目；投资600万元，扩建县农药厂；投资500万元，完成县酒厂双降解塑料薄膜建设项目；争取投资2000万元，搞好棉纺厂3万纱锭技改项目
	2	投资450万元，在贺钊建成一座35千伏变电站
	3	翻修洺水西路，新修东农贸市场环行路，改造老城四街和西关路师范段，规划两处居民住宅小区
	4	做好大葛寨到临清段汽车专用线的建设协助工作；完成枣园至梨园屯、南里村至贺钊、雪塔至王村3条，约30千米乡间联网公路建设
	5	基本实现村村通电话
	6	在建和新建城市信用社、开发办、地税局、农行联社、交警队、公安局汽修厂等6座办公楼建设
	7	投资1100多万元，建一个批发市场和农贸市场，并完成振威市场的扩建和完善
	8	投资300万元，建成防护中心；争取搬迁第一实验小学
	9	在80个严重缺水村，打深井80眼，解决人畜饮水困难；在县城新打深井1眼，实现供水系统联网，缓解县城居民吃水难问题
	10	建好侯贯桥，改造小辛、勿堂村两处危桥，解决群众行路难问题

续表 16－5

年份	序号	事项
1997	1	实现“省级文明卫生城”达标
	2	完成“普九”达标
	3	解决 25 个村的人畜饮水困难
	4	疏理好县城的排水系统
	5	搞好县城到 2010 年 15 平方千米的总体规划，并修补 4 条旧街道，新修 1 至 2 条新街道
	6	建成防保中心
	7	乡乡及 50% 的村新上有线电视
	8	新修村级公路 130 千米，使通油路村达到 300 个
	9	县城电话装机容量由 7200 门增至 10000 门，农村由 4800 门增容至 9000 门
	10	建成贺钊皮毛专业市场，扩建振威市场
1998	1	建成容量为 26500 吨的省级粮食储备库
	2	建成枣园 35 千伏无人值班变电站
	3	修建 130 千米乡村公路
	4	实现县城绿化达标
	5	在县城建成一条较高标准的示范样板街
	6	解决 25 个村人畜饮水困难问题
	7	完成电业大楼主体工程
	8	建成县广播电视中心
	9	建成县防汛抗旱调度大楼
	10	新建县光荣院
1999	1	投资 600 万元新建 35 千伏变电站一座，投资 150 万元完成李寨变电站改造，投资 200 万元完成城区线路改造
	2	投资 300 万元，完成县医院门诊楼主体工程
	3	解决 25 个村人畜饮水困难
	4	完成县一中学生宿舍楼建设
	5	投资 150 万元，进一步完善县城供排水系统
	6	完成馨怡花园住宅小区 8000 平方米主体工程
	7	改造县城两条街道
	8	修建乡村公路 50 千米，使通油路的村达到 460 个
	9	投资 1450 万元，打深井 70 眼，改造 700 眼，扩大水浇地面积 2300 公顷
	10	建成义和团爱国主义教育基地

续表 16－5

年份	序号	事项
2000	1	修建村路 433 千米，通公路村达到 357 个
	2	完成世纪大街（106 国道）至交通大街路段的开放路建设
	3	馨怡花园小区交付使用，干部职工居住条件和生活质量得到提高
	4	北街拓宽改造完成，县城面貌焕然一新
	5	实施了农业综合开发示范区二期工程及大棚菜基地建设等涉农项目
	6	新建洺州变电站，增容改造 5 座变电站，提高了用电质量
	7	提高城乡居民最低生活保障标准，低保标准由每人 450 元/年增加到 500 元/年，有 676 户 2000 人享受低保金
	8	投资 422 万元新建县人民医院 6900 平方米病房楼
	9	实施农村税费改革，减轻农民负担 2494 万元
	10	改善医疗条件和服务质量，实现初级卫生保健达标
2001	1	投资 570 万元，建成县一中教学楼，并投入使用
	2	投资 420 万元，建成县医院病房楼，年底竣工启用
	3	对县城洺水路、顺城路、北外大街、交通大街等主要街道路面进行整修
	4	建设城区与新 106 国道的三条连接线
	5	投资 3000 万元，建设一批较高标准的住宅小区
	6	投资 1000 万元，将邢临公路安陵段建成欧式文化商贸街
	7	解决 15 个村的人畜饮水困难问题
	8	投资 2160 万元，再建设 12 个移动通信机站，逐步实现无线通信网络的无缝隙覆盖
	9	投资 850 万元，新建第什营、王村两座 35 千伏变电站
	10	投资 2600 万元，实施农村电网改造工程，建设用电标准村 260 个
2002	1	投资 500 万元，建成县一中科技实验楼和学生餐厅
	2	县财政拿出 200 万元，用于县重点项目贷款贴息
	3	补贴 200 万元，建设 17 所规范化小学
	4	投资 1.2 亿元，建设占地 20 公顷的洺州苑园区，年内主体工程基本完成
	5	投资 210 万元，解决 10 个村人畜饮水困难
	6	投资 520 万元，建成王村 35 千伏变电站，完成李寨变电站增容改造
	7	投资 50 万元，增添机井，改造供水管网，改善县城供水状况
	8	实行城镇职工基本医疗保险制度
	9	翻建潘固、南章台、前高公庄三座危桥
	10	铺设地下光缆，开通 4 个乡镇的有线电视

续表 16－5

年份	序号	事项
2003	1	投资 100 万元对城东排汛渠进行清淤和扩挖
	2	投资 2000 万元改建顺城路，道路东延至世纪大街（106 国道）
	3	投资 544 万元新建标准化小学 17 所；新建 16 座中学实验楼
	4	投资 350 万元建第一中学逸夫科技楼
	5	新打机井 450 眼，其中深井 50 眼，新增灌溉面积 2000 公顷
	6	实施了洺州苑二期工程、中华大街改建等重点工程
	7	启动县城水厂建设，改造城区供水管网 19000 米
	8	完成县城防汛主渠道改造 4000 米，片石硬化 1500 米
	9	加大环境建设力度，减轻企业和群众负担 451 万元
	10	推进扶贫开发，发放周转羊 1050 只，发展周转大棚 454 个，解决了 18 个村 2. 1 万人的饮水困难
2004	1	以减负和扶贫为重点，增加农民收入
	2	以增加就业岗位和转移剩余劳动力为重点，搞好就业再就业
	3	以解决人畜饮水困难、饮水安全为重点，改善农村生活条件
	4	以中小学危房改造和优化学校布局为重点，改善农村办学条件
	5	以重大传染病防治和基层卫生机构建设为重点，搞好疾病防控体系建设
	6	以城乡低保和特困户定期定量救济为重点，健全社会保障体系
	7	以改善交通条件为重点，加强公路建设
	8	以六项城建工程为重点，改善县城环境
	9	以公共文化设施建设为重点，活跃群众文化生活
	10	以社会治安综合治理和安全生产为重点，整治社会治安环境
2005	1	农民减负工程，全面落实各项惠农政策，农业税率再降低两个百分点，继续实行种粮补贴。深入开展涉农收费和农资市场专项治理，切实减轻农民负担
	2	就业再就业工程，筹建人才交流大厅和就业培训中心，搭建就业平台；培训下岗失业人员 600 人以上，培训农村劳动力 5000 人以上；实现城镇新增就业 1200 人，下岗职工再就业 200 人，安置“4050”人员不少于 50 人
	3	农村路网工程，投资 1540 万元，建设村路 87 条，全长 110 千米，实现村村通
	4	人畜饮水解困工程，投资 150 万元，打井 10 眼，铺设供水管道 2 万米，解决 10 个村 8000 人的饮水困难问题
	5	中小学布局调整工程，建设项目小学 10 所，撤并农村中小学 75 所
	6	特困生救助工程，多渠道筹措资金，落实“两免一补”，资助农村困难家庭学生就学
	7	公共卫生工程，搞好重大疫病预防控制，全面提高城乡医疗水平和公共卫生事件应急处置能力
	8	公共文化基础设施建设工程，投资 200 万元，推进农村有线电视传输网络建设；投资 100 万元，实施微波站升级改造；建成县青少年活动中心
	9	社会保障体系建设工程，扩大养老、医疗、失业保险覆盖面，全面落实“低保”和“两个确保”，做到应保尽保，足额发放。完善农村特困户定期定量救济制度，不断扩大救济面
	10	社会平安工程，强化社会治安综合治理，严厉打击各种刑事犯罪，搞好安全生产，确保政治安定，社会稳定，建设平安威县

续表 16－5

年份	序号	事项
2006	1	实施农业开发项目，新增灌溉面积 8 万亩，改善灌溉面积 5 万亩
	2	投资 870 万元新扩建中小学 19 所
	3	实施村村通工程，投资 1900 万元建村路 60 条，全长 133.2 千米
	4	新建扩建变电站 4 座，农网改造、城网改造竣工，用电环境大大改善
	5	完善社会保障制度，全县农村有 3992 户，4913 人享受最低生活保障金，发放保障金 58 万元。城镇享受人口有 1582 户 3965 人，发放资金 260 万元
	6	农村饮水安全工程建设，投资 307 万元解决 16 个村 11300 人的饮水安全
	7	对县城排水系统进行全面清淤扩渠，清理下水道 23000 米、下水道检查井 419 个、清理（挖）排水渠 600 米
	8	建立疫情报告网络体系，县疾病防控中心和传染病区建成并投入使用
	9	注重文化建设，改建县文化中心，增设名人馆，开通县电视台二套节目，有线电视实现乡乡通
	10	组织实施“万村千乡”市场建设工程，建成 3000 平方米配送中心一处，标准化农家店 90 家
2007	1	全面加强农村新型合作医疗。确保农民参合率达到 80% 以上，认真搞好定点医疗机构网点认证，完成 12 所乡镇卫生院的标准化建设
	2	“村村通”公路工程。投资 3346 万元，新改建乡村公路 170 千米，到 5 月底，使全县 57 个未通公路的村全部通上公路
	3	村村通自来水工程。投资 3490 万元，使全县未通自来水的 175 个村全部安装上自来水
	4	“井井通电”工程。投资 1896 万元，完成 9 个乡镇 48 个村的 1195 眼机井的配套、通电任务
	5	农村中小学校舍改造。投资 915 万元，新扩建中小学 20 所，全面消除危旧校舍
	6	“生态家园”沼气池建设。建设沼气池 1800 个，进一步改善农村生活条件
	7	“万村千乡”市场工程。建设 358 个日用消费品农家店，形成县乡村三级连锁经营网络
	8	劳务输出工程。年内新增劳务输出 8000 人以上
	9	扩大有线电视进村入户覆盖面。新发展通有线电视村 40 个，用户 4000 个
	10	城中村改造。在县城选取一个村为试点，探索城中村改造的新路子
2008	1	乡村卫生院（室）改造工程。实施中医院迁建项目，完成 12 所乡镇卫生院改扩建任务，建设标准化卫生室 500 个。同时，新农合财政补贴标准由每人 40 元提高到 80 元
	2	低保扩面工程。城镇低保做到应保尽保，农村低保面由 1% 扩大到 3.45%，农村五保户补助标准由人均 50 元提高到 100 元
	3	校园温暖工程。投资 1150 万元，新建、改建和扩建中小学 12 所，为 10 所中小学安装暖气
	4	农村安全饮水工程。投资 3800 万元，解决 110 个村、11 万群众的饮水安全问题
	5	乡村公路改造工程。投资 1400 万元，改造村道 37 条、62.1 千米，改造乡道 3 条、11 千米
	6	城镇居民安居工程。投资 4 亿元，在县城新建高标准住宅小区 6 个、26 万平方米。城镇职工住房公积金补贴标准由 1% 提高到 5%
	7	敬老爱老工程。投资 320 万元，在常屯乡西辛店村兴建一座星级敬老院
	8	劳务输出工程。坚持以创业带动就业，全县有组织性的劳务输出达到 5000 人以上
	9	城中村改造工程。推进围紫园村整体改造工程，力争三年完成
	10	平安创建工程。进一步完善治安防控网络和应急反应机制，全面推广治安与保险互动机制

续表 16－5

年份	序号	事项
2009	1	医疗设施改造工程。投资1200万元，实施中医院迁建。投资477万元，建设159个标准化村卫生室。启动县医院扩建工程
	2	办学条件改善工程。投资1500万元，新建、改建和扩建中小学12所；投资380万元，新建特教学校1所
	3	农村安全饮水工程。投资3000万元，新建饮水安全村83个
	4	乡村公路改造工程。投资2400万元，建设和改造杨官线（威县段），全长16千米。投资325.5万元，改造乡路4条、15.5千米。投资856.8万元，改造村路36条、47.6千米。投资150万元，改造危桥5座
	5	沼气建设工程。投资450万元，建设1000立方米的沼气池1个；投资600万元，建设农村沼气池及服务网点
	6	县城污水和垃圾处理工程。投资3800万元，建设日处理污水2万吨的县城污水处理厂；投资2982万元，建设日处理垃圾150吨的垃圾处理场
	7	县城街道修建工程。投资2000万元，新建晨光大街中段和燕山路，改造朝阳路部分路段及排水设施
	8	敬老爱老工程。投资600万元，在洺州镇兴建一座星级敬老院，对县光荣院进行改造
	9	集中供气工程。开工建设供气能力1万户的集中供气站。当年投资800万元，一期工程完成1000户
	10	计生惠民工程。投资480万元，实施16个乡镇计划生育技术服务站升级改造项目。争取和配套资金360万元，落实育龄妇女免费服务、独生子女父母奖励、出生缺陷干预工程、计生户奖励扶助和特别扶助等惠民政策

第十七编　人民政协

中华人民共和国成立初期，威县各界人民代表会议代行中国人民政治协商会议威县委员会和威县人民代表大会的职权。1954 年 12 月，政协全国委员会第二届第一次会议通过《中国人民政治协商会议章程》。根据章程规定，经威县各界人民代表会议常务委员会商定，于 1956 年 12 月组建政协威县第一届委员会。下设提案审查委员会，为历次全会期间临时工作机构，负责审查、研究处理全会期间委员提案，并向全会报告提案处理情况。至 1966 年 5 月，县政协共历四届。1966 年 5 月，“文化大革命”开始，政协工作中断。1956—1978 年，县政协主席依次为：赵子平、张建勋、王继华、赵子平。

1982—2009 年，中国人民政治协商会议威县委员会（简称县政协）共历 8 届。在中共威县县委的领导下，县政协牢牢把握团结和民主两大主题，紧紧围绕全县中心工作，认真履行政治协商、民主监督、参政议政的基本职能，通过政协提案、反映社情民意、考察、视察、专题调研等形式，组织参加会议的各团体和各界人士参政议政，在全县政治、经济、文化等各个领域中发挥着越来越重要的作用。

图 17－1　1988 年 5 月 24 日，河北省副省长王东宁（前排右四）陪同全国政协副主席王任重（前排右五）到威县考察/黄成俊供图

第一章　政协委员

1982—2009 年，县政协换届 8 次。组成界别有所增加，女性委员、少数民族委员有所增加，非中共委员占委员总数约 60%。历届政协委员认真履行委员职责，在全县社会事业发展和经济建设中建言献策，发挥着越来越重要的作用。

第一节 政协委员产生

1982年4月,由县政协筹备委员会第一次全体会议协商产生威县县政协第五届委员会委员。之后,每届政协委员的名额和人选,由上届政协常务委员会协商产生。每届政协委员会任期内,有必要增加或者变更委员名额和决定人选时,由该届常务委员会协商决定。每届政协委员人选,属中共的由组织部提名,非中共人士由统战部提名,经统战部汇总后报县委批准,作为建议委员人选,由政协主席会议提交政协常务委员会协商决定。

第二节 政协委员组成

政协委员来自各行各业,由中国共产党、无党派人士、人民团体、各少数民族和各界的代表以及特别邀请的人士组成,具有广泛性和代表性。

县政协第五届委员会有委员69人,其中中共党员31人,非党委员38人。按界别,党政界10人,工商界4人,教育界11人,科技界7人,医务界6人,体育界1人,文艺界6人,宗教界3人,少数民族4人,归侨1人,其他16人。县政协第十二届委员会有委员170人,分别来自党政、经济、工商联、宗教、台属、归侨、教育、科技文化、卫生、工会、妇联等界别。其中党外人士102人,占60%;妇女27人,占15.9%;少数民族11人,占6.5%。

1982—2009年政协威县委员会委员构成统计表

表17-1　　单位:人、%

届别	时间	委员数	党派				大中专以上学历		女委员		少数民族	
			中共党员		非党人士							
			人数	占比	人数	占比	人数	占比	人数	占比	人数	占比
第五届	1982年4月	69	31	44.9	38	55.1	—	—	12	8.0	4	5.8
第六届	1984年10月	83	—	—	—	—	—	—	—	—	4	4.8
第七届	1987年4月	91	37	40.7	54	59.3	31	34.1	7	7.7	4	4.4
第八届	1990年3月	96	38	39.6	58	60.4	44	45.8	10	10.4	7	7.3
第九届	1993年1月	150	57	38.0	93	62.0	72	48.0	19	12.7	16	10.7
第十届	1998年2月	149	60	40.3	89	59.7	76	51.0	27	18.1	16	10.7
第十一届	2003年4月	185	90	48.6	95	51.4	109	58.9	33	17.8	16	8.6
第十二届	2007年4月	170	68	40.0	102	60.0	112	65.9	27	15.9	11	6.5

说明:以每届第一次会议召开时情况统计

第二章 全体委员会议

县政协全体委员会议每年召开一次。会议的议程是听取并审议县政协常委会工作报告和提案工作情况报告;列席县人大全体会议,听取县政府工作报告和其他报告;通过有关决议。同时，还要按照工作需要，进行选举事项。

第一节　第五届委员会

五届一次会议

1982年4月1日至2日在县城召开。会议由大会主席团主持，设有提案审查委员会。听取审议政协第四届委员会工作报告，讨论新时期政协工作的方针任务，选举产生第五届常务委员会，贾树奎当选主席，刘锐、林振水、尹济川、张益民、李培湘、王风庭、韩学范、刘剑秋当选副主席，选出常委12人。会议一致通过政协五届委员会第一次会议决议和提案审查报告。此次会议收到委员提案46件，其中农业方面的6件，工业交通方面的3件，财贸方面的1件，科教卫生方面的13件，民族统一战线方面的4件，其他19件。

五届二次会议

1983年3月20日至22日在县城召开。会议议程是：列席六届二次人大会议，协商威县出席省六届人大会议的代表名单，学习政协章程。

第二节　第六届委员会

六届一次会议

1984年10月3日至8日在县委礼堂召开。会议应到委员85人，实到82人。县委副书记赵会保作《县委要进一步加强对政协工作的领导》的讲话，刘文暖传达邓颖超主席在全国政协六届二次会议上的讲话，柳景昶传达省政协五届二次会议工作报告。会议听取并审议政协委员会工作报告，审议并通过六届一次会议政治、决议，听取提案审查情况的报告，列席七届人大会第一次会议。会议选举产生第六届常务委员会，贾明善当选主席，吴二全、张士钧、刘文暖、李培湘、刘剑秋、柳景昶、吕继军、王杰臣当选副主席，张永江当选秘书长，选出常委33人。此次会议共收到委员提案41件。

六届二次会议

1985年3月26日至27日召开。会议应到委员85人，实到66人。会议听取六届常委会工作报告和提案工作情况的报告，列席县七届人大二次会议，听取有关工作报告。

六届三次会议

1986年1月9日至10日召开，会议应到委员93人，实到71人。会议传达贯彻省政协会议精神，总结1985年的工作，安排1986年的工作，张士钧作《总结经验，再展宏图》的工作报告。部分委员交流了为“四化”做贡献的经验。县委副书记赵会保到会并讲话，讲话中提出三点要求：进一步做好团结工作，巩固和发展安定团结的政治局面，促进威县国民经济持续、稳定、健康发展；要充分发挥政治协商、民主监督的职能作用；继续大力推进“两个文明”建设。

六届四次会议

1986年3月26日至29日召开，贾明善作《主动工作，开拓前进，争创第一流的成绩》的讲话。主要内容有认真贯彻党的全国代表大会和十二届四中、五中全会精神，解放思想，围绕县委中心工作，开拓前进，务实创新；促进精神文明和物质文明建设，广泛进行理想、道德、文化、纪律、法制教育，坚持做到廉洁奉公，一尘不染；围绕党的中心工作，发挥政协职能作用；继续发挥政协人才荟萃的优势，为威县的经济建设献计出力；搞好文史资料的征集工作；进一步做好对“三胞”的宣传联络工作；加强政协自身建设，认真转变作风。

第三节　第七届委员会

七届一次会议

1987年4月14日至17日在县委礼堂召开。会议应到委员91人，实到73人。会议听取并审议政协七届委员会第一次会议工作报告，听取提案的审查报告，讨论并研究1987年的工作意见，列席县人大八届一次会议。选举产生第七届委员会，王永昌当选主席，王杰臣、王忠德、华寅春、张士钧当选副主席，张永江当选秘书长，选出常委11人。审议通过七届委员会政治决议。

七届二次会议

1988年3月23日至25日在政府三楼会议室召开。出席会议的委员67人。会议听取并审议七届二次会议工作报告和提案办理情况的报告，协商出席省的人大代表，列席县人大八届二次会议，补选李佩刚为政协威县第七届委员会秘书长。县委副书记徐学清到会并讲话，要求全体政协委员努力学习，大胆工作，进一步发挥政治协商、民主监督的职能，为实现全县政治、经济和社会的稳定发展做出贡献。

七届三次会议

1989年3月23日至25日在燕南宾馆召开。出席会议的政协委员74人。会议听取并审议七届三次会议工作报告，传达《政协全国委员会关于政治协商、民主监督的暂行规定》，列席县人大八届三次会议。听取提案审查情况的报告。县委副书记黄成俊在会上作讲话，会议要求全体政协委员要认真贯彻中共十三届三中全会精神，紧紧围绕治理整顿，深化改革这个主题开展协商监督，与党同心同德，艰苦奋斗，振奋精神，扎实工作，在改革和经济建设中做出新成绩。此次会议收到委员提案49件，审查立案27件。

七届四次会议

1989年7月12日至13日在威县分片召开，会议的主要议程是学习和讨论中共十三届四中全会文件和邓小平重要讲话。会议要求委员要联系实际，积极认真学习和深刻领会文件精神实质，把思想统一到中共十三届四中全会精神上来。充分发挥人民政协联系面广的优势，团结一切可以团结的力量协助党和政府认真做好当前的“四件大事”，共渡难关。强化政协职能，积极开展政治协商和民主监督，勇于对不廉洁的人和事进行举报，动真的，来实的。振奋精神，团结一致，努力做好各项工作，在新形式下做出新的贡献。

第四节　第八届委员会

八届一次会议

1990年3月30日至4月2日在燕南宾馆召开。出席会议的委员97人。会议听取和审议县政协七届常委会工作报告，列席县人大九届一次会议。选举产生生第八届委员会，黄成俊当选主席，李佩刚、赵士英、王杰臣、冯英杰、李朝堂当选副主席，张金森当选秘书长，选出常委12人。会议号召全体政协委员与县委、县政府肝胆相照，同舟共济，巩固和发展安定团结的政治局面，促进威县经济持续、稳定、协调发展。

八届二次会议

1991年3月20日至21日在燕南宾馆召开。出席会议的委员97人。会议审议和通过八届常委会工作报告，听取和审议提案办理情况的报告，增选政协常务委员，列席县人大九届二次会议。会议要求全体政协委员，在中共威县县委领导下，振奋精神，团结奋斗，采取切实可行的有效措施，完成政府工作报告中提出的各项任务。

八届三次会议

1992年3月19日至20日在燕南宾馆召开。会议听取并审议八届常务委员会工作报告和提案办理情况的报告。列席人大九届三次会议。审议通过大会有关决议和八届三次会议提案审查情况的报告。会议希望政府进一步充分重视委员们提出的各方面提案，并有计划、有步骤地切实解决。会议号召全体政协委员和各界代表人士，在中共威县县委的领导下，高举爱国主义和社会主义旗帜，认真学习中共中央政治局全体会议精神，深入贯彻《中共中央关于坚持和完善中国共产党领导的多党合作和政治协商制度的意见》，坚定不移地贯彻执行党的“一个中心、两个基本点”的基本路线，抓住当前有利时机，加快改革开放的步伐，集中精力把经济建设搞上去，以实际行动迎接中共十四大的胜利召开。

第五节　第九届委员会

九届一次会议

1993年1月7日至8日在燕南宾馆举行。会议应到委员100名，实到94人。会议听取并审议八届常务委员会工作报告和八届一次会议以来提案工作情况的报告，选举产生第九届委员会，黄成俊当选主席，王杰臣、李佩刚、王忠德、李朝堂、冯英杰、赵中强当选副主席，张金森当选秘书长，选出常委23人。列席十届人大第一次会议。会议要求政协委员认真学习党的十四大精神，调动一切积极因素，围绕县政府的中心任务积极参政议政，出主意，想办法，提建议，作批评，支持和协助政府做好各方面的工作。

九届二次会议

1994年3月21日至23日在燕南宾馆召开。会议听取政协九届常务委员会工作报告和提案工作报告，列席县人大十届三次会议，审议通过九届二次会议政治决议，听取九届二次会议提案审查情况的报告。

九届三次会议

1995年3月21日至22日在燕南宾馆召开。会议听取九届常务委员会工作报告和提案工作情况的报告，列席县十届人大四次会议，审议并通过九届三次会议政治决议，听取九届三次会议提案审查情况的报告。

九届四次会议

1996年3月21日至22日在燕南宾馆召开。会议听取和审议九届常务委员会工作报告和提案工作情况的报告，列席县人大十届五次会议，审议并通过九届四次会议政治决议，听取九届四次会议提案审查情况的报告。增选政协常务委员。

九届五次会议

1997年3月17日至18日在燕南宾馆召开。会议听取和审议政协第九届常务委员会工作报告和提案工作情况的报告，增选政协委员、常务委员、副主席和秘书长，列席县人大十届六次会议，通过九届五次会议政治决议，听取提案审查情况的报告，增选刘永森为秘书长。

第六节　第十届委员会

十届一次会议

1998年2月17日至19日在燕南宾馆召开。会议听取九届常委会工作报告和十届提案委员会关于九届一次会议以来提案工作情况的报告，选举产生第十届委员会，王富友当选主席，赵忠强、王宪存、刘占杰、林金森、董金柱、黄俊莲、刘兰浩、王玉春当选副主席，刘永森当选秘书长，选出常委20人。列席县人大十一届一次会议，听取十届一次会议提案审查情况的报告，审议通过十届一次会议政治决议和十届一次会议常务委员会工作报告的决议。

十届二次会议

1999年3月17日至18日在燕南宾馆召开。会议听取和审议十届常务委员会工作报告和提案工作情况的报告，列席县人大十一届二次会议，审议并通过十届二次会议政治决议和十届二次会议常务委员会工作报告的决议，听取十届二次会议提案审查情况的报告。表彰了44名优秀政协委员。

十届三次会议

2000年3月5日至6日在燕南宾馆召开。会议听取和审议十届常务委员会工作报告和提案工作情况的报告，列席县人大十一届三次会议，审议并通过十届三次会议政治决议和十届三次常务委员会工作报告的决议，审议并通过提案审查情况的报告。会上，李华山等委员分别就发展个体私营经济、城镇建设、农技推广和制止红白事大操大办进行发言。

十届四次会议

2001年3月1日至2日在燕南宾馆召开。会议听取和审议十届常务委员会工作报告和提案工作情况的报告，列席县人大十一届四次会议，审议并通过十届四次会议政治决议和十届四次常务委员会工作报告的决议，审议并通过提案工作情况报告的决议和十届四次会议提案审查情况的报告。会上，谢克让等委员分别就提高劳动者文化素质、推动农业结构调整、加快高中段教育步伐、巩固“普九”成果和活跃农村文化生活进行发言。

十届五次会议

2002年2月28日至3月1日在燕南宾馆召开。会议听取和审议十届常务委员会工作报告和提案工作情况的报告，列席县人大十一届五次会议，审议并通过十届五次会议政治决议、十届常务委员会工作报告的决议和提案工作情况的报告决议，听取十届五次会议提案审查情况的报告。此次会议共收到委员提案54件，审查立案53件。

第七节　第十一届委员会

十一届一次会议

2003年4月25日至26日在燕南宾馆召开。会议应到委员162人，实到148人。会议听取和审议十一届常务委员会工作报告和提案工作报告，审议并通过十一届一次会议政治决议、十一届常务委员会工作报告的决议和提案工作报告的决议，听取提案审查情况的报告。选举产生十一届委员会，罗兆群当选主席，牛俊山、李俊申、林金森、李庆环、黄俊莲、王玉春、尚国英、杨兴根当选副主席，选出常委20人。此次会议共收到委员提案73件，审查立案68件。

图17－2　县政协第十一届一次会议召开/2003年4月摄

十一届二次会议

2004年2月10日至11日在燕南宾馆召开。会议应到委员161人，实到149人。会议听取和审议十一届常务委员会工作报告和提案工作报告，审议并通过十一届二次会议政治决议、十一届常务委员会工作报告的决议和提案工作报告的决议，听取提案审查情况的报告。列席县人大十二届二次会议。王东升等4名委员就威县宗教、民营企业、农技推广、教育和民办学校分别作书面发言。此次会议共收到委员提案70件，审查立案54件。

十一届三次会议

2005年2月2日至3日在燕南宾馆召开。会议应到委员161人，实到149人。会议听取和审议十一届常务委员会工作报告和提案工作报告，审议并通过十一届常务委员会工作报告的决议和提案工作报告的决议以及十一届三次会议政治决议，听取提案审查情况的报告。列席县人大十二届三次会议。耿华武等4名委员就威县党的基层组织建设、农村劳动力资源开发、招商引资、教学质量分别作书面发言。会议通报表彰黄振峰等10名委员，授予优秀提案者荣誉称号。此次会议共收到委员提案81件，审查立案66件。

十一届四次会议

2006年3月18日至19日在燕南宾馆召开。会议应到委员161人，实到149人。会议听取和审议十一届常务委员会工作报告草案和提案工作情况的报告草案，列席县十二届人大四次会议。高军旺等委员在会上分别就农业集约化经营、招商引资、城区建设、民营企业进行书面发言。会议审议并通过十一届四次会议政治决议，听取提案审查情况的报告。补选李俊申、李庆环（女）为政协十一届委员会副主席，并对王东升等10名委员进行表彰，授予优秀提案者荣誉称号。此次会议共收到委员提案81件，审查立案66件。

第八节　第十二届委员会

十二届一次会议

2007年4月18日至19日在燕南宾馆召开。会议听取和审议十一届常务委员会工作报告和提案工作报告，审议并通过十二届一次会议政治决议，听取提案审查情况的报告。选举产生十二届委员会，李俊申当选主席，李庆环、黄俊莲、杨兴根、董庆国当选副主席，选出常委22人。

十二届二次会议

2008年3月3日至4日在燕南宾馆召开。参加会议委员168人。会议听取和审议常务委员会工作报告和提案工作情况的报告。列席县十三届人大二次会议。会议号召全体政协委员切实履行政治协商、民主监督、参政议政职能，为构建和谐威县，实现威县“工业突破、升位崛起”的奋斗目标做出新的更大的贡献。

十二届三次会议

2009年3月16日至17日在燕南宾馆召开。参加会议委员163人。会议听取和审议常务委员会工作报告和提案工作情况的报告。列席县十三届人大三次会议。委员们围绕促进威县经济社会平稳较快发展，构建和谐威县以及人民群众普遍关心的热点、难点问题，进行协商讨论，就应对金融危机带来的挑战，转变经济发展方式、推动产业结构优化升级、招商引资、全民创业、城镇面貌“三年大变样”活动、新农村建设等方面，进行广泛讨论，提出建设性意见和建议。

第三章　常务委员会

政协威县委员会常务委员会由县政协委员会主席、副主席、秘书长和常务委员组成，经政协委员会全体会议选举产生。常务委员会主持政协委员会会务，县政协主席、副主席、秘书长组成主席会议，处理常务委员会的重要日常工作。

第一节　领导机构

政协威县委员会常务委员会为县级常设机构，至2009年，已历8届。

1982年4月，政协威县第五届常务委员会有主席1人，副主席8人，常务委员12人。1984年10月，第六届常务委员会有主席1人，副主席6人，常务委员19人。1985年8月，六届六次常委扩大会议增补副主席2人。1987年4月，第七届常务委员会有主席1人，副主席4人，秘书长1人，常务委员11人。1990年3月，第八届常务委员会有主席1人，副主席5人，秘书长1人，常务委员12人。1993年1月，第九届常务委员会有主席1人，副主席5人，秘书长1人，常务委员13人。1995年3月增补常委4人，1996年3月增补副主席1人、常委4人，1997年2月增补秘书长1人。1998年2月，第十届常务委员会有主席1人,副主席7人,秘书长1人,常务委员20人。十届四次全会增补副主席1人。2003年4月,第十一届常务委员会有主席1人,副主席6人,常务委员20人。十一届四次全会增补副主席2人。2007年4月,第十二届常务委员会有主席1人,副主席4人,常务委员22人。

1982—2009年县政协主席、副主席任职情况表

表17-2

届次	职务	姓名	性别	民族	任职时间	籍贯
五	主席	贾树奎	男	汉	1982.4—1984.10	第什营乡芦头
	副主席	刘　锐	男	汉	1982.4—1984.10	阜城县刘辛庄
		林振水	男	汉	1982.4—1984.10	清河县大林庄
		尹济川	男	汉	1982.4—1984.10	南宫市北贾城
		张益民	男	汉	1982.4—1984.10	七级镇后魏疃
		李培湘	男	汉	1982.4—1984.10	曲周县褚庄公社
		王风庭	男	回	1982.4—1984.10	洺州镇黄街
		韩学范	男	汉	1982.4—1984.10	常屯乡夏家庄
		刘剑秋	男	汉	1982.4—1984.10	张营乡刘家营
六	主席	贾明善	男	汉	1984.10—1987.4	侯贯镇大里庄
	副主席	吴二全	男	汉	1984.10—1987.4	七级镇阎家庄
		张士钧	男	汉	1984.10—1987.4	侯贯镇杨长屯
		刘文暖	女	汉	1984.10—1987.4	冀州市圭家庄
		李培湘	男	汉	1984.10—1987.4	曲周县褚庄公社
		刘剑秋	男	汉	1984.10—1987.4	张营乡刘家营
		柳景昶	男	汉	1984.10—1987.4	北京市
		吕继军	男	汉	1985.8—1987.4	高公庄乡宋安村
		王杰臣	男	汉	1985.8—1987.4	方家营乡宋庄
七	主席	王永昌	男	汉	1987.4—1990.3	贺营乡红龙集
	副主席	王杰臣	男	汉	1987.4—1990.3	方家营乡宋庄
		王忠德	男	汉	1987.4—1990.3	辽宁省东港市
		华寅春	男	汉	1987.4—1990.3	南宫市栏头城
		张士钧	男	汉	1987.4—1990.3	侯贯镇杨长屯
八	主席	黄成俊	男	回	1990.3—1993.1	洺州镇王庄
	副主席	李佩刚	男	汉	1990.3—1993.1	章台镇西小河
		王杰臣	男	汉	1990.3—1993.1	方家营乡宋庄
		赵士英	男	汉	1990.3—1993.1	景县后赵柏前村
		冯英杰	男	汉	1990.3—1993.1	方家营乡庞苏庄
		李朝堂	男	汉	1990.3—1993.1	赵村乡大张山

续表 17－2

届次	职务	姓名	性别	民族	任职时间	籍贯
九	主席	黄成俊	男	回	1993.1—1998.2	洺州镇王庄
	副主席	王杰臣	男	汉	1993.1—1998.2	方家营乡宋庄
		李佩刚	男	汉	1993.1—1998.2	章台镇西小河
		王忠德	男	汉	1993.1—1998.2	辽宁省东港市
		李朝堂	男	汉	1993.1—1998.2	赵村乡大张山
		冯英杰	男	汉	1993.1—1998.2	方家营乡庞苏庄
		赵中强	男	汉	1996.3—1998.2	贺钊乡王小河
十	主席	王富友	男	汉	1998.2—2002.3	清河县铁官庄
		缺职			2002.3—2003.4	
	副主席	赵中强	男	汉	1998.2—2003.4	贺钊乡王小河
		王宪存	男	汉	1998.2—2003.4	赵村乡北亭上
		刘占杰	男	汉	1998.2—2001.2	枣园乡东张庄
		林金淼	男	汉	1998.2—2003.4	赵村乡北亭上
		董金柱	男	汉	1998.2—2003.4	第什营乡南韩庄
		黄俊莲	女	回	1998.2—2003.4	洺州镇王庄
		刘兰浩	男	汉	1998.2—2003.4	张营乡刘家营
		王玉春	女	汉	2001.2—2003.4	常庄乡常庄
十一	主席	罗兆群	男	汉	2003.4—2007.4	枣园乡罗庄
	副主席	牛俊山	男	汉	2003.4—2007.4	方家营乡西方家营
		李俊申	男	汉	2006.3—2007.4	赵村乡东贤塔
		林金淼	男	汉	2003.4—2007.4	赵村乡北亭上
		李庆环	女	汉	2006.3—2007.4	南宫市
		黄俊莲	女	回	2003.4—2007.4	洺州镇王庄
		王玉春	女	汉	2003.4—2007.4	常庄乡常庄
		尚国英	男	汉	2003.4—2007.4	南宫市西里庄
		杨兴根	男	汉	2003.4—2007.4	贺钊乡雪塔
十二	主席	李俊申	男	汉	2007.4—2009.12	赵村乡东贤塔
	副主席	李庆环	女	汉	2007.4—2009.12	南宫市
		黄俊莲	女	回	2007.4—2009.12	洺州镇王庄
		杨兴根	男	汉	2007.4—2009.12	贺钊乡雪塔
		董庆国	男	汉	2007.4—2009.12	张营乡后小辛

第二节　历任主席

1982—2017 年,县政协共历 8 任主席。

贾树奎

贾树奎(1925.12—1989.2),第什营乡芦头村人,1944 年加入中国共产党。1968 年 3 月任威县革命委员会生产指挥部主任。1975 年 6 月任威县县委常委、组织部部长,1980 年 6 月任中共威县县委副书记。1982 年 4 月任威县县委副书记兼第五届政协主席,1984 年 10 月离任。1989 年 2 月去世。

贾明善

贾明善,侯贯镇大里庄村人,1925 年 7 月生,高小学历。1941 年 4 月加入中国共产党。1978 年任威县革命委员会副主任,1982 年任威县人民政府副县长,1984 年 10 月任威县第六届政协党组书记、主席。1987 年 4 月离任。

王永昌

王永昌(1932.2—2003.10),贺营乡红龙集村人,完小肄业。1956 年 2 月加入中国共产党。1982 年 3 月任清河县委常委、副县长,1984 年 1 月任清河县政协主席,1987 年 4 月任威县第七届政协主席,1990 年 3 月离任。1992 年 8 月离休。

黄成俊

黄成俊,1938 年 11 月生,回族,洺州镇王庄村人。1960 年 6 月加入中国共产党,1960 年 8 月考入南开大学,毕业后留校任教。1975 年底调至邢台地委宣传部,曾任理论研究室副主任。1981 年底调至威县,任县委副书记。1990 年 3 月任县委副书记兼第八届县政协主席。1993 年 1 月至 1998 年 2 月任第九届县政协主席。1998 年底退休。现为河北省社会科学院院外研究员、中国回族学会二、三届常务理事、中国义和团研究会会员。1987 年、1988 年、1990 年分别受到河北省人民政府、国务院、国家民委的表彰,被评为全国民族团结进步先进个人。

王富友

王富友,1952 年 11 月生,清河县人,大学学历,中共党员。1970 年 12 月参加工作。1989 年 1 月任平乡县委常委、组织部部长,1991 年 4 月任南和县委副书记。1992 年 12 月—2002 年 3 月任威县县委副书记。1998 年 2 月任威县第十届政协主席。2002 年 3 月离任。

罗兆群

罗兆群,1949年7月生,枣园乡罗庄村人,大专学历,1968年12月参加工作,1972年3月加入中国共产党。1983年12月任中共威县县委常委、纪委书记,1992年11月任威县人民政府副县长,1997年11月任中共威县县委常委、常务副县长,2003年4月任威县第十一届政协党组书记、主席。2007年4月离任。

李俊申

李俊申,1956年生,赵村乡东贤塔村人,大学学历,1975年12月加入中国共产党,1978年10月参加工作。1998年1月任威县人民政府副县长,2003年2月任中共威县县委常委、常务副县长,2006年3月任威县第十一届政协副主席,2007年4月任威县第十二届政协党组书记、主席。2016年2月离任。

孟祥义

孟祥义,1964年7月生,固献乡前凌头村人,中共党员,大学本科学历。1984年8月参加工作。1997年8月至1999年12,在中央党校函授学院党政管理专业学习。1999年8月至2002年7月,在解放军后勤工程学院建筑工程专业学习。2003年6月至2009年12月,任威县财政局局长、党总支书记。2009年12月至2011年1月,任威县政府副县长、财政局党总支书记。2011年1月至2016年2月,任威县政府副县长。2016年2月至2016年8月,任威县政协主席、党组副书记。2016年8月,任威县政协主席、党组书记。

第三节　工作机构

常设机构

县政协成立之初,无独立办公场所,一直与县委统战部和工商联合署办公,1982年,县政协移至东街火神庙街独立办公,并设立办公室。1987年10月增设文史资料科;11月,增设委员联络科,1996年1月撤销。1996年2月设委员提案科。2000年,政协搬迁到县城东街东段路南,新址为三层砖混办公楼。是年5月,设经济科技委员会,2003年4月撤销。2007年9月设经济科。2009年,县政协下设办公室、文史资料科、提案科和经济科。

图17-3　县政协办公楼/2003年摄

非常设机构

1984年10月,政协威县第六届委员会首次设置城关、七级、章台、梨园屯、侯贯及农林水、卫生、文教、工财贸9个工作组。1990年8月,政协威县第八届委员会第三次常委会议确定设置6个专门委员会,即社会法制委员会、经济委员会、学习提案委员会、文史资料教文体卫委员会、农业科技委员会、民族宗教祖国统一联谊委员会。1993年2月,政协威县第九届委员会主席办公会议对各专门委员会进行调整,并恢复城关、章台、七级、梨园屯、侯贯5个工作组。1998年2月,政协威县第十届委员会设学习宣传委员会、提案委员会、文史资料委员会、社会法制委员会、民族宗教台港澳侨联络委员会5个委员会,2000年5月,设经济科技委员会。2003年4月,政协各专门委员会办事机构撤销,其工作职责并入政协常设机构。

第四节　常务委员会会议

政协常委会议一般每季度召开一次,如工作需要,可适当增加会议次数。常委会议内容有听取县委、县政府事关国计民生重大方针政策的报告并进行协商讨论,协商讨论群众生活中普遍关心的热点难点问题,审议本届的考察视察、调研报告,审议制定年度计划和总结等。

第五届常委会

1982年4月—1984年9月,期间召开常委会议次数无计。1983年9月3日至5日,常委会主要学习《中国人民政治协商会议章程修改草案》,学习刘宁一关于《中国人民政治协商会议章程修改草案的说明》,学习政协会刊评论员文章《当前人民政协的一项重要工作任务》,学习邓小平在政协章程修改委员会第一次、第二次会议上的讲话等。

第六届常委会

1984年10月—1987年3月,期间共召开常委会议6次。重要的会议事项:第四次常委会审议通过《政协威县第六届委员会常务委员会工作报告(草案)》,第六次常委会(扩大)增补王杰臣、吕继军为县政协副主席。

第七届常委会

1987年4月—1990年2月,期间共召开常委会议13次。重要的会议事项:第六次常委会政协机关增设委员联络科和文史资料科。第七次常委会审议通过政协威县第七届委员会第三次会议议程和常委会工作报告(草案)。

第八届常委会

1990年3月—1992年12月,期间共召开常委会议15次。重要的会议事项:第二次常委会通过《政协威县委员会政治协商、民主监督实施细则》。第三次常委会通过《政协威县委员会关于建立专门委员会的意见》和《政协威县委员会专门委员会组织通则》。第八次常委会协商威县召开首届金秋艺术节有关事宜。第九次常委会(扩大)讨论《中共威县县委、威县人民政府关于"亿棉工程"的实施意见》。

第九届常委会

1993年1月—1998年1月,期间共召开常委会议17次。重要的会议事项:第三次常委会通过《政协威县委员会农业科技委员会关于威县高效农业发展情况的调查报告》,决定以政协常委会建议案的形式提交县政府。第九次常委会审议通过关于高效农业、畜牧养殖和棉花生产的三个调查报告。第十二次常委会审议通过《政协威县委员会关于政治协商、民主监督、参政议政的若干规定》。第十三次常委会审议通过关于《保护耕地,造福子孙后代》和《清凉江水何日再清凉》两个调查报告,并以常委会建议案的形式提交县政府。

第十届常委会

1998年2月—2003年3月,期间共召开常委会议22次。重要的会议事项:第二次常委会审议通过关于在政协委员中开展“五个一”(每个委员提出或参与一件提案,反映一条社情民意,提供一条信息,参与一项调查,办一件实事)活动的安排意见和关于开展“破除封闭保守,加快开发发展”的讨论的安排意见。第三次常委会通过《关于健全威县农业技术推广体系的建议案》,通过《关于预防和减少青少年违法犯罪的建议案》。第八次常委会听取并审议《政协威县委员会关于发展个体私营经济情况的调查报告》。第十次常委会审议通过《关于依靠科技进步,推进棉花种植结构调整的调查报告》。第十二次常委会审议通过《政协威县委员会常务委员会关于加快威县县城建设,加强县城市政管理的建议案》。第十八次常委会审议通过《关于威县乡镇医疗卫生事业发展情况的调查报告》和《关于进一步推进威县乡镇医疗卫生事业健康发展的建议案》。

第十一届常委会

2003年4月—2007年3月,期间共召开常委会议13次。重要的会议事项:第一次常委会审议通过《政协威县委员会常务委员会工作规则(草案)》,审议通过《政协威县委员会提案工作条例(草案)》,审议通过《政协威县委员会关于政治协商、民主监督、参政议政的若干规定(草案)》。第九次常委会审议通过《政协威县委员会关于公路“村村通”工程的建议案》和《政协威县委员会关于义和路拓宽改造工程的建议案》。

第十二届常委会

2007年4月—2009年12月,期间共召开常委会议9次。重要的会议事项:第一次常委会表决通过政协机关增设经济科的事项。第二次常委会审议通过《关于强化招商引资,实施全民创业的建议案》和《关于规范委员管理,发挥委员作用的暂行规定》。第五次常委会审议通过《关于威县实施城中村改造,进一步加快城镇建设步伐的建议案》。第九次常委会审议通过《政协威县委员会关于解决县医院停车难问题,规划建设停车场的建议案》。

第五节　主席会议

主席会议由主席、副主席、秘书长组成,会议内容主要:协商和讨论县委、县政府的重大工作部署以及群众普遍关心的重要问题,审查向政府提出的重要议案,讨论决定委员视察、参观和调查等重要活动,讨论研究政协机关的重要工作等。

第六届主席会议

1984年10月—1987年3月,期间共召开主席会议14次。重要的会议内容:第一次主席会议制定主席办公会、常委会、组长碰头会和全委会会议制度。第十一次会议研究创业立功活动的方法、文史资料征集工作。

第七届主席会议

1987 年 4 月—1990 年 2 月，期间共召开主席会议 8 次。重要的会议内容：第二次主席会议研究梁立柱资料。第六次主席会议研究威县 1988 年工业指标。

第八届主席会议

1990 年 3 月—1992 年 12 月，期间共召开主席会议 6 次。重要的会议内容：第五次主席会议通报文史资料的征集编辑工作，第六次常委会讨论威县瓦楞纸厂上与下的问题。

第九届主席会议

1993 年 1 月—1998 年 1 月，期间共召开主席会议 14 次。重要的会议内容：第二次主席会议讨论政府制定的压缩财政开支的方案。第七次主席会议确定把帮农民致富奔小康作为政协一项重要工作，重点抓好洺州镇和李寨乡的蔬菜、林果、养殖。第八次主席会议研究对兴华工贸公司进行清理事宜。第十次主席会议研究冀南书画院和政协书画室开业情况。

第十届主席会议

1998 年 2 月—2003 年 3 月，期间共召开主席会议无计。

第十一届主席会议

2003 年 4 月—2007 年 3 月，期间共召开主席会议 23 次。重要的会议内容：第三次主席会议通过《政协威县委员会关于规范委员管理，发挥委员作用的暂行规定（草案）》，研究文史资料编辑出版事宜。第九次主席会议研究《政协威县委员会关于“村村通”工程的建议案（草案）》。第十一次主席会议研究文史资料第三集编辑出版事宜。第十三次主席会议研究《威县政协威县委员会关于鸡猪养殖情况的调查报告》《威县政协调研组关于棉田间作套种的调查报告》《威县政协调研组关于设施蔬菜的调查报告》。第十八次主席会议通过关于威县行政服务中心和威县人民广场的建议案。

第十二届主席会议

2007 年 4 月—2009 年 12 月，共召开主席会议 14 次。重要的会议内容：第二次主席会议讨论《关于加强乡村公路养护管理的意见和建议》《关于加强沙荒宜林的林网绿化建设的意见和建议》《关于鼓励县内骨干企业自主创业的建议》等调研课题。第四次主席会议研究《关于加强乡村公路养护管理的意见和建议案》。

第四章　主要工作

历届县政协履行政治协商、民主监督、参政议政的职能，开展提案征集办理、调查视察、建言献策工作，发挥自身优势，开展文史资料征集和研究，利用联系面广的特点，开展统战联谊活动，参政议政能力不断提高。

第一节　提案征集办理

政协提案是政协委员向政协全体会议或常务委员会会议提出的，经提案审查委员会或者提案委员会审查立案后由承办单位办理的书面意见和建议,是政协行使政治协商、民主监督和参政议政的一个重要方面,是政协委员为全县社会各方面的发展献计出力,协助县委和县政府加强与各界的联系,推进社会主义民主政治建设,实现决策民主化、科学化的一条重要渠道。

1987 年 11 月,政协机关设委员联络科负责委员提案的整理、交办和催办。1996 年 2 月,设委员提案科(2000 年 5 月—2002 年 7 月为提案委员会),负责组织征集提案,对提案审查立案,分类送交有关部门办理。政协领导分工负责,采取主席会议督办、电视报道、分组到承办单位视察、按照副主席分工实行对口分包提案、召开面复会等五种形式提高办案质量,提案办理达到经常化、制度化,做到件件有着落、项项有回声。

1998 年 3 月,政协十届一次常务会议审议通过《政协威县委员会提案工作条例》,鼓励政协委员写提案,表彰优秀提案委员,以提高提案质量。至 2009 年,共征集委员提案近 2000 件,绝大部分立案提案都能够及时办复。

第二节　调查活动

调查研究是政协委员深入实际、联系群众、了解社会、反映民意、充分发挥政治协商、民主监督、参政议政职能的重要途径,是政协委员为经济建设和社会发展知情出力的有效形式。1979—2009 年共开展调查、视察活动 200 余次,提出意见和建议 300 余条。

1995 年 5 月,针对威县棉花生产的状况以及存在的问题,进行专题调查研究,做出"依靠科学技术发展棉花生产"的建议,使全县的棉花生产、加工得到飞速发展。

图 17－4　省政协主席吕传赞(右四)考察威县苗圃场/2000 年 9 月摄

2003 年 9 月,县政协威县委员会根据全县红白事大操大办、铺张浪费现象愈演愈烈的实际,对全县红白事大操大办的情况进行专题调查,并向县委、县政府递交《政协威县委员会关于禁止红白事大操大办的建议案》,得到县委、县政府主要领导的重视,使威县红白事大操大办的势头得到遏制。

2003 年 10 月,政协威县委员会根据全县经济环境存在的问题,特别是职能部门服务意识、自律意识差,办事效率低下;企业负担过重,乱收乱罚现象严重;宣传渠道单一,优惠政策不能及时落实;地霸、料霸、工霸势力有所抬头,干扰企业正常生产经营;企业贷款融资艰难,发展缺乏后劲等突出问题,对全县经济发展环境作了深入细致的调查研究,向县委、县政府作《关于进一步优化全县经济发展环境的建议案》。

2004 年 8 月,政协威县委员会对全县项目建设情况进行专题调查,找出与先进县市存在较大差距的主要问题。一是对项目建设缺乏足够的认识;二是项目建设轰动效应大,实际收效小;三是项目建设把关不严,重点不够突出;四是项目建设仍面临资金难、征地难、用电保障难和经营难的问题。根据项目建设中存在的以上问题,政协威县委员会向县委、县政府递交《关于加强全县项目建设的建议案》，提出完善县级干部分包项目责任制，做好招商引资工作，解决项目建设"资金难"的问题，建立长效的激励机制，竭力营造项目建设良好环境等七项措施。

2005 年 5 月，县政协围绕县委交办的"养猪鸡、扩蔬菜、种优棉、搞间作"的课题，分别组成由三个驻会副主席带队，机关干部和专业技术人员参加的三个调研组，先后深入到十余个乡镇，30 余个村开展调研活动，通过走访座谈、实地查看、听取意见等形式，详细调查全县猪鸡养殖、设施蔬菜种植、棉田间作套种现状，对其效益进行认真核算论证，并对存在问题提出对策，形成高质量的调研报告报送县委、县政府。县委书记孔祥友阅后作出重要批示："县政协搞的三个调查报告很好，具有很强的指导性和针对性，对下一步推进全县农业产业化进程有较强借鉴意义，请转发至县直有关部门和各乡镇，望认真参考借鉴"。县委八届三次全会上制定"养猪鸡、扩蔬菜、种优棉、搞间作"农业结构调整十二字方针，把县政协的三个调研报告作为重要依据，县委以专门文件批转全县有关部门和各乡镇，对全县农业产业化进程起到重要的推进作用。

第三节　文史资料征集与编印

资料征集

县政协文史资料工作起步于 1985 年。1985 年 9 月，县政协创办不定期文史专刊《文史资料》，刊发有关威县的文史资料，发放到各委员，还与邢台市各兄弟县市区交流。1988 年 10 月，成立文史资料科，开始对文史资料有组织地征集，先后征集 30 多万字的珍贵资料，包括冀南行署、八路军一二九师在威县的活动、义和团首领赵三多、红枪会、乱弹戏、梨花大鼓等，尤其征集到国民党高级将领梁立柱、李炘、张銮基的资料，弥足珍贵。

1990 年 6 月 2 日，政协威县委员会召开第二次文史资料征集座谈会。会上指出文史工作是政协工作的一个重要组成部分，是一项惠及子孙后代的文化事业。在文史资料的征集工作中，要坚持历史唯物主义的观点，实事求是，材料必须翔实。与会人员根据自己掌握的素材，研讨了梨花大鼓源流、红枪会、义和团有关史料等 13 篇。

编辑出版

2004 年 10 月，按照文史资料要系统化、专业化的要求，编辑出版《威县文史概览》。全书 18 万字，分九个部分对威县的历史文化进行系统介绍。历史文化含量大，文章的资料性和学术性强；增加相当篇幅的文学史料，弥补了其他文史资料重史轻文的不足。

2004 年 11 月，编辑出版《义和团首领赵三多研究》。全书 13 万字，收录赵三多研究文章 11 篇，附录《赵三多家族世系图》《官府对赵三多起义的汇报》《地方史志和报刊对赵三多起义的记载》等珍贵资料。

2005 年 7 月，为纪念中国人民抗日战争暨世界反法西斯战争胜利 60 周年，编辑印行专集《永恒的记忆——1929—1949 威县革命斗争纪实》，全书 9 万字，记录威县自建党至新中国成立 20 年间威县军民在党的领导下，万众一心，众志成城，顽强抵御外侮的峥嵘岁月。《冀南、冀鲁豫两行署及冀南二、四专署变迁散记》《抗战初期徐向前在威县散记》《战火中的冀南医院》《抗战时期威县教育概述》等 11 篇文章具有极大的文献价值，对研究新中国成立前威县行政区划、一二九师与邓小平、徐向前等具有很大的参考价值。

2008年12月，编辑出版《威县政协志（1956—2007）》。全书39万字，该志全面翔实地记录了威县政协51年的发展历程，展现全县政协委员在不同历史时期，围绕全县的经济、政治、文化等人民群众普遍关心的重大问题和热点问题建言献策，为全县的经济发展社会进步做出贡献。

第四节　团结联谊

团结是县政协的两大主题之一。威县是革命老区，又是多民族、多宗教聚居区，基于这种状况，县政协围绕团结这一主题，开展多种形式的统一战线工作。

走访接待台属台胞

1985年12月2日，县政协深入到台湾亲属集中的侯贯片召开台属座谈会，11户台属应邀参加座谈会。会上，大家畅谈中共十一届三中全会以来农村出现的大好形势，交流勤劳致富经验，了解台属思想状况和生活水平。希望各位台属加强与台湾亲人的联系，如实介绍祖国和家乡的巨大变化，邀请他们在适当的时候回大陆探亲。

1991年7月，威县王村乡现居侯贯镇后王村籍台胞李长携夫人、儿子到大陆旅游探亲。县政协和县委统战部对李长一行进行接待。副主席李佩刚以个人名义向李长赠送书画作品，李长的儿子将其水彩作品赠送给县政协和统战部。

社团联谊

1990年9月，成立威县教育促进会，会长由政协主席黄成俊担任，是县政协主管的民间社团组织。旨在动员社会力量，团结联络全县以及外地热心教育的各界人士，商讨发展威县教育大计，募集教育资金，促教助困。2004年起，开始进行硕博联谊活动。是年春节，教育促进会利用学生回乡探亲的机会，成立威县籍硕士博士联谊会，目的是以联谊会的形式整合智力资源，加强外地专业人才与家乡联系，促进威县经济文化建设。之后，每年春节聚会联谊一次，成员人数逐年增多，影响不断扩大。成员们为家乡的改革建设，献言献策，帮助引进资金和项目，推荐高端人才，同时宣传家乡，提高威县知名度。2006年夏，南开大学博士张更辉带领该校六名高分子专业硕士研究生到威县考察农村、工厂，与威县建立长期交流关系。至2009年，县教育促进会修建史庄和北侯伶仕两所小学，先后奖励优秀师生1200余人，赞助贫困生100余人，与威县籍硕士、博士100余人建立联系。

图17－5　威县硕博联谊会与县领导合影/2010年2月摄

1995年1月，成立冀南书画院，院长由政协副主席冯英杰担任，是县政协领导下的群众性艺术社团。旨在组织县政协书画界委员和政协之友，联系县内外、港澳台和国内外书画界人士，通过书画创作和艺术交流，以文会友，广泛进行联谊活动，扩大县政协的影响，促进全县经济文化的繁荣。是年8月,为纪念世界反法西斯战争暨中国人民抗日战争胜利50周年,书画院进行了3天的书画展览。至2009年,冀南书画院共组织6次书画展览,起到以画会友、书画联谊的作用。

附:

提案选录

案由一:加大农业调整力度,种优棉、搞间作,增加农民收入,推进小康建设步伐。

提案者:薛迎建

时间:2005年2月

内容:众所周知,威县是河北省第一棉花大县,全县植棉面积达80万亩,占总耕地的80%,也可以说,植棉面积达到了极限,今后增加面积的空间不会太大。从目前全县棉花单产、衣分率、品质、亩效益来看,增长空间仍然有,那么,是什么原因制约了这些指标增长呢?经过客观、科学分析、深入调查了解,主要因素:一是威县棉花种植品种多乱杂劣,二是棉花种植模式原始单一。

在这里可以算两笔账:一是种子账。近三年来,威县棉花品种退化严重,优种普及率低,品质下降。单从衣分率计算,全县平均衣分率不足35%,按每公顷产3750千克籽棉,衣分35%,计算可产皮棉1312.5千克,时价14元/千克,折款1225元,每公顷产值21787.5元(不包括棉柴)。如果全县普及优种化种植,单从提高衣分率约达38%,或更高来算,每公顷增皮棉112.5千克,折款1575元,棉籽可减少112.5千克,折款157.5元,那么每公顷产值可净增1417.5元,全县按5.33万公顷计算,净增纯效益8000万元。二是棉花间作套种账。自从1988年国家提出“科技兴棉”开始,科技、农业、供销社三部门联合协作,大力开展科技兴棉活动,搞间作套种试点,效果非常好。通过间作套种,提高复种指数,可以充分利用光热和土地资源,又能充分发挥棉株自身的边行优势,是一种很好的增产增效的种植模式。如:西瓜棉花间作、土豆棉花间作、洋葱棉花间作,豆类和棉花间作,增效大都在几百元甚至超千元。假设威县推广间作面积1万~1.33万公顷,每公顷增效益以7500元计算,农民可以增收8000万元。

基于以上对比账、效益账,我恳切建议县委、县政府根据威县农业大县的县情,棉花又是威县优势产业的实际,制定切实措施,责成科技局、农业局等涉农部门,千方百计,加大力度,加快威县棉花优种化种植进程,增扩棉花间作套种面积,提高单产,增加亩效益。只有使农民增产、增收、增效,才能加快推进全县小康社会步伐。据2005年两次实地观摩和了解,山东惠民农兴种业公司(中国农业大学教学基地)和中国农业大学培育的国审鲁棉研15号、16号、18号、20号、24号系列杂交抗虫新品种,亩适密度2400株左右,适宜间作套种,且产量高,衣分率高达38%~41%,品质好。

建议:引进,试种推广。

县农业局答复:为推进农业生产发展,县委、县政府提出“养猪鸡,扩蔬菜,种优棉,搞间作”的农业发展思路,在棉花生产上目前确实存在品种多,无主导优势品种的现象。目前有关部门正针对棉花种子现状,在加大市场整治力度的情况下进行棉花品种试验。根据棉花品种综合表现,推介适宜威县发展的棉花品种,培育威县主导品种,推动棉花品质提高,棉花间作近两年有了一定发展。农业部门搞示范、搞试验推广成熟模式,试验新的技术,今后政府将进一步加大这方面的工作力度，推动规模逐步增长，依托威县的蔬菜批发市场，确保实现棉田间作的生产收益。

案由二：关于加强教育法规宣传，减少失学辍学现象。

提案者：李俊玉

时间：2006年上半年

内容：前不久，中央电视台教育频道专题报道“河北威县读书无用?”专题新闻，用贺营中学初中生在学率作比较，分别是初一160人，初二123人，初三37人。虽然此次曝光的是贺营中学，但在全县其他中学是否或多或少存在类似的问题不言自明。近几年威县教育在抓全县教育质量提高，中小学合并学校及其硬件建设上做了大量的卓有成效的工作，这是有目共睹的，希望在抓《中华人民共和国义务教育法》的宣传上再下些功夫。对有能力供养而让子女辍学的家长依法提起诉讼，抓几个这方面的典型。对因经济困难而失学的学生，要制定优惠政策，使之重回学堂，享受党和政府的温暖。十年树木，百年树人。威县的明天在教育，威县的希望在孩子。

县教育局答复：由于威县经济和教育基础相对薄弱，有相当一部分学生及其家长受商品市场经济及读书无用论的影响，急功近利，产生辍学思想，加之近年来大中专毕业生就业困难，因此，控辍保学任务十分艰巨，尤其是师资力量薄弱学校的辍学问题更为突出。前不久，有关媒体反映的威县贺营中学辍学率较高的问题就是威县的一个典型。几年来，县教育局始终把控辍保学列为教育工作的重中之重，常抓不懈，坚持以全面提高教育质量为中心，以办人民满意的教育为宗旨，以中小学布局调整为契机，加强教育法规宣传，制定优惠政策，坚持科学发展观，积极采取各种措施加强控辍保学工作。现在采取的主要措施是：

一、依法控辍

1. 深入宣传。认真贯彻落实《中华人民共和国教育法》、新《中华人民共和国义务教育法》、《中华人民共和国未成年人保护法》及国务院《禁止使用童工规定》，将充分利用电视、板报、刷写标语等形式向广大人民群众和家长进行法律宣传。县教育局还确定每年4月为“义务教育法宣传月”，每学期开学第一周为“控辍保学周”，扎实开展控辍宣传工作，不断加强公民依法治教意识，使广大教育工作者了解控辍保学的重要意义、方法和对策，对控辍工作提供思想准备。今年7月下旬对全县中小学校中层以上干部进行一次教育法规知识考试，进一步加强广大教育干部的法律意识。

2. 明确责任。结合各部门特点，明确职责分工，形成齐抓共管的局面。强化政府行为，教育行政部门严格执行义务教育入学通知书制度、劝学制度、发放劝学通知书、复学通知书等法律文书，做好辍学生的返校工作。劳动、工商部门严格把好招工、劳务输出、门店用工关口。公安、司法部门负责学校周边环境治理工作。民政部门及县乡武装部在办理结婚登记、应征入伍手续时负责审验义务教育证书，并组织未完成九年义务教育的青少年进行补偿教育。

3. 目标管理。全县实行“两线三级”责任制，即一线为行政系统，实行县、乡、村三级责任制，另一线为教育系统，实行县教育局、学区、学校三级责任制。一级抓一级，层层抓落实。县教育局成立以局长张宏为组长的控辍保学领导小组，并与各学区、县办学校签订控辍保学责任状，要求各学区、县办学校每月及时上报控辍保学情况。各学区、县办学校也成立相应组织，由校长负总责，细化分工，把工作任务和责任分解落实到班主任和其他任课教师身上，实施“家访制”，要求弄清学生辍学原因，摸清学生去向，积极做好监护人的工作，劝学生重返校园，并直接与年终考核挂钩,调动广大教师控辍保学工作的积极性。

二、救助控辍

1. 减免书费、杂费。要求各学区、中学在经费并不宽裕情况下,压缩支出,对贫困生区别贫困程度,分别给予减免书、杂费的救助。2004 年、2005 年两年多来,共救助学生 34 人,减免学费、书费共计 6.7 万元。在以后的工作中我们还将继续执行这一政策,减轻家长负担。

2. 认真实施“两免一补”。“两免一补”作为贫困生救助资金,体现了党和政府的关怀。我们将认真执行“两免一补”政策,严格申报和发放程序,确保专项资金全额发放到学生手中,为家庭贫困生送去温暖。此外,还实施“宏志助学工程”,对家庭特别贫困的适龄少年儿童进行资助。

县教育局还将加大新课程、新理念、新课标培训力度,注重师资队伍建设,努力推进课堂教学改革,激发学生学习兴趣,提高教学质量,还积极实施合校并点工作,优化教育资源。

通过以上种种措施,努力控制辍学现象的发生,使广大少年儿童都能够受到良好的教育。关于您提到的抓典型案例问题,这是运用法律手段、落实《中华人民共和国义务教育法》的重要措施。鉴于新修订后的《中华人民共和国义务教育法》在 9 月 1 日开始实行,我们将在新学期,在全县教育系统掀起一个学习、贯彻新修改的《中华人民共和国义务教育法》的热潮,并注意发现新学期学生入学中出现的适龄儿童、少年不能按时入学或初中生辍学问题,依法对学生监护人提起诉讼,用法律效力和社会舆论影响促进《中华人民共和国义务教育法》的落实,相信对保证义务教育实施会产生良好的效果。

案由三:关于提高乡村医生医疗水平的建议。

时间:2009 年 8 月

提案者:张登福、李廷芹

内容:保障人民群众身体健康是社会文明的象征,基层医院及诊所也担负着重大责任。

目前,乡村医生的业务能力存在着差距和不足,个别乡级卫生院的医生没有资格证书,缺少专业技术知识。诊所卫生室治疗广告混乱,什么祖传、特色、专科包治包好的广告,直接影响人民群众的身体健康。

建议:设标准化卫生院和诊所,组织乡村医生到上级医院学习,提高业务素质,制止滥做广告现象,坚持以人为本的服务理念,造就一支过硬的医疗队伍,服务于社会。

县卫生局的答复:张登福、李廷芹委员,您提出的《关于提高乡村医生医疗水平的建议》的提案收悉。针对威县乡村医生队伍的目前状况,我局认真落实《威县卫生局关于加强卫生人才队伍建设的若干规定》,始终把农村卫生技术人员培训问题作为重点,现已开展了“卫生支农工程”、乡村医生远程教育等,仅上半年,卫生技术人员到市级医院学习的有 346 人,培训乡镇卫生院医务人员 258 人,培训乡村医生 1653 人。全县参加医师资格考试的有 476 人,其中乡级卫生院 134 人,乡村医生 176 人。截至目前,我局依法处理了非法医疗广告 4 起,有力地震慑了发布违法广告单位。今后,威县将打击非法医疗广告作为重点事来抓,以维护患者的合法权益。

第十八编　群众团体

中国共产党领导下的群团组织始于抗日战争时期。1938 年 6 月，县建立工人抗日救国会、青年抗日救国会、妇女抗日救国会、农民抗日救国会等组织，积极投入抗日救国的斗争。1942 年 5 月，为适应艰苦的抗战环境，各团体合并成立威县各界抗日救国联合会。1946 年 2 月，成立威县总工会，1949 年 2 月，建立中国新民主主义青年团威县委员会，同年 5 月，建立威县妇女联合会。1953 年成立县工商业联合会，1978 年建立县科学技术协会。

30 年间，威县各群众团体在中共威县县委的领导下，按照各自的章程，积极投身于威县经济社会各项事业之中，紧紧围绕县委、县政府的工作重点开展工作，致力做党联系人民群众的纽带和桥梁。组织广大职工和人民群众致力于民主管理、巾帼建功、文明家庭和文化事业建设，并联合县委、县政府相关部门，先后开展了希望工程、春蕾计划、光彩事业、扶贫助残、文化下乡、科普培训、成果推广等系列活动，在全县政治经济和社会发展中发挥了重要作用。

第一章　总工会

1979—2009 年，全县工会组织不断发展壮大，2004 年实现工会组织全覆盖。组织全县职工开展各项劳动竞赛；落实职代会制度，鼓励职工参与企业民主管理；健全集体合同制度，维护职工合法权益；实施送温暖、再就业等扶贫济困工程。

第一节　基层组织

1973 年，县工会重新建立，地址在东街县政府院内。1979 年，全县工会组织已相继建立，1982 年，工会工作进一步完善和提高。年底，全县职工 7573 人，工会组织 148 个，工会会员 5403 人。1986 年，县工会内设机构有秘书股，全县基层工会组织 149 个，会员 7578 人，占职工总数的 80.4%，涉及行业有工业、交通、建筑、农林、水利、金融、教育、粮食、商业、供销等。1991 年 1 月，增设生产生活部。1993 年始，在全县乡镇和乡镇企业中建立工会组织，工会的覆盖范围进一步扩大。1996 年，全县党政机关全部建立了工会组织，16 个乡镇建起工会工作委员会。同时，在洺州镇碳素厂、洺州镇福利陶瓷壁画厂两个集体和民营企业率先建起了工会组织。2002 年 7 月,县工会撤销秘书股和生产生活部,设立办公室和财务部两室。2004 年,实现县、乡镇直属基层工会组织和私营企业工会组织的全覆盖。是年,全县职工总数 19112 人,基层工会 227 个,会员 19027 人。2009 年,全县工会组织 418 个,会员 33259,职工入会率达 99.8%,并全部发放了会员证。

1979—2009 年部分年份威县工会组织情况统计表

表 18-1　　单位:个、人

年份	基层工会数	职工人数	会员人数
1982	148	7573	5403
1984	143	8841	8164
1987	147	12075	7919
1990	150	11857	8514
1993	127	8951	8892
1994	116	9011	8962
1996	103	9172	9030
2004	227	19112	19027
2007	355	26760	26091
2009	418	33560	33259

第二节　代表大会

第七次代表大会

1979 年 1 月 16 日至 18 日,威县总工会第七次代表大会召开,出席会议代表 184 人。大会议题是贯彻中共十一届三中全会的路线、方针、政策,继续揭批“江青反革命集团”的工运路线,把工会工作的重点转移到四个现代化建设上来。大会选举产生威县总工会第七届委员会,选出委员 27 人,常务委员 8 人,主席 1 人,副主席 2 人。

第八次代表大会

1988 年 7 月,威县总工会第八次代表大会在县委礼堂召开,出席代表 280 人。大会议题是贯彻中共十三大会议精神和全国总工会十大会议精神,坚持四项基本原则,树立工人阶级主人翁思想,搞活经济,为建设社会主义现代化强国做出贡献。大会选举产生威县总工会第八届委员会,选举主席 1 人,副主席 2 人。同时选举产生威县总工会第八届经费审查委员会,选举主任 1 人,副主任 2 人。

第九次代表大会

1998年5月28日，威县总工会第九次代表大会召开。大会议题是总结第八次代表大会以来的工作，安排部署今后的工作任务，团结和动员全县职工为实现中共十五大提出的各项任务而奋斗。大会选举产生威县总工会第九届委员会，选举委员21人，常务委员11人，主席1人，副主席2人。同时选举产生威县总工会经费审查委员会，选举委员9人，主任1人，副主任2人。

第十次代表大会

2006年3月31日，威县总工会第十次代表大会召开，出席代表123人。大会主要任务是认真贯彻中共十六大会议精神，以"三个代表"重要思想为指导，总结第九次代表大会以来的工作，安排部署今后的工作目标和任务，团结教育全县职工，求真务实，努力工作，为促进威县经济跨越式发展，加快全面建设小康社会步伐，构建和谐威县做出更大贡献。大会选举产生威县总工会第十届委员会，选举委员21人，常务委员11人，主席1人，副主席2人。同时选举威县总工会经费审查委员会委员9人，主任1人，副主任2人。

图18－1　威县工会第十次代表大会召开/2006年摄

第三节　主要工作

劳动竞赛

1979年上半年，县总工会开展以"增产节约"为内容的社会主义劳动竞赛。县机械厂通过开展以提高产品质量为中心内容的社会主义劳动竞赛，被评为地区工建交系统质量先进企业。1981年4月，通过开展劳动竞赛，有4人被省政府授予河北省劳动模范称号。1985年，贯彻落实省总工会《关于开展全省职工合理化建议"保五争十"活动的联合通知》，全县紧紧围绕提高经济效益，提出合理化建议1579项，被采纳1059项，实施861项，年创经济效益181.4万元。1986年开展"我为厂长经理献一计"活动，837名职工提合理化建议1623条，采纳982条，实施857条，年创经济效益246.4万元。通过开展技术练兵，县社系统在地区级比赛中，有12名职工取得名次，土产职工取得珠算全区第一名，粮食系统在全区"一口清"和电子计算机两项比赛中，分别获得第一名和第二名。

1989年，在全县职工中广泛开展"五比五看"竞赛，（即比思想，看投身"双增双节"的实际行动；比生产（工作），看完成任务和工作效率；比质量，看服务态度改善和产品质量是否达标；比安全，看是否做到安全生产无事故；比消耗，看是否降到同行业最低水平）。同时开展"我为振兴威县献一计”活动，提出合理化建议2102条，采纳1417条，实施921条，创经济效益42.76万元。

1992年，开展“三献”（献计、献能、献艺）、“三创”（创新、创业、创优）为内容的社会主义劳动竞赛，全县3100名职工参加了19个工种的劳动竞赛和技术练兵比赛活动，酒厂职工郭卫芹被授予河北省劳动模范称号。

1996年，县工会和橡胶厂获市扭亏增盈晶牛杯竞赛先进集体称号，修造厂铸造车间获市五一劳动奖状。

2001年，开展了创水平、比贡献、树形象活动，以群众性经济活动为载体，开展劳动竞赛、合理化建议、技术革新、发明创造和岗位练兵活动，引导职工学赶先进、争创一流、多做贡献，先后提出合理化建议674条，采纳369条，创经济效益23万余元。

2004年，在广大职工中深入开展劳动竞赛，有近5000名职工参加了技术练兵和技术比赛活动。广大职工认真参与企业管理，提出合理化建议1500余条，创经济效益35万元。县总工会被省总工会授予全省工会促进再就业工作先进集体称号。

2007年，县总工会组织开展劳动关系和谐企业创建活动，参加创建活动的各类企业达到60%以上。为促进企业健康发展，围绕县城经济建设，从节能降耗、技术革新、技术改造等方面入手开展竞赛活动。2008年开展创建“工人先锋号”“金牌工人、能工巧匠”“岗位练兵比赛”等活动。2009年开展技术革新、技术攻关和提供合理化建议活动，20家企业参加了“安康杯”竞赛活动。

参与民主管理

落实职代会制度　1980年，在全县24个工交企业中，有18个单位建立职工代表大会制度，财贸系统6个单位相应建立职代会制度。1987年，完善职代会的工作程序，明确职权范围。1994年，县总工会动员职工积极参与企业民主管理，制定职代会细则，实现三级民主管理网络。2003年6月，河北省第十届人民代表大会常务委员会第三次会议通过《河北省企业职工代表大会条例》，县总工会积极组织学习，落实职代会制度，建立和谐稳定的劳动关系。2004年，全县共有157家企业建立职代会制度，有50家达到星级职代会标准，4家达到优秀星级标准。至2009年，按照该条例要求，企业职工人数在25人以上的单位全部建立职代会制度，每年召开1至2次职工代表会，根据企业的性质，采取不同的形式和方法，以实现职工代表的知情权、协商权和监督权。

健全集体合同制度　1979年，县工商业用工基本为固定工，多为全民所有制单位职工，1984年，改革用工制度，实行劳动合同制，1990年全县合同工人数达到1043人。1995年，全县实行平等协商和集体合同制度，大力推行工资集体协商。1996年，国有企业签订集体合同100%，集体企业达95%以上。同时成立劳动法律监督委员会，劳动关系进一步协调。1999年，县总工会深入企业具体指导，60家企业续签集体合同，职工的合法权益得到保障。2000年，根据全县的实际情况，以乡镇为单位的企业签订区域性集体合同，覆盖企业200余家，集体合同覆盖率达95%以上，全县劳动关系协调发展的网络基本形成。2005年，县工会开展以职工签订劳动合同、集体合同、工资集体协商等为重点的执法检查活动，完善各项劳动制度，落实集体合同和工资协议的签订、履约。同时在县总工会设立专门办公室，依法保障职工的合法权益。是年，县总工会被市总工会评为民主管理和集体合同工作先进单位。2009 年，县工会配合劳动部门对企业履行情况进行检查，推行厂务公开，使集体合同制度规范化、法治化。

实施扶贫济困工程

实施“送温暖工程”　1991 年，县总工会实施对困难职工“送温暖工程”，其所需款项由职工捐献、社会捐赠、财政注入、上级拨付等多渠道筹措。县总工会对全县困难职工分别建档立卡，根据实际情况划分出困难户、特困户、伤残户、省地劳模困难户等不同类别，实施相应的救济补助。1991—1996 年间，相继筹措资金 12.3 万元，分别对困难职工、长病职工、伤残职工、省地劳模进行困难救助，受益职工 7000 多人次。1997 年对全县 177 户特困职工发放救济金 4.2 万元，并对这些特困职工发放优待证，在水电费交纳、子女上学学费等方面实行优惠或减免，保证其正常的生活。

自 1990 年始，县工会在 39 家企业中建立和实行女职工生育基金社会统筹办法，对特困女职工实行专项补助。1992 年参加生育基金统筹的有 39 家企业，参统职工 2910 人，筹资 4.4 万元，对 32 名女职工进行专项补助。

2001—2005 年，县总工会对全县 43 户特困职工累计发放求助资金 5.7 万余元。同时，每到重大节日，县工会同相关部门，对全县困难职工及省级劳模困难户进行慰问。2006 年，对全县 8 名省部级困难劳模进行救助，救助金 52350 元，以银行储蓄卡的形式发放到困难劳模手中。

2008 年，县总工会开展“金秋助学”行动，鼓励和倡导企业出资救助困难职工家庭子女，解决上学问题。先后有威县利晖油脂有限公司、威县华新建材有限公司和威县三高农业开发有限公司等 10 家企业和单位伸出温暖之手，对贫困学生进行爱心捐款，共捐款 28000 元，资助贫困学生 21 人。

2009 年对全县下岗职工和在岗职工进行摸排，共建立困难职工档案 843 人。国庆、中秋双节争取帮扶资金 4.2 万元，对困难特困职工进行救助；冬季“送温暖”工程，对全县特困、困难职工（农民工）进行生活救助、助学救助、医疗救助等，发放资金 6.7 万元。

实施再就业工程　1995 年后，随着经济体制改革的深入，国有集体企业相继改制或转制，一些职工下岗。县工会着力解决下岗职工的生活和再就业问题，使这些职工重新走上新的工作岗位。1999 年，县总工会实施“三个一工程”（一个职业介绍所、一个培训中心、一个生产自救基地），建立起一所职业介绍所和一个培训中心，并以此为依托为下岗职工和农村剩余劳动力提供就业岗位。当年培训人员 4200 人，向天津开发区输出劳务 4000 人。2000 年，县总工会向有关部门呼吁，为全县 144 名下岗职工争取到基本生活费和失业保障金，并对 307 名下岗职工进行技术培训，113 人实现了再就业。2003 年，各级工会配合党政和有关部门搞好职工业务培训，参训职工达 5000 余人，并向人大党委会、县政府提出关于《进一步落实下岗失业人员的优惠政策》的意见和建议，被县人大列为 84 号提案，有关部门采取可行措施，解决一大批下岗职工的就业问题，也为下岗失业职工再就业创造了宽松的环境。2005 年，县总工会职业介绍所人员和规模进一步壮大，制度更加完善，输送劳务的范围由北京、天津扩大到青岛、烟台、济南等地。是年，威县总工会被省总工会授予全省促进再就业工作先进集体称号。

2008 年，结合县委、县政府的“万名劳动力输出工程”的实施，以职介所为依托，转移农村剩余劳动力，累计接待求职人员 5000 余人，介绍就业 2600 余人，培训人员 1700 余人，并做好跟踪服务、跟踪维权工作。2009 年，对下岗失业人员及子女、农民工及其他人员进行技能培训、创业培训，累计培训 12 期 1400 人次。

职工之家建设

1994 年，县工会开展职工之家活动，新华书店、棉麻公司、人民银行等 10 个单位组织职工积极开展工作竞赛，争先进创一流，人民银行出资 6000 元作为开展工会工作活动经费，购制文体器材，建立光荣榜，增置电教设备，使工会工作有了新的起色。6 月，人行工会向县工会写了合格职工之家验收的请示，县工会同市分行工会对人行职工之家进行验收，颁发“职工之家”证书。1997 年与 1998 年，县农行工会被省总工会命名为模范职工之家。1999 年，县医院、生产资料公司、威县师范学校、邮政局、粮食局等 5 个单位被市总工会授予先进职工之家称号。

县工会组织广大职工开展各种各样的文体活动，陶冶职工情操，并定时开展文体比赛。2002 年 4 月，在邢台市第三届职工运动会篮球比赛中，威县职工代表队取得男子第八名，并获得优秀组织奖。2008 年中国网通（集团）有限公司威县分公司营销服务部荣获河北省模范职工之家称号，河北馨帛纺织集团有限公司荣获邢台市职工先锋号称号。

第二章　共产主义青年团

中国共产主义青年团威县委员会（简称团县委）以当好党的助手为己任，宣传、贯彻党的方针政策和上级团组织的指示、决定，加强基层团组织的建设和团干部队伍的建设，指导少先队工作，带领全县广大团员青年投身于威县经济和社会的跨越发展之中。

第一节　基层组织

共青团基层组织为团委、总支、支部。1979 年，全县基层团委 34 个，团支部 737 个，团员人数 19323 人。1984 年，人民公社改为乡，32 个公社团委改为乡团委。1985 年，设 5 镇、27 个乡团委。1996 年 1 月，合并乡镇后，所属基层团委 40 个，其中乡镇团委 16 个，县直团委 24 个。至 2009 年底，全县基层团委共计 48 个，其中乡镇团委 16 个，基层团支部 1995 个，团员 21361 人。

1979—2009 年部分年份威县基层团组织、团员统计表

表 18 －2　　单位:个、人

年份	基层团委	团总支	团支部	团员人数
1979	34	37	737	19323
1982	34	37	646	17668
1984	34	37	716	17313
1988	35	39	842	17140
1989	36	40	947	15401
1990	39	49	875	17663
1991	39	49	949	17830
1992	39	49	892	17968
1993	39	49	923	15112
1994	39	19	944	18207
1995	40	51	978	18444
1996	40	51	990	19019
1997	40	51	1045	19337
1998	40	51	1062	19420
1999	40	51	1195	20968
2000	40	51	1203	22132
2001	41	52	1289	22845
2003	41	53	1400	24686
2004	42	55	1459	25231
2006	42	61	1633	28111
2007	44	61	1855	24715
2008	48	61	1977	23685
2009	48	61	1995	21361

第二节　代表大会

第六次代表大会

1979 年 8 月,召开共青团威县第六次代表大会,参加代表 300 人。大会主要议题是认真学习党的十一届三中全会精神,把工作重点转移到社会主义现代化建设的正确轨道,明确新时期

共青团工作的任务,配合党和政府做好中心工作。大会选举产生共青团威县第六届委员会。

第七次代表大会

1982年,召开共青团威县第七次代表大会,参加代表300人。大会主要议题是动员全县团员青年,为全面开创社会主义现代化建设新局面做出贡献。大会选举产生共青团威县第七届委员会。

第八次代表大会

1987年7月,召开共青团威县第八次代表大会,参加代表329人。大会主要议题是号召全县团员青年,学科学知识,掌握科学技术,争当脱贫致富的带头人。大会选举产生共青团威县第八届委员会。

第九次代表大会

1991年1月,召开共青团威县第九次代表大会,参加代表162人。大会主要议题是立定改革、创新务实,争做促进威县"两个文明"建设的新一代。大会选举产生共青团威县第九届委员会。

第十次代表大会

1994年11月,召开共青团威县第十次代表大会,参加代表156人。大会主要议题是以党的十四届三中全会和团的十三届二中全会精神为指针,努力开创威县共青团工作新局面。大会选举产生共青团威县第十届委员会。

第十一次代表大会

2002年10月15日,召开共青团威县第十一次代表大会,参加代表168人。大会主要议题是拼搏实干,誓争一流,团结带领全县团员青年为实现威县经济和社会发展的新跨越而奋斗。大会选举产生共青团威县第十一届委员会。

图18-2 共青团威县第十一次代表大会召开/2002年摄

第三节 主要工作

爱国主义教育

1987年2月,团县委组织县直及学校1300多名青少年到威县烈士陵园举行扫墓祭陵仪式,对青少年进行革命传统教育。1988年10月,团县委与文化局联合举办"建国以来的伟大成就"图片展览,共展出235张图片。

图18-3 清明节扫墓2009年摄

图片反映了新中国成立以来全县农业、工业、科技、城镇建设等方面取得的成就，对全县青年学生进行一次爱国主义的教育。

图 18－4　团县委组织青少年参观义和团纪念馆/2009 年 6 月摄

1991 年 5 月 4 日，组织县直近 30 名团干部和部分青年代表，在团县委办公室召开纪念“五四”运动 72 周年爱国主义教育座谈会。1992 年 4 月 5 日，组织县直各单位 3000 余名团员青年学生开展“参观革命故址，为烈士扫墓”活动。

1993 年，在毛泽东诞辰 100 周年之际，团县委与县委宣传部等部门于 12 月 25 日、26 日联合举办了文艺晚会、京剧演唱会、毛泽东像章展、毛泽东诗词、书画展和知识竞赛等系列宣传活动。1995 年，在全县开展创建“青年文明号”活动，并于 5 月 4 日举行“青年文明号”领牌仪式。

2009 年，组织全县青少年开展爱国主义教育基地巡学活动。

成人仪式教育

1996 年，为激发 18 岁成人的爱国热情，培养他们的责任意识、成才意识和创业意识，5 月 18 日，在威县师范学校大操场举办“首届威县成人宣誓仪式”，有 2000 余名青少年参加了宣誓活动。2006 年举办“拒绝艾滋、关爱生命”大型成人宣誓仪式。

扶贫助困

1995 年，围绕“三亿工程”目标，加强农村科技培训，共培养青年星火带头人 100 人。1998 年，拓展“一助一”结对服务范围，组织一批有一定专长的青年志愿者向特困职工和孤寡老人提供生活照顾、医疗保健、家电维修、法律咨询、义务家教等志愿服务。

2003 年，在“非典”期间，团县委组织联通公司、华龙方便面威县总经销的青年志愿者们为执勤战士和医务人员送去矿泉水、方便面、手机等慰问品；在抗击“非典”英雄邱树生牺牲后，促成邢台鲁冰花皇家婚礼广场总裁周彬与邱树生的子女结成救助对子，帮助他们完成学业。2004 年，团县委在常庄乡常庄村、洺州镇戚霍寨村等 4 个村建立科技站点，动员建造沼气池 80 多个。

2006 年，团县委自筹资金 7500 元，在贺营乡赵七里村建沼气池 5 个。2008 年，组织团员青年为汶川地震灾区献爱心、缴纳特殊团费，充分发挥“党有号召、团有行动”的光荣传统，团县委发动广大团员青年“交一份特殊团费、献一份真诚爱心”活动，共收到捐款 19886.4 元。是年，在枣园、固献、梨园屯三个乡镇建立艾滋病防治知识宣传教育示范区。

倡导新风

1984 年，为充分发挥共青团在倡导社会新风，建设精神文明中的先锋作用和突击队作用，团县委开展了文明礼貌月活动。是年，创办青年自学辅导班，成立青年综合服务公司，开展“修桥补路突击旬”活动。

2002 年,为抵制婚事大操大办的歪风,倡导健康、文明的生活方式,于 9 月举行“金秋之约”大型集体婚礼;开展了第二届“威县十大杰出青年”评选活动。

2009 年,举办喜迎新中国 60 华诞大型集体婚礼、“预防艾滋病、你我同参与”威县中学生演讲比赛、“信合杯”首届威县青年趣味运动会、“读书与人生、读书与事业”主题演讲比赛等一系列活动。

图 18－5　集体婚礼/2002 年 9 月摄

少年先锋队活动

1987 年 6 月,召开威县少年先锋队第一次代表大会,会议要求为培养远大理想和创造精神的新一代而奋斗。会议选举产生少工委,由团县委 1 名领导兼任少工委主任。1990 年,全县 517 所小学,41 所初级中学建立少先队组织 555 个,有少先队员 75231 人,辅导员 2041 人。到 2009 年,全县有少先队员 64526 人,辅导员 2654 人。

1984 年,建立中国少年先锋队活动奖励基金会。1986 年,在全县少先队中开展了“创造新精神,创造新生活;读好书,唱好歌,讲好故事,做好游戏”的“两创四好”活动。1989 年,县进一步加强辅导员队伍建设,聘请乡党委书记兼任中学校外政治辅导员。1990 年,开展少先队风采检阅式活动。1995 年,开展“跨世纪中国少年雏鹰行动”。1998 年,开展“邢襄少年文明行动”。2002 年,开展“城乡少年手拉手”活动,是年,县实验小学少先大队被全国少工委授予“全国红旗大队”。2004 年,威县实验小学“五二”中队被全国少工委授予“全国红旗中队”称号,辅导员孟爱文被全国少工委授予“全国优秀中队辅导员”荣誉称号。

2005—2009 年,开展“民族精神代代传”活动,通过寻找人物、事件和做一件事,体会民族精神的丰富内涵,感受民族精神的伟大力量;建立“少年网站”、团队活动室以及各种实践基地;组织队员参加“少年团校”学习,创建“共青团知识角”,接受共青团基础知识教育,进行“推优入团”工作。

希望工程实施

威县从 1992 年开始实施希望工程,对贫困失学儿童生活、学习实行救助,帮助他们重返校园。

1993 年 2 月,团县委开展“买一张奖券,献一片爱心”活动。1994 年,加大希望工程宣传力度,进一步扩大救助面。充分利用广播、黑板报等宣传媒体进行宣传,确保失学儿童重返校园。1995 年,团县委对贫困学生进行摸底建档工作。12 月,号召广大共青团员,积极缴纳特殊团费,为贫困而失学的孩子奉献爱心,并把 6 月 20 日至 7 月 1 日定为“献爱心日”。9 月,经过努力,把生活不能自理、因贫困而失学的三个孤儿,送至邢台市野沟门希望小学免费学习,使他们重返校园。1999 年,团县委争取上级资金 10 万元,在第什营乡西古城村建起第一所希望小学。11 月,为纪念希望工程实施 10 周年,同时为“保护母亲河行动——跨世纪绿色工程”的实施奠定一个良好的基础,在全县发行河北省希望工程邮政邮资明信片活动,扩大救助金的来源。

2005 年，团县委为贫困学生何某某争取明德奖学金 4000 元，为司某某、李某某同学筹资 2000 元，使他们顺利完成学业。2006 年，在日常的结对"一助一"的基础上，探索出新的方式和途径，争取希望工程助学金 8000 元，团县委自筹 6500 元，分别发放到 8 名即将踏进大学校门的贫困学生的手中。

志愿者服务

1993 年底，共青团中央决定实施中国青年志愿者行动。团县委组织广大青年、学生开展青年志愿者活动日活动，深入敬老院、老干部和五保户家中进行敬老爱老服务。2000 年，团中央、中国青年志愿者协会下发通知，自 2000 年开始，把每年 3 月 5 日作为"中国青年志愿者服务日"。团县委积极组织全县青年于是日集中开展内容丰富、形式多样的志愿服务活动。2008 年，成立威县青年志愿者指导委员会和威县志愿者协会，由团县委直接管理，办公地点皆设在团县委。威县青年志愿者协会下设秘书处，协会成立理事会，负责协会日常工作。10 月，制定威县青年志愿者工作守则、志愿者管理制度、志愿者协会章程等运行机制，实现对志愿者服务事业的规范化运作。12 月，建立志愿者档案。至 2009 年底，共收录 2 万余名志愿者。

图 18－6　青年志愿者活动/1998 年 3 月摄

青年志愿者协会成立后，团县委多次组织青年志愿者深入到敬老院、社区、工地、集市、银监系统、卫生系统等地点开展志愿者服务行动。2009 年开展"青年志愿者助力三年大变样"活动。

第三章　妇女联合会

威县妇女联合会（简称县妇联）组织和带领广大妇女参与全县经济建设，指导基层妇女组织，发动广大妇女开展"双学双比"和"巾帼建功"活动，实施"春蕾计划"，创建"文明家庭"，维护妇女儿童合法权益，鼓励广大妇女为全县经济社会发展建功立业。

第一节　妇联基层组织

1979 年，威县妇联下辖 32 个人民公社妇女联合会。妇联组织负责人为主任、副主任。1984 年 12 月，全县由 32 个人民公社妇女组织改称 32 个乡妇女联合会，次年，改设为 27 个乡、5 个镇妇女联合会。县妇联内设机构有秘书股。1989 年 9 月，在县直、党、政、文、卫等局级单位建 37 个股级妇女委员会。1992 年 4 月，在县直 5 个局级单位新建 5 个股级妇女委员会。1994 年 11

月，第八次妇女代表大会始，县、乡妇联负责人由主任改称主席，县妇联下辖32个乡镇妇联，42个县直妇女委员会。1996年，县妇联辖16个乡镇妇联和42个县直妇女委员会。县妇联机关内部自1990年起设办公室、组宣股、权益股、少儿股4个机构。2002年，设综合办公室。

第二节　妇女代表大会

1979—2009年，威县妇女联合会共召开4次妇女代表大会。

第六次妇女代表大会

1979年1月，威县召开第六次妇女代表大会，出席代表300人。大会主要议题是发动广大妇女团结奋斗，充分发挥"半边天"作用，为全面开创社会主义现代化建设新局面而奋斗。大会选举产生威县妇女联合会第六届委员会。

第七次妇女代表大会

1988年8月25日，威县召开第七次妇女代表大会，出席代表250人，特邀代表20人。其中妇女工作者占60%，各界妇女群众占40%。大会议题是创新务实，开拓进取，为深化改革，振兴经济贡献力量。大会审议通过县妇联第六届执行委员会工作报告，选举产生威县妇女联合会第七届执行委员会委员41人，候补执行委员3人，常务委员9人，主任1人，副主任2人。

第八次妇女代表大会

1994年11月，威县第八次妇女代表大会召开，出席代表200人，其中妇女工作者占55%、各界妇女代表占45%。大会议题是团结奋斗，开拓进取，在建设经济强县中发挥"半边天"作用。大会审议通过县妇联第七届执行委员会工作报告，选举产生威县妇女联合会第八届执行委员25人，常委7人，主席1人，副主席1人。

第九次妇女代表大会

2002年10月16日，县妇联第九次代表大会召开，出席大会代表180人，特邀代表6人，其中妇女工作者占46.2%、各界妇女代表占53.8%。大会议题是与时俱进，开拓创新，为实现县"十五"计划和十年规划做贡献。大会审议通过县妇联第八届执行委员会工作报告，选举产生威县妇女联合会第九届执行委员会委员25人，常委9人，主席1人，副主席1人。

第三节　主要活动

开展"双学双比"活动

1979年后，县妇联以经济建设为中心，把工作重点放在农村，组织开展"双学双比"（学文化、学技术、比成绩、比贡献）竞赛活动，涌现出一批女能手、女标兵、女状元。1981年，在开展"五好家庭""三八红旗手"活动中，县妇联组织广大妇女进行社会主义物质文明和精神文明建设，有137个家庭被评为五好家庭，87人被评为县级三八红旗手。1988年，受县级以上表彰的各类女模范、女能手、女标兵达1000余人，五好家庭300多户。1990年，全县评出百名女能手，其中于一秀、李建雨二人，在棉花生产上做出突出成绩，受省主要领导的接见。是年，县妇联被评为省“双学双比”先进单位。1995 年后，县妇联先后组织“万名农家女推广百项新技术”竞赛活动，在全县建立 32 处科技示范基地，积极为参赛妇女提供信息、技术、资金等方面的服务，使广大妇女在经济建设中发挥了突出的作用。2000 年以后，县妇联开展了“新千年科技致富接力行动”，乡村技术员与女能手、女能手与妇女专业户连环结对子达 100 多对。2006—2008 年，县妇联在广大妇女中开展了美德在农家，争创十佳文明家庭、百户生态庭院、千名致富女能手活动。

开展“巾帼建功”活动

1995 年，威县成立“巾帼建功”活动协调领导小组，办公室设在县妇联。此项活动旨在提高妇女素质，发挥妇女作用，推动改革和经济发展。县妇联在活动协调领导小组的领导下，围绕全县的中心工作，在城镇女职工中开展了一系列“巾帼建功”活动。1997 年，县妇联根据不同的行业、不同岗位开展“十行、百岗、千颗星”竞赛活动，此次活动有 45 个单位 2800 多名女职工参加。通过评选，有 30 个岗位挂牌示范，60 名职工被评为巾帼明星。其中，中国人民银行威县支行被评为巾帼建功先进集体。1998 年，县妇联与县电视台联合录制《展现妇女业绩，尽现妇女风采》系列片，大张旗鼓地宣传巾帼建功活动的成果，激发广大妇女参与巾帼建功活动的积极性。2000 年，县妇联在全县广泛开展“十业夺魁、群星竞技”活动。至 2005 年，共组织比武竞技活动 82 场，全县涌现出 530 余名技术能手。2007 年，县妇联制订《关于在全县开展巾帼创业行动的实施意见》，对以后的目标任务和实施办法做了具体安排，积极引导广大妇女解放思想、转变观念、树立创业精神，增强创业本领。2009 年，县妇联联合县邮政储蓄银行争取小额贷款资金 1000 万元，为有创业愿望、有经营能力、有创业项目，但缺少资金的妇女提供有力的资金支持。另外，县妇联根据经济体制改革的形势，会同县劳动和社会保障局联合举办转岗技术培训班 20 期，解决了一大批下岗女职工的再就业和转岗问题，使 320 余名下岗职工重新走上工作岗位。

图 18－7　县妇联获得的荣誉

“文明家庭”创建活动

1990 年，县妇联组织广大妇女开展文明家庭创建活动，采用报告会、征文等形式，使全县 7000 多户的家庭荣获文明家庭称号，县妇联、县文明办还为这些家庭颁发光荣门牌。1996 年，县妇联与县文明办联合开展当“十好”、争“十佳”（即好母亲、好婆婆、好家长、好伴侣、好妻子、好丈夫、好家庭、好儿媳、好姑嫂、好妯娌）活动，全县有 500 名妇女获此荣誉。2004—2005 年，县妇联与县民政局联合开展巾帼敬老评选活动，评选出巾帼敬老优秀个人 30 人。同时，县妇联还根据新形势下妇女生活的特点，积极组织和指导妇女的娱乐、健身等系列活动，培养广大妇女健康、文明、向上的生活方式。2006—2009 年，县妇联以文明家庭创建为主体，整合家庭美德建设、家庭文化建设、家庭助廉教育、家庭环保行动等各项活动，开展了和谐家庭、绿色家庭、文化家庭、节约家庭、特色家庭创建活动,旨在全县形成以德治家、文明立家、节约持家、和谐兴家的浓厚氛围。

十大女杰评选活动

2009年9月,为表彰先进,树立典型,进一步激励广大妇女参与全民创业,投身经济建设,县妇联组织开展威县"十大女杰"评选活动。10—11月,按照《威县十大女杰评选活动实施方案》要求,县妇联在教育系统、县直单位和乡镇村进行第一轮评选,从160名参评人员中产生50名候选人进入第二轮评选。12月,分别进行县直单位和乡镇村的第二轮评选,最终确定20名正式候选人,并经威县党政门户网、《威县报》、威县电视台进行公示。次年2月,20名选手进入最后一轮评选,分别产生威县十大女杰和威县十大优秀妇女。徐改凤、张永君等10人获十大女杰荣誉称号,给予记功奖励;王志、李娜等10人获十大优秀妇女荣誉称号,给予嘉奖奖励。

图18-8 "十大女杰"评选活动举行/2009年11月摄

维护妇女儿童合法权益

1986年,县妇联发挥自身职能,结合普法活动,开展以《中华人民共和国妇女权益保障法》《中华人民共和国婚姻法》《中华人民共和国未成年人保护法》等法律为重点的宣传教育活动,目的是提高广大妇女的法律意识,增强法律观念。在维护妇女儿童合法权益工作中,县妇联认真做好来信、来访工作,建立了台账,对来信、来访不推、不拖、不靠,展开调查,认真帮助解决。1990年以后,县妇联逐步建立完善县、乡、村三级妇联接待、登记、结案等维权网络,为侵害妇女儿童合法权益的案件提供代理服务。1997年12月,县妇联与县法院联合成立维权合议庭,由妇联干部作为陪审员加入该组织,参与维权活动。2002年,县妇联与公安局、司法局分别成立家庭暴力服务中心和维权服务中心,在5个乡镇建起投诉点,先后接待各类案件63件,结案率98%以上。2003年,县妇联与司法局开通"148妇女法律援助热线",积极为经济困难和权益受侵的妇女提供法律援助。至2005年,共为10余名妇女提供法律援助。2007年,在16个乡镇成立妇女维权站,借助社会力量,加大维权工作力度,全年共解决信访案件131件。

图18-9 县妇联进行"三八"维权周普法宣传/2012年摄

实施"春蕾计划"

1990年，县成立少儿工作委员会，办公地点设在县妇联。1996年少工委制定《威县儿童发展九五规划》，2001年制定《威县儿童发展规划（2001—2010）》，在全县大力倡导"爱护儿童、教育儿童、关心下一代成长"的社会风尚。

1995年，"春蕾计划"在威县实施，县妇联拓宽助学渠道，多方筹措资金，争取捐赠，对孤贫儿童进行学业、生活方面的救助。1998年争取银麦集团、威县糖业酒类有限公司的捐赠资金2800元，帮助28名孤贫儿童完成初中学业。1999年争取河北卓达房地产有限责任公司连续三年的捐赠，救助了20名贫困学生。2001年争取南京红太阳集团、威县农资公司捐赠资金3000元和价值1000余元的学习用品，对全县较为贫困的学生进行救助。2004年儿童节期间，县妇联到张营乡马庄小学、固献乡朱庄小学进行慰问，给贫困学生送去关怀和温暖。至2005年，县妇联共争取资金10万多元，救助贫困儿童985人。

2005—2007年，县妇联先后争取河北省医科大学附属医院、京东中美医院医疗救助款20余万元，救助12个乡镇先天性心脏病、肾病贫困儿童16人。2009年县妇联在全县各乡镇开展困境儿童状况调研，通过深入村庄、学校、农户，认真走访、建档立案，调查了全县16个乡镇113个村，共327名儿童，其中贫困家庭儿童141人，孤儿48人，单亲儿童118人，留守儿童20人，为开展困境儿童援助工作提供了资料保证。

第四章　科学技术协会

县科学技术协会以全县经济建设为中心，组织科技工作者面向生产，面向群众，多形式多渠道开展科普宣传、科技培训及科技推广等活动，提高农民科学素质，促进科技成果转化。

第一节　组织建设

1978年，建立威县科学技术协会（简称县科协）。1985年，县科学技术协会在全县32个乡镇先后组建科学技术普及协会，配备了专职干部，县直单位组建农学会、林学会、水利学会、畜牧学会、中医学会、西医学会等。1986年，又增加会计协会、西瓜协会、蔬菜协会、果树协会、食用菌协会、棉花协会，县科协技术协会实行会员制，由全县科学技术工作者代表大会产生。全县专业技术人员及有技术特长的工程技术人员，经申请批准后为会员。县科学技术协会，定期召开代表大会，选举产生新的领导机构，并通过《威县科学技术协会章程》《科学技术普及组织原则》等文件，明确任务，团结和动员广大科技工作者为经济建设服务。1992年12月，县科协所属协会达到30个，会员1678人。1994年，组建专家服务团，设立农林畜水、医疗卫生二个服务中心。1996年初，合乡并镇，全县32个乡镇科协，合并为16个乡镇科协，分别选聘科协副乡长，建立农技协会16个，研究会16个。2003年4月，县科协所属协会50个，会员3868人，2006年所属协会增至120个，会员1500余人。

第二节　科普培训

1979年，县乡科协开始以经济建设为中心，面向生产，面向群众，多形式多渠道开展科普宣传、科技培训等活动。1986年，县委转发县科协《关于进一步调整、建立好乡(镇)科普协会、县级自然科学专门学会组织的报告》。新增西瓜协会、果树协会等科普协会，林业、畜牧、农业等专业的技术培训开始采取现场培训的方法，除全面培训外，还组织了一些专题培训。2005年，县委印发《中共威县县委关于进一步加强科协工作的意见》。科协发挥其职能作用，开展农村党员、基层干部科技素质培训工作。围绕服务"三农"积极采取有效措施，以全县农村党员、基层干部、科普领导小组成员为主要对象，深入到16个乡镇举办农村实用技术培训班，旨在提高基层农民的科学素质，调动广大群众科技致富的积极性。至2009年，共举办培训500期，培训人员50000余人次。

举办科技周活动

1988—2009年，县科协每年举办一次科技周宣传活动，宣传科学精神，传播知识，推广科技成果。

1988—2009年部分年份威县科技周活动情况统计表

表18-3

年份	参加单位(个)	制作展牌(块)	印发科普资料份(册)	宣传标语(条)	提供新品种(项)	活动接待群众(人)
1988	4	18	5000	46	2	1000
1989	4	22	6000	50	2	1200
1990	6	23	6500	45	3	1300
1992	4	25	7000	47	4	1500
1995	5	28	6000	45	4	1600
1996	6	26	8000	43	3	1700
1997	5	28	7000	45	2	1600
1998	6	30	6000	48	4	1800
1999	6	36	8000	50	2	1900
2000	6	40	10000	60	3	2000
2002	10	60	20000	100	8	10000
2004	12	80	23000	130	10	15000
2005	15	100	26000	150	12	17000
2007	16	100	30000	180	15	20000
2009	20	160	35000	200	19	30000

科技服务

1995 年，印发科技宣传资料 48000 份，组织科普赶集 390 次。1999 年，全县组织实施农村科普示范村活动，建立科技人员联系示范户制度，160 名县乡农技人员与科技示范户结对帮扶。2003 年，县科协组织下乡 20 次，发放科技资料 3600 余份，赠送科技书籍 4000 册、挂图 200 余套，举办科技图片展，参观人数 4000 余人。2005 年，按照县委“养猪鸡、扩蔬菜、种优棉、搞间作”十二字方针，科协先后举办各种培训 36 次，涉及 16 个乡镇 80 个村，与新闻单位合作栏目 6 期，接受农民咨询 6000 余人，发放科普手册、图书 10000 本、科普挂图 800 套，科普录像 2000 张，推广科技资料 2 万份，受益群众 3 万人次。

2008 年，为能与农民及时沟通交流，实现威县科协科普入户经常化、快捷化，县科协利用群发手机短信的形式，将各种农作物管理技术、病虫防治技术、养殖技术、卫生保健等科普知识编辑成短信直接发送到全县 522 个村科普正副小组长和科普带头人的手机上，再由各村科普小组长和科普带头人通过村内的喇叭及科普宣传栏，向村民宣传，为农民生产、生活提供科技支持，受益群众 10 万余人。是年，县科协邀请中国棉花协会专家王定伟深入棉田进行技术指导。

2009 年，县科协购置农村致富实用新技术科普影片 100 余套，利用多媒体教学设备和科普信息机，在全县开展以蔬菜、棉花为主题的科普电影进百村活动。该项活动从 3 月 11 日开始至 12 月底结束，培训内容涉及农村实用科技致富蔬菜系列、特色种植、特色养殖，邀请国家及省蔬菜、棉花专家现场指导。共发放农业实用新技术、新产品资料 12100 份，培训农村科普带头人 8000 人。2009 年《河北科协》(第 5 期)以《威县科协开展科普电影进百村活动》为题报道了威县科协的做法。

科技推广

2004—2005 年，推广新科技沸石肥，发放宣传资料 2 万份，受益群众 3 万人次。

2008 年，县科协与中国农技协棉委会(中国农村专业技术协会棉花种植技术专业委员会)、中国农学院、省农科院、石家庄农科院、邯郸农科院、山东农科院等十余家育种单位联系引进 20 多个棉花新品种(品系)，分别在全县 16 个科普示范基地举办棉花新品种、新技术现场观摩会，在科普示范村进行对比试验示范种植，通过试种让棉农比较，筛选出适合本地土质的棉花新品种、新技术，然后进行大面积推广。此次培训约 3000 余人，引进新技术 6 项，新品种 20 项，应用推广面积 2 万亩，促进棉农增产增收 1000 万元。

图 18－10 县科协现代农业新成果推介会/2008 年摄

2009 年，在科协的支持下，蔬菜专业合作社会员鱼堤村刘恩增从山东果树研究所引进无核葡萄，并喜获丰收，亩产达到 5000 多千克，是其他葡萄品种的 2 倍，每亩纯收益 2 万余元，前来参观的村民络绎不绝,对该品种葡萄管理简单、产量高、效益好赞不绝口。是年,县农业新技术推广协会被中国科协评为全国科普惠农兴村先进单位,2009 年 11 月 23 日《人民日报》作了报道。

第五章　工商业联合会

威县工商业联合会(简称县工商联)是党领导的面向威县工商界、以非公有制企业和非公有制经济人士为主体的人民团体和商会组织,工商联工作是党的统一战线工作和经济工作的重要内容。

第一节　组织机构

县工商业联合会始建于1953 年,“文化大革命”期间工作中断,1993 年3 月,恢复成立,召开威县工商联第八届会员代表大会,办公地点设在统战部。1997 年 12 月,建立县直、洺州、章台、七级、梨园屯、侯贯 6 个基层分会。2000 年,有会员 286 人,办公地点设在县工商局,2003 年,办公地点移至统战部。至 2007 年,全县工商联会员发展到 126 个,其中团体会员 2 个,企业会员 70 个,个体会员 54 个,县乡商会网络基本形成。2009 年,全县有会员 378 人。

第二节　代表大会

第八届会员代表大会

1993 年 3 月 22 日,召开威县工商联第八届会员代表大会,会议选举出会长 1 人、副会长 1 人、常务委员 9 人,执行委员会由 17 人组成。会后中共威县县委、县政府发出《关于恢复威县工商业联合会的通知》。

第九届会员代表大会

1997 年 1 月 21 日,县工商联第九届会员代表大会在燕南宾馆召开,出席会议代表共 130 人,会议选举会长 1 人,副会长 6 人,秘书长 1 人,常务委员 10 人,执行委员 28 人。会议还为威县总商会举行揭牌仪式。

第十届会员代表大会

2003 年 1 月,县工商联第十届会员代表大会在燕南宾馆召开,会议选举会长 1 人、副会长 5 人,秘书长 1 人,常务委员 11 人,执行委员 40 人。

图 18－11　县工商联、总商会第九届会长、秘书长合影/1997 年摄
左起:任学俊、张先周、周自生、毕子岭、王云华、王云河、石恩龙

第十一届会员代表大会

2006 年 10 月，县工商联召开第十一届会员代表大会，会议选举会长 1 人，副会长 13 人，秘书长 1 人，常务委员 13 人，执行委员 45 人。

第三节　主要活动

工商联自 1993 年恢复后，充分发挥职能作用，团结广大非公有制经济界人士积极投入到经济建设中，做出了重要贡献。自 1997 年起连续五年被邢台市工商联评为先进县（市）工商联。1998 年被评为河北省先进县（市）工商联。

宣传教育

县工商联恢复成立后，利用学习会、座谈会等不同形式和各种场合积极组织广大会员学习党的基本路线和各项方针政策，先后开展“破除封闭保守、加快开放发展”的大讨论、“致富思源、富而思进”的教育活动。在《威县政协会刊》介绍了十余位会员、委员的事迹。2005 年在县电视台开办“建设者风采”栏目，宣传介绍十多位民营企业家的先进事迹。2007 年，在县电视台开辟“优秀社会主义事业建设者”风采专栏。专栏系统地介绍政治素质高、经济实力强、贡献力量大、社会影响广的非公有制经济代表人士。

参政议政

县工商联充分发挥会员中人大代表、政协委员的作用，鼓励他们就非公有制经济发展中出现的新情况、新问题以及加强精神文明建设，治理“三乱”等社会热难点问题，在各级人大、政协会议上提出议案、提案，期间共提交各类议案 120 余份，多名会员被评为优秀提案者和优秀政协委员。

内引外联

县工商联依靠对外联络优势，积极开展内引外联工作，有计划地组织民营企业参加各类经贸洽谈会 10 次，外出考察 8 次，使广大会员开阔了视野、交流了经验，取得了很好的效果。2009 年 12 月 5 日至 7 日，邀请苏州郎旭精密机械有限公司总经理高树民、苏州郎固五金有限公司开发部经理丁金中、技术部经理蒋云生一行三人到威县进行投资考察，就筹建占地 500 亩的苏州紧固件工业园项目达成协议。

推动光彩事业发展。据不完全统计，全县非公有制经济人士为公益事业、贫困群众捐资 400 余万元，举办光彩事业项目 10 个，帮助一批群众办企业搞加工走上富裕之路，同时帮助 1000 余名下岗职工实现了再就业。

服务会员

1993 年，县工商联恢复成立后，坚持服务立会，积极为会员办实事，以服务为宗旨，把会员的难点作为工作重点，帮助他们跑资金、上项目、提供经济政策咨询，引进技术人员，先后向会员发布经济信息 100 余条，提供技术、政策、法律咨询服务 300 多人次，帮助会员企业解决贷款 1000 余万元，民间融资 200 万元，引进技术人员 40 人。

1998 年威县工商联完成任务情况一览表

表 18－4

任务分类	序号	具体内容
组织建设	1	县工商联达到六有：有编制 3 人，有办公室 3 间，有经费，有牌子，有活动，有业绩
	2	发展会员 102 人
	3	组建同业公会一个
	4	全部建立了乡镇分会
学习宣传	1	征订《工商之友》112 份、《工商时报》3 份
	2	向会员印发学习材料 200 份
	3	组织会员学习讨论会 6 次
	4	县电视台报道工商联活动 10 次，政府出快报一期，政协出简报一期，市以上宣传报道会员事迹六篇，市联刊登活动 7 篇(次)
会务活动	1	协助会员解决资金 150 万元、引进科技人才 6 人
	2	协助会员组织产品订货会 3 次、业务洽谈会 4 次
	3	举办培训班 2 期 40 人次
光彩事业	1	组织会员向社会捐款 12 万元
	2	安排下岗职工等就业 320 人
	3	共富工程：帮助带动 100 多户群众增收致富
参政议政	1	向县委、县政府提交调查报告 3 份
	2	执委以上人大代表、政协委员提交议案、提案 35 份
	3	提交建议 1 份
	4	做好非公有制经济界人士的政治安排工作。推荐安排县政协委员 28 人、市政协委员 2 人、县人大代表 8 人、市人大代表 6 人
其他工作	1	对执委、会员建立了档案
	2	推荐一名会员参加中原地区工商联会议，并在大会发言，被评为“中原之星”，组织 3 人参加市联培训，一名会员受省工商联、省公安厅表彰
	3	订工商之友 112 份受到市联表彰

第六章　残疾人联合会

威县残疾人联合会（简称县残联）贯彻落实党和国家关于残疾人事业的法规和政策，为残疾人排忧解难，开展扶贫解困、就业安置、康复服务等活动。

第一节　组织机构

1989 年 12 月，成立威县残疾人联合会，下设残疾人联合会执行理事会和办公室，编制 5 人，由县民政局代管。之后，全县 32 个乡镇相继建立残疾人工作领导小组。1998 年 2 月，县残联与民政局分设。2002 年 8 月 15 日，全县各乡镇设立乡镇残联，残联主席由主管乡镇长担任，设专职理事长（股级）1 人，专职理事长担任副主席主持日常工作。各村建立残联领导小组，组长由村委主任兼任。

2003 年，县残联内设秘书股、劳动就业服务所 2 个股室。2007 年，在兴盛路路南购置残疾人综合服务中心（办公楼），从此有了独立办公场所。2009 年，内设股室有办公室、康复股和就业服务所 3 个，机关编制 5 人。

第二节　代表大会

县残联先后召开 5 次残疾人代表大会。

1989 年 12 月，召开第一次残疾人代表大会，选举出残疾人联合会第一届主席团委员 20 人，执行理事会理事长 1 人。

1993 年 5 月，召开第二次残疾人代表大会，会议听取并审议县残联主席团工作报告，选举产生第二届主席团和出席市第二次代表大会的代表，并推荐出席市残联主席团委员候选人员名单。选举产生执行理事会理事长 1 人。

1999 年 2 月，召开第三次残疾人代表大会，会议选举产生执行理事会理事长 1 人。

2003 年 4 月，召开第四次残疾人代表大会，会议选举产生执行理事会理事长 1 人。

2007 年，召开第五次残疾人代表大会，审议听取县残联主席团报告，选举产生主席和主席团委员以及出席市残代会代表，选举产生残疾人联合会理事会理事长 1 人。

第三节　主要活动

残疾人调查

1982 年 11 月—1983 年 5 月，在全县开展残疾人调查登记工作。通过调查，全县共有各类残疾人 12548 人，其中农业户口 12503 人，城镇户口 45 人；男性 10003 人，女性 2545 人；视力残疾 1642 人，听力 1559 人，肢体残疾 6687 人，智力残疾 658 人，言语残疾 335 人，多重和其他残疾 1462 人，精神残疾 205 人。

2006 年，进行全国第二次残疾人抽样调查，由县残联主办，组成 40 人的调查队，在全县 16 个乡镇 54 万人口中，抽取 4 个乡的 8 个村进行了抽样调查。入户调查历时三个月，调查总人数 3034 人，调查户数 1049 户。调查任务圆满完成，县残联被评为省级先进单位，颁发了奖牌及证书。

助残宣传

1991年5月，《中华人民共和国残疾人保障法》颁布施行，县残联先后印发《中华人民共和国残疾人保障法》学习手册1000余册，在县城乡村分发。采取书写标语、悬挂过街横幅、举办电视讲座、出动车辆深入城乡集市巡回宣传等方式进行宣传《中华人民共和国残疾人保障法》等有关法律。先后印制发放残疾人宣传资料3000余份，报纸、电视、电台报道残疾人事业情况30余次。

图18－12　县残联进行残疾人保障法宣传/2007年摄

康复服务

1996年，制定出台《威县残疾人康复工作"九五"实施方案》，成立县残疾人康复工作领导小组。为残疾人筹措资金，做肢体矫正治疗手术5例，安装假肢10具，听力语言训练20人，佩戴助听器8人，培训儿童家长22人，招收聋儿15人，随班就读率80%。2001—2005年，共完成白内障复明手术153例，捐赠轮椅5辆，助听器6个，安装假肢15具。

2006—2009年，白内障免费手术800人、免费安装假肢40具、免费小儿麻痹矫正手术10例、失聪儿童免费人工耳蜗手术2例。精神病免费救治120人次。投资2万余元建立威县第一个残疾人用品用具服务站，供应残疾人康复用品用具，依托县人民医院为残疾人进行全面的康复服务。

就业安置

20世纪80年代，采取政府扶持、分散就业与自谋职业相结合的办法，残疾人就业呈现多元化。1991年《中华人民共和国残疾人保障法》施行后，实行集中与分散相结合的方针，采取优惠政策和扶持保护措施，通过多渠道、多层次、多种形式，使残疾人劳动就业逐步普及、稳定。2003年，全县有劳动能力的残疾人861人，其中在福利企业就业的252人，在党政企事业单位分散就业的156人，自谋职业453人。2005年，全县有劳动能力的残疾人增长到1254人，其中在福利企业集中安置就业195人，在党政企事业单位按比例分散就业68人，个体私营企业安置332人，自谋职业659人。同时与威县东方裁剪学校等部门联合培训残疾人200余人次，集中安置就业40人。

2006—2009年，先后开展盲人按摩、计算机、裁剪培训等活动，培训100余人，残疾人就业人数大幅度增长，大部分残疾人在农业、企业、教育等行业就业，在县优惠政策扶持下，也有个人创业者。成立三个残疾人福利企业，集中安置残疾人就业100余名。

扶贫助残

1993年始，每年元旦、春节期间，县委、县政府领导及县残工委成员走访慰问特困残疾人，至2004年共慰问258户，480人，慰问金慰问品折合人民币15256元。2005年，慰问特困残疾人

30余人，慰问金和慰问品折合人民币7000余元，150余名贫困残疾人被纳入最低生活保障。

2000年开始，开展助残解困进千家活动，当年争取扶贫贷款5万元，支持残疾人发展种植养殖等项目，使更多残疾人从中受益。同时，培养扶持自强不息、勤劳致富的残疾人先进典型10人。并向有关单位联系组建残疾人法律援助中心，办结法律援助案件3起。接待来访、解答法律咨询180人次，减免诉讼代理费8000余元。

图18－13　邢台市副市长任保伦（中）到威县看望残疾人/2007年摄

2007—2008年，为残疾人改造危房60处，248余间，争取残疾人康复扶贫贴息贷款100万元，落实残疾人养殖扶贫资金5万元，救助残疾大学生20人，绝大部分贫困残疾人加入低保或五保等。

2008年北京残奥会期间，威县失聪青年李梦琪参加开幕式文艺演出，受到全国政协副主席、国家残联主席邓朴方的接见。

第七章　文学艺术界联合会

威县文学艺术界联合会（简称县文联），贯彻落实中国共产党的文艺工作方针政策，为各艺术协会做好联络、协调、服务工作，组织文艺创作和评论，通过展览、学术研讨等方式，推动全县文化繁荣。

第一节　代表大会

1985年2月，威县召开第一届文联会议。会议通过《威县文学艺术界联合会章程》，由大会推荐，县委、县政府批准产生第一届文联组织。会议选举文联主席1人，副主席5人，秘书长1人，副秘书长1人，设顾问2人。

1987年9月，召开威县第二届文联会议，文联正、副主席由组织部任命。

2004年6月，召开第三届文联会议，选举产生了威县文学艺术界联合会第三届委员会。

第二节　协会与会员

威县文联成立之初，下设7个协会，即文学创作协会、美术协会、摄影协会、书法协会、戏曲协会、曲艺协会、音乐舞蹈协会，各协会设正、副主席各1人，共有会员137人。1987年，戏曲协会增设京剧爱好者协会、书法协会增设硬笔书法协会。至2009年，县文联下设作家、书法家、戏曲、美术、音乐舞蹈、硬笔书法、京剧、摄影8个协会，会员近200人。

第三节　主要活动

1979—2009年，县文联及各协会每年利用建党节、国庆节及春节期间，组织开展文学、戏剧、美术、书法、摄影创作活动，并举行各种形式的展览。全县文艺工作者紧抓时代脉搏，在全国各地各级报刊上发表了大量文学、戏剧、书画、摄影等文艺作品，获得很多国家、省、市荣誉和奖项。

文艺创作

青年作家董保纲在海内外数百家报刊发表作品千余篇，作品多次被《读者》《青年文摘》《青年博览》等杂志转载并入选各类文集，作品《掌声》入选人民教育出版社小学《语文》教科书（三年级上册29课）。中国书协会员薛鸿群书法作品多次参加国内重大展览并屡屡获奖，其书法作品被选送到日本、韩国、美国、法国、新加坡等多国展览交流，被国内外多家纪念馆、博物馆收藏。省美协会员冯英杰擅长工笔花鸟，有“东方鸡王”之美誉，曾应邀赴江苏、安徽、北京、台湾、韩国、新加坡等多地举办个人画展。中国戏剧家协会会员李双旭的作品多次获省戏剧编剧奖和中国戏剧文学奖。

书画展览

30年间举行了多次大型展览活动。1991年举办“金秋艺术节”，旨在以文化艺术为媒介，宣传威县，发展经济，此次活动展出县内外书画作品近300件。2003年10月，举办首届书画展销会，活动包括庆祝义和团开馆书画邀请展、威县首届农民书画展、纪念义和团运动100周年全国书画邀请回顾展、田磊民谣组画展、县内外50位个人书画展、书画艺术交流和书画市场走势分析研讨会等。2008年举办庆祝改革开放30周年大型书画展。2009年举办庆祝新中国成立60周年大型书画展。

图18－14　新中国成立60周年大型书画展览/2009年摄

2004年后，县文联还为书画家陈从容、王俊海、王之任等人举办了个人书画展。

第十九编　综合政务

明清时期，由知县负责辖区的综合政务。民国时期，县政府公职人员多数由上级委派。1928 年，国民政府实行公务员制，公务员的选拔一律实行公开竞争考试，非经考试及格，不得任用。中国共产党领导的抗日民主政府成立后，人事任免由中共威县县委负责。新中国成立后，机构设置、工作人员编制、民政、人事劳动及社会保障管理制度日臻完善。

1979—2009 年，威县顺应改革开放的新形势，积极落实党和国家的政治改革举措，先后实行党政分开、撤销县革命委员会恢复县人民政府、撤销人民公社建立乡镇政府，推行党政机构改革、扩乡并镇，实行机构、人员定编等多项政治体制改革。同时，党政机关坚持干部队伍的革命化、年轻化、知识化、专业化，实行干部统一分级管理，公开招录国家公务员，逐步完善干部调动任免、考核奖励等制度。劳动就业体制由统包统分转为自主就业。在国营企业单位中打破“铁饭碗”，推行劳动合同制。民政工作进行基层政权建设、婚姻登记、殡葬改革、行政区划、社会福利、地名管理、生产救灾等民生事务管理。城乡居民的社会保障体制基本形成。政府部门办事效能和服务质量不断得到提升。

第一章　党政机构改革

1979 年，中共威县县委与县革命委员会仍然合署办公，县委书记兼任县革命委员会主任。1979 年 2 月 11 日，根据上级指示，党、政分开，一些机构得以重建。

1979—2009 年，威县先后共进行四次机构改革、一次事业机构清理整顿。

第一节　“三关四化”改革

自 1983 年 12 月始至 1984 年 5 月，中共威县县委遵照中共中央关于改革各级领导机构的指示精神，按照“三关四化”（“三关”指把好政治关、年龄关和文化关，“四化”指革命化、年轻化、知识化、专业化）的标准，对县级及所属各单位要求进行机构改革。1983 年 12 月，为加强党的自身建设，中共威县县委纪律检查委员会改称中共威县纪律检查委员会，升格为县级领导机构。

机构改革后,县委工作机构共设置9个工作部门:县委办公室、组织部、宣传部、统战部、农村政策研究室、政法委员会、老干部局、党史资料征集办公室和党校。政府设置27个工作部门:政府办公室、物价局、统计局、卫生局、民政局、计划生育委员会、科学技术委员会、财政局、商业局、供销合作社、粮食局、税务局、工商行政管理局、二轻局、交通局、邮电局、供电局、社队企业局、物资局、经济委员会、农业局、林业局、水利局、农机局、公安局、教育局、劳动局。人民团体设置4个工作部门:总工会、团县委、妇女联合会、科学技术协会。撤销合并的单位:县委农工部撤销,改建农村政策研究室;地震办公室撤销,业务归科委。

第二节　1996年机构改革

1996年,根据邢台市委、市政府有关文件的要求,以转变政府职能为首要任务,进行政企分离、理顺县级各部门之间关系,大力精简机构和人员编制,弱化政府部门职能;并以围绕经济建设这个中心,加强基层政权建设,增强对农村区域经济规划和具体指导。威县对党政和乡镇进行机构改革。

县委工作部门机构改革

县委机要局、政策研究室、督查室、党史研究室并入县委办公室,老干部局、县直工委并入组织部,干部考核委员会办公室挂靠在组织部,精神文明办公室并入宣传部,统战部包含对台办,信访办公室为县委、县政府工作部门,列县委序列。政法委员会与司法局合署办公,社会治安综合治理工作由政法委负责。

县政府工作部门改革

经济体制改革委员会办公室并入政府办公室。撤销教育委员会、文化局、体育运动委员会,成立教育文化体育局。撤销计划委员会,成立计划局。撤销经济委员会,成立经济贸易局。撤销商业局、外贸局、二轻局、物资局,组建经济实体,其行政职能并入经济贸易局。撤销统计委员会,成立统计局。撤销农业办公室,工作由农业局负责,农业局保留农业委员会名称。民族宗教事务局并入民政局,保留民族宗教事务局的名称。建设委员会、环保局、土地局合并,成立建设环保土地局,保留建设局、环保局、土地局的名称。物价局并入工商行政管理局,与工商行政管理局一个机构两个名称。劳动人事局更名为人事劳动局。财政局保留国有资产管理局名称。爱卫办并入卫生局,保留爱国卫生运动委员会办公室名称。农业区划办公室划归为计划局管理的事业单位。成立招商局,经济协作办公室并入招商局。开放办公室、重点项目办公室与招商局一个机构三个名称,挂靠政府办公室。

县直属事业机构

县委直属事业机构有党校1个。

县政府直属事业机构设:档案局(局馆合一)、广播电视剧、畜牧水产局、农机局、农业开发办公室5个。

机构改革后,威县党政机构由原来的53个精简为31个,其中党委7个,政府24个,直属事业机构6个。党政群机关原有在职干部职工709人,机构改革后,行政编制总数为561人,精简

148 人。县直属事业机构定编 162 人,实有 171 人。其他事业单位编制 13 人,实有 17 人。

1998 年 11 月,工商行政管理局由政府常设工作部门改为以垂直管理为主。1999 年,质量技术监督管理局改为以垂直管理为主。2000 年 12 月,增设药品监督管理局。

并乡扩镇

1996 年 1 月,完成并乡扩镇工作,全县原辖 27 个乡、5 个镇,并乡扩镇后为 11 个乡、5 个镇。

乡(镇)共定行政编制 654 人。乡(镇)行政二层机构每乡(镇)7 个,即:党委办公室、政府办公室、农业办公室、乡镇企业办公室、财贸办公室、计划生育办公室、综合治理办公室。事业机构设:计划生育工作站、乡镇企业工作站、农业技术推广站、农村合作经济经营管理站、农业机械管理站、畜牧(水产)兽医站、水利水土保持站、林业工作站、广播文化站等,均为全额事业单位。

第三节　2002 年机构改革

2002 年,根据邢台市委、市政府文件要求,以进一步转变政府职能,实现政企分开,理顺县级各部门之间关系,加强基层政权建设,精干队伍,提高素质,降低行政成本,减轻财政负担,提高工作效率为目的,威县进行机构改革。

县委机构改革

监察局与纪律检查委员会机关合署办公、社会治安综合治理办公室与政法委员会合署办公、农村工作委员会不再保留农业委员会名称。县直属机关工作委员会由在组织部保留名称改为县直工作部门。

撤销干部考核委员会办公室,职能并入县委、县政府相关部门。信访办公室更名为信访局,老干部局由在组织部保留名称改为由组织部管理。扶贫开发领导小组办公室是扶贫开发领导小组的常设办事机构,列政府议事协调机构的办事机构。台湾工作办公室设在统战部,对外保留名称。机要局、保密局设在县委办公室内,对外保留名称。精神文明建设委员会办公室设在宣传部内,对外保留名称。国防教育办公室设在人民武装部。党校不再列为直属事业机构。

经过调整,县委工作部门设 8 个,议事协调机构的办事机构设 2 个,部门管理机构设 2 个。

政府部门改革

威县水利局更名为水务局。撤销经济贸易局、计划局,组建经济发展局。财政局不再保留国有资产管理局的名称。撤销建设环保土地局,成立建设局、环境保护局、国土资源局。撤销教育文化体育局,设立教育局、文化体育局。民族宗教事务局由民政局划出,为县政府常设机构。人事劳动局更名为人事劳动和社会保障局。农业机械管理局撤销,其职能转由农业局承担。畜牧水产局更名为畜牧局,由政府直属事业机构改为政府常设工作部门。粮食局、物价局由政府常设工作部门改设为直属事业机构。开放办公室(招商局、重点项目办公室)由挂靠政府办公室改为政府直属事业机构。政府法制办公室设在县政府办公室内,对外保留名称;经济体制改革委员会办公室更名为政府经济体制改革办公室与人民防空办公室设在县政府办公室内,对外保留名称。

此次调整后,县政府工作部门共 24 个(不含监察局),议事协调机构 1 个,直属事业机构 5 个。

乡镇机构改革

改革后,全县16个乡镇内设机构和所属事业机构如下:行政机构有党政办公室、财经办公室、社会事务办公室、计划生育办公室。事业机构有农业综合服务中心、计划生育服务中心、文化广播服务中心。其中,洺洲镇为县政府驻地,特设城镇建设办公室。3个二类乡镇行政机构不设财经办公室。

机构改革后,县直党政群机关行政编制由552人减为453人,乡镇由675人减为534人,政法系统原专项编制由341人减为325人

第四节　2005年政府机构改革

2005年,根据河北省委办公室、河北人民政府办公室《关于县级政府机构改革的意见》文件,按照完善社会主义市场经济体制和推进政治体制改革的要求,完善政府组织机构,既保持政府机构的相对稳定,又抓住重点,解决行政管理体制中一些突出矛盾和问题进行了改革。

经济发展局、乡镇企业局、政府经济体制改革办公室合并,设置发展改革局。设工业促进局,为发展改革局的挂靠单位。农业局与畜牧局合并,设置农业局,仍为县政府工作部门。计划生育局更名为人口和计划生育局。文化体育局增挂新闻出版局(版权局)牌子。不再保留经济发展局、乡镇企业局、畜牧局、政府经济体制改革办公室、开放办公室(招商局)。将安全生产监督管理局调整到政府工作部门限额内。将商业、外贸、物资管理职能进行整合,组建商务局,为县政府工作部门。将县政府有关部门承担的食品、保健品、化妆品安全管理监督及依法组织协调和开展对事故查处的职能划归省垂直管理的县食品药品监督管理局。

政府机构改革后,县政府工作部门24个,部门管理机构1个,议事协调机构的办事机构1个,直属事业机构4个。其中行政单位:行政编制453人,地方政法编制1人,工勤编制37人,老干部服务人员编制10人,合计编制总额501人,实有在职567人。政法部门:国家政法专项编制330人,省自定政法专项编制(地方政法专项编制)20人,合计为350人,实有在职357人。

第五节　事业机构清理整顿

减少中小学教学点

2003年,威县对农村中小学的布局结构进行大力调整,减少不具规模的教学点,到2005年底农村小学由原来的373所减少为142所。初中由原来的37所减少为23所。

清理整顿事业单位

2004年,根据邢台市委、邢台市政府《关于开展全市事业单位清理整顿工作的通知》对威县的事业单位进行清理整顿。撤销投资公司、国债服务部、会计师事务所、农排公司、劳动技工学校、土地估价所、水利建筑工程队、水利物资综合供应站、饲料实验监测站、城关等5个片的5个兽医院、武装部仓库,共计15个单位。农业技术推广学校和农技研究所合并为农技推广站;兽

医卫生监督检验所和动物防疫监督站合并为一个机构，卫生局下属的15个不在乡镇驻地的卫生院被合并到乡镇所在地卫生院。县政府招待所、原种场、良棉厂、钻井公司、苗圃场5个具备改企条件的事业单位进行转制改企。

2009年威县编制情况一览表

表19－1　　　　单位：个

名称	领导职数	内设机构	编制数量			经费来源
			行政	行政工勤	事业	
县人大机关	5	办公室、代表联络科、政法科、财经科、教科文卫科	25	2		全额拨款
县政协机关	4	办公室、文史资料科、委员提案科、经济科	15	2		全额拨款
纪律检查委员会（包括监察局）	9	办公室、人秘股、监察综合股、纪检监察室、案件审理室、信访室（监察局举报中心）、执法监察室（县效能监察投诉中心）、党风廉政建设室（县纠正部门和行业不政之风办公室）、宣传教育研究室、干部管理室、案件监督管理室、监察综合室、信息资料室、监察三室	39	2		全额拨款
县委办公室	4	综合股、调研股、文档股、信息股、秘书股、行政股、县委研究室、县委督查室、县委机要局、县委保密局、县委机关事务管理中心	31	1	10	全额拨款
党史研究室	1				3	全额拨款
组织部	3	秘书股、研究室、干部股、干审干训知工股、组织股、考核股、信息股、组织部党员电教室	16	1	6	全额拨款
宣传部	3	秘书股、党教股、新闻报道股	11	1		全额拨款
文学艺术联合会	1	办公室			3	全额拨款
统战部	2	办公室、台湾工作办公室	5			全额拨款

续表 19－1

名称	领导职数	内设机构	编制数量			经费来源
			行政	行政工勤	事业	
工商业联合会	1	办公室	2	1		全额拨款
老干部局	2	综合股、老干部门诊、老年大学	5		4	全额拨款
农村工作委员会	3	综合股、产业化股、减轻农民负担办公室	6	1		全额拨款
县直机关工作委员会	2	综合办公室	4			全额拨款
机构编制委员会办公室	2	综合股、业务股	4			全额拨款
防范办公室	1	综合股	3			全额拨款
科学技术协会机关	2	办公室			4	全额拨款
总工会	2	办公室、财务部	6	1		全额拨款
政法委员会、社会治安综合治理委员会办公室	3	办公室、执法监督办公室	9			全额拨款
县委党校	3	办公室、教研室、学管室			13	全额拨款
共青团威县委员会	2	团县委办公室	5			全额拨款
妇女联合会	2	综合股	5			全额拨款
信访局	3	接待查办股、秘书股	7	1		全额拨款
县人民政府办公室	4	秘书股、综合资料股、农业股、工交股、财贸股、文卫股、县政府法治办公室、县经济体制改革办公室、县人民防空办公室、政府机关事务管理中心	39		13	全额拨款
地方志办公室	1	秘书股			4	全额拨款
安全生产监督管理局	3	综合股、危化股、烟花爆竹股、威县安全生产委员会办公室	9	1		全额拨款
人事劳动和社会保障局	4	办公室、人才劳动力管理和开发股、工资计划与技能管理股、科技干部股、考核任免奖惩股、劳动监察与争议仲裁股、保险福利股、政务公开办公室、再就业领导小组办公室、机关事业保险所、医保中心、劳动监察大队、企业保险所、人才交流服务中心、机关事业保险所	16	1	22	全额拨款

续表 19－1

名称	领导职数	内设机构	编制数量			经费来源
			行政	行政工勤	事业	
发展改革局	3	办公室、国民经济综合股、经济体制综合改革股、环境和资源综合利用股、重点项目办公室、农业区划办公室、经济信息中心	7	1	6	3个事业编制为自收自支，其余为全额拨款
档案局	2	秘书股、监督指导股、档案管理股	3	1	8	全额拨款
统计局	3	综合统计股、社会贸易统计股、工业投资统计股、农村统计股、城市社会经济调查队	9	1	2	全额拨款
民政局	3	办公室、优抚股、复原队伍军人安置股、基层政权和救援救济股、社会事务管理股、威县第一光荣院、威县第二烈属光荣院、威县火葬场、威县军队干休所、威县地名委员会办公室	12	1	30	全额拨款
民族宗教事务局	2	办公室	5			全额拨款
残疾人联合管理会	1	办公室、残疾人劳动就业服务所			8	全额拨款
扶贫开发领导小组办公室	2	综合股、劳动力转移培训中心	5		5	全额拨款
国土资源局	3	办公室、地籍规划股、耕地保护土地利用管理股、执法监察股、土地储备中心、土地开发整理中心、国土资源执法监察大队、城区国土资源管理、洺州国土资源管理所、章台国土资源管理所、七级国土资源管理所、梨园屯国土资源管理所、侯贯国土资源管理所	10	1	59	8个事业编制为自收自支，其余为全额拨款
环境保护局	3	办公室、环境管理股、环境监测站、环境监察大队、环境污染控制中心	8	1	13	全额拨款
建设局	4	办公室、规划建设管理股、建筑管理股、设计室、建筑工程质量监测站、房地产管理中心、建设规划稽查大队、房地产管理中心、建筑工程质量监督站、建筑工程安全生产监督站、建设工程交易管理中心	11	1	44	11个事业编制为自收自支，其余为全额拨款
城乡规划管理局	3	综合股、城区业务股、村镇业务股、规划稽查大队、规划设计信息服务中心	8		13	7个编制为自收自支，其余为全额拨款

续表 19－1

名称	领导职数	内设机构	编制数量			经费来源
			行政	行政工勤	事业	
城市管理局	4	办公室、综合管理股、城管监察大队、绿化队、环卫处	7		60	40个事业编制为自收自支,其余为全额拨款
林业局	3	办公室、人事财务股、林政资源管理股、洺州林业工作站、章台林业工作站、七级林业工作站、梨园屯林业工作站、侯贯林业工作站、林业技术推广站、森防站、林果植保站、林产业公司、林木种苗管理站	11	1	61	35个事业编制为自收自支,其余为全额拨款
农业局	4	办公室、人事股、生产办公室、农村经营管理股、农业机械化管理股、畜牧兽医股、农业行政综合执法大队、植保站、植物检疫农药监督管理站、农机推广站、农机监理站、兽医防疫站、水产渔政站、饲料工业办公室、畜牧服务站、动物防疫监督站、动物防疫监督站章台分站、动物防疫监督站七级分站、动物防疫监督站侯贯分站、动物防疫监督站贺钊分站、动物防疫监督站常屯分站、动物防疫监督站梨园屯分站、动物防疫监督站固献分站、动物防疫监督站洺州分站	14	1	102	20个事业编制为自收自支,10个事业编制为差额,其余为全额拨款
水务局	3	人秘教育股、水资源股、农村水利股、水利工程管理股、抗旱防汛服务站、闸管所、供水公司	14	1	106	80个事业编制为自收自支,其余为全额拨款
农业开发办公室	3	综合股、项目股、农业综合开发服务站			18	10个事业编制为自收自支,其余为全额拨款
科学技术局	3	综合股、科技管理股、科技开发中心	7	1	3	3个事业编制为自收自支,其余为全额拨款
人民法院	4	办公室、政治处、立案庭、刑事案审庭、民事案审第一庭、行政审判庭、审判监督庭、执行庭、法警大队	70			全额拨款

续表 19－1

名称	领导职数	内设机构	编制数量			经费来源
			行政	行政工勤	事业	
人民检察院	4	办公室、政治处、侦查监督科、公诉科、反贪污贿赂局、渎职侵权监察科、监所检察科、民事行政检察科、控告申诉检察科、检察技术科、司法警察大队 11 个	48			全额拨款
公安局	6	办公室、政工科、法治股、户政管理股、内保股、公共信息网络安全监察股、信访股、警务督察队、消防大队	42		17	全额拨款
司法局	3	办公室、法制宣传股、基层工作股、公证律师管理股、律师事务所	30		5	全额拨款
工业促进局	3	办公室、规划统计股、企业和经济运行股、维护个体私营经济合法权益投诉中心、中小企业信用担保服务中心	7	1	7	全额拨款
交通局	3	秘书股、计财股、交通战备办公室、地方道路管理站、运输管理站	10	1	19	全额拨款
财政局	4	办公室、预算股、行政事业股、农财股、企业股、农税股、综合股、政府集中支付中心、政府采购中心、财政监督稽查大队、财政局预算编审中心、财政信息中心	16		37	全额拨款
审计局	3	人秘股、财贸审计股、行政事业审计股、工建交审计股、基建投资审计中心	12	1	3	全额拨款
农村社会经济调查队	1				5	全额拨款
教育局	4	办公室、人事股、财务股、教育股、职业教育与成人教育股、招生办公室、教师进修学校、教研室、电大工作站、教育服务中心	16	1	81	全额拨款
第一中学	4	办公室、教务处、总务处、法制安全办公室、政教处、学生处、宣教处、科教处、团委、妇联			286	全额拨款
第二中学	4	办公室、教务处、总务处、法制安全办公室、政教处、学生处、宣教处、科教处、团委、妇联			325	全额拨款

续表 19－1

名称	领导职数	内设机构	编制数量			经费来源
			行政	行政工勤	事业	
职教中心	3	办公室、教务处、总务处、法制安全办公室、政教处、学生处、宣教处、科教处、团委、妇联、培训处			94	全额拨款
实验中学	1	办公室、教务处、总务处、法制安全办公室、政教处、学生处、宣教处、科教处、团委、妇联			136	全额拨款
广播电视局	3	办公室、综合管理股、电视台新闻专题部、电视台广告文艺部、有线电视管理站、电视台播出部、电台播出部	54	1		全额拨款
文化体育局（威县新闻出版局）	3	办公室、文化体育股、威县电影公司、威县剧场、威县图书馆、威县文化馆、威县文保所、威县义和团纪念馆、威县青少年活动中心	7	1	61	2 个事业编制为自收自支，其余为全额拨款
卫生局	3	人事秘书股、规划财务股、医政股、妇幼保健院、威县防疫站、卫生进修学校、威县卫校附属医院、威县章台（七级、梨园屯、侯贯）四个中心卫生院、威县（贺营乡、常庄乡、常屯乡、枣园乡、方营乡、第什营乡、洺州镇、高公庄乡、张营乡、贺钊乡、固献乡、赵村乡）12 个卫生院、新型农村合作医疗管理中心	11	1	665	265 个事业编制为差额，388 个事业编制为自收自支，其余为全额拨款
计划生育协会机关	2	办公室、组宣股			3	全额拨款
人民医院	4	院办室、医务科、护理部、预防保健部、财务科、总务处、合管办、体验中心、器械科、信息科、感染控制科、急诊科、120 急救站、门诊部、中医科、药品科、口腔科、皮肤性病科、眼科、耳鼻喉科、肛肠科、妇科、内科、外科、儿科、检验科、血库、B 超室、功能科、心电科、放射科、CT 核磁、放疗科、手麻科、供应科、内一科、内二科、内三科、小儿科、新生儿科、妇一科、妇二科、普外科、脑瘤科、脑外科、骨外科、ICU 科			360	差额拨款

续表 19－1

名称	领导职数	内设机构	编制数量			经费来源
			行政	行政工勤	事业	
中医院	3	院办室、医务科、护理部、预防保健部、感染控制科、总务处、合管办、信息科、检验科、影像科、功能检查科、药械科、急诊科门诊部、内科、外科、妇科、儿科、骨科、康复科、口腔科、眼科、耳鼻喉科、皮肤科、肛肠科、针灸科、理疗科、手术室、麻醉科、供应室			120	差额拨款
商务局	3	办公室、贸易股、酒类监督管理股、市场运行调节股 4 个	8	1		全额拨款
粮食局	3	办公室、购销计划股、财会审计股、储备保管股、国有资产管理中心	15	1		3 个事业编制为自收自支，其余为全额拨款
事业单位登记管理局	2	审核股、登记股			6	全额拨款
普查中心	1				3	全额拨款
爱国卫生运动委员会办公室	1				6	全额拨款
就业服务局	1				22	全额拨款
人口与计划生育局	4	办公室、政策法规股、规划统计股、人事股、县直股、计生宣传站、计生药具站、计生技术站（二院）、流动人口工作站	16	1	56	25 个事业编制为自收自支，其余为全额拨款
农业广播电视学校	1	办公室、教研室			7	全额拨款
农技推广中心	1	棉花研究所、蔬菜站、土肥站、技术中心站、城关技术站、七级技术站、章台技术站、侯贯技术站、梨园屯技术站			36	全额拨款
国防教育办公室	1				4	全额拨款
物价局	3	人秘股、收费管理股、物价检查股、物价检查所、威县梨园屯物价检查所、威县章台物价检查所、价格鉴定中心	44	1		20 个事业编制为自收自支，其余为全额拨款
人民政府开放办公室	3	秘书股、综合股、联络股			10	全额拨款

续表 19－1

名称	领导职数	内设机构	编制数量			经费来源
			行政	行政工勤	事业	
新区管理委员会	4	办公室、招商部、规划建设部、综合服务中心	10		3	全额拨款
洺州镇	6	党政办公室、财经办公室、社会事务办公室、计划生育办公室、城镇建设办公室、农业综合服务中心、计划生育服务中心、文化广播服务中心	39	2	28	全额拨款
章台镇	6	党政办公室、财经办公室、社会事务办公室、计划生育办公室、农业综合服务中心、计划生育服务中心、文化广播服务中心	35	2	26	全额拨款
七级镇	6	党政办公室、财经办公室、社会事务办公室、计划生育办公室、农业综合服务中心、计划生育服务中心、文化广播服务中心	35	2	26	全额拨款
梨园屯镇	6	党政办公室、财经办公室、社会事务办公室、计划生育办公室、农业综合服务中心、计划生育服务中心、文化广播服务中心	35	2	26	全额拨款
侯贯镇	6	党政办公室、财经办公室、社会事务办公室、计划生育办公室、农业综合服务中心、计划生育服务中心、文化广播服务中心	35	2	26	全额拨款
第什营乡	6	党政办公室、财经办公室、社会事务办公室、计划生育办公室、农业综合服务中心、计划生育服务中心、文化广播服务中心	35	2	27	全额拨款
枣园乡	6	党政办公室、财经办公室、社会事务办公室、计划生育办公室、农业综合服务中心、计划生育服务中心、文化广播服务中心	33	2	27	全额拨款
赵村乡	6	党政办公室、财经办公室、社会事务办公室、计划生育办公室、农业综合服务中心、计划生育服务中心、文化广播服务中心	34	2	26	全额拨款
常庄乡	6	党政办公室、财经办公室、社会事务办公室、计划生育办公室、农业综合服务中心、计划生育服务中心、文化广播服务中心	32	2	26	全额拨款

续表 19－1

名称	领导职数	内设机构	编制数量			经费来源
			行政	行政工勤	事业	
常屯乡	6	党政办公室、财经办公室、社会事务办公室、计划生育办公室、农业综合服务中心、计划生育服务中心、文化广播服务中心	34	2	26	全额拨款
贺营乡	6	党政办公室、财经办公室、社会事务办公室、计划生育办公室、农业综合服务中心、计划生育服务中心、文化广播服务中心	32	2	27	全额拨款
贺钊乡	6	党政办公室、财经办公室、社会事务办公室、计划生育办公室、农业综合服务中心、计划生育服务中心、文化广播服务中心	33	2	27	全额拨款
固献乡	6	党政办公室、财经办公室、社会事务办公室、计划生育办公室、农业综合服务中心、计划生育服务中心、文化广播服务中心	33	2	27	全额拨款
张营乡	5	党政办公室、社会事务办公室、计划生育办公室、农业综合服务中心、计划生育服务中心、文化广播服务中心	29	2	24	全额拨款
方家营乡	5	党政办公室、社会事务办公室、计划生育办公室、农业综合服务中心、计划生育服务中心、文化广播服务中心	30	2	24	全额拨款
高公庄乡	5	党政办公室、社会事务办公室、计划生育办公室、农业综合服务中心、计划生育服务中心、文化广播服务中心	30	2	24	全额拨款

第二章　人力资源管理

20 世纪 80 年代始，威县人事工作以经济建设为中心，把培养、吸引、用好人才作为人事工作的重点，优化人才环境，畅通人才流动渠道。1999 年，县制定《关于鼓励农业科技人员为“三农”服务的意见》，设立为“三农”（农村、农业、农民）最佳服务奖，在全市产生巨大影响。2000 年，干部人事档案顺利通过国家二级达标验收。2001 年在干部年度考核中实行公示制，走在了全市前列。

第一节　干部录用

毕业生分配

20 世纪 80 年代，大中专毕业生就业采取计划统一分配方式进行，回县的大中专毕业生大多在照顾专业对口的前提下，根据各单位的人员编制情况，分配到缺编单位。

1990 年，全县共分配大中专毕业生 143 人，并为 93 名大中专毕业生办理了转正定级手续。

1996 年，非师范类大中专毕业生划归人事劳动局管理。是年，县人事劳动局组织全县用人单位参加了邢台市首届非师范类大中专毕业生供需洽谈会，使大专以上毕业生和中专公助生全部派遣到位。

1997 年始，毕业生实行双向选择，自主择业。是年，威县先后举办 2 次毕业生就业洽谈会，共有一百余名毕业生参加，有 25 人通过双向选择找到合适的就业岗位。同年，通过多种渠道，又安置非师范类大中专毕业生 227 人。

1998 年，威县对统分生和计划内自费生实行指令性安置，对委培生、定向生实行供需见面双向选择安置，安置毕业生 260 人。

1999 年，积极引导和支持大中专毕业生到农村和农业生产一线。有 6 名大中专毕业生在乡镇企业找到就业岗位。

2003 年，制定《关于实行优惠政策吸纳高校毕业生来威县就业的意见》，引进急需专业本科毕业生 6 人。

2006 年，按照公开、公平、竞争、择优的原则，公开招录大中专毕业生 33 人，分别安置 16 名在县城管局工作、安置 17 名劳动保障协理员在各乡镇劳动保障事务站工作。

2007 年 2 月，从大中专毕业生中，为新成立的隶属卫生局的新型农村合作医疗管理中心公开招录工作人员 10 人。

2009 年 6 月，从全县未就业的全日制普通类本科高校毕业生中公开招录 61 人，分别安置在县委、县政府系统急需人才的工作岗位上。

干部招录聘用

1987 年，威县把竞争机制引入干部人事管理制度中，在企业实行公开招标，选聘承包人，该年共公开招收录用干部 21 人。1988 年，把竞争机制引入行政机关，打破干部制度的终身制和委任制，提高了干部选拔的透明度、公开度。当年经过竞争、演讲、公开答辩、群众评议、领导确定、公开选拔了 14 名副科级职务人选。

1989 年后，按照中组部、人事部《关于国家行政机关补充工作人员实行考试办法的通知》，对新进入国家行政机关的工作人员，按照公开、平等、竞争、择优的原则，实行考试考核，择优录用。

1992 年，参照中组部、人事部制定的《全民所有制企业聘用干部管理暂行规定》推行企业人事制度改革，企业管理干部和技术人员一律实行聘任制。厂长经理由政府主管部门聘任，副职由正职提名，企业中层和一般干部，按下管一级原则，由企业自主定岗、自行聘任。当年全县全民企业中共有 109 人被聘为正副厂长（正副经理），其中工人 74 人，有 17 人落聘；集体企业有 144 人被聘为正副厂长，正副主任，其中工人 96 人，有 3 名主任和 1 名副经理被解聘。

2001 年起，事业单位新进人员推行聘用制，采取公开岗位，统一考试、择优聘用的办法。

2004 年，组织部出台文件，股级干部由组织部召开部务会研究确定。

至 2009 年底，全县干部总数共计 8034 人，其中党政机关干部 728 人，事业单位干部 6901 人（多数为教师和医务工作者），企业单位干部 405 人；正科级领导干部 144 人，副科级领导干部 198 人，科员 909 人；专业技术干部 6169 人，其中高级职称 289 人，中级职称 2162 人，初级职称 3178 人；女性 2977 人；少数民族 162 人；大学以上文化程度 2691 人，大专 2050 人，中专 1366 人，高中 62 人；55 周岁以上 291 人，46～54 周岁 1277 人，36～46 周岁 2302 人，35 周岁以下 2299 人。

人才市场

1995 年，威县投资 20 万元建立 300 平方米的人才劳动力市场，使人才劳动力管理工作进入规范化轨道，通过一年多的规范运行，于 1996 年达到省级考核标准。

2003 年，落实《河北省人才市场管理条例》和《实施细则》，着力提高人才社会化服务水平。对兴盛律师事务所、兴合土产有限公司等几家非公有制经济组织提供政策咨询、人事策划、档案保管、工资调整、职称申报、社会保险、代理落户等一系列配套人事代理业务。

1996 年，县成立人才交流服务中心。1996—2009 年，县人才交流服务中心共接收寄存毕业生档案 1736 份，接待人才政策咨询和就业咨询 7600 余人次，办理人事代理业务 322 人，调出工资档案 202 人次，接转行政关系 150 人，呈报确认职称 32 人。出具解除劳动关系人员和人事档案寄存人员证明 260 份。截至 2009 年底，到人才中心登记的非师范类毕业生人共计 1736 人，其中本科 72 人、大专 420 人、中专 1244 人。

第二节　干部管理

公务员管理

1990 年，开展政府系统公务人员行为规范教育培训，参训人数 1717 人。1991 年建立从 1984 年开始的党政机关受奖励人员台账。

1996 年，开展全县国家公务员的实施工作，县成立推行国家公务员办公室，地点设在人事劳动局。完成职位分类和职位设置工作，国家公务员制度的考试录用，考核、奖励、培训、退休、交流等单项制度的实施也有较大进展。

1997 年，县委出台《关于巩固机构改革成果的几点意见》，严格执行改革方案和机构编制方案，在行政单位用人上实行“凡进必考”，在管理上突出考核、培训、轮岗，突出竞争上岗。当年评出机关优秀公务员 124 人，分别给予记三等功、嘉奖奖励。轮岗 34 人，补训未参加公务员培训的公务员 80 人。

2002 年，顺利完成县乡机构改革，为政府系统科级以下 120 名公务员及机关工勤人员办理了离岗审查审批手续，按照“凡进必考”的要求，完成对 2001 年下基层锻炼的 5 名高校毕业生录用审批工作。

2007 年，按照省、市统一安排，完成参照管理的公务员申报、资格审查和组织报名等各项工作。

至 2009 年底，全县共有公务员 728 人，参照管理公务员 54 人，其中科级 300 人，科级以下 428 人；男 579 人，女 149 人；少数民族 8 人。

军队转业干部管理

1985—2009 年，全县共接收军队转业干部 315 人，其中营级干部 52 人，连级干部 124 人，排级干部 139 人。在安置工作中，坚持被安置人员专业技能与接受单位专业对口、人尽其才的原则，采取指令性安置方法，鼓励转业干部到乡镇基层或企事业单位工作，共计安置到党政机关 86 人，事业单位 26 人，企业 203 人。

人才管理

1992 年，实行对乡镇企业急需人才优先调入，随到随办，对党政干部领办或承包企业的，给予优惠待遇等政策。为乡镇企业调入专业人才 7 人，对领办企业的 4 名党政干部给予优惠待遇。

1996 年，县人劳局制定《威县 1996 年至 2010 年人才资源开发规划》《威县人才资源开发实施细则》，为整体性人才资源开发提供可靠依据。同时实施“双十双百人才工程”，组织评选跨世纪的年轻学术技术带头人活动，建立全县跨世纪人才库。首批 41 人入选，1 人入选邢台市“双十双百人才工程”，1 人被评为邢台市农业科学技术推广带头人。同时，与大专院校联系为威县企业送培急需专业人才 21 人。通过多种渠道引进高级人才 17 人，中级人才 5 人，初级人才 3 人，安置军转干部 2 人，安置非师范类大中专毕业生 227 人。

1999 年，制定鼓励农业科技人员为“三农”服务的优惠政策，设立为“三农”最佳服务奖，以表彰在农业第一线从事技术承包、技术服务、技术推广和科技示范中做出突出贡献的农业科技人员。同时把乡土人才纳入管理范围，以乡镇管理为主建立乡土人才库。加强对农民的学历教育和农业科学技术培训，举办各类农村实用技术培训班 8 期，培训农村技术人员 400 余人次。

2000 年，县人劳局制定《2000 年至 2015 年人才资源开发规划》，对全县人才资源开发提出指导性建议。根据县人劳局制定的《关于鼓励农业科技人员为“三农”服务的意见》，从 19 名在农业一线做出突出贡献的农技人员中择优选出 10 人，评为 1999 年度“三农”最佳服务奖，分别记二等功、三等功奖励，在全市产生巨大影响。

2003 年，制定支持民营经济发展十项措施，为各类人才到民营企业工作提供优惠条件。通过多种渠道为民营、私营等非公有制企业引进人才 30 人，其中高级人才 8 人。

2008—2009 年，相继制定出台服务企业发展的八项措施和支持全民创业的十项承诺，对自愿到企业工作和从事自主创业的各类人才，对其进行劳动人事代理、职称评聘、创业培训、开业指导、小额贷款等“全方位、一条龙”服务。

干部任免

县人劳局代县政府提请任免科级干部。副科级干部和非政府成员的正科级干部由组织部考核，县人民政府任免；党群口由县委组织部任免；正科级政府成员经组织部考核后，由县人民代表大会常委会任免；副处以上干部报邢台市审批，县人大常委会任免。2003—2009 年，县人事劳动和社会保障局代县政府提请任免科级干部 426 人，其中任职 316 人，免职 173 人；正科级 199 人、副科级 227 人。

干部考核

党的十一届三中全会后，全县的干部考核工作实施岗位目标责任制管理，改革干部考核内容和办法，从过去强调政治标准转为德才兼备原则，考核干部以革命化、年轻化、知识化、专业化为标准。1993 年起，根据《国家公务员考核暂行规定》等文件要求，威县开始对全县党政机关、事业单位的公务员和工作人员实行年度考核，考核单位的全体人员按公务员、专业技术干部和机关工勤人员三类不同身份分别考核；非领导干部由所在单位组织考核，正、副科级领导干部全县统一组织考核。考核主要围绕德、能、勤、绩、廉五个方面进行，重点是工作实绩。考核结果行政干部分优秀、称职、不称职三个等次；事业单位考核分优秀、合格、不合格。考核结果按实际人数分配指标，优秀比例占 15%，正副科级干部和一般干部不足一人者，和其他部门结合进行平衡。对省、市级优秀个人的审批，先由所在单位提交名单及个人先进事迹材料，经县人事劳动局审批后，上报逐级审批；县级优秀个人，由县人事劳动局与先进个人呈报单位共同表彰和奖励。同时，考核结果还作为对干部奖励、培训、辞退及调整职务、级别和工资的依据。凡年度考核合格定期晋升工资档次，优秀者提前晋升档次。连续两年考核不称职者可辞退。1996—2009 年，全县参加年度考核的干部职工共计 93630 人次，共评出优秀 10248 人次（其中：嘉奖 8500 人次、记三等功 467 人次、报市政府记二等功 279 人次）、称职（合格）83382 人次。

干部工资调整

机关事业单位工资制度与企业分离　全国从 1985 年 7 月 1 日起，进行工资改革，机关事业单位工资制度与企业分离，机关事业单位实行以职务（岗位）工资为主要内容的结构工资制，按照工资的不同职能分为基础工资、职务（岗位）工资、工龄津贴、奖励工资四个组成部分。

机关与事业单位工资制度分离　1993 年工资制度改革，机关与事业单位工资制度分离。机关实行职务级别工资制，由职务工资、级别工资、基础工资和工龄工资 4 个部分组成。事业单位根据自身特点建立不同类型的工资制度，由职务工资和津贴组成，并根据经费来源分

全额拨款、差额拨款和自收自支3种类型，工资构成中分固定部分和活动部分，全额拨款单位活动部分占30%，差额拨款单位占40%，自收自支单位占40%～45%。增资自1993年10月1日起执行。此次工资改革建立了较为完善的正常增资机制，结合考核情况，每两年为考核称职（合格）以上人员晋升一档职务工资，并适时调整工资标准。行政机关工作人员连续三年考核获优秀等次晋升一档级别工资，事业单位工作人员连续两年考核获优秀等次按比例晋升一档级别工资。

2006年工资制度改革　2006年，根据国务院《关于改革公务员工资制度的通知》，从7月1日起，改革公务员工资制度，同时也改革事业单位工作人员收入分配制度。这次公务员工资制度改革后，公务员基本工资构成由职务工资、级别工资、基础工资和工龄工资四项调整为职务工资和级别工资两项，取消基础工资和工龄工资。公务员工资由职务工资、级别工资、工作津贴、生活补贴组成。职务工资主要体现公务员的工作职责大小，一个职务对应一个工资标准，领导职务和相当职务层次的非领导职务对应不同的工资标准。级别工资主要体现公务员的工作实绩和资历。每一职务层次对应若干个级别，上下职务对应的级别相互交叉。根据年度考核结果，公务员每两年晋升一个工资档次，每五年晋升一个级别，级别工资就近就高套入晋升后级别所对应的工资标准。2008年1月1日公务员晋升了级别工资档次。

机关技术工人实行的是岗位技术等级工资制，基本工资由技术等级（职务）工资、岗位工资、奖金三项构成。改革后仍实行岗位技术等级工资制，取消工资构成中的奖金，简化为技术等级（职务）工资和岗位工资两项构成。机关技术工人工资由技术等级（职务）工资、岗位工资、工作津贴、生活补贴组成。普通工人基本工资由岗位工资、奖金两项构成简化为岗位工资一项构成，普通工人工资由岗位工资、工作津贴、生活补贴组成。机关工人根据年度考核结果每两年晋升一档岗位工资。

事业单位改革后实行岗位绩效工资制度，事业单位岗位分为专业技术岗位、管理岗位和工勤技能岗位。工资构成由岗位工资、薪级工资、绩效工资和津贴补贴四部分组成，其中岗位工资和薪级工资为基本工资。岗位工资主要体现工作人员所聘岗位的职责和要求，薪级工资主要体现工作人员的工作表现和资历。事业单位工作人员根据年度考核结果每年增加一级薪级工资。

干部退休退职

退休退职干部生活费　1988年，全县机关事业干部共280人办理退休手续，干部职工出境出国办理退职百余人。1992年，根据国务院《关于机关、事业单位离退休人员增加离退休费的通知》，机关、事业单位离休、退休人员，按本人月基本离休、退休费的10%增加离休、退休费。增加数额不足12元的，按12元发放。1993年后，机关事业单位人员退休时，基本工资的某项内容或全部内容被一定比例折算后再加基本工资的其他内容之和，称为基本退休费。离休人员原标准工资照发后称为基本离休费。1989—2005年，干部退休退职938人，其中退职12人。2009年，全县共办理机关事业单位干部工人退休171人。根据国家及省有关规定：公务员基本退休费按本人退休前职务工资之和的一定比例计发。事业单位人员基本退休费按本人退休前岗位工资和薪级工资之和的一定比例计发。

1993 年工资改革后规定的退离休（职）费计发比例一览表

表 19 - 2　　　　　　　　　　　　　　　　　　　　　　　　　　　　单位:%

	工作年限	退休费比例
机关	工作满 35 年的	95
	工作满 30 年不满 35 年的	90
	工作满 20 年不满 30 年的	85
	工作满 10 年不满 20 年的	70
	工作不满 10 年的	40
事业	工作满 35 年的	95
	工作满 30 年不满 35 年的	90
	工作满 20 年不满 30 年的	85
	工作满 10 年不满 20 年的	70
	工作不满 10 年的（退职）	50
文件依据	省政府 1994 年 12 月 21 日常务会议	

退休干部高龄补贴　1996 年，按省、市规定，对机关、事业单位满 70 周岁以上退休干部增发高龄补贴费，满 70 周岁以上的退休干部每人每月发给 50 元高龄补贴；满 70 周岁以上鳏寡孤独的退休干部每人每月发给 100 元特殊生活补贴；满 70 周岁以上生活完全不能自理的退休干部每人每月发给 120 元护理费。符合享受离龄补贴的退休干部按最高一项享受，不重复享受。增发高龄补贴的费用，由退休金发放单位支付。至 2009 年，全县有 271 位退休干部享受高龄补贴。

第三节　专业技术人员管理

专业技术职称评聘

1986 年 1 月，中央批转中央职称改革领导小组《关于改革职称评定、实行专业技术职务聘任制度的报告》。同年，威县成立县职称改革领导小组。办公室设在县科委。各系列职称改革领导小组设在相关主管部门，并成立相应的初级评审委员会。1992 年 12 月，职称管理工作由县科委整体移交县人事劳动局，成立县科技干部管理股，统一承办全县职称评聘和专业技术队伍的管理工作。2009 年，全县专业技术人员在职人数为 4197 人。其中正高级 8 人、副高级 237 人、中级 1749 人、初级 1036 人。

1987—1992 年，威县初级专业技术职务评审设有工程、卫生、农业、畜牧兽医、中学、小学、经济、统计、会计、中专等初级专业技术评审委员会和党校、出版等评审小组。1993—2009 年，由于经济、统计、会计、审计、卫生、出版和计算机相继改为全国统一考试，只保留工程、教育、农业、畜牧兽医和乡镇企业等系列，其余系列如新闻、播音、体育、艺术、公证、律师等交由市相应评委会代评。

1987 年下半年至 1988 年底，全县事业单位职称改革，专业技术职务的岗位设置是采用评聘限额管理的办法进行控制。各部门和单位依照批复的限额进行聘任或者任命专业技术职务。事业单位自 1990 年以后，严格按照有关文件，确定高、中、初级专业技术职务结构比例和岗位职数并据此进行聘任。

1992—1994 年，企业单位的专业技术岗位管理参照事业单位的设置比例和管理方式进行控制；1994—2009 年，实行企业自主设置岗位、自主聘任的管理模式。

职称考试是通过国家统一组织考试取得专业技术任职资格的方式。1990 年 6 月开始，会计、经济、统计、出版、审计和计算机系列陆续由评审制度向资格考试制度转换。同时，以上系列的评审工作停止，原组建的中、初级评审委员会随之自行撤销。通过全国统一组织考试取得任职资格，不受专业技术岗位和身份的限制，只要从事专业技术工作，符合规定的相应学历条件和工作年限，均可报考。1993 年开始，实行专业技术职务聘任制。1994 年底，对全县事业单位的职位职数进行全面清理，重新核定 59 个事业单位的专业技术聘任指标。1995 年后，随着“注册”“执业”类资格考试制度逐步出台，职称考试种类达 20 多个。1997 年，试行专业技术职务评审和评聘分开办法，打破专业技术职务聘用终身制，加大竞聘上岗力度。此后，每年进行一次专业系列评审和评聘。自 2002 年起，在医疗卫生机构内从事临床医疗、预防、保健、药学、护理、其他卫生技术专业工作人员的初、中级资格实行全国统一考试制度，不再进行原河北省相应专业技术职务任职资格的考试和评审。

2009 年各类专业技术人员统计表

表 19－3　　单位：人

级别 / 人数	正高级	副高级	中级	初级	其中未聘	共计
总人数	8	237	1749	2378	1036	4197
新晋数	6	134	798	614		

至 2009 年底，全县评审各类专业技术人员 4197 人，其中高级职称 245 人、中级职称 1749 人、初级职称 2378 人。全县在职干部职工中有各类专业技术人员 4197 人，其中高级职称 245 人，占 5%；中级职称 1749 人，占 41.6%；初级职称 2378 人，占 56.6%。高级职称中，本科以上学历 210 人，占 86%，45 岁以下 192 人，占 78%；中级职称中，大专以上文化程度 1738 人，占 99%，40 岁以下 1262 人，占 72%。初级职称中，中专以上 368 人，占%，其中大专以上 679 人，占 15%；35 岁以下 2328 人，占 97.8%；女专业技术人员 2972 人，占 70.7%；少数民族专业技术人员 362 人，占 8%。

1988—2009 年威县专业技术职称评审一览表

表 19－4　　　　单位：人

年份	高级	中级	初级	合计
1988	23	310	1105	1438
1989	1	63	484	548
1990	24	73	389	486
1991	0	25	286	311
1992	6	26	360	392
1993	1	2	19	22
1994	4	72	254	330
1995	3	54	141	198
1996	2	57	115	174
1997	7	72	252	331
1998	17	62	416	495
1999	6	126	231	363
2000	17	85	352	454
2001	13	106	224	343
2002	9	19	184	212
2003	14	87	140	241
2004	15	108	59	182
2005	21	227	53	301
2006	19	189	108	316
2007	29	191	186	406
2008	30	228	174	432
2009	56	190	146	392
合计	317	2372	5678	8367

继续教育

专业技术人员继续教育，增加创新能力培训及考试内容。1991 年，县人事部门协同各主管部门对已受聘的高、中级职称人员进行每年不少于 80 学时，初级职称人员不少于 50 学时的脱产培训，即再教育。1999 年 6 月实施《河北省专业技术人员继续教育暂行规定》。2001—2002 年，县人事局先后举办创造力开发、现代科技知识、创新能力与职业道德等公共必修课程培训，全县培训专业技术人员累计达 3806 人次。2003—2005 年，县人事局举办专业技术人员计算机应用能力培训班24期，培训人员1308人，取得合格证书1124人。

“农转非”

为解决专业技术人员的后顾之忧，促进其更好地服务经济建设。根据中央及省、市有关规定，1985年，县首批办理279名专业技术干部和中小学教师831名家属子女户口的“农转非”手续。1993年3月，对专业技术干部的家属子女“农转非”做出具体规定。此后，省、市每年下达一定数量的“农转非”指标。1985—2000年，全县共办理专业技术干部及管理干部家属子女“农转非”1460人。

第三章　劳动管理

第一节　劳动力就业

统招统配

1979年，单位用工仍然实行统招统配，全县劳动就业仍按计划经济模式实施。

1987年，企业、事业、国家机关和社会团体招用工人，按隶属关系向劳动部门申请劳动用工计划，由劳动部门下达指标，组织招收工人。

1988年，共培训待业青年330人，培训率达80%以上。并通过多种形式、多种渠道安置待业青年315人，占全部待业青年的80%以上。同年，全民和城镇集体所有制单位向城镇和农村招工436人，其中固定、合同制职工327人；统一分配大中专、技校毕业和复退转业军人96人，均为固定职工。

劳动者自主就业

1989年起，取消职工补员规定。1991年，劳动就业贯彻“劳动者自主就业，市场调节就业，政府促进就业”的方针，通过改善劳动力就业结构，大力发展劳动密集型产业、乡镇企业和个体私营等非公有制经济，扩大就业渠道。

为帮助农村剩余劳动力就业，1992年，威县成立劳务输出办公室，主要职能是发展劳服企业，扩大劳务输出，为待业青年和农村剩余劳动力提供就业帮助。

1992年，县属国营工交企业开始实行劳动人事制度改革，促进企业转换经营机制，支持用人单位自主决定招收录用职工，选择用工形式，安排工作岗位，依法确立、变更、终止或解除同职工劳动关系的自主权。至1995年，除农民外，全县劳动者从业人数达87637人，占劳动力资源总数的93.5%，较1988年提高3.6个百分点。其中职工1.09万人，私营经济和个体劳动者1.41万人，乡镇企业从业人数9255人；失业人数由1992年的待业2385人减少到385人。

1996年，招工指标取消，实行推荐就业和自谋职业。

1996—1997年，县内加大国企改革和工业结构调整力度，对小型国有困难企业和城镇集体企业分别实行股份制或股份合作制改革，对部分资不抵债的企业实施破产，两年中下岗职工达256人，其中国有经济单位178人，城镇集体单位78人。

实施“再就业工程”

1997年，威县开始实施“再就业工程”，实行企业安置、个人自谋职业和社会安置相结合的办法，多种渠道安置失业职工151人，使1079名下岗职工重返就业岗位。同时，建立帮困资金管理制度及困难企业职工生活救助。筹集帮困资金28.4万元，为488名困难职工实行了生活救助。

图19－1　县人劳局举行下岗职工再就业培训/2007年摄

1998年，县组建5个再就业服务中心，对下岗职工开展有针对性的技能培训和就业训练，提高再就业能力，并发放基本生活费和代缴社会保险费。

到2003年5月，纳入再就业服务中心的70名下岗职工全部向失业保险并轨，符合条件的纳入城镇居民最低生活保障，基本生活保障率为100%。

1998年，县成立下岗失业人员再就业领导小组，领导小组办公室设在县人事劳动局，简称再就业办，通过开发公益性就业岗位、发放岗位补贴和社会保险补贴、开展再就业培训、发放政府贴息小额担保贷款等多种形式，专为下岗失业职工再就业和保障基本生活提供服务。县政府及劳动就业部门一方面安排下岗失业职工进入再就业管理中心进行转岗培训，另一方面疏导分流、推荐再就业，同时向上争取困难企业、困难职工生活补助资金，发放给困难企业的下岗失业职工。

就业服务

2000年后，国家相继出台一系列促进就业的优惠政策，县人事劳动局于2003年将劳动服务公司、就业训练中心、职业介绍所统一整合为就业服务局，在乡镇设立16个劳动保障事务站，在各村聘请522名劳动保障信息员，建立起职责明确，管理规范，运行良好的县乡村三级就业服务体系。同时出台《关于促进就业再就业工作的意见》《关于做好劳务输出工作的意见》，建立再就业联席会议制度，明确各部门职责，形成县委政府总揽、劳动保障部门主管、各部门密切配合的领导体制和工作机制。

图19－2　县人劳局与山东兰雁集团签署劳务合作协议/2007年摄

威县就业服务局正式挂牌后，隶属于威县人事劳动和社会保障局，负责对劳动力市场进行规范化管理，要求企业招工和机关团体招收工勤人员，应按照一定比例招收下岗失业职工。同时，凡年满16周岁有就业要求者，均可到就业服务局进行登记备案，申领就业失业登记证，为下岗失业职工发放再就业优惠证，至2008年底，共为2470人发放就业失业登记证，为1241人发放再就业优惠证。2009年起，再就业优惠证在全省取消，统一更换为就业失业登记证。当年，共为987名持有再就业优惠证的下岗失业职工更换就业失业登记证。

1989—2009年，县劳动管理部门累计向城镇和农村招工3070人，统配录用复退转业军人和大中专、技校生3051人；经劳动部门介绍，累计县内就业10372人、异地就业27618人，自谋职业者达1.85万人。

2002—2009年，全县领取就业失业登记证者共计2796人，领取再就业优惠证者共计1678人。每年为部分从事个体经营的下岗职工办理小额贷款。其中，2002年为13名从事个体经营的下岗职工办理小额贷款26万元。八年间，全县实现城镇下岗失业人员再就业2015人，其中安置“40”“50”（即女40岁、男50岁以上下岗职工）等就业困难对象再就业1240人，同时，为其代缴养老保险金和失业保险金，并每月发放岗位补贴；领取失业金人数1877人，共发放失业金453.49万元。2002—2009年，全县登记失业率一直控制在3.5%左右。

2007年始，县委、县政府研究决定，利用三年时间在全县大力实施“万名劳动力输出工程”，以壮大劳务经济发展规模，加快农村富余劳动力转移就业，促进外出务工有成者回家乡创业，带动全县经济持续、快速、健康发展。“万名劳动力输出工程”计划利用2007—2009三年时间，输出农村富余劳动力不少于3万人，仅“万名劳动力输出工程”启动仪式当天，就成功向山东、湖南、江苏等地的用工企业输出农村富余劳动力1.5万人。2008年和2009年，分别向北京、天津、山东、湖南、江苏等地输出农村富余劳动力近2万人，超额完成“万名劳动力输出工程”的计划目标。

2009年威县就业再就业情况统计表

表19－5　　单位：人、%

城镇新增就业	城镇下岗失业人员再就业	就业困难对象再就业	农村富余劳动力向非农产业转移	劳务输出	开发公益性岗位安排就业	城镇登记失业率
988	398	145	8500	2800	71	3.5

第二节　劳动力管理

劳动管理

20世纪80年代，企业职工调动与安置均是指令性的，企业没有自主权。1990年，根据上级文件精神，开展企业定编定员工作，全县43家国营企业，3639人全部核定编制，并规定今后职工调动严格按编制控制。

1992年，为顺应计划经济向市场经济转变的趋势，起草《威县劳动人事局贯彻条例、转变职能、简政放权的意见》，县政府以《关于贯彻条例落实企业经营自主权的若干规定》转发，将劳动用工、企业编制定员、几大系统职工调转审批，工资奖金分配、职工退养等权力下放给企业。

1996年，制定出台《关于贯彻〈中华人民共和国劳动法〉加强劳动力管理的若干规定》，这是一部涉及劳动合同管理、劳动就业与用工、社会保险、工资分配、劳动监察等内容较为全面的与《中华人民共和国劳动法》配套的地方性行政法规，使劳动管理有法可依。同时成立劳动监察股，对外称劳动监察大队，定时对企业用工情况开展监督检查。

2000年以后，劳动监察执法力度加大。2001年，通过专项监察、日常巡查、年检等方法，督促15家单位补签劳动合同200份，国有集体企业及其职工全部实现劳动合同管理，非公有制企业也占到82%。

2002年，配合县属企业改制，重新签订合同2000余份，签订集体合同15份。到2009年，全县国有企业和改制企业劳动年检率均达到100%，私营企业和个体工商户年检率也达到75%。

用工管理

1985年，威县各类企业单位共有职工11889人。之后，随着工业产业结构调整步伐的加快，全县第二、三产业发展迅猛。

1991年，社会劳动力实行劳动部门介绍务工制度。由用工单位向劳动部门申报计划外用工指标。经批准并取得务工者居住地乡镇或县以上劳动就业部门开具的外出务工证明，持身份证和婚育证到县劳动就业部门办理务工许可证。

1992年4月，开始推进劳动制度改革，巩固完善劳动合同制，企业用工实现自主化，取消临时工、计划外用工等称谓，全县职工队伍增长迅速。是年，根据国务院有关简政放权，强化服务，促进企业转换经营机制的若干规定，放开招工计划指标，把劳动用工权还给企业。劳动部门及时办理审批手续，同时放宽企业使用城镇劳动力做临时工和集体所有制职工调动审批权限，职工调动交流由企业自行决定，只要用工双方企业盖章同意，县劳动局即按有关规定予以办理调动、转移手续。允许相同所有制企业之间劳动合同制工人不受区域限制相互转移，在不损害企业利益的前提下，允许技术工人从事第二职业。

1993年，建立新型劳动用工管理体制。在招工上改国家用人为企业用人，落实企业用工自主权。同年，企业改制、精减人员、清退临时工1456人。在用工管理上，坚持用工制度改革方向，试行全员劳动合同制度，新招收的合同工与原固定工享有劳动、学习、政治荣誉和物质奖励等同等的权利，其工资报酬、社会保障、福利待遇与固定工保持同等水平。新招收的合同工期限有3年、5年、10年和长期几种。合同期满，可以终止合同，也可以续签合同。同时，引导劳动力有序流动，县劳动就业部门对农村劳动力进入县内城镇务工实行先办证后务工制度。

1994年，全县基本取消固定工。

1997年，实行务工许可证制度，凡聘用临时工，须持有劳动就业部门签发的“务工许可证”；全县企业从农村招工的，应招收已领取“务工许可证”的人员。同年，全县工业企业进行产权制度改革，置换职工身份，全员解除劳动关系，发放安置补偿费，职工档案由人事劳动局代管。

1998年后，废除国家用工制度中的固定工、合同工、临时工等身份界限。同时，由于企业经济效益下滑，部分企业破产，县内出现下岗失业人员。

劳动力市场

计划经济时代，企业用工不自主，没有劳动力市场。到20世纪90年代，劳动力市场开始发展。最初是向外地输出农民工，1992 年，县成立职业介绍所，当年，共向外输出农村劳动力 500 人。

1993 年，在深化劳动制度改革的同时，开拓城乡一体、外出为主、内外并举的劳务市场，实行职业介绍、劳务输出、职工维权、合同签订等一条龙服务，及时发布劳务信息。

1996 年，投资 20 万元建成占地 300 平方米的人才劳动力市场，实行求职登记、职业介绍、就业培训、待业职工管理、政策法规咨询等一条龙服务，并在全县除洺州镇外的 15 个乡镇建立劳动服务事务站，就业服务机构初步形成网络。同年，县人才劳动力市场达到省级考核标准。1996 年先后两次举办“毕业生就业洽谈会”，有近百人参加，25 人通过双向选择找到合适的工作岗位。

图 19－3 县人劳局举办大中专毕业生交流洽谈会/2006 年摄

1997—1999 年，因县内多数企业经营不景气，人才劳动力市场存在有场无市的现象。一些新成立的经济组织，特别是私营和民营经济实体，在使用劳动力方面大都不办正规手续而走捷径，规避公开招收、公平竞争的环节。加上再就业基金严重不足，社会保障基金征收困难，无法培训安排新的岗位，致使劳动力市场供需矛盾十分突出。

进入 21 世纪，劳动力市场不断发展壮大，服务也日趋完善。2000—2006 年，共组织举办毕业生就业洽谈会、下岗职工专场洽谈会等各类招聘会 20 余场，为 2000 余人找到合适就业岗位。

至 2009 年底，全县共有公共职业介绍机构 1 家，私营职业介绍机构 5 家，年发布各类招聘就业岗位近 2 万个，实现劳动输出 8000 余人。

劳动服务企业

20 世纪 80 年代末期，劳动服务企业在机关办实体的思想指导下发展起来。1990 年，县劳动服务公司筹集 5 万元，新建门市 4 个，筹建物资供应部 1 个，扶持外贸局新上绒绣厂 1 个，安排待业青年 153 人。到 1993 年县劳动服务企业由过去 3 家上升为 8 家，县人劳局新上 2 家，即物资贸易经理部和顺昌商贸总公司，1994 年又新上威县化工研究所。1997 年后，随政事、政企逐渐分离，劳动服务企业也逐步剥离出来。

劳动争议仲裁

20 世纪 50 年代，国家创设劳动争议仲裁制度。随着经济体制改革的不断深化和企业用工制度的全改革，劳资关系发生新的变化。1987 年，全面恢复劳动争议仲裁制度。是年 6 月成立威县劳动争议仲裁委员会，办公室设在威县劳动人事局，主要提供劳动合同鉴证服务、劳动保障政策业务咨询和对发生的劳动争议进行行政调解和案外调解。是年，县劳动人事局增设争议仲裁股，后改为合同仲裁股，负责劳动合同鉴证和劳动部门的来信来访等工作。2002 年 11 月，改为劳动监察与争议仲裁股（威县劳动保障监察大队）。2006 年 7 月 3 日，设立威县劳动仲裁院，为局机关内设副科级行政机构。

劳动合同鉴证 1988 年，全县合同制工人 566 人，其中全民所有制单位 358 人，城镇集体所有制单位 208 人。1989 年，争议仲裁股对城镇 16 个单位 1319 份劳动合同进行鉴证。1991 年，加强劳动合同管理，依法对劳动合同的真实性和合法性进行审查、鉴证，保护劳动合同双方当事人的合法权益。1992 年 11 月，实施新的《劳动合同鉴证实施办法》，对全民所有制、集体所有制、私营等企业与职工签订的劳动合同以及临时工劳动合同进行鉴证。1994 年，全面推行全员合同制，签订劳动合同职工 8598 人。1989—2009 年，共鉴证劳动合同 39044 份，其中，国有集体企业劳动合同签订鉴证率达 98%，乡镇股份制企业、私营企业、个体工商户劳动合同签订鉴证率达 78%。

劳动争议处理 1996 年，国有企业改革之前，企业规章健全，劳动争议较少。1989 年受理劳动争议案件 2 起，仲裁裁决 1 起、调解 1 起。1990—1995 年，各企业逐步成立劳动争议调解委员会，企业劳动争议调解委员会争议案件调解率达 70% 以上。

1991 年，贯彻《国营企业劳动争议处理暂行规定》，协调处理劳动争议。

1993 年，执行国务院颁布的《中华人民共和国企业劳动争议处理条例》，劳动争议处理由原来的仲裁会议制度改为仲裁庭制度。同年，各企业的劳动争议调解委员会增加到 58 个 226 人。

1995 年起，劳动争议按《中华人民共和国劳动法》有关规定处理，全年受理各类案件 17 起，调解 12 起，裁决 5 起。

随着《中华人民共和国劳动法》颁布和相关法律出台，在 1996 年后，企业改制、破产、职工下岗增多，接待法规咨询人数猛增，涉及下岗安置和社保、医保方面的争议增多。1996—1999 年，劳动仲裁工作逐步完善，受理劳动争议案 36 起，其中调解 19 起、裁决 17 起。

2000—2009 年，受理各类劳动争议案件 156 起，按时结案率 100%，劳动信访案件结案率 100%。

第三节 劳动力培训与职业技能鉴定

就业培训

1987 年 5 月，县成立劳动就业训练中心，按照 1985 年国家劳动人事部《关于就业培训若干问题的暂行办法》提出先培训后就业的原则。

1989 年，使用省劳动厅统一印制的就业训练和转业训练结业证书，作为待业人员应聘招工必备的证件。是年起，县劳动就业培训中心开展与企业联办等形式，对就业和上岗前人员进行以职业道德、就业指导、法律常识、安全生产和劳动保护等为主要内容的培训，至 1997 年，共举办培训 35 期，人员 2320 人次。

20 世纪 90 年代初期，对新招合同制工人开展上岗前培训，科目有职业道德、法律常识、就业指导、商品知识、营销员基础知识、计算技术等。90 年代后期，各类培训机构不断增多，公益性的有劳动技工学校和就业训练中心，培训内容增多，针对性加强。

1998 年，县成立再就业工作领导小组，与劳动就业训练中心联合，强化对下岗失业人员的转业、转岗培训工作，按照“实际、实用、实效”的原则，突出技能培训，注重提高培训后的再就业能力。

1999 年，举办服装加工、电脑打字等培训班 5 期，培训下岗职工 300 人，培训率达到 75%。

2000 年以后，县出台一系列就业优惠政策，城镇下岗职工就业压力减小，职业培训重点逐渐向农村富余劳动力转移。2005 年，实施农村劳动力转移培训阳光工程，对农村劳动力免费开展大规模培训，全年举办培训班 11 期，培训学员 5370 人，《中国劳动保障报》、新华网等多家媒体予以重点报道或转载。

2000—2009 年，共举办计算机操作、家政服务、创业、餐饮服务、建筑工等各类培训班 60 余期，培训 15000 余人次。累计安置城镇劳动力就业和自谋职业 8700 余人次，国有企业下岗失业职工 2300 余人实现再就业。

2004—2009 年职业培训情况一览表

表 19－6　　单位：人

培训机构名称	培训专业	人数	就业去向
人劳局就业训练中心	社区服务、纺织加工、鞋业、电子	600	北京、天津、山东
	电子、社区服务、服装加工	800	天津、青岛、北京
	纺织加工、社区服务、鞋业加工	1200	天津、山东、北京、湖南
	创业、餐饮服务、农业科技	500	县内
	建筑工匠、家政服务	560	县内
职教中心	计算机、会计电算、机电一体化	500	天津、青岛
	计算机、电气焊、服装加工、会计	750	天津、青岛、江苏
	计算机、电气焊、服装加工	1000	江苏、天津、青岛
农广校	日光温室	580	县内
	日光温室	660	县内
	日光温室	720	县内
新潮时装学校	服装加工	360	辽宁、宁晋
	服装加工	440	辽宁、宁晋、威县、隆尧
	服装加工	680	辽宁、青岛、宁晋
正大电脑培训学校	计算机	480	县内及周边县市
	计算机	590	县内及周边县市
	计算机	670	县内及周边县市

职业技能开发与鉴定

1991 年，县成立工人技术考核小组。

2004 年，经市劳动局批准，成立威县国家职业技能鉴定所，建立起职业技能鉴定网络，实现职业技能鉴定社会化管理。许可鉴定专业为电工、钳工、车工等 3 个工种的初级工、中级工技术等级。继续开展初、中、高级技术等级考核发证工作。至 2009 年，全县有 426 名职工获得初级职业资格证书，229 名职工获得中级职业资格证书，36 名职工取得高级职业资格证书。

第四节　农民工管理

随着农村经济体制改革的稳步推进，农村剩余劳动力的大量涌现，威县农村劳动力转移呈现新的趋势，为农民工就业提供优质服务成为衡量劳动人事工作的一项重要内容。

农村劳动力

1982 年，随着农村经济体制改革的推进，全县农村全部实行家庭联产承包责任制，调动了农民积极性，也极大地提高了农业生产率。伴随农业的发展，农村剩余劳动力也随之出现。据调查显示：1986 年，全县总人口 46.25 万人，耕地总面积 39173.3 公顷，农村劳动力 19.65 万人。1990 年总人口为 49.87 万人，耕地总面积为 39113.3 公顷，耕地减少 60 公顷，而农村劳动力 21.1 万人，增加 4500 多人，人多地少的矛盾逐年凸现。加之农业科技的普及和农业机械化的推广使用，农村富余劳动力大量涌现。同时，农村劳动力由于受教育程度的提高，个人素质也在不断提高。至 2009 年，全县总人口 53.76 万人，耕地 68820 公顷，农村劳动力达 27.58 万人，其中富余劳动力达 6.45 万人。

就业转移

1979—1994 年，全县农村劳动力转移总量较小，转移从业渠道较窄，有很少的一部分人外出务工，多数的劳动力农忙从事耕作，农闲务工，一般在县内或乡内从事建筑、运输等行业。1995 年，市场经济发展较快，为农村劳动力特别是富余劳动力的转移提供了较大的空间，使大量的农民工跨地区、跨行业、跨产业大规模转移就业，并呈现出多元化就业结构。特别是大、中城市的发展，为更多的农民工提供了就业机会。到 1995 年底，全县共有外出务工人员近 5000 人。据 2005 年县就业服务局统计，全县外出务工人员达 34023 人，分布在全国各地，农村劳动力转移呈上升和发展趋势。除此之外，就地转移的农民工达 1.1 万人。从 2007 年起，为最大限度地发展劳务经济，为县内农村富余劳动人员提供更广阔的就业空间，促进外出务工有成者回家乡创业，带动县域经济发展。由县委、县政府牵头，县人事劳动和社会保障局主办，决定利用三年时间组织“万名劳动力输出工程”，计划三年实现劳务输出不少于 3 万人。仅 2007 年“万名劳动力输出工程”启动仪式，全县就一次输出各类劳动力达 1.5 万人，分别输送到山东、江苏、湖南一带的用工企业，主要从事建筑、纺织、机械加工、服务等多种行业，2008 年和 2009 年又分别向北京、天津、山东、湖南、江苏等地输出农村富余劳动力近 2 万人，超额完成“万名劳动力输出工程”的计划目标，促进了农村富余劳动力的有序转移。至 2009 年底，全县在外经商务工人员总量已达 49625 人，就地就近转移就业达 23917 人，共计转移就业 73542 人。

2009 年威县农村劳动力总体构成情况统计表

表 19－7　　单位：人

总人口	劳动力总数	县内外经商务工人数				乡村从业人员数	富余劳动力总人数
		县外经商	县外务工	县内经商	县内务工		
576578	277889	4080	45545	4777	19140	184539	19808

2009 年威县外出务工人员就业基本情况统计表

表 19－8　　单位：人、%

就业总人数	按外出务工就业去向划分			按文化程度划分					
	其中			初中及以下		高中、中专、中技		大专以上	
	县外省内	省外境内	境外	人数	比例	人数	比例	人数	比例
45545	6564	7980	2	37109	81.5	7648	16.8	788	1.7

农民工收入

1985 年始，随着农村家庭联产承包责任制的全面贯彻落实和惠农政策深入人心，威县大量农村富余劳动力从多年经营的土地上走出来，在县人事劳动和社会保障部门的支持和引导下，积极外出务工，走出了一条外出务工有成者返家乡创业，带动县域经济发展的良性循环的道路。2009 年，外出务工人员月人均收入在 500～1500 元之间；外出务工人员中有一定技术的，大部分可从事技术性较强的行业，且收入也比较稳定，月收入大多在 1500 左右，高者可达 3000 元以上。

农民工管理

农民工队伍的日益壮大，成为社会建设的一支主要力量，也是提高农民收入的重要渠道。对农民工的管理、引导、培训日显重要。县人事劳动和社会保障部门设立专门机构，对农民工的就业途径、人员参保、技能培训、劳动维权等方面进行管理。据统计，2005 年外出务工人员中，从就业途径看，通过公共职业介绍机构外出的人员 7022 人，占总务工人数的 21%，通过学校培训机构外出的人员 1563 人，占总务工人数 5%，通过批准的民办职业介绍机构外出的人员 2445 人，占总务工人数的 7%。加大农民工外出就业管理，通过正规途径输送农村劳动力外出就业，最大限度地避免了务工人员在务工过程中的上当受骗现象。除此之外，县人事劳动和社会保障局还逐年加强对外出务工人员的维权服务。截至 2009 年底，共协调为外出务工人员签订劳动合同 13728 份，参加养老保险 2467 人，参加医疗保险 1116 人，参加工伤保险 1240 人，最大限度地维护农民工合法权益。在技能培训上，80% 以上的务工人员参加岗前技能培训。2008 年和 2009 年两年的外出务工人员岗前培训达 95% 以上。

第五节　劳动监察

劳动监察大队

在计划经济体制下，劳动者的合法权益由各级工会组织负责维护，没有设立劳动监察这一组织。1993 年，县设立劳动关系监察室重点对企业用工情况进行监察。1997 年因劳动用工监察需要，设立威县劳动监察大队，劳动监察大队设在威县人事劳动局，为局下属科室，主要负责行使国家劳动和社会保障监察职权，组织实施全县劳动保障年审工作，负责全县劳动和社会保障普法和法律法规咨询服务，制定劳动保障系统依法行政规范、执法监督规则和行政执法人员的管理制度并监督检查。至 2009 年，劳动监察大队设队长 1 人，副队长 3 人，共有工作人员 7 人。

企业年检

1993 年，劳动关系监察室重点对企业用工情况进行监察。1994 年，劳动监察重点放在职业中介、劳动力使用、社会保险等管理薄弱环节。通过建立劳动监察举报制度，公布举报电话，设立举报箱，进一步做好群众举报接待工作。1995 年，劳动监察力度加大，全年监察企业 58 户，发出监察意见书 23 份，提出整改意见 72 条，整改率达 93%。1996 年，重点围绕劳动合同签订、最低工资、社会保险费征缴等内容进行监察，全年依法监察企业 55 家，发出监察指令书 12 份，提出整改意见 26 条，整改率 100%。

1997—1998 年，依法监察企业 75 户，发出整改意见书 23 份，责成企业补签劳动合同 678 份。1999—2000 年，继续开展以社会保险扩面、保费追欠、劳动合同签订为内容的专项劳动监察活动，共监察企业 110 家，补签劳动合同 617 份。2001 年，针对企业在实施劳动法中存在的突出问题，开展劳动用工年检、劳动合同执法检查、劳动保障法律监督检查、禁止使用童工规定、劳动力市场清理整顿等专项劳动监察。2002—2009 年，每年开展一次以“惩治非法用工、打击违法犯罪”为主题的劳动用工专项监察，重点开展以社会保险扩面、清欠保费、农民工工资支付、用人单位就业准入控制、女职工和未成年工特殊劳动保护等为内容的专项劳动监察。8 年共监察企业 687 家，补签劳动合同 3421 份。

劳资纠纷处理

2000 始，由于施工垫资等原因，农民工工资拖欠成为困扰农民工创收的难题。自 2002 年起，县劳动监察大队开展了县内企业的农民工工资拖欠的清理。，监察大队解决不了的，拖欠工资额 5 万元以上的交由县公安局处理，不足 5 万元的，交由法院处理。仅 2009 年，监察大队就监察拖欠农民工工资案件 8 起，结案 8 起，共为农民工追讨欠薪达 120 余万元。其中数额较大的有为龙腾制衣有限公司 260 名农民工追讨欠薪 87.6 万元，为枣园乡牛寨村砖厂近 60 名湖北籍农民工追讨欠薪 20 万元，为在承揽大广高速衡大段工程的中铁七局 LQ16 项目部做外协季节工的十余名陕西省大荔县农民工追讨欠薪 2 万余元。至 2009 年底，劳动监察大队共处理各种拖欠农民工工资的劳资纠纷达 80 余起，依法为农民工追讨欠薪总计 257 万元，有力地维护了各地农民工的合法权益。

第六节　工资福利

工资

30年间，机关和企、事业单位工作人员工资改革紧跟时代步伐，与社会经济发展相适应，经过多次调整，工资结构日趋合理，工资水平不断提高。

国家机关和事业单位人员工资　1979年，全县机关和事业单位人员月工资平均46元。1981年，调整中、小学教职员工、卫生系统和保育工作人员等事业单位人员的工资。全县有1732人升级，月增资12044元。中青年知识分子工资偏低的79人，每人晋升两级工资。1982年行政机关单位晋升一级工资。1983年，机关、事业单位人员月平均工资分别达到69元、64.9元。

1985年6月，行政机关、企事业单位职工进行工资改革，建立新的结构工资制度。此次改革，行政事业单位调资3638人，月增资78458元，参照单位调资160人，月增资3100元；集体事业单位调资163人，月增资3080元。是年，全县机关、事业单位人员月平均工资分别达到73.7元、80.1元。

1989年对全县在职职工和非在职人员进行普调工资，全县调资人数12822人，其中行政单位1851人，月增工资13556元；事业单位1099人，月增工资7598元；中小学2304人，月增工资18972元；集体事业单位162人，月增工资1021元。同年，对国家机关、事业单位非在职人员即离休、退休、退职人员增发生活费，共334人，月增额3604元。1990年，机关、事业单位人员月平均工资分别达到156.2元、158.8元。

1993年工资制度改革，机关实行职务级别工资制，事业单位根据自身特点建立不同类型的工资制度，工人实行技术等级（职务）工资制度。同时建立较为完善的正常增资机制，即结合考核情况，每两年为考核称职（合格）以上人员晋升一档职务工资，并适时调整工资标准。此次工资改革，全县机关工作人员2831人参加套改，调整后月工资总额85.3万元，人均月工资301.3元；事业单位参加套改3613人，调整后月工资总额109.3万元，人均月工资302.6元，人均月增资61元。1995年10月、1997年10月、1999年10月、2001年10月、2003年10月、2005年10月分别正常晋升职务工资档次，每人月增资在20～30元之间不等。1997年7月、1999年7月、2001年1月、2001年10月、2003年7月分别调整了基本工资标准，人均月增资分别为20元、70元、107元、74元、90元。2003年1月调整了行政机关工作人员的级别工资。2003年，全县机关、事业单位人员月平均工资分别达到777.3元、728.9元。

2006年7月，对机关事业单位进行工资制度改革。公务员工资由职务工资、级别工资、工作津贴、生活补贴组成，事业单位实行岗位绩效工资制度，机关技术工人实行岗位技术等级工资制。此次改革，全县机关事业单位共8188人实行工资套改。此后结合年度考核，事业单位每年为考核合格等次以上人员晋升一档薪级工资；机关每两年晋升一档职务工资，每五年晋升一档级别工资。2007年4月，规范公务员津贴补贴，同时对事业单位工作人员津贴补贴进行预发，人均月增资300元。2008年7月，调整公务员津贴补贴标准，事业单位工作人员也相应增加了津贴补贴，人均月增资230元。2009年，全县机关、事业单位人员月平均工资分别达到1761.7元、1755元。

企业职工工资　1979年，全县企业职工人均月工资46.2元。1983年，对企业职工进行工资调整。其办法是同企业经济效益挂钩，同工人个人劳动成果挂钩，全县升级2566人，月增资15301元，人均月工资达到59元。

1985年6月，企业单位职工进行工资改革，全民企业2177人，月增资26339元；集体企业2656人，月增资49394.3元。1986年，对企业职工执行多种工资标准，企业工资标准实行企业工人八级工资制和企业干部等级制度。全民企业职工升级人数1546人，月增资9019元；集体单位升级人数1577人，月增资11006元，调整后企业职工人均月工资78元。

1988年，在实行经营承包基础上，对企业实行工资总额同经济效益挂钩，是年，全县34个全民企业4156人全部进行了工资与效益挂钩。

1989年，按国家规定对企业单位有技术职称的人员在原最低工资标准的基础上，分别提高两个档次。此次调资，全民企业3590人，月增工资28694元；集体企业3816人，月增工资4956元，调资后人均月工资92元。

1990年，省市《关于进一步做好工资基金管理工作的通知》明确规定，未经劳动部门审批的《工资基金管理手册》，一律不予支付工资，各单位必须在下达的工资总额内进行结算，确保工资基金的宏观调控。

1992年，配合用工制度改革，在县酒厂、五金公司开展以岗位工资为主的工资改革试点，对41个合同工种，不同岗位采取不同的工资分配办法。同时，完善工资挂钩办法，对挂钩企业由上缴利税单一指标考核，改为复合指标考核，完善了工效挂钩的内容。是年，为进一步放活企业工资宏观调控办法和改善企业内部分配形式，工资总额实行一年核定一次。企业根据经济效益，有权自主制定或决定职工晋级、增薪、降级、减薪的办法和时间，劳动部门不再下达晋级调薪控制指标，并允许企业建立灵活多样的内部分配制度。调控方式有工效挂钩和工资总额包干2种。

1992年后，全县生产型企业普遍推行计件工资制、产值工资含量提取工资等制度，流通企业则普遍推行销售额工资提取、承包经营等按劳取酬的工资制度，福利奖金纳入工资部分，一般不再单独发放。随工人工资与企业效益挂钩，企业职工工资差距也在拉大。1995年，全县企业职工月平均工资234元。1998年随着企业改制和经济的发展，全县企业职工月平均工资增至392元。2005年达到790元。2009年，全县企业职工月平均工资2280元。

威县1981～2009部分年份机关、企事业干部职工月平均工资

表19－9　　　　单位：元

年份	机关	事业	企业
1981	61.0	57.4	57.9
1985	73.7	80.1	60.9
1990	156.2	158.8	112.4

续表 19－9

年份	机关	事业	企业
1992	209.8	211.4	140.5
1995	315.6	347.3	239.0
1998	433.0	467.4	391.6
2001	610.4	573.6	519.3
2005	993.1	792.1	789.5
2007	1409.9	1309.9	972.1
2008	1662.5	1526.8	1811.6
2009	1761.7	1755.0	2279.6

福利

企业单位福利费　1991 年，企业工资管理制度改革后，企业职工福利费由企业按职工工资总额 11%～14% 提取，摊入企业成本与福利金，由集体支配，共同享受。企业之间没有统一标准，但同经济效益挂钩，随企业生产经营状况而定。企业福利主要有集体福利费（含集体设施福利费、文体宣传费、其他费用）和个人福利费（含丧葬费、遗属救济费、生活困难补贴、医疗卫生费、计划生育补贴、降温费、冬季取暖费、其他费用等）。1998—2009 年，随着国有、集体企业破产、改制、重组，职工福利除医疗费用纳入医疗保险统筹和管理外，其他福利费逐年减少。

死亡抚恤　机关事业单位职工死亡抚恤：①丧葬费。1991—1997 年，职工死亡一次性发给丧葬费 1000 元。1998 年 1 月 1 日，调整为 7 个月最低工资标准，即 1330 元。1999 年 7 月 1 日，执行 1470 元。2000 年 7 月 1 日执行 1540 元。2001 年 10 月 1 日执行 1645 元。2003 年 11 月执行 1960 元。2005 年 7 月执行 2240 元。②一次性困难补助。1991—1997 年，职工死亡一次性困难补助 1000 元，病故的发给 600 元。1998 年 1 月 1 日调整为 6 个月最低工资标准，即 1140 元，退职人员按当地最低标准的 5 个月计发。1999 年 7 月 1 日调整执行 1260 元。2000 年 7 月 1 日调整执行 1320 元。2001 年 10 月 1 日调整执行 1410 元。2003 年 11 月调整执行 1680 元。2005 年 7 月调整执行 1920 元。③抚恤费。1991 年 9 月起，属因公死亡的，按其死亡时的 20 个月工资一次性计发；属病故的，按其病故时的 10 个月工资一次性计发。1993 年 10 月 1 日前批准为革命烈士的，为本人生前 40 个月工资；因公死亡的，为本人生前 20 个月工资；病故的，为本人生前 10 个月工资。1998 年 1 月 1 日调整为在职因公死亡的为本人 40 个月基本工资，因病死亡的为本人 10 个月工资。2000 年 3 月起，机关职工按职务、级别、基础、工龄工资之和发放抚恤费至 2009 年。④遗属生活困难补助费，1991 年 9 月起，因公死亡，非农业人口每人每月 80 元，农业人口每人每月 70 元；病故的非农业人口每人每月 65 元，农业人口每人每月 55 元。1998 年 1 月 1 日以最低工资标准，因公死亡的，非农业人口每人每月按 60% 发给，即 114 元，农业人口每人每月按 55% 发给，即 105 元；非因公死亡的，非农业人口每人每月按 55% 发给，即 95 元，农业人口每人每月 45% 发给，即 86 元，退职人员病故的不享受。1999年调整，同年7月1日执行，因公死亡的，非农业126元，农业116元；病故的，非农业105元，农业95元。2000年调整，同年7月1日起执行因公死亡的非农业132元，农业121元；病故非农业110元，农业99元。2001年调整，同年10月1日执行，因公死亡的非农业141元，农业129元；病故的，非农业118元，农业106元。2003年调整，同年11月1日执行，因公死亡的非农业168元，农业154元；病故的非农业140元，农业126元。2005年调整，同年7月1日执行，是年，全县享受因公死亡非农业192元，农业176元；病故的非农业160元，农业144元。全县享受遗属定期生活补助219人，月发放补助费32210元。

企业单位职工死亡抚恤：①死亡抚恤，1991年，因公死亡和非因公死亡者，分别发给丧葬费1000元和900元、一次性困难补助费1000元和600元。2001年，调整职工非因公死亡待遇标准。丧葬费和一次性困难补助费分别按当地最低工资标准6个月和5个月发给。至2009年此标准不变。②遗属抚恤费，1991年，因公死亡和非因公死亡者，属城镇非农业人口，每人每月81元和51元；属农村人口，每人每月分别为63元和38元。2001年，调整职工因公死亡遗属抚恤费标准。农业人口和非农业人口每人每月分别按当地最低工资标准70%和75%发给。至2009年此标准不变。

假期待遇

据2007年12月国务院颁布的《职工带薪年休假条例》规定，职工累计工作已满1年不满10年的，按50%计发，年休假5天；已满10年不满20年的，按70%计发，年休假10天；已满20年的，按80%计发，年休假15天。

节假日　国务院1949年发布《全国年节及纪念日放假办法》，并于1999年和2007年进行了两次修订。1999年9月18日规定新年放假1天；春节、劳动节放假3天；国庆纪念日放假3天；妇女节妇女放假半天；青年节青年放假半天；儿童节儿童放假1天；建军节现役军人放假半天。从1994年开始，每周分别实行学校5天半、机关6天工作日。为拉动内需，从1995年起实行每周双休日，将春节、“五一”“十一”假期调休4天，延长至7天。

2007年12月，国务院将国家法定节假日由10天增加为11天，三个黄金周保留两个，取消一个，同时将除夕、清明节、端午节和中秋节四个民族传统节日纳入国家法定节假日。新方案调整后，只剩下春节和“十一”两大黄金周，清明节、端午节、中秋节等民族传统节日各休一天，加上周末的两天休假，则成了3天的中短假期。这样，每年将出现2个集中休假高峰——春节（7天）、国庆（7天）以及5个集中休假小高峰——元旦（3天）、清明（3天）、“五一”（3天）、端午（3天）、中秋（3天），出现法定节假日与周末连休3天的小长假、黄金周和个人带薪休假并存的新局面。

探亲假　1958年2月开始执行。1981年3月改变标准为：已婚干部职工探望配偶，每年一方探亲一次，假期30天；未婚干部职工探望父母，每年探亲假一次20天，两年一次的假期45天；已婚干部职工探望父母，四年假期一次20天，往返路途日期另追加，车船费给予报销。

婚假　20世纪70年代，婚假均为3天。1982年5月起，双方符合晚婚条件，假期15天。

丧假　干部职工的父母、配偶、子女及自己供养的祖父母、弟妹死亡，享受丧假3天。

病假　根据《关于国家机关工作人员病假期间生活待遇的规定》（国发〔1981〕52号），工作人员病假在2个月以内，发给原工资，超过2个月，从第3个月起发给病假工资：工作年限不满10年的，发本人标准工资的70%；满10年以上的，发本人标准工资的80%。工作人员当月病、事假累计达到或超过15天的，停发岗位津贴、职务津贴和考勤奖。

产假　1952年，女职工正常生育产假56天。1988年9月1日起，正常生育产假90天。晚婚晚育生第一个孩子，且领取独生子女证，产假延长为135～180天。

事假　未作过统一规定，1年内，一般限定在8天以内。

年休假　20世纪50年代初期，机关、事业单位试行年休假制度，每个干部每年休假10天。1991年，作了修改，工作年限不满10年的正式工作人员年休假6天；满10年至20年的休假10天；满21年以上的休假15天。

第四章　民　政

第一节　拥军优抚

拥军优属

县拥军工作，主要是“双拥共建”（拥军优属、拥政爱民、军民共建社会主义精神文明）。县委、县政府历来重视“双拥共建”工作，把每年的1月、8月定为“双拥”活动月。每年的建军节和元旦，县、乡两级党委政府都组织慰问在乡伤残军人、烈属和在乡老复员军人，切实解决他们的实际困难，为他们送棉衣、棉被、大米、面粉、卫生油和慰问金等。

2009年，全县有义务兵家属2860人，义务兵家属优待金从1979年85万元增加到2009年的255万元。1993年始，义务兵家属优待金由乡镇统筹改为全县统筹。随着城乡居民生活水平的提高，义务兵家属优待金也逐步提高。2009年，农业户每户每年1000元，非农业户每户每年500元。

1986年，为鼓励参加对越自卫反击战的将士保家卫国，全县向前线写慰问信500余封，献锦旗1面，青少年学生、人民群众、社会团体自动组织拥军支前活动，向将士们寄去大批地方物产、衣物用品及慰问金。1989年建军节期间，县人民武装部、县妇联、县民政局在全县范围内开展“为军人好妻子挂勋章”活动，为21名“军人好妻子”颁发荣誉证书；1990年，对26名以国家利益为重承受各种困难，甘愿奉献，支持儿子安心服役的军人母亲授予“军人好母亲”称号。1995年5月，县政府对在部队服役的威县士兵连续两年授予优秀士兵称号的和三等功称号的，由所在乡人民政府增发100元，立二等功者增发200元。

1999年7月，县政府出台《爱心献功臣活动方案》文件，规定落实十件实事，把全县“双拥”工作推向一个新的阶段。县民政局协调安排37个经济基础较好的县直单位，分别与县人武部、武警中队、烈士陵园、军休所和光荣院开展形式多样的共建活动。

优待与抚恤

1992年10月，县政府颁布《威县优抚对象优待抚恤办法》，规定对在部队荣立一、二、三等功者分别由县、乡、村召开庆功会，依次发给500元、300元和100元的奖金，同时城镇户口的义务兵家属优待金，由原来的100元增至1000元。1993年县政府印发《威县军人抚恤优待实施细则》，落实优抚政策，改进优待办法，实行乡、镇统筹优待，年底兑现完成的办法，每户军属每年400~500元，烈属200~300元。之后，标准每年提高，到2000年提高到1000元，其他优抚对象也随居民生活水平的提高而增长。2000年始，在县财政紧张情况下，每年筹集资金10余万元为六级以上伤残军人、在乡老复员军人和三属投保了医疗保险。并在县医院、中医院设立优抚门诊，实行医疗补助和大病救助的办法，较好地解决了优抚对象看病难问题。这一做法在全省民政系统起到表率作用，得到省民政厅的赞扬。从2008年始，对住房困难的优抚对象，一次补助5000~20000元，用于他们维护或住房，当年投入资金80万元。

依据2007年7月21日民政部《关于落实优抚对象和部分军队退役人员有关政策的实施意见》精神，威县开始对部分参战退役人员、原8023部队及其他参加核试验军队退役人员进行调查、申报和审定，经省民政厅审批的给予每人每年1200元的抚恤补助。依据2008年12月10日民政部、财政部《关于调整部分优抚对象抚恤补助标准的通知》精神，提高伤残军人补助标准，带病回乡退伍军人提高到每人每年2100元，参战涉核人员提高到每人每年1560元。2009年10月，河北省民政厅、财政厅联合发出《关于调整部分优抚对象抚恤补助标准的通知》，伤残军人定期抚恤金提高约15%，带病回乡退伍军人由每人每年2100元提高到2640元，部分参战涉核部队退役人员由每人每年1560元提高到2400元。

2009年，全县伤残军人576人，其中在职伤残军人163人。伤残军人中，三级伤残军人6人，伤残抚恤金每人每年2.07万元；四级伤残军人9人，伤残抚恤金每人每年16970元；五级伤残军人38人，伤残抚恤金每人每年13250元；六级伤残军人123人，伤残抚恤金每人每年10350元；七级伤残军人213人，伤残抚恤金每人每年7870元；八级伤残军人170人，伤残抚恤金每人每年4970元；九级伤残军人12人，伤残抚恤金每人每年4140元；十级伤残军人5人，伤残抚恤金每人每年2900元；一至六级伤残军人药费全部实报实销，七至十级伤残军人按比例报销。

复员退伍军人分为抗日战争时期、解放战争时期、中华人民共和国成立时期三类。2009年，全县有抗战时期复员退伍军人275人，每年发放定期定量补助金130.35万元，解放时期312人，每年发放定期定量补助金131.04万元；中华人民共和国成立时期121人，每年发放定期定量补助金50.09万元。

“三属”分为烈士家属、因公牺牲军人家属、病故军人家属。2009年全县有烈属340人，每年发放定期补助金161.84万元；因公牺牲军人家属有33人，每年发放定期补助金15.02万元；病故军人家属有39人，每年发放定期补助金16.97万元。带病回乡退伍军人206人，每年发放定期生活补助54.8万元。参战退役人员有222人，每年发放生活困难补助金53.28万元；涉核退役人员有294人，每年发放生活困难补助金70.56万元。

除一~六级伤残军人外，其他优抚对象每年按其抚恤补助10%的比例发放门诊医疗包干补助，住院费用按照30%~100%的比例给予补助。

第二节　军人安置

军休工作

县军队离休干部休养所服务站始建于1985年10月，隶属于县民政局，编制2人。主要任务是负责保障和落实军队移交地方政府管理的离休退休干部（退休士官）的政治生活待遇、服务管理、组织开展各项文体活动等工作。其服务管理、财务工作等均由县民政局负责。1985—2009 年，共接收军队离退休人员 5 人，其中离休干部 1 人，退休干部 3 人，因病退休志愿兵 1 人。至 2009 年 12 月，军休所有军休干部 4 人。

服务站原为县休养所，原址坐落于县城东南部，与县第二中学相邻，占地 1600 平方米，建筑面积 400 平方米，主要有办公室和离休退休干部住房。住房在军休干部住房改革中售出，于 2001 年由所改为服务站，并将办公地点设在民政局。

服务站定期组织军休干部学习党的各项方针政策，开展棋牌门球等各项文体活动；足额解决军休人员医疗费，并于 2005 年帮助他们参加医疗保险；每年“八一”、春节等节日县领导对他们进行慰问，帮助解决生活中的实际困难，使他们享受到党和政府的关怀。

退伍军人安置

1980—1989 年，共接收退伍军人 5840 人，其中安置 929 人。1990 年，落实国家《退役义务兵安置条例》，对部分城镇士兵实行分配制度，1990—1997 年共接收退伍军人 2726 人，其中安置工作 690 人。1998—2001 年，为更好地落实《河北省转业志愿兵安置规定》《中国人民解放军士兵退出现役安置暂行办法》，明确行政事业单位、国有企业、集体企业、股份制企业、三资企业、乡镇企业、私营企业都有安置转业志愿兵的义务，期间共接收 1612 人，安置 387 人。2002—2009 年共接收退役士兵 2013 人，安置 157 人，为 153 人办理自谋职业手续。

2007 年，县委、县政府出台《威县城镇退役士兵遗留问题处理意见》，由县政府牵头，民政、公安、财政、人事、劳动和社会保障等部门协调配合，共同抓好士兵安置工作，对历年遗留问题进行彻底排查、调处，积极、稳妥、合理地解决退役士兵安置工作中存在的问题，切实维护社会和谐稳定；对 1998 年 12 月 29 日修改的《中华人民共和国兵役法》公布实施前，未安置、安置后因接收单位原因一直未上岗的退役士兵，参照《违反和解除劳动合同的经济补偿办法》按 1998 年本地职工平均工资标准，给予一次性经济补偿；对 1998 年 12 月 29 日修改的《中华人民共和国兵役法》公布实施后，未安置、安置后因接收单位原因一直未上岗的退役士兵，责成有安置能力的尽快给予重新安置，无安置能力的，按《河北省城镇退役士兵自谋职业实施办法》，依据安置当年一次性经济补助的标准办理自谋职业；对政府安置后，已落实工作岗位、企业关停并转而下岗的退役士兵，享受所在单位同工龄、同岗位、同工种职工的相应待遇，并按照《违反和解除劳动合同的经济补偿办法》给予一次性经济补偿。根据上述政策，2007—2009 年，共为 219 人解决自 1990 年至 2001 年退伍士兵遗留问题。

2009 年，开始实行网络化办公，安装河北省复员退伍军人信息管理系统，每年将当年的复员退伍军人信息录入系统，并按时、准确上报数据。

军队离退休干部安置

从 1971 年 1 月起至 2009 年 12 月接收军队离退休干部、退休士官、无军籍职工共计 12 人，按现行规定为他们落实政治待遇和生活待遇。20 世纪 80 年代末，由县政府出资兴建威县军队离退休干部安置休养所，并配备专职服务人员 2 人，对他们的生活予以照顾。在政治生活方面，及时为他们调整退休工资和各种津贴；每年按照规定为他们订购《邢台日报》《河北日报》《老人世界》等报刊，由专人送到他们手中；每年“八一”、春节由主管领导带着米、面、油和营养品到他们家中慰问，充分体现党和政府对他们的关怀；及时了解他们的身体状况、生活状况，积极征求他们的意见，不断改进工作方法。从2005年起，军休干部人员全部纳入医疗保险，享受与国家机关工作人员同等待遇的医疗保障；在这之前完全由财政实行药费实报实销，每半年报销一次，没有拖欠现象。

第三节　救灾救济

临时救助

2000年，国家对流浪、乞讨、残疾人员仍实行由公安部门强行遣送回家的原则。21世纪初，国家改强行遣返为收容救助。2009年，县民政局全年临时求助746人次，发放救助金7.3万元，棉衣被947套。其中大部分是当地特困家庭和无业人员。具体办法是：由本人持村委会证明信件到县民政局求助，视情况给予50~100元的临时补助。情况极特殊的因灾因病致贫户给予300~1000元的救助。每年约有100~200人次流浪乞讨人员得到救助，其中一部分人是务工人员没得到应得的工资而陷入困境，一部分人是路过威县时财物被盗，有少部分是精神失常，先天性痴呆和残疾人员，另有极个别是职业乞讨人员。按照国家流浪乞讨人员救助政策，应由公安、卫生、民政部门协调配合做好收容遣返。对于务工和路过人员直接由县民政局根据其证件信息给予资费补助，由其自主返乡；对于残疾人员先由公安部门收容登记，由县民政局安排临时食宿，有医疗需要的由卫生部门负责。对于知道流浪人员原籍信息的，由县民政局与原籍民政部门取得联系派专车专人遣返回乡。对于职业乞讨人员，由于国家还没有完善的全国救助、查寻、登记信息，只能靠工作人员的记忆辨别处理，给予适当教育，给予资助后劝返。

抗灾自救

1979—2009年，每年都有较大灾害发生，危害大的自然灾害37次，其中狂风12次，雹灾16次，旱灾9次。大灾之年，国家每年拨款用以帮助灾区群众克服困难，度过灾荒，恢复家园、发展生产。每遇灾情发生，县委、县政府即组织全县县直机关干部、企事业单位职工、个体工商户，开展为特困群众和灾民募集衣服和捐款活动，并积极向上级汇报灾情，争取救灾资金，从而解决灾民和特困群众的生活需要，体现党和人民的关爱，体现兄弟姐妹的亲情。

支援灾区

2008年5月12日，四川省汶川县发生8.0级强烈地震，全县党员干部职工纷纷伸出援助之手，县民政局昼夜轮班，接收募捐，共集捐款180余万元，衣物700余件。同时，威县迅速组建由60人组成的威县赴四川灾区援建队，在建设局长黄清宇的带领下紧急赶赴四川灾区开展援建工作。援建队在四川灾区历时31天，

图19-4　县民政局向汶川地震灾区捐款/2008年摄

他们克服余震、山体滑坡、水土不服等困难，共完成安置板房建设48套，学生教室110间，卫生院医疗用房6间，建筑面积共3172平方米。其中，白头镇学校于6月21日恢复上课，成为崇州市受灾后第一个交付使用的援建学校，中央电视台、河北电视台、《中国建设报》等多家媒体进行了报道。

第四节　社会福利

农村“五保”老人供养

20世纪80年代，农村“五保”老人实行供给制，供给标准为每人每年钱款120元、粮180千克。1990年，全县有五保户770户、790人。从2006年第四季度开始，本着以人为本的思想，实行全面覆盖，全县有1756人纳入五保，是年，仅第四季度就发放五保供养金19.3万元。2007年发放五保金106.872万元；2009年全县五保金发放达到265.3万元。

敬老院建设

1986年10月，全县只有第什营、王村和方家营3所敬老院，住院人员23人。2008年6月，县民政局争取资金500万元在方家营乡南里村建设一座星级敬老院，即民政事业服务中心，当年12月竣工，该中心能容纳200名五保老人，环境优美，条件优越。2009年6月投入使用。2009年5月始，建设农村居住点9个，可容纳五保老人382人。

福利彩票发行

县内发行纸质彩票规模较大的有4次，面额每张均为2元。

1994年11月3日，威县首次发行福利彩票。第二次是1997年10月31日。第三次和第四次分别是1999年11月8日和2003年10月25日，销售额分别是200万元和31万元。

电脑福利彩票主要由市福彩中心负责选址、培训、装机。2001年，威县开始发行电脑福利彩票，至2009年底，全县共有电脑福利彩票发行站15个。

老龄组织

威县老龄工作始于20世纪80年代末，始称威县老龄问题办公室，为正科级事业单位，是县政府负责全县老龄工作的综合协调管理机构，办公室设在县劳动人事局，办公室主任由县人劳局副局长兼任。1999年10月，根据上级有关部门指示，威县成立老龄工作委员会，主任由县政府主管县长兼任。下设办公室，设在县民政局，办公室主任由民政局副局长兼任，仍为正科级事业单位。

老龄状况

1990年，全县60岁以上老人54042人。2003年，全县60岁以上老人56642人，比1990年增加2600人，占总人口10.56%。2004年，全县60岁以上的老年人口57425人，占威县总人口10.68%，2005年威县60岁以上老龄人数已达58386人，占全县总人口10.86%，以后将逐年呈上升趋势。

尊老爱老

威县县委、县政府十分注重老龄工作，把老龄工作列入工作日程。每至重阳节，中共威县县委组织部、县老龄工作委员会、县老干部局就会召开会议和行文开展一年一度的尊老敬老活动，提倡全社会尊重老人、赡养老人、孝敬老人。2003 年 11 月 14 日中共威县县委、县政府组织县妇联、县民政局对全县“巾帼敬老”先进单位和先进个人进行评选表彰，有力地推动了全县尊老敬老活动的开展。

老有所养

威县职工养老保险始于 1986 年。1987 年，享受养老保险待遇的离退休人数 962 人，发放养老金 163.2 万元。至 2009 年，享受养老保险待遇的离退休人员达到 2084 人，发放养老金 2794.8 万元。农村老人养老保险刚刚起步，养老问题基本由本人或子女解决。

老有所医

全县城镇职工医疗保险始于 2002 年。自 2002 年，老年离退休职工才可享受医疗保险待遇。城镇居民基本医疗保险至 2009 年刚刚起步。农村老年人就医费用仍需自行解决。

第五节　老龄工作

30 年间，随着居民生活水平的提高及医疗条件改善，县内老年人的数量呈逐年上升之势。老年人的赡养仍以子女为主。县委、县政府一直重视老年工作，通过建设养老院等行之有效的措施，开展一系列活动，使老年人老有所依、老有所养、老有所乐。但老龄工作仍任重而道远。

老龄机构

威县老龄工作委员会办公室成立于 20 世纪 80 年代末，为正科级事业单位，是县政府负责全县老龄工作的综合协调管理机构，始称威县老龄问题办公室，办公室设在县劳动人事局，办公室主任由县人劳局副局长黄杰普兼任。1999 年 10 月在上级有关部门指示下，成立了威县老龄工作委员会办公室，归口民政局管理，仍为正科级事业单位，老龄工作委员会主任由县政府副县长陆秀珍兼任，民政局、组织部、人劳局、老干局主管领导任副主任，县直工委 17 个成员单位主要领导同志任委员，办公室设在民政局，办公室主任由民政局副局长张文波兼任，并开展工作。2003 年 6 月 19 日县政府对老龄工作委员会进行调整，主任由县政府副县长赵新河担任，副主任由县政府办、民政局、县委组织部、老干部威县劳动人事局有关领导担任，委员由县直工委等 17 个单位领导同志担任。办公室设在民政局。

老龄状况

2003 年，威县 60 岁以上老人已达 56642 人，占总人口 10.56%，比 1990 年约上升 2600 人，随着世界乃至中国已步入老龄化社会，全县的 60 岁以上的老年人人口，将会逐年增加。

2004 年，威县 60 岁以上的老年人口已达 57425 人，占威县总人口 10.68%，2005 年威县 60 岁以上老龄人数已达 58386 人，占威县总人口 10.86%，以后将逐年呈上升趋势。

尊老爱老活动

县委、县政府十分重视老龄工作，并把老龄工作列入工作日程。每逢重阳节前，县委组织部，威县老龄委员会，威县老干部局就会召开会议和印发文件，开展一年一度的尊老敬老活动，提倡全社会尊重老人、赡养老人、孝敬老人。2003 年 11 月 14 日，县委、县政府组织县妇联、县民政局对全县“巾帼敬老”先进单位和先进个人进行评选表彰，有力地推动尊老敬老活动的开展。

进入 21 世纪，随着弘扬中华优秀传统文化工作的推进，县内居民自发组织的尊老爱老活动开始活跃。方家营乡孙家寨村的付宏伟，大学毕业后，做过医药生意，曾任某药品的华北区总代理，并且在十几年前在石家庄有了房和车。2011 年，他放弃医药生意，回村为全村老人当孝子。通过举办起孝道讲习班、成立空巢老人服务站、冬天每月两次给全村 65 岁以上老人洗脚、建立全村老人活动中心等活动，探索、完善适合在农村可行的居家养老新模式。村内老人颐养天年的同时，村风发生巨变。一是乡亲们争着当志愿者的多了。二是村民们的孝顺、礼让之风开始盛行。三是村里的尊老敬老之风也带动了周围村风的好转。

第六节　民政管理

婚姻管理

结婚登记　自 1981 年 1 月 1 日起施行的《中华人民共和国婚姻法》规定男 22 周岁，女 20 周岁，为法定结婚年龄，并提倡晚婚、晚育。县民政局统一培训各乡镇民政助理员，统一印制结婚证书、婚姻介绍信和登记表。1990 年，结婚证书上开始粘贴男女照片。1996 年前的结婚登记，农村由 32 个乡镇办理，县直各单位由县民政局办理。1996 年乡镇合并后，农村由 16 个乡镇办理，这种分管办理一直执行到 2000 年 12 月底。2001 年 1 月 1 日，按照上级有关部门的要求，全县执行集中结婚登记，16 个乡镇不再办理，全县 522 个行政村统一到县民政局办理，违法婚姻由县民政局直接查处。2003 年 10 月 1 日，全国统一施行新的《婚姻登记条例》，同时废止《婚姻登记管理条例》，规定结婚登记不再施行婚姻状况证明信，同时废止了执行三年之多的强制婚检制度，结婚登记只要求结婚当事人带户口本、身份证到县民政局申请，即可办理。结婚年龄仍然按男不得早于 22 周岁，女不得早于 20 周岁。2004 年 7 月 23 日，河北省人民政府令废止《河北省婚姻登记管理实施办法》《河北省治理早私婚管理办法》，县民政局及各乡镇不再有查处违法婚姻的权力和责任，结婚登记提倡人性化服务理念，民政部门由管理转向服务。

2001—2009 年威县结婚登记情况统计表

表 19－10　　单位：对

年份	2001	2002	2003	2004	2005	2006	2007	2008	2009
结婚登记	3701	4780	5263	7115	5348	5312	6412	5464	6049

离婚登记　夫妻离婚需办理离婚登记。男女双方经乡镇或妇联组织调解无效，由双方携带户口本、身份证、结婚证，到一方户口所在地婚姻登记机关申请离婚。经查明离婚原因及财产、子女处理办法等情况后，婚姻登记机关再次进行调解；确属双方自愿离婚的，准予登记，发给离婚证书；一方不同意离婚的，转人民法院处理。现役军人配偶提出与军人离婚，

在征得军人同意后，方可办理离婚登记。2006 年，为保护当事人的隐私权，实行结婚、离婚登记分开办理。

殡葬管理

20 世纪 70 年代中期，威县开始实行殡葬改革，限制土葬，提倡火葬，县内在雪塔村西建有火葬场 1 座，年火化率曾达到千余具。80 年代后，土葬习俗恢复，少有火化。1982 年，县再次组织发动，但成效不大，每年火化 10 具左右，多为机关干部。1997 年新上火化炉 1 座，火化车 1 辆。2001 年，县出台一系列殡葬改革措施，但土葬习俗根深蒂固，火化工作阻力较大。至 2009 年，全县殡葬仍以土葬为主。

社团管理

1979 年，成立社团均由各行政主管部门审批，未实行统一登记制度。1989 年 10 月，国务院颁布《社会团体登记管理条例》，县民政局依照该条例开始社团登记，并对其进行管理。1998 年 10 月，颁布新的《社会团体登记管理条例》，成立社会团体必须经其业务主管单位审查同意，必须同时接受登记管理机关民政部门和业务主管单位的监督。县民政局依法对全县社会团体进行管理，并先后进行多次清理整顿，社团管理工作日趋规范化、制度化。

至 2009 年 12 月，全县注册登记的社会团体共 21 个，团体会员 40052 人。

2009 年威县社团机构情况登记表

表 19－11　　　　单位：人

序号	社团名称	办公地点	社团人数	登记时间
1	个体劳动者协会	工商局院内	567	2007. 7. 4
2	天丰农业技术协会	交通南大街中段	51	2007. 8. 6
3	物资流通协会	县供销社院内	57	2007. 11. 28
4	酒类流通协会	商务局院内	65	2008. 4. 30
5	农机安全协会	农机监理站院内	52	2008. 5. 30
6	维修行业协会	工商局院内	300	2008. 6. 18
7	兴农种植协会	洺州镇八里庄	200	2008. 7. 26
8	私营企业协会	工商局院内	270	2008. 11. 4
9	计划生育协会	计生局院内	37800	2008. 12. 4
10	工业经济联合会	供销社大楼院内	87	2008. 12. 16
11	方家营乡宋庄村互助资金协会	方家营乡宋庄	50	2009. 3. 31
12	梨园屯西河口村互助资金协会	梨园屯镇西河口	55	2009. 3. 31
13	第什营乡高家村互助资金协会	第什营乡高家	50	2009. 3. 31
14	洺州镇王庄村互助资金协会	洺州镇王庄	70	2009. 3. 31

续表 19－11

序号	社团名称	办公地点	社团人数	登记时间
15	固献乡前凌头村互助资金协会	固献乡前凌头	52	2009. 3. 31
16	贺钊乡北陈村互助资金协会	贺钊乡北陈	50	2009. 3. 31
17	固献乡大寨村互助资金协会	固献乡大寨	50	2009. 3. 31
18	枣园乡西里固村互助资金协会	枣园乡西里固	52	2009. 3. 31
19	内部审计协会	审计局院内	115	2009. 5. 18
20	金融学会	人民银行院内	9	2009. 5. 19
21	劳动保障协会	就业服务局院内	50	2009. 6. 11

地名管理

1984 年 11 月，根据上级指示，成立县地名编纂委员会，下设地名办公室，主要从事地名工作。1987 年 7 月，县地方志办公室、地名办公室合署办公。1993 年 10 月，将地名委员会撤销，其工作职能归威县民政局地名区划办公室。

1997 年，根据上级指示，开展针对居民小区门牌楼号标准化命名安装。民政局地名办公室对城区每条街、道路进行标准设置工作，对县城区街道胡同进行命名和更名。2004 年 4 月，根据省市建立地名数据库有关精神，2005 年 12 月，完成基本的地名数据库工作。2006 年 7 月，重新充实修改完成。

第七节　村民自治

1984 年，威县 32 个人民公社恢复为 32 个乡（镇）人民政府，全县 519 个行政村由生产大队改为村民委员会，生产队改称村民小组，社员的称呼也改称村民。当年，乡、村的公章全部改换完成，标志着恢复乡政府，实行政、社分开这个管理机制上的重大变革全部落实，也标志着村民自治的开始。

1988 年 6 月 1 日，《中华人民共和国村民委员会组织法（试行）》开始试行。是年，村民委员会进行首次换届选举，村民委员会候选人由村民小组民主推荐，或上届村民委员会、党组织提名或村民自荐，经多数村民同意召开村民代表会议进行选举。1993 年 7 月县民政局增设基层政权建设股，具体指导全县村民委员会的建设。1994 年和 1997 年换届选举时，对新当选的村民委员会主要干部进行政策教育和法制培训。1998 年，全国人大常委会颁布《中华人民共和国村民委员会组织法》，省印发《河北省村民委员会选举办法》。2000 年月 23 日至 4 月 30 日，对全县 522 个村委会普遍进行第五届换届选举，村民委员会候选人不再由组织提名，改由本村全体村民无记名投票选举产生。全县 522 个行政村，有 515 个村如期完成选举，占全县 98.7%，选举产生村委会成员 1985 人，其中党员 1009 人，占 51%。

2003 年 4 月 9 日，县进行第六届村民委员会换届选举工作，到 7 月 18 日结束，这次选举

图 19－5　农村“两委”换届工作动员部署会召开/2014 年 12 月摄

共产生村委会成员 1954 人，其中主任 492 人，副主任 301 人，委员 1161 人，连选连任的 1252 人，占总数的 64%，新当选的 702 人。其中党员 1172 人，妇女 19 人，支书兼主任的 53 人，两委交叉任职的 836 人。

第七届村民委员会换届选举工作于2006 年2 月23 日开始，5 月30 日结束，全县共有选民 36.3 万人，参加投票的选民 26.7 万人，参选率达 73.6%，全县已有 518 个村换届选举成功，其中一次选举成功 413 个，二次选举成功 85 个，产生村委主任 510 人，副主任 24 人，村委委员 1359 人，村委干部共计 1893 人，按年龄分 50 岁以上 187 人，占 9.9%，35 岁以下 165 人，占 8.7%；其中女性 24 人，占 1.2%，党员村委 1454 人占 76.8%。

第八届村民委员会换届选举工作 2009 年 1 月开始，到 4 月底基本完成，全县共有选民 37.9 万人，参加投票的选民 28.8 万人，参选率达 77%。全县 518 个村的村委会换届选举成功，其中一次选举成功 502 个。村委干部共计 1525 人，其中女干部 11 人，致富带头人 860 人，外出经商返乡人员 95 人；文化程度大专以上 47 人，中专以上学历 586 人。

第五章　社会保障

30 年间，威县的社会保障工作在改革中不断向前推进。1997 年以后，全县社会保障工作以“两个确保”（确保离退休人员基本养老金按时足额发放、确保下岗失业人员基本生活费按时足额发放）为重点，不断加大社会保险费征缴力度，多方筹措资金，确保企业离退休职工基本养老保险金和下岗失业人员基本生活费按时足额发放，为全县经济发展和维护社会稳定发挥了重要作用。2002 年 7 月，县劳动人事局更名为人事劳动和社会保障局。为适应社会主义市场经济发展的要求，威县打破原来由国家和企业包揽一切的社会保障体制，实行单位、个人分别负担的企事业单位职工社会保障制度，以职工基本养老、基本生活和城市低保三条保障线为主要内容的社会保障体制基本形成。

第一节　最低生活保障

农村居民最低生活保障

1998 年，县政府出台《威县农村社会保障试行办法》。按照要求，县民政局抽调专人深入全县 16 个乡镇 522 个村进行调查，涉及低保的有 5000 人。农村居民最低生活保障标准暂定为每人每年 450 元。1999 年，全县农村有低保户 626 户，1959 人。县财政年投入资金 6 万元。2000 年，低保标准由每人 450 元/年，增加到 500 元/年，全县有 676 户，2000 人享受低保金，全年投放资金6.3万元。2005年，保障标准定为每人625元/年，并对农村特困人口进行了一次细致的摸底调查。2006年。全县农村有3992户，4913人享受最低生活保障，发放保障金58万元。2007年11月始，农村最低生活保障标准每年每人增加到700元，全县农村有4283户的5473人享受最低生活保障金，发放保障金63万元。2008年第四季度，农村低保标准为每人每年800元，2009年一季度开始每人每年为870元。2008年，全县农村有14234户，共17562人享受最低生活保障，发放保障金852.6万元；2009年农村低保有8299户，共9906人享受最低生活保障，发放保障金1028.7万元。

城镇居民最低生活保障

1998年，县政府出台《威县城镇居民最低生活保障暂行办法》，民政局对县城11个企事业单位进行了调查摸底。经审核，1999年有32户84人享受城镇低保，全年投放保障金2.6万元；2000年，根据有关文件将低保标准作了调整，由原来的每人80元/月提高到每人100元/月，保障面扩展到39户，104人，全年投放低保金2.9万元；2006年，将低保标准由原来的每人每月100元提高到每人每月120元，2006年低保户已达1582户，3965人，发放资金260万元；2007年，城镇低保户为1827户，4499人，发放保障金350万元。2008年2月，城镇低保标准由每人每月120元提高到150元。同年第四季度始，城镇低保每人每月不低于200元，2009年一季度开始每人每月不低于225元。2008年，全县城镇低保户为1965户，4760人，发放保障金703.27万元；2009年全县城镇低保户为4580户，11031人，发放保障金1089.9万元。

第二节　职工养老保险

1986年，威县开始实行企业职工养老保险制度，参保范围为全民企业合同制职工；1992年扩大到国有、集体企业全部职工；1997年4月启动全县差额拨款、自收自支事业单位工作人员养老保险工作，机关、全额拨款单位的合同制工人纳入机关事业单位养老保险统筹范围；1999年6月，再次扩大到股份制企业、民营企业的全部职工。至2009年，全县参保人数由2135人上升到6127人，享受职工养老保险待遇的离退休人员由最初的962人上升到2084人。

1987—2009年威县职工养老保险金征收、发放情况统计表

表19－12　　　　单位：个、人、万元

年份	参保单位个数	参保职工人数	征收金额	离退休人数	发放金额
1987	52	2135	254	962	163.2
1988	52	2514	272	975	182.5
1989	69	3025	268	987	203.6
1990	69	3568	314	1023	265.8
1991	69	3987	284	1098	318.7

续表 19－12

年份	参保单位个数	参保职工人数	征收金额	离退休人数	发放金额
1992	69	4520	298.0	1153	421.6
1993	75	4983	301.0	1198	503.2
1994	75	5321	345.0	1252	566.5
1995	75	5532	324.0	1264	562.8
1996	79	5982	358.0	1309	575.4
1997	86	6524	421.0	1342	598.7
1998	88	6929	587.2	1365	650.5
1999	78	7544	436.0	1383	704.6
2000	89	5530	625.0	1414	770.9
2001	89	5786	638.0	1431	740.1
2002	84	5072	421.5	1489	715.7
2003	84	5525	594.5	1530	1031.7
2004	84	5953	469.0	1593	1101.7
2005	84	6235	548.3	1690	1311.5
2006	84	7128	705.6	1647	1457.5
2007	84	7901	1999.8	1824	1791.5
2008	84	9053	1437.3	1864	2314.6
2009	84	6127	2197.4	2084	2794.8

第三节 失业保险

1986 年 10 月，县成立待业职工管理所，全县失业保险工作正式启动。失业保险实行属地管理，凡在威县境内的各级各类单位，均在县人事劳动局失业职工管理所就近进行失业保险登记，并缴纳失业保险费。1991 年至 1994 年 11 月，只在国有企业和自收自支的事业单位中实施。1994 年 12 月起，失业保险费征收扩展到集体企业、全部事业单位及其职工和各个社会团体及其专职人员、党政机关中的工勤人员、民办非企业单位的职工等人员。1996 年 10 月，县待业职工管理所更名为失业职工管理所。1999 年 1 月，失业保险费征收扩展到除国家公务员以外的所有用人单位及其劳动者。

保费收缴

失业保险基金由失业职工管理部门向参保单位统一收取。1986 年至 1994 年 11 月全部由企业缴纳，缴纳标准为职工标准工资总额的 1%。1994 年 12 月，调整缴纳标准，按职工全部工资总额的 1% 缴纳。1996 年 12 月，失业保险基金改由参加保险的职工个人和所在单位共同承担，单位缴纳比例不变，职工个人按每人每月 2 元缴纳，剩余都由单位缴纳。1999 年 1 月，单位缴纳比例提高为 2%，个人缴纳比例提高为 1%。1991—2003 年，全县共筹集失业保险基金977.2万元。2002年3月，失业保险征缴移交到地税部门，失业职工管理部门负责失业保险金的征收计划、审核、发放及失业职工的培训及再就业工作。1991—2009年，全县已征收失业保险基金共计1145万元。

保险金发放

1986年至1994年12月，县失业职工管理部门凭失业者与所在单位解除、终止劳动关系的文件和参加失业保险的交费手续，向失业者发放保险金，发放项目有失业保险金、医疗补助费、农民合同制职工的一次性生活补助费等，发放标准为本人失业前标准工资的50%～75%。1995年1月，发放标准改为按当地最低工资标准的70%发放。失业职工领取保险金的期限：1999年1月前，由本人失业前的连续工龄确定，最少3个月，最长不超过24个月；1999年1月后，调整为按单位和本人按时足额缴纳保险费期限确定发放。至2009年底，全县共发放失业保险金867万元。全县参加失业保险的单位170家、涉及职工8884人；其中全民企业21家，职工1271人，集体企业17家，职工1803人，其他企业4家，职工210人，机关事业单位128家，职工5600人。

另外，2007年始，县失业职工管理所每年从失业保险基金中为未就业的应届全日制普通类大专以上高校毕业生发放生活补助金，未就业的高校毕业生可以携带毕业证和未就业证明到县失业职工管理所申请领取为期半年的生活补助金。至2009底，县失业职工管理所共计为29名高校毕业生发放生活补助金44064元。

第四节　工伤保险

根据《威县人民政府关于印发〈威县企业职工工伤保险暂行办法〉的通知》文件要求，全县工伤保险基金征缴工作于1996年1月1日正式启动。工伤保险基金主要用于对参保者因工致伤、因工伤亡、患职业病职工的医疗救治、经济补偿和职业康复等。工伤医疗费、护理费、伤残抚恤金、一次性伤残补助金、残疾辅助器具费、丧葬补助金、供养亲属补助金、一次性工亡补助金均由工伤保险基金支付，其他费用暂按原渠道支付。至2009年底，全县参加工伤保险单位75家，参保人员4674人；1996—2009年，共收缴工伤保险基金125.5万元，发放38.2万元。

1996—2009年威县工伤保险基金征缴发放情况统计表

表19－13　　单位：个、人、万元

年份	参保单位个数	参保人数	征缴金额	发放金额
1996	68	4216	5.0	0.3
1997	84	5221	27.6	2.7
1998	31	1827	10.4	0.9
1999	28	1922	4.0	
2000	38	2750	2.5	
2001	40	2796	2.8	

续表 9－13

年份	参保单位个数	参保人数	征缴金额	发放金额
2002	41	2815	2.8	1.1
2003	41	2820	2.8	
2004	42	2835	2.9	0.1
2005	63	3906	10.9	1.5
2006	69	4278	5.7	0.1
2007	72	4487	11.5	5.4
2008	73	4526	19.6	3.7
2009	75	4674	17.0	22.4

第五节　医疗保险

城镇职工基本医疗保险

根据国务院及省市文件精神，威县于 2002 年 1 月出台《威县城镇职工基本医疗保险实施方案》，规定自 2002 年起启动城镇职工基本医疗保险工作，将党政机关、直属事业单位的行政人员等 2000 余人纳入城镇职工基本医疗保险范围。2003 年，中省直及省属管理的属地管理单位也纳入职工医疗保险范围，参保人数增加到 2500 余人。2005 年，职工医疗保险范围逐步扩大，将县财政管理的所有事业单位（包括全额事业单位和差额事业单位）以及 2002 年应纳入未纳入医保的行政人员全部纳入医疗保险扩面范围。至此，城镇职工基本医疗保险参保人数增加到 9000 余人。

图 19－6　职工基本医疗保险证

2009 年，县制定《关于关闭破产企业退休人员参加城镇职工基本医疗保险的实施意见》，将关闭破产企业退休人员纳入城镇职工基本医疗保险范围，自 2009 年 11 月 23 日起，开始办理关闭破产企业退休人员参保手续。截至 2009 年底，共有 1369 名符合条件的退休人员办理参保登记手续，并全部发放医疗保险证和 IC 卡。威县这项工作起步早、动作快，走在了全市前列。

至 2009 年底，全县已基本实现覆盖全县、城乡一体化的基本医疗保险“两定点”网络，共有定点医疗机构 8 家，定点药店 15 家，并且全部安装基本医疗保险管理软件，使所有的参保职工都可以就近刷卡就医、购药，极大地方便了广大参保职工。全县城镇职工基本医疗保险参保14155人，其中县财政供给人员8809人，各类企业及属地管理单位参保3977人，关闭破产企业退休人员参保1369人。参保人员中在职9945人、退休4210人；男性8346人、女性5809人。

政策调整　2007年，县人事劳动局对医保政策进行如下调整：一是用人单位缴费划入个人账户比例：45周岁以下（含45周岁）职工划入账户比例由工资总额的0.7%调整为工资总额的1.2%，45周岁以上职工划入账户比例由工资总额的1%调整为工资总额的1.5%，退休人员划入账户比例由退休金总额的1.1%调整为退休金总额的1.6%。二是最高支付限额：由24000元提高到30000元。三是起付标准：由1000元降低到500元。四是报销分段比例：各费用段报销比例相应提高10%。

2008年，将县内住院起付标准由500元降低到300元。另外，县人劳局还对参保职工住院医疗费报销周期进行多次调整，从最初的1年调整为1个季度，2009年又将报销周期缩短为1个月。

大病医疗保险　始于2002年，参保人员患大病后，超过城镇职工基本医疗保险统筹基金年最高支付限额3万元以上符合规定的医疗费用，由大额保险支付80%，个人自付20%。截至2009年底，共为153名大病参保职工报销医药费用229.5万元。

基金收支　按照《威县城镇职工基本医疗保险实施方案》的规定，城镇职工基本医疗保险缴纳比例为5.5%，其中个人部分缴纳职工工资额的2%，单位部分缴纳职工工资额的3.5%。2009年，全县共征缴医保基金1348万元，其中统筹基金442万元，个人账户基金906万元；报销职工住院668人次，医疗保险统筹基金支出530万元，个人账户支出557万元。2002年至2009年底，城镇职工基本医疗保险基金收入5322万元，其中统筹基金2348万元（含2009年关闭破产企业退休人员参保时，中央及省财政补贴的1023万元），个人账户基金2974万元；报销职工住院2377人次，医疗保险统筹基金累计支出1147万元，个人账户基金累计支出1552万元。城镇职工基本医疗保险基金累计结余2623万元，其中统筹基金1201万元，个人账户基金1422万元。

城镇居民基本医疗保险

2009年6月30日，市政府召开全市城镇居民基本医疗保险启动大会。之后，县成立城镇居民医疗保险工作领导小组，对居民医保的参保缴费及各级财政补贴数据进行精心测算，结合威县实际情况，经过反复论证，起草《威县城镇居民基本医疗保险实施方案（讨论稿）》。2009年11月16日县政府召开常务会通过《威县城镇居民基本医疗保险实施方案》，自2009年11月23日城镇居民医疗保险参保申报工作正式开始到年底，共有4235名城镇居民办理参保登记手续，领取居民医疗保险证，共收缴医疗保险费40余万元（含大额医疗保险费）。

2009年威县居民医疗保险缴费标准及补助一览表

表19－14　　单位：元

人员分类	总额	个人缴纳	各级补助	其中				备注
				国家	省	市	县	
18周岁以上	300	180	120	40	50	15	15	
18周岁以上特殊人员	300	60	240	70	80	45	45	低保对象、丧失劳动能力的重度残疾人、低收入家庭中60周岁以上老年人
18周岁以下	160	40	120	40	50	15	15	
18周岁以下特殊人员	160	20	140	45	55	20	20	低保对象或重度残疾学生和儿童

说明：18周岁以上城镇居民个人缴纳180元中含50元大额医疗保险费，18周岁以下参保居民个人缴纳40元中含20元大额医疗保险费

2009年威县城镇居民基本医疗保险起付标准及报销比例一览表

表19－15　　单位：元、%

医疗机构类别	起付标准	报销比例	备注
一级定点医疗机构	200	70	报销比例以符合基本医疗保险报销范围的药品及诊疗项目合计额减起付标准所得金额为基数
二级定点医疗机构	400	60	
三级定点医疗机构	800	50	
转外治疗定点医疗机构	1000	45	

说明：1. 一级定点医疗机构是指乡镇基本医疗保险定点医疗机构，包括章台、七级、侯贯、梨园屯四所中心卫生院和贺钊卫生院、妇幼保健院；二级定点医疗机构是指县医院、中医院；三级定点医疗机构是指邢台市人民医院、邢台市第三人民医院、邢台市眼科医院；转外治疗定点医疗机构是指邢台市以外的基本医疗保险定点医疗机构。2.《邢台市城镇居民基本医疗保险实施方案》对意外伤害不予报销。中小学生非由他方承担责任的意外伤害列入报销范围

第六节　农村养老保险

县人事劳动和社会保障局农村养老保险所成立于2008年2月，编制3人，主要开展侯贯镇、常屯乡、贺钊乡、洺州镇、方家营乡、第什营乡6个乡镇52个村的被征地农民养老保险工作。到2009年底，共统筹社保基金政府补贴1219.9146万元。

第七节　职工基本生活保障

1979年，在以计划经济体制为主导的企业制度下，全县基本无下岗失业人员。随着计划

经济体制向市场经济体制的转轨，国有企业下岗失业人员不断增加。1998 年 8 月，威县开始执行国有企业下岗职工基本生活保障制度，保障金筹集采取“三三制”，即：企业负担三分之一，财政负担三分之一，社会筹集三分之一，并规定 1998 年按上年度财政支出的 0.5% 落实解困和再就业基金。1998 年，基本生活费标准执行每人每月 180 元；1999 年始，按照“以支定收、略有节余”的原则，将该项资金纳入财政预算。同年 7 月，发放标准提高到每人每月 200 元。2000 年始，此项标准调整到 240 元/人/月。到 2004 年底，全县建有国有企业下岗职工服务中心 8 个，共接收下岗职工 1768 人。至 2009 年，全县共安置“4050”（四五十岁）等就业困难对象到公益性岗位就业 760 人次，发放公益性岗位补贴 375 万余元，补贴社会保险费 732 万余元，全县下岗失业人员的基本生活得到了基本保障。

第二十编 法 治

明清时期，知县兼理诉讼，直接审理民事、刑事案件，公安机构与县衙为一体，乡村则实行“保甲制”，集行政与治安于一身。县衙又设有典史，主管监狱。清光绪三十三年(1907年)，威县开始创办警务，设立警察所，全县分为中、南、北、东、西5个警区。1913年，设审检所，负责审理案件，并兼办检察事宜，裁撤典史，改设管狱员，1916年修改了狱制。1933年5月，设公安局，有警官、警士95人。

1938年5月，威县抗日民主政府成立，随之设立了公安局、司法科。1945年6月威县解放后，成立威县人民民主政府司法科，11月设公安局。1950年初，司法科改组为威县人民法院，内设刑事审判庭和民事审判庭。1954年，成立威县人民检察署，次年，改称威县人民检察院。1966年，“文化大革命”开始后，公、检、法部门工作陷入瘫痪状态。1967年，成立中国人民解放军威县公检法机关军事管制小组，负责管理全县公安、检察和审判工作。1973年6月，撤销军管，县人民法院恢复，同年成立威县革命委员会公安局，检察工作由县公安局预审股负责。1978年8月，恢复威县人民检察院。

1979年始，威县的公、检、法、司纠正“文化大革命”中“左”倾错误，拨乱反正，平反冤假错案。30年间，司法机关单独或协同开展社会治安综合治理，进行普法宣传，严厉打击刑事和经济犯罪，保障公民的合法权益，维护社会稳定，为全县实施改革开放和经济发展提供良好社会治安环境及民主法治环境。

第一章 公安 消防

1979—2009年，公安消防致力建设一支政治可靠、业务精通、纪律严明、作风过硬、公正执法，热情服务的公安队伍。其间，对特种行业、公共场所、危险物品、农村治安、城镇联防巡逻、户籍人口等进行加强管理。开展打击各种刑事和经济犯罪活动，并进行专项打击、专项整治行动，在维护社会治安、保障人民生命财产安全和社会稳定工作中发挥重要作用。

第一节　机构与队伍

1979年，县公安局设有办公室、政保股、治安股、预审股、消防股和看守所，并设有城关、章台、七级、侯贯、梨园屯5个公安派出所，1983年，县公安局设立刑侦队。1986年10月，增设方家营、枣园、第什营、贺营、经镇、常屯6个派出所。1987年7月，县交通局监理站归属公安局，称交通警察大队。1988年，城关、章台、七级、侯贯、梨园屯5个派出所改建为中心派出所，又增加21个派出所，实现一乡一所，同时，在县城又增设洺水市场派出所。

图20-1　县公安局办公楼（开放路）/2018年摄

1994年，刑侦大队分设3个中队，分别辖城关片、梨园屯片、侯贯片、章台片和七级片，并由二中队兼刑事技术工作。1996年3月，成立经侦队，隶属刑警大队序列。1996年12月，局内设办公室（综合指挥中心）、人事教育科、治安科、预审科、法制科、户政科、经济文化保卫科，另有政治侦察大队、刑事侦查大队、巡逻警察大队（公安防暴大队）、看守所、派出所。合乡并镇后原32个派出所合并为16个，即5个中心所，11个乡派出所，保留洺水市场派出所设置。1997年11月，增设河北威县师范学校派出所。

1998年6月，县公安局国家税务税警队、地方税务税警队正式成立；7月，110指挥中心及特勤队成立。2000年5月，实行“侦审合一”，撤销预审科，成立刑警大队，下设7个中队，并撤销洺水市场派出所，设立威县公安局城区分局。2002年11月，公安局设立刑侦大队办公室和税警中队。

2003年4月，公安局内设政工科、办公室、法制股等8个股室，治安警察大队、巡警大队、刑警大队、国保大队、指挥中心5个直属机构和17个基层派出所。2003年8月，成立威县公安消防队，为县公安局下属的股级事业机构。2007年6月，设置威县拘留所，消防大队下设消防中队。2007年8月，增设出入境管理大队。

2008年7月，根据公安部关于规范县级公安机关机构设置的精神，局机构调整为31个（含交通警察大队），其中执法勤务机构8个，即指挥中心、安全保卫大队、刑事侦查大队、交通警察大队、治安管理大队、巡警特警大队、公共信息网络安全监察大队、出入境管理大队；综合管理机构3个，即政工监督室、法制室、警务保障室；派出所17个；监管场所2个；公安局下属事业机构1个，即县消防大队。至2009年，县公安局公安编制189人，实有384人，其中事业管理人员161人。

第二节　案件侦破

刑事案件侦破

1979 年，随着国家《中华人民共和国刑法》《中华人民共和国刑事诉讼法》，及《刑侦工作细则》陆续颁布和实施，县公安局不断加强刑侦工作，侦破技术开始向科学化方向发展，主要包括现场勘察、法医检查、痕检、化验、照相、纹检、步伐追踪等，案件侦破率大大提高。1982 年，刑事案件发案 64 起，破案 51 起，侦破率达 80%。1983 年，县公安局设立刑侦队。1985 年 8 月至 1986 年 1 月，县公安局干警奋战 160 天，调查 3 个市、6 个县、38 个村庄，访问群众 1100 人次，行程 11200 千米，获取材料 700 份，破获一起特大抢劫强奸案，以刘某为首的 3 名犯罪嫌疑人全部落入法网。

1989 年，一些人贩子以找工作、做生意为名，从四川、云南等地山区将一些年轻妇女，甚至少女，诈骗到内地，卖给一些光棍汉为妻，使这些妇女的身心受到极大的摧残，威县成为河北省拐卖人口重点县。9 月，侯贯中心派出所精密部署，将市公安局通缉在逃的重大拐卖妇女要犯陈某抓获，随后在县内掀起“打拐”高潮，一举打掉拐卖妇女儿童团伙。此专项行动，共追究刑事责任 17 人，治安处罚 160 余人。1996 年 8 月，把全县逃犯拉出清单，采用输入计算机与全国联网的方法，逐一把追捕任务分配给各战区、各抓捕小组和各位民警。行动中采取分片包干，寻踪追捕，网上比对，规劝招降等措施，取得显著战果。

2000 年 5 月，实行“侦审合一”，县公安局成立刑警大队，下设 7 个中队，即技术中队、经侦中队和 5 个责任区刑侦中队。之后，刑侦技术大幅提高，DNA 技术手段逐步成型，建立指纹、足迹、血型等大数据库，引入“天网”工程，刑侦技术手段越来越完善，破案更高效、准确、迅速。2004 年，县公安局按照什么犯罪突出就打击什么犯罪，什么案件突出就集中力量侦破什么案件的工作思路，把上级统一部署与本地实际紧密结合，先后开展“追逃专项行动”“侦破命案专项行动”、打击“两抢一盗”等一系列严打专项斗争。杀人、伤害、绑架、抢劫、强奸等重大案件侦破案达 90.9%，盗窃等多发性侵财案件，侦破率达 81%，15 起故意杀人案全部侦破，实现了“命案必破”。并侦破隐案、积案 219 起，成功侦破积压七年之久的北关村“4·9”杀人案。2005 年，县公安局共破获各类刑事案件 246 起，其中命案 7 起，命案侦破率 100%，抓获犯罪嫌疑人 125 人（其中逃犯 45 人），逮捕 85 人，劳教 5 人，转外 8 人，打掉犯罪团伙 5 个。同 2004 年相比，各类刑事案件发案下降 12%，其中可防性案件下降 8%、命案下降 15%；现行案件破率案上升 4.6%，违法犯罪人员在逃数下降 7%。

2006—2009 年，开展了打黑除恶、命案侦破、“打拐”、打击“两抢一盗”犯罪、打击电信诈骗、企业和项目周边治安环境整治等一系列专项行动。共抓获违法犯罪嫌疑人 671 人，破获史某故意杀人案等 4 起命案，马某寻衅滋事、敲诈勒索案等一批大案要案，打掉以张某为首的恶势力团伙和以李某为首的网络诈骗团伙，有力地震慑了犯罪分子。

1979—2009 年威县刑事案件发破案统计表

表 20－1　　　　单位：起

年份	发案数	破案数	破隐、积、协外案件	杀人	放火	投毒	绑架	盗窃	抢劫	抢夺	伤害	强奸	诈骗	其他
1979	34	26		1	1			19			2			11
1980	40	33		1		1		23			1	1		13
1981	46	39		2	1			22			4			18
1982	64	51		2	1			30			4	1		26
1983	137	112		2				62			19	6		47
1984	54	36		1				40			2			11
1985	58	41		1				41			7	2		7
1986	61	48		2				42			5			12
1987	59	44		2	1			43			3			10
1988	74	50		1		1		50			7	1		14
1989	84	57		3				58	1		5	4	2	11
1990	130	99		4	2			62	2		15	7		38
1991	147	106		2	1			65	4		12	4	2	57
1992	145	101		4	1		1	68	2		9	5		55
1993	156	79		3				70	3		18	9		53
1994	163	108		4	1			77	1	1	17	14	6	42
1995	153	114		3				62	1		20	7	4	56
1996	131	87		4				69	1		14	7	4	32
1997	167	118		4	1			67	3	1	16	9	5	61
1998	157	116		4				61	1	1	20	6	4	60
1999	163	123		5				63	1	1	22	6	6	59
2000	171	148		7				55	1	1	29	4	13	61
2001	222	172		6		1		118	3	2	18	10	6	58
2002	279	258		4				161	5	1	14	12	30	52
2003	242	187		11	4			131	4	2	25	8	18	39
2004	274	223	219	7			2	143	22	2	32	10	2	54
2005	246	206		7				168	10		20	5	1	35
2006	231	283	77	7	1		1	89	48	1	16	4	3	61
2007	224	260	443	5	1			98	20		19	5	6	70
2008	169	151	235	3				55	8		39	5	4	55
2009	795	240	209	1	1			522	31	29	55	9	51	96

治安案件查处

20 世纪 80 年代，赌博之风呈蔓延之势，县公安局和各公安派出所采取批评教育、罚款、治安拘留的办法严禁赌博。同时对集市扒窃、盗窃电力水利设施、私藏枪支炸药管制刀具等违法行为进行了查处。90 年代，加大对公共场所的查治力度，对录像厅、台球室、美发厅、饭店宾馆、歌舞厅进行重点清理整顿，对符合治安管理规定的发给治安许可证，对不符合治安管理规定的采取关闭或限期整改。2000 年后，治理重点在网吧、宾馆等公共娱乐场所的安全管理上，对全县网吧实行核查，逐项登记，建立管理档案，严禁未成年人进入网吧上网，对学校周边的网吧、游戏厅进行清理。先后开展“扫黄打非”专项行动及治理公路运输违法超限超载行为的专项行动，依法对违法人员进行了处理。

2006 年后，县公安局以国庆安保和奥运安保作为中心工作，开展社会治安整治行动，对烟花爆竹、道路交通、火灾隐患进行重点排查整治，同时加强日常巡逻，查缉违法犯罪，并做到快侦、快破。至 2009 年，4 年间共查处治安案件 1626 起，行政拘留 475 人，罚款 362 人（次）。

2006—2009 年威县治安案件查处情况一览表

表 20－2　　　　单位：起、人、次

年份	治安案件	其中				查处	行政拘留	处罚
		扰乱秩序	侵犯他人人身权利、公私财物	妨害社会管理	妨害公共安全			
2006	397	83	240	40	34	397	128	74
2007	338	41	257	24	16	338	126	65
2008	370	32	309	17	12	370	90	69
2009	521	20	488	9	4	521	131	154

第三节　刑事案件选录

姜霍寨凶杀案

1992 年 2 月 19 日，李寨乡（今属洺州镇）姜霍寨村发生一起凶杀案，两名妇女被害。是日，洺州镇黄街村石某俊羡慕妻弟媳姿色，欲行不轨，遭奋力反抗。石恼羞成怒，将妻弟媳杀害。又恐其妻告发，遂杀妻灭口。石作案后逃离现场。由于现场被破坏，破案难度较大，办案民警历经八个月，调查走访千余人，行程万余千米，利用 DNA 技术，掌握确凿证据，将故意杀人犯罪嫌疑人石某俊抓获。石某俊被判处死刑。此案是威县首起利用 DNA 技术侦破的案件。

王世公特大杀人纵火案

1996年3月25日凌晨，梨园屯镇王世公村村民于某双及三个孩子（两男一女，男孩分别13岁、11岁，女孩9岁）在家中被害，五间北房被纵火烧毁，现场惨不忍睹。这起案件，被害人数之多，手段之残忍，情节之恶劣，为威县解放后之最。案发后，县公安局成立专案组，通过现场勘验和走访群众，分析案件的因果关系，查明此案系该村村民贾某兰所为，贾某兰畏罪潜逃，侦查人员夜以继日行程数千公里，跨越京、津及东北三省捕寻贾的踪迹。4月9日贾某兰落网，后被判处死刑。

张营村特大投毒案

2001年5月22日中午1时许，张营乡张营村星华私立学校师生及该村群众52人发生食物中毒，其中32人中毒较深，危及生命。22日下午4时，县公安局接到报警后，迅速投入大量警力一面组织协助抢救，一面部署警力展开周密调查。经查，认定是一起恶性投毒案件。公安局立即成立专案组，抽选30余名精干民警，展开侦破工作。邢台市公安局、省公安厅刑侦技术专家，也先后赶到威县指导、支援侦破工作。经过4个日夜连续工作，最终锁定该村个体医生陈某勤有重大嫌疑。25日，将陈某勤拘留，同时，进一步提取有关证据。26日下午，陈某勤交代了犯罪事实。陈某勤因结算赊欠该村李某振的馍馍账，怀疑李记花账，趁李某振夫妇不备，将10余克鼠药投入面袋中，以此陷害李。由于抢救及时，中毒群众全部转危为安，无一人死亡。陈某勤被判处死刑。

李庄杀人敲诈案

2002年3月29日下午，在县城李庄水坑边发现一具女尸，经查系2001年11月2日失踪的王某，调查得知，王某失踪后其亲属曾被敲诈6万元赎金，当时未报案。办案民警通过技术手段寻找到犯罪嫌疑人的蛛丝马迹，经过一周的侦查，犯罪嫌疑人李某宝、孙某落网。李、孙二人姘居，无正当职业，生活拮据，遂产生杀人谋财念头。2001年11月1日，二人来到王某家，将王某掐死，将王某尸体捆绑装入编织袋内，趁夜深人静抛入李庄水坑。李某宝被判处死刑，缓期二年执行，孙某被判处死刑。此案是威县首起利用电信技术侦破的案件。

振威市场报复杀人案

2004年1月14日，威县公安局接到报案，在威县振威市场开服装门市的刘某礼于2004年1月8日失踪，其为广宗县张古寨村人。1月13日上午，其家人曾接到匿名男子勒索电话。案发后，县公安局全力展开侦破工作，于2004年3月5日侦破此案，将犯罪嫌疑人刘某泽和李某雪抓获。刘某泽与刘某礼素有矛盾，为报复刘某礼，刘某泽雇佣李某雪一起谋杀刘某礼。2004年1月8日晚，刘李二人开车将刘某礼骗到车内，将刘某礼杀害，埋尸于广宗县马房营村北路沟。为转移受害人家属视线，李某雪在邯郸市武安县用一公用电话向受害人家属打匿名电话勒索钱财。刘某泽与李某雪均被判处死刑。

白伏桥雇凶杀人抛尸案

2005年3月6日，县公安局交警大队接到群众报警，称有一辆红色面包车翻到县城东白伏桥下。交警大队民警勘验现场后发现是一起精心伪造成交通事故的重大杀人案。案发后公安局迅速成立专案组，展开侦破工作。6月4日，此案侦破。死者赵某林，临西县人，个体出租车司机。赵的妻子与同村郭某峰有染。郭某峰为达到与赵妻长期姘靠的目的，雇用葛某海密谋将赵杀害。葛某海骗租赵的出租车，趁赵不备，将其勒死，抛尸于威县城东白伏桥下，并伪造被害人交通事故死亡的假象。郭某峰被判处死刑，缓期二年执行，葛某海被判处死刑。

第四节　治安管理

特种行业的管理

主要包括对旅店业、刻字业、印刷业、信托业、废旧金属回收站点等行业的管理，管理办法一般为登记注册、对从业人员进行教育、落实责任制及进行经常性检查等。1985 年后，信托业不再属特种行业的管理范围。1990 年底，全县共有特种行业 130 家，其中旅店业 107 家，旧货业 7 家，刻字业 5 家，其他行业 11 家。1997 年底，全县共有特种行业 242 家，其中旅店业 107 家、旧货业 7 家、刻字业 5 家、美容美发厅 44 家、出租车 76 辆、其他公共场所 3 所。1997—1998 年，县公安局培训全县特种行业从业人员 500 余人次。1999 年，对全县 11 个废旧金属收购站（点）进行重点检查，取缔无证经营点 3 家，处理不按规定如实登记的废品收购点 7 家，并对其他特种行业进行审验换发特种行业许可证，其中旅馆业 28 家，刻字业 2 家，洗浴服务业 5 家，印刷业 8 家，对 3 家有违规经营行为的场所进行整改。

2001 年，对刻字业进行清查，公章刻制与市公安局联网，严禁私刻具有法律效力的各类印章。2003 年，县公安局对 68 家机动车修理业点进行了清查，培训从业人员 132 人，取缔无证经营机动车修理厂 5 家。2005 年，对 11 家废旧金属收购站（点）、13 个二手手机回收点、8 家歌舞厅进行清查，查破销赃案 1 起，处理违法人员 3 人，对 7 家不按规定如实登记的废旧金属收购点和 8 家旧手机回收点进行了处罚。2006 年，进一步规范特种行业、公共娱乐场所治安管理，规范有序经营，完善打、防、控机制，预防和减少各类违法犯罪案件和治安灾害事故的发生。2008 年，对全县 46 家特种行业进行治安检查，下达安全隐患整改通知书 80 余份，查处违章经营 5 家。督促全县 32 家留宿行业安装旅店业治安管理信息系统，安装率 100%，利用治安管理信息系统抓获 4 名网上逃犯。2009 年，对全县特种行业场所进行检查，下达安全隐患整改通知书 142 份，对 11 家违规经营点依法进行了查处。全县机修业全部安装治安管理信息系统。

危险物品管理

1984 年起，县公安局加大对危爆物品的管理力度，对查出的各类隐患，责任到人限期整改，及时收缴违法生产、运输、销售、储存的危爆物品，对违法行为进行处罚。1996 年 8 月，开展清查收缴散失在社会上的枪支弹药和危险物品的专项斗争，至月底，收缴各种气枪、土制猎枪、线枪、钢珠枪等 3000 余支，均送机械厂销毁。之后，收缴枪支成为治安部门一项经常性工作。2006—2009 年，县公安局开展了深入细致、不留死角的排查工作，全面掌握涉爆、涉枪、涉刀的重点单位和重点人员，落实管控责任和措施，整改安全隐患。共收缴管制刀具 1200 余把，仿真枪 1000 余支，各类枪支 90 支，子弹 2000 余发，手榴弹 10 枚，烟花爆竹 80 余万头，黑火药 1700 余千克，易制爆化学品 400 千克。

农村治安

1979年，全县各行政村均设有治保人员。1990年，全县共有农村治保组织521个，基层治保人员2140人。2002年，全县共有农村治保组织522个，1566人。

1997年，县公安局加强公安派出所工作，对全县16个基层派出所进行责任区划分，全面落实一区一警，一警多能，责任到人，一包到底的管理机制。全面推进公安派出所的规范化建设，并健全社会治安防控体系。2001年12月19日，全市治安防控体系建设现场会在威县召开，省政法委、省公安厅和市委、市政府对威县的做法给予充分肯定。至2003年，全县治安防控村达到80%以上。2006年，县公安局实施农村（社区）警务战略，按照“一区一警”的模式，科学划分警务区，建立驻村（社区）警务室，在全县522个行政村建立治保会。2007年，在农村和商业网点推广安装变压器防盗报警器245套，“气死贼”防盗报警器3060套，红外线防盗报警器1900套，电子监控系统125套500个探头。在全县农村推广治安保险“十元钱”工程。签订合同1.5万户，赔偿2户，赔付现金6000元。此项工程被新华网等网站和省、市多家新闻媒体报道转载。2008年，对治安预警实行县公安局、派出所、村治保会三级联合公布机制。

2009年，调整充实480个农村治保会，组建32支专职巡逻队和124支义务巡逻队，巡逻队员13000余人。农村治保组织提供有价值案件线索52条，从中破获案件26起，协助抓获犯罪嫌疑人32人。至年底，全县安装电子监控145套，变压器防盗报警器252套，红外线防盗报警器3000余套，“气死贼”防盗报警器8000余套；开展“平安互助网”建设，实现村村入网，进一步提高了农村技防水平。

城镇联防巡逻

1979—1995年间，威县境内城镇联防巡逻工作主要由驻地派出所承担。1996年12月，县公安局针对城区刑事、治安案件逐年增多的实际，设立威县公安局巡逻警察大队，承担县城及周边地区巡逻防范任务。2007年，县公安局在城区主要街道建立5个治安岗亭，安装8套电子监控系统。为全县250多辆出租车配备了民用频道对讲机，与110指挥中心联网，引导出租车参与治安防范，效果明显。2009年以城区为重点建立治安协作机制，强化重点区域和部位的治理，县城治安防范能力进一步提高。

110报警服务

1998年7月，县公安局成立110报警服务台，同时成立110特勤队，特勤队设3个中队，采用“正副班”形式轮流值班，担负着城区指挥中心下达的各种案件、事件、事故和群众求助的先期出警处置任务，主要是正在发生的重特大、紧急突发性案件、事件和事故、群众在急难险等方面的求助。2004年，110特勤队与巡警大队合并，成立巡警防暴大队。2005年，实行“三台合一”，110、119、122三个报警服务台合并，组成新的110报警服务台，110、119、122三个号码同时保留使用。报警服务台具有直接处置权、先期处置权、越级指挥权、合成作战及装备器材紧急调度权等八项职权，并出台《威县公安局指挥中心暨110报警服务台工作运行机制》等系列规章制度，接处警工作逐步走入正规。同时，110社会联动事业迅速发展，工商、税务、电力、文化、民政、交通、医疗卫生、技术监督等多家单位加入联动体系，社会应急反应机制已具雏形。2009年9月，县公安局依托指挥中心，建成集110报警、视频监控为一体的监控中心，对县城重点要害部位实行24小时全天候监控，随时调看、存储有价值图像，为预防和打击犯罪提供条件。监控中心运行以来，协助破获各类刑事案件28起，预防案件11起，提供线索破案23起，抓获各类违法犯罪嫌疑人7人。

2000—2009年110报警服务台接处警统计表

表20－3　　单位：起

年份	2000	2001	2002	2003	2004	2005	2006	2007	2008	2009
合计	423	819	882	3671	2163	1233	2114	2314	2394	2645

第五节　户政管理

1981—1996年，县公安局治安股负责全县的户籍管理工作。主要负责对常住人口、暂住户口、出生、死亡、迁入、迁出、变更户口的登记及身份证的发放管理。1996年12月，县公安局专设户政科，专门管理户籍工作。

1982年，全县普遍建立起户口登记簿，1985年，实行家庭户口簿制度。1988年，开始为16周岁以上居民颁发第一代居民身份证。2003年8月，省公安厅颁发《关于河北省户籍管理制度改革的意见》，城乡分割的农业、非农业二元户口管理结构被打破，农民进入城镇的门槛大大降低。公安局人口统计口径由原来的按户籍统计变为按居民实际居住地统计，分类由农业人口和非农业人口变为乡村人口和城镇人口。

常住人口管理

1982年，全县普遍建立起户口登记簿。1985年，威县实行家庭户口簿制度。1988年开始办理居民身份证，凡年满16周岁以上的公民（不包括现役军人、人民武装警察部队官兵及被拘役、劳教、羁押和正在服刑期间的人员）均须办理身份证。1989年，县公安局设户政股，派出所设户籍室，承担户籍管理工作。1998年换发新的常住人口登记表、居民家庭户口簿。2000年，将全县53万人口信息录入微机，实行微机化管理。2001年，全县户籍微机联网，实行网络化办公。2004年，开展户口核对工作，共核对53万余人。2005年，开始第二代居民身份证换发工作。2008年7月，全县的户籍管理微机更换为运算速度快、带指纹识别功能的微机。同年8月，派出所办公程序升级为全省统一的人口信息管理标准版系统。全县户籍管理实行“一站式”迁移办公。2009年4月，实行网上办公程序。7月，各派出所统一配置POS机，更加方便群众办理二代身份证。至2009年底，全县常住人口总数576578人（男性294963人，女性281615人），总户数166233户，共换发二代居民身份证217979人。

流动人口管理

1999年，县公安局设立暂住人口管理总站，各派出所设立暂住人口管理站，加强对流动人口的管理。2000年，制定威县公安局《关于加强暂住流动人口管理工作的实施意见》，制订《关于清理整顿出租房屋流动人口管理专项行动的实施方案》，共清理流动人口3581人，办理暂住证548人，清理出租房屋456户，签订治安责任书456份。发现流动人口中犯罪嫌疑人5人，破获案件11起。2002年，取消流动人口管理费，开展流动人口清理整顿工作，全县共登记流出人员4148人，流入人员1168人，发暂住证839个。2003年，暂住人口和出租房屋档案信息全部输入微机，实行微机化管理。2007年，建立以房管人新机制，清理出租房屋500余间、暂住人口900余人，从中发现违法犯罪嫌疑人7人，破获案件9起。2008年3月至9月，县公安局印发《关于强化实有人口管理攻坚专项行动方案》，组织开展了实有人口管理攻坚专项行动，共登记暂住人口1049人，清理出租房屋1945户，人户分离310人，登记流出流入人口9321人，通过行动抓获嫌疑人15人，其中逃犯5人。

第六节　道路交通安全管理

交通秩序管理

1987年6月，县公安交通警察队成立，开始接管机动车及驾驶员管理业务。1991年1月易名为威县公安交通警察大队，下设事故股、车管站、宣传股、政办室、财务股和三个中队。至2005年，担负着全县21000台机动车、19000名驾驶员的日常管理以及辖区456千米的道路交通管理（其中：国道49千米、省道47千米、县乡道路360千米）、事故处理、交通安全宣传和各种交通安全保卫等工作。2006年，执勤民警按照《中华人民共和国道路交通安全法》，对驾驶员轻微交通违法的，当场进行教育警告，一般违法的处罚由交警当场填写罚款通知书，严重违法的由交警暂扣车辆或驾驶证，并通知交通违法人在指定时间到交通管理机关接受处罚。

2007年，对途经威县运输的客、货运输车辆以及县客、货运输公司登门征求意见，签订交通安全责任书，并以路段情况、事故多少为参数，对执勤民警实行定人员、定路段、定任务、定奖惩的划段承包责任制；同时，加强夜间巡逻力度，保证昼夜不失控，维护交通安全，取得交通安全四项指标（交通事故起数、死亡人数、受伤人数、经济损失）全面下降的好成绩。2008年，建立健全各种执勤执法行为规范，在北京奥运会期间，威县境内车日流量达11000台次，高峰期达13000台次，县公安交警队超负荷依法加大整治力度，确保境内交通畅通无阻，全年纠正交通违法36421起。2008年9月，针对县城街道车辆乱停乱放、违法占道经营等影响市容市貌的混乱现象，积极联合城管部门对县城交通秩序进行大规模专项治理，对城区主要街道施划了停车泊位，县城区交通秩序有了明显改观。

2009年，在国庆安保工作中，针对辖区内国省道路日流量骤增的现象，为保证车辆行驶通畅，县交警队加大路查路检的综合执法力度，全年纠正司机违法8462人次；2008年、2009年交警队组织开展创建平安畅通县区和城镇面貌三年大变样活动，期间共清理违章占道摊点120个，处罚1200余人次，纠正交通违法28946人次。

驾驶员及车辆管理

1979年，县交通局监理站负责全县车辆管理工作。为便于养路费征收工作，地区交通局统一规定，将征费人员由公路站并入监理站统一管理。1980 年 4 月，根据上级交通部门要求，征费人员及征费工作再次划归公路站管理，同时监理站人事划归地区监理所直线领导。按照职责分工，开展车辆牌照及驾驶证管理、驾驶员安全培训、车辆维修鉴定以及交通事故勘察、处理工作，以保证行车安全，减少交通事故。1987 年 7 月，交通监理工作移交县公安局，成立威县公安局交通警察大队，车辆安全管理工作遂由县公安局负责。二、三轮摩托车及农用运输车驾驶员的培训工作，也由县公安交警大队负责，对所有报考的驾驶人全部进行培训，考试合格后发证。1997—2001 年，驾驶证管理按《河北省驾驶员管理办法》和《机动车管理办法》执行。2001 年底，全县共有各类机动车驾驶员 14000 余名。2005 年底，全县各类驾驶员达到 19000 人，其中，摩托车驾驶员 5000 人，农用车驾驶员 7000 人，汽车驾驶员 7000 人。2009 年，全县各类机动车驾驶员增至 61369 人。

2007 年 5 月，按照省公安厅向社会承诺的 16 项便民、利民、惠民新举措的安排部署，县交警大队于 7 月 1 日前，完成小客车的注册登记下放到县级一、二等车管所业务权限工作。同年，又将县交警公安大队车辆管理站更名为“车辆管理所”，负责机动车驾驶证的补证、换证，行驶证的补证、换证等业务工作。

2009 年 9 月，按照县政府统一要求，正式启动农机档案移交工作期间，县农机监理部门向交警队移交机动三轮和低速载货汽车行驶档案 1882 份，移交机动三轮和低速载货汽车驾驶证档案 2482 份。2009 年底，全县共有机动车 51128 辆，其中大型车辆 9869 辆，小型车辆 17698 辆，农用车 12896 辆，二、三轮摩托车 9965 辆，轻便摩托车 700 辆。2006—2009 年，检车 45844 辆，其中大车 8879 辆，小车 16348 辆，农用车 11876 辆，摩托车 8741 辆。

交通事故处理

1979 年，县交通监理站负责处理县内交通事故。20 世纪 80 年代，由于机动车辆较少，公路里程短，交通事故发生起数相对较少。1987 年 7 月，交通监理工作移交县公安局，成立威县公安局交通警察大队，交通警察大队内设事故股，负责处理县内交通事故。进入 90 年代后，机动车辆快速增长，机动车驾驶人的技术参差不齐，无证驾驶、酒后驾驶、疲劳驾驶等违规行为时有发生，各种原因导致交通事故呈上升趋势。交通事故处理程序一般为发生交通事故后，由事故勘查员进行现场勘查，按照有关法规和标准的规定，拍摄现场照片和必要的现场录像，绘制现场图，提取痕迹、物证，制作现场勘查笔录后解除现场。发生财产损失事故，当事人自行协商达成协议的，填写道路交通事故损害赔偿协议书。当事人共同请求调解的，交警当场进行调解，并在道路交通事故认定书上记录调解结果，由当事人签名。对于调解达不成协议的，下达交通事故终结书，当事人凭交通事故终结书向当地人民法院提起诉讼。

2006—2009 年，全县共发生交通事故 245 起，死亡 34 人、重伤 29 人。

2001—2009 年威县交通事故统计表

表 20 – 4　　　　单位：起、人、元

年份	事故起数	死亡人数	重伤人数	直接经济损失
2001	28	5	5	49873
2002	30	6	6	52697
2003	32	7	6	57626
2004	31	6	7	59632
2005	33	8	9	64321
2006	34	8	10	69685
2007	58	7	5	75630
2008	74	9	6	74500
2009	79	10	8	75501

附：

2008—2009 年威县交通事故分析

威县在 2008—2009 年共发生交通事故 153 起，详见下表：

2008—2009 年威县交通事故统计表

表 20 – 5　　　　单位：起

种类／年份	事故发生总数	道路等级			车辆类型						人员构成			驾驶证种类		天气情况		时间		
		国道	省道	县道	大货车	客运	小客车	农用运输车	二三轮	自行车	农民	工人	其他	正式驾证	非正式驾证	晴	阴雨雪	白天	夜间	
																			有灯	无灯
2008	74	53	20	1	48	0	15	4	4	3	51	20	3	49	25	68	6	50	2	22
2009	79	60	15	4	38	2	19	5	9	6	49	19	11	47	32	65	14	45	3	31

1. 从事故发生路段看，事故多发于 106 国道和省道（邢临、邢清、武馆线），发生率分别占事故总起数的 59% 和 32.2%。这主要是由于 106 国道、邢清、邢临省道及武馆路路面宽阔，路况视线良好，通行条件高，驾驶员行车速度快，加之思想麻痹、疏忽大意，临危时采取措施不当所致。

2. 从车辆类型看，(1) 大货车的事故发生率高，占事故总数的 56.2%，这多是由于大货车司机违章超车、超速，逆向行驶以及疲劳驾驶，疏忽大意、判断错误、措施错误造成的。这些事故多发于长途运输车辆，而且大多是个体运输司机。他们在经济利益的驱动下，总想多拉快跑，开疲劳车、带病车，不注意对车辆的维护、保养，致使交通事故频繁发生。2008

年10月有27日22时，在106国道章台路段（353千米处），付某驾驶货车与张某驾驶的货车因超速发生碰撞事故，造成张某与李某受伤，管某死亡。(2) 三轮摩托车和农用车（农用三、四轮车）占事故起数的45.3%，多因驾驶员超速，违法超车，违法掉头所致。(3) 客运车辆事故较少，大多事故属于争客，抢行超车、超速等，一般交通事故较少，损失也不大。(4) 自行车事故的发生大多是由于骑自行车的人，在车辆临近时横穿机动车道，或埋头猛拐、穿插，不注意观察和避让机动车所致。

3. 从人员构成上来看，农民发生交通事故占事故总数的65.3%，工人占25.5%，其他人员包括职员、机关干部、个体户、儿童等占9.3%，其事故多发于行人、儿童、因为他们交通安全意识和自我防范能力低，横过公路不注意观察来往车辆，往往是车辆临近时突然横过公路，司机躲避不及造成交通事故。

4. 按照种类分类，驾驶员发生事故占总数的62.7%，非驾驶员占事故总数的37.3%，由此可见，非司机事故发生率也较高。

5. 从天气情况上来看，晴天发生事故占总数的86.9%，阴雨雪天占事故总数的13.1%。

6. 从时间上看，白天事故发生率较高，占62.1%，晚上相对较低，占37.9%。

第七节　出入境管理

威县出入境管理工作一直由县公安局国内安全保卫大队兼管，2007年8月，设立威县公安局出入境管理大队，编制3人。主要负责受理因私出国人员的资格审查、政治审查和入境人员的登记管理工作。1991—2000年，共出境38人，2001年24人，2004年44人，2006年75人，2007年99人，2008年156人，2009年258人。2000年以前出境人员主要以探亲、访友较多。2000年以后，主要以留学、旅游、经商、务工为主。

第八节　消防管理

机构与队伍

1977年，威县公安局设立消防股。1983年，消防股划归武警序列，其主要职能是对消防工作进行监督检查，组织指挥火灾扑救等工作。1996年，消防股改为威县公安消防大队（亦称威县公安局消防科）。

1999年5月，成立威县棉油一厂企业专职消防队，有水罐消防车1辆，队员13人，除担负本企业的消防安全工作外，还义务扑救全县境内各类火灾事故。2003年10月，建立威县公安专职消防队，承担全县的灭火任务，有队员15人。

2007年8月，成立威县公安消防大队，隶属于邢台公安消防支队，消防大队下辖一个中队。2009年，有消防车4辆，队员30人，负责全县境内的各类火灾事故和抢险救援任务。

消防监督

1984年，在全县推行干粉灭火器，同时对全县消防单位实行分类管理，全县有一类消防重点单位12个、二类重点消防单位12个、三类消防单位83个。1990年底，全县共有干粉灭火器985具、手抬机动灭火器125台、消防栓95个、灭火水池110个、消防车2辆。1994年5月，威县油棉一厂购买4吨水罐消防车1辆。

2001年，威县境内共有一级消防重点单位26个，二级消防重点单位86个，派出所管辖单位112个，消防工作按照政府统一领导、部门依法监管、单位全面负责、公民积极参与的原则，实行消防安全责任制，以保障消防工作与经济发展相适应。县政府每年与各乡镇、各有关企事业单位签订消防工作责任状，保证乡镇与所属单位的消防安全。各人员密集场所、易燃易爆单位、公共娱乐场所都按规范要求设置了灭火器材。县公安消防队分别于2003年11月和2005年1月购置3.5吨水罐消防车1辆和泡沫消防车1辆。至2005年底，县公安消防队共接警119次，其中参加实战灭火63起，参加社会救援56次，执行其他任务37次，保护价值达900万元。2007年，开展“十七大治安、消防安全保卫‘零点1号’和‘零点2号’”行动，查处非法经营易燃易爆化学危险物品单位32家、违章建筑5处，剔除各类消防隐患306处。2009年，县公安消防大队对全县所有重点单位进行全面的消防培训。

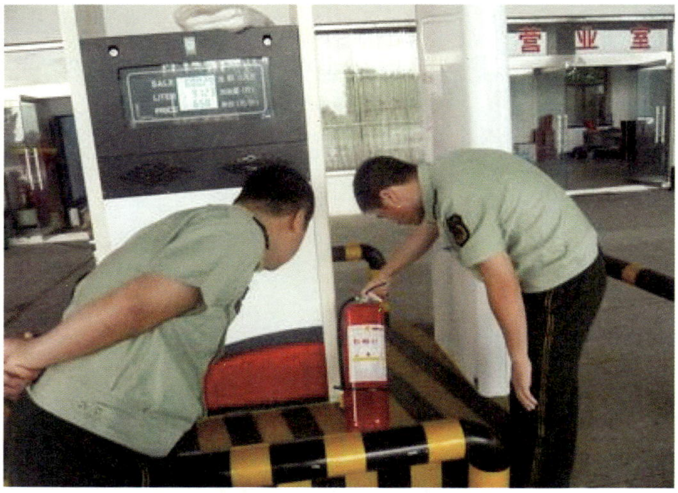

图20-2 执法人员检查加油站灭火器/2014年摄

消防救援

1979—2009年，共处理火灾440起，全部被扑灭，参加社会救援60余次，保护价值上千万元。

2007年3月1日，梨园屯一名三岁儿童落入废弃机井，县消防大队积极展开救援，成功解救儿童。

2007年3月29日，县城南106国道东侧一家储存棉花柴的企业因用火不慎发生火灾，共出动6辆消防车（威县2辆、邢台市2辆、南宫市2辆）。经过消防官兵25个小时的艰苦奋战，终将大火扑灭，经济损失30万元，无人员伤亡。

图20-3 消防救援/2014年3月摄

2009年10月12日，洺州镇围紫园村民房发生火灾，县消防大队出动消防车3辆，队员12人，将火扑灭，经济损失3.5万元。

第九节　监所管理

监所设施

县境内有威县看守所。2002年前，治安（行政）拘留人员与刑事在押人员合押，2002年建行政拘留所，专门关押治安（行政）拘留人员。2004 年，一故意伤害致死犯罪嫌疑人在狱内自杀，暴露出监所设施存在的隐患。同年，县公安局筹资 5 万元对 12 间监室厕所、放风场进行改建、维修，消除隐患。2009 年，县局看守所围绕安全稳定这一中心任务，加强硬件建设与软件建设，先后投资 20 余万元，对办公场所和监区房屋设施进行整修，改造和增加监控设施，在囚车上安装 GPS 卫星定位系统，提高人犯在押解过程中的安全系数。同时，配备 9 台计算机，全部接入公安网，逐步实现无纸化办公。

管理教育

看守所干警对在押人员实行依法管理、严格管理、文明管理和科学管理的政策，不打骂、不体罚、不侮辱犯人人格，坚持每月上一次政策课，进行法制和前途教育。1989 年县看守所组织犯人自办《新生报》，每周一刊，同年，还建立图书室，有图书 1000 余册。通过集体教育使在押人员增强了法制观念，树立正确的人生观和价值观，促进在押人员的思想改造和认罪伏法，同时为在押人员今后的道路指明了方向。监所内定期改善伙食，按季节换发衣被，并设有兼职医生，对病犯及时治疗。坚持安全大检查，剔除事故隐患，通过安全大检查消除事故 10 余起，避免重大事故 3 起。看守所曾创造连续 17 年安全无事故的纪录，1988—1990 年，连续三年被邢台地区评为先进看守所。1998 年 12 月，县看守所达到省二级标准，2005 年看守所被评为三级看守所（公安部标准）。2006—2009 年，县看守所先后两次荣获集体三等功，多次被市局评为监管工作先进集体和全市优秀公安基层单位以及全市监管场所深挖犯罪先进集体。

第十节　安全保卫

内部安全保卫

1990 年，全县机关事业单位均落实安全保卫措施，设置专职内部保卫人员。1997 年，威县第二中学设立保卫科，负责学校安全及车辆进出管理。2003 年，各机关事业单位已全部设立保卫科，由一名副职分管安全保卫工作。2006 年，公安局认真贯彻落实《企事业单位内部治安保卫条例》，完善内部单位防范、控制工作机制，确保内部单位特别是党政要害机关、金融、学校等要害部位的安全。2009 年，县公安局对党政机关、学校、金融部门、广电通信、重点工程、水、电、气等重点部位、重点目标进行安全大检查，对查出的问题，逐一落实整改措施，确保内部单位的安全和重点工程的顺利施工。

国家安全保卫

2006 年，公安局集中开展打击取缔“门徒会”邪教组织工作，对重点乡镇的“门徒会”组织、骨干分子进行摧毁和打击，查处“门徒会”邪教组织案 4 起，劳教骨干分子 2 人，治安处罚 23 人，取缔集会点 14 个，教育挽救受害群众 100 余人。2007 年，以加强情报信息工作为突破口，进一步拓宽信息情报网络，获取有价值信息 116 条，成功破获以孟某某、褚某某为首的“门徒会”邪教团伙案，教育信教群众 20 余人。

其他安全保卫

2003 年，抗击“非典”期间，全局实行 24 小时值班备勤，全力配合卫生防疫部门查询

"非典"可疑患者，配合交通部门完成对全县客运车、出租车消毒工作。2007—2009 年，威县在洺水东路举行 3 次元宵节烟火晚会，在历次保卫活动中，县公安局全警动员，多警联动，投入警力 200 余名，车辆 80 余辆，周密部署，严格落实各项措施，出色地完成活动的安全保卫工作。2008 年，奥运圣火运行团队沿青银高速转场途经威县。为确保圣火运行团队的绝对安全，县公安局高度重视，精心组织，周密部署，投入 110 余名警力，严格落实各项安全保卫措施，深入排查整治各类安全隐患，严防不法分子捣乱破坏活动，圆满完成安全保卫任务。2009 年，河北心连心艺术团到威县大型文艺演出，县公安局出动 40 余名警力，制定周密安全保卫工作方案，全程维护演出现场安全。

第二章　检　察

图 20－4　1991 年，县委书记张洪义（右四）陪同最高人民检察院检察长杨易臣（右五）到威县考察/黄成俊提供

1979—2009 年，县人民检察院批准（决定）逮捕犯罪嫌疑人 1540 人，立案监督 45 件，提起公诉 1527 人；立案侦查贪污、贿赂、挪用公款等职务犯罪 250 人，立案侦查渎职侵权职务犯罪 111 人；受理不服人民法院民事（经济）、行政判决、裁定的案件 154 件；受理群众来信 1519 件，检察长接待 419 件。通过办案为国家挽回经济损失 2071 万元。

第一节　机构与队伍

机构

1978 年 8 月，重建威县人民检察院。1980 年，检察院下设办公室、刑事检察科、法纪检察科。1982 年，增设经济检察科和监所检察科。1985 年，检察长由科级升为副县级，由县人民代表大会选举产生。1987 年，开始实行回避制度，威县籍人不准任检察长。1987 年，在县税务局设立检察室，派驻检察员。1988 年，增设控告申诉检察科和举报中心。1993 年，设立民事行政检察科，同年经济检察科更名为贪污贿赂检察科。1996 年 10 月，成立反贪污贿赂局（副科级），设局长 1 人，副局长 2 人，局长由副检察长兼任，历任局长为陈志刚、王安华、贾辉。1997 年，撤销税务检察室，1998 年，设立检察技术科，1998 年 7 月，政工科改为政治处。1998 年 8 月，设立威县预防职务犯罪指导委员会办公室。

图 20－5　县人民检察院（开放路）/2018 年摄

1999 年 4 月，设立司法警察大队，同年，成立由社会各界包括审计、财政、律师、公安、卫生等方面人才组成的检察技术咨询委员会和法医鉴定室。

2002 年 7 月，批捕科（原刑事检察一科）改为侦查监督科，起诉科（原刑事检察二科）改为公诉科，法纪检察科改为渎职侵权检察科。

2005 年 8 月，县检察院整体搬入义和路东段新建综合楼。建筑面积 4000 平方米，是集省、市、县相连接，内外网相结合，检察系统专线电话相配套的现代化办案办公大楼，达到最高人民检察院关于办案专业技术用房的硬件要求。2007 年，对同步录音录像设备进行更新和改装，并配备便携式同步录音录像设备，检察技术工作取得突破性进展。

2006 年，设立人民监督员办公室。同年，在渎职侵权检察科的基础上正式成立反渎职侵权局（正科级），反贪污贿赂局也升格为正科级。2009 年底，县人民检察院编制 51 人，设有检察长 1 人，副检察长 4 人，检察委员会委员 13 人，检察员 15 人，法警 4 人，书记员 14 人。内设办公室、政治处、侦查监督科、公诉科、反贪污贿赂局、反渎职侵权局、职务犯罪预防科、控告申诉检察科、监所检察科、民事行政检察科、司法警察大队、检察技术科、人民监督员办公室等 13 个科室。

队伍

1978 年 8 月，恢复建院，共有干警 12 人。1999 年，检察院共有干警 54 人，其中具有研究生学历的 1 人，本科学历 3 人，专科学历 33 人，中专学历 17 人，专科以上学历人数占总人数的 68.51%。1998—2002 年，共计 8 人通过最高人民检察院组织的检察官资格考试，2002 年，国家实行司法考试制度后，先后有 4 人通过司法考试，获取法律执业资格证书，检察队伍中专业人员比例持续稳定，发展较快，检察队伍文化水平大幅度提高。

2007 年后，县检察院狠抓干警学历教育，检察官队伍建设取得突破性进展，至 2009 年共有检察人员 47 人，工人 2 人，其中，本科学历 35 人，专科学历 14 人，法律专业 39 人，其他专业 10 人，本科以上学历干警占总人数的 74.47%。

1979—2009 年威县人民检察院检察长任职情况一览表

表 20－6

姓名	出生时间	任职时间	籍贯
李文泉	失考	1978.9—1982.4	待考
杨其升	1925	1982.5—1984.9	赵村乡安仁
史方泽	1943	1984.10—1987.4	赵村乡东范家庄
韩双石	1935	1987.4—1990.2	河北省南宫市
梁平均	1955	1990.2—1992.11	河北省南和县
王长生	1946.6	1992.12—1998.1	河北省临西县
胡永奎	1958	1998.1—2003.4	河北省任县
彭鲁来	1956.12	2003.4—2007.2	河北省清河县
焦朝坤	1968.4	2007.2—2009.12	河北省南和县

第二节　刑事检察

刑事检察的主要任务是对刑事案件侦查机关的侦查活动及所侦查的案件依法进行监督检察，对法院的刑事案件审判活动依法进行监督检察。1980 年后，县检察院严格遵行《中华人民共和国刑法》和《中华人民共和国刑事诉讼法》开展刑事检察工作。1978 年 9 月至 1990 年，县检察院共受理公安机关提请批准逮捕人犯 914 人，其中，批准逮捕 750 人。共受理侦查机关移送起诉的案件 785 件 901 人，经审查起诉 698 件 794 人，免予起诉 87 件 107 人，共出庭支持公诉 211 次，发表公诉词 211 件。

1990—1992 年，受理公安机关提请批捕案件 157 人，经审查批准逮捕 117 人，不批准逮捕 8 人；受理审查起诉 106 人，经审查提起公诉 94 人，决定免予起诉 45 人。

1993—1997 年，共受理公安机关提请批捕案件 308 人，经审查批准逮捕 228 人，不批准逮捕 16 人；受理审查起诉 164 人，经审查提起公诉 134 人，决定免予起诉 21 人，追捕 6 人，追诉 6 人，补充漏罪 10 起。1994 年，对法院量刑不准确的判决依法提出抗诉 4 件，其中一量刑较轻的判处有期徒刑三年缓期五年执行的案件，经抗诉改为判处有期徒刑五年。1997 年是《中华人民共和国刑法》《中华人民共和国刑事诉讼法》修改实施的第一年，县检察院依法加强对公安机关应当立案而不立案、不应当立案而立案活动的监督，当年受理立案监督案件线索 7 件，通知公安机关立案 7 件，公安机关立案 6 件。

1998—2002 年，共受理公安机关提请批准逮捕案件 451 案 520 人，经审查批准逮捕 304 案 463 人，不批准逮捕 4 案 8 人，退回公安机关补充侦查 90 案次；受理各类移送起诉刑事案件 389 案 508 人，经审查提起公诉 284 案 380 人，特别重大案件依法定程序报送市院审查起诉 30 案 44 人。改变公安机关定性 14 案 15 人。

2003—2006 年，共受理公安机关提请逮捕案件 407 人，经审查批准逮捕 375 人，不批准逮捕 2 人；受理审查起诉 466 人，经审查提起公诉 405 人，不起诉 2 人。与法院共同制订《普通程序简易审判若干意见》，降低了诉讼成本，节约了司法资源。

2007—2009 年，共受理公安机关提请批准逮捕案件 262 案 350 人，经审查批准逮捕 251 案 357 人，不批准逮捕 5 案 7 人，依法追捕漏犯 7 人，退回公安机关补充侦查 5 案 5 人；受理移送起诉各类刑事案件 289 案 405 人，经审查提起公诉 271 案 383 人，特别重大案件依法定程序报送市院审查起诉 8 案 12 人。

第三节　经济检察

1980 年，县检察院开始负责反贪污贿赂检察工作，1982 年，根据全国人大常委会《关于严惩严重破坏经济犯罪的决定》精神，加强了经济检察工作。1985 年后，县检察院根据最高人民检察院指示，把打击经济犯罪作为主要任务，1980—1990 年，共受理经济案件 288 件，其中立案 90 件，涉及 102 人，逮捕 56 人，挽回经济损失 311.3 万元。

1992 年，开始参与打击制售假冒伪劣产品的活动，抓获不法分子 20 人，捣毁制假黑窝点

15个，取缔销售假货网点25个，收缴制假工具4台，没收非法所得20多万元。

1993年，针对农村电价过高和不法分子制售假农药坑农害农的实际情况，开展两个专项整治，销毁假农药7吨，捣毁制假窝点3个，抓获不法分子4人，取缔售假网点15个。1996年4月，从一封群众举报材料提供的线索入手，立案查处张营乡经济犯罪窝案、串案，涉及乡党委书记、两任乡长、一名副书记兼计生办主任，以及乡其他人员在内的10余人犯罪案件。1997年，查办贪、贿、挪三类案件20件，其中县处级要案2件，万元以上大案16件。是年，县检察院反贪污贿赂局被河北省人民检察院给记集体二等功。

2000年，查处县委委员、县教育局局长案，在社会上引起极大反响。1998—2002年，依法查处贪污、贿赂、挪用公款案件63件，其中大案33件，为国家挽回经济损失600余万元。

2003年始，突出办大案要案的工作思路，并围绕中心工作提出两个界定的原则：把个人贪污贿赂与在招商引资中的非正常开支区别开来；把过失犯罪与在招商引资中偶尔发生的上当受骗等特殊情况区别开来，为扩大对外开放促进县域经济发展做出贡献。至2006年，共立案查处贪污、贿赂、挪用公款案件43件，其中大案22件，挽回经济损失1000余万元。

2007—2009年，依法查处贪污、贿赂、挪用公款案件25件，挽回经济损失400余万元。

第四节 渎职侵权检察

1980—1992年，共立案查处各类渎职侵权案件95件，逮捕人犯77人，起诉9人，免予起诉29人。

1993年，查处恢复建院以来涉及公安干警犯罪的第一起刑讯逼供案。1994年，查处县法院法官徇私舞弊案。上述两案的查处，对于司法人员的公正执法、严肃执法起到警示促进作用。1995年，查处县商业局特大玩忽职守案。

1998年后，以查办司法机关和行政执法机关为重点，至2002年，共查办渎职侵权案件17案21人，其中做有罪判决10案13人，移送其他院或部门处理7案8人。2003年起，以查办滥用司法权、行政执法权、行政审批权给国家和人民利益造成重大损失的渎职侵权案件为重点，至2006年，共查办渎职侵权案件12件。2007年后，加大渎职侵权案件的查处力度，至2009年，共查办各类渎职侵权案件19件。

第五节 监所检察

1978年8月，恢复人民检察院后，由刑事检察科负责监所检察工作。1982年，设立监所检察科后，强调住所检察。至1990年，共防止人犯自杀10次，防止罪犯企图越狱3次，纠正无证羁押42人，释放久押不决人员24人。

1990年后，加大对超期羁押的纠正力度，完善羁押手续，杜绝无证羁押。1994年，对公安局批准的判刑后保外就医人员进行专项检察，在被查的10名犯人中，除1人外出，其余9人全部收监，切实解决判刑后不交付执行，以钱抵刑等问题，维护了司法的严肃性。

2002年，投资2万元在监所安装自动监控系统，及时掌握各监室活动情况。1998—2002

年，共纠正超期羁押22件。2003年起，监所检察向规范化、制度化发展，进一步完善换押证制度、安全检查制度、对犯罪嫌疑人的认罪服法教育制度。至2006年，共纠正超期羁押18人次，消除安全隐患5次。

2007—2009年，依法监管被刑事拘留人员511人，被逮捕人员374人，进行安全大检查41次，纠正刑期计算错误2案2人。

第六节　控告申诉检察

1988年，县检察院设控告申诉检察科，依法对法院的民事、行政案件的审判活动进行监督，对已生效的确有错误的民事、行政裁判提请市人民检察院抗诉，依法启动再审程序。同时信访工作得到进一步加强，1991—2000年，共受理群众来信来访799件（人次），妥善处理群众集体访20件次，处理打击报复案件2件，处理重婚案件3件。2000年，检察院接待室被省检察院命名为文明接待室。

2003年始，县检察院实行人民来访代办制，以服务群众为宗旨，对群众的来信来访直接代办，限期将处理结果告知举报人，同时对转办的案件跟踪监督，限期办结。2001—2006年，共接待受理人民群众来访来信630件，妥善处理集体访41起，处理告急访13件，化解上访苗头60余起。

2007—2009年，共接待、受理人民群众来访、来信121件，其中检察长接访42件，妥善处理集体访23起，处理告急访9件，化解上访苗头35起。

第七节　民事行政检察

1993年，县检察院设民事行政检察科，负责民事和行政诉讼，对民事经济审判、行政诉讼进行监督，对本级人民法院已经发生法律效力，确有错误的民事、经济、行政判决和裁定，按照审判监督程序提出抗诉或建议上级检察机关提出抗诉，依法启动再审程序，依法查处审判人员在审查民事、经济、行政案件时徇私舞弊、枉法裁判等犯罪案件。1994年，向法院提出纠正违法建议2次。1996年，民事行政检察工作由以提出纠正违法建议为主向提请抗诉为主转变，当年对2起确有错误的已生效判决提请市院抗诉。至2002年，依法提请抗诉76件，调解息诉12件，提请抗诉的案件改判56件。

2003—2009年，依法提请抗诉90件，改判11件。

第八节　职务犯罪预防

1991年3月，县检察院印发致全县厂长经理的公开信，提出预防职务犯罪、支持企业发展以及查处经济犯罪的具体措施。对于减少和预防企业生产经营中的违法犯罪行为起到了积极的作用。1992年，又出台关于支持企业发展的十条措施，把打击职务犯罪与促进经济发展结合起来。

1998年8月，成立由县委主管政法的领导及县政府29个单位主要负责人组成的威县预防职务犯罪指导委员会，县检察院成立专门机构预防科，并与10个相关单位共同建立预防犯罪协调小组，聘请30名机关干部为职防协调员。至2006年，先后与40多个单位签订《共同预防职务犯罪协议书》，散发各类宣传材料24000余份，为企业解决涉法问题30余件，帮助企业回收货款60余万元，向县委、县政府及有关部门提出建议9条，均被采纳。

2007—2009年，加强预防网络建设，与金融、安监等14个系统和单位联合制定预防职务犯罪实施方案，使其责任更明确，内容更具体。同时对县义和路西延、洺州纺织厂建设、106国道整修等重大建设工程开展职务犯罪专项预防工作。

第三章　审　判

1979—2009年，威县人民法院依法开展刑事、民事、经济、行政等审判工作，判处刑事案件达1400件，办理民事案件达14203件。妥善处理各类民事纠纷，依法维护经济秩序，接待调解人民来信来访，为促进社会稳定、人民经济发展起了重要作用。

第一节　机构与队伍

1979年，县人民法院内设办公室和刑事、民事2个审判庭，下辖城关、梨园屯、章台、侯贯、七级5个人民法庭，1982年，随着《中华人民共和国经济合同法》的实施和经济的快速发展，为满足经济纠纷案件审判工作需要，增设经济审判庭。1986年，增设执行庭，负责执行发生法律效力的民事经济判决、裁定和调解书，以及发生效力的公证、仲裁文书。1987年9月，增设行政审判庭，依法审理公民、法人及其他组织认为行政机关和行政机关工作人员的具体行政行为侵犯其合法权益而提起诉讼的案件。1988年4月，增设贺钊、成志庄、寺庄人民法庭，城关法庭更名为洺州法庭。1990年4月，设立告诉申诉审判庭，负责接待群众来信来访及申诉案件的审理，同年设立政工科、纪检组。是年，全院干警66人，其中院长1人，副院长3人，副科级以上审判员21人。1995年5月，设立法警队，负责该院押解、值庭及机关保卫工作。

图20－6　县人民法院办公楼（洺水东路路北）

2000年3月，撤销成志庄、贺钊、寺庄3个人民法庭，增设经济审判第二庭，侯贯人民法庭更名为常屯人民法庭，所管辖区不变。2001年，成立计划生育法庭。2002年，为进一步推动案件的执行工作，彻底解决“执行难”问题，经县人民政府批准，成立执行局。抽调16名干警充实到执行局，占全院干警人数的四分之一。是年，经济审判庭更名为民事审判第二庭，10 月，经县编制委员会批复，设置监察室。2006 年，为适应执行工作的需要，按照上级法院要求，成立执行局协调科。

至 2009 年，县人民法院设院长 1 人，副院长 3 人，下设办公室、政治处、纪检组、监察室、刑事审判庭、民事审判第一庭、民事审判第二庭、立案庭、审判监督庭、法警队、执行局、行政审判庭及洺州、章台、常屯、梨园屯、七级 5 个人民法庭。全院行政编制 70 人。

1979—2009 年威县人民法院院长任职情况一览表

表 20－7

姓名	出生年月	任职时间	籍贯
张广聚	1938. 10	1977. 5—1980. 11	章台镇南镇村
张冠卿	1925	1980. 11—1984. 10	张营乡从容
李之瑞	1937	1984. 10—1987. 4	贺营乡曹王营
李书江	1938	1987. 4—1992. 11	南宫市
李斌俊	1948. 1	1992. 12—2003. 4	平乡县
赵国军	1960. 8	2003. 4—2009. 12	赞皇县

第二节　刑事审判

1978 年，中共十一届三中全会召开后，全国进入社会稳定和经济发展时期。1979 年 7 月，《中华人民共和国刑法》《中华人民共和国刑事诉讼法》公布实施。“两法”的公布实施，标志着刑事审判工作进入在实体和程序上都有法可依的新阶段。

1978—1995 年，县法院审判的刑事案件随着时代的发展不断发生变化，大约分为四个阶段：第一阶段，1978—1983 年，审判刑事案件 159 件，平均年结案 30 件；第二阶段，1983 年初，由于社会治安形势严峻，中央决定在全国开展一场集中严厉打击刑事犯罪活动斗争，县法院积极投入“严打”斗争，该年结案 59 件；第三阶段，1984—1988 年，由于开展“严打”斗争，社会治安综合治理的加强，案发率有所下降，到 1984 年，年结案数量下降到 19 件；第四阶段，1989—1995 年，中央提出改革开放，搞活经济，社会形势有了明显好转，在这一时期共结案 126 件，其中经济犯罪 12 件。

1996 年和 2001 年，在全国范围内又开展两次“严打”斗争。县人民法院作为惩罚犯罪的重要力量，坚持“严打”方针，并做到“严之有据、严之有理，严之适度、严之有效”。不仅给予严重犯罪分子毁灭性打击，也给予罪行轻微人员悔过自新机会，同时还使全体公民普遍受到法制教育，起到了维护社会治安秩序和预防、减少犯罪的良好效果。2001 年随着“严打”方针不断深入，刑事结案 70 件，判处罪犯 94 人。

2006 年，实施宽严相济的刑事司法政策，最高人民法院对刑事审判工作提出“该宽则宽，当严则严，宽严相济，罚当其罪”的政策要求，刑事政策发生明显变化。2001—2008

年，县人民法院判处刑事案件年平均在70件以上。2009年，判处刑事案件101件。

1979—2009年刑事案件审结情况统计表

表20-8　　　　单位：件、人

年份	结案情况		年份	结案情况	
	数量	判处人数		数量	判处人数
1979	12	12	1995	11	11
1980	18	21	1996	20	50
1981	39	59	1997	36	39
1982	31	50	1998	43	66
1983	59	72	1999	25	30
1984	78	117	2000	51	66
1985	49	74	2001	70	94
1986	27	38	2002	77	103
1987	18	22	2003	82	101
1988	19	19	2004	105	144
1989	32	43	2005	76	98
1990	28	35	2006	78	98
1991	15	17	2007	86	126
1992	18	26	2008	74	99
1993	12	17	2009	101	120
1994	10	16			

第三节　民事审判

1979年后，随着商品经济的发展和经济体制改革的进行，民事纠纷的内容有了新的变化，民事案件受理量也逐年增多。县人民法院严格按照审判制度和审判程序，注重维护当事人的诉讼权利和合法权益，切实做好各项民事审判工作，为改革开放创造良好、安定的社会环境。1991年4月，《中华人民共和国民事诉讼法》颁布施行以后，民事案件数量明显增长，主要由民事审判庭及派出人民法庭审理，通过积极推行巡回办案，就地解决纠纷，有效克服了案件多、难度大、力量不足等困难。

30年间，城乡居民的婚姻观念发生巨大变化，婚姻纠纷案件随之大幅增长，2009年，办理婚姻纠纷案件达473件。同时，县法院进一步加大调解力度，完善调解机制，创新调解方法，并积极将调解工作前移，充分发挥人民调解组织的作用，按照“能调则调、当判则判、调判结合、案结事了”的方针，力促达到政治效果、法律效果、社会效果的高度统一，促进社会和谐稳定。

1979—2009 年民事案件审结情况统计表

表 20－9　　　　单位：件

年份	结案	年度	结案
1979	113	1995	364
1980	214	1996	573
1981	245	1997	489
1982	242	1998	402
1983	220	1999	475
1984	200	2000	628
1985	160	2001	761
1986	152	2002	718
1987	188	2003	761
1988	204	2004	881
1989	423	2005	823
1990	256	2006	879
1991	207	2007	816
1992	262	2008	859
1993	397	2009	966
1994	325		

第四节　经济审判

1979 年，经济纠纷案件由民事审判庭审判。1982 年，县人民法院设立经济审判庭，专门审理经济纠纷案件，依法调节经济关系。当年只审结经济纠纷案 1 件。此后，随着社会主义市场经济的发展繁荣，经济关系也越来越复杂，经济案件逐年呈上升趋势，并出现不少新类型案件，经济审判工作越来越重。

县法院经济审判依照法律规定，着重调解、悉心办案，并坚持公开开庭、依法审判，强化当事人举证责任。在审理经济纠纷中贯彻快立案、快审判、快结案，注意审执兼顾的“三快一兼顾”原则，不断提高案件质量和效率。1999 年 10 月 1 日，《中华人民共和国合同法》实施，为法院审理各类经济纠纷提供重要的法律依据，经济审判范围也以合同纠纷为主。2002 年，经济审判被纳入“大民事”格局，县经济审判庭更名为民事审判第二庭。自此，经济纠纷案件归入民事审判庭审理。

1982—2001 年经济案件审结情况统计表

表 20－10　　　　单位：件

年份	收案	结案	年份	收案	结案
1982	1	1	1992	25	19
1983	7	7	1993	80	81
1984	12	12	1994	65	71
1985	15	15	1995	80	84
1986	22	22	1996	240	215
1987	30	30	1997	110	105
1988	45	45	1998	150	161
1989	80	78	1999	98	107
1990	25	25	2000	160	172
1991	20	22	2001	201	197

第五节 行政审判

1982 年，《中华人民共和国民事诉讼法（试行）》颁布，行政案件由民事审判庭审理。1992 年，县法院设立行政审判庭，专门审理行政诉讼案件。1990 年 10 月《中华人民共和国行政诉讼法》颁布实施，行政审判程序正式纳入法制轨道。县法院依照有关法律法规的规定，对行政机关的具体行政行为是否合法进行审查，做出相应判决，以维护和监督国家行政机关依法行政，保护公民、法人和其他组织的合法权益不受侵犯。2001 年审结行政案件达 24 件，是结案最多的一年。之后，在行政审判中，注重以“坚持合法审查，促进执法完善，依法规范撤诉，力求案结事了”为原则，积极探索和完善行政协调新机制，在依法履行司法审查职能的同时，注重协调和平衡公共利益与公民权益的关系，耐心细致地做协调工作，力促干群和谐，行政诉讼案件每年在 10 件以内。2009 年，审结行政案件 3 件。

1992—2009 年威县行政案件审结情况统计表

表 20－11　　　　单位：件

年份	结案	年份	结案	年份	结案
1992	1	1998	5	2004	6
1993	—	1999	12	2005	6
1994	1	2000	8	2006	9
1995	—	2001	24	2007	12
1996	3	2002	2	2008	9
1997	3	2003	1	2009	3

第六节　案件执行

1986年以前，威县法院没有设立专门执行机构，案件的执行一般由审判人员完成。其他法律文书，法院不负责执行。随着民事、经济案件的大幅度增加，执行难问题日益突出，执行任务不断加大。1986年，依照最高人民法院的规定，成立执行庭，负责本院民事审判庭、经济审判庭已审结、经院长批准移交执行的民事经济案件，以及行政机关申请执行的案件。1999年，按照最高法院的统一部署，加大执行力度，采取多种措施，执结了大批久拖未决的案件。

2002年4月，县法院执行局成立，抽调16名干警充实到执行局工作，占全院人数的四分之一，壮大了执行力量。同时，购置警车、警具等，为彻底解决执行难创造条件。之后，执行人员创新工作，加强学习培训，不断提高业务水平，提高执行的艺术和方法，为群众办实事、办好事；采取舆论宣传、责令被执行人申报财产、曝光被执行人、公告期限执行等措施以及查封、扣押、拍卖、变卖等强制执行措施，办结了一批案件。2004年，执结案件268件，标的5000余万元，执行局多次被上级的法院评为执行工作先进单位。

2008年，执行局加大执行力度，努力破解执行难。2009年在“清积”活动中，清查出245件积案，其中有财产可供执行的112件，无财产可供执行的133件，已全部执行结案（包括程序性终结）。

1993—2009年执行案件审结情况统计表

表20－12　　　　单位：件

年份	结案	年份	结案	年份	结案
1993	30	1999	147	2005	191
1994	18	2000	174	2006	250
1995	124	2001	133	2007	172
1996	20	2002	126	2008	222
1997	65	2003	204	2009	245
1998	89	2004	268		

第七节　审判监督

1990年4月，设立告诉申诉庭，负责接待群众来信来访，依法审理当事人对本院已发生法律效力的判决、裁定、调解书所提起的申诉案件。20世纪80年代后期，由于商品经济的发展、政治和经济体制的改革陆续进行，社会矛盾更加复杂起来，其间要求落实政策的人明显增多，信访工作任务也越来越大，仅1990—1994年，法院就受理人民来信210件次，接待群众来访400余人次，对来信来访中应由法院审理的案件及时审查，并立案转交有关业务审判庭处理，在一定程度上缓解了群众告状难的问题。

为加强审判监督工作，后将申诉、告诉庭更名为审判监督庭，审判监督程序是人民法院对已经发生法律效力的判决、裁定、调解协议，依照法律规定对案件再次进行审理的程序。体现了人民法院长期坚持的实事求是、有错必纠的司法原则，纠正错误裁判，切实保护国家、集体和公民个人的合法权益。1991—2009 年，再审案件 109 件。

第八节 审判制度改革

1979—2009 年，县法院大力推进当庭宣判，将裁判权下放给合议庭，大大减轻了审判委员会的压力，使合议庭真正成为审判组织，摆脱了过去只审不判的现象。庭审方式亦由过去纠问式转为辩论式，大大调动了当事人参加诉讼的积极性，增强审理案件的公开性，使庭审变得真实可靠，提高群众对法院的信任度，落实公开审判规范庭审，提高庭审的透明度。“先定后审”“庭审走过场”的现象已经绝迹。不断强化审判人员的程序观念，并在规范开庭、规范送达、规范执行上出台一系列实施办法，使重实体、轻程序的现象得到有效遏制。实施诉讼风险告知制度，降低诉讼成本，减轻当事人的诉累，增强当事人的举证责任等。

1999 年，最高人民法院出台《人民法院五年改革纲要》，为审判方式改革指明了方向。当年威县法院结合实际情况，探索实行立审分立、审执分立、审监分立。对审判流程管理进行改革，采取有力措施，对立案、送达、开庭、结案等不同审理阶段加强跟踪管理。2001 年底，启动再审立案程序，完善质证和认证制度。严格执行最高人民法院 1999 年发布的《关于严格执行公开审判制度的若干规定》，全面落实公开审判制度。采取一系列措施，加快裁判文书的改革步伐，增强裁判文书的说理性，提高裁判文书的质量。

2005 年，最高人民法院出台《人民法院第二个五年改革纲要》，县法院根据新阶段、新时期人民群众对司法工作的新期待、新要求积极推进各项审判方式改革，取得明显的成效。加强和完善诉讼调解制度，建立全程调解机制，将调解贯穿于诉前、诉中、诉后，有力促进了社会和谐，积极构建“大调解”格局，重视对人民调解的指导工作。探索民事诉讼程序的简化形式，并扩大简易程序的适用范围，提高诉讼效率。理顺审判委员会、院长、庭长、审判长、合议庭之间的关系，即突出互相制约，又强调独立司法。健全和完善审判流程管理机制，对立案、保全、送达、排期、开庭、结案、执行，审限跟踪等各环节的工作进行管理，从而加强对审判运行过程的有效监督，实现审判各环节的相互制约，使案件审理工作公正、高效。

在司法为民方面，着力体现便民、利民思想，推行对立案不便的当事人电话立案、上门立案，设置导诉台，进行导诉服务和诉讼风险提示，坚持巡回审判、巡回调解，深入田间地头办案，方便群众诉讼，加大司法救助力度，确保弱势群体的合法权益得到保障。

第四章 司法行政

1979—2009 年，威县共开展 5 次大型的普法宣传教育活动，同时在全县还开展法律服务、法律援助、法律咨询等工作，并加强基层调解组织建设，及时调解处理人民内部矛盾，维护人民群众的合法权益，全县公民法律意识全面提高，为县域经济发展创造了良好的法制环境。

第一节　机构队伍

1980年8月，建立威县司法局，地址在县城北街，主要承担全县法制宣传、指导基层人民调解，管理公证、律师和持有省级司法行政部门颁发的基层法律服务执业证的法律服务工作者等职能。1980年10月，局内设人秘股、宣传教育股、公证处、法律顾问处，全局司法行政人员11人。同年，邱兴华任法律顾问处主任，王子元为威县第一任律师。1982年5月，县政府任命孙文彬为公证员，是威县第一任公证员。1985年增设民调股。1987年，全县32个乡镇全部建立司法所、法律服务所，乡镇司法所与法律服务所一套机构，两块牌子，主要职能是管理乡镇司法行政工作。

图20－7　县司法局外景（顺成路）/2009年摄

1990年，县司法局设有人秘股、宣教股、民调股、法律顾问处和公证处，共有工作人员30人，其中公证员3人，律师3人，下辖32个乡镇司法所，司法助理员32人。1992年5月，局机关搬迁到顺城路56号。是年，法律顾问处更名为律师事务所。1993年12月，各乡镇司法所、法律服务所的分离办公工作全部完成。全县有司法所、法律服务所各32个，基层法律服务人员59人。1994年，县公证处被市司法局记集体二等功。1996年，乡镇建制调整，原有的32个乡镇司法所减少为16个。1997年，秘书股改称办公室，民调股改称基层股。2000年9月，威县律师事务所更名为新洺水律师事务所。

2002年4月，乡镇司法所划入乡镇办公室，司法所人员并入乡镇办公室，同时，明确各乡镇司法行政专项编制，每所3人。2004年1月，成立法律援助中心，免费为老、弱、病、残、贫及特定案件当事人提供法律援助。

2006—2009年，争取省财政厅国债资金70万元，先后对洺州、贺营、章台、高公庄、枣园、张营、高公庄、七级、侯贯、方营、第什营12个乡镇的司法所进行改建。至2009年底，县司法局内设办公室、宣教股、基层股、公证处、法律援助中心、律师事务所，下辖16个乡镇司法所（其中8个市级达标司法所），有执业律师9人，其中四级律师4人。

第二节　法制宣传

1980年10月，司法局设立法制宣传股，法制宣传工作得以加强。1983年8月至1986年，全县开展严厉打击严重刑事犯罪活动，司法局配合行动，利用有线广播、宣传橱窗等形式进行宣传。1986年，全县各级党委、政府、村民委员会和32所初中以上学校及87个副科级以上部门（含乡镇）均建立起普法领导小组及其办公室，确定专兼职人员，负责各地、各单位普法工作。

“一五”普法（1986—1990 年）

县委成立县普法领导小组，办公室设在司法局，由局长兼任办公室主任，具体工作由法制宣传教育股负责。各区、乡和县直机关各部门（单位）成立相应的普法领导小组。1986 年底，县、乡两级共培训普法宣传教育骨干 1050 人，选配辅导员 320 人，从县城到各乡镇驻地普遍设立法律咨询站，522 个村民委员会中 95% 以上开办法制夜校。1988 年 4 月，全县干部职工学完“十法一条例”，并对其单位和个人进行考核，参考率 100%。到 1990 年底，全县共培训普法骨干 4150 人次，辅导员 840 人，1991 年 1 月，县司法局被邢台市委、市政府评为普法先进集体。

“二五”普法（1991—2005 年）

1991 年，“二五”普法和“依法治县”工作在全县铺开。1992 年，举办“二五”普法骨干培训班 80 期，培训县、乡、村骨干 5000 人次；参加全省在秦皇岛召开的专业法学宣传座谈会，并作典型发言。7 月，分三批对副科级以上干部和部分行业执法人员进行涉外经济法律法规培训，聘请河北大学经济法律教授讲课，参加学习的有 600 余人。1993 年 3 月，分四批对全县企业管理人员和有关部门领导进行培训，重点学习股份制、房地产、关贸总协定等热点法律知识。1994 年全年举办骨干培训班 54 期 5000 人。1995 年底，顺利通过邢台市政府“二五”普法验收。

“三五”普法（1996—2000 年）

1996 年，在全县开展第三个法制宣传教育五年规划，即“三五”普法。“三五”普法期间，是党中央提出实施依法治国战略的重要阶段。1997 年，县人大常委会先后举办两次专题，听取普法宣传教育汇报，并组织督导组深入企业、农村考察指导。全年编印发放各种法制宣传材料 10 万份，组织法律知识竞赛 18 场。至 1998 年底，村级法制夜校达 254 所，村村制定村规民约，实行财务公开，民主管理，全县依法治村铺开面为 100%，“四无”（无群众集体械斗、无因纠纷引起的非正常死亡、无民转刑案件、无因纠纷引起的上访）村为 95%。2001 年，县司法局荣获邢台市三五普法先进集体。

“四五”普法（2001—2005 年）

“四五”普法期间是中国加入世贸组织与国际经济接轨的重要时期。因此，这一阶段普法的重点对象为领导干部、司法和行政执法人员、青少年以及企业经营管理人员。把宣传与整顿规范市场经济秩序相关的法律法规，宣传与加入世界贸易组织相关的法律知识，宣传与维护社会稳定相关的法律法规，宣传社会发展迫切要求普及的各项法律法规作为主要内容。目标是实现“两个转变”，即由“提高全民法律意识向提高全民法律素质的转变，实现由注重依靠行政手段管理向注重运用法律手段管理的转变”。

“四五”普法期间，全县同步举办大型的“12·4”（2001 年，《中央宣传部、司法部关于在公民中开展法制宣传教育的第四个五年规划》中，把每年的宪法实施日 12 月 4 日作为“全国法制宣传日”。）法制宣传日活动，活动共 5 次。为全县副科级以上领导干部征订发放《WTO 知识读本》500 本，《社会主义法制建设基本常识》800 本，《依法治国论》1000 本。为全县公务员、企事业单位干部征订发放《干部法律知识读本》3000 本。

“五五”普法（2006—）

2006年初，“五五”普法开始启动，将全面推进以法律进机关、进乡村、进社区、进学校、进企业、进单位等为主要特点的“法律八进”工程。2007年底，县司法局根据市委政法委要求，建立政法网建设，至此，全县的普法依法治理工作开始向信息化、规范化迈进。

2008年，推进司法体制改革，合理配置司法资源，逐步实现司法机构设置和职能分工专业化，形成权责明确、相互配合、相互制约、高效运行的司法体制。根据市普法办的统一部署，组织全县股级以上干部普法考试。全县应考人员1350人，实际参考人数为1329人，参考率98%。在全县繁华地带刷写标语225条；先后组织全县各律师事务所的律师、公证处、法律工作者，开展了10次大规模送法下乡活动。在农村集市和县城社区采取举行大型刊板宣传、发放法制宣传资料5000份、出动宣传车14辆次、设立法律咨询台接受法律咨询500人次，对群众财产、土地承包、合同等方面的问题进行解答，增强广大群众的自我保护意识。

2009年，自12月4日法制宣传日起，开展为期一个月的送法下乡活动，通过宣传车流动宣传、现场法律咨询、张贴宣传画、法律知识竞猜等活动，增强群众守法意识，引导公民明辨是非，崇礼守法。将《农民进城务工法律知识问答》《农民工维权手册》《农民工法律知识》等小册子及时送到进城务工农民手中，以增强务工人员的法律意识。

第三节　人民调解

1980年8月，县司法局成立，主要工作之一是负责民事调解工作。1985年，增设民调股后，民事调解工作进一步加强。1985—1990年，共调处各种民事纠纷8572件，调解成功率达94.5%，消除隐患纠纷305件，防止激化纠纷154件。

1989年，《人民调解委员会组织条例》颁布。是年冬，以乡镇为单位，分批对基层调委会主任、信息员进行调整、充实、培训。1990年1月，县人民调解领导小组成立，下设办公室（在司法局）。县、乡（镇）人民调解领导小组、村（居）调委会、村民调解小组相继成立。

2000年4月，各乡镇成立司法调解中心。是年底，全县基层调解组织发展到780个，其中村级522个，县直企事业单位43个，乡（镇）企事业单位143个，集贸市场72个，调解员2350人。

2004年4月，邢台市司法局在威县第什营乡召开基层调解组织建设现场会，推广威县村级调解组织建设的经验，并参观司法所独立办公的场所。

2008年，各级调解组织共调处各类矛盾纠纷188起，调解成功184起，调解成功率97.8%，防止民转刑案件2起5人次，防止重大矛盾纠纷引起的上访和群体性械斗2件。

2009年，乡（镇）司法调解中心共调处各类纠纷192起，防止民转刑案件1件，防止上访案件2件，村（居）人民调解组织共调解民间纠纷182件，成功地预防和化解民间矛盾纠纷，较好地发挥了基层人民调解组织维护社会稳定的作用。

第四节　公证事务

1980年10月，县司法局设公证处，代表国家行使公证权。主要通过确认法律行为及有法律意义的文书，证实事实的真实性和合法性，预防纠纷，减少诉讼，维护国家法律秩序。1986年在职3人，其中主任1人，公证员2人。1988年，经个人申请、群众评议、组织推荐、上级评审，首次任命三级公证员4人，四级公证员2人，公证助理1人，全年共受理各类公证1988件，办结1507件。其中，发现违法和不真实合同11件，避免经济损失38万元，帮助修改完善合同312件，接待群众来信来访7起。1989年，共办理各类公证2130件，避免和挽回经济损失53万元，被邢台市司法局评为司法行政先进集体。1992年，公证处内部管理普遍实行投诉制度、公证责任和赔偿制度，逐步实现人员按专业优化组织，分配和实绩效益挂钩，奖惩按质量确定标准。同年，一类证占99%，二类证占1%，杜绝了三类证。

1993年，全年受理各类公证5416件，办结出证4628件，同时，通过公证审查，发现违法和不真实合同29件，避免和挽回经济损失90万元。修改完善合同171件，合同履约率98%。公证处还在县人行、县工商行、县农行、县计生委、乡镇、银行营业所及信用社发展39名公证联络员。1994年，被市司法局记集体二等功。

1996年，对公证工作实行主任选举聘任和任期目标责任制改革。全年办理各类公证1030件，涉及标的额1022万元，帮助当事人追回拖欠款34万元，审查不真实合同31件，避免和挽回经济损失637万元。1999年，全年共受理各类公证2300件，其中民事公证2099件，经济合同公证201件，收费比上年同期增长1.4万元。经公证的合同履约率在99.5%以上。2001年，开始实行“要素式”公证书试点，2002年，全部实行“要素式”公证书格式。

2008年，共办理各类公证事项140件，义务解答公证咨询550人次，为服务对象修改协议、合同125份，提合理化建议45条，其中为招商引资项目建设和孤寡老人亲自上门办理公证、简化工作程序、减免费用50%等21件公证业务。为当事人和企业避免和减少损失150余万元。

2009年，对高速占地、开发区征地实行免费公证，是年底，为15个村1690户的5653亩土地进行了公证。

第五节 律师事务

1980年10月，县法律顾问处成立，时有律师1人。其主要职责：为国家机关、社会团体和公民提供法律帮助，维护法律的正确实施和国家、集体、公民的合法权益；接受聘请，担任法律顾问；受当事人委托担任代理人参加诉讼；受刑事被告人委托或法院指定担任辩护人；受自诉案件自诉人、公诉案件被害人及其近亲属的委托，担任代理人参加诉讼；代写诉讼文书和其他有关法律事务的文书。1986年，国家恢复律师资格考试制度，当年威县潘明钦、高红岩2人取得律师资格。至1990年底，担任刑事辩护452次，代理民事、经济案件3954件，先后为45个单位担任常年法律顾问，代写法律文书5000件。

1992年，县法律顾问处更名为律师事务所。是年，实行律师事务改革，律师事务与司法局脱钩，律师事务所改制为私有合伙制。

2000年9月，威县律师事务所更名为新洺水律师事务所。2008年共代理刑事案件14起，民事案件134件、为35家单位担任常年法律顾问，代写法律文书450件，有力地维护了当事人的权利。

2009 年底，县司法局律师事务所有执业律师 9 人，其中四级律师 4 人。河北邢广习律师事所有执业律师 6 人，代理民事案件 115 件，刑事案件 7 件，担任常年法律顾问 2 家，代写法律文书 140 件。

第六节　法律服务

法律援助

2004 年，县法律援助中心成立，基层法律服务工作者为法律援助工作人员，主要办理乡镇村级的请求给付赡养费、抚养费、扶养费，请求给付社会保险金、最低生活保障金、抚恤金、救济金、劳动报酬，残疾人、未成年人、老年人、农村“五保户”、患有有严重疾病的人请求侵权赔偿，进城务工人员追索劳动报酬或其他合法权益受到侵害而请求赔偿的案件及其他确需法律援助的法律事务。至 2005 年底，法律援助中心共办理法律援助案件 213 件，接待来访解答法律咨询 1503 人次、代拟法律文书 185 份。是年，按县级法律援助机构人员不少于 3 人的要求，调整充实人员。

2007 年，建立 4 个法律援助咨询点和法律援助联系卡制度。针对农村常见的法律援助案件类型，自编法律援助指南 1000 份免费发放。全县办理法律援助案件 30 件，同比增长 45%，接待来电来访 256 件（次），自动咨询 300 次。2008 年结合《法律援助条例》的出台，组织 3 次较大规模宣传活动，使法律援助制度真正深入人心。全年办理各类法律援助案件 13 起，指派其他机构承担完成法律援助任务 9 件，有力地维护了弱势群体的合法权益。2009 年共办理援助案件 49 件，减免各项费用 2 万余元。

法律咨询

法律咨询工作由律师事务所、公证处、乡镇法律服务所承担，主要是对来访的当事人进行法律咨询解答。

1999 年 5 月，“148”（谐音“要司法”）法律服务专线在全县顺利开通，专用电话号码是 0319－6160148。为方便群众法律咨询，并安排律师所、公证处等人员在值班室轮流值班，提高了解答法律咨询的质量。从法律服务专线开通至 2005 年底，法律服务专线值班室接待来访 782 人次，解答法律咨询电话 2670 人次。2008 年，律师和法律服务工作者共代理刑事案件 14 起，民事案件 134 件、担任常年律师顾问 35 家，无偿提供法律援助 8 起 21 人次，代写法律文书 450 件。2009 年，共接待法律咨询 160 人次，代理案件 180 起，其中无偿提供法律援助 86 起，切实维护了当事人的合法权益。

第二十一编　军　事

威县地处冀南平原，历史上战事频繁，兵连祸结。威县人民为反抗强暴，同顽固势力进行英勇顽强、不屈不挠的斗争。东汉末年，威县人民积极参加张角领导的黄巾起义。清朝末年，威县爆发以赵三多为首的义和拳起义，使威县成为全国义和团运动的发源地。

抗日战争时期，威县人民在中国共产党的领导下，同日伪军进行艰苦卓绝的斗争。期间，威县抗日干部和群众配合八路军，同日本侵略军展开攻打威县城、智取孙家陵炮楼、掌史突围战、义和营伏击战等战斗，创造了可歌可泣的英雄业绩。解放战争时期，威县是冀南区首府，威县人民踊跃参军、参战，支援前线，为全区树立了学习的榜样，为全中国的解放立下了功劳。1949 年进入社会主义革命和建设时期，威县民兵积极参加抢险救灾，维护社会治安，为建设社会主义物质文明和精神文明做出了贡献。

1986 年 4 月前，中国人民解放军河北省威县人民武装部（简称县人武部）为军队编制序列。1986 年 5 月—1996 年 3 月为地方建制，全称为河北省威县人民武装部。1996 年 4 月 1 日起收归军队建制，全称为中国人民解放军河北省威县人民武装部。县人武部无论是地方还是军队建制，都接受上级军事机关和中共威县县委、县政府的双重领导，主要负责全县的民兵预备役工作。30 年间，人武部在正规化建设、“双兴”基地建设、民兵组织建设及民兵和学生军训、征兵、军民共建、民兵参建、维稳抢险等方面，都取得了可喜的成绩。1995—2004 年，连续十年被邢台军分区评为先进人武部，1992 年被河北省人民政府、省军区评为民兵预备役先进单位，1996 年被河北省委、省政府、省军区在以劳养武工作“三个百”评选活动中评为先进单位称号，1998 年被河北省政府、省军区评为基层建设、民兵预备役先进单位，1999 年被河北省军区评为农副业生产达标先进单位，

图 21－1　中共河北省委常委、省军区政委张彦欣（右一）到威县调研/2010 年 10 月摄

2001 年被河北省军区评为先进党委，2002 年被中国人民解放军总参谋部、总政治部评为全国基层民兵预备役工作先进单位，2004 年被河北省军区评为河北省民兵预备役“双兴”基地建设先进单位，2005 年被河北省军区评为信息化建设先进单位。

第一章　组织机构

第一节　县人民武装委员会

恢复县人民武装委员会

1978 年 11 月 7 日，威县根据中共中央关于恢复各级地方党委人民武装委员会的通知精神，恢复县人民武装委员会。县人民武装委员会主任由县长担任。

建立基层人民武装委员会

2003 年，根据上级指示精神，全县 16 个乡（镇）全部建立由乡（镇）党政主要领导、武装部长、有关部门负责人和辖区内建有民兵组织的企事业单位领导参加的基层人民武装委员会，是在同级地方党委领导下的人民群众武装力量的专门领导机构。

第二节　县国防动员委员会

县国防动员委员会机构

根据省政府、省军区《关于成立河北省国防动员委员会的通知》和邢台市政府、邢台市军分区《关于成立邢台市国防动员委员会的通知》精神，1996 年 12 月，经中共威县县委、县政府、县武装部研究，印发《关于成立威县国防动员委员会的通知》，威县成立由县委书记为第一主任，县长为主任，县人武部部长、政委、副县长为副主任和涉及各单位主要领导组成的县国防动员委员会。县国防动员委员会下设三个办公室，县人民武装动员办公室设在县人武部军事科，县经济动员办公室设在县计划委员会，县交通战备办公室设在县交通局。

办事机构调整

2000 年 3 月，威县国防动员委员会增设威县人民防空办公室，设在县政府办公室内。2003 年，县国防教育办公室划归县国防动员委员会下设机构，负责全县国防教育工作。2004 年，县国防动员委员会办事机构调整为 8 个，分别为综合办公室、人民武装动员办公室、国民经济动员办公室、交通战备办公室、人民防空办公室、科技动员办公室、信息动员办公室和国防教育办公室。

第三节 县人民武装部

县人民武装部机构

1986年4月前，县人民武装部为军队编制序列，正团级单位，设部长、政委及副部长各1人，政委任县委常委。机关内设作战训练科、动员科、政工科。1986年4月，根据中共中央、国务院、中央军委《关于县（市）人民武装部交接工作通知》的精神，县人民武装部于1986年4月15日由军队建制改归地方建制，全称为河北省威县人民武装部，由正团（县）级单位降为副县级单位，受中共威县县委、县人民政府和邢台警备区的双重领导，设部长、政委各一人；机关内设办公室、军事科、政工科。1992年10月，县武装部增设1名副部长（正科级）。1996年4月1日，根据中央、省有关文件精神，威县人民武装部由地方建制收归军队建制，为正团级单位，编制9人，隶属于邢台军分区，受邢台军分区和县委、县政府双重领导，设部长、政委、副部长各1人，政委为县委常委；机关内设军事科、政工科、后勤科。2000—2002年县武装部部长任县委常委。2003—2009年政委任常委。

图21－2 1996年3月29日县人民武装部收归部队交接大会

人民武装部正规化建设

在人武部正规化建设方面，1991年，县人武部投资20多万元建成840平方米办公大楼。2001年投资新建人武部办公配套楼，同时，对机关的各种库室进行装修，完善各种制度和措施。投资8万余元更换部分办公桌椅及作战旧式图版，值班室安装电子显示屏，更换基地部分门窗。同年，进一步加强软件建设，对各种资料进行重新分门别类、归档整理，达到存放合理，查阅方便。2005年，县人武部投资18万元建成信息指挥中心。2006年，县武装部制定《威县人民武装部正规化建设实施细则》，修订完善文电、车辆、财物和人员管理规定；筹资20多万元高标准完成国防综合信息网建设，率先成为省军区信息化建设达标单位。

图21－3 县武装部办公楼/2009年摄

图21－4 1995年，北京军区司令员李来柱上将（前排、右二）到威县考察

1979—2009 年威县人民武装部历任部长、专职政治委员任职情况一览表

表 21 －1

职务	姓名	任职时间	籍贯
部长	马春荣	1979. 1—1981. 5	山西汾阳
	赵冬至	1981. 5—1983. 5	任县
	李英武	1983. 5—1992. 11	枣园乡东李庄
	缺职	1992. 12—1994. 1	—
	张少川	1994. 2—2002. 3	张营乡从容
	苑立纲	2002. 3—	邢台县
政治委员	郝洪考	1979. 1—1986. 4	辛集市
	柴献臣	1986. 4—1999. 2	张营乡前小辛
	刘培元	1999. 2—2001. 2	柏乡县
	王运亭	2001. 3—	清河县

第四节　基层武装部

乡镇（公社）武装部

1984 年 4 月以前，全县设 32 个人民公社武装部；1984 年 4 月开始，全县由原来的 32 个人民公社改为 27 个乡、5 个镇，各人民公社武装部相应改称乡（镇）人民武装部。乡镇武装部均设部长 1 人。1995 年 11 月并乡扩镇后，合并为 16 个乡（镇）武装部。到 2009 年，县域内武装部总数未发生变化。

县直机关武装部

1979 年 7 月，县成立县直机关武装部，机构和办公地点设在县委直属机关工作委员会。

第五节　武警中队

武警中队组织

威县武警中队的前身为抗日战争时期的独立营。1966 年 6 月由县武装部接管，隶属于中国人民解放军邢台军分区威县武装部。1978 年改编为中国人民武装警察部队威县中队，隶属于邢台地区公安处武装民警科。1983 年 6 月隶属于中国人民武装警察部队邢台地区支队（1993 年 8 月改为中国人民武装警察部队邢台市支队）。设中队长、指导员各 1 人，同时接受威县公安局领导。武警威县中队担负着县看守所武装外围警戒任务，其职责是协助公安机关执行武装拘捕、押解、追捕等任务，维护社会稳定，处置突发事件。

武警中队活动

1983年后，在“以练为战”的思想指导下，多次进行基础科目和专勤专练的训练，官兵素质不断提高，部队战斗力逐步提高。配合县公安机关执行押解、追捕任务200余人次，执行设卡堵截任务40余次，均圆满完成任务。

2000年起，武警中队与驻地贫困户建立帮扶关系，为贫困户提供粮、油等生活必需品。中队官兵每年都到光荣院慰问，帮助老人清洁卫生。1992年被支队评为达标中队，2000—2003年，连续4年被支队评为先进中队，2005年被总队评为基层建设标兵中队。先后有20余名官兵荣立三等功、1名战士荣立二等功。

图21－5 县武警中队训练/2011年4月摄

第二章 兵 役

第一节 兵役登记

征兵摸底调查

1984年之前，每年进行一次征兵摸底调查，由各级兵役机关，将18～22岁的男性公民数量、质量和分布情况登记起来，作为分配征集任务的依据。

建立兵役登记制度

1984年，正式建立兵役登记制度，在每年9月30日前，所有适龄的男性公民，根据县兵役机关的安排，到专设的兵役登记站进行兵役登记。兵役登记站负责对上站公民进行体格目测和政治初审。通过登记，县兵役机关根据兵役法关于应征、缓征、免服兵役或不得服兵役的规定，确定当年的征集对象。经过兵役登记和初步审查合格的当年应征对象，称应征公民。征兵工作开始后，应征公

图21－6 威县兵役登记工作会议/2013年摄

民按照县兵役机关的通知到指定的地点进行体格检查。1984—2009 年，全县兵役登记无错漏、无逃避现象。

第二节 兵员征集

征兵机构

每年征兵前夕，县均成立征兵领导小组，征兵领导小组设在县人民政府。征兵领导小组组长由县政府领导担任，组长为县征兵工作第一责任人，对新兵质量负全责。征兵领导小组下设办公室，负责处理征兵工作日常事务。征兵领导小组的主要任务是负责及时传达贯彻上级的指示，分析征兵形势，制定保质保量完成任务的措施，领导威县征兵工作的展开，确保征兵任务完成。

征兵领导小组下设征兵办公室，是负责征集兵员的办事机构。县征兵办公室设在县人民政府，负责协调、处理征兵工作日常事务，具体组织征兵工作。1989 年 1 月，县政府征兵办公室的办事机构设在县人民武装部，办公室主任由县人民武装部军事科科长担任。征兵办公室在上级兵役机关、县委和政府领导下开展工作。办公室其他人员从兵役机关、宣传、公安、卫生、民政、劳动等有关部门抽调组成，设秘书组、政审组、体检组和后勤保障组等。

乡镇和县直武装部均成立相应的征兵机构，负责该辖区内征兵工作的宣传发动、兵役登记和对应征青年的体格、政治条件进行初检、初审等。

宣传发动

实施兵员征集，威县历来都把思想发动视为中心环节。每年征兵开始，运用会议、电视、广播、宣传栏、标语等多种形式进行宣传发动工作，激发适龄青年保卫祖国、参加人民解放军的热情，主动报名应征。

图 21－7　威县征兵工作会议/2013 年 6 月摄

1978 年中共十一届三中全会后，国家的工作重点转移到经济建设上来，农村实行联产承包责任制，曾一度出现当兵受到冷落的现象。据此，在征兵中，着重教育广大青年和人民群众，增强国防意识，正确处理建设祖国和保卫祖国、个人利益和集体利益的关系，树立致富不忘国防的思想。进入 20 世纪 80 年代后，征兵思想教育纳入社会主义精神文明建设的整体规划，建立国防教育和“双拥”领导小组和办公室，把国防教育、征兵教育同拥军优属工作结合起来，增强全民拥军精神，使征兵工作走上法治化、制度化、规范化轨道。

检兵定兵

兵员征集一般选择在冬季，兵员的文化程度以初中、高中为主，兵员以农村青年为主。

1988 年，威县无征兵任务。1989 年，全县春冬两次征兵，并全面实施部队派员来地方接兵制度。从 1990 年开始，改为冬季征兵。1999 年，根据省发《严格控制非农业超指标征集数量的通知》，全省实行非农业参军入伍安置卡，有效地控制了非农业超指标征集情况的发生。兵役制度在此期间仍然实行义务兵与志愿兵相结合的兵役制度。

1998 年 12 月 29 日，第九届全国人民代表大会常务委员会通过新修改的《中华人民共和国兵役法》规定，义务兵服现役期限为两年。

征兵体检　被确定的应征公民，按照兵役机关通知，按时到指定地点进行体格检查。县卫生部门统一抽调人员组成体检组（站），按照 1978 年下发的《应征公民体格检查办法》开展工作。自 1986 年，体检站设在县人武部，1991 年，为适应征兵工作的新形势、新特点，县人武部实行封闭式体检，在人武部专门设立体检站，并制定威县征兵工作程序图、征兵政审工作流程图、征兵体检工作流程图，保证兵员的体检质量。

图 21－8　威县新兵入伍欢送仪式/2013 年摄

政治审查　1979—1995 年，新兵政治审查由新兵所在村或单位、当地派出所负责。1996 年根据上级指示，进一步加大新兵政治审查力度。1998 年，实行征兵政审分县、乡镇（单位、学校）、村（居委会）三级联审制度。

定兵　定兵按 3 个原则进行，即择优定兵原则，根据应征青年的政治、身体、文化、年龄等条件进行比较，好中选优；集体定兵原则，先由乡镇征兵机构根据掌握的情况，集体研究，筛选出双合格人员名单，再由县征兵办公室根据双合格人员名单，提出初定方案，然后召开有县征兵领导小组成员和接兵部队负责人参加的定兵会，集体讨论定兵；公开定兵原则，将双合格应征青年名单、初定人员名单进行张榜公布，征求群众意见，接受群众监督。30 年间，县人武部确保兵员质量，圆满完成征兵任务，为部队输送了大批合格兵员。

第三节　预备役

登记范围

预备役登记是国家储备后备兵员的基础性工作之一。按照《中华人民共和国兵役法》规定，年满 18～35 周岁的男性公民和编入基干民兵的女性公民，都要进行预备役登记，重点对象是退伍军人和与军事专业对口的地方专业技术人员。1980 年 8 月，国务院、中央军委颁发《退伍军人预备役登记统计暂行规定》。规定：退出现役的军人，由部队确定服预备役的，在回到本人居住地 30 天内，应到当地兵役机关办理预备役登记。

预备役登记

县人武部结合每年退伍军人接收安置工作，对部队确定服预备役的退伍军人进行登记，填写退伍军人预备役登记卡片。1981 年，进行第一次预备役登记。预备役人员在服预备役期间，定期进行政治学习，参加军事训练，执行军事任务，并随时准备应征服现役。

图 21－9　预备役训练/2004 年摄

县人民武装部每年以 6 月 30 日为准，对经过登记确定服预备役的退伍军人变动情况核对一次。对于已登记服预备役的退伍军人调出威县或被逮捕、被判刑、被剥夺政治权利的，注销登记。超过服预备役年龄的，因身体条件变化不适合服预备役的，以及死亡的消除登记。县人民武装部每年根据各基层单位核对结果，按照全军统一制定的退伍军人预备役统计表进行统计，逐级上报。

第四节　军人风采

老山战斗英雄龙朝频

龙朝频，侯贯镇南侯伶仕村人，1980 年 11 月入伍，1982 年考入石家庄陆军学院，1984 年 8 月赴云南老山前线对越作战，任排长。老山前线在云南省麻栗坡县，这里山高坡陡，沟深林密，雾大雨多，战略位置十分重要。越军在我防御对面部署重兵，采取“掘壕延伸”战术，构筑了长达 54 千米纵横交错的交通壕，妄图分割包围我前沿一些阵地。在这样的敌情、地形、气候等恶劣条件下，龙朝频冷静指挥，和战友们英勇杀敌，一次次打退敌人的进攻，出色地完成了防御任务。在一次收复被敌占领的我国领土时，他奋勇当先，带领战士们冲向敌阵，不幸被地雷炸掉左脚。战后荣立二等功。

1985 年 10 月 28 日，中共威县县委、县政府组织召开“老山战斗英雄报告会”，龙朝频作英雄事迹报告，在威县引起强烈反响。后在北京、保定、邢台等地作报告百余场，直接听众十几万人次，为社会主义精神文明建设做出了应有贡献。

1987 年 8 月，威县邵固乡辛台林遭遇百年不遇的龙卷风，死伤群众 50 余人，龙朝频闻讯立即投入到救死扶伤的行列，受到广大伤者及县医务工作者的高度评价，《邢台日报》为此专门作了报道。

1991 年 5 月，龙朝频被国家民政部、人事部和中国残疾人联合会授予“全国自强模范”光荣称号，并受到党和国家领导人的亲切接见。

转业后，龙朝频改行学医，他刻苦钻研，对医学技术精益求精。经过十几年的历练，在医学上有自己独到的见解。来自美国、澳大利亚、新西兰、巴西等国的国际友人对其医术也赞不绝口，成为转业创业的典范。

浴火英雄贾继兰

贾继兰，梨园屯镇王世公村人。1995 年 12 月入伍，1999 年 1 月加入中国共产党，2002 年入昆明陆军学院学习深造，毕业后任排长、连长。2007 年军区举行爱军精武比武竞赛，他带领 20 多位战士参赛，在多项比赛中夺得名次，取得优秀成绩。

2008 年 1 月下旬，南方遭遇特大冰雪凝冻灾害，贾继兰奉命赴贵州执行灾后重建任务，提前圆满完成任务。2 月下旬，贾继兰带领连队进驻镇远县青溪镇待命。3 月 1 日，离宿营点 3 千米的河东村瓦扎坡突发森林火灾，火势迅速向 2 千米外人群集中的城镇蔓延，国家财产和人民群众生命安全受到严重威胁。经请示批复后，贾继兰带领连队 60 名官兵迅速赶到火灾现场，与当地群众一道奋力扑救。下午 4 时 30 分许，当最后一条余火即将熄灭时，因风向突变，火势陡然猛烈起来，冲破隔离带，向对面的山坡上迅速蔓延。贾继兰首先发现了火情的突然变化，同排长张世勇迅速通知战友们向安全区域撤离。这时他发现有几名战友惊慌之间竟然跑错了方向，十分危险，他冷静地对这几名战友喊话："朝另外一边的山顶跑！"这几秒钟的临危处置，化解了可能的更大伤亡，却丧失了自己撤离的最后机会……

贾继兰在扑救山火过程中被严重烧伤，烧伤面积达 92%，烧伤深度 40%。他用无私和无畏书写了对党和人民的无限忠诚，成为人人敬仰的"浴火英雄"。

2008 年 3 月，贾继兰荣立陆军第十三集团军一等功，被成都军区评为"抗击冰冻雨雪灾害先进个人"；他领导的修理连被四总部评为"抗击冰冻雨雪灾害先进单位"，并荣立集团军集体一等功。2008 年 7 月，被国家林业局授予"森林卫士"荣誉称号。

飒爽英姿仪仗兵白华

白华，固献乡大寨村人，1997 年 12 月入伍，成为中国人民解放军陆海空三军仪仗队队员，在仪仗队服役的五年间，不怕困难，艰苦磨炼，取得优异成绩，曾多次被评为"优秀班长""训练标兵""养成标兵""优秀士兵"等光荣称号，并两次荣立三等功，多次受到上级部门嘉奖。

在刚入伍的半年新兵训练中，白华以超常的毅力、过硬的动作获得好评。他练就了站立四五个小时纹丝不动，行注目礼一直不眨眼，走正步踢腿生风，落地砸坑。1998 年 7 月，白华作为第一批全优战士编入迎接外宾的仪仗司礼方队——三军仪仗队（该部队共有官兵 600 多人，可以参加外事任务的只有 151 人组成的仪仗队）。他第一次执行外事任务是在人民大会堂东门外广场，国家主席江泽民举行仪式欢迎巴勒斯坦民族权利机构主席阿拉法特。五年间，白华分别在人民大会堂东门外广场、人民大会堂北大厅、军事博物馆、八一大楼、总参外事局、海军司令部、空军司令部等场所共完成仪仗司礼任务 300 余次。其中有国家主席江泽民举行仪式迎接俄罗斯总统普京、法国总统希拉克、美国总统布什等，有国务院总理朱镕基举行仪式迎接德国总理科尔、英国首相布莱尔、新加坡总理吴作栋等。

白华不但在本职工作上有过硬的技术本领，在平凡的日常生活中也做出了不平凡的事迹。1999 年，河南新战士小杨家里有困难，他在每月只有 55 块钱的津贴里，挤出 400 块钱寄到小杨家里。2001 年新训时，他拿出 720 元，用"解放军"的名义寄到生活贫困的新战士小黄家中。五年间，他以自己的一言一行，一举一动诠释了新时代人民子弟兵的精神风貌，以威武仪仗兵的崭新风采为家乡争光。

第三章　民　兵

第一节　政治教育

教育实施

县人民武装部历来重视对民兵的政治教育。每年按照上级军事机关关于搞好民兵政治教育的有关指示精神，制定全县民兵政治教育安排实施意见。1984 年后，为适应国家经济建设的新形势，适当减少民兵活动。在民兵政治教育的改革中，强调凡属全民性的教育，按地方有关部门的统一安排进行，凡属人民武装部门组织实施的，均按上级规定时间完成。

教育内容

1986 年，在认真落实每年四次民兵政治教育课的基础上，重点开展战备教育和《中华人民共和国兵役法》教育。1988 年后，每年结合民兵整组、训练、征兵和重大节日，利用报刊、电视、广播、标语、板报等形式，开展学政治、学科技、学文化系列活动。1991 年，在民兵中开展党的基本路线、依法服兵役和争当合格民兵教育。2004 年 4 月，新民兵誓词颁布后，组织民兵开展宣誓和学唱《中国民兵之歌》活动，营造参加民兵光荣的良好氛围。

第二节　组织建设

民兵编组

1985 年始，根据“减少数量、提高质量、抓好重点、打牢基础”的方针，全县各行政村都建有民兵组织，基干民兵一般以乡镇为单位编连（营），行政村编班（排）；非农业民兵，由县直武装部管理，其下属单位组建民兵连（排）。1997 年后，按照“合理负担，突出重点”原则，基干民兵数量有所减少，编组逐步向重要目标和交通干线转移，农村民兵编组向乡镇企业转移。

民兵正规化建设

1998 年后，逐步加大对专业技术分队、对口专业技术分队编组和民兵连（营）部的建设力度。至 2009 年底，全县 17 个基层武装部，有 5 个达到正规化建设标准，全县民兵营（连）部达 555 个，民兵总数 5.2 万人。

第三节　民兵军事训练

训练内容

县武装部紧紧围绕反“台独”军事斗争准备和军队信息化建设需要，强化科技练兵意识。1985—1995 年，民兵军事训练按照总参谋部颁发的《民兵训练大纲》实施队列、轻武器射击、82 迫击炮、82 无后坐力炮、通信等专业的训练。1991 年始，根据新颁发的《民兵工作条例》，实行“农村民兵和民兵干部在参加军事训练期间，给予误工补贴”和“企事业单位民兵和民兵干部训练期间，由原单位照发工资和奖金，原福利待遇不变”的政策，为民兵训练提供了可靠保证。1996—2000 年，加大民兵应急分队、对口专业分队的训练力度和民兵高科技业务知识的学习和培训。2001 年，增加警棍盾牌、反恐演练和擒拿格斗的训练内容，使民兵的军事训练水平有较大提高。

图 21－10 民兵分队汇报表演/1998 年摄

其他训练

1985—2004 年 20 年间，专武干部每隔三年进行一次全面培训，1986 年开始，上级军事机关赋予县级人武部组织学生军训任务。2006 年，除完成全县 240 名基干民兵集训任务外，还为平乡、广宗、临西县分别代训 60 名基干民兵。

第四节 参加地方建设

参加“两个文明”建设

1985 年，为贯彻落实中央“以经济建设为中心，组织民兵积极参加两个文明建设”的精神，先后组织民兵开展“脱贫致富，建功立业”“以劳养武”“立足岗位学雷锋、做贡献”等活动。2002 年，建成高公庄蔬菜大棚种植基地，植树 48 万棵。2003 年“非典”时期，人武部向全县基层武装部和民兵连发出《关于积极组织民兵预备役人员抗击“非典”通知》，组织开展为抗击“非典”一线医护人员献爱心活动。2004 年，全县民兵积极投身文明生态村建设，为改变农村环境面貌做出积极贡献。

安全保卫和支援灾区

针对 2008 年的奥运安全保卫和 2009 年的国庆大阅兵，开展一系列的安全稳定教育，组织发动民兵积极投入到守桥护路、值勤巡逻等工作中去，用实际行动维护全县社会稳定。尤其是 2008 年的支援四川灾区抗震救灾工作，威县民兵为灾区重建献出一份爱心。

第五节 民兵训练基地建设

筹建民兵训练基地

1983 年，按照上级指示筹建县民兵训练基地，1984 年，建成并投入使用，总投资 310 余万元。建有综合教学楼1902平方米，餐厅360平方米，队列训练场、器械训练场、百米障碍训练场、单兵战术训练场、射击训练场、养鱼池、养鸭场、葡萄园、蔬菜园等，还种植有十多种花草灌木。基地院落整体布局合理、设施配套、功能齐全，基本实现春有花、夏有荫、秋有果、冬有绿的花园式综合教学训练场所。

教学区设有电化教室、教研室、国防教育展室、资料室、图书室；训练场有6个战术场，可进行步兵、轻武器等专业兵的训练和实弹射击。1996年，武装部收归军队建制，根据上级文件精神，县民兵训练基地人员编制为9人。

“双兴”基地建设

2003年，按照省军区、市军分区关于加强科技兴训、科技兴农的“双兴”基地建设标准，在县委、县政府的大力支持下，投资280万元，对宿舍区、国防教育展室、图书游艺室、农业教研室、基地大餐厅、基地训练“五场”、教学教研室及科技兴农场所等进行全面整修和建设。2004年4月，邢台军分区在威县训练基地召开全区民兵训练基地正规化建设现场会。是年，训练基地增加了必要的现代化教学设备，基础设施进一步完善，达到上级军事机关制定的“双兴”基地达标验收标准。

第六节　民兵装备库建设

武器保管

1984年前民兵训练武器由乡镇保管，弹药库设在城东李寨村，由县武装部安排专门人员看管。1984年始，县民兵武器集中保管，威县在县民兵基地筹建民兵武器装备仓库，随后，原弹药库也迁至民兵训练基地，至此民兵武器装备统一由县民兵武器装备库集中保管，武器看管员由县武装部职工担任。

武器上交

1998年5月，县民兵武器装备上交由邢台军分区装备库统一管理。

第四章　双拥共建

1978年，中共十一届三中全会后，威县根据中共中央、国务院、中央军委的指示，把双拥工作作为稳定大局的政治任务来抓，双拥工作出现崭新局面。1991年，以创建“双拥模范县”为龙头的群众性活动蓬勃开展，进一步推动双拥共建工作的深入发展。2000年后，中共威县县委、县政府进一步加强对双拥共建工作的领导，不断完善双拥工作管理制度，出现共同为稳定部队、繁荣威县做贡献的生动局面。

第一节　组织机构

1989年9月，中共威县县委、县政府决定成立威县拥军优属工作领导小组及办公室，办公室设在县民政局。1991 年 6 月，成立双拥工作领导小组及办公室，领导小组组长由县长担任，办公室设在县民政局，正、副主任由县民政局、县人民武装部有关领导担任，后改由县人民政府办公室主任兼任双拥工作领导小组办公室主任。之后，基层各乡镇也先后建立双拥工作领导小组及办公室，村委会相继建立健全拥军优属服务小组，驻地部队也建立拥政爱民和军民共建指导机构，形成双拥共建工作服务网络。

双拥工作领导小组的任务主要是统一指导和协调全县的拥军优属、拥政爱民工作，协调处理军地关系中的一些重大问题。办公室职责主要是协调组织和开展全县的双拥活动，协调各有关职能部门积极开展各项双拥活动，共同做好双拥工作，协调好军政军民关系，搞好双拥宣传等。

第二节　拥军优属

威县县委、县政府历来重视拥军优属工作。1978 年始，全县各级党委、政府和广大人民群众从国家稳定发展和改革开放的大局出发，拥军优属工作出现崭新局面。1993 年，县民政局首次制定《威县军人抚恤优待条例细则》，经县政府常务会议批准实施。1997 年 10 月，县政府下发关于《威县实行全县优抚对象优待金统筹办法》的通知。

支援前线

1979 年 2 月，中国人民解放军边防部队在中越边境进行自卫还击作战。威县人民拥护中共中央、中央军委的决定，采取各种形式支援前线。1987 年，威县籍有 79 名干部战士赴云南前线作战。威县县委、县政府组成赴云南边防部队慰问团深入前线，向指战员赠送慰问品，并带去战士家属在家乡生活工作情况的录音、录像带，鼓舞前线官兵的斗志。

支持驻军

1979 年后，威县进入社会主义现代化建设新时期，在发展经济的同时，大力支持驻威县部队的改革和建设，帮助部队完成训练、警卫执勤任务，保护军事设施，尊重和爱护部队，妥善处理好地方和部队的关系。做好随军家属安置和子女入学等工作，为部队排忧解难。先后为160 余名随军家属安置工作，及时解决200 余名子女入学问题，为340 余名军队转业干部及时安置工作。县政府先后拨专款计 600 余万元用于解决县人民武装部、驻威县武警中队、县消防大队搬迁用地及办公、住宿设施的建设。

优待抚恤

（见第十九编《综合政务》）

拥军爱军

1979 年，拥军活动已形成光荣传统。每年元旦、春节，县党、政领导带领慰问团，到部队驻地和县光荣院进行慰问。各级妇联、共青团，组织发动妇女和青少年为烈军属、伤残军人挑水、打扫卫生等。春节期间，各村为烈军属贴春联、挑水、打扫院落、赠送慰问品等。1986 年，为鼓励参加对越自卫反击战的将士保家卫国，全县人民向前线写慰问信 500 余封，青少年学生、人民群众、社会团体自动组织拥军支前活动，向前线将士们寄去大批地方物产、衣物用品及慰问金。1995 年 5 月，为配合部队开展“双争”（争当优秀士兵、争创先进连队）活动，县政府决定，对在部队服役的威县士兵连续两年被评为优秀士兵的和荣立三等功的，由所在乡镇人民政府增发 100 元，荣立二等功的增发 200 元。1999 年 7 月，县民政局协调安排 37 个经济基础较好的县直单位分别与人民武装部、武警中队、烈士陵园、军休所和光荣院开展了形式多样的共建活动。2005 年，威县被评为省双拥模范县。

附：

对越自卫反击战老山前线战士给家乡的一封信

尊敬的县委 县政府领导：

你们好！

首先请允许和接受我们几个前线战士，代表全县赴老山前线参战的全体战士，向你们和全县人民表示衷心的感谢和美好的祝愿，并向你们致以崇高的战斗敬礼。

我们参战半年多以来，家里的亲人处处受到了家乡人民和各级人民政府的优先照顾及亲切关怀。你们在百忙工作之中，抽出时间亲自到我们每个前线战士的家中进行慰问和看望。你们这一崇高的为人民服务的思想品质，不仅给我们家里的亲人带去人民政府的亲切关怀，还给予了家里亲人以精神上的安慰，使我们这些远离家乡的前线每个战士深受感动和鼓舞，同时解除了我们的后顾之忧，使我们更加坚定了必胜的信心。

半年多以来，在中央军委和各级首长的正确领导下，我们都比较好地完成了各项战备工作任务，为部队打胜仗奠定了牢固的基础。战区各方面条件、环境虽然都非常艰苦，但是，有祖国人民在我们心中，有后方人民的大力支援和中央军委的正确领导，什么样的困难，我们都能克服。在前线“一家不圆万家圆，一人辛苦万人甜”“亏了我一个，幸福十亿人”已成为我们每个前线战士完成各项任务的强大动力。

俗话说“军队打胜仗，人民是靠山”，你们带着全县人民的重托，不顾个人的工作辛苦，曾几次奔波于我们每个参战人员的家中进行慰问，给家里的亲人带去了人民政府的关怀和极大的精神安慰。同时也使我们看到了后方人民和人民政府对前线战士的理解和信任，我们全体前线战士，再次向你们表示衷心感谢，并致以崇高的敬礼。

我们决心，决不辜负家乡人民和政府对我们的亲切关怀和希望，继续发扬军委主席邓小平同志倡导的“不怕艰难困苦，不怕流血牺牲”的精神。坚决完成上级交给的各项战斗、工作任务，为祖国人民再立新功，为家乡人民争光。

同时希望全县人民立足改革，发展经济，振兴威县，建设更加富裕美好的新威县，为我们四个现代化强国贡献出更大的力量。

威县籍胡九卿、岳中悌 、吴敬忠、邱树怀、高海东、谭含臣、谭福生、杨明华等 19 名战士

一九八七年七月十九日

第三节 拥政爱民

拥政爱民是中国人民解放军和中国人民武装警察部队群众工作的重要内容。30年间，驻威县部队认真贯彻落实中共中央、国务院、中央军委关于军队要广泛深入开展拥政爱民活动，积极参加威县的经济建设，支援工农业生产和社会公益事业，不断丰富和发展拥政爱民的内容和形式。

支援地方

20世纪六七十年代，每逢“三夏”“三秋”农忙季节，驻威县部队支援地方群众抗旱、抗洪、排涝、突击抢收、抢种。1979年后，县人民武装部与驻威县武警中队不断抽调人力参加社会公益事业建设和兴修水利、疏浚河道、修桥补路等活动。每年植树节进行植树造林、绿化美化活动。

扶贫帮困

30年间，驻威县部队在拥政爱民活动中，开展扶贫帮困工作，按照“统一领导、以块为主，属地管理”的要求，积极参加威县及乡镇组织的为贫困地区及灾区募捐活动。1991年，安徽、江苏发生特大洪涝灾害，威县军民共捐款11．5万元。1996年宁晋县遭受洪涝灾害，威县军民共捐款43万元，捐棉被2571件，慰问品共计款38万元，县人民武装部向灾区捐衣物21件。1997年，驻威部队向贫困地区捐赠衣物43件，向河北省张北灾区捐衣物57件，捐款2000余元。2008年，为四川地震灾区捐款捐物，折款5000余元。

2000年起，县武警中队与贫困户建立帮扶关系，为其提供粮、油等生活必需品。中队官兵每年都到光荣院进行慰问，帮助老人清洁卫生。利用节假日到基层敬老院打扫卫生、种树种花等。

抢险救灾

1986年8月17日下午，第什营乡南草厂村民兵连27人在为村抢修水泥垄沟时，发现106国道上由北向南行驶的客车突然失火。在民兵连长李保贵的带领下，20余名民兵冒着生命危险挺身而出，经过一个半小时的扑救，火被扑灭，65名旅客安全获救，保住了客车，挽救国家财产近10万元。当客车所属公司河南省濮阳市运输公司携重金前来酬谢时，他们婉言谢绝，该公司赠给他们一块题有“奋勇舍身救火，保护国家财产”的镜匾。

1987年8月，邵固乡（今枣园乡）辛台林村遭受罕见的龙卷风袭击，县武装部接到灾情报告，部长李英武、政委柴献臣立即带领武装部干部、职工，迅速赶到受灾现场，组织邻近几个村民兵500余人投入抢险救灾战斗。经过10余天的紧张奋战，保护了村民的生命财产安全。此后，又动员民兵1000余人次，帮助村民重建家园。

2003年3月，为配合全区做好非典型肺炎防止工作，防止疫情传入，确保全县人民的身体健康，根据军分区党委和县委关于做好“非典”防治工作的一系列精神，县人民武装部党委按上级要求，全力配合地方政府组织出动大量民兵，村村设立关卡，路路有人把关，时间长达三个多月，有效阻击了“非典”的传播和蔓延，为最后胜利作出了应有贡献。

第四节　军民共建精神文明

组织指导

1982年，驻威部队响应中共中央关于建设社会主义精神文明的号召，率驻地群众开展军民共建活动，先后建军民共建点9处。为进一步加强对军（警）民共建活动的领导和组织，1983年，威县成立“五讲（讲文明、讲礼貌、讲秩序、讲卫生、讲道德）四美（心灵美、语言美、行为美、环境美）三热爱（热爱祖国、热爱社会主义、热爱中国共产党）”领导小组；1984年2月，更名为“五讲四美三热爱”活动委员会；1987年4月，更名为城乡文明建设协调委员会；1991年5月，更名为精神文明建设领导小组；1996年后，改称精神文明建设委员会，对军（警）民共建工作实施统一领导，威县人民武装部发挥牵头作用，对驻威县部队的军民共建工作统一协调。

1991年6月，中共威县县委、县政府作出《关于加强军政军民团结、共创“双拥模范县”的决定》，成立双拥工作领导小组，对全县双拥共建、培养军地“两用人才”工作实施统一领导。1996年，县政府和驻威部队分别制定《关于加强拥军优属的若干规定》《拥政爱民若干规定》，促进了军（警）民共建工作进一步开展。2000年后，威县把军（警）民共建工作纳入本地区、本单位精神文明建设总体规划，以创建“文明县城、文明村镇、文明行业”活动为载体，以“讲文明、树新风，争做文明威县人”活动为主线，军政军民互办实事，各单位、各部门、各部队开展了内容丰富的具有威县特点的一系列军民共建活动。

主要活动

20世纪80年代，全县开展“向雷锋同志学习”活动，广大民兵以雷锋为榜样，为社会服务，做人民公仆，涌现了许多助人为乐、拾金不昧的事迹。1990年，全县成立了以民兵为主体的学雷锋小组642个，治安巡逻队620个，承包孤寡老人147户。

1988年，威县成立军民共育“两用人才”办公室，采取多种形式，开展培育“两用人才”工作。一是建立基地集中培训，二是请有培训能力的单位代为培训，三是帮助解决师资和实习场地，由部队自已培训。1988～2009年，每年培训10余人，主要学习驾驶、厨师等技术，力争使每一个退伍战士至少学到1门专业技术。

第五章　国防教育　人民防空

第一节　国防教育

教育阵地

20世纪80年代开始，威县从实际出发，采取政府引导、民间集资、社会捐助等方式，对在清末及抗日战争、解放战争中留下的多处革命遗址、纪念地进行开发利用，先后建起多处国防教育阵地。1995 年，在县民兵训练基地建起国防教育阵地。2001 年，在威县赵庄人才学校成立县第一所少年军校。2003 年，建成省爱国主义教育基地——义和团纪念馆。

教育活动

1985—1990 年的 6 年间，全县教育活动由县人武部组织。1990 年 12 月，县国防教育领导小组及县国防教育办公室成立，全县以清明节、“七一”“八一”、国庆节、国防教育日等重大纪念日为契机，通过组织征文、文艺演出、军事夏令营、学军习武、国防知识竞赛、组织参观革命纪念地等活动开展国防教育，全民国防意识普遍增强。1991—1997 年，主要组织开展以爱国主义和《河北省国防教育暂行条例》宣传教育为主，先后开展首届国防教育征文、《华北民兵》杂志社举办的“人武杯”知识竞赛、纪念毛泽东 100 周年诞辰系列活动、纪念抗日战争胜利 50 周年国防知识竞赛、“长城杯”国防知识竞赛及全国国防知识竞赛等活动。1997 年 3 月和 2001 年 4 月《中华人民共和国国防法》《中华人民共和国国防教育法》先后颁布实施，全县国防教育逐步走上法制化、规范化轨道。1998—2009 年，每年 9 月的国防教育日，组织开展庆祝《中华人民共和国国防法》《中华人民共和国国防教育法》大型宣传活动。

图 21－11 清明节祭扫一一四烈士墓/2007 年摄

第二节 人民防空

人民防空，是由政府组织领导的群众性对敌空中袭击的防御措施之一。其任务是在现代战争条件下，动员和组织人民群众，采取防护措施，与敌空袭做斗争，保障国家和人民生命财产的安全，避免或减少国民经济损失，保存战争潜力。它是关系到国家、人民安危和战争胜负的战略问题。威县防空工作始于抗日战争时期。1997 年 7 月 1 日，《中华人民共和国人民防空法》实施，人民防空工作依法推进，且日趋规范。

人民防空机构

2000 年 5 月 20 日，成立威县人民防空办公室，为正科级单位，编制 2 人，挂靠县政府办公室，人员在政府办公室工作人员中调剂，人防办主任由政府办公室副主任兼任，负责人民防空全面工作。人民防空办公室受县国防动员委员会领导。

人民防空职能

人民防空办公室的主要职能为负责人民防空法律法规的组织实施和监督检查，根据省、市要求及威县国民经济和社会发展计划及国防建设需要，拟定人民防空建设中长期发展计划，会同有关部门拟制人民防空建设与城镇建设相结合规划；开展人民防空组织指导工作；开展人民防空通信警报建设；开展人民防空工程建设；开展人民防空宣传教育；管理人民防空经费和资产；组织人民防空科学技术研究，推广应用科学成果；组织人民防空骨干教育培训；战时组织指挥城镇人民开展防空袭斗争等。

主要活动

建立和完善联合执法协调机制　2003年7月9日，县政府转发《邢台市结合民用建筑修建防空地下室实施细则》的通知，对防空地下室建设标准、要求及审批程序做了明确规定。每年充分利用电视台、报纸等新闻媒体，通过多种途径对人民防空法律、法规等知识进行大力宣传。经与规划、建设等有关执法部门协商，建立和完善联合执法协调机制，印制格式化防空地下室审批通知书，规划、建设等部门在没有收到人防办审批通知书的情况下，不得为施工单位发放规划许可证、建设施工许可证。县人民防空办公室于2006年1月被省人防办、省人事厅评为“十五”期间全省人民防空工作先进集体，2008年，被省人防办评为全省人防空工作先进单位。

安装报警器　2006年11月，按照省、市安排，在县城安装两台电声式警报器（上级无偿配发1台），按规定每年10月15日定时警报试鸣。2008年，为悼念四川地震灾区遇难同胞，根据上级人防部门安排，5月19日下午鸣放警报。

附录1：

晚清威县团练

团练作为一种基层社会控制组织，在有清一代动荡的历史过程中产生过重要的影响。团练源于保甲，在官方的督导下由地方士绅领衔组建，以村寨为据点，筑寨设防，坚壁清野，奉行寓兵于农，实施地方武装自卫。对挽救岌岌可危的清朝统治起到一定的作用。对民国时期的地方保卫组织的建制产生了直接的影响。

威县作为京畿重镇，历来为兵家必争之地。十九世纪中期，以太平天国、捻军起义为中心的国内战争以及与其相交织的兵祸匪患对社会秩序和清王朝的有力冲击，成为团练普遍兴起的历史契机。

威县一带团练的举办主要有二次，第一次是咸丰同治年间为抵御太平天国和捻军等农民起义而举办的团练；第二次办团是在戊戌变法和义和团运动的背景下兴办的团练。

山东乡团的设立始于咸丰三年（1853年）二月间，是时，山东巡抚李僡下令通省举办团练，锋芒是针对太平军北伐军。

明清时，直隶威县的东南部，是一个大插花地群，这里有山东冠县、临清、邱县和直隶南宫、曲周、鸡泽两省六县的“飞地”。“飞地”又谓之“插花地”。这种区划现象“前后达五百年之久”。[①] 山东冠县的梨园屯是今威县的一个镇，是义和团运动的导火索梨园屯教案的发生地，彼时，它“地势远隔，风俗攸殊，盗匪充斥，民教杂处，孤悬境外，隐然独立，一小邑控制既鞭长而莫及治理，亦梗塞而不通”。[②] 尽管如此，朝廷对山东兴办团练的政令在这里必然有所体现。

---

① 《威县地名志》第7、8页。

② 侯光陆纂《冠县志》、1934年版卷一第4页。

咸丰季年，即1860年前后，干集（今威县梨园屯镇干集村）武生朱天庆号召设立乡团。“首倡办团御贼……其子朱世勋仰承父志，破尽家资，力办团防，卒能杀贼，河北十八村赖以安堵。”① 威县境内山东冠县“十八村”的团练就是在这时候兴办起来的。

张汝梅接任山东巡抚后，认为“东省盗风素炽，伏莽尚多，虽经州县防营随时拿获惩办，总未能净绝根株。”如团练办好，即可以“乡间捍卫有资，外匪无由伺隙。异日国家有事，可呼集民兵数十万人。……是无养兵之需，而有足兵之效也。”②《庚子大事记》曰：“光绪戊戌，谕令各省劝办团练，以自卫村镇，于是山东有义和乡团”。③ 这里指的就是威县境内的“十八村”一带的团练和威县义和拳起义一事。

义和拳首先在冠县北“十八村”一带展开斗争。光绪二十三年（1897）春，冠县梨园屯的天主教民与“汉教”村民争玉皇庙基起纠纷，村民阎书勤等人率众驱逐该村教民，并邀请威县沙柳寨梅花拳首赵三多率梅花拳众前来护庙。4月，赵三多率领拳众在梨园屯摆会“亮拳”。后来，为对付官府禁止梅花拳聚会的晓谕，“遂讳言梅拳，仍旧立义和名目”，④ 改梅花拳为义和拳。在义和拳初起之际，传教士要挟清政府切实镇压拳民。山东巡抚李秉衡“许其（义和拳）团练不禁”⑤，光绪二十四年（1898）春，冠县义和拳在周围地区发展成为一支相当强大的力量。当时，继任巡抚张汝梅也因愤恨教士恃强相压，对义和拳采取剿抚兼施、以抚为主的方针，并利用檄行各属办理保甲团防之机，向清政府建议“将拳民列诸乡团之内，听其自卫身家，守望相助”。为达到把拳会改编为民团的目的，张汝梅甚至向清廷奏称，说义和拳实则就是立于咸同年间未有教堂以前名曰义和的乡团，旨在保卫身家，防御盗贼，而且“拳民所习各种技勇，以之捍卫乡间，缉治盗贼，颇著成效，”他还采纳毓贤的建议，“应请责成地方官谕饬绅民，化私会为公举，改拳勇为民团。”他认为这样做，“既顺舆情，亦易钤束”。⑥

1898年，曹倜到冠县任县官，当时直东豫三省边界拳民不下十余万人，均服从赵三多号令，为了让赵三多解散拳民，曹让本屯团长杨昌浚，通过个人劝说赵三多来县面见县官，以便对赵进行劝化。赵唯恐有诈，不去。县官没有办法，只好邀请各村团长连杨在内共八人会议，议定八团长命保赵三多一人，并许赵三多带团丁自卫来见，这样赵三多才到中兴集与曹县官面谈，并在团长们的劝解和协调之下，解散拳众。这在官方档案里也有记载，“光绪二十四年九月十八日，大名道派员会同威、冠、邱三县团总绅董前往劝导，赵三多向姚洛奇及拳众叩头，拳民解散回家。”⑦ 试想，如果团总绅董与赵没有关系的话，县官曹倜怎能派他们去

---

① 《冠县志》卷八《人物志》侯光陆修，1934年刻本。

② 佚名辑《戊戌变法档案史料》，第372－373页，山东巡抚张汝梅折，光绪二十四年八月初七日。

③ 杨典诰：《庚子大事记》，转引自陈贵宗《义和拳·民团·义和团》，《史学集刊》1982年第1期。

④ 《总理各国事务衙门档》，光绪二十四年四月二十九日总署收张汝梅文，转引自程歗，朱金甫《从新编档案史料论义和团运动的几个问题》，《近代史研究》，1986年第1期。

⑤ 《义和团史料》（上），第365页，中国社会科学出版社1982年版。103

⑥ 《义和团档案史料》，上册，15～16页，光绪二十四年五月十二日，张汝梅奏折。

⑦ 参考陈贵宗：《义和团的组织和宗旨》，吉林大学出版社1987年，第26页。

劝解？而赵三多又怎能听信团总们的话，自动把拳民解散回家？由此可见，赵三多与周围附近团长关系密切。尽管山东地方官员在其奏折中把赵三多的义和拳说成是成立于咸同年间的“义和乡团”，但实际上“拳是拳”，“团是团”，根本是两回事。义和拳就是赵三多领导的以梅花拳为主体的义和团，“义和乡团”则是当时威县的团练。

官方档案记载，同治四年（1865）五月升任御史陈廷经奏请“简派贤能督办畿南团练。”广宗人前河南巡抚郑元善串联各府县，“周密各州县。计三府乡团不下十余万。”威县的团练就是在这一大背景下办起来的。

民国《重修威县志》载：威县七级村的李连聘“团结乡勇，为敌忾御侮计，少者或数村，多者或十余村，计亩出夫，仿古民兵之法，名之曰保。督其事者有保正、保副诸色目，一邑之中凡有百十保焉。”这种源于古民兵之法的所谓“保”，之后竟演变成一种基层的区划组织名称。

直到民国期间，《威县志》慈善志上仍有基层区划组织“保”，所辖村庄的记载，为研究威县团练提供了一份不可多得的资料。

曾参加赵三多起义的郭栋臣老人在回忆录中谈到威县乡团情况，他说，同治五年（1866年）直隶大、顺、广道各府县设立乡团都有团名，“威县城南系志和团，城东配义团，城北义和团，该团团总系赵老广，文生，北台吉人”，“同治九年，地方平静，团亦解散。到光绪二十二年（1896），地方不平，直隶总督王文韶下令大、顺、广道将所辖二十七县团练从新办起，还按旧区由从前的人继续办，人若死过，则让他的子侄兄弟接办。威县县官张联恩按令办起，城北义和团团总赵老广未死，继续为团总。”① 当时的城北义和团团总赵老广，名赵云峰，是威县北台吉人，声望颇高，被推为城北联乡团团总。设立联乡团的目的，是为了对付“流贼”。他们同义和拳的关系，既不反抗也不支持。义和拳攻打魏村教堂，乡团曾有过协同拳民攻打魏村的计议，而也未得到实现。② 但从《重修威县志》的记载看，威县城北的北台吉村不属于城北的“义和保”，而是属于“永清保”，据《重修威县志》记载：义和保辖南章台、北章台、中章台、王家撞、南北胡帐、杨家庄等六村。永清保辖北台吉、三徐村、仁里集、后潘村、祁王庄、西钟营、孟李村、杨村、沙西等十村。威县一带素有联庄互防的习俗，郭栋臣也说赵老广被推为城北“联乡团”团总。当时赵老广当的应是“义和保”和“永清保”的“联乡团”总团总，团名很可能以“义和”命名。所以，“城北义和团”的记述是可信的。郭栋臣回忆录说：“城东乡团叫配义团，由赵三多族弟赵仙竺（字梯云，号老梯）任团总。”③ 据《重修威县志》记载，配义保确实在城东，辖有：沙柳寨、侯家村、魏家村、罗家庄、张家庄五村。此五村位于当时直隶威县东南境插花地群中属于直隶威县的五个村，北与山东冠县“十八村”相邻；南与直隶曲周的“十八村”相邻。夹在两块飞地中间。据调查，郭栋臣说的城南乡团设在离城南六里的渭上营村，团总叫周鼎九，他是文生。这个乡团是在同治四年（1865）在前河南巡抚郑元善直接授意下成立的。郑元善的前母就是这个村人，郑元善的家乡就在距离渭上营二里的广宗县油堡村。这个团所辖的团防包括城南十八个村庄。

① 《郭栋臣的亲笔回忆》，《山东大学文科论文集刊（1980 年第一辑）》。

② 《义和团调查资料》，1988 年 5 月调查。

③ 《郭栋臣的亲笔回忆》，《山东大学文科论文集刊（1980 年第一辑）》。

在义和拳活动期间，这个地区没有义和拳势力，教会势力也不大，所以并没有出现拳、教的对抗斗争。直至景廷宾起义爆发，这个地区的联乡团似有配合抗捐起事的活动。① 据《重修威县志》记载，渭上营属于威县城南的复合保，辖渭上营、西河洼、东河洼、戚霍寨、侯家庄、肖家庄、后麻固、西霍寨、夏官营、张谭庄、南韩庄、南草场、周阎村、周徐村、第什营、莫而寨、南高村、东西芦头、东西梨园、南林庄、中盖村、南义和、东霍寨、邱霍寨、前麻固、东西盖村二十六村。但是，郭栋臣所说的城南“志阌团”却是山东冠县“十八村”和直隶曲周“十八村”的乡团，也就是官方档案中多次出现的所谓“十八团”。

劳乃宣在光绪二十五年（1899）元月所呈的禀文中曾说道：“上年四月间，卑前署县王牧接教士任德芬函送获匿名揭帖一纸内有东昌府十八团来信，传知搜杀教民之语。”② 既然“十八团”指的是十八村的乡团，那么十八村是什么时候出现乡团的呢？据地方志记载：是在“咸丰季年”即1860年前后，由干集村武生朱天庆号召设立的。到光绪二十二年（1896）威县知县张联恩为防盗起见，又重新整顿乡团。③ 冠县十八村乡团的复现亦当在此时。

通过调查得知，山东冠县“十八村”的乡团是“志阌团”，团总是梁庄的潘廷桢。潘廷桢，字栋隆，号老栋。家谱记载潘廷桢“武生，乡举，团总”，另一本家谱记载他“武庠生，乡举，志阌团总团总，僧王赏令旗令箭，卫千总”。十八村乡团团总先后由潘廷桢、广美、承平三代祖孙传袭。志阌团的副团总由鸭窝村（梁庄东北五里）的杨宏业充任。志阌团分为南北两团。北志阌团设在冠县十八村；南志阌团则设在曲周十八村。南志阌团团总是由井湖寨的武举张伦元（号老仰）担任。副团总由曲周十八村之枣园的徐晓嶷担任。威县沙柳寨附近包括魏家村、侯家村、张庄、罗庄在内的5个村，也归南志阌团防区。冠县十八村梁庄的潘廷桢不仅是北志阌团的团总，还兼任南北志阌团的总团总。实际上“十八村共有一个团，以保卫地方治安，所以也叫十八团”④。

从《重修威县志》中还可以看到，威县北境七级村的忠武团，防区是忠武保的十二个村庄。即七级村、七级堡、于家寨、三元井、北双庙、闫家堂、大小里罕、飞乌、魏疃、古城、高亮、尹村、马军寨十三个村庄。团总是七级村的李连聘。寺庄总胜团的团总是刘含锷。总胜保辖寺庄、宏曲、郭田庄、臧家庄、陈贤塔、安仁村、大张山七村。威县各保的团练为保卫地方治安，不同程度的起到地方团练“绥靖乡闾”的应有作用。

光绪三十一年（1905）以后，直隶和山东在各县办巡警，取代团练，保甲废止。于是晚清团练也走到了历史的尽头，渐渐淡出历史的视野。

团练作为一种代表基层地方社会势力的组织，它本身有一定的自主性。它是民众在动乱期间自动组织起来的民间团体。在晚清社会频繁动荡的时期，为挽救国家危局维护地方治安做出过贡献。

在义和团时期，保甲团练客观上为各阶级、阶层人民的反帝斗争提供了合法的组织形式，

---

① 《义和团调查资料》，1988年5月调查。

② 劳乃宣《禀遵饬出示禁习义和拳，严密防范并送示稿由》光绪二十五年六月二十八日，引自《拳案杂存》。

③ 民国《威县志·政事志》，《冠县志·人物志》（1934年刻本）。

④ 《义和团调查资料》，1982年调查。

由此发展为声势浩大的义和团运动。团练的历史作用功不可没。因此，我们不能忽视它在晚清社会存在的历史价值。

（李金鹏撰稿）

附录2：

霍乱病里藏祸心

1943年秋天，“死亡之神”突然降临鲁西北大平原。冀鲁豫边区和冀南抗日根据地所属的聊城、茌平、博平、清平、高唐、夏津、武城、临清、邱县、馆陶、冠县、堂邑、莘县、阳谷、朝城、寿张、范县、观城、濮县、大名、曲周、威县、清河等县，一夜之间突然爆发了感染力极强、死亡率极高的流行性霍乱。瘟神疯狂肆虐鲁西北大平原，人民群众几十、成百、上千成批地死亡，从8月下旬到10月下旬，据日本军方秘密统计，仅鲁西、冀南24县就有42.7万余人死于霍乱。

对此，抗日根据地军民大都认为是聊城、堂邑、冠县、莘县“无人区”引发的瘟疫；时亦有人怀疑是否是日本搞的“灭亡”计划。殊不知还真是日本侵略者实施的山东卫河流域“霍乱作战”制造的“人祸”。因使用生物武器违背国际公法和人道主义，日军细菌战在绝密状态下进行，战役结束后又秘而不宣，致使这一惨绝人寰的事件真相一直不为世人所知。直到50年代中叶，在押的日本细菌战犯在中国和苏联政府长期教育的政策感召下，主动交代这一罪行，人们才知道鲁西北霍乱是日军细菌部队制造的特大惨案。

卫河发源于豫北，流经馆陶、临清、德州注入渤海，德州以下称漳卫新河。这里所说的卫河流域，是指馆陶、临清为中心的卫河两岸地区，抗战初期属国民党山东第四（临清）和第六（聊城）行政督察专区；共产党领导的抗日根据地，则属于冀鲁豫边区和冀南区。这一带战略地位极为重要，是联结山东、冀南、冀中和太行山抗日根据地的重要通道。八路军冀鲁豫军区、冀南军区和行署就驻在这里。

日军这次霍乱作战规模庞大、部署精密、准备充分。华北方面军司令官冈村宁次、关东军七三一部队长石井四郎亲自部署，参与策划和具体实施的军官有华北方面军一八五五部队长西村英二，第十二军司令官山英太郎，第十二军军医部长川岛清，部员三渥美，第一八七五部队长冈田，第五十九师团长细川忠康具体指挥。参战部队有华北方面军航空部队、蒙疆坦克部队、保定陆军医院各一部，第十二军一八七五部队、直辖汽车连队、野战重炮联队各一部，第三十二师团一部，第五十九师团3005人。为了配合霍乱作战，第十二军还调集3万余兵力“扫荡”冀鲁豫边区根据地。日军霍乱作战代号为“方面军第十二军十八秋鲁西作战”，1943年为日本昭和十八年，故称“十八秋”。作战计划由五十九师团制定，经驻济南的十二军和驻北平的华北方面军司令部审定，并报请侵华日军总司令部和日本大本营批准。

日军实施这次细菌战企图有三；一是大量杀害中国抗日军民，彻底摧毁冀鲁豫边区和冀南抗日根据地；二是检验日军大部队在霍乱盛发区行军、作战的防疫力、持久力，用日军细菌战的术语说，是进行“抵制实验”；三是调查中国军死亡情况，检验大规模霍乱战杀伤能力，为以后进攻苏联使用生物武器作演习和准备。之所以选定在鲁西北，除了战略地位重要外，首先是因为卫河河床高于地面，汛期河水泛滥，决堤放水，利用洪水迅速传播霍乱菌；其次是以水代兵，水淹冀鲁豫边区和冀南根据地，“把其中的八路军和农民一举消灭掉”；另外还有一个很重要的原因，那就是卫河水位上涨，严重威胁着日军控制的津浦铁路和后方重要军事基地德州的安全。将卫河决堤把水放于地势低洼的左岸，既能保住津浦线，又能保住德州。

日军早在1943年初即进行战役准备，重点是部队防疫霍乱感染者的检验。当时，日军对他制造的病菌所引发的疾病均能救治，但是数万部队在霍乱盛发区作战，一旦传染开来，后果自然是极为严重的。为此，日军命令部队进入疫区后不吃生食物；饮用水必须经九八式卫生滤水机过滤除菌；不准在霍乱患者房屋宿营；不准使用疫区厕所，自造地坑式厕所，大小便及时掩埋；反复进行大便检验演习，以便及时发现霍乱患者。战役发起前夕，所有参战部队都注射了预防霍乱接种液，分发了预防感染药物。

当时，八路军冀鲁豫军区司令员杨得志、政委兼区党委书记黄敬，尽管未掌握日军进行大规模霍乱作战的阴谋，但却掌握了日军进行大“扫荡”的情报。他们向全区发出紧急指示，号召全体军民总动员，迅速备战，主力部队有计划地转到外线。向敌薄弱部位出击，威胁后方，留少量主力在中心区，会同地方武装坚持斗争。

8月下旬，连续几年大旱的鲁西北地区突然普降大雨，且连绵不断，卫河水迅猛上涨，冈村宁次和石井四郎趁机下令发起霍乱作战。日军航空兵、步骑兵向卫河及鲁西北各县撒放了大量的霍乱菌。据以后被俘的第五十九师团二三五〇部队卫生曹长林茂美交代：“我们部队于8月至9月间，在馆陶、南馆陶、临清等地散布过一次霍乱病。当时散布在卫河，再把河堤决开，使水流入各地，以便迅速使霍乱菌蔓延。我参加了这次散布。细菌是由我交给四十四大队军医中尉柿添忍，再派人散布的。”

日军驻临清五十九师团五十三旅团第四十四大队兵分三路决堤。8月27日，该大队长广濑利善带领驻临清城的第五中队60人，抵达县城附近的小焦家庄卫河西岸。中队长中村隆次及久保川助作、小岛隆男等7人决堤，其余人分散警戒。附近村民闻知日军决堤，惊恐万状，纷纷赶来哀求日军住手，但均被日军铁锹砍翻。就在村民与日军厮打之际，水流湍急的弯曲处已被掘开半米宽、半米深、5米长的口子，汹涌的洪水向西岸堤下一泻而下，转眼间堤坝即被冲塌150余米。河水咆哮着向前奔腾，人们根本无法逃避。正在临清旧城门玩耍的5名儿童，一起惊呼妈妈，旋即被洪水吞噬。从村中逃出一群群背负包裹的老人、妇女、儿童，被洪水追逐得走投无路，一会即葬身大水之中。田地里待收割的谷子转眼就不见了，正在地里干活的一群年轻人被淹死。驻武城县二十里铺的日军一个分遣队也因逃避不及，全部被淹毙。临清、馆陶、武城、邱县等县成为一片汪洋，遭灾总面积达960平方公里，40万吨农作物被淹没，6000户房屋被冲倒，因霍乱、水淹、饥饿死亡32300多人。这一数字是事后有广濑善利大队秘密调查得到的。

驻馆陶的四十四大队三中队长蓬尾又一率部将临清县尖冢镇附近的卫河北堤决开，结果使临清县河西地区，曲周、邱县、威县、清河4县各一部，共约900平方公里的地域淹没，受灾群众45万人，因霍乱、水淹、饥饿死亡22500人。这是由当时传令广濑利善决堤、以后被俘的五十三旅团情报主任难波博供述的。他还交代说：“大水袭击了馆陶、临清、曲周、邱县、武城、清河、威县等7个县，使100万无辜的人妻离子散、家破人亡。”洪水过了一个月才慢慢退下去，美丽、富饶的卫河左岸已经变成了人间地狱！

驻南馆陶的第二中队在中队长福田武志带领下，于8月29日由驻地南馆陶出发，行至以北5千米的卫河拐弯处，将北堤决开4米长的口子，洪水淹没了南馆陶方向长16千米宽4千米的地方，有48800多名老百姓得病，其中因霍乱、水淹、饥饿死亡4500多人。这是由参加决堤的一等兵大石熊二郎于1945年主动交代的。

经日军空中、陆地撒放和卫河决堤放水扩散，霍乱菌在鲁西北19县及冀南大名、曲周、永年、鸡泽、威县、清河等县迅速蔓延开来。患者剧烈呕吐排泄，排出的大便呈米汤状，严重脱水，骨瘦如柴，衰弱至极，几天后即死去。而且传染迅速，一个得病，全家、四邻甚至全村都难以幸免，老百姓一批一批地死亡。

正当霍乱盛发之时，1943年9月中旬，参加“十八秋鲁西作战”和秋季大“扫荡”的日军，同时向冀鲁豫边区和冀南汹涌扑来，他们既互相配合，又各有侧重。前者重在攻击居民村落，迫使霍乱患者四处逃难扩散细菌，进行自身“抵制试验”，调查中国人被霍乱菌杀害情况，后者主要是合击围歼冀鲁豫边区和冀南领导机关和八路军主力，同时抢掠秋粮。他们还“师出有名”：“鲁西支那人患了传染性霍乱，皇军帮助支那人扑灭霍乱，拯救支那人。”

10月上旬，第五十九师团主力“扫荡”中心区。实施细菌作战的日军，从9月中旬到10月下旬对疫区进行了三次“讨伐”，致使霍乱在鲁西北广大地区及冀南部分县广泛、猛烈蔓延，中国无辜的人民群众死亡惨重，据这次细菌战具体实施者之一矢崎贤三1954年交代，仅鲁西北就“有20万以上的中国无辜农民被霍乱病菌所杀害，我直接指挥部下实行了这一杀人阴谋。”日军达到作战目的，同时他们也有不少人感染霍乱，并出现死亡，于是冈村宁次和石井四郎下令停止作战。

（崔维志、唐秀娥撰稿。选自2012年邱县地方志编纂委员会办公室编《邱县英烈》）

第二十二编　科学技术

封建社会，威县科技事业发展缓慢，技术发明主要涉及农具、铁器、酿酒、纺织、皮革、中医药等领域。由于受封建传统思想的束缚，新技术、新发明掌握在少数人手中，靠口传身授来传承，影响了科学技术的推广和发展。1949 年后，党和政府十分重视科技工作，科研机构相继建立，1959 年，建威县气象站，开展气象观测和气象预报工作。1963 年，建威县原种场，负责农作物新品种引进、推广和繁育，提供优种，服务农业生产。1971 年，成立农业机械化研究所，开展农机具的改革、研制、引进和推广。

1979—2009 年，科技迎来新的发展时期，科技队伍不断壮大，科普宣传、科技咨询服务、技术培训形式多样，全县建立起县、乡、村三级科技网络。1986 年，县科委投资 3 万余元在全县购买第一台电脑。1989 年 6 月，县委、县政府制定《关于选拔科技副乡（镇）长的若干规定》，是年，11 个乡镇配齐专职科技副乡（镇）长。1990 年，威县被省科学技术委员会定为科技示范县，被省政府列为科技重点示范县。至 2009 年，全县 522 个行政村全部配齐科技副主任，从县到乡村形成较健全的科技服务网络。随着科学的普及，学科学、用科学技术指导生产实践已形成人们的共识，涌现出一大批科技成果。30 年的实践以无可辩驳的事实证明了“科学技术是第一生产力”的真理性。

第一章　科技体制改革

第一节　优化科技队伍

落实科技人员待遇

1979—2009 年，全县从政治、经济、职称等方面入手，落实科技人员的待遇，促进科技队伍的稳定和发展。1981—1983 年，根据省、地统一安排，全县对农业（含畜牧、林业、水利）、工程、医疗卫生、统计、会计等系列的科技人员进行职称评定，获技术职称的共 572 人。1985 年，县委、县政府对全县知识分子政策落实情况进行一次全面检查，发现问题，逐个解决。是年，全县190名科技人员加入党组织，占当年入党人数的46%；安排知识分子子女就业129件；解决工龄、工资、房产等问题73个。1987年7月—1989年12月，威县农业、工程、教育、医疗卫生等18个系列的科技人员进行职称评定，共评定科技人员2985人，其中高级技术职称的50人，中级技术职称的849人，初级技术职称的2086人。1990年，对全县科技人员进行一次补缺评聘，共评聘各类各级技术人员93人。1985—1990年，县政府共为166名科技人员的423名家属解决户口的“农转非”问题。1988年开始，为中小学教师每人每月增发10%的工资。2000年，将民办教师全部转为公办教师。2004年开始，实施“大学生村官工程”，推进大学生就业。

壮大科技队伍

专业队伍　1983年9月，全县有各类科技人员572人（教师除外），其中中级职称的24人，初级职称的146人。在全部科技人员中，工程技术系列的78人，农业技术系列的120人，卫生系列的333人，其他系列的41人。从学历角度看，大专以上学历的178人，中专学历的312人。1990年底，全县共有初级技术职称以上的技术人员3650人，其中教师2290人，医务人员347人，会计238人，工程技术人员261人，农林牧系统技术人员147人，经济专业技术人员241人，其他专业的技术人员126人。从学历角度看，大、中专以上学历的3295人，中学及以下学历的355人。从职称角度看，高级专业技术职称的58人，中级专业技术职称的941人，初级专业技术职称的2651人。1998年9月，县委、县政府制定关于实施科教兴县战略的意见，1999年10月，县政府出台《威县科教兴县奖励方法（试行）》，以优惠条件吸引各类人才到威县参加开发建设壮大科技队伍。至2009年底，全县评审各类专业技术人员6821人，其中高级职称183人，中级职称1574人，初级职称5064人。

农村科技队伍　随着科技的普及，全县农村涌现大批科技实用人才。县农业技术中学（县职业技术教育中心的前身）每年为全县培养上百名农、林、牧等专业的高中生。1991年始，县农业广播学校培养大批大中专学历生，壮大了科技队伍，科技在农村被广泛推广应用，并逐渐形成一支农民科技队伍。1999年，全县评出乡土人才82人，县级技术拔尖人才9人，推荐市级技术拔尖人才4人。2005年底，通过农业广播学校形式参加科技培训的农民达8000余人次，全县获得技术职称的有350人，其中高级职称的8人。

第二节　引进科技人才

20世纪80年代初，县内引进的科技人才数量很少。1984年始，威县贯彻执行中共中央关于经济体制改革的决定，引进人才的数量逐年增多。1986年，引进县外专家、教授等技术人员37人。1990年，从中国棉花研究所、河北省农业科学院、山东省棉花研究所、天津工学院、南开大学等25所院校、科研机构引进人才53人，其中高级职称的12人，中级职称的41人。另外，还从对口厂家引进技术人员、能工巧匠386人。1997年始，实施以科技创新为主要内容的“四个一”工程，即每个企业至少联系一所科研院校，引进一个科技项目，联建一个科研机构，引进一名科技人才，探索“产学研结合、校企联手闯市场”的高新技术产业化路子。1999 年，全县乡镇企业先后与北京化工大学、清华大学、北京科技大学、天津橡胶研究所等 30 余个单位建立长期稳定的合作关系，引进高层管理人才、专家型人才 100 余人，同时新上一批产学研结合项目。进入 21 世纪，引进科技人才成为常态。

第三节 更新科技服务

科技承包

1987 年，承包责任制在各行各业推广。1987—1990 年，全县推行技术承包，这期间共有 258 人次先后参加承包，承包人员通过推广新品种、提供管理技术等方法，承包棉花种植，面积达 76.5 万亩，实现增产 4000 余吨，创经济效益 80 余万元。1990 年以后，科技承包涉及棉花、葡萄、林果种植以及奶牛、蛋肉鸡养殖等多个产业，县乡农技、畜牧、林果科技服务单位和技术人员承包产业技术服务，主要提供产业技术规程、技术培训、技术指导。建立科技示范点，开展新品种、新技术、新模式的示范研究，实行产业跟踪服务，落实技术措施，对产业发展和示范效果及时进行分析总结。2000 年后，农业种植结构加快调整，大棚蔬菜进入发展阶段，威县与外地科研院所建立合作关系，聘请引进相关专家到威县解决实际技术难题，由于有成熟可靠的技术支持，全县大棚蔬菜产业以高公庄乡为中心快速发展起来，年增加产值上亿元，农民收入也日益提高。

科技服务组织

域内科技服务组织主要有县气象站、农业机械化研究所、原种场等。1982 年始，农村实行家庭联产承包责任制后，农业科技组织逐渐与行政分离，农业科技人员纷纷成立科技服务组织，深入农业生产第一线，参加农业产业化经营，为农业生产提供有偿技术服务，在农产品的生产、加工和销售等环节发挥作用。各类生产企业特别是县域特色产业企业，积极吸引各类科技人才，并广泛与科研机构、高等院校等联姻引进技术，在发展壮大自身的同时，还发挥产业龙头作用，开展技术推广。

第二章 科技普及

第一节 科普组织

科技示范推广网络

1978 年全国科学大会召开后，威县科技组织日趋完善。1988 年 7 月，县政府首设科技副县长。1989 年 6 月，县委、县政府制定《关于选拔科技副乡（镇）长的若干规定》。年底，全县有 11 个乡镇配齐专职副乡（镇）长。1998 年，全县配齐村级科技副主任，全县县、乡、村三级科技示范推广网络建成，建科技示范乡镇 6 个，科技示范村 32 个，县、乡扶持科技示范户 1000 户。1999 年 5 月，县委、县政府印发《关于成立威县科技工作领导小组的通知》，全县 16 个乡镇也相应成立科技工作领导小组。同年 10 月，县委、县政府出台《关于成立威县科教兴县领导小组的通知》，以指导全县的科教兴县工作。

农民专业合作社

（见中国共产党编）

农业机械化研究所

1971 年成立，时称威县农机具研究所，隶属于县农业机械局，有工作人员 7 人，其主要任务是进行农机具的改革、研制、引进和推广。1972 年改称农业机械化研究所，工作人员增至 13 人，其中技术人员 7 人。1990 年，有工作人员 6 人，其中大专学历以上技术人员 2 人。1992 年撤销。

原种场

威县原种场始建于 1963 年，位于第什营乡董庄村西北，隶属于威县农林局。初建时有干部、职工 13 人，耕地 27 公顷。1979 年 12 月，农业局、林业局分设，原种场遂隶属于农业局。1990 年，原种场有工作人员 14 人，建有库房 20 间、烤种室 2 间、宿舍 30 间，有水泥晒场 3 个，有拖拉机、汽车、烤种仪器等机具。主要负责农作物新品种引进、推广、繁育，每年可提供优种 75 吨。2005 年 7 月，原种场改制撤销。

农业技术推广中心

1987 年，经县政府批准，县成立农业技术推广中心，负责全县农业技术的试验、示范、推广和技术培训工作。农技推广中心设有办公室、技术站、植保站、土肥站、棉花研究所、蔬菜站、中央农业广播电视学校威县分校（简称农广校）等机构。2009 年，有技术人员 74 人，其中推广研究员 3 人，高级农艺师 7 人，农艺师 30 人，助理农艺师 33 人。20 世纪八九十年代，全县 32 个乡镇配有农业技术员。随着乡镇机构改革，乡级技术力量削弱。2006 年始，国家加大基层农技推广体系的建设力度，至 2009 年，全县成立多个农业技术推广区域站，进一步完善农业技术推广体系，以推动农业增产、农民增收。

威县棉花研究所成立于 1989 年，设所长 1 人，副所长 1～2 人，技术人员 3～5 人。20 年间，棉花研究所组织技术人员深入一线，实验、示范、推广棉花新品种、新技术、新模式，带动了棉花产量和效益提高。定期、定点农情调查，时刻掌握棉花生产发育情况，有针对性提出棉花生产管理意见，通过现场会、培训会、电视讲话等形式及时技术宣传，指导棉花生产。在指导新品种更新换代、促进产量提高，推广地膜覆盖、缩节胺化控、棉铃虫综合防治、种子包衣、配方施肥、棉花防早衰、简化栽培等技术，引进、推广棉麦一体、棉花立体间作、棉花机械采收等生产模式等方面做了大量工作，推动了威县棉花生产可持续发展。

畜禽改良站

县畜牧局畜禽改良站的前身为黄牛改良站，建于 20 世纪 80 年代期。1987 年前后改为畜禽改良站。1983 年～1986 年，县黄牛改良站开展黄牛改良冷配技术推广，建县内输精点 7

个，培训黄牛改良技术人员250人，引进西门塔尔、南阳牛等优种牛精液。改良本地黄牛、牛改工作连续5年名列邢台地区前茅。1987年威县列为河北省黄牛改良重点县。1996年11月，改良站撤销。

畜牧站

县畜牧局畜牧站是畜牧局具有管理职能的科技推广组织。一是积极引进推广先进实用技术，推广牛羊饲养管理技术，牧草种植疫病监测等；二是提高良种率，引进推广畜禽良种，推行牛羊品种改良；三是加强技术培训，提高技术人员和群众技术水平和科学意识。30年间，畜牧站所承担的多个项目在国家及省多次获奖。

畜牧技术推广体系

县畜牧技术推广体系包括畜牧技术推广站和水产技术推广站，均建于2009年，设置在县畜牧办公室，新成立了洺州、固献、梨园屯、常屯、贺营、章台、候贯、高公庄8个乡镇区域畜牧兽医站。县畜牧技术推广体系共核定编制50人，其中县级机构10人（畜牧站5人、水产站5人），乡级机构40人，每站各5人，原有编制不变。

地震办公室

1976年7月，威县成立地震办公室，隶属于威县革命委员会办公室，有工作人员2人。同时，地震办公室在威县中学（县一中）、梨园屯中学、贺钊中学、威县赵庄师范学校、威县水利局建立了测试点，每测试点有兼职测报员1人。其任务是做好日常震情监测，宣传地震知识，公布地震情况。地震办公室及各观测点安装有土应力、土地电、陶瓷偏角磁变仪等仪器。1982年地震办公室工作人员增至3人，在县二中增设1处观测点。同年，地震办公室科研人员还设计制造土地电观测仪、陶瓷偏角磁变自动定时观测控制器，并在邢台地区推广使用。1984年5月，地震办公室撤销，地震工作由县科学技术委员会代管。2005年8月，县科技局增设地震股，2008年5月撤销。

气象站

1979年，威县有气象站1所，工作人员12人。气象站始建于1959年，地点在城东李寨村，1966年迁至县城北郊。1977年搬至洺州镇皇神庙村东，建工作用房6间，生活用房16间，总建筑面积310平方米。另建有625平方米观测场一处，主要业务是开展气象观测、气象预报等工作。1981年始，气象站属县政府和上级气象部门双重领导。1987年7月，气象站更名为威县气象局。1990年，气象局工作人员减至8人，观测项目有云、能见度、天气现象、气压、空气的温度和湿度、风、降水、雪深、冻土、日照、蒸发、地温等。1999年，气象局租用两门高炮适时进行人工影响天气作业，高炮布设在七级镇马军寨和张营乡西平镇村。2002年购置一门防雹增雨火箭发射系统在全县流动作业。2009年，气象局内设办公室和业务科，有工作人员6人。

第二节　科普宣传

20世纪80年代，全县科普宣传主要是运用展览、讲座、广播、电影等形式进行宣传教育。1982 年，县有关部门组织举办畜牧展览，展出牛、马、羊、猪、鸡等家畜、家禽优良品种和先进的饲养技术、配种技术图片等，展期 1 天，参加展出活动的达 3000 余人。1984 年始，县科委创办《科技信息报》，每月 1 期，共办 22 期，每期印发 1 万份，主要介绍农、林、牧新品种和高新技术、高产经验、工业信息及动态等。1990 年以后，电视逐渐普及，1992 年始，县充分利用电视台这一平台，采取转播、播放科技节目等手段进行科普宣传。

开办《科技园》栏目

1999 年 1 月，县科技局成立电视《科技园》栏目制作组，简称“科技栏目”，主要由编辑、播音、摄像、制作等十余名专业技术人员组成，科技栏目以电视为桥梁，围绕全县经济发展、产业结构调整等工作开展科学普及，节目内容涉及农业、蔬菜、畜牧、工业等。至 2005 年底，共播出 735 期。2001 年，在县委政府召开的“科教兴县”奖励大会上《科技园》栏目荣获集体二等功，2003 年被省委宣传部、省科协、省科技厅评为科普工作先进集体。

创办《威县科技苑》

2002 年 10 月，县科技局创办《威县科技苑》报，利用《威县科技苑》报进行科技普及工作，借以推广棉、菜、粮、林果种植以及畜牧养殖技术等，以提高科普水平。为加大科学技术普及力度，《威县科技苑》的编排水平和发行质量不断提高，根据农时加强报纸的适用性和针对性。至 2009 年底，报纸共发行 172 期 80 万余份。

威县科技苑
2002 年 10 月大 8
第 1 期 总 1 期
主办 威县科学技术局
新政策
《科技苑》创刊词
浅议芦笋产业
调整农业

图 22－1 2002 年 10 月 8 日，县科技局创办《威县科技苑》

第三节 科技培训

30 年间，威县以科技管理部门为龙头，以县劳动技工学校、县人劳局就业训练中心、职教中心、农广校及民办职业培训学校等阵地为依托，按照“实际、实用、实效”的原则，广泛开展多类型、多层次的科技培训工作，为全县培训了大批科技实用型人才。

1987—1990 年，为打好棉花优质高产的技术基础，提高棉农的植棉素质，县农业技术推行中心利用走出去、请进来的办法和请专家教授讲课等方式，共组织大型培训 16 次，小型技术培训 8 场次，累计培训各级行政干部、技术干部和农民 45 万人次，印发各种技术资料 1.5 万份，明白纸 11 万份。

1990 年，县黄牛改良站举办黄牛改良技术培训班 15 期，培训人员 250 人次。

1993 年以后，每年举办电视讲座 10 期左右，举行大型技术培训会 2～3 次，现场培训会 30～50 次，发放报纸 2 万余份，有力地推动了植棉新技术的普及和推广。进入 21 世纪，网络

图 22－2　林业科技人员进行技术指导/2008 年摄

逐渐普及，利用电脑网络、手机短信及时指导农民农业生产。

1999 年，全县举办服装加工、电脑打字等培训班 5 期，培训人员 300 人次。

2000 年以后，职业培训重点逐渐向农村富余劳动力转移。2005 年，实施农村劳动力转移培训阳光工程，对农村劳动力免费开展大规模培训，全年举办培训班 11 期，培训学员 5370 人，《中国劳动保障报》、新华网等多家媒体予以重点报道或转载。

2000—2009 年，全县职业培训机构共举办计算机操作、家政服务、创业、餐饮服务等各类培训班 60 余期，培训人员 15000 余人次。

2004—2009 年威县科技培训情况一览表

表 22－1　　单位：人

培训机构名称	培训专业	人数	就业去向
人劳局就业训练中心	社区服务、纺织加工、鞋业、电子	600	北京、天津、山东、湖南省地
	电子、社区服务、服装加工	800	北京、天津、山东、湖南省地
	纺织加工、社区服务、鞋业加工	1200	北京、天津、山东、湖南省地
	餐饮服务、农业科技		
	建设工匠、家政服务		北京、天津、山东、湖南省地
职教中心	计算机、会计电算、机电一体化	500	天津、青岛
	计算机、电气焊、服装加工、会计	750	天津、青岛、江苏
	计算机、电气焊、服装加工	1000	江苏、天津、青岛
农广校	日光温室	580	县内
	日光温室	660	县内
	日光温室	720	县内
新潮时装学校	服装加工	360	辽宁、宁晋
	服装加工	440	辽宁、宁晋、威县、隆尧
	服装加工	680	辽宁、青岛、宁晋
正大电脑培训学校	计算机	480	威县及周边县市
	计算机	590	威县及周边县市
	计算机	670	威县及周边县市
圣龙职业中专学校	计算机	1180	威县及周边县市

第三章　科技创新

第一节　科技人才

科技竞争就是人才的竞争。30年间，全县科技工作者承担了数以百计的科研项目，涌现出很多科技创新人才。他们在各自工作岗位上潜心钻研，勇于创新，为威县各项事业的进步做出了贡献。寓居外地的威县人，怀着对所从事事业的负责和担当，取得难以数计的科研成果，为国家做出了贡献，为家乡争得了荣誉。

王忠德

王忠德（1939—2007），辽宁省东港市人，在威县多年从事棉花科研工作，在20世纪六七十年代就培育出“602中长绒棉”棉花新品种。1982年，县科委（科技局的前身）推广其和家孟森主持的“棉花早发稳长不早衰”科研项目。当年推广示范面积679公顷，每公顷增产皮棉189.3千克，共增产皮棉128.5吨。1984年，这一科研成果荣获省科技进步奖。

李金忠

李金忠，1956年生，赵村乡中张舠村人，林业高级工程师。自1981年始一直坚守在林木种苗生产第一线，坚持走科技兴圃之路。曾参与杨树国家“八五”至“十二五”国家科技攻关课题等14个省部级以上研究及推广课题。与北京林业大学和省林科院合作成果分别获国家科技进步二等奖两项、河北省科技进步二等奖一项、三等奖两项。培育出省和国家审定良种10个，国家林木新品种权20余件。曾获全国绿化奖章、河北省林业劳模等荣誉称号。

图22-3　李金忠获国家科学技术进步奖证书

史作清

史作清，1937年生，侯贯镇马桥村人，南开大学化学学院教授，当代发明家。自1980年始，从事新型离子交换树脂和吸附树脂的合成、结构及性能的基础研究，围绕医药研究功能高分子材料，开发出多类具有自主知识产权的功能高分子材料，包括选择性吸附树脂、固相合成载体树脂、固定化酶载体树脂、高分子色谱填料等，并实现了科研成果产业化。其带队研发产品的合成工艺至2009年仍为国内独家生产，达到国际先进水平。史作清曾带队承担多项国家自然科学基金项目，获得10余项国家和省部及奖励及19项国家专利。在社会效益上，促进了制药行业技术水平发展，为药品质量提高和保护环境做出贡献。2009年获中国发明协会发明创业奖。

第二节　科研成果

30 年间，全县科技工作者承担了数以百计的科研项目，并取得一批科技成果。1984—1990 年，全县获得地区级以上奖励的科技成果就达 20 项，其中国家级 1 项、省部级 5 项、地厅级 14 项。（其中：1987 年的 1.7 万亩棉花高产示范田获省农业厅科技成果三等奖，1988 年 17 亩旱地棉花模式化栽培获省农业厅科技成果三等奖，1989 年的 25.8 万亩棉花增产综合栽培技术获省农业厅“丰收计划”二等奖。）1991—1995 年，全县共组织科研项目 31 个，其中省级 10 个，地（市）级 21 个，获奖项目 7 个。1995 年以后，依本地气候、土地等特点，陆续研发出一批农业科技成果，如 1999 年冀中南春播棉高产示范区获省科技厅科技进步三等奖，2003 年地膜棉配套技术获农业部丰收三等奖。工业方面，自 1998 年后县属企业陆续改制，一批民营企业快速发展，行业涉及棉花加工、化工、汽车配件、建材装饰、皮毛加工、橡塑制品等，一些企业集生产、科研、设计、开发于一体，有自己的专利产品，不少企业生产的产品被评为省优产品。华新建材有限公司生产的太威牌轻钢烤漆龙骨连续被评为河北省优质产品，华威汽车内饰公司的兆达牌系列汽车内饰被评为省优质名牌产品。

图 22-4　苗圃场获国家科技进步奖证书

1984—2009 年威县科技成果获奖项目一览表

表 22-2

年份	名称	获奖单位及个人	获奖情况
1984	棉花实验田	方家营乡牛俊山	省农业厅棉花科技成果三等奖
1984	棉花早发稳长不早衰	县科委王忠德、家孟森	省科技进步四等奖
1985	38°洺水特曲	县酿酒厂张春富	轻工业部白酒品评大会铜杯奖（三等奖）
1985	降低薯类白酒甲醇含量	县酿酒厂时建华	省科技进步四等奖
1985	夏谷综合栽培技术	县农业局张双庭	省农业厅二等奖
1986	黑龙港地区治理与开发研究	县农业局张双庭	省科委特等奖
1986	谷子线虫病防治技术	县农业局徐怀连	省农业厅三等奖
1986	夏秋粮均衡增产综合技术	县农业局郑厚祥	邢台地区科技成果一等奖
1987	土地调查技术	县农业局邢瑞朴	省农业厅二等奖

续表 22－2

年份	获奖名称	获奖单位及个人	获奖情况
1987	棉花高产栽培技术	县农业局李杰	省农业厅二等奖
1988	河北中原优质肉牛品种推广	县畜牧局王留占、张加瑞、苏寿增、王明贵	部级一等奖
1988	黏虫跟踪技术研究	县农业局徐怀连	省农业厅二等奖（协作）
1988	棉花旱作示范研究	县农业局郑厚祥	省农业厅一等奖
1989	节能炉灶的研究和技术推广	县科委史福泽	农业部优秀成果三等奖
1989	降低优质白酒固形物	县酿酒厂时建华	省科技进步四等奖
1989	25.8 万亩棉花增产综合栽培技术	县农业局杨玉发	省农业厅二等奖
1989	邢台地区黑龙港类型区旱地棉花规范化栽培技术	县农业局李杰	邢台地区科技进步一等奖
1990	小麦病虫害优化配套防治技术	县农业局徐怀连	省农业厅二等奖
1990	23.5 万亩小麦低产变中产综合增产技术	县农业局杨玉发	邢台地区农业局丰收赛活动丰收奖
1990	25.8 万亩棉花综合配套技术	县农业局李杰	河北省农业厅“丰收计划”二等奖
1990	满幅种植棉麦套播二熟栽培技术	县农业局张双庭	省农业厅科技成果二等奖
1997	毛白杨多圃配套系列育苗技术	威县苗圃场	国家科学技术进步二等奖
1998	棉花新良种及配套增产技术	县农业局	农业部丰收一等奖
1999	冀中南春播棉高产示范区	于瑞锋、申凤杰、李林考、刘元双、申明远、隋文格	省科技厅“科技进步三等奖”
2002	棉花新品种推广	县农业局	农业部丰收二等奖
2003	地膜棉配套技术	县农业局	农业部丰收三等奖
2004	三倍体毛白杨新品种选育	县苗圃场	国家科技进步二等奖
2005	棉花新品种配套技术	县农业局	农业部丰收三等奖

1980—2009 年威县省、部级优质产品一览表

表 22－3

年份	产品名称	生产单位	获奖情况
1983	38°洺水特曲	威县酿酒厂	省优质产品奖
1984	38°洺水特曲	威县酿酒厂	省优质产品奖
1984	38°洺水特曲	威县酿酒厂	轻工部优质产品奖
1985	38°洺水特曲	威县酿酒厂	省优质产品奖
1985	38°洺水特曲	威县酿酒厂	轻工部铜杯奖
1986	38°洺水特曲	威县酿酒厂	省优质产品奖
1986	38°洺水特曲	威县酿酒厂	轻工部优质产品奖
1987	38°洺水特曲	威县酿酒厂	省优质产品奖
1987	空腹钢窗	威县七级断线钳厂	建设部优质产品奖
1987	滋补酒（四种）	威县酿酒厂	省优质产品三等奖
1988	38°洺水特曲	威县酿酒厂	省优质产品奖
1988	长城牌出口斧头	威县合金铸造厂	省优质产品奖
1989	38°洺水特曲	威县酿酒厂	省优质产品奖
1989	特种铸造高铬磨球	威县合金铸造厂	省优秀新产品三等奖
1989	空腹钢纱窗	威县七级断线钳厂	省优质产品奖
1990	38°洺水特曲	威县酿酒厂	省优质产品奖
1990	装配式轻钢龙骨	威县七级断线钳厂	省优质产品奖
1990	X195、X175 气缸套	威县机械厂	省优质产品奖
1990	S195－Z175A 气缸套	威县机械厂	省名优特新产品奖
2000	兆达牌系列汽车内饰	华威汽车内饰公司	省优质名牌产品
2007	太威牌轻钢、烤漆龙骨	华新建材有限公司	河北省优质产品

第三节　专利申请

1985 年 4 月 1 日，《中华人民共和国专利法》正式实施。全县科技人员发明创造积极性进一步高涨。1988 年，侯贯镇大潘庄村邢群堂申请了一种玻璃砖及其生产方法的专利，成为全县第一个取得专利权的个人。20 世纪 90 年代，个人专利申请逐渐增多，共取得专利 22 项，其中发明专利 5 项，外观设计专利 2 项，实用新型专利 15 项。汽车变光开关、汉语拼音扑克牌、多功能棉谷播种机、一种输送带等多个专利已在全市推广应用。

2000年以后，全县专利申请进入快速增长期，人们的专利保护意识也日益增强，出现不少发明家，如县第一职业中学教师侯保银一人申请获得12项专利，另有朱智文、田立树、许玉杰等也都申请获得多项专利，专利涉及医药、教育、工业制造、农业机械、日常用具等多个领域，多项专利已经产生经济效益。至2009年，全县共申请专利112项，授权108项。

1979—2009年威县专利申请一览表

表22－4

专利项目名称	专利（申请）号	专利类别	申请（专利权）人
汽车自动变光器	2003201113409	实用新型	田立树
机动车空气悬挂座椅	03216719.9	实用新型	田立树
汽车座椅	200420091875.9	实用新型	田立树
旋流式进气管	200620024615.9	实用新型	田立树
柴油机防反弹启动助力器	200620127371	实用新型	侯保银
防触电插座	200620127490	实用新型	侯保银
可纠正方向错觉的密室	200620127280.3	实用新型	侯保银
自行车儿童坐躺两用椅	200620127429.8	实用新型	侯保银
粉笔套	200920254247.0	实用新型	侯保银
讲课用麦克风	200920254230.5	实用新型	侯保银
免洗防干便携式毛笔墨水瓶	200920254641.4	实用新型	侯保银
升降台	200920254246.6	实用新型	侯保银
便携式多用笔	200920254227.3	实用新型	侯保银
防作弊课桌	200920254229.2	实用新型	侯保银
便携式阅读托架	200920254228.8	实用新型	侯保银
汽车平移辅助装置	200920254429.X	实用新型	侯保银
自助多功能老年床	200620113318.1	实用新型	孟祥修
喷雾器喷头	200820077666.7	实用新型	王文秀
治疗牛皮癣的药物及其制备方法	200410012260.7	发明	马书仁
点疣膏及其配方	200310120062.8	发明	马书仁
治疗痔瘘的药物	200410012102.1	发明	马书仁
脑血栓丸及其配方	200410075338.X	发明	朱智文
有机硒抗衰片及其配方	200410055556.7	发明	朱智文
破伤风手攥丸及其配方	200410075339.4	发明	朱智文

续表 22－4

专利项目名称	专利（申请）号	专利类别	申请（专利权）人
风寒感冒治本丸及其配方	200410059953.1	发明	朱智文
脑溢血丸及其配方	200410078802.0	发明	朱智文
糖尿病胶囊及其配方	200410055394.7	发明	朱智文
鼻塞片及其配方	200510052244.5	发明	朱智文
高血脂片及其配方	200510053302.6	发明	朱智文
线粒体保护丸及其配方	200510091808.6	发明	朱智文
糖尿病丸及其配方	200410078814.3	发明	朱智文
冠脉供血不足丸及其配方	200510048973.3	发明	朱智文
高血压根治丸及其配方	03143345.6	发明	朱智文
梨酒的制作方法	200410012182.0	发明	刘代锋
果香型酒的制备方法	200410012181.6	发明	刘代锋
用于酒类的蒸馏装置	200420015904.3	实用新型	刘代锋
用于治疗烫伤、烧伤的外用涂膜剂	200710061731.7	发明	孟祥宝
节能减排内燃机蒸汽机组合式发动机	200720101769.8	实用新型	时立江
奶酒及其制作方法	98101094.6	发明	刘代锋、郝增凯
立体字的制作方法	93120625.1	发明	崔玉栋
合成玉石板面的制作方法	90106876.4	发明	崔玉栋
棉铃虫成虫高效诱杀剂及诱杀专用装置	00131564.1	发明	孙国兴
智能理疗床	200710129375.8	发明	赵清杰
人造花园	200610008434.1	发明	赵清杰
百料食品	200610071228.5	发明	赵清杰
金字屋	200610151980.0	发明	赵清杰
治疗牛百叶干病的中药制剂及其制备方法	200910073953.X	发明	孙风河
玻璃砖及其生产方法	88108104.3	发明	邢群堂
杀虫组合剂	9312097202	发明	赵善润
药物磁疗保健护膝	96100032.5	发明	石恩龙、李仁俊 石书堂
治疗妇女乳腺增生的中药	200810000913.8	发明	王瑞亭、王瑞山
汽车挂挡数字化	200610166883.9	发明	李凤乾
汉语拼音扑克	97316689.4	外观设计	贾世芳

续表 22－4

专利项目名称	专利（申请）号	专利类别	申请（专利权）人
箱用预埋件	200630024072.6	外观设计	许玉杰
箱用扣	200630024073.0	外观设计	许玉杰
箱用把手	200630024074.5	外观设计	许玉杰
箱用扣	200620027008.8	实用新型	许玉杰
箱用扣	200620027007.3	实用新型	许玉杰
箱用扣	200630024075.X	外观设计	许玉杰
柴油机起动自动减压摇臂总成	02233329.0	实用新型	荆佩安
三滤芯空气滤清器	02253365.6	实用新型	夏中洲
空气滤清器	200820076014.1	实用新型	夏中洲
输送带	94211291.1	实用新型	宫立贵、温林 王宾广
随车修车垫	93203995.2	实用新型	刘永强
多功能棉谷播种机	99258946.0	实用新型	马东新
弹跳鞋	97220050.9	实用新型	刘代青
五金工具	03202629.3	实用新型	张兴瑞
沏奶器	200420085377.3	实用新型	李尊景
卫生筷子套	200420092000.0	实用新型	李尊景
变压器保护器	93200871.2	实用新型	张贵华
背负式储能喷雾器	93219221.1	实用新型	李方龙
储能供液装置	93221721.4	实用新型	李方龙
药物保健护膝	96200344.1	实用新型	石恩龙、石书堂
防污、防松紧固件	96206389.4	实用新型	张印奎
汽车变光开关	97213995.8	实用新型	高德春、荆佩安
双扇门门锁	97213993.1	实用新型	朱金哲
高效遮阳伞	98213195.X	实用新型	刘安朝
摩托车防盗电子锁	97223478.0	实用新型	张之峰
多功能背负固定式机动喷雾器	97215671.2	实用新型	蒋殿顺
汽车摩托车点火器	00254758.9	实用新型	张玉贵
电解冻水龙头	00253881.4	实用新型	刘代青
汽车轮胎脱辋机	00255440.2	实用新型	范玉康

续表 22－4

专利项目名称	专利（申请）号	专利类别	申请（专利权）人
锅炉膨胀罐	200720101013.3	实用新型	李瑞杰
高压气线绕线装置	200820076173.1	实用新型	李瑞杰
新型黄油枪	200620128434.0	实用新型	岳万普
轮船节能叶轮	200820006789.1	实用新型	蒋步群
汽车混合动力装置	200820007532.8	实用新型	蒋步群
带防雨功能的背包	200820106751.1	实用新型	王静宜
无尘助视黑板	200920102212.5	实用新型	宫永洁
小型中耕播种施肥机	200920163807.1	实用新型	许培森
联体式子宫切除术止血钳	200920254102.0	实用新型	刘学燕、宫永洁
便携式键盘操作板	200920254226.9	实用新型	徐静、宫永洁
节油型化油器及其汽油机	200920158911.1	实用新型	申新超
棉尘处理设备	200720101915.7	实用新型	王道林、王保箱
棉花采摘机头	200420120321.7	实用新型	王海双
棉花风力采摘机头	200520024247.3	实用新型	王海双
固膜农药喷洒装置	200320111357.4	实用新型	王海双
自动摘棉机	200520024692.X	实用新型	李凤乾
多功能空心砖	200720100870.1	实用新型	张贵听
冷镦机	03202631.5	实用新型	杨敬岭
标记饺子及其印模	03269844.5	实用新型	王书锋
彩色速冻饺子及其生产方法	96102770.3	发明	王书锋
饺子	94311385.7	发明	王书锋
锁具防盗开保护装置及其专用钥匙	200820077833.8	实用新型	杨福庆
多功能自助火锅	200820076225.5	实用新型	王新国
多功能自助燃气火锅	200820227808.3	实用新型	王新国
多功能自助电火锅	200820227809.8	实用新型	王新国
生物质燃料采暖炉	200920103230.5	实用新型	王猛

说明：该表资料来源于国家知识产权局网

第四节 科技奖励

2000年，县委、县政府制订《威县科教兴县奖励办法》《关于实施科教兴县的战略意见》《关于深化科技体制改革的决定》《科技拔尖人才管理规定》等政策性文件，为科研单位和科研人员创造良好的社会环境。这些文件的主要内容是：县政府每年拿出30万元设立科教兴县奖励基金，年终组织力量对单位和科技人员进行考评，对做出突出贡献的单位和个人给予表彰和奖励。2001年，评出县长特别奖一名，奖金5万元；一等奖五名，奖金各3万元；二等奖一名，奖金2万元；三等奖四名，奖金各1万元；提名奖五名，奖金各1000元。

1999—2000年度威县科教兴县奖励获奖项目一览表

表22－5

项目名称	项目类别	完成单位	项目效益核实情况	评审奖项	主要实施人员	
					项目主持人	主要完成人员
省政府33B抗虫棉繁育及推广项目	推广	农业局	1999年比1998年多推广8467公顷，每公顷新增效益5580元，总效益4724万元	一等奖	王荣斌	王荣斌、李林考、冯连福、魏学军、申明远、申凤杰、李保泽、邢瑞朴、刘兴利、魏华政
节水增产示范	推广	水务局	1999年推广管灌2200公顷、喷灌537公顷、滴灌100公顷、膜上灌3333公顷，新增总效益1451万元	一等奖	王永建	王永建、冯涛、史同昆、贾秀夫、郑兆生
三倍体毛白杨的选择培育及推广研究	推广	苗圃场	1999年培育及推广三倍体毛白杨415公顷，新增效益1208万元	一等奖	李金忠	李金忠、薛宝贵、李西亭
日光温室无公害大棚蔬菜种植园区	推广应用	高公庄乡	1999年建大棚2500个，占地333公顷总产值3750万元，总投入2000万元；如种棉花每公顷纯收入9900元计算，新增总效益1420万元	一等奖	庞德存	庞德存、高成兵王双杰、王彦增
精品内胎新产品	新产品	邢台橡胶有限公司	1999年产内胎43万余条，该产品创效益108.5万元，纳税93万元	一等奖	张国发	张国发、王明成、郭维兵、陆军、丁振林、连庆生、辛振祥、王彦臣、项慧坤

续表 22－5

项目名称	项目类别	完成单位	项目效益核实情况	评审奖项	主要实施人员	
					项目主持人	主要完成人员
韭菜无公害治理技术研究与推广——无农药污染韭菜	示范	科技局农业局	1999 年面积 37 公顷，每公顷产量 60 吨，每公顷增 2.4 万元，每公顷节支 945 元，每公顷总增 24945 元	二等奖	申凤杰	申凤杰、徐怀连
轻钢烤漆龙骨	新产品	宏达新型建材有限公司	1999 年新增效益 23 万元，新产品纳税 8 万元	三等奖	孙锡顺	孙锡顺、高军旺、孙金峰
标记杂交棉及其配套栽培技术体系示范	试验示范	赵村乡科技兴农领导小组	示范面积 200 公顷，按三种三收计算，新增效益 150 万元	三等奖	刘勤义	刘勤义、李恒顺、黄印锐、王忠义、赵敬霞、张长庆、李林考
冀中南春播棉高产示范区	示范推广	科技局	1997 年 5507 公顷，效益 822 万元；1998 年 7533 公顷，效益 5215 万元	三等奖	申凤杰	申凤杰、李林考、申明远、隋文格、张恒念、项慧坤、王延臣、申勇智、张保国、孙东红、王放骏
优质棉基地县科技服务项目	推广	棉花办公室	1999 年 26467 公顷，增收 8952 万元	三等奖	张长庆	张长庆、邱治方、王荣彬、王明春、申明远
科技栏目	推广	科技局主办	从 1999 年元月 1 日至 2000 年 11 月，共播出 202 期，社会效益显著	二等奖	申凤杰	申凤杰、申勇智、张保国、张军霞、王勤树、裴兴敏、邱国勇

1999—2000 年度威县教育系统科技兴县奖获奖情况一览表

表 22－6

姓名	单位	所任学科	主要成绩
胡国章	县二中	语文	1999 年邢台市首届中学生作文大赛所辅导学生获三等奖；1999 年所撰论文被《中国教育教学理论与实践》选用，并获中国诗经学会第二届教学论文大赛一等奖
赵　熙	教研室		1999 年所撰论文获全国青语会第三届论文评比优秀论文一等奖
王存申	教研室	数学	1999 年数学奥赛指导教师奖；1999 年获山东教育教学论文二等奖
贾世芳	第什营乡芦头小学	语文	1998 年所发明的汉语拼音扑克获国家专利，1999 年在全县推广
刘　慧	实验小学	社会	1999 年所执教的《抗日战争的胜利》一课获省电化教学优秀课三等奖

第四章　能源利用

第一节　传统能源

石　油

20 世纪 70 年代初，县内开始使用网电，随着网电的逐渐普及，用煤油照明的用户逐年减少。70 年代末，有部分居民用煤油烧水做饭。柴油在各行各业中作为动力能源已广泛应用。汽油、润滑油主要在交通运输业中广泛应用。全县石油燃料由县商业局下属的石油公司和县供销合作社经销，实行计划零售供应。1980 年，全县销售柴油 3643 吨、煤油 309 吨、汽油 920 吨。1984 年始，为支援抗旱，减少农民对农业的投入，国家下达指令性计划，专项分配粮、棉挂钩和抗旱专用平价柴油。1985 年，石油公司划归河北省石油公司，石油产品实行专营。1990 年，全县销售煤油 15 吨、平价柴油 3757 吨、议价柴油 2032 吨、汽油 1840 吨。1995 年，国家取消石油计划供应，威县石油市场放开，实行市场化经营。个体经营网点、加油站数量增多。同时，汽车、摩托车、农用三轮车及四轮车、拖拉机等在居民家庭中拥有量迅速增长，全县汽油、柴油、润滑油市场需求日趋旺盛。2009 年，全县有各类加油站点 40 个，石油供应基本能满足市场需求。

煤　炭

境内用煤主要品种有褐煤、烟煤、无烟煤、半无烟煤等。生活用煤主要用于家庭做饭、取暖。工业用煤主要是砖瓦生产和锅炉用煤。1979 年，全县国家对煤炭仍为计划供应，用户需凭证购买。1980 年，全县煤炭销量 42608 吨。1983 年，煤炭价格实行双轨制，威县在用足计划指标的前提下，积极采购计划外议价煤炭，拓宽供应渠道。1984 年，计划指标减少，缺口部分采取议价购进、平价供应、地方财政补贴的办法解决。与此同时，县内个体煤炭经营摊点大量涌现，生活用煤基本实现供需平衡。1992 年，国家煤炭分配计划全部取消，县内煤炭经营全部实行市场化运营，煤炭供应可以完全满足市场需求。

液化气与天然气

20 世纪 80 年代末，个体燃气经营者在威县县城出现，从此液化气开始走进县城居民的生活领域。随着时间的推移和居民生活水平的提高，液化气的使用由县城向乡村普及。液化气的使用对象大多集中在城镇，因其方便、快捷、卫生，曾一度替代生活用煤。2000 年以后，随着电磁炉、电饭锅的出现，液化气的用量逐年减少。

2009 年，威县燃气公司在李寨村东北成立，这是威县首家天然气公司，通过该公司经营的城区天然气管网，部分县城居民可以用上天然气作为生活燃料。

柴草木炭

薪柴、木炭、农作物秸秆等是县内农村居民炊事、取暖等生活主要能源。20 世纪 80 年代中期始，随着煤炭、柴油等能源的广泛使用，秸秆等使用量逐年减少。2005年后，建国能生物发电公司，秸秆使用量增多。至2009年，柴草类能源仅限于农村居民仍在使用，用于炊事的使用量也呈减少趋势。

第二节　清洁能源

太阳能

县内太阳能利用始于20世纪70年代，主要用于农业生产领域的用塑料布为红薯育苗。

1975年，威县试制太阳灶并获得成功。1980年，县新能源办公室有太阳灶14台，全部投入使用。1990年，全县共有太阳灶7台，使用率90%。

1980年，县新能源办公室引进2台0.8平方米的太阳能热水器。1990年，全县共有太阳能热水器200台，其中1.2平方米的25台，1平方米的100台，0.8平方米的75台。1990始，逐渐被品牌太阳能所代替。2009年，太阳能热水器在全县已大量普及，被广泛应用。

1994年，由农业局园艺师吴凤华、东赵庄支书王双杰引进的微拱琴弦式高效节能日光温室，首先在高公庄乡东赵庄村、洺州镇马庄村进行试用推广，在东赵庄村栽培越冬茬西红柿获得成功，填补了县内无日光温室冬季不能生产喜温瓜菜的空白，并逐年得到发展。2009年，全县设施蔬菜达5万亩。

沼　气

20世纪70年代末，威县大力宣传沼气知识，引进并小范围推广沼气使用技术，但使用率不高。后由于成本高，曾一度停办。1990年，县科委又一次在全县推广利用沼气，全县共修建沼气池45个，投入使用34个，其中固献乡孙庄、经镇乡草楼修建的沼气池质量较高。主要用于农村家庭炊事、照明和取暖。但受庭院小、家畜养殖少等因素，仍未能在全县广泛普及。2009年，全县户用沼气多是农村的养殖户，普及率仍不高。

第五章　气象测报

第一节　气象观测

威县气象局为国家一般气象站，每天进行的8时、11时、14时、17时、20时5次定时地面气象观测，每天8、14、20三个时次向河北省气象台编发气象地面电报。观测项目有云、能见度、天气现象、气压、空气的温度和湿度、风向和风速、降水、日照、

图22-5　县气象局观测场（皇神庙以东）/2006年摄

小型蒸发、地面温度、浅层地温、雪深、冻土。

第二节　气象测报传输

县气象局建站开始，是以手工编报，拍发气象电报向上级传输，即用电话机向当地邮电局口传，再由邮电局向河北省气象台传输报文。1986 年 1 月 1 日起，使用 PC1500 袖珍计算机取代人工编报。1987 年 4 月，气象电报开始用高频电话向邢台地区气象台报告，气象台抄收后再拍发到河北省气象台。1999 年 7 月，开始用 X－28 通信网向河北省气象台传输气象报文资料。2004 年 11 月，改为 2 兆光纤专线，通过光纤网络将报文传至邢台市气象台、河省北气象台。

第三节　气象服务

1979 年，县气象服务站与县广播站合作，每日通过有线广播发送两次公众天气预报。1988 年开始，安装使用气象警报发射、接收系统，对外发布天气预报。1996 年初，县气象局与县邮电局联合开通“121”电话天气气象服务。1998 年，在县电视台开辟《天气预报》栏目，开展各乡镇及周边交通要道气象服务工作。2002 年，发布“气象信息周报”，主要内容为过去一周的天气回顾和未来一周的天气情况，还发布春播、三夏和高考专题气象服务报告，以及往年气候概况等材料；并充分利用广播、电视、电话、手机短信、报刊、网络等新闻媒体进行全方位的气象信息服务。2002 年春季，在七级镇马军寨等地开展高炮增雨防雹作业，对开发利用云水资源，减轻雹灾起到积极作用。2005 年 1 月，气象信息服务电话由“121”正式升级为“12121”。

第四节　人工防雹增雨

1999 年，县气象局租用邢台市人工影响天气办公室高炮两门，布设在七级镇马军寨和张营乡西平镇村，每个炮点安排专职炮手 5 个，设炮长 1 人。2002 年，投资 2 万元购置一门人工增雨火箭发射系统，在全县流动作业。

开展人工防雹增雨工作前，威县每年均遭受大风、冰雹袭击，直接经济损失每年均在 2000 万元以上，开展人工防雹增雨工作后，防区内未出现过较严重的冰雹天气。

图 22－6　县气象局工作人员进行人工防雹增雨作业/2006 年摄

1999—2009 年威县人工防雹增雨情况一览表

表 22－7　　单位：次

年份	作业次数	作业时间	作业效果
1999	5	4—10 月	防区内无雹灾
2000	8	4—10 月	防区内无雹灾
2001	7	4—10 月	防区内无雹灾
2002	6	4—10 月	防区内无雹灾
2003	6	4—10 月	防区内无雹灾
2004	9	4—10 月	防区内无雹灾
2005	6	4—10 月	防区内无雹灾
2006	5	4—10 月	防区内无雹灾
2007	7	4—10 月	防区内无雹灾
2008	7	4—10 月	防区内无雹灾
2009	6	4—10 月	防区内无雹灾

第六章　科技管理

第一节　科技计划管理

科技攻关计划

1983 年起，县科技部门开始组织实施“科技攻关计划”。先后组织 53 项，其中国家级 7 项、省级 6 项、市级 25 项、县级 15 项。在科技兴农方面，重点组织新品种的引进和新技术的研究，攻克农业、林业、畜牧等技术方面的难题。科技兴工方面，重点组织新产品、新工艺、新技术的引进和开发，培育出一批高技术含量，高附加值的产品。医疗行业组织技术力量，对常见病、疑难病等实施技术攻关，探索出一些新的治疗方法，外科、五官科医疗中取得一定突破。

星火计划

“星火计划”是 1985 年经党中央、国务院批准实施的第一个依靠科学技术促进农村经济发展的计划。1986—2005 年，全县组织实施星火计划项目 45 项，其中国家级 4 项、省级 25 项、市级 16 项。

火炬计划

“火炬计划”是经国务院批准，于 1988 年 8 月由国家科委组织实施的指导性高技术产业发展计划。重点在新材料、生物技术、电子信息、机电一体化、新能源、高效节能及环境保护领域实施。1988—2005年，全县共组织实施火炬计划项目8项，其中国家级2项、省级4项、市级2项。

科技成果推广计划

1986—2009年，威县组织实施科技推广计划232项，其中列入国家级科技成果推广计划1项，省级推广计划5项，市级推广计划38项，县级推广计划188项，其中国家、省级推广的是工业新产品，市级推广的是大农业项目。

图22－7　棉花间作推广/2006年摄

第二节　科技经费管理

1978年，县科研经费由省、地科委及其主管部门管理，全县科技经费只有1.2万元。1980年改由县科委统一管理，1985年全县科技各项费用4.2万元，科技经费1.4万元。1996年4月国家财政部、国家计委、国家经贸委、国家科委联合制定推出《科技三项费用管理办法（试行）》。1999年始，威县将科技三项经费（重大科研项目补助、新产品试制、中间试验）纳入财政预算，每年按预算拨付。1999—2001年，每年拿出9万元用于电视台《科技园》栏目的设备、编辑、人员工资等。2002年始，科技经费有所增加，2009年，全县科技经费财政投入达到146万元。

1999年，县委、县政府出台《威县科教兴县奖励办法》，该办法规定：县政府每年拿出30万元设立科教兴县基金，每年对在科教兴县工作中表现突出的单位和个人，根据贡献大小分别给予县长特别奖、一等奖、二等奖、三等奖的奖励。

图22－8　漫画《起飞》/胡延亭（邱县）绘

第二十三编　教　育

自隋唐至清，境内教育推行科举制度，读书人把科举当作晋升阶梯。教育的基本方针为“忠君尊孔”“学而优则仕”。明清时期，社学、义学、私塾为主要办学方式，又以私塾最为普遍，全县有私学百余所。明嘉靖六年（1527）始建洺阳书院，历经300余年，清代又有慈航书院，皆为读书讲学之地。明清两朝，全县共有文科进士9人，文科举人71人，武科进士4人，武科举人63人。清末，废科举，兴学校，威县教育冲破封建禁锢，相继办起一些初级小学校。1914年，全县共有小学校96所，学生2420人。抗日战争时期，威县教育受到严重摧残。

1949年10月1日中华人民共和国成立后，普通教育得到普及。1951年建立县初级中学，1956年，威县第一中学招收高中班，成为完全中学。是年，全县建有普通中学7所，有学生1693人，有小学402所，在校学生28682人。“文化大革命”时期，学校大办农场、林场、饲养场，打乱了正常的教学秩序。

图23－1　县教育局内景/2009年摄

1979—2009年，威县教育事业在改革中顺利推进。义务教育从1985年的小学普及教育通过省地验收，到1997年普及九年义务教育达标通过省级验收，再到2007年实现免费义务教育，九年义务教育实现跨越式发展。全县教育结构不断优化，学前教育、高中教育、职业教育、成人教育、民办教育等方面都取得可喜进步。教师队伍结构发生根本变化，2000年实现教师队伍全部为公办教师。2000年始，严格教师准入制度，实现由毕业包分配到凡进必考的转变，教师业务素质有了明显提高。中小学布局加速调整，办学条件大幅度提升，2002—2009年，全县共撤并中小学220所，新建、改建、扩建中小学164所，教学设备配备齐全，计算机教室、多媒体教室、远程教育等现代化设施覆盖率85%。2009年，全县小学

203 所，中学 22 所，高中 2 所，中小学在校生 59464 人，职业高中 2 所，在校生 1352 人，全县教职工 3910 人。

第一章　教育改革

威县教育改革从体制、布局、管理等多方面入手，实现多渠道、多体制办教育，实现免费义务教育。全面推进素质教育，加大整合、统筹力度，合理配置教育资源，使教育朝着规范有序的方向发展。

第一节　教育体制改革

1985 年，中共中央《关于教育体制改革的决定》中明确提出，实行九年制义务教育，实行基础教育由地方负责、分级管理的原则。根据教育体制改革精神，全县农村中、小学下放，由乡、村管理，所有国办、民办教师工资全部改由乡村负担，原来国拨教育经费则用于改善办学条件，发放教师离休金和长休教师生活费。1985 年 10 月，威县人民政府下达《关于农村征收教育费附加的试行意见》，规定自 1986 年 1 月 1 日起，实行教育经费包干到乡、镇，并要求 1985 年底完成 1986 年教育费附加的征集任务。11 月，全县农村中、小学全部划归乡、村办，基本完成教育体制改革任务。农村教育体制改革，调动了各级办学积极性，全县掀起改善办学条件的热潮。1984—1990 年，累计投资 1700 多万元，使标准化校舍由原来的 24% 上升到 93. 5% 。

进入 20 世纪 90 年代，由于农村实行家庭联产承包责任制，集体积累下降，义务教育的经费主要靠通过乡、村两级基层组织向农民收取的教育费附加和教育集资来维持，农民负担加重，教育投入不足，一些乡镇出现拖欠教师工资现象。2001 年，国务院颁布《关于基础教育改革与发展的决定》，对农村基础教育管理体制进行重大改革。明确提出农村义务教育管理“实行国务院领导，由地方政府负责、分级管理、以县为主的体制”。2000 年全县推行农村税费改革后，于当年 10 月，取消农村教育费附加的征收，同时中央和省市政府加大财政转移支付力度，以保证教育经费的投入。2002 年，农村中小学教师工资由各乡镇支付改为上收到县管理，全县农村中小学教师工资由县财政统管统付，较好地解决了一些乡镇拖欠教师工资的问题。

2004 年秋季全县开始实施义务教育阶段贫困生的“两免一补”（免除学杂费、免除书费、补助贫困寄宿学生生活费）优惠政策，当学期发放资金 89 万元，为 19103 名学生免费提供教科书，免除 2506 名学生的杂费，补助 405 名贫困寄宿学生生活费。之后，各学期认真落实此项优惠政策，至 2007 年 7 月，累计发放资金 1852. 7 万元。

2005 年 12 月始，根据国务院《关于深化农村义务教育经费保障机制改革的通知》精神，威县建立义务教育经费保障新机制，开始实行免费义务教育。2006 年，新《中华人民共和国义务教育法》对义务教育的管理体制进行更为准确的规定，“义务教育实行国务院领导，省、自治区、直辖市人民政府统筹规划实施，县级人民政府为主管理的体制”。

2007年秋季，根据国家政策，全县九年义务教育阶段学生全部免除杂费及书费，而贫困寄宿生的生活费仍然发放，是学期为全县中小学生免杂费786万元，免书费776万元，提供贫困寄宿生生活费补助26万元。2009年，全县又免除寄宿生的住宿费，从而实现免费义务教育。

第二节　布局调整

调整中学布局

1979年威县按照中央"调整、改革、整顿、提高"的方针，对全县高中、初中进行整顿与改革，调整中学布局。高中由73所减为36所，1980年再次减为9所，1982年又一次减少为5所，在校学生由1979年的11638人减少为1397人。此时的高中设置，基本上能够适应当时的客观条件，但因5所高中高考升学率有较大悬殊，导致升学率较低的学校，因招生生源不足而先后停办。至1990年，全县只有一中、二中两所高中，年招生8个班，在校学生千人左右。1983年，初中由121所，调减为54所，1990年复调为43所，初中布点规模渐趋稳定。此后学校布局及所数基本稳定下来，间或有小的调整变动，除个别村联办初中因故停办外，赵村、枣园两所县办初中因所处地点不当及经费等问题，分别于1990年、1997年撤销。至1997年，全县计有普通中学40所，其中完全中学2所，初中38所（县办4所，乡镇办32所，村联办2所）。

2001年起，根据上级精神，威县实施农村中小学布局调整和危房改造工程，上级拨专款用于项目学校建设。至2005年，威县小学由过去的520所合并为255所，建项目小学71所，中学合并为21所。之后，为统筹规划全县义务教育的发展，整合教育资源，继续调整全县中小学布局。至2009年，全县小学降至203所，中学20所，教学资源得以优化和合理配置，标准化、规模化办学的新格局已初步形成。

实施学区建设工程

2007年，为深化教育改革，推动教育均衡发展，按照"因地制宜，统筹考虑，立足长远，积极稳妥"的原则，结合学校布局调整，实施学区建设工程，根据学区规模和辐射范围，8月，全县学区重新进行调整，合并13个相对薄弱的学区，全县学区总数由原来的32个减少到19个。县域内的教育资源得到进一步科学合理的配置，教育整体水平得以提升。

第三节　教育管理创新

1989年10月，县教委召开改进学校管理工作研讨会，会议认为，威县自1985年的起步探索阶段至1987年、1988年的典型经验成型阶段，学校管理工作取得初步成绩，七级镇中的"量化管理"，第什营的"联绩计酬"，七级县中的民主管理，县教委开展学校达标活动，实行整体工作评估督导制度，收到明显效果。河北省政府办公厅简报以《威县改革学校管理工作收到好效果》为题，较为详细地介绍了威县各校改进学校管理的做法和经验。除下发各地行署、各市县人民政府外，并上报中央、国务院办公厅，还吸引望都、青龙等县到威县访问学习。

此后，县教委在对农村中学的督导评估工作中发现，各中学客观条件有所差异，拿一个统一的尺度去衡量各校有失公平，难以发挥调动所有学校积极性的作用。为推动全县初中教育整体水平的提高，1994 年，县教委对农村中学实行“分级竞赛”“分类推进”的方法。“分级竞赛”就是以“评估分级”为起点，以“分类推进、整体提高”为目标，形成一个“全体参与”为核心的教育考核机制。具体实施办法为：教委依据学校之间办学条件、师资水平等方面的差别进行量化评估，然后按评估积分把全县 37 所初中划分为甲、乙、丙三个级别，在相同级别的学校之间开展争先创优竞赛，再次评估之后，按积分多少排出名次，各级别的前两名予以升级，后两名予以降级。由于竞争对手水平相近，有效地调动了各类学校参与竞争的积极性，从而使教育督导的激励作用落到实处。上述经验，《河北教育》1995 年 1 月 4 日进行了报道，1 月 20 日《中国教育》新闻摘编专栏，以《河北威县教育督导有新招》为题作摘要转载。县教育局十几年一直坚持并不断完善评估督导这一做法。2002 年后，教育局根据新的教育形势，又进一步充实督导内容，改进评估办法，由对农村中学的评估督导推广到全县各中小学校。并规定对最末名次给予黄牌警告，连续两年黄牌的学校，校长给予免职处分。

2004 年，教育局进行机构精简，撤销存留四十余年的视导组。各中学校长、学区校长直接对教育局负责，教学等业务指导直接由教育局教研室对各中学各学区负责，简化重叠机构的不必要管理，以便于县教育局统领全局，统筹安排。

第四节　社会力量办学

1985 年 5 月，中共中央《关于教育体制改革的决定》颁布，指出“地方要鼓励和指导国家企业、社会团体和个人办学”。威县民办教育随政策的开放而出现，但多是非学历的技能培训学校，如缝纫裁剪学校、理发烫发技术学校及无线电维修培训等。

1993 年 2 月，中共中央、国务院颁布《中国教育改革和发展纲要》，规定“改变政府包揽办学的格局，逐步建立以政府办学为主体、社会各界共同办学的体制”。1994 年，威县民办中小学校及民办幼儿园相继出现，这些学校创办之初，因缺少启动资金，办学条件较差，全依靠收费解决教师工资和办公经费。1995 年，县建立民办学校管理制度，规定办学条件标准，部分民办学校举办者开始加大投入，改善办学条件，扩大规模，办学特色也各有千秋，如邵固乡牛寨红杏学校，县城内鸿志学校，贺营乡赵庄人才学校等。

1997 年，国务院颁布《社会力量办学条例》，全县民办教育进入依法办学、依法管理的新阶段。2000 年，全县民办教育达到高潮，各种职业培训学校增多，民办中小学校也达到百余所，之后，由于各所民办中小学校办学条件参差不齐，教学质量高低不一，加之学校间竞争日益加剧，不少民办学校存在三五年就倒闭解散了。另一方面，自 2002 年始，县加大对民办学校的管理力度，进行整顿和重新规范，民办教育开始进入规范发展的轨道。到 2009 年，全县有民办幼儿园 200 余所，民办小学 14 所，民办初中 3 所，民办职业中专 1 所，基本形成以政府办学为主体，公办学校与民办学校共同发展的教育格局。

民办学校的兴起与发展，对公立学校起着有益的补充作用，同时民办学校与公立学校互相学习、互相竞争，对教育改革的深化和教育质量的提高也具有积极意义。

第二章　教育结构

改革开放后，威县教育结构日趋合理。学前教育发展迅速，民办幼儿园遍及城乡。中小学办学条件大大提高，教学资源得以优化和合理配置。特殊教育、成人教育、专业教育的发展已成为威县教育的重要组成部分。

第一节　学前教育

幼儿园

威县学前教育早在20世纪50年代就已经开始。1981年，县成立托幼领导小组，下设办公室，由县委副书记杨其海任组长，主持日常工作。各公社也都建立相应组织。同年县直幼儿园于国庆节复园，招收3周岁以上儿童50人。1982年全县有县办幼儿园1所，幼儿班1个，幼儿教师3人，1983年后，县直不少机关办起幼儿园，个体幼儿园也相继出现。1986年，幼儿园归县文教局领导，后由教育局教育股设专人负责幼教工作。至1990年，全县共有幼儿园15所，其中县办1所，企事业单位办6所，村办3所，个体办5所，在园幼儿800人，有幼儿教职工30人。幼儿班多数使用全省统一教材。

进入90年代，城乡各小学开始招收学前班，1997年，学前班基本普及，入班儿童达11172人。学前班的出现在一定程度上影响着幼儿园的发展，1987年8月，县第二职业中学开始招收幼教师范班，首招一个班，学制三年，但毕业后大部分分配到农村小学任教。2000年后，幼儿园在县城首先发展起来，2005年后，幼儿园发展进入高潮，城镇乡村民办幼儿园如雨后春笋迅速增多，但办园条件、质量差异较大。乡村幼儿园相对办园条件较弱，入园幼儿主要是学儿歌、识识字，或学习小学一年级的课程。而城镇幼儿园由于存在竞争，办园条件普遍较好，保教设施成龙配套，室外活动场地大多配备大型塑钢玩具，如滑梯、蹦蹦床、攀登架等，室内配置电视机、放映机等电教器材，同时各个幼儿园注重自己的办园特色，以增加竞争力。

图23－2　蓓蕾幼儿园（中华大街南段路东）/2010年摄

威县第一幼儿园（县直幼儿园）1994年搬迁到县城南街路东，2006年搬迁至中华大街南端路西，两次搬迁使办园条件逐步改善，保教理念不断创新，开设课程有幼儿活动教材、礼仪教育、帮我早读书等。办园特色是注重幼儿行为习惯、观察能力的培养，2009年入园幼儿

210 人，教师 13 人。威县第二幼儿园（启智幼儿园）是一家民办幼儿园，创办于 1999 年 9 月，办园特色是启迪幼儿心智、发展幼儿个性。2008 年，投资 70 万元配置大型玩具，完善一系列环境设施，至 2009 年，有 3 个园所，16 个教学班，在园幼儿 580 人，是威县最大的一所幼儿园。威县第三幼儿园，2007 年 4 月成立，以注重幼儿语言、艺术的培养为自己的办园特色。其他还有以双语教学为特色的蓓蕾幼儿园、以快乐成长为特色的金太阳幼儿园等。

2009 年，全县共有幼儿园 234 所，其中县城 13 所，全县在园幼儿 11448 人。

学前班

1979 年后，随着人民生活水平的改善，群众对儿童的早期教育日益关切。1980 年，洺州镇东街小学开办威县第一个学前班，此后，学校附设的学前班逐渐增多。到 1982 年，城乡小学附设的学前班增加到 45 个，入班人数达 836 人，其中章台校区有学前班 17 个，入班幼儿 250 余人。学前班教师一般由小学教师担任，有的另聘教师，为解决聘任教师的工资待遇问题，一般对入班幼儿每人每月征收 5～8 元学费。

1990 年底，全县共有学前班 98 个，学生 4000 余人。1997 年，学前班基本普及，入班儿童达 11172 人（其中属民办 354 人）

2000 年后，随着学前三年教育工作的深入开展，民办幼儿园蓬勃兴起，入园儿童增多。2006 年，小学入学年龄由原来 7 周岁提前至 6 周岁，又加之计划生育及免费义务教育的实施等诸多原因，学前班逐渐萎缩，慢慢淡出公办小学。至 2009 年，学前班在各小学已销声匿迹。

第二节　小学教育

发展概况

1979 年，全县有小学 490 所，在校生 65941 人，教职工 1299 人。1980 年后，适龄儿童入学率迅速提高。教职工人数随之增至 2263 人。1982 年，为更好地促进普及小学教育，县文教局把提高三率（入学率、巩固率、合格率）列为岗位责任制规定中的重要一条。1985 年春，在经济条件较差教育基础也较差的经镇乡进行普及初等教育试点，使该乡提前实现小学教育的普及，并向全县转发该乡的工作经验。1985 年 11 月，省地验收组一行 13 人，对威县小学四率达标情况进行验收，验收结果为：入学率 97%，巩固率 98%，毕业率 98%，普及率 98%，均达到教育部规定的标准，初步认定威县普及小学教育。为进一步巩固和发展小学教育普及成果，1988 年，投资 251.2 万元修建 32670 平方米校舍，使标准化校舍增加到 70%，1990 年又投资 405 万元，除建校舍购课桌外，新购图书 6 万册，教学仪器、文体器材 1600 多件，使办学条件有了明显的改善。同时加强校长及教师的培训工作，小学教师学历达标率也由 1985 年的 63% 上升到 89%。1995 年，加大小学办学条件的建设力度，全年投资 2150 万元，三室建设（图书阅览室、教学仪器实验室、少先队科技活动室）基本达标，城乡小学分别按标准配齐图书、教学仪器和体育器材等。小学教师学历达标率上升到 99.4%。1996 年，经省市检查团验收，认定威县初等教育各项指标均达到国家和省标准，已实现初等教育普及。

2001 年起，威县实施农村中小学布局调整和危房改造工程，上级拨专款用于项目学校建设，先后撤并小学 317 所，新建扩建小学 129 所。到 2009 年，威县小学由过去的 520 所合并

图 23 - 3 南街小学旧址（南街路西）/2018 年摄

为 203 所，办学条件大大提高，教学资源得以优化和合理配置，标准化、规模化办学的新格局已初步形成。

在小学布局调整和危房改造的同时，为加快完善教学设施，2006 年，为 112 所完全小学补充教学仪器、劳技、卫生、音美器材，购置图书 4.7 万册。加强微机室、多媒体教室、电子备课室和校园网建设，农村中小学远程教育工程快速进展，全县共装备 109 所完全小学，134 所教学点，推进了教育信息化建设，实现优质教育资源共享。

2004 年秋季，全县开始实施义务教育阶段贫困生的“两免一补”优惠政策，当学期发放资金 89 万元，12879 名小学生享受到此优惠政策。2007 年秋季，全县九年义务教育阶段学生全部免除杂费及书费，而贫困寄宿生的生活费仍然发放，小学教育实现免费教育。这一政策的实施对全县小学教育的发展起到巨大推动作用。

1979—2009 年威县小学基本情况一览表

表 23 - 1　　　　单位：所、人

年份	校数	在校学生数	招生数	毕业数
1979	490	65941	15886	8258
1980	481	65371	12729	7982
1981	490	62575	11123	7689
1982	496	58070	10567	7559
1983	495	55729	10456	7994
1984	500	53670	12708	8529
1985	501	52371	16857	8445
1986	512	56908	15117	8032
1987	514	60076	12151	7806
1988	516	65117	8568	2690
1989	520	64811	9058	5360
1990	517	67279	9879	5242
1991	519	69965	10831	6047
1992	520	70453	11326	6760

续表 23－1

年份	校数	在校学生数	招生数	毕业数
1993	521	74739	11101	7143
1994	518	76838	10737	7592
1995	529	83640	12678	9280
1996	529	78175	13149	10468
1997	529	78186	11181	11060
1998	533	76404	11162	12944
1999	533	73540	10838	13702
2000	535	70142	10216	13609
2001	535	68145	9687	10699
2002	406	63585	6684	10432
2003	397	57093	5365	11327
2004	288	50192	5155	11786
2005	341	38974	4863	11357
2006	211	39732	6487	9977
2007	227	37014	7542	11001
2008	210	38295	7920	6104
2009	203	37506	6879	4722

学制与课程设置

威县小学自1968—1984年一直实行五年制。1984年起，威县中小学学制逐步改为十二年制。是年秋季，全县小学一、二年级改为六年制，其他年级采取前赶后推的方法逐步过渡，至1987年，全县小学全部改为六年制，此学制沿用至今。

威县小学课程设置先是政治、语文、算术、科学常识、军体、革命文艺（包括音乐、美术）6科。1981年开始使用国家统编全日制十年制教材。1984年，随着小学五年制改行六年制，陆续改用国家统编六年制教材。1993年，从小学一年级始使用九年义务教育新教材，课程设语文、数学、自然、体育、音乐、美术、思想品德，三年级增设劳动课，四年级增设社会课。此后课程设置未有大的变化。直至2001年1月，教育部颁布《关于积极推进小学开设英语课程的指导意见》，提出推进小学开设英语课程的基本目标：2001年秋季始，全国城市和县城小学逐步开设英语课程；2002年秋季，乡镇所在地小学逐步开设英语课程。小学开设英语课程的起始年级一般为三年级。各省、自治区、直辖市教育行政部门可结合实际，确定本地区小学开设英语课程的工作目标和步骤。威县根据当地实际，于2002年秋季在县城小学三年级开设英语课程。2003年后，乡镇、村各小学结合自己具体情况陆续在三年级开设英语课程。

第三节 中学教育

1978 年后，威县对中学教育进行整顿和改革。1979 年，对高中进行调整压缩，全县高中由 73 所减为 36 所，1980 年再次减为 9 所，1982 年又一次减为 5 所，学生由 1979 年的 9379 人减为 1397 人。威县一中被列为省重点中学，威县一中、七级中学、常屯中学三校为县重点中学。至 1990 年，全县只有一中、二中两所高中，年招生 8 个班，在校生千人左右。1995 年起，邢台市教委每年下达高中招生指标，威县按照市教委下达指标安排招生计划，高中在校学生逐年增多，1997 年达 30 个班，在校生计 1610 人。2009 年，全县高中计 84 个班，在校生计 5292 人。全县初中 1982 年由 1978 年的 115 所，400 个班，18767 人，调整为 76 所，320 个班，14734 人。1990 年，全县初级中学 43 所，260 个班，在校初中生 14453 人。此后，学校布局及数量基本稳定下来，间或有小的调整变动，除个别村联办初中因故停办外，赵村、枣园两所县办初中分别于 1990 年、1997 年撤销。1997 年全县计有普通中学 40 所，其中高中 2 所，初中 38 所（县办 4 所，乡镇办 32 所，村联办 2 所），534 个初中班，学生 28284 人。2000 年以后，随着九年义务教育工作的深入开展，为进一步调整学校布局，威县教育局对初中进行合校并点，同时建成一批项目学校。至 2009 年，全县共有初中 22 所，在校学生人数 16666 人。

1979—2009 年威县普通中学基本情况一览表

表 23－2　　　　单位：所、人

年份	学校数量		在校学生数		招生数		毕业数	
	初中	高中	初中	高中	初中	高中	初中	高中
1979	121	36	16968	9379	8551	5486	6778	4060
1980	118	9	19460	2914	6369	1445	3761	1662
1981	78	9	16961	2356	6866	816	4844	1221
1982	76	5	14734	1397	5546	522	4561	687
1983	54	4	13864	1144	5524	519	3575	263
1984	48	3	13394	1121	5099	510	4378	249
1985	48	3	12741	1300	5090	460	3180	331
1986	47	3	13552	1228	4542	410	3231	377
1987	47	3	15344	1307	4985	470	3620	415
1988	45	3	15326	1171	4850	370	4834	414

续表 23－2

年份	学校数量		在校学生数		招生数		毕业数	
	初中	高中	初中	高中	初中	高中	初中	高中
1989	42	3	14399	1189	4067	382	4042	390
1990	41	2	14453	1056	4679	394	4783	424
1991	40	2	14576	1042	4801	360	4801	328
1992	40	2	15500	1080	5725	360	4801	328
1993	39	2	16372	1064	5633	342	4761	356
1994	39	2	17268	1028	5656	320	4758	358
1995	39	2	21067	1091	7520	480	5715	485
1996	39	2	23271	1550	10123	810	5735	351
1997	39	2	28284	1610	11060	1005	5887	320
1998	42	2	34026	3031	12944	1216	7201	420
1999	40	2	37706	3477	13702	1256	10022	810
2000	41	2	40227	3858	13601	1386	11060	1005
2001	38	2	32462	3662	10625	1286	8630	747
2002	39	2	32652	3757	10174	1462	7682	1085
2003	38	4	32590	4090	10976	1687	11031	1168
2004	41	3	31878	4870	10894	1998	11316	1166
2005	29	3	30907	5404	10293	2019	11223	1270
2006	28	2	30351	6235	9609	2533	9991	1917
2007	27	2	29115	5665	8956	1835	10035	1597
2008	27	2	23964	5080	5567	1620	9874	1702
2009	22	2	16666	5292	4325	2058	7731	1709

学制

1978 年 1 月，教育部规定中学学制五年，初高中三、二分段，威县高初中仍继续执行二、二年制。1981 年，教育部颁发《全日制六年制重点中学教育计划（试行草案）》规定中学学制六年，高初中各三年，并要求五年制中学逐步向六年制过渡，同年，威县初中改为三年制，1984 年高中也全部改为三年制，初高中三、三年制持续至今没变。

高中

1979 年，威县中学（1961 年威县二中并入威县一中改名为威县中学）即为完全中学，有教学班 24 个，在校生 1500 余人，1981 年该校被列为河北省重点中学。1982 年县建二中后复改为“威县第一中学”。1983—2002年，威县一中、二中为高初中合一的完全中学。2002年起，县一中、二中逐年大幅度扩班。2002年县一中撤销初中，累计投资1683万元新建教学办公楼、学生公寓楼、科技实验楼和多功能餐厅等基础设施，2004年县二中整体搬迁（原威县师范学校所在地），全县高中办学条件得以彻底改善。2004年、2006年县一中、二中分别通过省级示范性高中验收。

2000年后，学校之间的竞争越来越激烈，择校风愈演愈烈，威县每年都有大批优秀生外流，从而导致高中生整体素质较差，高中教育出现滑坡现象。2009年县委、县政府召开全县振兴高中教育誓师动员大会，出台《关于加强高中教育工作的实施意见》，力争三年振兴高中教育。县一中、二中相应加强学校管理，充分调动教师工作积极性，以提高教育教学质量，提高升学率，同时为学生创造一个良好的学习和生活环境，以增强学校吸引力。

初中

1979年，全县初中布局较为分散，规模小，师资缺乏，专任教师学历达标率低，民办教师成分大，接受师范专科教育的少。1988年，威县组织教师参加教师教法合格证书和专业合格证书考试。还通过老师在职函授、助学自考“三沟通”等多种形式的进修学习，加强学历补偿教育，逐年增加大专毕业生分配到初中任教，全县初中教师学历达标率有了较快提高。2009年，初中专任教师1198人，专科以上学历1178人，达标率为98%。

1990年起，为给普及九年义务教育打基础，初中招生人数逐年增长。1995年，实现“普九”目标期限迫近，初中招生更有突破性发展，由前一年的91个班，增到130个班，增招学生1650人。1996年始，继续增班并扩大班容量，基本实现小学毕业生免试就近入初中。

图23-4 贺钊中学/2015年摄

1997年是威县的“普九年”，威县县委、县政府把“普九”工作列在全县1997年办好十件大事之首，发动全县下决心倾全力打好“普九”攻坚战。全县32所乡镇中学完成搬迁14所，扩建18所，新征土地663亩，增建校舍51650平方米，总投资5688万元。各中学不仅根据需要建成足够的教室、办公室，而且建成物理仪器室、实验室，化学仪器室、实验室，生物实验室，图书阅览室及卫生室（简称七室），另外教学仪器、文体器材、图书桌凳等教学设施，均按省定标准配备齐全。是年底，“普九”顺利通过省级验收。通过普及九年义务教育，全县初中办学条件大幅度提升，为全县初中教育的发展打下坚实的基础。

2002年始，为优化教育资源配置，全县开始实施学校布局调整工程，进行合校并点工作，2004年由三所薄弱的乡镇中学（洺州镇中学、大宁中学、李寨中学）合并组建实验中学，组建后的实验中学学校管理规范，发展迅速，成为全县合校并点、教育改革的典范。2009年，全县初中降至22所，在校生16666人。

第四节　特殊教育

1988 年，威县特殊教育学校成立，时由教育局、民政局合办，学校名称是聋哑学校。2003 年成立特教学校，地点在县进修学校东侧，招收残疾儿童 23 人。2006 年特殊教育作为基础教育的重要组成部分，纳入全县教育事业发展的整体规划，特教学校搬迁至原东关小学，同时投资 12 万元，购置康复器械等功能设施，改善特教学校的办学条件，并于是年 11 月通过省级验收。2008 年 4 月 21 日正式招生，在校生 22 人，在编教职工 9 人。2009 年 11 月，特殊教育学校新建工程开工，学校位于邢临路北侧，东邻威县职业教育中心，总投资 430 万元，建筑面积 4377 平方米，设计规模为 10 个教学班，2011 年将正式投入使用。届时将成为威县一所高标准，且功能及配套设施齐全的特殊教育学校。

图 23－5　威县特殊教育学校/2018 年摄

第五节　中等师范教育与职业教育

威县师范学校

威县师范学校始建于 1948 年，1952 年停招师范生改招初中生，威县师范学校改名为威县二中。1983 年，奉省、地批示恢复县办师范学校，校址选在县城南关东侧。因校舍建设工程招生前难以竣工，遂决定所招新生暂借贺钊农校校舍上课。当年暑假按地区下达指标招生两个班，学生 82 人。招生对象是具有初中毕业以上文化程度，年龄在 35 周岁以下连续三年教龄的优秀民办教师，学制二年。在校生享受人民助学金，每生每月 19.5 元，毕业后国家承认中等师范学历，转为正式国办教师，由县分配工作。

1984 年按地区分配指标，正式班招收民办教师 34 人，经请示地区批准，另招民办教师培训班学员 74 人，同样享受助学金，国家承认学历，但不转为非农业户口，毕业后仍为民办教师。1985 年招收民办教师 38 人。1986 年以后，每年招收 34 人。建校 8 年共招生（含培训班学生）398 人，毕业 330 人。

1987 年，为培训幼教师资，县师范（后转第一职业中学）开办幼师班，招生对象为初中毕业生。招生办法是各乡政府按分配名额的三倍推荐考生，经县统一考试后，择优录取。学制三年，毕业后回原乡安排工作，工资待遇与民办教师相同，从乡教育附加费中列支。至 1990 年，先后招生 4 期，计 5 个班，学生 232 人。

1991 年，按照省教委关于县办师范集中布点的意见，威县师范学校撤销。每年仍按国定指标从民办教师中招收师范生，转到巨鹿师范学习。

威县职业教育中心

威县职教中心其前身为“五七农大”，校址在威县贺钊村北，1981 年更名为贺钊农中，期间开始办职业高中班，学制三年。1985 年学校一分为二，其一名为农民中等专业技术学校（简称农民中专），其二名为农业技术高级中学。1986 年再次易名为威县第一职业技术中学。1994 年夏，以威县第一职中为基础，正式组建威县职业技术教育中心，增设普通中专班，开设会统和医士专业。1996 年 10 月，由威县贺钊迁至威县城东 3 千米邢临路北侧。新校占地 100 亩，建筑面积 10024 平方米，教学班 20 个，在校学生 1400 余人。

图 23－6　威县职业教育中心/2015 年摄

2004 年，学校认真研究职业教育发展新形势，制定一系列管理制度，充分“放权、定责”，发挥基层干部和广大教职工的积极性。提出“走出去，请进来，优势互补，互惠互利”的办学思路。是年 3 月，学校成立培训处，专门负责职业培训和就业安置，先后同青岛、天津、北京等地用工单位签订协议，开设计算机、缝纫、会计电算化等专业。2005 年 4 月，学校又与聊城机电工程技术学校联合办学，由职教中心提供场地，对方负责投资和提供设备，开设电气焊、钳工等专业。

2005 年后，职教中心充分发挥职业技术学校的作用，采取校企联合、校校联合的办学方式，实施农村劳动力转移培训工程。先后与聊城机电工程技术学校、青岛开发区财校联合开展多种形式的就业培训，培训学员 4000 多人次，办学规模逐步扩大。2007 年 10 月，职教中心顺利通过河北省重点职业学校评估验收。

威县职教中心多次获得邢台市先进单位荣誉称号。

威县卫生学校

1956 年 4 月，威县县医院举办中医锦绣学校，当年招生 46 人，招生对象为公社卫生所在职人员，学习期为一年。1966 年“文化大革命”开始，学校停办。1977 年，再次开办卫生学校，校址为城内北街西侧老医院旧址。当时，邢台地区只有宁晋、威县两处这样的卫校，招生对象为农村赤脚医生，以农村常见病、多发病的防治为主要内容，至 1980 年，该校共招生 3 届，4 个班，计 200 人。1981 年，因校舍改作他用停办。1988 年，威县卫生学校恢复，地点设在赵庄（原师范学校旧址），有教职工 20 人，学制二年，是年招收一个医士班 50 人。1989 年，招两个班，一个医士班 50 人，另一个与劳动技校合招护士班 44 人，1990 年招一个医士班 50 人，除护士班毕业后按合同制安排工作外，其余不包分配。

1997 年，威县卫校搬入威县职教中心。教学设施齐全，教室、办公、教研、实验室、学生公寓建筑面积达到 5800 平方米。同时开设乡村医生班，以培养全县乡村医生。之后，办学条件逐年提高，各教室配备有大屏幕彩色电视机、影碟机、幻灯机和投影仪，先进的心肺听触诊多媒体教学实验系统及各类标本模型，录音、影像、挂图等软硬件设施。为提高教学质量，经常聘请专家教授指导教学并亲自讲课，积极借鉴名优学校的先进管理经验，结合自身实际，上设备增措施，制定一整套切实可行的教学方案，确保学生学有所成，还能了解当今医学最新发展动态和科研成果，并拥有县医院、中医院等多所二甲、一甲医院供学生临床实习。

2005年始，先后与河北医科大学、张家口医学院、承德医学院、邢台医专、沧州渤海专修学院联合开展临床医学、中医、中西医结合、药学、护理和口腔工艺等六个专业的大、中专学历教育，颁发国家承认学历的大、中专毕业证书，为周围县市培养了大批德才兼备的实用卫生技术人才。2009年，县卫校有专业教师26人，其中本科8人、专科12人、中专6人，均具有中级及其以上专业技术职称，在校学生360人。学校连续多年被评为文明达标单位和整体工作实绩突出单位。

威县劳动技工学校

1986年9月，威县劳动人事局在安排待业青年就业方面按照“变招工为招生，先培训后上岗”的原则，建立邢台技校威县劳动技工班（校址在今实验中学东侧），隶属于邢台地区技工学校，主要任务是为企事业单位代培技术人员，招生对象系非农业户口待业青年。1988年，经上级部门批准独立，行政领导归县劳动人事局，业务指导属邢台地区劳动人事局就业科。1989年，学制由始建时的三年制改为二年制，课程设置除政治、语文、数学三门基础课相同外，其余课程根据专业需要进行安排。1992年春，经省劳动厅考察验收批准独立办校，校名为威县劳动技工学校。

威县技工学校是为企事业单位培养技术工人的中等职业技术学校，招生对象以城镇户口待业青年为主，还包括部分社会青年。入学前由学校与用人单位签署合同，学生毕业后由用人单位安排合同制工作，每年的招生专业主要根据用人单位的需要而设定。1986年、1987年各招一个班，均为商业会统专业。1988年招一个班，1989年招两个班均为工业会统专业。学校从1990—2001年共招生1249人。其中会统专业13个班，护理专业和医士专业各1个班，营业员专业3个班，电工专业1个班，土建专业5个班。

2000年后，随着市场经济的进一步发展，学校采取招生与短期培训相结合的方法，办学方式逐渐发生变化，根据社会需要，转变为以举办短期职业技能培训为主，培训内容包括农村劳动力转移阳光工程培训、就业再就业技能培训、创业培训和农村劳动力就地就近转移培训等，同时根据企业需求，对企业员工进行岗前技能培训和在岗培训。2005年以后，随全县招商引资力度的加大，新上企业增多，学校把加强职业培训、提高员工素质和技能水平、服务县内企业用工作为工作重点，大力开展订单、定向式技能培训，为企业培养大批技能人才。至2009年底，累计培训各类劳动者10000余人，为县域经济发展做出了积极贡献。

社会力量举办的职业学校

20世纪80年代初，政府提倡社会力量办学。社会个体举办专业学校，盛行一时。办学者目的在于收取学费，客观上起到传播和推广科学技术的作用。这类学校，一般只设一个专业，学习时间，视专业需要长短不一，长者一年，短者几周。办学一般要经县教育行政部门批准，有的还通过电视台广为宣传。威县由社会力量举办的学校有汽车驾驶学校、服装裁剪学校、机电维修学校、理发烫发学校、果林管理学校、提炼红霉素学校、镀水银玻璃学校等，五花八门，不一而足。有的学校技术简单，学习时间短暂，与其说是学校不如称为培训班更为合适。有一些学校由于教学质量不高，难以赢得信誉，也有的专业技术到社会上以后，效益不佳，不久就停办。而有些学校，专业技术有广泛的实用价值，招生及授课方式比较灵活，这类学校一般能够长期坚持，经久不衰。如城内西街张春柱举办的服装裁剪学校，由于该校培训有方，服务周到，学员能较快地掌握操作技术。不少学员成为服装制作能手，有的学员在县内及北京、邢台等大中城市服装厂、服装学校充当技师、教师。因此，该校曾多次被评为社会力量办学先进单位。

90 年代后，社会力量办学发展进入高峰时期，培训专业主要有服装裁剪、家电维修、理发美发、摩托维修、电脑等。尤其是服装裁剪，培训学校在县城内就有七八家之多，如东方时装裁剪学校、新潮服装裁剪学校、金剪子服装裁剪学校、新时代服装裁剪学校等，很多乡村在春冬两闲时节也办有服装裁剪培训班。如东方裁剪职业中专学校，初名为东方时装裁剪学校，于 1993 年成立，创办人刘印堂，开设服装裁剪、缝纫、服装设计等专业，由于经营有方，能够与时俱进，学校发展迅速，学员培训后既能独立开办服装加工门市，又可凭一技之长外出打工。2009 年，该校由邢台市教育局批准成立东方裁剪职业中专学校，成为一所职业技术中专学校，有电脑、服装两个专业。

2000 年后，服装裁剪、计算机应用、美容美发、汽车驾驶等专业培训发展较快，一些传统培训专业逐渐萎缩，也由于教育、市场等各种因素的发展影响，专业培训进入整合时期，一些社会力量办学逐渐被条件齐全、设施完备的职业技术学校所代替。

附：

河北威县师范学校

1950 年 9 月，河北省教育厅决定在威县赵庄设省立师范学校，经由中央教育部中工字第 36 号批复，命名为河北威县师范学校，时称赵庄省师，简称赵师、威师，校址是原冀南医院所在地。建校初，全校占地 37.5 亩，隶属河北省教育厅直接领导，学生招收分配面向全省。是年，第一届招生 250 人，后师（中师）一个班，50 人，前师（初师，录取高小毕业生）四个班，200 人。主要来自冀南各县。之后，学校占地面积不断扩大，房舍逐年增多。1957—1961 年，学校归威县管辖。1958 年，学校办起 10 个工厂和拥有 340 亩地的 2 个农场。

1960 年，河北威县师范学校被评为全国文教卫生战线先进单位，并出席了在北京举行的全国文教卫战线群英会，荣获邓小平题写的先进单位奖状。

1971 年 7 月，邢台地区革命委员会批准，河北威县师范学校列入地直单位。

1979 年后，学校的建设、改革和发展进入新时期。1980 年，针对中小学民办教师业务能力弱、文化知识低的现状，开始改招民办教师，至 1982 年，共招收 35 个班，1750 人。1983 年起，开始通过考试招收初中毕业生，1986 年起，每年招收一个幼师班，全系女生。

1988 年暑假，学校搬迁至县城西关，占地 248 亩，主体教学楼建筑面积约 7200 平方米。是年，全国中师标准化建设会议在福建召开，学校建设进入快速发展时期，先后建起 2424 平方米的音乐楼，7824 平方米的科技楼，2000 平方米的学生餐厅，及 2200 平方米的教工宿舍楼，建筑面积达到4万余平方米。同时，教学现代化设备相继配套，先后建起地面卫星接收站、5个微机室和校园管理网络；建起微格教室、心理实验室、音乐实验室、美术教室等9个专业教室；建起天文馆、天象馆、理化生实验室等，1998年经省级评估，达到国家教育部规定标准。至1999年，学校固定资产由1988年的449万元增至2000余万元。

1998年3月，经省政府批准，河北威县师范学校与邢台师范高等专科学校进行联合办学，并招录首届大专班。2000年，停止中师招生，全部改制为招收高中起点的大学专科程度小教专业学生和初中起点的3+2（中专三年，大专二年）小教专科学生。2001年3月，河北威县师范学校搬迁至邢台市，并入邢台师范高等专科学校。河北威县师范学校为冀南地区尤其是邢台市基础教育的发展作出了应有的贡献。

河北威县师范学校连续多年被省、市政府命名为文明单位。1996年被共青团省委、省高校工委、省委宣传部、省教委评为社会实践活动先进单位；1998年，被河北省公安厅、卫生厅、广播电视厅、省教委"三厅一委"评为安全文明校园。

河北威县师范学校在威县长达半个多世纪，这期间与威县在教育、文化等方面有诸多交流，对威县的文化教育事业发展产生了积极的影响，尤其在1987年由赵庄搬迁到县城西关后，这种联系交流更加频繁深入。1989年始，县城内小学成为师范学校的实习基地，每当实习期至，朝气蓬勃的实习学生使各小学精神面貌随之一新，学生在实习中实践、学习、交流，提高教学技能。师范学校把威县烈士陵园、义和团纪念馆列为思想教育基地，还与县武装部、武警中队、公安局、防疫站、汽车站等单位结成军民、警民、站校共建单位，积极参与威县的精神文明建设。师范学校依自身在文化艺术方面的优势，培养和影响了一大批威县的文化艺术人才。每年"七一""十一""元旦"等重大节日来临之际，师范学校积极参与县宣传部、县文化局组织的各种文艺演出。2003年3月，威县也因民间书画艺术特色鲜明，创作成就突出被文化部命名为"中国民间特色艺术之乡"。

第六节　成人教育

农民教育

威县成人教育长期以来是以扫除农村青壮年文盲为主。1979年2月23日，威县工农教育委员会成立，下设办公室，地址在文教局院内。同时各公社建立相应机构，全县配备专职业教干部28人。293个大队办起农民业校，开展扫除青壮年文盲工作。1979年底全县脱盲人数达13433人。随着农村形势的发展，农民业余教育逐渐从以扫盲为重点转到以技术带文化的轨道上来。到1982年全县已有22个公社成立农民技校，培训农民22000人。1982年10月19日《人民日报》以《威县农民技术培训效果好》为题作了专门报道。1984年，方营农民技校被评为省级先进单位。到1984年底，全县有29个乡办起农民技校，265个村办起农民技术学校，学员达到10361人，有64人被评为县级技术员，156人被评为乡级技术员，全县科技户发展到5500多个，用于农民技术教育的投资达20多万元。

1990年，威县人民政府印发《关于扫除文盲工作的几点意见》。同年10月，又印发《关于检查扫盲工作的通知》。县教委转发关于贯彻落实国家教委文件《关于农村中小学参加扫盲工作的通知》，要求全县中小学“日校变夜校，一师任两教”，把中小学师生参与扫盲作为重要社会义务。各乡（镇）组成以中心校长为组长，成教校长为副组长，骨干教师为成员的领导小组。选配1050名中小学骨干教师，675名高年级学生，组成包教包会扫盲小组，全县扫盲工作稳步进行。1990年第四次人口普查时全县有文盲38835人。至1996年，累计脱盲34624人。1996年底顺利通过省级验收。教育局成人教育股股长韩廷金荣获国家教委第二届中华扫盲奖。2000年以后注重农村富余劳动力的转移培训，大力开展实用技术培训和岗位培训，至2007年，全县15至24周岁文盲全部扫除，青少年非文盲率达到97.6%。

职工教育

县局机关单位的职工业余教育，工作重点是对企事业单位职工进行文化、技术双补教育。1984年11月威县《情况反映》载：全县参加文补者达1035人，举办各种技术和业务培训班146期。1988年参加岗位技术培训人员7152人次，各种岗位技术培训班308个。1990年底统计，参加各种技术培训人员达4680人次。

20世纪80年代起，自学考试、职业教育的开展成为成人学历补偿和知识深造的一条重要途径。90年代以学历进修为主的成人教育发展较快，教育、卫生和其他系统部分干部、职工及社会青年纷纷报考，通过自学考试取得国家要求的学历。2000—2009年，全县2260人参加自学考试，并取得相应学历。

威县教师进修学校

威县教师进修学校始建于1952年11月，校址初期设在县城西街，后数次迁址。

1977年5月，威县教师进修学校（“文化大革命”中曾解散一个时期）恢复，校址在县一中北院，主要任务是培训中小学教师。1980年，县文教局决定以片为单位建立五个辅导站，按统一教学计划进行活动，以帮助教师教材教法过关为重点，截至1983年底，有332人领取小学教师“教材教法”过关证书，245人领取免试证书，初中教师有563人和342人分别领取“教材教法”过关证书和免试证书。全县共培训初中英语、数学、物理、化学、体育等科教师1500多人次，解决了他们在教育教学工作中的疑难问题。

1983年，县教师进修学校在全县设26个辅导站，自此开始以中小学教师补偿教育为重点的培训工作。1984年8月，设立中师函授班，当年招收学员309人，学制四年，发毕业证，国家承认学历，同时开展专业合格证书考前培训工作，至1999年1560名小学教师取得中师函授毕业证书。1992年，对学历不达标的初中教师进行“三沟通”培训，是年招生274人，1995年9月，招第二班学员460人，1998年毕业，初中教师学历达标率达90%。

1994年，对全县108名中心校长及小学校长进行岗位培训，历时半年，学员结业颁发证书，小学校长做到持证上岗。1998年招“双学历”学员202人，“专升本”353人，“小自考”992人，10月对全县中小学教师进行计算机初级培训，共办19期，培训783人。2002年，280名参加小自考培训的教师毕业，230名参加专升本培训的教师取得本科学历。

自1997始，每年对中小学教师进行继续教育，参加人数3200余人，合格率100%。2005年，教师进修学校被市教育局确定为“小教大专”市级培训辅导基地，在“专升本”“小教大专”学历培训中，教师专科毕业45人，本科毕业230人。是年还对新分配的29名英语教师进行了岗前培训。2006年为配合新教材的实施，对全县3500余名中小学教师进行“走进新课程”的培训，是年，投资18万元配备微机室、语音室、图书室等，办学条件有了进一步改善。

2009年底，学校占地面积15700平方米，建筑面积4330平方米，教职工24人。

威县电大工作站

威县电大工作站成立于1979年，主要任务是开展成人学历教育和社会培训。建站之初，招收电子、机械、英语三个专业，1982年招收汉语言、数学、物理三个专业。之后，工作站根据实际需要，开设不同专业以提高学员的文化素质和专业技术水平，如1989年招收汉语言、政史、法律、金融四个专业，1992年招收“三沟通”中文与政史两个专业，155人。至1997年，先后设14个专业，招收学员近500人。

2000年后，工作站招生逐步趋向规范、常态化和制度化，招生规模不断扩大。2006年春季，申请开通开放教育和一村一名大学生平台和专科考点。2007年，为适应多层次、多专业办学需求，工作站申请开通中央电大奥鹏办学模式，当年招生90余人，到2010年上半年，学校实现3年招生578人的突出业绩。

工作站实行校长负责制和办学模式分工负责制。除双沟通实行班主任制外，开放教育和奥鹏远程教育分别由两名业务精湛的骨干教师主管负责，具体负责招生计划上报、教学计划管理、平时成绩审核、结业成绩保存发放、毕业证书办理等工作，其他责任教师分属开放教育和奥鹏远程教育，具体负责学生教学计划、成绩查询、招生业务流程、下发通知以及网络管理等业务。

工作站已成为威县乃至周边县市区办学规模大、信誉好的办学实体，多次受到上级的表彰和肯定。2005年、2007年，工作站被河北省广播电视大学授予现代教育技术与应用先进单位荣誉称号。2007—2009年连续三年被邢台市教育局授予全市电大系统先进工作站荣誉称号。

第七节　学校简介

威县第一中学

威县第一中学始建于1951年6月，1978年被河北人民政府确立为重点中学，1982年威县中学易名为威县第一中学。2003年12月，顺利通过河北省示范性高中评估验收。

90年代后期，威县第一中学开始大规模改扩建工程，先后投资逾2000万元建成综合楼、教学楼、逸夫科技楼、办公楼、学生公寓、餐厅等基础设施。2005年后，加大投资力度，学校办学条件进一步提升，理化实验室、电子备课室、多媒体教室等教学设施一应俱全。2009年，学校统一规划，精心安排，投资500万元对文化广场、校门口、办公楼、学生餐厅、操场等12项校园工程进行改造扩建，育人环境更加宁静优美。

图23-7　威县第一中学内景/2013年摄

经过半个多世纪的沧桑巨变和几代学人的艰苦创业，威县一中已发展成为一所拥有80个教学班，在校生3800余名的现代化高级中学。学校占地212亩，建筑面积4.6万平方米。教职员工362人，其中研究生学历35人，本科学历347人，专科学历15人。承担省市级课题20余项，在省级以上报刊发表论文230余篇。至2009年，威县第一中学为国家培养初、高中毕业生共计20000余名，升入大、中专各级院校近8000人，他们当中有很多走上国家各级政府的领导岗位，在科技、教育、医疗、卫生、军事等各条战线上发挥着重要作用。

2000年后，由于学校间竞争加剧，生源外流严重，一中教育出现滑坡。为扭转被动局面，2009年学校确立“一年初见成效，两年扭转被动局面，三年实现高中全面振兴”的发展目标。坚持从严治校，规范教师的从教行为，大力倡导“爱是教育的核心与灵魂，没有爱就没有教育”的教育理念。制定“求真求新、向善向上”的办学理念，出台小班化教学、精细化管理、全方位服务、开放式办学等教育教学措施；实施以教学管理、教师管理、班组管理等为核心的四套“量化管理”办法。对校园内的卫生环境、课堂秩序、宿舍休息、学生行为等进行实行24小时“无缝隙”管理。

图23-8　县一中学生正在上课/2009年摄

近年，威县第一中学先后获得河北省依法治校示范校、河北省园林式单位、邢台市教学管理先进学校、先进基层组织、邢台市校园文化建设先进集体、邢台市校园文化建设示范校等荣誉称号，并被列为邢台市6所重点扶持学校之一。

威县第二中学

威县第二中学是一所全日制完全中学，位于县城西关，2009年在校生4500人，71个教学班，在编教师258人，其中本科学历教师156人，特级教师1人，高级教师26人，一级教师80余人。学校占地248亩，总建筑面积近60000平方米。学校有教学楼、科技楼、实验楼、音乐楼、图书楼、学生宿舍楼等基础设施，有多媒体阶梯教室、微机室、理化生实验室、远程教育教室、电子备课室等现代化教学设施。

图23-9　威县第二中学/2010年摄

学校创建于1982年，校址在威县东关，1999年改制为“公办民助”

学校，2004 年 3 月购得威县西关邢台学院威县小教专科部所有权，8 月迁至新址。

2004 年，学校提出“依法治校，以德治校，从严治校，文化治校”的理念，以“人才兴校，特色兴校”为办学指导思想，并大力倡导“爱是教育的核心与灵魂”“多送鲜花，慎用戒尺”等人文教育观念。2005 年，学校实行年级组管理模式，形成“用制度看护校园，用爱心呵护学子”的良好氛围。

学校坚持把德育工作放在整个教育教学工作的首位。在教师量化管理办法中，师德评定占有较大分值。在学生德育培养中，学校形成以主管校长牵头的学校德育领导小组——政教处——年级组——班主任四级德育网络，组织青年志愿者与学生自律委员会，并在期末评优中把以往评选“三好学生”改为评选“校园之星”，评比标准特别加大了德育比重。

学校注重校园文化建设。2003 年 5 月，学校创办校刊《金星报》，2004 年 12 月，创建开通河北威县二中网站，出版发行校本教材《古诗文读本》。此外，还创办金星文学社、广播社、心理辅导站等文化团体。

威县二中初中部教育教学质量历年来稳居全县之首，乃至名列全市前茅，高中部发展迅猛，教育教学成绩逐年提高，高中教学文科优势明显。

1996 年后，威县二中先后荣获国家推行国家体育锻炼标准实施办法先进单位、河北省依法治校示范校、河北省体育传统项目学校、河北省中小学普及普通话工作优秀学校、省级卫生校园、邢台市管理规范化学校等多项荣誉，并连续多年被县授予实绩突出单位。

赵庄私立人才学校

赵庄私立人才学校创建于 1996 年 9 月，位于县城北 9 千米赵庄村（原河北威县师范学校旧址），占地面积 86 亩，总建筑面积 18000 平方米，在原有设施基础上，2000—2005 年，投资 800 多万元新建教学楼两栋、实验楼一栋、学生公寓楼两栋。

学校设初中部和小学部，2007 年共 52 个教学班，在校生 3000 多人，教职员工 226 人。

2006 年，赵庄人才学校本着“为学生的生命质量负责，为学生的终身发展奠基”的办学理念，深入学习山东杜郎口“自主学习，开放课堂”的新型教学模式和江苏洋思“先学后教，当堂训练”的教学方法，结合自身实际，对传统的教学模式进行全面、大胆地改革。提出课堂改革的中心目的是为了实现学生在课堂上自主学习，把课堂还给学生，让学生由学习的奴隶变为学习的主人，主动参与到学习中去，在交流、合作中学到知识，充分感受到学习的快乐。为落实课堂改革新制订《课堂评价标准》《课堂管理制度》《课堂监督量化办法》等一系列规章制度，并同时拟定便于操作和实施的课堂教学“五步曲”：预习交流→展示升华→归纳总结→训练小测→补救达标。课堂改革创出一条能体现以学生为主体，使学生各方面能力得到锻炼，整体素质得以提高的特色教改之路，周边十几个市县中学纷纷组团前来参观学习。

人才学校秉承以人为本的办学理念，实行科学化管理，特色突出，成绩斐然，曾被市教育局评为教学管理规范化学校，被团省委评为河北省五四红旗团委，被省委、省政府、省军区评为河北省国防教育工作先进单位。校长耿华武荣获 2005 年邢台市十大新闻人物称号。

威县朝阳路小学

朝阳路小学前身为南街小学，是威县重点小学。1996 年，学校搬迁至朝阳路东段路北，始名朝阳路小学，学校东临中华大街，交通便利，环境优越。2009 年，学校占地面积 17000 平方米，建筑面积 4500 平方米。有 27 个教学班，1600 余名学生，84 名教职工，其中特级教师 1 人，高级教师 61 人，一级教师 18 人。

图 23－10　朝阳路小学/2009 年摄

学校在办学方向上始终坚持德、智、体、美、劳全面发展方针，1981 年，被共青团邢台地委命名为“学雷锋、树新风、做贡献”的先进集体；1990 年，被中共邢台地委、邢台地区行政公署命名为地区文明单位。2000 年后，学校曾荣获河北省普通话达标学校，邢台市优秀家长学校、管理规范化学校、邢台市体育传统项目学校、邢台市自主学习自主发展实验学校、邢台市教育科研先导型实验学校等一系列荣誉称号。

朝阳路小学致力于教学改革，教学质量逐年提高。1998 年，全国小学奥林匹克数学竞赛，六年级有 11 名学生参赛并全部获奖，其中特等奖 4 名，一等奖 3 名，成绩名列全市第一；2004—2006 年，在全县小学素质教育评比测试及毕业班升学考试中学校取得全县“三连冠”的优异成绩；2007 年、2008 年，在全县年级统测和毕业班升学考试中，成绩名列前茅。

学校在抓好教学工作的同时注重培养学生综合素质，学校成立文艺宣传队，多次出色地完成学校节日的演出任务和县委组织的“七一”“十一”及春节等重大节日的演出任务。2008 年，学校增设跆拳道校本课程，组织成立跆拳道武术队，曾多次参加各级部门举办的大型节目表演，得到各级领导的充分肯定。

学校为加快电教化进程，自筹资金 45 万元，建设高标准的微机室、仪器室、多媒体教室。2009 年 9 月，功能楼建成并投入使用，教育设施更加完备，教学条件更加优良。

威县实验小学

威县实验小学始建于 1989 年 9 月，属威县教育局直属小学。1997 年 9 月进行整体搬迁至北外大街文化路，与县一中为邻，占地面积 11000 平方米，建筑面积 4100 平方米。2009 年，学校有教师 70 人，专科以上学历 57 人，占教师总数的 81.4%，学历达标率为 100%；有 24 个教学班，在校学生 1479 人。

学校以创特色、争一流、建名校、育真人为办学总目标，教师以严谨、求实、探索、奉献的工作作风，教书育人，全面发展。教学中坚持向课堂 40 分钟要质量，结合新课改的要求，以新课程理念为指导，强化课堂教学中的“四个学会”，即学会求知、学会做事、学会共处、学会生存。在全体教师的共同努力下，教学质量稳步提高。规范化的管理及严格的要求，为学校赢得各种赞誉，学校先后被评邢台市教学管理先进单位、安全文明先进单位、推行国家体育锻炼标准先进单位、文明示范学校、文明单位；学校少先队被全国少工委评为全国红旗大队。

学校在抓好学生文化素质提高的同时，还注重学生艺术素质的提高。在县举行的各种文体活动中，该校参赛的文体节目连续获得一等奖。2007 年，郭锐、罗向雷两位教师指导的舞蹈《西域风情》被河北电视台选中，并在河北少儿科教频道 2008 年春节晚会上演出。

学校设有实验室、仪器室、图书阅览室、音乐室、美术室、体育器材室、少先队活动室、多媒体室、微机室等科室，为培养学生综合素质能力提供保障。

第三章　招生与考试

1997 年全县实现九年义务教育普及，中小学实行就近入学，小学升初中取消升学考试，直接进入初中学习。中考（包括高中招生）由全省统一考试，高考由全国统一命题、考试、录取。

第一节　小学招生与考试

1979 年，小学一年级新生一般就近入学，无须参加入学考试，入学年龄为 7 周岁。2006 年，小学一年级入学年龄提前至 6 周岁，仍然实行就近免试入学。

随着 1977 年高校招生考试制度的恢复，小学恢复期中、期末单元等考试制度，小学毕业后要经过严格考试方可升入初中。1982 年，威县教育局规定小学全年进行四次考试，其中两次期中考试，一次期末考试，一次升级考试。期中、期末由学区命题，升级考试由县统一命题。1984—1987 年，全县小学学制过渡为六年制，因初等小学教育已基本普及，小学生顺利升入五年级进高小点，不再举行招生考试。1996 年，普及六年义务教育，小学生合格率不断提高，留级制度亦随之废除。

第二节　中学招生与考试

1977 年，威县各学校恢复考试制度。中学每学期举行期中、期末考试，升级和毕业由各中学自行组织，如果语文、数学两门主科不及格，经补考仍不及格者，不准升级或毕业。80 年代后，升学竞争日趋激烈，各学校为提高升学率增加众多考试名目，考试次数也越来越多，如单元考、阶段考、期中考、期末考、学区统考、片统考、县抽测、升学模拟考等等，给师生造成很大压力。2000 年后，各中学每学期考试一般有月考、期中、期末等几种考试，毕业年级的毕业学期还要增加模拟考试与毕业考试。

1977—1983 年，初中招生考试语文、数学、常识（包括历史、地理、自然、时事等）三科，各占 100 分，后为加强基础学科，语文、数学各占 120 分，总分 340 分。1990 年起，初中招生人数逐年增长，为普及九年义务教育打下基础。1995 年，实现“普九”目标期限迫近，初中招生更有突破性进展，招生由前一年的 91 个班增至 130 个班，增招学生 1650 人。1996 年，继续增班并扩大班容量，基本实现小学毕业生就近入学。1997 年，全县实现九年义务教育普及，小学毕业生取消升学考试，直接进入初中学习。

1977—1980 年，高中招生考试由地区统一命题、统一考试、统一评卷，威县一中优先录取，其他中学划定录取范围，第二批录取。科目为语文、数学、政治、物理、化学。1980 年后部分中等专业学校开始从初中招生，中专、高中招生考试同步进行，即为中考。每年的招生日期逐步固定，中考（包括高中招生）一般在 6 月 21 日至 23 日进行，试卷严格密封，由公安人员护送，1987 年起由地区统一安排各县派主考巡回轮换到另一县监考，1999 年改为主监考由本县内抽调。1993 年，初中实行会考，中考增设理化生实验操作考试，计入毕业成绩，并作为升学资格分。1994 年，中考科目减去史地生三科，由过去 7 场 9 科减为 6 场 6 科，学生负担相应减轻。2000 年，中考科目改为语文、数学、外语、文科综合（包括政治、历史）、理科综合（包括物理、化学），至 2009 年未变。

由于威县经济条件所限，初中毕业生升学志愿多数首选中专，在一定程度上影响了高级科技人才的输送和培养。1994 年，对优秀生上高中，在学习费用等方面给予照顾或奖励，此后，随大中专择业形势的变化，高中生源及学生素质均有好转。1995 年招生 401 人、1999 年招生 894 人、2005 年招生 2410 人。

自 1977 年国家恢复高考制度，高考由全国统一命题，统一考试，统一录取。考试科目为语文、数学、物理、化学、政治、历史、地理。外语只作参考分不计入总分，1983 年后按 100 分计入总分，考试时间也基本固定在每年的 7 月 7 ~ 9 日。1982—1987 年，河北省高中毕业生参加高考实行预选，多数高中毕业生不能参加高考，1988 年取消预选制度。1991 年高中实行会考，由省统一命题，并规定会考不及格经补考仍不及格不准毕业，也不能参加升学考试。1993 年高考减少科目，除语文、数学、外语为必考科目外，文科加试政治、历史，理科加试物理、化学。2001 年起，高考取消考生年龄和婚姻限制，2002 年始，普通高校招生实行 “3 + X” 考试模式，语文、数学、外语三科为必考科目，文科加试综合文科，包括政治、历史、地理三科，理科加试综合理科，包括物理、化学、生物 3 科。2003 年始，高考时间提前至 6 月 7 日至 8 日。

第四章　教　师

1979 年，全县教师由公办、民办及代课教师组成，2000 年全县教师队伍全部由公办教师组成，2009 年教师人数 3692 人。县政府及教育主管部门为加强教师队伍建设，在业务培训、职务评聘、改善待遇等方面开展各项工作，教师队伍素质不断提高。

第一节　教师来源

2000 年前，威县教师队伍基本由公办教师、民办教师及代课教师组成。1984 年 8 月，根据农村教育体制改革精神，按照县委、县政府的部署，对全县民办教师进行一次全面考查。对其中不适宜做教师工作的 160 人发放一次性补助予以辞退，同时根据需要又从社会上新招试用教师 105 人。至此，威县中小学教师达 3404 人，其中民办教师 1757 人。

自 1987 年起，停止录用新的民办教师，之后，威县教师来源只有中师、高师毕业生分配这一条渠道。新分配毕业生数与每年退休、死亡、调出等减少数大体相当，所以全县各级各类学校教职工总数一直无大变化。

1991年，威县开始实施普及九年义务教育，学生人数不断增加，因此教师缺额逐年增大，1995年缺额557人，1996年缺额731人，1997年缺额达到826人。所缺教师除采取扩大班容量、紧缩编制等措施以节省人力外，不得不任用部分代课教师。1997年统计，全县小学教职工2321人，普通中学教职工1402人，职业学校教职工118人，总计3841人，其中民办教师870人，另外任用代课教师715人。

从1972年起，国家就下达民办教师转为国办教师的专项指标，进行补充自然减员，1980年邢台地区威县（赵庄）师范开办民办教师中师班，1983年威县县办师范学校恢复，均从民办教师中招生，培训二年，录用为国办教师。补充自然减员和考取师范学校成为民办教师转为国办教师的两条途径。1995年后，加快在编民办教师转为国办教师的进程，有近千名民办教师通过这两条途径陆续转为公办教师，到2000年，在编民办教师全部转为国办教师，至此，威县教师队伍全部由公办教师组成。

2001年后，师范毕业生不再统一分配，开始实行严格的教师准入制度。2004年、2005年相继出台《关于实行教师聘任制的暂行办法》等一系列文件、通知，规定新聘教师，凡进必考，择优招聘。至2007年，共招聘272名教师，全部充实到教学第一线。2009年，招录192名教师，省政府安排300名“特岗教师”充实到基层学校。

至2009年底，全县小学专任教师2078人，学历合格率100%，其中大专及以上学历的1366人；初中专任教师1198人，专科以上学历1178人，学历达标率98%；高中专任教师390人，本科及以上学历的351人，达标率90%；职业教育学校教师26人，达标率100%，其中本科及以上学历的18人。

第二节　教师考核

1980年前后，针对教师队伍中民办教师比例较大的问题，考核对象以民办教师为重点。1978年、1980年先后对民办教师进行两次考核调整，精简部分不合格和编余人员。1981年9月按省、地部署，通过考核对民办教师进行全面整顿，目的是解决民办教师的超编、不合格和管理混乱问题。参加考核的民办教师共2141人，被划为三类（不合格）的共275人，清退260人，使民办教师队伍的文化业务素质有所提高。1983年，县文教局制定《教职工工作岗位责任制的五条规定》，即定出勤、定任务、定学生人数、定质量、定奖惩。各项均有具体要求，按教师执行情况考核、鉴定、入档，作为评选先进、晋级和提拔的依据。

1984年，结合农村教育体制改革，再次对全县中小学公办民办教师进行全面考核，考核内容包括文化水平、教学效果、工作态度三个方面。考核结果：在2308名被考核教师中，有2066名合格，由县文教局颁发准聘证书，242名限于各方面条件不适宜做教学工作，其中160名民办教师给予一次性补助辞退，74名公办教师按病退休安置，8名停薪待聘，暂发生活费20元。这次考核整顿有效地激发和调动了广大教师进修学习的积极性和尽职敬业的责任心。

1986年起，全县由“点”到“面”逐步推行教师工作量化评估办法，每个教师都建立业务档案，对教师的思想、学习、业务、实绩的考核日趋科学化、经常化。1989年，邢台地区行署和省政府办公厅先后印发威县教师工作考核经验。在注重考核教师的同时，县教委还加强对校长的培训提高。1993 年 9 月，对全县 32 个学区的中心校长进行一次全面考核评估，这次考核根据六个方面的工作情况予以量化：1. 教委对所属中学评估结果；2. 视导组对完小评估结果；3. 教委对小学抽样考察结果；4. 学区平时工作档案资料记载情况；5. 教委各股室对学区工作的评价；6. 社会各方面对学校工作的评价等，有效地加强了校长搞好学校管理工作的责任感。

1993 年 10 月 1 日，国务院出台新的工资改革方案，建立起正常的增资机制，而正常增资的依据，就是对工作人员的年度考核。威县教委于 1994 年年终开始对全县教职工进行年度考核。1996 年，河北省人事厅印发《河北省事业单位工作人员考核实施办法》。此后，对学校教职工的考核工作进一步规范化。考核时间定于每年放寒假以前。考核内容包括德、能、勤、绩四个方面，重点考核工作实绩。考核办法采取领导与群众相结合、平时与定期相结合、定性与定量相结合的方法进行。年度考核以平时考核为基础，考核结果分优秀、合格、不合格三个等次。年度考核优秀的，按照有关规定晋升工资或发给奖金，年度考核一年被确定为不合格档次的，不发年终奖金并予以批评教育。连续两年被评为不合格的，根据不同情况，给予降职、调整工作、低聘或解聘。由于年度考核与职务评聘、工资晋升、奖惩等直接挂钩，而且每年兑现，所以这一考核办法较好地发挥了激励和调动工作人员积极性的作用。2002 年，县教育局完善各种积极有效的考核办法，并进行大胆的创新尝试，注重加强全体工作人员的思想觉悟、业务水平和整体素质的再提高，收到良好效果。

第三节　教师培训

学历达标培训

1980 年，根据教育部文件要求，县文教局决定以片为单位建立五个辅导站，按统一教学计划进行活动，以帮助教师教材教法过关为重点。截止 1983 年底，有 332 人领取小学教师“教材教法”过关证书，245 人领取免试证书。初中教师分别有 563 人和 342 人领取“教材教法”过关证书和免试证书。是年，全县设 26 个辅导站，开始以中小学教师补偿教育为重点的培训工作。1984 年 8 月，设立中师函授班，招收学员 309 人，学制四年，发毕业证，国家承认学历，还开展专业合格证书考前培训工作。1988 年，威县中小学教师在专业合格证书考试中成绩名列全区第三，受到地教委的表彰，1560 名小学教师取得中师函授毕业证书，小学教师达标率由 1979 年的 52% 上升到 90%。1992 年，省教委确定对全省学历不达标的初中教师进行“三沟通”培训，是年招生 274 人。1995 年毕业后，全县初中教师学历达标率由原来的 42% 提高到 72%。1995 年 9 月招第二班学员 460 人，1998 年毕业，初中教师学历达标率 90%。

1993 年起，连续两年招收中师函授生 386 人，至 1996 年底，小学教师学历达标率进一步提高到 99.35%，在全市处领先地位。1996 年根据省市教委通知精神，开始对小学教师进行教学七项基本功培训。1998 年招“双学历”学员 202 人，“专升本”353 人，“小自考”992 人。2002 年，280 名参加小自考培训的教师毕业，230 名参加“专升本”培训的教师取得本科学历。2005 年，县教师进修学校被市教育局确定为“小教大专”市级培训辅导基地，并提出规划，到 2010 年，小学、初中和普通高中教师的学历要分别达到国家规定的新标准。是年，在“专升本”“小教大专”学历培训中，教师专科毕业 45 人，本科毕业 230 人。

继续教育培训

1993 年 6 月—1996 年 8 月，对全县 2377 名教师进行继续教育培训。1998 年 10 月，对全县中小学教师进行计算机初级培训，共办 19 期，培训 783 人。2002—2003 年，完成对全县教师的信息技术初级培训。2005 年，组织全县骨干教师参加“心理健康教育与教师职业心理素质”培训，组织 29 名新教师参加教师“入职培训”。2006 年，健全教师继续教育制度，加强教师基础教育新课程、信息技术等方面的培训，提高广大教师实施素质教育的能力。是年，分期对 200 多名在职小学教师进行“信息技术教育应用基础”培训，完成对 3500 余名中小学教师进行“走进新课程”的培训。1997—2009 年，每年参加继续教育的教师人数都在 3400 人左右，合格率 100%。

中小学校长培训

1994 年，对全县 108 名中心校长及小学校长进行岗位培训，培训半年，学员结业颁发证书，小学校长做到持证上岗。

1999 年 12 月，教育部发布《中小学校长培训规定》，规定要求新任校长必须取得任职资格培训合格证书，持证上岗。在职校长每五年必须接受国家规定时数的提高培训，并取得提高培训合格证书，作为继续任职的必备条件。威县中小学校长分期进行培训，一般每期 1 至 2 个月，主要学习党和国家教育方针、政策、法规，进修研讨先进办学理念和管理理论，开展课题研究，考察学习先进地区先进学校办学经验。至 2004 年，全县在职中小学校长全部进行培训。2005 年，组织由 80 名小学校长参加的“十五”工程专题校长培训与考核。2008 年，加强与河北师范大学的合作与交流，先后两次组织各学校干部与教师 100 余人到河北师范大学参加提高培训，通过培训提高教师的教学水平和学校领导的管理水平。是年 8 月，教育局召开威县中小学校长论坛，之后又邀请市教育局心理健康教育领导小组办公室主任樊娜就校长及教师的心理健康教育作专题报告。2009 年，选派 160 多名基层学校校长和教师到河北师范大学进行培训。通过中小学校长培训，更新办学理念，优化管理方式，实现学校管理的制度化、规范化。

第四节　教师待遇

国办教师待遇

1979 年，对中小学公办教师增发班主任津贴，中学 5～7 元，小学 4～6 元。1985 年，国家改革工资制度，实行结构工资制，教师工资由五部分组成：基础工资、职务工资、工龄津贴、教龄津贴、奖励工资。全县中学教师工资最低 62.5 元，最高 119 元，小学教师最低 62.5 元，最高 86.5 元。工龄津贴每年递增 0.5 元，最多不超过 40 元。教龄津贴满 5 年不满 10 年的每月 3 元，满 10 年不满 15 年每月 5 元，满 15 年不满 20 年每月 7 元，满 20 年以上每月 10 元。教龄津贴只发给专任教师和兼课的中小学行政干部，教龄津贴一直实行至 2009 年。1989

年，威县由五类地区上升为六类地区，每人每月增加地区差1~3元。1990年底，中小学公办教师人均月工资总额142元，比1984年提高72.9%。

1993年10月，国务院对机关事业单位工资制度进行改革，此次改革实现了晋级调资规范化、制度化，建立了正常的增资机制。即从1994年起，按照国家和省规定，对单位职工进行年度考核，经考核称职（合格）以上人员，均可按规定调升一级工资，一般每两年一次。同时，对考核优秀并做出突出贡献的专业人员可提前或越级晋升，比例控制在单位总人数的3%以内。1997年，按省规定优秀人员比例上升为12%，之后，经人事部门审批的晋级人数一直按此比例。1997年，公办教师每人平均月工资448.3元，比1990年提高2.2倍。2002年，农村中小学教师工资由各乡镇支付改为由县管理，全县农村中小学教师工资由县财政统管统付，通过银行直接拨付到教师在银行开设的个人账户，教师工资实现及时足额发放。2003年起，每年末增发一个月工资作为年终奖励。2005年，全县教职工全部纳入医保范围，教师年平均工资达到9481元。2006年，工资制度又进行一次重大改革，教师工资由岗位工资、薪级工资、绩效工资、津贴四部分组成，此次改革提高工资标准，推出绩效工资，并且薪级工资每年提升一级。之后又几次提高津贴标准，2009年，全县教师年平均工资为21104元，是2005年的2.2倍。

民办教师待遇

1979年，威县民办教师基本待遇是每人每月13.5元，其中6元交生产队。1980年，中共威县县委发出《关于合理解决中小学民办教师生活待遇的通知》，规定民办教师所领补助不再交生产队。民办教师应同大队干部一样记工分，并与社员一样参与生产队的分配，一样享受合作医疗保健，生产队不应给民办教师摊派农活和义务工，并且重申民办教师的任免要经县文教局批准。1983年1月1日起，再次提高民办教师补助标准，每人每月19元，奖金1元，合计20元。1987年起，民办教师待遇由国家补助和乡筹双方负担，国家拨数略高于乡筹数。1989年12月，县教委制定《1990年农村教育费附加开支标准规定》，民办教师工资每人每月64元，其中国家拨34.8元，乡发29.2元。1991年以后，民办教师待遇随公办教师工资调整不断提高，1993年人均月增35元，1996年按工作年限月增20~28元，1997年又人均调升20元，增资所需款额，国拨与乡镇筹各负担一半。调资后，民办教师月平均工资158.5元。此外，同国办教师一样享受寒暑假、病假、产假等待遇。2000年，随最后一批民办教师全部转正，全县教育工作结束了三十多年使用民办教师的历史。

第五章　学　生

改革开放后，全县教育条件不断改善，适龄儿童可就近入学完成九年义务教育。学生组织逐步健全，学生管理逐步完善。

第一节　学生来源

1979年，全县有小学490所，覆盖所有自然村，适龄儿童可以就近入学，年龄一般在7

周岁。进入80年代，随着办学条件的改善，适龄儿童基本可以实现就近入学，入学率迅速增长，1985年入学率97%，巩固率98%。2001年起，威县实施农村中小学布局调整和危房改造工程，先后撤并小学317所，到2009年，威县小学由过去的520所合并为203所，办学条件大大提高，小学生在就近入学的同时有了很大的选择余地。

1979年，全县有初中115所，学生可以就近入学。虽然学校多，但规模小，条件差，师资缺乏，教学成绩低下。80年代，初中学校逐步压缩调整，基本上各乡镇保留一所中学，初中开始实行生源分片学校自主招生。1997年普及九年义务教育通过省级验收，全县初中办学条件大幅度提升，小学毕业生基本实现免试就近入初中，但辍学现象时有发生。高中则依据全省统一中考成绩择优招收初中毕业生。

20世纪90年代，随人民生活日益富裕，对子女的教育也日益重视，为让子女上个好学校，家长对教育投入不遗余力，择校上学蔚然成风。2000年后，则有愈演愈烈之势。农村小学生向城乡小学聚集，初中生向县城聚集，也有广宗中小学生到威县就读，高中生则出现到附近高考成绩较好的邢台、衡水、冀州、南宫、枣强等市县外流现象。

第二节　学生组织

学生会

县师范学校、县职教中心、县一中、县二中均设有学生会组织，其他各乡镇中学部分设有学生会，也有些乡镇中学时而设时而不设。学生会组织的建立，往往由学校的规模来确定。学生会干部一般由学校在调查考查的基础上直接进行委任，或由班级提名再选举产生。学生会一般设主席、副主席各一人，下设学习、劳动、文体、生活部长各一人。学生会是学校当中的学生自治组织，是学校得力的助手，也是学生锻炼能力展示才华的重要舞台。学生会在学校领导下开展工作，在学习、纪律、卫生、校园活动等诸多方面发挥积极作用。

班委会

1979—2009年，全县各级学校班级均设有班委会，班干部主要由班长、副班长、学习委员、文艺委员、体育委员、劳动委员组成。主要是配合班主任教育学生努力学习，组织有关学习活动，协助班主任和任课教师教育学生增强组织性、纪律性，遵守学校和班级规章制度，积极完成好学校、班主任、科任教师安排的各项工作。班委会下又设各学科课代表或各学科学习小组长，帮助老师收发、检查作业，课下时间组织督促学习本学科知识。

团组织

20世纪70年代后期，全县中学的团委组织逐渐恢复。团委书记由上一级团组织审查批准，多为学校年轻骨干教师来担任。校团委在学校党委和团县委的领导下，进行发展团员、征收团费、组织团员活动等工作。各年级班内设团支部，由校团委统一领导。在校中学生只要承认团的章程，愿意参加团组织，执行团的决议并按期交纳团费的都可以申请加入中国共产主义青年团。团员在团组织的领导下，参加各种活动，进行共产主义教育。1987年2月，团县委组织在校团员1000余人到“一一四”烈士墓举行扫墓祭陵仪式，对青少年进行一次革命传统教育。之后，清明节扫墓，缅怀革命烈士成为革命传统教育的基本内容。1995年5月

18 日，在河北威县师范学校大操场举办首届威县成人宣誓仪式，2000 余名团员青少年参加宣誓活动。2009 年举办“预防艾滋病、你我同参与”“读书与人生、读书与事业”等为主题的演讲比赛。2009 年，全县各级各类学校中共有团员 1.4 万余人。

少年先锋队

1978 年，少先队组织恢复，凡是 6 周岁至 14 周岁儿童愿意参加少先队，愿意遵守队章，做一件好事，申请批准后就可成为少先队员。各学校设大队、中队，班级设小队，队员有组织地参加参观、访问、队会、社会调查等活动，共青团选派优秀团员或聘请思想进步、作风正派、知识丰富的教师以及各条战线的先进人物来担任少先队辅导员。少先队组织先后开展“人人争戴新风尚小红花”“学赖宁”“学习十佳少先队员”“中国少年雏鹰行动”“民族精神代代传”等活动。2009 年全县少先队员 64526 人，辅导员 2654 人。

学生团体

20 世纪 80 年代，一些学校为丰富学生的课余生活，活跃学校的学习氛围，同时为满足学生个人兴趣、发挥个人专长，由学校组织成立一些兴趣小组，如篮球队、歌唱队、乒乓球队等。进入 90 年代，教育改革成为主旋律，为改变应试教育现状，开始实施素质教育，诸如书画社、文学社、美术小组、音乐小组等各种兴趣小组应运而生，以提高素质教育的质量。但由于缺乏对素质教育的深刻理解，这些小团体往往成立不长时间就因活动不下去而解散。2000 年后，随新课标的实施，教育观念在逐渐改变，一些学校办学理念与时俱进。为提高教育质量，突出办学特色，成立一些有特色的学生团体，如威县二中的金星文学社、广播社、心理辅导站等文化团体，实验中学的力行社、小红帽志愿团队等。

第三节　学生管理

行为规范

1981 年，《小学生守则》和《中学生守则》发布实施，全县各学校依照守则对学生进行思想道德及行为习惯的规范教育。各学校相应制定校规校纪，对学生的考勤、考试、违纪都有明确规定，对于品学兼优的学生进行表扬、发奖状、发奖品（主要是学习用具），对违反校纪的学生则视其情节轻重分别给予当众批评、记过、劝其退学、开除校籍等处分。1991 年、1994 年，国家分别发布《小学生日常行为规范》和《中学生日常行为规范》，全县中小学采取教室张贴、召开主题班会、评先进个人等方法，对中小学生进行文明礼貌教育和行为训练，以促进他们从小形成良好的行为习惯。2004 年 3 月，新修订的《中小学生守则》《小学生日常行为规范（修订）》和《中学生日常行为规范（修订）》发布实施，县教育局组织广大教师及中小学生认真学习守则与规范，并要求从本校实际出发健全制度，制定可行的实施计划，努力做到教育的经常化、制度化。

学生安全

1979 年，学生安全是学生管理的重要内容，防溺水、防火、防触电、饮食卫生等方面的知识为教师所必备。八九十年代，全县农村中小学基本实行秋假制度而没有暑假，学生们整个夏天在上课上学，防溺水工作则成为头等大事，各学校各教师想方设法，杜绝溺水事件发生。2000 年后，随着社会发展，学校与社会进一步拉近，学生的安全问题占据突出位置，各学校加大对学生的安全教育力度，小学生上下学由家长接送，在防交通事故、防触电、防溺水、防火、防骗、防暴、防雷击、防食物中毒、防疾病传染等诸多方面进行安全教育，力求消除安全隐患无死角。2008 年后，又增加网络安全、“反黄”“反暴”、提倡绿色上网的安全教育内容。全县各级各类学校按要求制定学生安全应急预案和学生安全隐患排查制度，教育局与各学校校长与教师之间层层立下学生安全责任书，同时实行学生安全日报制度，每学期进行消防、地震安全疏散演练活动，暑寒假期间学校对学生监护人下达学生安全通知书，并在假期中采取电话询问、家访等形式做好学生安全。县交警、消防队也多次深入各中小学进行安全教育宣传。

图 23－11　第什营中心小学举行防火演练/2016 年摄

留守儿童

留守儿童现象出现在 20 世纪 90 年代，一些农村青壮年走出农村，外出务工，把孩子留在家中，由爷爷奶奶或外公外婆看管，更有甚者把孩子寄宿在亲戚家中，不利于儿童的成长和学习。2000 年以后，留守儿童数量呈逐年上升趋势，由于是隔代抚养看管，溺爱偏爱现象严重，正处在成长发育时期的儿童缺少父母的关爱和呵护，极易产生认识价值上的偏离和个性心理发展的异常，留守儿童也多产生厌学、逃学、辍学现象。2005 年，针对留守儿童现状，县教育局采取措施，建立留守儿童档案，以学校为单位，对全部留守儿童的生活、学习、家庭教育等情况进行调查摸底，同时做好留守儿童的心理疏导工作，建立学生、家长与教师三者之间的沟通机制，在生活、学习、身心健康诸方面关心留守儿童的成长。2009 年，全县留守儿童 3000 余人。

课外活动

20 世纪 80 年代中前期，学生课业负担较小，学生课余时间充裕，加之电视还没有普及，课外活动以结伴玩耍游戏为主，游戏种类较丰富，主要有踢毽子、跳绳、跳皮筋、跳格子、斗鸡、弹玻璃球、推铁环、丢沙包、老鹰捉小鸡、挑冰糕棍等。90 年代，学生课业负担逐渐增多，课外活动时间减少，电视走入寻常百姓家庭，看电视占去了中小学生大部分课余时间，活动游戏种类有所减少，主

图 23－12　仲夷小学课外活动/2011 年 9 月摄

要有丢沙包、跳皮筋、跳格子、踢毽子、跳绳等。2000 年后，学生课业负担有增无减，课外时间少之又少，游戏活动也只剩下几个传统的种类，玩得最多的是跳皮筋，玩法多种多样，不断更新。但由于电脑网络的出现，上网打游戏成为新宠，更有个别中小学生沉溺其中，不能自拔，严重影响了学业。

第四节　人才输送

30 年间，威县向大中专院校输送了大批合格新生，更有一批大学生本科毕业之后，继续硕士、博士研究生的学习深造，成为高级专门人才。从威县走出去的大学生有的学成后回到威县，为家乡的建设做出贡献，有的则服务于祖国各地，在各自的事业上取得骄人成绩，他们中有的担任高等院校和政府部门的重要职务，有的成为学者、科学家、艺术家等。如中国农业大学应用化学系教授、博士生导师王敏，河北师范大学副校长兼燕赵文化研究中心主任、教授王长华，邢台市眼科医院院长、河北省省管优秀专家张铭连，空军政治部文工团国家一级演员、中国音乐家协会会员梁召今等。

1979—2009 年威县中学考取大、中专学生人数统计表

表 23－3　　　　单位：人

年份	大专以上	中专	年份	大专以上	中专
1979	54	108	1986	93	124
1980	56	58	1987	65	135
1981	51	123	1988	108	107
1982	41	42	1989	112	135
1983	56	102	1990	71	159
1984	53	108	1991	98	398
1985	30	133	1992	142	386
1993	141	422	2002	393	561
1994	101	301	2003	780	257
1995	77	382	2004	755	470
1996	58	393	2005	676	556
1997	121	422	2006	691	248
1998	129	499	2007	871	404
1999	84	392	2008	1281	229
2000	370	685	2009	934	208
2001	147	324			

威县籍（部分）博士一览表

表 23－4

姓名	性别	籍贯	毕业院校	学位获得时间	备注
顾鹏达	男	清河县	中国科学院	1999	
吴淑红	女	常屯乡魏寨	石油大学		
谷树忠	男	贺钊乡苏家林	北京农业大学	1994	
陈灿强	男	常屯乡西辛店	南开大学	1995	
王长华	男	方家营乡西堂村	华东师范大学	1996	
王济光	男	侯贯镇崔里庄	中国社会科学院	1996	
翟来军	男	贺钊乡北雪塔	河北工程大学		
唐忠新	男	常屯乡西辛店	南开大学	1997	
郭英海	男	侯贯镇马桥	中国矿业大学	1997	
单保慈	男	第什营乡西梨园	北京医科大学	1998	
王伟凯	男	章台镇潘固	南开大学	1998	
罗延生	男	枣园乡罗庄	中国石油大学	1999	2001 年天津大学博士后
王金亭	男	洺州镇黄街	中国科学院	2000	
时金芝	女		中国人民大学	2006	
石勇(回族)	男	洺州镇黄街	西安交通大学	2007	
王贵国	男	方家营乡王高寨	燕山大学	2007	
吕继华	女	侯贯镇侯贯	清华大学	2008	
张士伟	男	七级镇北张庄	河北大学	2010	
王丙兴	男	赵村乡郭田庄	天津大学		
赵四海	男	侯贯镇魏宋村	西安交通大学	2009	2012 年西安交通大学博士后
左树锋	男	梨园屯镇梨园屯	浙江大学	2009	
张更辉	男	洺州镇李寨	南开大学	2009	
周国强	男	第什营乡第什营	中国科学院	2009	
靳　瑾	男	贺营乡北台吉	北京理工大学		
高　超	男	经镇	南京大学		
钟瑞芹	女	东中营	河北师范大学		
刘洪皋	男	小王曲	西安交通大学		
石浩军	男	王家陵	同济医科大学	1991	
马子川	男	贺钊乡董村	河北师范大学	1989	
侯居峙	男		中国地质大学		
魏　国	男	第什营乡康家洼村	中国科学院上海有机化学所	2008	博士后
张利辉	女	张营乡邵梁庄三村	河北农业大学	2004	

威县籍（部分）硕士一览表

表 23－5

姓名	性别	籍贯	毕业院校	学位获得时间	备注
王淑丽	女		河北师范学院	1987	
张铭连	男	洺州镇张霍寨	天津中医药大学		
刘增印	男	陈刘庄	河北财经大学	1987	
曹文莉	女	贺营乡曹王营	中国人民大学	1992	
侯月华	女	常屯乡杨庄	河北大学		
吴灿明	男	侯贯镇东郭固			
杨建中	男		燕山大学		
胡小晔	男	贺营镇胡庄	北京林业大学		
张风雪	男	洺州镇时家庄		1988	
张建都	男	邵庄	石家庄陆军学院		
马子川	男	贺钊乡董村	河北师范大学	1989	
许文东	男	方家营乡南里村	北京理工大学	1994	
石浩军	男	方家营乡王家陵	同济医科大学	1994	
钟素英	女	贺营乡东中营	北京农业工程大学	1996	
张路条	男	章台镇鱼堤		1997	
许文华	女	章台镇南胡帐	河北农业大学	1997	
张庆良	男	侯贯镇北侯伶仕	河北农业大学	1997	
吕爱军	女	侯贯镇北狼窝	四川大学	1998	
孟繁兵	男	常庄乡孟官庄	张家口建筑工程学院	1998	
尚迎东	男	七级镇三元井	华东石油大学	1998	
姜彤艳（回族）	女	洺州镇黄街	北京交通大学	1998	
王守志	男	章台镇东里村	兰州大学	1999	
张晓晖	男	洺州镇李寨	北京大学	1999	
高希龙	男	第什营乡高家		2000	
裴旭东	男	张营乡后小辛	北京理工大学	2000	
胡小晖	男	贺营乡胡庄	陕西师范大学	2001	
王　亮	男	洺州镇黄街	国家海洋局一所	2004	
吕继辉	女	侯贯镇侯贯	河北医科大学	2004	2009 年入首都医科大学攻读博士学位
辛庆武	男		浙江大学	2005	

续表 23－5

姓名	性别	籍贯	毕业院校	学位获得时间	备注
项立龙	男	贺营乡项营	南开大学	2005	
张加存	男	侯贯镇后郭固	上海交通大学	2006	
石　剑	男	洺州镇黄街	天津大学	2006	
吕彩霞	女	侯贯镇南侯伶仕	北京交通大学	2006	
程振家	男	贺钊乡南小城	南京农业大学	2006	
郭龙岩	男	洺州镇东街	清华大学	2006	
王海霞	女	常庄乡南仓庄	天津大学	2005	
张士化	男	张营乡邵梁庄	哈尔滨工业大学	2005	
马　飞	男	梨园屯镇东赵村	北京航空航天大学	2006	
侯立亚	男	常庄乡团堤	北京工业大学	2006	
刘金艳	女	固献乡张村	清华大学	2006	
孙志明	男	张营乡陆台	天津大学	2006	
王　虎	男	贺营乡沙西	北京化工大学	2006	
王　昭	女	枣园乡邵固	中国刑事警察学院	2006	
武春密	女	贺钊乡西郑河	南开大学	2007	
陈棣芳	男	第什营乡麦子乌营	兰州大学	2007	
柴哲彬	男	张营乡前小辛	山西大学	2007	
夏彩霞	女	赵村乡前赵村	华北电力大学	2007	
徐晓阳	男	赵村乡徐家庄	哈尔滨工业大学	2007	
范　静	女	方家营乡西方家营	河北大学	2007	
谷星慧	女	七级镇七级堡	中国农业大学	2007	
郑舒宏	女	枣园乡丁寨	大连海事大学	2007	
薛方明	男	侯贯镇大里庄	清华大学	2008	
郭春颖	女	高公庄乡小张山	北京交通大学	2008	
张　华	女	侯贯镇郭固	北京大学		
李　婧	女	常屯乡魏寨	中国矿业大学	2008	
沙金霞	女	贺营镇西沙营	河北工程大学	2008	2013 年获中国水利水电科学研究院博士
李国敬	男	章台镇章华堡	三峡大学	2008	2008 年入四川大学攻读博士学位
王化月	男	侯贯镇义和营	江苏大学	2008	
张泗举	男	贺钊乡北小城	中国科学院		

续表 23－5

姓名	性别	籍贯	毕业院校	学位获得时间	备注
胡紫阳	女	章台镇南胡帐	华中科技大学		
郭西函	女	高公庄乡后苏庄	西北师范大学	2008	
梁振宇	男	赵村乡西安仁	第二炮兵指挥学院	2008	
潘　琦	男	梨园屯镇南梁庄	兰州大学	2008	
王　辉	女	洺州镇王庄	中央民族大学	2009	
郭玉乾	男	洺州镇北郭庄	中国地质大学	2009	
王素芬	女	固献乡葛寨	河北理工大学	2009	2009 年入燕山大学攻读博士学位
赵　娜	女	洺州镇白伏	北京工商大学	2009	
张建鑫	男	张营乡前花疃	河北经贸大学	2009	
王文杰	男	第什营乡第什营	北京医科大学	1997	
李　娜	女	方家营乡油坊	南开大学		
薛申芳	男	方家营乡薛高寨	河北师范大学		
王水晶	男	洺州镇桑家庄	河北工学院		
庄立年	男	贺钊乡庄家村	扬州大学（扬州农学院）	1989	
马东新	男	梨园屯镇东赵村			
闫俊强	男	梨园屯	天津		
杨殿梅	男	梨园屯镇陈固	内蒙古大学		
杨　军	女	常庄乡前屯	中国农业大学		
孟海燕	女	常屯乡孟官庄	华北电力大学	2006	
宋国磊	男	常屯乡东柳疃	中国政法大学	2009	
张尚普	男	洺州镇张霍寨	新疆石河子大学	2009	
张　元	男	固献乡王庄	西安交通大学	1987	
宋德铮	男	七级镇七级堡	清华大学		
胡立强	男		马鞍山钢铁学院		
李伍纲	男		上海交通大学		
周　红	女	第什营乡第什营	河北工业大学		
李　莉	女		燕山大学		
马子奎	男		太原重型机械分院		
杨国忠	男		上海交通大学		
李运昌	男	七级镇中七级村	河北大学	2003	2010 年获教育学博士

1979—2009 年威县籍（部分）公派出国留学人员名录

表 23－6

姓名	性别	籍贯	留学时间	留学国家、院校	备注
高　超	男	高公庄乡经镇		美国	
钟瑞芹	女	贺营乡东中营	1989	美国	
刘洪皋	男	梨园屯镇小王曲		美国	博士
王　敏	男	洺州镇黄街	1993	德国	博士后
李岩岩	女	梨园屯镇赵家营		美国	
刘培华	男	枣园乡魏家寨	1982	德国	
刚勤国	男	章台镇东里村	1997	美国	
刘宏灿	男	张营乡勿堂村		美国	
李金泉	女	贺营乡曹王营		日本	
王　刚	男	洺州镇黄街	1986	澳大利亚	硕士
王　英	女	洺州镇黄街	1990	澳大利亚	硕士
王立涛	男	章台镇郝家屯	1997	美国密芝安大学	博士
姜青山	男	洺州镇张家庄	1994	美国	博士
王文生	男	贺钊乡西郑河	2007—2009	菲律宾	
杨俊锋	男	梨园屯镇西河口	2007—2009	美国莱斯大学	
张晓晖	男	洺州镇李寨	2008	日本	

第六章　教研教改

1979 年后，全县教育工作进入一个崭新阶段，在课堂教学方式上进行有益尝试，开展听课评课、优质课下乡等活动。教研教改工作不断创新。

第一节　课题研讨与听评课

课题研讨

1990 年 5 月，教育局教研室针对一些学校在开展教研活动时缺乏计划，没有重点，更不系统的问题，决定成立课题组。全县共成立 190 个课题组，经过半年的研究，1991 年 1 月，召开第一次课题组活动汇报会，11 个组汇报了活动情况和教研成果，受到地区教研室的高度重视。会后，把全县课题组分成三个层次，即每学区确定一个重点课题组，各片视导组成立中心课题组，指导本片各组活动，县教研室各科教研员为指导小组成员，重点抓一至二个课题，形成全县三级教学研究网络。1992 年课题组成果报告会上收到各科教研论文 200 余篇，其中县教委《教坛》上刊载 50 余篇，地区《教学研究》刊登 10 余篇，省级刊物发表 14 篇，国家级刊物发表 10 篇。课题组的建立使各科教学工作有了明显改进，有效地促进教学研究和教学改革的深入开展。1993 年召开全县范围的小学数学研讨会，交流经验，开拓思路，小学数学教学质量不断提高。1993—1997 年，小学六年级参加全国小学数学奥林匹克竞赛计 55 名学生获奖，其中特等奖一名（满分），一等奖 9 名。五、六年级参加市赛共 227 名学生获奖，其中一等奖 29 人。1997 年威县学生李书燕与清河县 2 名学生代表河北省县级队参加全国小学数学奥林匹克总决赛（东南亚各国华人学生同时参加）获二等奖，由于以上成绩，威县被列为全市三个五年连续取得优异成绩的县（区）之一。2004 年邢台市教研室教育教学科学研究成果现场会在威县召开，并确定新课标新课改研究论题 35 个。2005 年 9 月，县教育局邀请邢台市教育局教育科学研究中心一行 7 人到威县作课题研究指导和学术报告，给全县中小学的教学研究工作进一步指明了方向。

听课评课

1986 年冬至翌年春，县教研室为提高教师业务水平，在全县开展一人一堂课评议活动，活动分学校、中心校、片、县四级分段进行，要求所有教师在活动中务必精心准备，认真上好一堂课，并且要自下而上逐级推荐，整个活动过程采取一讲（执教者介绍教案）、二上（按教案上课）、三查（评议小组根据教学目的、要求，检查效果）、四评（评议小组对备课、上课进行全面评议）的方法进行。活动的开展使广大教师的业务水平提高了一大步，也促进了教学研究的广泛开展。

1992 年冬，在小学开展评“三优”（优质课、优秀教案和优秀论文）活动，“三优”评比采取层层选拔的方法，最后由县教研室评出“三优”教师，分一、二、三等奖。每次评选结束，由县发“三优”证书。1993 年先后进行小学语文、史地、数学三科的“三优”评选。此后，文理科隔年轮番评选，成为一项制度。该项活动的开展，在一定程度上调动了教师的积极性，培养了一批教学骨干和学科带头人。

2004 年 9 月至 10 月、2005 年 10 月至 11 月县教研室连续两次在全县中小学进行听评课活动。中学组分城关、章台、七级、梨园屯、侯贯五个片进行。每片的各中学选拔推荐出各学科的实验课，到片上讲评，选出较优的作公开课，分出一、二、三等奖，在全县给予表彰。同时提倡各中学之间结对子互相交流，有力地促进了各学科的教学工作。

优秀教师送课下乡

2002 年开始城乡师资力量的统筹调配，实施优秀教师送课下乡活动，鼓励引导优秀教师到农村偏远薄弱的中小学任教或帮教，以实现优质教育资源共享。2004—2005 年，在县直朝阳路小学和实验小学各年级各科听评课，选出优秀教师的优质课，送课下乡为新课程实施打下基础。大体做法是由教研员带领优质课老师到全县各学区巡回送课。以学区（有的两个学区并作一个点）为单位，先对该学区各学校选出的较好的课进行听评，然后选出优质课和县直小学的优质课老师一同给重点学校的重点班级上示范课，该学科的老师全部参加。送课下乡活动为广大教师提供学习交流平台，从而达到以教研促教改，以教改促质量，并促进新旧课程的顺利过渡。

第二节　探索教学方式

教师岗位练兵

1999 年，对全县中小学教师开展岗位大练兵（毛笔字、粉笔字、钢笔字、普通话）活动，使中小学教师基本功得到一次质的飞跃。是年，全县教学论文、教案获市级奖 44 人次。2002 年起，实施科研兴校发展战略，培养一批科研型教师队伍。2005 年 2 月，职教中心教师李朝华、实验小学教师赵冰，在教育部组织的中小学课件大赛中均获教育部颁发的优秀奖和市级一等奖，县二中教师许梅竹、第什营中学教师宋瑞晔荣获省化学学会组织的中学化学课件制作评比二等奖。3 月，在初中语文新教材优秀设计评选活动中，又有 5 人获省级一等奖。2003—2005 年，县教研室按照“名师工程”实施计划，在全县中小学范围内开展每年一次的“希望之星”青年教师大奖赛和“教学标兵”的评选活动。

创办教育科研报纸

1986 年 5 月，县教研室创办《教坛》小报，旨在传播信息，交流经验，促进教学和管理工作的改革。小报以刊载各科教师在教学实践中的经验体会为主，间或也辑录转载其他教育刊物上的有关文章。小报创办四年有余，出刊 24 期，刊登本县教师教学经验论文等 120 余篇，摘录转载其他教育刊物文章 20 余篇。小报促进了全县教师教学经验交流、教育理论的学习及撰写教学论文的积极性。

1997 年 5 月，县教育局创办报纸《教与学》，旨在交流和传播先进教学经验，促进全县教育教学改革。报纸设教材研究、教学设计、学生习作、学法指导等栏目，融思想性、知识性、实用性于一体，成为全县广大教师教育教学成果和学生学习进步的基地。报纸的创办激发了广大教师的教学科研热情和中小学生的兴趣，促进了全县的教学改革。报纸 4 开双面版，每年 4 至 6 期，每期 4000 份。

课堂教学创新

1977 年，恢复高考制度，学生刻苦学习蔚成风气，教学研究与教学改革工作开始受到普遍重视。1981 年，各中小学为减轻学生课业负担，提出向课堂要质量，把发展智力，提高能力，不但让学生学会，而且让学生会学作为改进教学工作的指导思想。1986 年，全县教学改革工作日趋活跃，但有不少教师想改革却又摸不到门径。针对这一问题，教研室在自办的《教坛》小报上，发表题为“教学改革的突破口”的短论，指出：传统的教学方法，有不少弊端，集中到一点，就是教得学生“学而不思”。教学改革应该从教师的教上着力解决学生“学而不思”的问题，抓住这一点，就是抓住了教改的“钥匙”，找到了教改的门径。这个具有方向性的指导意见，为教学改革指出了方向，各中小学的教师们在教学实践中积极探索，总结出变“注入型”为“启发型”的成功经验，启发式教学成为改革的主流。

2001 年，教育部制定《基础教育课程改革纲要（试行）》，确定改革目标，研制各门课程的课程标准或指导纲要。改变课程过于注重知识传授的倾向，强调形成积极主动的学习态度。即从单纯注重传授知识转变为引导学生学会学习，学会合作，学会生存，学会做人，旨在关注学生“全人”的发展。针对纲要精神，全县中小学教师进行认真学习和反思，更新观念，致力于创新课堂的尝试和探索。2006 年全县中小学教师进行“走进新课程”全员培训，随新课程的实施，以“学生为主体，教师为主导”的新课堂教学模式逐渐被广大教师所认识，并运用到自己的教学实践中。

2009 年 9 月，威县第二中学课堂教学改革创新全面铺开，“先学后教，当堂训练”的新模式闪亮课堂。威县人才学校实施的“三・三・三・一”开放教学模式（即课堂知识通过学生自主学习解决 30%、小组交流解决 30%、提问展示解决 30%、最后由老师点评精讲解决 10%）得到专家肯定并广为推广，多次在河北电视台专题播出，赢得社会好评。2008 年顺利通过省教学评估验收和市政府教育督导验收。

减轻小学生课业负担

1978 年恢复高考后，各地各级教育开始走向正常的轨道。20 世纪 80 年代，逐渐出现千军万马过独木桥的考试竞争现象，此现象也波及全县小学教育。全县各小学把提高学生成绩当作重中之重，一切教学都以学生的成绩为中心。在这种思想指导下，小学生课业负担逐渐加重。1988 年 5 月，国家教委颁布《关于减轻小学生课业负担过重问题的若干规定》。规定在学生课外作业、考试等方面提出要求，以切实减轻小学生的课业负担。县教育行政部门执行这一规定，但由于考试的指挥棒没有变，执行效果不佳。进入 90 年代，小学生的负担和压力没有真正减轻，反而呈日益加重之势。2000 年以后，小学生课业负担情况更加复杂严峻：小学生除每天在学校进行学习活动外，放学后还要按时完成老师留的家庭作业和家长布置的课外作业。每逢假期，学生们还要参加各种类型的课外辅导班，当学生们完成一项又一项的学习任务时，家长又会马上安排新的学习任务。这种现象在县城更为突出，县城各小学周边出现一些午托班，以及各种类型的辅导班。县教育部门屡次进行治理，但治一治就好一段，停一停又顽疾复发。再者，由于学校、家长、社会诸多方面的复杂原因，小学生的课业负担实难减下来。小学生课业负担的加重直接影响小学生的身心成长，关爱小学生，减轻小学生课业负担业已成为全社会的责任。

第七章　办学条件

1997 年，“普九”通过省级验收，教室、办公室、实验室、仪器室、图书阅览室、卫生室及教学仪器、文体器材、图书桌凳等教学设施，均按省定标准配备齐全。2002 年起，全县加大项目学校建设资金的投入，至 2009 年，建设项目学校 164 所，总投资 8625.4 万元，建筑总面积达 130491 平方米，办学条件不断提高。

第一节　教学设备

1984 年前，全县中小学教学设备比较简陋。1984 年始，着力解决学生木制课桌、凳问题，至 1988 年，全县中小学使用木制课桌、凳人数达到 90% 以上。1990 年投资 405 万元除建房购置课桌外，为全县小学新购图书9万册，教学仪器、文体器材1600多件，但全县教学设备配备仍然很低。至1994年，全县中小学教学设备仅威县一中配备比较完备，该校以四座教学楼为主体，有理化生实验室、语音室、图书室、阅览室，其中理化实验室于1990年通过省达标验收。1995—1997年，威县相继进行“普六”“普九”工程，“普六”工程中全县各小学分别按二类、三类标准配齐图书、教学仪器和体育器材等，各项指标均达到国家和省颁标准。1997年“普九”工程中，各中学不仅根据需要建成足够的教室、办公室，而且建成物理仪器室、实验室，化学仪器室、实验室，生物实验室，图书阅览室及卫生室（简称七室），另外教学仪器、文体器材、图书桌凳等教学设施，均按省定标准配备齐全，是年底，“普九”顺利通过省级验收。随着“普九”工作的深入，从城镇到乡村各级各类学校都按标准配齐教学设备，结束了教学设备长期缺乏的状况。

图23－13　第什营中心小学微机室/2016年摄

2001年起，开始实施农村中小学布局调整和危房改造工程，全县中小学的办学条件开始进入飞速发展阶段，教学设备逐步向信息化、现代化方向发展。2006年全县中小学投资58万元，补充教学仪器和音体美器材，投资16万元购置图书4.7万册，是年，又投资616万元为全县268所中小学装备远程教育设施。2007年，全县各中小学图书、仪器、计算机、音体美器材等均按要求配备，全县112所完全小学，16所乡镇中学进行仪器器材上档升类，中学演示实验开出率100%，分组实验开出率95%以上。全县共有计算机教室87个，计算机2300台，多媒体教室、语音室46个。2008年争取上级以奖代补课桌凳10250套，价值128万元，分配到20所中学和5所小学。

第二节　校舍改造与建设

20世纪70年代后期，随着农村教育迅速发展，中小学校舍更加紧缺，县文教局采取多种措施新建一批校舍。1981—1982年，投资104万元，新建校舍765间，翻新校舍910间，维修1850间，校舍面貌大有改观。被邢台地区教育局评为改善办学条件先进县，并奖励15000元。1983年，枣园公社张庄大队投资6.4万元，建教学楼一座。随后七级镇中、县实验小学也相继建起教学楼。

1984年后，在政府积极引导下，全县掀起改善办学条件的热潮。1986年，农村集资183.77万元，用于校舍修缮和建设。1988年，中小学新建、改建、翻新校舍1316间，维修862间。至1990年，全县用于改善办学条件的投资达1051万元，全县标准化校舍达6363间，占校舍总数的78%。七级、常庄、方家营等11个乡镇的标准化校舍达85%。

1997年，随着“普九”工作的深入，校舍建设获得突破性进展。据统计，全县小学占地面积1315353.6平方米，建筑面积212374.8平方米。32所乡镇中学，搬迁14所，扩建18所，新建标准操场29个，征地663亩，建筑面积达118783.7平方米，占地面积785880平方米。

2002年起，全县加大项目学校建设资金的投入，至2009年，建设项目学校164所，总投资8625.4万元，建筑总面积达130491平方米。除此之外，2003年，乡镇中学建实验楼共计16座，投资432万元；2004年，职教中心投资150万元，新建宿舍楼一座，面积2400平方米。2008年争取上级资金342万元，县级配套资金225万元，为170所学校安装暖气、空调，解决了冬季取暖问题。

与此同时，威县高中建设也加快步伐。威县一中先后投资逾2000万元，完成改扩建工程，占地10万平方米，建筑面积2.5万平方米。教育教学设施一应俱全，育人环境大幅提升。2004年，威县二中整体搬迁，占地16.5万平方米，教学基础设施面积5.1万平方米。

2002—2009年威县项目学校建设情况一览表

表23-7　　单位：所、平方米、万元

年份	所数	建筑面积	总投资额
2002	16	11270	508.6
2003	17	12711	543.3
2004	20	16805	805.2
2005	29	23450	1249.3
2006	19	14216	1589.5
2007	32	19025	1293.1
2008	15	15840	1141.9
2009	16	17174	1494.5
总计	164	130491	8625.4

第八章　教育经费

教育经费的主要来源是国家拨款，以及社会集资、捐款、收取学杂费、勤工俭学收入等。2000年后，中央和省市政府加大财政转移支付力度，教育经费逐年增加。

第一节　经费来源

威县教育经费来源基本上有四个方面：（1）上级教育财政部门下达的经费，包括教育事业发展和基本建设投资；（2）地方财政自筹拨给教育部门的经费；（3）教育部门收入包括学生学杂费和勤工俭学收入等；（4）农村、城镇分别征收教育费附加和社会集资及私人捐资。

1983年，文教局、财政局联合下达中小学学杂费收支管理试行办法，标准为：县办中学的高中学生每生全年5元，初中学生每生每年4元，社队办中学每生全年4元，小学四、五年级每生每年3元，一至三年级2元，并规定对烈军属和有困难的社员家庭可以减征或免征，但总的征收比例不应少于应征学生人数的82%，款额不少于应征总额的75%。1997年小学生杂费调整为每学期每生40元，城内学校对借读生收借读费200元，2000年初中生调整为每学期每生60元，高中每学期每生350元，小学生和普通中学加收取暖费10元，重点中学加收取暖费20元。2002年，开始推行“一费制”，小学每生每年160元，初中每生每年260元。2004年秋，县城学校调整收费标准：小学一至三年级每生每年190元，四至六年级每生每年240元，七至九年级每生每年310元。

1985年，根据教育体制改革精神，县政府决定，全县农村中小学下放乡村办，所有国办、民办教师工资全部改由乡村负担，原国拨教育经费则用于改善办学条件，发放教师离退休金和长休教师生活费。

1986年1月1日起，实行教育经费包干，乡镇试行征收教育附加费。各乡镇根据民办教师人数，中小学的班数、处数及各项费用进行核定，民办教师月基本工资不低于56元，国拨每人29.8元，其差额部分列为教育费附加，经济较好的乡镇可适当提高。1992年，乡镇教职工工资和教育事业经费由各乡镇负责。2000年10月，取消农村教育费附加的征收。为保证教育经费的投入，中央和省市政府加大财政转移支付力度，做到了教育经费不但有保障而且逐年增加。

第二节　经费管理

1984年，教育局设计财股，负责基层单位经费的核批与发放，并对其财务工作进行审查监督。

1992年，县属学校人员工资及事业经费也由原来文教事业经费统筹改为教育事业费和教育基建费合并，在财政预算中单列，以确保学校正常运转。

2002年，将农村中小学教师工资由各乡镇支付改为上收到县管理，全县农村中小学教师工资由县财政统管统付，较好地解决了少数乡镇拖欠教师工资的问题。

随着教育事业的发展，原来的教育经费管理制度（由县财政科和教育科的一人管理）已不能适应新情况。2005年，为加快教育财务管理体制改革，规范各学校的财务管理，设立威县教育局教育集中支付中心，以负责监督管理各学区、乡镇中学、县直学校的财务收支及预决算工作。

1980—2009 年部分年份威县国家财政预算内教育经费统计表

表 23－8　　　　单位：万元、%

年份	国家财政拨款	比前一个代表年份增长数量	增长
1980	236. 1	100. 1	73. 5
1990	734. 8	498. 7	211. 0
1997	2413. 0	1678. 2	228. 0
2001	3797. 0	1384. 0	57. 4
2002	4928. 0	1131. 0	29. 8
2003	5117. 0	189. 0	3. 8
2004	5924. 0	807. 0	15. 8
2005	7896. 0	1972. 0	33. 3
2008	12217. 0	4321. 0	54. 7
2009	15475. 0	3258. 0	26. 7

第三节　捐资助学

“百年大计，教育为本”，中华民族历来有尊师重教的光荣传统，捐资（物）兴学在威县古已有之，据民国《威县志》载，威县洺阳书院，清同治年间（1862—1874）一次修葺，即由当时富有者捐资完成，各地义学也多由士绅名流捐资或献田宅建立。时至 20 世纪 80 年代，捐资助学之风蔚然兴起，他们或个人或团体，各行各业志士仁人，为家乡教育事业的发展增砖添瓦。这一时期捐助资金多用于校舍的修建，以改善办学条件。1990 年 9 月，县成立教育促进会，旨在募集教育资金，促教助困，至 2009 年，县教育促进会用募集资金修建小学 2 所，奖励优秀师生 1200 余人，帮助贫困学生 100 余人。进入 21 世纪后，捐资助学之风不减，捐助行为不胜枚举，他们有个人、团体，有公司、企业，呈现捐助队伍多样化，且数额大次数多等特点。由于全县办学条件大幅提升，捐助资金多用于帮助贫困学生完成学业，奖励优秀师生等。下表中简列部分助学之事项，以弘扬重教兴学精神，由于资料所限，不免有缺失之憾。

1979—2009年威县部分捐资助学情况一览表

表23－9

捐献个人或单位	籍贯	时间	捐助额(元)或物(折款)	受捐单位或个人
邱春岳	侯贯镇西侯贯	1985	2400	西侯贯小学
王奎三	贺钊乡王小河	1987	3500	雪塔乡中学
王占元	贺钊乡西郑河	1987	3400	雪塔乡中学
王连三	贺钊乡集小河	1987	3100	雪塔乡中学
刘振威	贺钊乡集小河	1987	3200	雪塔乡中学
李新年	贺钊乡北小河	1987	3100	雪塔乡中学
张立明	贺钊乡集小河	1987	3300	雪塔乡中学
张海林	贺钊乡东雪塔	1987	3100	雪塔乡中学
朱小立	洺州镇东街	1987	64000	东街小学
李志昌	七级镇东七级	1988	2000	东七级小学
马玉卿	贺钊乡余官营	1988	300	倡建教育促进会
李俊昌	七级镇东七级	1988	煤30吨（2300）	东七级小学、七级镇中学
		1989	6000	东七级小学
李辰生	七级镇中七级	1989	10000	七级镇中七级小学
魏九洲	枣园乡西里固	1989	25000	西里固小学
王林卿	章台镇潘固	1990	1000	县教育促进会
郭　森	常屯乡枣科	1990	1000	县教育促进会
黄成俊	洺州镇王庄	1990	300	县教育促进会
李金铎	侯贯镇北侯伶仕（居台湾）	1990	15000	北侯伶仕小学
张恒绰	侯贯镇后郭固（居台湾）	1990	1500	县教育促进会
霍祥皋	常屯乡史家庄（居台湾台南）		1000	史家庄小学
县粮食局		1987	7000	县教育委员会
		1990	2000	县教育促进会
县供电局		1990	3000	县教育促进会
县卫生局		1990	2000	县教育促进会
县烟草专卖局		1990	2000	县教育促进会

续表 23－9

捐献个人或单位	籍贯	时间	捐助额(元)或物(折款)	受捐单位或个人
县供销社	—	1990	5000	县教育促进会
县石油公司	—	1990	2000	县教育促进会
王世芳	常庄乡南仓庄	1991	1000	洺州镇李庄小学
王东宁	赵村乡中安仁	1991	1000	县教育促进会
张春蓬	侯贯镇南狼窝（居台湾高雄）	1991	1500	县教育促进会
王庆茂	赵村乡大张山（居台湾台北）	1992	语音教学设备（54 人用）	县第一中学
张经五	洺州镇北街	1995	2000	县教育促进会
周自生	洺州镇肖侯庄	1995	1000	肖侯庄小学
刘迎东	洺州镇北街	1995	1000	北街小学
韩学志	洺州镇贾庄	1995	500	贾庄小学
朱秀军	洺州镇东街	1995	20000	县第一中学
张天恩	张营乡元寺	1996	80000	元寺小学
徐义武	梨园屯镇西河口	1997	10000	县第一中学
黄正礼	洺州镇王庄	1997	5000	县第一中学
县工商局	—	1997	145000	县第一中学
县国税局	—	1997	5000	县第一中学
县地税局	—	1997	5000	县第一中学
银麦集团、县糖业酒类公司	—	1998	2800	28 名孤贫儿童
张文学	枣园乡牛寨	1999	320000	与美籍华裔李碧庆建牛寨文庆小学
县团委		1999	100000	争取助学资金建第什营乡西古城希望小学
南京红太阳集团、县农资公司	—	2001	3000、学习用品（1000）	贫困学生
赵渭忠	浙江东阳市	2002	200000	争取扶贫助教资金建张营乡前小辛希望小学
县团委	—	2005	6000	为何某某争取明德奖学金 4000 元，为司某某、李某某筹集助困资金 2000 元
县团委	—	2006	14500	资助 8 名贫困大学生
北京汇金谷资产管理公司	—	2009	图书（100000）	第什营乡董家庄完全小学

第二十四编　文化艺术

威县文化源远流长，三国时期有学者孟康，精通地理、天文、小学；宋代有宰相范质；清代有集儒学家、文学家、音乐家于一身的刘调赞，有诗人王建衡、王以锷等；民国时期有书法家潘遇亨，又有文化名人王亚平、史轮、胡青坡、刘艺亭等，文脉不断。1949年后，在百花齐放、百家争鸣方针指引下，文化机构相继建立，文艺创作热情高涨，在文学、戏剧曲艺、书画等方面取得可喜成就。文化馆、图书馆、电影队、广播站等为丰富居民文化生活做出了贡献。

1979—2009年，随着经济的快速发展，威县的文化事业进一步繁荣。文化设施不断完善，书画艺术创作队伍迅速壮大，文学创作成果丰硕，传统文化焕发生机，群众性文化活动丰富多彩；文化交流活动空前活跃；文化遗产保护成果丰硕；文化产业初露端倪，文化市场管理逐步走上制度化、规范化、法治化的轨道。史志编纂硕果累累，档案工作日趋规范，义和团研究成果丰硕。2002年、2003年威县先后被河北省文化厅、文化部命名为“河北省民间特色艺术之乡”“中国民间特色艺术之乡”。2004年，县文化体育局被省人事厅、省文物局评为“河北省文博系统先进单位”。2009年，威县被省文化厅评为“河北省文化工作先进县”。

第一章　文化单位

第一节　文化馆（站）

县文化馆

1979年，县文化馆设在县城内老十字街西南隅，为砖木结构楼房24间，编制11人，设有图书组、文物保管组、美术组、文艺组、宣传组。1981年，编制增至15人，其中馆长1人，副馆长2人。内设辅导组、美术组、图书组、文物组。并负责管理威县乱弹二团、威县坠子一团、威县坠子二团、马桥河北梆子剧团，同时还管理坠子、木板书、梨花大鼓、琴书等17个曲艺团体的演员，共计88人。1987年9月，图书馆和文物保护管理所从文化馆中分出。文化馆有工作人员10人，其中馆长1人，副馆长1人。设辅导组、美术组、办公室。1996年，馆址迁至南街路西威县剧场。2003年，威县文化馆迁至威县文化中心，有音乐室、舞蹈室、美术室及展览厅。2005年添置了部分乐器。文化馆培养了一批专业文艺人才，先后有11人被吸收为省级以上协会会员，创作了一批优秀的作品，在省市及国家汇演和展览中获得优异成绩。

乡镇文化站

1979年，县文化馆在七级镇建文化分馆（文化站性质）一所，有房屋7间，工作人员2人（1985年增至3人），内设展览室、娱乐室、阅览室，购置图书500册及京胡、二胡、板胡、象棋、军棋等娱乐器材若干。1984年，在城关（今洺州镇）、方家营、枣园、李寨、成志庄5个乡建立5个文化站，配备了专职人员。1985年，在侯贯镇政府内盖平房4间，建立侯贯镇文化站，工作人员2人，购置图书500册和文体器材若干。1987年后，陆续建立起乡镇文化站14个。全县共有文化站21个，经地区考核，合格站12个，专职人员32人，其中干部2人，房屋102间，图书6000余册，娱乐活动器材147件。至2009年，全县各乡镇均陆续建起文化站。

第二节　图书馆

县图书馆的前身为县文化馆的图书组，位于威县文化馆一楼，有图书室和阅览室，馆藏图书10000余册，隶属于县文教局。1987年5月，从县文化馆分出，迁入新建的威县图书馆。新址位于东街与交通大街交叉路口东北角，建筑面积2105．68平方米，隶属于新成立的威县文化局，系全额财政拨款事业单位。2002年8月隶属于威县文化体育局。2003年，迁入威县文化中心二楼，建筑面积1500平方米，图书馆内设办公室、借阅室、阅览室、电子阅览室。2004年，开展了捐书活动，县领导带头捐赠，共收到捐赠的图书11000余册，2005年购置更换了办公家具及书架、目录柜、阅览桌椅、报刊架、办公自动化设备等，新进图书12000余册，馆藏图书30000余册。阅览读者为县直机关、企事业单位工作人员，主要成员是青少年学生。

县图书馆工作人员自2006年始，先后参加了邢台市文化局、邢台市图书馆学会组织的图书分类著录专业培训班、文化信息资源共享工程技术人员培训班和省组织的古籍修复培训班。

2006年成立威县文化信息资源共享支中心，设在威县图书馆内，建筑面积150平方米，购置服务器30台。

第三节　文物保护管理所

威县文物保护管理所从文化馆析出，成立于1987年9月。设馆长1人，工作人员若干人。负责县域内文物的保护与管理。办公地点位于威县老城东街与交通大街交叉路口东北角，设有办公室、所长办公室、警卫室和文物仓库。

文物保护管理所为威县文物保护做了大量基础性的工作。公布了第二批县级文物保护单位。建立了文物保护单位档案，树立了县级文物保护单位的标志，确立了文物保护员，对威县义和团运动发源地进行了区域性的专项文物普查，发现了《重修张家庄保善寨碑》《罗教士祠堂碑》《威县知县张问渠明府德政碑》《刘含锷功德碑》等重要碑刻。发表了《从重修张家庄保善寨碑看景廷宾起义始末》《从威县新发现的碑刻看景廷宾起义的反洋教斗争》《从庙堂之争到义和拳运动》《义和团万宝符衣考》等学术论文。为确立威县义和团发源地的历史地位奠定了文物基础。

第四节　乱弹剧团

威县乱弹剧团成立于1953年。“文化大革命”期间改唱现代京剧，1977年恢复演唱乱弹。1979年威县乱弹剧团步入鼎盛时期，团长孟祥群，副团长杨承赞，导演耿尚维，编剧李双旭，唱腔设计刘竹奇、潘庆芳，舞美郭维成。有演职人员76人。威县乱弹先后排演了乱弹传统剧目《石佛寺》《王怀女》《杨金花夺印》等，新编剧目有《红灯照》《乡里情》等。乱弹剧团演出范围主要在山东、河南、山西、河北等一带市县。1980年威县乱弹剧团排演的《王怀女》由河北电视台录制，中央电视台、河北电视台播放。1987年威县乱弹剧团解散。

图24－1　乱弹剧团演职人员合影/1978年摄

第五节　演出场所

人民剧场

1956年前，县城内只有一西街戏院，位于县城西街路南。1956年公私合营，县政府在南街路西建人民剧院，后改称人民剧场，归政府领导，自负盈亏，官方和私方各出1人任经理。舞台用木板铺成，屋顶完全为木质结构，座位皆条形木板钉腿的条凳，可容观众500余人。1964年，县财政拨款，在南街剧场旧址重新扩建威县剧场，占地面积2000平方米。建大型砖木礼堂一座，坐南朝北，砖木舞台，台口14米，深16米，舞台面积196平方米。礼堂座位是5人座连椅，容观众1200人，演员宿舍50间，另设售票处，经理室，会计室，经理1人，副经理1人，会计1人，命名为“威县人民剧场”。1981年前，职工工资及剧场维护费由县财政拨付，1981年始，剧场实行自负盈亏。1985年，由县财政拨款将礼堂座位更换为铁木折叠椅，容观众1400人。2000年，剧场拆除。

人民影院

威县人民影院位于城内北街，1980年竣工开业，投资31.3万元。建筑面积1300平方米，座位1267个，1990年，电影院配有35毫米座机2台，有工作人员16人。1996年后，主要用于全县召开大型会议及文艺演出。

第六节　新华书店

1979年前，县新华书店位于老城十字街西北角，20世纪90年代迁至东街路北。新华书店是省属国有文化单位。2005年有员工54人。设业务股、财务股、教材股、办公室和县城驻地门市。下设章台、七级、侯贯、梨园屯四个乡镇书店。2000年，四个乡镇书店相继撤销。该店发行中、小学教材、教学辅导书籍及图书、电子音像制品。1982年实行开架售书。

1989—2009年威县新华书店图书发行情况一览表

表24－1　　单位：万册、万元、人

年份	数量	销售额	利润	员工
1989	104.10	80.30	0.60	40
1990	131.20	110.20	1.10	40
1991	144.60	120.20	1.90	38
1992	195.00	156.30	1.90	38
1993	168.30	144.20	1.90	38
1994	247.80	196.90	2.30	38
1995	161.70	482.10	59.50	38
1996	141.00	550.10	31.50	38
1997	166.00	650.10	30.60	38
1998	173.00	678.90	28.60	51
1999	211.00	823.60	42.90	56
2000	244.00	952.00	65.00	56
2001	182.00	726.80	71.00	56
2002	178.00	703.20	40.00	56
2003	195.00	762.90	48.40	56
2004	155.00	607.8	24.90	56
2005	169.00	660.70	25.20	54
2006	172.00	708.80	28.00	53
2007	175.00	715.00	28.00	52
2008	177.00	792.00	30.00	52
2009	180.00	1190.00	38.00	52

第二章　群众文化

第一节　文艺团体与票房

业余剧团

冯庄乱弹剧团　20世纪七八十年代，随着影视剧的火热，戏曲越来越不景气。威县乱弹剧团解散，在冯庄乱弹老艺人和乱弹爱好者倡议和村支部的支持下。1978年，冯庄村乱弹剧团成立。由于乱弹在威县有群众基础，当时的冯庄乱弹剧团曾红遍周围城镇。1980年，剧团改为威县乱弹二团，演职员阵容到七八十人，并走出威县，到山东、济南、临沂、盐城、邯郸、河南等地方演出，受到当地群众一致好评。在戏曲不景气的情况下，坚持排练，外出演出。

1985年，剧团处境日益艰难，演出难以为继，剧团不得不精简，缩减成一个小班，为了保护和传承乱弹的一丝命脉，周围村庄谁家有事就去助兴，以养家糊口。经历了几年逆境中的坚持和奋斗，冯庄乱弹剧团已成为河北、山东交界地区唯一一个具有几十名演职员的乱弹剧团。剧团作为乱弹非物质文化遗产传承实验基地，承担着培养乱弹后备力量，传承传统文化的重任。

威县豫剧协会　成立于2004年，活动地点最早在李庄村委会。剧目有折子戏《大祭桩》《断桥》《秦雪梅吊孝》《穆桂英挂帅》和现代戏《朝阳沟》（整场）等。李新云等演员多次参加全国和省市戏曲赛事并获奖。

威县坠子剧团　1973年，原威县坠子剧团演员张现春、王玉金恢复成立了威县坠子剧团，共有演职员40余人，行当齐全，阵容整齐。恢复上演了部分传统剧目如《济公传》《杨金花夺印》等，经常到周边县市营业演出，还编演一些新剧目和新节目，多次参加省、市文艺调演。

曲艺队

横河曲艺队　该曲艺队是原梨花大鼓演唱艺术家孙金枝的班底。负责人为宋录良、宋录贤，主要女演员张君丽，为梨花大鼓的传承人。主要演出在威县周边县市和山东部分地区。经常参加省、市会演。2007年，在省会举行的“飘扬的红丝带”预防艾滋病会演中，曲艺段子《打工》，受到好评。

马军寨曲艺队　该曲艺队是原著名的“魏家班”的班底。主要演唱河南坠子和梨花大鼓两个曲种。老艺人魏金凤青年时代是与孙金枝齐名的梨花大鼓名艺人。她的魏家班以演唱坠子在威县周边县市名气很大。她的女儿是“七岁红”（原名魏莲香），儿子魏中欣、魏中恩都是坠子演员。河南坠子这一发源于河南的曲种，通过她们的艺术实践，已经由一单纯的曲艺曲种发展成为一具备全面戏曲特点的剧种“化妆坠子”。

2000年以后，魏金凤的孙女魏兰芝仍活跃于艺术舞台，经常参加省市会演。1986年参加河北省第二届“音乐之春”会演，演唱梨花大鼓《大西厢》片段，受到好评。她还积极挖掘传统艺术遗产，整理演唱梨花大鼓名曲目《大西厢》的全部唱腔，对梨花大鼓的传承和发展发挥了积极的作用。

社火班

义合营王宝兴吹歌班 该班成立于1992年。班主王宝兴，有成员20人，常年活动在威县及周边县市。主要演奏员王宝兴、王红阳。演奏曲目涉及河北一带多个剧种的经典曲目和乐曲、歌曲。唢呐曲目主要有《百鸟朝凤》《一枝花》《山村来了售货员》《正月十五闹雪灯》等。主要演员有贺菊花、孟丽娟、田中素、梁红满。表演曲目有豫剧、河北梆子、坠子、曲剧等。该班节目多次参加市、县文艺调演并获奖。

苏家林吹歌班 该班成立于1992年，班主张贵群，有成员20人，常年活动在威县及周边县市。主要演奏员张桂群，在专业艺术团体从艺多年。精通吹奏、弹拨多种乐器。唢呐吹唱豫剧、梆子、乱弹、歌曲。主要演员有闵繁琴、张素娥、张素芬、张延玺、张双英。表演曲目有豫剧、河北梆子、坠子、曲剧等。该班节目多次参加市、县文艺调演或有关部门会演并获奖。

戏曲协会与票房

威县乱弹协会 成立于2006年8月，协会会员约200人。会员多来自方家营、枣园、固献、张营等地。协会活跃于城乡各地，多次去邢台演出。协会以唱东路乱弹为主，后又组织起西路乱弹。协会演出了《汴梁图》《高平关》《小盘山》《黄桂香上坟》《卖线子》等传统剧目，演出并录制了节目。

图24－2 威县乱弹协会下乡巡回演出

威县京剧协会 该协会成立于1990年，属于威县文联下属机构。

协会会员约200人。设主席1人，副主席3人，秘书长2人，理事若干人。会员主要来自威县和广宗的京剧票友。

活动地点最初在威县东街朱家大院。威县东街朱敬仁倾心京剧艺术，热心支持京剧协会的工作，主动提供活动场所。为京剧协会提供外出车辆，解决票友的招待费用。对京剧协会早期的创办与发展起到重要作用。

威县京剧协会积极开展艺术联谊活动，请进来、走出去。多次到临清、邱县、南宫、广宗、新河、宁晋、柏乡等兄弟县市进行艺术交流，切磋技艺。京剧协会多次组织京剧演唱会，积极配合政府的各种文化活动。扩大了京剧艺术在全县的传播，威县现有威县北街、七级、贺营、梨园屯4个京剧票房，丰富了人民群众的文化生活。

第二节　文艺演出

调演

1987年前，每年的正月初三至正月十五日晚上，全县的民间艺术队伍到城里来表演，演出形式有狮子舞、龙灯、武术、民间花会等。表演队伍分布到城里各街道的演出地点。上午、下午各表演两个小时，晚上表演一个小时。由县里发给生活补助。

图24-3　元宵节民艺汇演/2009年摄

1996年始，全县民间艺术会演在东街县政府大院举行。各演出单位设计了五彩纷呈的彩车，展示各自的经济发展特色。至20世纪90年代后期始，每年的正月十二日为民间文艺调演日，届时，全县各乡镇共组成16个团队到县城表演。民间文艺调演一般与每年元宵节的县城灯展一起举办。表演地点多集中在城内东北部的一条大街。

1993年，邢台市举行“鼓乐调演”，七级尹村的“八面鼓”参加了邢台的会演。梨园屯的竹马参加邢台市会演并获表演二等奖。

1997年，邢台市庆祝香港回归大型民间艺术调演在威县举行。

2009年，庆祝改革开放30周年艺术调演，威县各乡镇和部分局级单位扎彩车，展示本部门的改革成果，上街表演。

艺术节

1991年10月，威县举办首届“金秋艺术节”，邀请北京、天津、石家庄、南京、西安等各界人士260人，观看县内外书画家作品展览及民间艺术表演、工农业产品展览，进行了经济技术洽谈和物资交流活动。

艺术比赛

每年的“六一”“七一”“十一”、元旦等重大节日来临之际，县委宣传部、文化体育局联合组织各行政企事业单位举办歌咏比赛。比赛地点多在电影院、燕南宾馆和县一中举行。威县师范学校和县一中表演的节目多次荣获第一名。演唱的曲目多为经典红歌。演出形式上，2000年以前，伴奏一般只有一架手风琴。2000年以后，多用光盘伴奏，部分节目根据演出需要，自制伴奏。在合唱的同时还加了舞蹈、领唱、举条幅等花样。

另外，1999年，团县委在东方大酒店举办威县首届青年歌手大奖赛。大奖赛的举办，丰富了城镇居民的精神文化生活。

文艺晚会

随着居民生活条件的改善，每到“七一”“十一”、元旦、春节等重大节日，县委宣传部、县直工委、县广播电视局、县文化体育局等单位联合举办大型文艺晚会。2000 年以前多由城内各单位选送节目。2000 年开始，多邀请外地专业艺术团体到威县演出。

第三节　文艺辅导

20 世纪 70 年代末，随着群众文化生活和物质生活水平的提高，县文化馆的工作重点由文艺创作转移到了辅导群众文化上来。群众文艺活动辅导方式：举办各种培训班，深入到农村、机关、学校进行辅导，协助各单位组织开展文艺活动。历年重大节日和日常的文艺活动，文化馆辅导人员都到各单位辅导。1979 年，梨花大鼓演唱艺术家孙金枝举办了梨花大鼓培训班。1985 年，演出、辅导人员赴河北省群众艺术馆举办的音乐创作学习班和舞蹈、戏曲表导演学习班进修学习，邀请邢台文化辅导干部到馆传授舞蹈。每年利用暑假举办少儿为主体的舞蹈、美术和乐器培训班，收到良好的社会效益。

为参加市或省各项专业文艺会演，文化馆专业艺术人员每年为参加单位进行辅导。县文化馆导演陈庆存辅导的舞蹈多次在省、市文艺会演中获奖，为威县争得了荣誉。

第四节　书报收藏

个人藏书

个人藏书是威县的传统。据民国《威县志》记载，城内尚希颢的筱西山房藏书达 8033 卷，李骏声的宁寿堂藏书 6444 卷，张阿翩的沾沾堂藏书 4341 卷，王以锷的楚碧堂藏书 4123 卷，杨锦江的毓芝堂藏书 4147 卷。另外，魏疃的高魁光、曹家营的李光滨、徐家庄的徐氏藏书均在 3000 册以上。

20 世纪 80 年代后，随着经济的日益发展，涌现出很多藏书人士。胡林声藏书 6000 余册，不乏有王亚平、孙梨、贾平凹、铁凝等名人的盖章签名书。侯保焱藏书达 3000 册，1997 年荣获邢台市首届“十大青年藏书状元”称号。他藏书的精品有生活·读书·新知三联书店发行的《资本论》；1946 年山东新华书店出版的《毛泽东印象》。侯保焱收藏有电子图书 1000 多册。

个人旧报收藏

威县旧报收藏者刘沛池在全国旧报收藏界小有名气，《河北日报》《藏书报》等报刊称之为“河北收藏文革报刊第一人”。

刘沛池，自幼喜好文史，上中学时自己订不起报纸，就每天抄报，当初中历史教师时，开始自费订报。尤其是在政府办公室搞资料工作后，开始收集“文化大革命”时期报刊。1989 年时即集齐了一套 1966—1976 年的《人民日报》，并细心研读。继而他又开始收集“文化大革命”时期的《河北日报》《邢台日报》，把三级党报集全。他先后集齐了“文化大革命”时期的《人民日报》《光明日报》《解放军报》《人民画报》《解放军画报》《参考消息》《河北日报》《山西日报》《文汇报》《解放日报》《邢台日报》。他的事迹，全国十多家专业报刊予以报道。除上述报纸外，还收藏有自创刊至 2006 年的《人民日报》一套。自创刊至

2000年的《新华月报》一套。

第三章　电影　报刊

第一节　电　影

机构与队伍

县电影放映工作主要由县电影公司担负。电影公司是负责全县电影放映的全民文化企业单位，1979年下设4个股室，1处影院和32个乡镇农村电影队，在册从业人员90人。2008年3月，邢台新农村数字电影院线有限公司威县工作站成立。工作站下设26个数字电影放映队。2009年4月，威县电影公司由文化体育局移交威县广播电视局。

电影放映

1979—1990年是威县电影放映的繁荣时期，共放映16毫米影片（包括科教片和纪录片）108000场，其中县电影院放映35毫米影片12000场。1982年8月，威县电影院被评为河北省先进影院称号。

1991年起，威县电影的放映开始滑坡，至1995年共放映影片400部，年平均放映电影3500场，其中电影院放映1800场。

1996年起，威县电影的放映跌入低谷，全县平均每年放映不足300场，乡镇电影队全部停映，县电影公司除留一名值班人员外，其余人员自谋职业，电影放映处于瘫痪状态。自2008年3月始，每村每月放1场电影。

第二节　报　刊

报纸

《少年习作》　1982年初创刊，由威县文教局主办。8开4版，铅印。不定期出版。每期发行1000份，主要登载学生作文及有关作文的指导材料。1984年停办，共办12期。

《科技信息》　1984年3月创刊，由县科委主办。8开2版，铅印，不定期出版。每期发行1100—3000份。主要内容为介绍生产技术、科技成果、科研活动、农林牧等新品种等。1986年月停办，共办22期。

《教坛》　1986年5月创刊，由威县文教局主办，8开2版，铅印。不定期出版，每期发行1.2万份。主要登载教师的教改论文、外地的教改信息、教学经验等。至1900年底，共办21期。

《威县经济报》　创刊于1987年7月，时称《经济信息》。由县政府主办。8开4版，铅印，每月一期，每期发行800份。主要目的为沟通经济信息，转载县政府的经济方针、政策，报道有关经济活动等。1990年2月，改为《威县经济报》，主编王东升，半月1期，每期

8000份。1995年7月停刊。

刊物

《工农兵文艺》　1972年创刊，县文化馆主办。贾太和、董凤鼎主编。16开本，油印，不定期出版。发至县委、县政府有关领导、县直有关部门、工厂、企业和全县各文化站。稿件大多来源于各行业业余文艺爱好者，面向工农兵大众。

《威县文艺》　1975年创刊，由威县文化馆主办。董凤鼎主编，16开本，铅印，每月一期。发至县委、县政府有关领导、县直有关部门和全县各文化站。稿件大多来源于业余文艺爱好者，有时也转载外地作品，内容包括文艺评论、诗歌、散文、小说、曲艺、小剧目、文艺资料等。1978年2月改为报纸，4开版，1984年停刊，共办39期。

《蓓蕾》　创刊于1984年1月，由威县师范学校主办。主编先后由杜方晨、吕登昌、王振全、王际峰担任。每学年出版一至二期，前后经历油印、铅印、胶印，并取得省新闻出版局颁发的内刊号。每期印数在2000册左右。至2004年河北威县师范学校与邢台学院合并，刊物停办。共出版30期。是威县师范学校蓓蕾文学社社员及校内外文学爱好者作品发表的园地。作者除威县师范历届师生外，遍及威县、邢台市各校文学爱好者；1994—1996年一度被定为河北省中师语文研究会会刊，改名为《河北中师语文》，曾在全省32所中师学校发行。

第四章　文艺创作

第一节　文学创作

威县人杰地灵，文脉深厚，薪火相传，人才辈出。宋代宰相范质的诗作《戒从子杲》，千百年来，教诫荡涤了多少代人的心灵。

清康熙乾隆年间，威县掌史村的刘调赞，字用可，号鼎臣，清代儒学家、文学家、音乐家，世称文敏先生。著作有《杖溪学乐录》《学礼仪注》《杖溪文集》《杖溪诗集》《平干问答录》《万年垂拱治平策》等传世。

晚清威县人王建衡，号月萝，对四书五经、文史哲有精深的研究，著有《四书参注》《太极图说》《读史辩惑》《性理辨义》等；他读万卷书，行万里路，博览群书，涉猎极广，对地方文化历史有深入地研究，著有《客游录话》《图书正训》《异闻录》《洺阳杂俎》《评林语略》《王氏家训》等；尤以诗名冠绝一时。有《任庵诗全集》9卷、《洺阳遗稿》传于世。

道光乙酉年举人陶瀛洲，终身传道授业，先后在邯山、条山、毓英、清漳、东阳五个书院担任院长，桃李满天下。为文“返虚入浑，超以象外”，深刻奥衍，妙义无穷。兼擅辞章，兴酣落笔，穆如清风，温柔敦厚，有风人之旨”。有诗集《闲吟偶存》行于世。

县城西街举人和淦，曾任江西峡江县令，在峡江一带，颇有文声，著作有《袖舟诗稿》《骈体文集》《西江宦游草》等。

民国年间，威县文人有尚希宾、王以锷等人。这些人出身晚清，受过系统的传统教育，有深厚的传统文化功底，又接受国外先进文化的洗礼，其对时政、文化的理念体现在他们的著作中。

尚希宾（1867—1940），字蔚南，威县城内西街人，清光绪二十八年（1902）举人。尚希宾曾于光绪三十一年（1905）被清政府资送日本东京法政大学学习法律，后改学哲学。归国后，曾在保定莲池书院任主讲。1923 年至 1925 年编修《重修威县志》，任总纂。著有《人生三分哲学—过去、现在、未来》《蔚南诗文集》《十笏团蕉诗稿》《说梦》2 卷、《周易义解》5 卷、《茶余琐谈》2 卷、《谈老》4 卷、《求是斋诗草》。

王以锷，字伯廉，清末民国初威县诗人。光绪三十一年（1905），他被严修推荐，赴日考察教育。他的诗既继承传统又不囿于传统，在日本期间又吸收西方写实主义与现实主义的诗风，自成一家机杼。其诗辞工句丽，字字珠玑，意境深远，情真意切。他用辛辣犀利的笔锋抨击时政，以哀伤凄婉的词句反映民情，真实形象地描绘了那个时代的社会风貌，诗中所表现出的强烈的忧患意识感人至深。尚希宾说他的诗“检押大字，塑造形象，逼真天成。”王伯廉一生著有《威县风土记》《楚碧堂诗草》6 卷、《楚碧堂文集》6 卷、《楚碧堂丛抄》300 余卷。

20 世纪二三十年代，威县部分青年知识分子冲破封建桎梏，接受新文化思想，开始白话文和新诗的写作。

王亚平，威县皇神庙人，诗人。他的第一部诗集为《红蓼集》。“九一八”事变后，积极投入文艺界抗日救亡运动。1932 年冬，参加在上海成立的以蒲风等为首的中国诗歌会，负责筹备中国诗歌会河北分会，主编北平出版的《新诗歌》杂志。1934 年秋，在青岛创办《诗歌新辑》《现代诗歌》《诗歌季刊》等，这期间他创作出版了《都市的冬》（郭沫若题写书名、蒲风作序）、《海燕的歌》等诗集。1939 年到重庆，参加了“中华全国文艺界抗敌协会”。这个时期，他创办了“春草诗社”，编辑出版了诗歌丛刊《春草集》《夏叶集》《诗家丛刊》《星群》《诗人》等；先后出版了《红蔷薇》《生活的谣曲》《中国，母亲的土地啊》《火雾》等诗集和《永远结不成的果实》《杜甫论》等著作。1945 年 3 月，郭沫若主持了文艺界举办的王亚平 40 寿辰和创作 15 周年庆祝大会，《新蜀报》还出了“纪念王亚平创作十五周年专辑”。在解放区，他主编了《平原文艺》《新地》《平原画刊》。创作了《打黄狼》《张锁买牛》等许多通俗诗歌和曲艺作品。1949 年后，陆续出版《黄河英雄歌》《穆林女献枪》《第一支颂歌》《青春的中国》《王亚平诗选》《李秀真传歌》《写在母亲像前》《灿烂的星辰》等诗集，《女教师》《张羽煮海》《孟姜女》等剧本和《百鸟朝凤集》等曲艺文集。

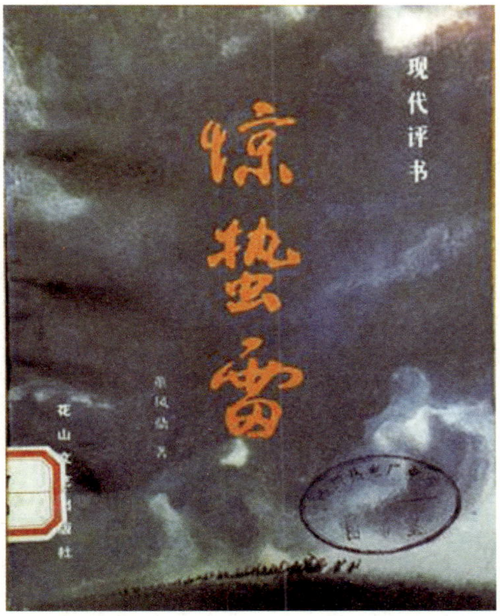

图 24-4　现代评书《惊蛰雷》封面

在抗日战争那烽火连天的岁月里，在冀南这片解放区的热土上，锤炼出一批文化精英，威县有王亚平、胡青坡、刘润秋、刘艺亭、李盘文、王博习等。

胡青坡的散文《一个真实的故事》《日本帝国主

义的宠犬》；刘艺亭的诗歌《滏阳河的女儿》《抗日歌谣》（十五首）、报告文学《一位创纪录的缝纫手》；刘润秋的诗《送友人南征》；李盘文的诗《夜袭归来》（外二首）；王博习的《诗五首》都收录于刘艺亭、宋复光主编的《冀南文学作品选》。

刘艺亭，又名亦耕，笔名华而实、鲁直等，生于1917年，固献乡刘河北寨村人。1933年考入大名师范学校，读书期间在校办《七师双周》上发表诗歌、散文等。1938年投身抗日战争，同年加入中国共产党。先在区战委会，抗日自卫大队部工作，后调县委编辑党刊，又任曲周县抗日政府文教科长，《人山报》总编辑。1940年他参与了文艺刊物《习作》的编辑，1942年发起成立“草芽诗社”，并编印诗刊《草芽》，同时在《抗战知识》上发表诗作。解放战争时期，任《冀南日报》编辑，记者，同时担任新华社冀南分社记者，冀南行署教育处编审科长兼《冀南教育》主编，冀南文化馆馆长。1946年创作了长篇叙事诗《滏阳河的女儿》。该诗1947年获晋冀鲁豫边区政府乙等奖。1950年入北京中央文学研究所学习，后到河北省文联任创作部长，省文联副主任、党组副书记。第四次河北省文代会上当选省文联副主席，后任省文联党组书记。出版有《刘艺亭作品集》五卷本和中短篇小说集《滏阳河往事》。

罗扬，原名罗修梅，曲艺评论家，1929年7月生，洺州镇罗安陵村人。1945年8月在冀南革命根据地任小学教师，业余从事文艺创作。1951年调北京工作，先后任北京市文联《说说唱唱》月刊编辑，中国曲艺研究会秘书主任、创作编辑室主任，《曲艺》编辑部主任等职。这一时期，主要代表作是与人合作完成剧本《白洋淀的春天》和长篇说唱文学《说唱西游记》等。1966年“文化大革命”开始后，受批判、审查，下放“五七”干校劳动，停止创作。1976年恢复工作后，历任文化部艺术局戏剧处负责人，中国京剧院负责人，中国曲艺家协会恢复工作领导小组副组长兼秘书长，中国曲艺家协会常务副主席、书记处常务书记、党组书记、主席，中国文联副主席，并兼任《曲艺》杂志主编，中国曲艺出版社总编辑。20世纪80年代，罗扬积极投入到曲艺工作当中，其成就主要在曲艺评论方面，出版有评论集《新曲艺文稿》，并主编论文集《中国曲艺论集》。之后，又出版著作《曲艺创新录》《曲艺耕耘录》等。90年代后，致力于曲艺编辑出版工作，主编的《中国新文艺大系·曲艺》《中国曲艺志》（29卷）陆续出版。1998年出版《当代中国曲艺》。2006年，罗扬获中国曲艺牡丹奖终身成就奖；2009年获中国文联颁发的从事文艺工作60年荣誉证书和中国作家协会颁发的从事文学创作60年荣誉证书。

20世纪60年代起，威县境内文学创作开始兴起，文学爱好者创造出可观的各类文学作品。县文化馆创办了《工农兵文艺》《威县文艺》（贾太和、董凤鼎主编），对繁荣威县的文学创作起到了一定的推动作用。1983年，董凤鼎著的中篇评书《惊蛰雷》由花山文艺出版社出版，河北人民广播电台全文连播。同年获河北省文艺振兴奖。李西川、张金华、王炳炎、孙秋英、董凤韶、徐学军、李双旭、邱宏图、张香君等人活跃在威县的文艺舞台上，在各级报刊上发表了大量文学作品，创作了不少具有乡土气息的文学作品。

1979年后，威县文学创作繁荣兴旺、方兴未艾。许多老作家宝刀不老，笔耕不辍；文学新秀如雨后春笋，脱颖而出。

顾自忠、黄成俊、赵士英、董凤鼎、李智纲、魏东普、史作杰、胡林声、张广伟、李岫远、王炳炎、徐学军、马增奎、潘儒栋、王延飞、唐树钰、董保纲、吴洪群、穆晓禾等人出版了自己的文学专集。

胡林声二十多年来，坚持诗歌、散文创作，矢志不渝，成果颇丰。出版有诗集《飘洒的雨丝》和散文集《迟到的花季》《守望的书屋》《淋湿的思绪》，培养影响了一批文学青年。其散文作品《一张散文报》获得河北省散文学会一等奖；散文《砚田荷风说孙犁》获得河北省作家协会首届散文大奖赛优秀奖；散文《我给父亲开书目》获得中国散文学会第二届中国散文精英三等奖；散文集《淋湿的思绪》获得河北省散文学会新世纪十年河北省散文创作成果突出贡献奖；散文集《守望的书屋》获河北省散文学会第八届散文名作二等奖。

胡子宏在全国及港澳台地区400多家报刊发表了200多万字的散文随笔。作品曾入选《读者》《青年文摘》《散文选刊》以及中学教材课本等。《拯救爱妻系列随笔》《生命日记》的写作，牵动、感动了数万名读者的心。

董保纲在《人民日报》《光明日报》《南方周末》《大公报（香港）》《侨报（美国）》等海内外数百家报刊发表作品千余篇，作品多次被《读者》《青年文摘》《青年博览》《格言》等杂志转载并入选各类文集。出版文集《最真心的故事，最深刻的感动》《一路花香》《放下》等，其散文《掌声》入选人民教育出版社小学课本2003年6月版三年级上册。

李双旭在戏曲舞台剧不景气的情况下，坚持戏曲创作二十余年，创作舞台剧本多部。其中《雪莲花》获第五届中国戏剧文学奖；《雪域之恋》获第六届中国戏剧文学奖；被评为河北省“五个一工程奖”。

张广伟多年来坚持诗歌、散文和报告文学的写作，在省、市级以上书报刊发各类文学作品200余篇。挖掘民间曲艺素材，创作了大量曲艺文学作品，不少曲艺作品参加省、市文艺汇演并获奖。出版有《张广伟曲艺集》。

这一时期，还有一批作者出版了自己的文集，吴桂海著有《诗文集——吴桂海发表在报刊之文选》，马增奎著有《说今道古话沧桑》，潘儒栋著有《韶光碎影》，吴洪群著有《时光的翅膀》，胡小晔著有《打开另一扇门》，董民生著有《真不容易》。曹振生、董凤鼎、范长斗、李振伏、翟恒洁、姜雪枝、陈辉、胡林瑞、张香君、吴睿鸫（瑞东）、王敬之等人在报刊上也发表不少作品。

第二节 绘画 书法 摄影

绘画

威县美术底蕴深厚，人才辈出，代不乏人。清末，徐光楣、张永弼的山水画，张慎的花鸟画颇具影响。20世纪50年代威县赵庄师范建校，师范学校重视美术课，美术教师周秉恭，字紫麟，笔名周鼎，河北玉田人，1922年生于北京，1945年毕业于原北平京华美术学院（中央美术学院前身）国画系，受近代画家齐白石亲教，师从徐燕逊、吴光宇，擅工笔人物和花鸟画，并涉猎中国京剧、评剧、话剧等戏曲艺术。自20世纪50年代至90年代，一直在威县赵庄师范从事美术教育工作，是邢台市美术教育家，为邢台地区各县（市）培养了大批美术人才，威县画家杨作文、张宝珩均是周秉恭培养的学生。

20世纪60年代至80年代，冯英杰、陈从容、杨作文、张宝珩、王俊海、周金锁等画家，勤于创作，培育新人，对活跃威县画坛和美术队伍的壮大起到至关重要的作用。张鸿儒，书画皆通，尤其擅长写美术字，多次参与省市县文化展览，为威县的文化宣传做出了贡献。在外地工作的威县籍的画家们也颇有建树。他们多次参加国内外美术展出，并为繁荣家乡美术事业增光添彩，建立了可圈可点的业绩。

2000 年以后，威县画坛新生代渐露头角。冯淑荣、陈朝春、林俊英、王春秋、耿宾泉、刘继明、李连振、田磊、邢立青、谭殿兴、尹成涛、张庚伟、胡志朝、刘庭芳、王英等青年新秀为威县画坛再添光彩。

李智纲　1940 年生，贺钊乡东贺钊村人，国家一级美术师，中国美术家协会会员，擅写意花鸟画。画风豪放隽永，有大家气象。1994 年，花鸟画《情系南北》入选第八届全国美展，并获河北省美展一等奖。作品入编《中国美术选集》《中国花鸟画百家》《当代中国花鸟画集》等多部合集。十余次获省、部级奖。著有《李智纲画集》《李智纲写意花鸟》《怎样画木本花卉》《葡萄画法》《中国当代书画名家精品系列李智纲专辑》。入选《中国美术选集》《中国花鸟画百家》。

冯英杰　1932 年生，方家营乡庞苏庄村人，自幼喜爱绘画，自学成才。1959 年曾进修于天津美术学院。善画梅、鹤、鹿、鸡，工写兼顾，尤以工笔鸡画著称。其作品艳而不俗，喜庆吉祥。1993 年元旦，全国政协为其工笔长卷《百鸡图》在北京举办专题展览。政协副主席王任重作序，中国书法家协会主席启功为其题写卷名。中央电视台、《人民日报》的“两会”专页分别给予报道，作品由全国政协书画室收藏。1997 年应台湾艺术基金会邀请赴台举办个人画展，《百鸡图》等作品由基金会收藏。1982 年，他的年画《四季花香》参加河北省文化厅在涿州举办的华北地区年画展览并获奖，深得画家黄胄赞赏，人民美术出版社连续三年印制发行。2005 年，出版“金鸡迎春”高级特种挂历 8 种，台历多种。国家邮政局推出“金鸡送福”贺岁特种珍藏邮票两套。中国人民银行以鸡为图，发行鸡年纪念金币、银币各 2005 枚。著有《鸡的工笔画法》《鸡画精品集》等书。人民美术出版社，以及山东、河北先后出版《冯英杰画集》。

图 24－5　中国书协名誉主席启功为冯英杰画展题名（218cm×82cm）

陈从容　1941 年，洺州镇北街村人。1966 年，天津美术学院毕业，专职从事艺术创作。现为中国国画家协会会员，河北省美术家协会会员。陈从容以中国画的笔墨语言表现祖国山河的博大气势和壮美风貌。孙奇峰为他的作品题书“情满山河”以鼓励之。《美术报》《中国书画报》等报刊发表了他多幅作品。他多次参加全国、省、市展览并获奖。2007 年 3 月，河北省文联为其在河北大戏院举办画展。作品《雄风永驻》2000 年被美国国会 21 世纪博览会收藏。

杨作文　1936 年生，赵村乡西安仁村人，河北省美协会员。1960 年—1994 年，共出版年画 77 幅；代表作《庚子百年祭》（共 30 幅），《钟馗策马图》获国庆 52 周年“中华魂”全国书画邀请展优秀奖，并入选作品集。《杨作文画集》由科学技术出版社2008年5月出版。

周金锁　1946年生，侯贯镇西侯贯村人，河北省美协会员。曾任威县文化馆馆长、研究馆员，威县美协主席，美术作品多次入选国内大展并获奖。2000年3月，美术作品《凝固》入选中国美术家协会和云南世博会共同举办的“世纪·中国风情”中国画大型画展，作品被组委会收藏。2002年5月，美术作品《岁月如歌》《火红的日子》入选中国美术家协会、河北省美术家协会举办的纪念毛泽东同志《在延安文艺座谈会上的讲话》发表60周年全国美术作品展览。

图24-6《岁月如歌》(138cm×69cm)周金锁

寓居外地的画家有王春景、谷钢、徐复生、赵春堂（回族）、陈薇（女）、张子栋、井庆昂、许四海、马为超、王桂群等人，受益于家乡浓郁的书画氛围，在绘画艺术上颇有建树，作品在国家级画展中屡屡获奖，现均为中国美术家协会会员。他们积极参加家乡的文化活动，是威县人民的骄傲。

图24-7《十里荷塘香一路》（70cm×135cm）王俊海

图24-8 工笔画鸟（54cm×42cm）冯淑荣

图24-9《太行雪》（70cm×135cm）陈朝春

图24-10《春耕图》（68cm×136cm）田磊

图24-11《一盆玉蕊满堂春》(93cm×63cm)张鸿儒

书法

图 24－12　行书扇面　李灵霞

威县书法底蕴深厚，书法艺术代有传人。书法爱好者众多，书法新人层出不穷，卓有建树，在省内外和周边县市有一定影响。20 世纪 60 年代，县文化馆和威县师范学校成为威县培养书画艺术人才的摇篮和基地。80 年代始，全县群众性书画活动日趋活跃，创作队伍不断壮大，艺术水平日益提高。

早在清末，陶东山、李瀛、宋德功的书法，名噪一时。宋德功的书法，在琼州、涿州和威县颇具影响。民国时期，林朝瑞、王钦明的书法声名远播。林朝瑞的汉隶书法在古都西安小有名气。潘遇亨的书法享誉县内外，其代表作《一一四英烈碑文》笔法高古，沉稳遒劲，显出其深厚的功力与成就。

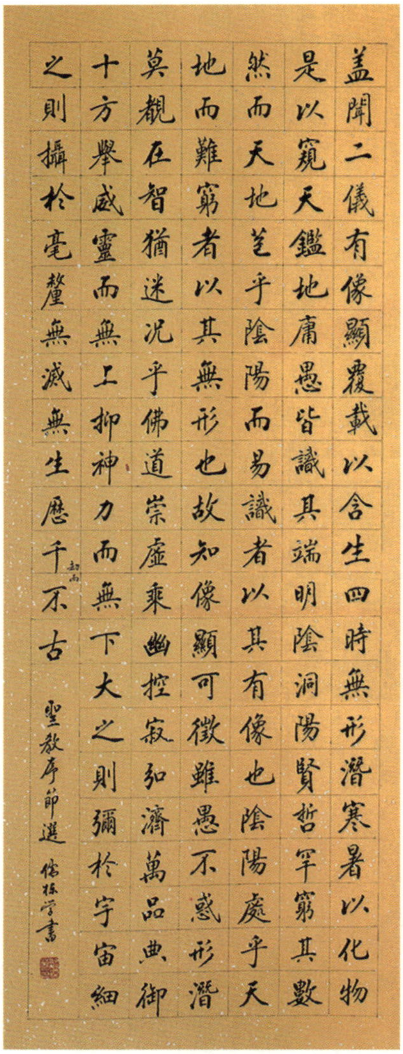

图 24－13　圣教序节选（60cm×138cm）潘儒栋

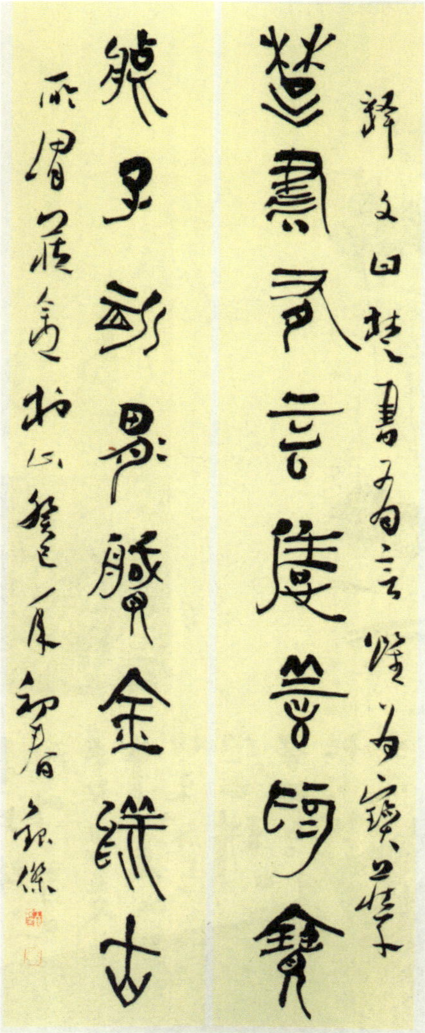

图 24－14　楚书庄子联（60cm×138cm）王银杰

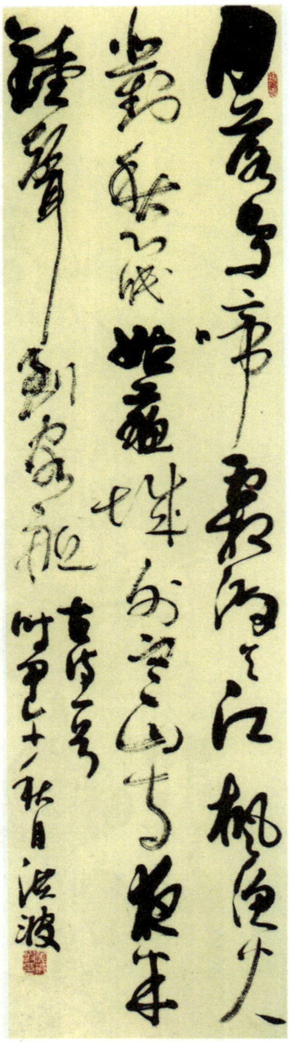

图 24－15　古诗一首（50cm×180cm）侯洪波

1985年，威县书法家协会成立。威县书法创作队伍梯队相承，不断壮大。全县从事书法创作的各类人才达300余人。他们努力创作，积极进取，不断进入国展、省展并在一些赛事中获奖。

20世纪五六十年代，王九鹏为威县首任书协主席，他的书法以楷书、行书见长，尤善楷书，雅俗共赏。书风传统中见其风格，老道中不失风流。他培育英才，提携后进，言传身教，诲人不倦，一时书界以列其门墙为荣。薛鸿群草、隶、篆皆精，用笔大气磅礴，起伏跌宕，自成一家机杼。他还培养了一大批书法新秀，为威县书坛注入新的生机。李清顺曾任威县书协主席，为书法队伍的建设倾尽心力，培养带动了一批书法爱好者。他的书法各体兼善，尤精草书。书风清雅劲健，抑扬有致，有大家气象。赵士英、马贡明、王之任的书法也颇有名气。

李灵霞的作品2008年入展“全国第二届行草书大展”。张成宝的作品参加中韩第一届议员公务员书法大展和纪念毛泽东诞辰100周年展。刘兴华作品入展“1999年全国第七届书法篆刻展”和“2000年全国第八届中青年书法篆刻家作品展”。马恒建2001年获“二十一世纪全国首届书画篆刻家作品展”银奖，2006年入展“第二届中国兰亭奖安美杯书法展”。

2009年，县内拥有国家级书协会员3人，省级会员15人。

在外地工作的书法家有蒋世欣、李印华、杨波等人。他们受益于家乡浓郁的书法氛围，在书法艺术上颇有建树，作品在国家级书展中屡屡获奖，现均为中国书法家协会会员。他们积极参加家乡的文化活动，为家乡的文化活动增光添彩。

摄影

1939年，郭秋卿（原名郭永范）在威县西街开设威县第一家照相馆——天真照相馆，后移至东街。设备用的是德国蔡司相机，为皮腔折叠式，6×6底片。所用放大机镜头是德国罗德刚（Rodagon）放大镜头。照相机是冀南行署林海云所赠。郭永范还拍摄过多幅外地和威县本土的风景照片，传世的照片有处决大汉奸和梦九的组照以及威县北门、西街街景、文庙等照片。

20世纪50年代，实行公私合营，人员共8人。私方每月领取9万元定息。照相馆仍在东街营业，原来只有门市一间，后租用冯老梓临街小木楼，一楼四间一过道，二楼五间。60年代照相馆隶属于县服务总店。

70年代初，照相馆迁到北街，商业部门调入充实财贸人员和复退军人共3人。1973年，归属于“商管”。是年，照相馆门市改建为二层小楼五间。照相馆隶属于服务公司，一度属于国营，人员最多到19人，一起吃“大锅饭”。

80年代，威县照相行业发展迅速，城里多家私家照相馆相继开业，照相行业竞争日趋激烈。1984年，照相馆体制变为集体，不少人员调离。1985年实行承包制，惨淡经营，直至1992年威县照相馆解散。

1990年后，彩色照相盛行，进口胶卷柯达、富士、柯尼卡等品牌，国产乐凯胶卷供应市场。随着人民生活条件的提高，家用傻瓜照相机的日益普及，威县照相业蓬勃发展，当时集中于商业街的大型照相馆有三四家之多，均购买大型彩色冲印机。小型照相馆一度遍布城乡。

威县摄影协会成立于1985年2月。至2009年，协会有会员35人。

2003年，杨立群摄影作品《众志成城》（组照）获江苏省文化厅、中国文化报社举办的全国抗击“非典”摄影比赛一等奖。2004 年 9 月，李金鹏的作品《最后的守卫者》（组照）获省摄影家协会、省人大常委会、省文联联合举办的河北省纪念人民代表大会成立 50 周年摄影展优秀奖。2008 年 12 月，李金鹏作品《联军后代到拳乡》（组照）、《母子》获河北省第十九届摄影艺术展记录类优秀奖。2009 年，李德广摄影作品《秋染塞罕坝》荣获“魅力承德风光摄影大赛”优秀奖。

2006 年 8 月，威县举办首届摄影展。

2008 年 12 月印制出版《光影瞬间》摄影集。

2009 年 9 月，威县举办庆祝威县政协成立 60 周年书画摄影展。

第三节　音乐　舞蹈

音乐

威县地处燕赵之地，人民自古就有音乐天赋和“慷慨悲歌”的风习。《史记》《汉书》均记载：燕赵人民“丈夫相聚游戏，悲歌慷慨”，“女子则鼓鸣瑟”。及至汉代，道教音乐肇始于威县一带，流传至今。在威县出土的唐代陶俑，多有操琴鼓瑟的形态。

明清时期，威县一带民间音乐流行，笙、管、笛、唢呐等民间乐器广泛应用。道教音乐、佛教音乐、戏曲音乐流行于民间，古琴、箫、笙等高雅乐器在文人中也很流行。威县诗人王伯廉听媚秋主人用古琴演奏“平沙落雁”，即席赋“听琴”诗：“水仙花发锦堂春，一曲瑶琴妙入神，听到平沙第三段，雁声无数下秋旻。”

清乾隆年间（1736—1795），威县的儒学家刘调赞，对民间音乐有深入的研究，对民族音乐的作曲演奏均有很深的造诣。他的音乐著作《杖溪学乐录》奠定了其音乐家的地位。刘调赞研究古代乐论，考察民间音乐并“细按今世歌吹，复证古经记载”，认为“声音在天下，而乐之亡者，实未尝亡也”。“用声以考器，因器以达文，因文以求实，则乐备矣”。他还认为音乐衰弱的原因是“后儒高谈讲著，厌弃下学”造成的。刘调赞对民间音乐既发掘整理、积极倡导又身体力行。徐世昌所撰《刘调赞传》说调赞“能心通礼乐之意”。能琴能歌并善撰乐章。道传祠成，恕谷先生命调赞撰侑神乐章。祠堂落成之日，刘调赞司琴，赵本中（冀州人）吹笛，刘述舜（威县掌史人，调赞弟子）鼓笙，人神共喜。刘调赞的《杖溪学乐录》一书对音乐与政治伦理的关系有精辟与独到的见解。刘调赞认为：“乐者，礼之辅也。古人礼必比乐，盖礼以节身，乐以和心。礼无乐则离，乐无礼则流。古礼乐斯须不可去。”正是今天人们需要探讨的美育对于精神文明的关系。

清代中后期及至民国年间，威县一带戏曲、曲艺和民间吹打乐流行。这一时期是东路乱弹音乐在西路乱弹的基础上，趋向完善和成熟的历史时期。威县乱弹老艺人孟昭生，自幼在西路乱弹班学习伴奏乱弹戏，中年组织自己的乱弹班社“显顺台”，他和他的弟子们在西路乱弹音乐原始的板腔体和“曲牌连套体”的基础上，融合北方俗曲和地方戏曲音乐元素，创造改良了东路乱弹的男女角色唱腔和伴奏音乐。经过他改革的东路乱弹主要板腔体板式“二鼓头”和“慢乱弹”（亦名慢流水），伴奏分三个声部，每个声部在整体制约下独自进行，合来听之浑然一体，形成独特微妙的色彩性对比效果。其独特的演奏风格以及与唱腔之间形成的“支声复调”，使乱弹音乐独具魅力，深受群众的欢迎。

乱弹的伴奏乐器、伴奏特点独具特色，其唢呐的哨、芯、杆、碗均不同于河北省其他地区的唢呐，故形成乱弹唢呐的音色、技巧的独特风格。西路乱弹的七孔笛较梆笛粗，声音浑厚，具备曲笛音色。它比六孔笛多一孔，故低一个大二度。演奏上采用昆曲笛子的唤音、叠指、颤指并吸收了梆笛的历音技巧，独具特色。乱弹的笙既不同于传统笙，即依照五度相生律调音的笙，也不同于新兴十二平均律的笙。它为了与乱弹唢呐谐合，采用纯律调音，这在全国实属罕见。

20 世纪 40 年代，威县作为革命老区，土地改革后，广大农民翻身做主人，生产积极性空前高涨，生活普遍提高。农村社火班空前活跃，许多村庄请师开科，组织俱乐部和业余剧团。威县境内京剧、乱弹、河北梆子、四股弦、化妆坠子等民间小戏蓬勃发展。五六十年代，各中学开设音乐课。威县省立赵庄师范的建立为威县音乐事业起到了很大的推动作用，不仅为威县周边各县培养了大批的音乐教师，对威县西乐的启蒙，尤其是键盘乐器在各学校的普及起到了重要作用。

1969 年 10 月，河北省直文艺界大批专家来威县插队落户，接受贫下中农再教育，其中包括部分作家、音乐家、戏曲家、舞蹈家和画家。他们给威县的文艺和音乐事业注入生机和活力。1970 年夏天，威县剧团为参加邢台地区文艺会演，从石家庄聘请艺术家为剧团创作京剧剧目《铜墙铁壁》。剧本由著名作家张庆田创作，唱腔设计刘春惠（原河北省京剧团团长），音乐家王杰、刘泉州作曲配器，司培勋记谱兼指挥，刘春贵武打设计，由河北省导演刘金镜、傅一洛执导。演出获得成功。同时，为威县剧团演员和乐队整体水平的提高起到了巨大作用，培养了刘竹奇、李金鹏等音乐人才。

20 世纪七八十年代，各村组织俱乐部表演小节目，业余剧团排练样板戏，县一中开设文艺班，威县文艺达到空前活跃局面。通过征兵、招工、上学等渠道，威县输出了不少文艺和音乐人才。

1978 年，威县乱弹剧团音乐设计刘竹奇对乱弹唱腔进行改革，在乱弹戏《红灯照》《王怀女》等剧中进行了大胆的艺术实践。他创作的《乱弹风》《我们是文艺轻骑兵》等器乐曲目，在邢台文艺会演中屡获奖项。

20 世纪 80 年代，刘竹奇、李金鹏参加《中国戏曲音乐集成》《中国戏曲志》的音乐资料的征集、整理和编撰工作，记录了大量的威县乱弹音乐资料，为乱弹的继承发展和申遗做了大量前期工作。1986 年 7 月，刘桂海作曲的《吹口哨的小弟弟》在河北广播电视台播放。

河北威县师范学校充分利用音乐方面的优势，为培养威县和周边市、县的音乐教师发挥了重要作用。音乐教师冯毅、刘贵福，均系河北省音乐家协会会员，在音乐园地辛勤耕耘，为威县文艺事业尽心出力，培养了大量的音乐人才。

20 世纪 90 年代以后，随着居民物质和精神生活的丰富和提高，文艺生活极大丰富，民间秧歌、鼓乐、广场舞和交谊舞在城乡间兴起。电子琴、钢琴和民乐学习者如雨后春笋，群众文艺普及。威县文艺工作者积极创作，在省、市屡屡获奖。

舞蹈

县内舞蹈种类主要有民间舞蹈（狮子舞、彩车、竹马、旱船、龙灯舞、秧歌舞、高跷、八面鼓等）、民族舞、交谊舞、街舞。

主要班社有七级镇后尹村八面鼓会、张营乡邵梁庄彩车会、梨园屯镇梨园屯村竹马会、贺钊乡北小河村舞狮会等。

县文化馆陈庆存，河北省舞蹈家协会会员，国家二级导演，曾任县文化馆馆长、音舞协会主席，所排演的舞蹈多次获奖：1986年6月，陈庆存参加排演的舞蹈《邢台招子鼓》在河北省第二届音乐之春文艺会演中荣获一等奖。1990年，陈庆存编导的舞蹈《祖国像妈妈一样》荣获河北省中等师范学校文艺会演一等奖。1991年6月，陈庆存等表演的舞蹈《邢台鼓舞》获全国民间音乐舞蹈大赛优秀奖；1992年，陈庆存参加演出的《河北招子鼓》获北京龙潭杯音乐舞蹈大赛一等奖；2000—2001年，陈庆存编排的舞蹈《越来越好》《上学堂》（与张敏合作）均获全省幼教规范教育文艺会演一等奖。

图24－16　1991年6月，陈庆存（右二）在北京吉祥剧场表演《邢台鼓舞》

第五章　文化产业与管理

第一节　文化市场

威县文化市场始于20世纪80年代。起初主要是台球、小书摊，后相继出现了录像放映厅、电子游戏厅、饭店卡拉OK厅等，门类不断增加，规模日益扩大。90年代中期，曾经火爆一时的录像放映厅销声匿迹，电子游戏厅被迅速崛起的网吧所取代。2000年，全县有网吧8家，2001年发展到35家，经重新审核符合标准的网吧16家。2006年、2007年16家网吧规模都扩大一倍以上，设备进行了更新，亚迪、飞扬、馨怡等网吧电脑达到近百台。歌舞厅等文化娱乐场所起步于1992年，最初在图书馆楼下、招待所内部开办舞厅，不久即关闭。饭店卡拉OK厅开始火爆，中型以上饭店全部开有卡拉OK厅。2003年，城内开办第一家歌舞厅——不见不散音乐厅，2005年发展到8家。新型音乐厅逐渐兴起，渐而取代了饭店卡拉OK厅。2008年，剩下4家条件优越的大型歌舞娱乐场所。20世纪90年代初，音像制品进入威县。互联网的高速发展使音像制品销售经营受到冲击，2008年只有3家音像制品门市维持经营。2009年，全县有大型歌舞娱乐场所4家，图书报刊零售单位15家，网吧16家，音像制品门市3家，包装装潢印刷企业1家，其他印刷企业7家，打字复印经营单位30余家，从业人员1000余人。

文艺表演团体的商业演出

威县商业演出的文艺团体主要有威县乱弹剧团、威县坠子剧团。1979—1992年，威县坠子剧团在山东夏津、石家庄赵县、威县周边县商业演出。1979—1987年威县乱弹集团在山东阳谷和柳州、河南许昌、邢台沙河及威县周边县市商业演出。1987—2009 年威县业余乱弹剧团在邯郸、山东临清和夏津、威县周边县市农村商业演出。

各演出场所的经营管理

1979 年，威县电影院、威县人民剧场由威县文教局管理。1987 年，威县电影院、威县剧场由威县文化局管理。2002 年，威县电影院、威县人民剧场由威县文化体育局管理。

书报经营

报刊经营的主要渠道为县邮政部门。1993 年在城内北街设立第一个报刊亭，1995 年在城内交通大街设立 1 个报刊亭，2000 年在城内洺水东路设立 1 个报刊亭。

威县个体书店较早的是 20 世纪 90 年代初农行职工范米加的平原书社，最初在北街路东，后迁至东街口东北角的文化馆楼。除经营社科类图书、文学期刊外，还经营文房四宝和书法绘画。平原书社多次在省市县举办书画展，编印了《书法百家墨迹》一书。

1999 年 5 月，原土产公司下岗女职工奚月晓投资 20 万元，创办智慧书店。店址在威县一中附近，共有店员 4 人，主要经营教辅和社科类图书。教辅类主要经销万唯教育集团、华音教育集团、天星教育、吉林教育、北京教育、广西师大、江西人民出版社的教辅资料。社科类主要经销商务印书馆、中华书局、人民文学、江苏少儿版的书刊。

第二节　文化产业

20 世纪 80 年代初期，随着人们的商品意识增强，威县书画界开始有人涉入书画市场，文化产业萌芽。经过画中堂画、镜匾、瓷板壁画、商品画几个阶段，80 年代中期逐步形成瓷板壁画、商品画创作两大文化产业。

瓷板壁画业

威县瓷板壁画业起源于 20 世纪 80 年代中期。1986 年，威县城南肖侯庄建起第一家陶瓷壁画厂，威县书画家薛鸿群、冯英杰、杨作文、陈从容、马贡明等先后加盟画瓷板画队伍中来，使威县陶瓷壁画艺术质量显著提高，产品畅销山东、河北、内蒙古等十多个省市，有力地促进了陶瓷壁画业的发展。到 20 世纪 90 年代，威县陶瓷壁画厂多达 30 余家，从事画瓷板画的人员达 400 余人，从业工人近万人，产值超亿元，陶瓷壁画业成为威县的支柱产业。威县洺州陶瓷厂占地面积 16650 平方米，建筑面积 7992 平方米，固定资产 550 万元，是产值上千万元的“龙头”企业，被评为国家级科技型先进企业，省“明星企业”。

粗布纺织

威县粗布纺织技艺历史悠久。进入 21 世纪，人们回归自然，返璞归真，崇尚绿色环保，纯天然手工纺织受到人们的喜爱。威县粗布纺织业出现生机，发展迅速。2005 年，威县第一个土布纺织公司成立，并注册了商标。威县老纺车粗布有限公司和邢台巧媳妇粗布有限公司两家“龙头”企业，以“公司 + 农户”形式，带动了全县粗布纺织业的发展，从业人员达 4 万多人，产品近 2000 种，销往北京、南京等大中城市，并出口意大利等国家。老粗布产业已成为威县致富增收的一大主导产业。

商品画创作

威县商品画产业初步形成于20世纪90年代，全县有上百人从事商品画创作，以工笔画为主，产品主要销往北京、天津一带。贺钊乡杨陈村杨书海夫妇创作商品画，山水、花鸟、人物齐全，深受画商青睐。商品画由书画家创作，书画家个人或通过书画商、画廊销售。

第三节　文化市场管理

1987年6月，县文化局代管文化市场，开始对文化市场管理。1988年，文化局内设文化市场办公室。2002年，成立文化体育局，同年音像市场管理职能由县广播电视局代管转到文体局。2005年，成立威县版权局，将文化娱乐经营场所（包括营业性文艺演出、电影放映、文化艺术展销、歌舞厅、卡拉OK厅、台球厅等）、音像制品经营、网吧、图书报刊经营和印刷企业经营等纳入文化市场管理范畴。2007年，威县文体局成立县文化综合行政执法大队，威县文化市场步入规范有序的轨道。执法大队依据《中华人民共和国行政诉讼法》《中华人民共和国行政处罚法》《中华人民共和国著作权法实施条例》《娱乐场所管理条例》《印刷管理条例》《音像制品管理条例》等各项法律、法规。依法管理，严格执法。威县除了对书店、书亭、印刷厂、复印打字等行业进行检查、整顿、培训从业人员外，还配合教育局打击非正常渠道进货的学生课本、教学大纲、教学参考书、教学挂图以及采用的课外辅导书刊。着重于清理和整顿网吧接纳未成年人问题和音像店经营盗版问题，将带卡拉OK的饭店纳入管理范围。

第六章　史志档案

第一节　党史资料征编与利用

图24－17　1986年秋，解放军政治部原副主任、政治学院原院长刘志坚（前排右二）到威县考察/黄成俊供图

威县是革命老区，具有深厚的红色文化底蕴。抗日战争和解放战争时期，威县是冀南区首府，冀南区的党、政、军、群领导机关均驻在威县，长达六年之久。抗日战争时期，威县是冀南区的抗日实验县，威县人民团结在中国共产党抗日救国大旗之下，同仇敌忾，前赴后继，用自己的血肉之躯筑就“人山”，投入到这场反抗侵略的人民战争之中，创造了惊天地、泣鬼神的英雄业绩，为抗日战争的胜利付出了巨大牺牲。解放战争时期，威县在土地改革、参军支前、

干部南下及为冀南区党政军群机关提供后勤保障等工作中都走在冀南区的前列，起到了榜样作用。长期的革命斗争中，威县人民爱党信党、坚定不移的理想信念，舍生忘死、无私奉献的博大胸怀，不屈不挠、敢于胜利的英雄气概，自强不息、艰苦奋斗的顽强斗志，鱼水情深、生死相依的光荣传统所形成的老区精神，为形成新时代“自强、包容、诚信、担当”的威县精神打下了坚实基础。

党史资料征集与编纂

1982 年 1 月，成立中共威县县委党史资料征集小组办公室。1990 年 1 月，更名为中共威县县委党史研究室。1996 年 8 月，并入县委办公室，在办公室内设置相对独立的机构。2002 年 10 月，仍在县委办公室内，但不再是相对独立的机构。2007 年 6 月，设党史研究室，为独立的正科级单位。主要工作任务是征集、整理、研究、编撰党史资料，宣传党的历史，以史为鉴，资政育人，结合县委中心工作，为党的建设和县委决策提供历史借鉴。

党史资料征集小组办公室成立后，对历史档案进行查阅摘录，共摘录资料 2000 条 8 万字。向全国各地的威县老干部邮发征集函，征集党史资料，征集到文献资料 20 篇 8 万字。1983 年 5 月，在威县召开老干部座谈会，邀请外地老干部 48 人，他们以自己的亲身经历和大量史实，反映威县党组织的创建、发展和壮大，提供大量的历史资料，经整理、编撰，形成了共 156 篇 46 万字的文字材料。1986 年 6 月，内部发行《峥嵘岁月》第一辑和革命传统教材《丹心篇》。1987 年 10 月，内部发行《峥嵘岁月》第二辑和革命斗争故事《血染的风采》。2005 年 5 月发行《中共威县党史大事记》。

图 24－18　1983 年 5 月 23 日，威县党史座谈会参会人员合影/潘明辉供图

第一排：(自左至右) 马东斗　周东光　宋书亭　王真如　王悦尘　郭　森　周基　王含馥　张双英　李健民　王秉恒　于光甫
第二排：彭　光　李丁一　孙步华　赵华光　常中方　张风轩　田布光　薛　瑞　张天一　李良田　张剑虹　萧磊　赵培仁
第三排：刘艺亭　王栋臣　张邦信　郭华三　张浩天　张庆良　张靖如　赵忠福
第四排：刘方辰　孙子系　刘松南　韩学范　孙毅北　张清文　耿润芹　郭林
第五排：米　光　赵俊景　杨其海　周　雅　宋维冰　王　林
第六排：刘润生　张益民　郭省三　赵子平　王　敏　王全斋　李志国

党史资料利用

2006年建党节前后，县党史研究室在县电视台开辟红色丰碑专栏，宣传英烈事迹。同年，在纪念红军长征胜利70周年之际，举办图片展览，展示威县近年来的辉煌发展成就。通过举办座谈会、演讲比赛等形式，有力地宣传了红军长征的光辉历史，弘扬了长征精神。在传统节日期间，共举办党史报告会、座谈会5场，制作地方党史宣传展板30多块，发放党史图书800余册，拓展了宣传教育渠道，创新了宣传教育方式，激发了全县干部群众干事创业的活力，扩大了党史研究的社会影响力。

2009年，在电视台《威县新闻》栏目中，开辟“红色的土地，英雄的人民”专栏，选播威县抗日战争和解放战争中做出突出贡献和重大牺牲的革命先烈事迹，每周3期，历时一个多月，实现了党史知识进农村、进机关、进学校，产生了感染人、启迪人、教育人、激励人的效果。2009年，县党史研究室组织编辑《光辉历程》专刊，共计18期，印发全县各级各部门，举办党史知识讲座3期，组织以歌颂党的光辉历史为主题的红歌会14场、诗歌朗诵和演讲比赛5场，举办党史知识竞赛15次，开展党课教育200多场，发放党史书籍6500余册。

第二节　地方志编修

2006年前，地方志办公室的职责是志书编纂。2006年5月，国务院发布《地方志工作条例》，把地方志由志书编纂扩为一项工作，并上升到依法修志层面。主要职责包括编修志书、综合年鉴、地方史，旧志整理，建设方志馆，信息化建设，地情资料开发、编印地方志刊物等。

1987年7月，县成立地方志编纂委员会，下设办公室，为挂靠政府办公室的一般事业单位，主任由政府办公室领导担任。2000年前后，由威县地方志编纂委员会办公室改为威县人民政府地方志办公室，2014年底，由人民政府地方志办公室改为威县地方志办公室。至2009年，办公室设主任1人，秘书股股长1人，在编人员3人。

县志编修

自明清至民国，威县共八修县志，其中，一次卷数及纂修人无考。其他七次为明代四修、清二修、民国一修。

表24－2

威县历代修志情况一览表

年代		卷数	主修	编纂	存书
明	嘉靖七年（1528）	2	钱术		原书已佚失，内容被嘉靖二十九年县志收录
	嘉靖二十九年（1550）	8	胡容	王组	原书存宁波市天一阁，中国科学院、上海图书馆存有胶卷
	万历三十二年（1604）	—	田可井	姜允圭	原书已佚失，内容被万历四十八年县志收录
	万历四十八年（1620）	8	张蒙正	姜允清	原书在台湾，国家图书馆藏有刻本

续表 24－2

<table>
<tr><th colspan="2">年代</th><th>卷数</th><th>主修</th><th>编纂</th><th>存书</th></tr>
<tr><td rowspan="2">清</td><td>顺治三年（1646）</td><td>1</td><td>袁天秩</td><td>张璞</td><td>国家图书馆藏有刻本</td></tr>
<tr><td>康熙十二年（1673）</td><td>16</td><td colspan="2">李之栋</td><td>国家图书馆、河北省博物馆、中国科学院图书馆有藏</td></tr>
<tr><td>民国</td><td>1929 年</td><td>20 另：
卷首 1、
卷末 1、
续修卷 1</td><td>崔正春
周辉远</td><td>尚希宾</td><td>县地方志办公室、河北省博物馆、河北省委省政府资料室、邢台市图书馆有藏</td></tr>
</table>

基础工作　1987 年 7 月，成立县地方志办公室。1992 年以前，县地方志办公室与县地名办公室合署办公，只有 3 间旧平房，办公条件简陋。1995 年首轮《威县志》110 余万字的评审稿需先打印在 1700 余张蜡纸上，然后县志办工作人员用手动油印机把 6.2 万张志稿印出来。2006 年 10 月，威县在全市率先启动二轮《威县志》续修工作。根据工作需要，配备电脑、打印复印扫描一体机、数码照相机，购置专用资料橱。为提高县志办工作人员的业务水平，办公室订阅《河北地方志》刊物，购买《新方志编纂探论》《卢振川方志文集》以及《井陉县志》《三河县志》《武安县志》《枣强县志》等书籍，并且多次参加省、市地方志办公室组织的业务培训。尤其是 1995 年底，威县成功组织由全省方志专家参加的《威县志》稿评审会。方志专家的评审，使修志人员受益匪浅，为编修精品志书打下坚实的基础。除此之外，为搞好首轮志书的编纂，1991 年 6 月，县志办及时印发《县志编写行文规定》《编纂要点》等材料，举办修志培训班。在此基础上，县志办对各承编单位修志人员及时进行业务指导，修志人员的业务水平不断得到提高。

《威县地名志》编修　《威县地名志》成书于 1983 年 9 月，是在对全县地名普查的基础上编纂而成的。在编纂过程中，编辑人员在搜集大量口碑和文献资料的基础上，经过去伪存真、去粗取精、由表及里、由此及彼地精心整理，编纂成册。该志以地名为中心，适当补充一些篇目，讲究系统性、实用性。该志分地名图、政区地名概况、其他重要地名概况、自然村现状及沿革、标准地名录、古迹及附录七部分。该志以副省长王东宁给县领导的信为序。

1998 年版《威县志》编修　1998 版《威县志》启动于 1987 年，凡十载。

1984 年 11 月，根据上级指示，成立县地方志编纂委员会和地名委员会，两块牌子，一套人马，主要从事地名工作。

1987 年 7 月，县成立地方志办公室，与地名办公室合署办公。12 月，县政府印发《关于征集新县志资料的通告》，并拟定《威县志》编写纲目第一稿，广泛征求意见。自此，修志工作开始起步。1988 年开始着手县志的编写工作。

1990 年 12 月，县委办公室、县政府办公室联合发出《关于加强地方志工作的通知》，并将各专业志的编写任务落实到各单位。1991 年 5 月，首次召开全县修志工作与各承编单位的主要负责人签订专业志编写目标责任书后，全县建立起一支由 260 余人组成的修志队伍，众手修志的局面初步形成。办公室人员明确分工，对各专业志编写单位进行具体督促指导。至 1993 年底，共搜集资料 600 余万字。

1994年初，开始志稿的总纂，县领导为县志办调入3名同志，办公室有人员4人。之后，根据编写内容的需要，对篇目又进行第五次修改。同时，对所搜集的资料从史实方面进行反复考证，从思想观点、文笔、章法上进行深加工。

1995年5月，针对部分专业志资料欠缺的情况，又以县委办、政府办的名义下发《关于征集县志有关资料的通知》，进一步加大征集挖掘资料的力度，对志稿内容进行补充。至9月底，完成《威县志》评审稿的总纂工作。10月初，对志稿进行打印、装订。为节省开支，6万余页的志稿全部由办公室人员亲手油印。

1995年12月26日，召开《威县志》稿省级评审会。会后，办公室人员对所提意见进行认真的梳理、消化、研究，制订《威县志稿修改方案》《威县志稿修改意见》，对修改的内容、重点、步骤、分工、时间等做出具体规定。之后，又在资料的调度、体例的完善、观点的锤炼、文辞的运用等方面作了大量的工作。

1997年4月，为使《威县志》稿做到史实准确、资料翔实，将各专业志稿返回各承编单位审核把关。

1997年11月，《威县志》稿经省终审定稿后，交付印刷。1998年8月，《威县志》由方志出版社出版发行，主编张桂菊，扉页有中国书法家协会主席沈鹏题的书名。全志设行政建置、自然环境、人口、基础设施建设、经济综述、农业、水利、工业、乡镇企业、商业、财税金融、经济综合管理、党派群团、政权政协、公安司法、民政劳动人事、军事、抗日斗争纪要、义和团运动、教育科技、文化、卫生体育、社会民情和人物共计24编。编前有概述和大事记，编后设志补和附录。该志断限，上溯起始，下至1990年。书前有彩色照片18页，81帧，彩色地图1幅。全志1548千字，印数为16开护封精装本3000册。2001年，《威县志》获河北省首届地方志优秀成果最高奖——特等奖。

旧志整理

县地方志办公室于2008年3月启动整理旧志的工作。

1949年之前，威县曾八次修志。其中一次修志卷数及纂修人无考，其他七次为明代四修、清二修、民国一修。因年代久远，明代的志书有的已佚失，有的只存胶片。为挖掘历史典籍，县志办主任王韶峰历经两年的苦苦寻觅，终在宁波天一阁发现明嘉靖二十九年（1550）《威县志》，并购得此书影印版。为完整保存这一史料，给后人留下丰厚的文化财富，县志办聘请县一中退休教师宋春生，对此书进行校注和整理。2009年1月，明嘉靖《威县志校注》由中国文联出版社出版。

志书开发与利用

坚持修志为现实服务，这是编史修志的宗旨。为充分发挥志书的资政功能，2009年1月，为宣传威县、了解县情，配合全县开展招商活动，由政府办副主任、县志办主任王韶峰亲自谋划，地方志办公室编纂出版机关干部县情知识读本——《我爱威县》一书。此书文约事丰，集威县政治、经济、人文、地理、发展环境于一体，充分展现了威县的历史发展与现状。

部门志编修

改革开放30年，威县相继出版《威县教育志》（1999年3月教育科学出版社）、《威县一中校史》（2001年版）、《威县人民代表大会志》（2006年11月社会科学文献出版社）、《威县政协志》（2008 年 12 月中央文献出版社）等，这些志书的编就，丰富了威县的史料。

第三节　档案收藏

1979 年 7 月，威县档案馆有工作人员 2 人。1980 年 6 月，成立威县档案局，下设档案馆，有工作人员 3 人。1990 年底，全局共有工作人员 11 人，下设档案馆、秘书股、业务指导股。2002 年机构改革时，威县档案局由县政府管理，下设秘书股、监督指导股、档案保管股，机关行政人员 9 人，事业人员 5 人。2009 年底，档案局（馆）实有在职工作人员 13 人。

1980—1983 年，是档案管理工作的恢复、整顿阶段。县委、县政府印发《关于县直机关文书立卷归档工作试行办法》《关于文书档案保管期限表的规定》《关于不归档文件材料的规定》，在全县范围内开展积存文件材料清理、立卷归档工作。1986 年，开展积存档案的清理和“补收补立”工作。1987 年 9 月，档案局采取举办档案陈列、培训班、知识竞赛、档案法律咨询、集市宣传等多种形式，开展宣传教育活动。2003 年，按照国家档案局的要求，在全县范围内实施新的文书立卷标准。同时，重视加强地方性规章和规范文件的制定，县政府颁发《威县档案馆开放档案暂行办法》《乡镇档案管理办法》，县档案局制定《威县会计档案管理暂行办法》《威县机关档案室定（升）级等级标准》《威县档案馆收集档案范围和实施办法》等文件，促进了全县档案事业的平衡发展。档案局为提高档案人员业务素质和依法办档能力，加强对档案人员业务知识的培训，（一）每年坚持举办 1 ~ 2 期档案人员业务知识培训，学习《中华人民共和国档案法》及相关法规，系统传授档案业务新知识。（二）抓好档案人员在岗教育。（三）分期组织馆、室档案人员外出学习，抓好试点，全面推开。

县档案局（馆）1987 年被中共邢台地委、行政公署授予一等功，1987—1991 年连续五年被邢台地区档案局评为档案工作先进单位称号，1992 年，县档案局达到省三级标准，1995 年、2000 年先后被河北省档案局、河北省人事厅评为“七五”期间、“八五”期间河北省档案系统先进集体称号。

馆　藏

1978 年，全县共有档案 8205 卷，其中永久 4320 卷、长期 2104 卷、短期 1781 卷；其中县档案馆共有档案 1515 卷。1986—1990 年，接收了全县各单位的全宗文书档案 10185 卷、资料 4895 卷册。除正常接收档案进馆外，重点接收反映地方特色的档案，初步形成以文书档案为主，门类比较齐全、结构比较合理、地方特色明显的馆藏体系。同时，统一档号，充实检索工具，为后来开展档案著录、计算机检索和缩微复印打下坚实基础。1990 年底，馆藏档案达到 86 个全宗 12227 卷，1991—2005 年，有针对性地接收了部分档案。2009 年，按照省局的安排实施县级馆藏档案翻番大会战，至年底，馆藏档案资料达 71989 卷（册），其中档案 60207 卷、资料 11782 册，排架长度 67 米；档案门类由单一的文书档案向多门类、各种载体的档案发展。馆藏较珍贵的革命历史档案主要有：冀南行署、威县政府 1943—1949 年形成的有关机构设置、干部任免决定、干部登记表；中共威县县委 1943—1949 年形成有关动员参军、支前、干部南下等方面的重要文件；比较珍贵的现行档案和资料主要有：新中国成立后历届党代会、人代会、政协会等重要会议文件材料，历届县级领导的重要讲话，党和国家领导人来威县视察工作的照片、题词等。

2004年始，档案馆着手对馆藏永久、长期档案进行文件级微机录入，建立馆藏档案文件级数据库，提高档案的查全率、查准率和查阅速度。档案馆健全完善档案检索体系。至2009年底，有各种检索工具13种。编制了所有全宗案卷目录、全引目录、文号索引和开放档案目录、全宗专题目录。还编制两种社会急需、利用率高、有重要使用价值档案的专题检索工具。

档案保管与利用

档案保管　县档案馆建立健全档案安全保管规章制度，严格执行，强化管理。安装与档案管护相关的设备设施。在原有52套五节档案柜、1个卡片柜、6个书架、20个木制报纸柜的基础上，2002年安装防盗监测仪1套，以后又配备计算机2台、打印机1台，档案保护“七防”设施规范有效。2004年，档案馆购置微机，安排专人参加微机培训，使现代化档案管理进入初步阶段。2005年，档案馆（室）把档案现代化建设列入议事日程，聘请河北科怡软件公司技术人员授课，首先由县档案馆、县财政局档案室安装河北科怡软件2套。然后，全县统一推广使用“河北科怡”档案管理软件，做到馆室统一，文档一体。同时，档案局制定《威县电子文件归档与管理暂行办法》，通过专题培训，全县档案管理初步实现由过去单一手工管理向计算机管理的转变，档案管理现代化、信息化有了实质性的进展。

档案利用　1989年始，根据县人民政府《关于档案馆开放档案的通知》要求，经过认真审查鉴定，符合条件的档案全部向社会开放。截至2009年底，共向社会开放档案7531卷，接待利用档案资料者16947人次，提供档案资料13869卷（册），同时，档案馆在全县建立现行文件利用中心，共收集各类政府文件资料、法律法规文件8250余件，认真分类整理、安排专人管理、对外提供免费服务。

档案事业管理

机关档案管理　1989年后，档案局全面开展机关档案室升级活动。1989—1997年，全县47个机关档案室晋升为省级先进档案室，其中省一级档案室5个，省二级档案室6个，省三级档案室36个。截至2009年底，全县共有65个机关档案室达到省级先进档案室的标准，其中省一级19个，省二级12个，省三级34个。

企业档案管理　1989年，按照上级有关文件精神，认真开展国有、乡镇企业档案升级达标活动，威县先后有9家企业达到省级先进企业档案管理标准。1995年后，根据省市档案局的文件精神，停止企业档案工作的认定工作。档案局不断拓宽工作领域，强化指导，真诚服务，各企业档案室硬件设施不断升级，管理水平不断提高。同时，小城镇建设档案、重点工程档案、重点项目档案和工业园区档案工作全面展开，一些私营企业和外商企业也主动把档案管理纳入全县档案管理系统，并作为企业增收增效的重要组成部分。

农村档案管理　农村实行联产承包责任制初期，农村档案工作曾一度中断，通过学习借鉴外地先进经验，采取抓乡镇、促农村的办法，确保全县农村档案工作的健康发展。1993年始，认真开展村民委员会建档工作，至2005年底，全县522个村民委员会全部完成村级建档任务。1998年，县档案局开展第二轮土地延包合同的收集、整理、入馆工作。共有115640份，3656卷档案得到妥善保管。同时，加强涉农部门、乡镇综合档案室、农科档案信息站的建设，乡镇、村、科技专业户三级农科档案信息网络初步形成。

第七章　义和团研究

义和团运动是中国近代史上一次伟大的反帝爱国运动。威县是中国义和团运动的发源地。威县有一支研究团队，被专家称为“史学家群”（刘刚范语），对义和团运动的研究取得了丰硕成果。

第一节　研究组织

20 世纪 80 年代始，国内外专家、学者对威县义和团的调查和研究逐渐深入。1998 年，威县成立赵三多研究会；2003 年，成立义和文化研究会，会长均为顾自忠。他们独立或配合国内外专家，翻阅大量历史资料，而且深入民间实地考察、调查访问，获得大量第一手资料，取得丰硕成果。

赵三多研究会

1998 年，威县成立赵三多研究会。顾问是金冲及（中国史学会会长），丁名楠（中国社会科学院近代史研究所研究员），李文海（中国人民大学校长），路遥（中国义和团研究会顾问、山东大学历史系教授），陈振江（南开大学历史系教授、中国义和团研究会会长），苏位智（中国义和团研究会常务副会长、山东大学图书馆馆长），程啸（中国人民大学历史系教授、中国义和团研究会副会长），黎仁凯（中国义和团研究会副会长、河北大学历史系教授），陆景琪（山东大学图书档案系系主任），燕子杰（山东大学教授、武术家），郑名桢（河北省博物馆研究员、《文物春秋》副主编），王振华（河北省博物馆研究员，原陈列部主任），刘龙启（邢台市文化局文物处处长），李云豪（广宗县委宣传部部长、中国义和团研究会理事），刘保华（广宗县地方志办公室主任），赵安居（赵三多后裔）；会长由顾自忠（中国义和团研究会理事、原县长）担任；副会长分别由黄成俊（县政协原主席），李金鹏（中国义和团研究会会员、县人大常委会原副主任），潘炳章（县人大常委会原副主任），李德广（县政府原副县长），孙笑武（县委宣传部部长）担任；秘书长由李金鹏兼任；成员有刘朝瑞（地方志办公室原主任、张营乡党委书记），史志勇（县文化局局长），胡林声（县教育局副局长、河北作协会员），张桂菊（地方志办公室副主任），吴家斌（县一中高级教师），李增立（县文物保管所所长），李双旭（县文化馆二级编剧、中国戏剧家协会会员），董凤鼎（县党史办副编审、中国曲艺家协会会员），贺永欣（洺州镇党委副书记），李连波（邢台市电大教员、原威县地方志办公室编辑），郭维廷（县文保所工作人员），高振石（县文保所工作人员），王炳炎（县地方志办公室编辑），邱宏图（县电视台记者、影视剧作者），潘明辉（洺州镇副镇长），李河洲（梨园屯镇工作人员）16 人组成。

赵三多研究会的成立，标志着威县对赵三多以及义和团运动的研究进入一个新阶段，即有组织、有领导、更加系统、更加科学地研究阶段。至 2009 年，已出版五期研究会会刊，并与全国多家义和团研究机构和专家保持经常密切联系。

义和文化研究会

2003 年 10 月成立，并在义和团纪念馆举行揭碑仪式。县委书记窦孟朔、山东大学历史教授路遥、南开大学教授南炳文、义和文化研究会会长顾自忠为义和文化研究会揭碑。县人大常委会副主任、义和文化研究会副会长李德广主持仪式，县委常委、宣传部部长刘云山，义和文化研究会副会长黄成俊，中国义和团研究会常务副会长苏位智教授分别在仪式上致辞和发言。威县义和文化研究会为中国义和团研究会团体会员。

第二节　研究团队

随着威县本土学者对义和团研究的深入，一支本土的研究团队逐渐形成，研究工作取得丰硕成果。

顾自忠，曾任威县人民政府县长。现为中国义和团研究会理事，河北省社会科学院院外研究员。自 1969 年就开始了义和团运动和赵三多的研究。1980 年，在其任县政府办公室副主任期间，以县文化馆馆长的名义接待了到威县考察义和团早期活动情况的美国俄勒冈大学历史系教授埃谢里克（中国名周锡瑞）。1998 年任威县赵三多研究会会长，2003 年 10 月任义和文化研究会会长。曾主编《赵三多和他领导的义和团》《义和团之源起》《景廷宾起义与赵三多》等论著、论文。

黄成俊，县政协原主席。中国义和团研究会会员、赵三多研究会副会长、河北省社科院院外研究员。1988—2004 年，参与义和团资料的调查和研究。撰写论文《赵三多和义和团》《赵三多参加景廷宾起义初探》《从赵三多三次起义看义和团运动的走向》，分别发表于《河北日报》《社会科学论坛》《邢台学院学报》。主编《义和团首领赵三多研究》，作为副主编参编《义和拳运动起源探索》《义和文化初论》等。

李金鹏，威县人大常委会原副主任。河北省社科院特邀研究员、河北省历史学会会员、中国义和团研究会会员、赵三多研究会副会长。其义和团研究始于 1988 年，是年，他撰写的《从张家庄保善寨碑看景廷宾起义始末》和《从庙堂之争到义和团运动——梨园屯教案管窥》两篇学术论文，发表在《文物春秋》上。1988 年 5 月，他参加威县部分党政干部配合山东大学师生进行的大规模义和团调查。1989 年，他单车独骑，奔赴山东、河北两地，深入民间，历时数月，对乾、嘉义和拳进行深入地田野调查，取得丰硕的调查成果。1900 年，参与编写路遥主编的《义和拳运动源流探索》一书。从 1996 年开始，相继参加国际、国内义和团学术讨论会 4 次，发表学术论文 6 篇。

第三节　研究活动

研究缘起

威县对义和团发源地的研究肇始于郭栋臣。郭栋臣（1881—1973），固献乡沙柳寨人，早年参加过义和团运动，曾任过赵三多的文书，抗日战争期间，任晋鲁豫参议会参议，1949 年后为河北省政协委员、河北文史馆馆员。

据相关文献记载，郭栋臣对义和团的研究始于1957年，当时他已经是77岁的高龄。是年，山东大学历史系侯斌写信询问他关于赵三多的斗争情况，他撰写了相关资料，以信件形式回复侯斌。后该信件以《郭栋臣的亲笔回忆——关于冠县义和拳的二三事》为题，刊登在山东大学《文科论文集刊——义和团运动研究专辑》上。后郭栋臣先后几次接受山东大学师生的专访，郭栋臣为义和团研究提供了大量珍贵翔实的文字和口述资料，收入《义和团调查资料汇编》等书。其《义和团之缘起》一文收入《河北文史集萃（社会卷）》。郭栋臣的义和团回忆资料开创了义和团发源地研究的先河。

考察活动

1959年2月，山东大学历史系教授孙孝恩带领山东大学学生，到沙柳寨考察义和团运动的起源。

1973年5月，山东大学历史系教授骆成烈到威县考察义和团运动情况。他在1979年山东师范大学学术座谈会上，发表关于赵三多领导义和团三次起义的过程的讲话。后整理、出版《座谈会纪要》。

1977年3月，山东大学历史系教授陆景琪、吴士英到威县考察义和团运动。

1980年6月9日至10日，美国俄勒岗大学历史系教授埃谢里克，由山东大学于家福陪同，到威县考察义和团早期活动情况。威县以民间研究学术团体的形式，由县委办公室副主任顾自忠以县文化馆馆长的名义进行接待。历时8天，他们先后到义和团运动发源地沙柳寨、梨园屯考察。同了解义和团运动的老人进行座谈，同时还拍摄了义和拳议事厅和义和拳练武遗址的照片。

1987年、1989年，天津义和团纪念馆馆长邵荣临两次到威县沙柳寨，参观义和拳议事厅，并考察赵三多的家庭状况。

1988年5月，山东大学历史系师生到威县对义和团运动发源地进行大规模调查。历史系教授路遥，教师宋文煊、王德刚，研究生王栋、路义忠和1985届40余名学生，同威县部分党政干部一起，进行了为期月余的实地调查。搜集、记录下数万字的口碑资料，发现了一些可贵的文字记载，为深入义和团发源地的研究，奠定了坚实的基础。路遥为主编，顾自忠、黄成俊、许玉琪为副主编出版了《义和拳运动起源探索》一书，燕子杰、邢银昌、王奕隆和李金鹏参与了该书的编辑。

图24－19　1990年10月，周锡瑞（右三）、路遥（右四）教授到威县沙柳寨参观义和拳议事厅/黄成俊供图

1990年10月9日，参加义和团与中国近代社会国际学术讨论会的美国、日本、加拿大、

德国、韩国、澳大利亚、匈牙利等国家的60余位专家、学者，到义和团运动发源地威县沙柳寨考察，参观义和团首领赵三多的纪念碑和义和拳议事厅。中外专家、学者还参观了梅花拳表演和县举办的义和团运动书画展。

参加学术讨论会

1990年，李佩刚参加义和团廊坊大捷九十周年学术讨论会。

1996年，顾自忠、李金鹏参加保定义和团运动与华北社会暨直隶总督研究学术讨论会，李金鹏提交论文《景廷宾反洋教斗争考略》，编入《义和团运动·华北社会·直隶总督》论文集。

1998年，顾自忠、李德广、李金鹏参加义和团平原起义100周年学术讨论会，李金鹏提交的《朱红灯平原义和拳刍议》和《神助拳揭帖与平原义和团——兼与张守常教授商榷》两篇论文，编入《义和团平原起义100周年学术讨论会论文集》。

2000年，窦孟朔、顾自忠、黄成俊、李德广、李金鹏参加济南纪念义和团运动100周年国际学术讨论会。顾自忠提交论文《景廷宾起义与赵三多——关于赵三多参加景廷宾为首的厦头寺起义的调查与探索》，李金鹏提交论文《赵三多及义和拳运动散议》，编入《义和团运动一百周年国际学术讨论会论文集》。

2002年，顾自忠、黄成俊、李金鹏和潘明辉参加广宗景廷宾起义100周年学术讨论会。李金鹏提交论文《景廷宾“扫清灭洋”起义散论》，潘明辉、李金鹏提交论文《景廷宾反洋教斗争碑刻史料选》，黄成俊提交的论文《赵三多参加景廷宾起义初探》均编入《景廷宾起义一百周年学术讨论会论文集》。

举办活动

2000年10月12日，中国史学会、中国义和团研究会在威县举行义和团活动100周年纪念碑揭碑仪式，同时还举办了书画展和万人签名活动，社会反响强烈。1998年，威县组织举办纪念赵三多起义100周年报告会，中共河北省委宣传部副部长冯思德参加报告会。2000年，威县与省社科联、市委、市政府联合组织河北省纪念义和团运动100周年学术讨论会，北京大学、南开大学、中国第一档案馆等20个单位30多名专家参加。

2003年10月26日，义和团纪念馆开馆仪式暨河北威县经贸文化交流洽谈会开幕式在义和团纪念馆南侧隆重举行。中国义和

正面

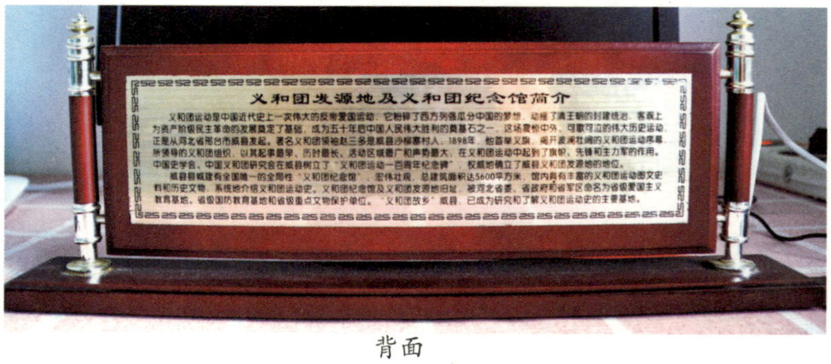

背面

图24－20　2003年义和团纪念馆开馆时制作的纪念品

团研究会会长陈振江、山东大学教授路遥、南开大学教授南炳文等国内义和团专家齐聚威县，参加开幕式，并于次日参加义和文化研讨会。

第四节　研究成果

威县作为义和团运动的发源地，对义和团研究，投入了大量的人力物力，进行全方位、多方面的调查研究，义和团学术研究取得丰硕成果。山东大学历史系在义和团研究、宣传方面起到非常巨大的作用。

确立了赵三多在义和团运动中的地位

国内外专家、学者通过近40年的考察研究，达成共识：威县是全国义和团运动的发源地，其首领是威县沙柳寨的赵三多。赵三多率义和团起义凡三次，持续五年之久，实为义和团运动起义最早、为时最长、活动区域最广、声势最大的一支劲旅。

获得了大量碑刻和文字资料

威县是义和团运动的发源地，1988年，在文物普查中，原威县文物保管所所长李金鹏在县内陆续发现一些重要的有关义和团斗争的碑刻，为义和团研究发现了重要而翔实的第一手资料。如刘含锷功德碑详细记载了赵三多义和拳起义、景廷宾起义和攻打寺庄教堂的史实。重修张家庄保善寨碑、罗教士祠堂碑详细记载了景廷宾起义和罗泽浦教案的始末。威县知县张问渠明府德政碑记载了罗泽浦教案发生后，清兵在威县鱼堤村搜剿的史实。其中重修张家庄保善寨碑被鉴定为国家一级文物。这些碑刻不仅为义和团发源地的研究提供了确凿、翔实的第一手资料，同时成为义和团纪念馆的“镇馆之宝”。

1988年5月，威县部分党政干部配合山东大学师生，进行了为期月余的实地调查。搜集、记录下数万字的口碑资料，这些资料被收录于《山东大学义和团调查资料汇编》一书。

出版研究专著和文化作品

1986年，威县人民政府刊印顾自忠、郝万瑞编著的《赵三多和他领导的义和团》一书。2000年9月，时任威县县委书记窦孟朔、威县义和团研究会会长顾自忠主编《义和团之源起》一书，由国际文化出版公司出版发行。威县作家董凤鼎撰写了长篇小说《赵三多传》。

2000年，威县与省影视中心联合录制的电视剧《义和风云——赵三多传奇》，在义和团运动100周年之际上演。2000年，威县和河北省电视台国际部联合录制纪念义和团专题片，并协助中央电视台《百年中国》栏目拍摄义和团部分，发行义和团运动百年纪念邮资明信片，《光明日报》刊载《义和团运动的发源地——威县》专版。同时，威县在各大新闻媒体发表新闻稿件多篇，提高了义和团运动发源地——威县在国内外的知名度。

修复修建义和团纪念场馆

通过对义和团的研究，在获取大量文字成果之外，还争取了省的资金支持，先后修复义和拳议事厅、赵三多故居。

1998—2000年，威县修建义和团纪念馆。这是全国唯一一座全面反映义和团运动和义和团发源地的义和团纪念场馆，是河北省二十八个省级爱国主义教育基地之一。李金鹏带领其团队，历时三年，攻坚克难，完成义和团纪念馆布展的资料征集工作，并撰写布展大纲，担任内容设计和陈列编辑，圆满完成义和团纪念馆的布展工作。

图 24－21　义和拳起义雕塑（义和团纪念馆内）/李金鹏2007 年摄

第二十五编　艺　文

威县历史上有众多著述传世。早在三国时期，文人孟康就著有《老子孟氏注》和《汉书音义》。宋代范质有诗作《戒儿侄八百字》《范质文集》《五代通录》，其侄范杲刻志于学，曾任史馆修撰，重修《太祖实录》，文名盛极一时。元代刘赓授国史院编修官，并久典文翰，当时大制作多出其手，为朝廷所推重，著有《道园学古录》。明代进士、赠兵部尚书、太子太保贾待问，所撰写碑记体散文至今仍常见于志书典籍之中。清初文人王建衡，清代儒学家、音乐家刘调赞，清末民国初文学家王以锷、尚希宾等都著有大量诗文集传于世。抗日战争时期，涌现出王亚平、王博习、史轮（马清瑞）、胡青坡、刘艺亭、邢立斌、李盘文等现代诗人、作家，有大量文学作品发表、出版。1949 年后，威县在外工作的文化人士众多，县内知识分子队伍不断扩大，政治经济、文化艺术、教育卫生等各领域的著述数量及影响巨大。

中共十一届三中全会后，威县学术著述硕果累累，著作题材各种各样，内容涉及政治、经济、文化、教育、科技、方志、谱牒等门类。文学创作也呈现出“百花齐放，百家争鸣”的新气象，文化界创作热情高涨，涌现出一批文学新人和颇具时代特色的好作品。这一时期，文学艺术创作体裁呈多样化，小说、戏剧、诗歌、散文等全面开花，内容题材包罗万象，涉及古今社会及各个领域，全面地反映了威县丰富多彩的传统历史文化和当代社会生活。该编对这一时期的文学创作情况进行分类阐述，选录一些较有代表性的作品，并将近期搜寻到的断限之前的经典诗文附录于后。同时，将文教科技领域著述情况进行汇总呈现。

第一章　文学作品选录

第一节　诗　歌

希　望

王亚平

希望站在前方，
逗引我的心，牵引我的目光，

我想追捕它，贴近它，
它却到窥不见的去处隐藏。

有时它自己飞驰而来，
炫耀它华丽的形象，
纵然短暂的温柔体贴，
也使我喜悦到发狂。

我想在亮堂的心壁上，
绘一枝希望的花朵，
让它永远围绕着我，
激发我奋进的路向。

它那火样的激情，青春的力量，
时刻诱发我的想象与幻想。
我却没有那样的笔，
留住它的美，描绘它的形象。

它去了，留给我的是冷漠，
是心灵深处的创伤；
我渴望着它的回来，
给我一点难得的补偿！

我张开双臂，敞开心怀，
凝望着它起来的地方，
什么时候，它温柔的双手，
再抚摸我冷枯的胸膛！

1983.2

（选自1986年2月中国文联出版公司《王亚平诗选》）

歌杜甫

王亚平

少陵诗思薄斗牛，情深江河万古流。
常年忧国寻佳构，时刻为民放歌喉。
短章绝句传众口，长篇巨作震九州。
晚节尤见格律细，语不惊人死不休。

（选自1986年2月中国文联出版公司《王亚平诗选》）

王亚平故居

刘艺亭

在外边奔走了一生，
终又魂归故土——
皇神庙，一个古老的乡村，
故居，也只是诗人少年住过的一座西屋。

没有纪念碑，也没有塑像，
光彩却在这里永驻，
照片，留下他风雨中的身影，
手稿，展现着他创作的甘苦。

那陈列在条桌上的十几部诗集，
回响着诗人半个世纪的脚步，
《都市的冬》那么寒冷，
《平原上》歌唱解放区的风情……

秋光里迎来四方访客，
乡亲们更珍视这片诗土；
除了你，南去几里出了个袁勃，
王博习的老家就在北边潘固……

时代呼唤着诗人，
新诗人将脱颖而出。

（选自1999年5月花山文艺出版社《回春曲》）

与洺州文学社青年朋友晚坐

刘艺亭

风峭，月冷，
小屋里暖融融。
夜已深了，
谈兴却正浓；
一个白发老者，
和三个英发后生。

人生之旅，
有缘总相逢；

共同的爱好和探求，
忘年真情。

洺州是生身热土，
又有革命传统，
热爱她，了解她，蘸着心血写她，
笔生花，人精英。

（选自1999年5月花山文艺出版社《回春曲》）

红色大厦需共建

——参加威县中共党史座谈会有感

李盘文

同乡战友幸相会，纵横交谈友谊深。
带头创业诚可贵，建设更需后来人。

春笋应比老竹高，新秀理应超前人。
红色大厦需共建，落成享用归人民！

1983年5月于威县政府招待所

（选自1988年版《一步一层天》）

遥献四首

——纪念鲁迅先生逝世三十六周年

刘润秋

当年孺子已成翁，犹记红楼第四层。
三十六年生死别，沙滩雁影绕红城。

升堂自愧非高徒，十载黄粱梦未苏。
战火纷飞觅正道，韶山红日照平芜。

十五年当同路人，斩鲸不敢问腰身。
怀仁堂里看星斗，始识江南有早春。

噤若寒蝉不敢鸣，白头无泪哭先生。
秋风日紧冬将至，黄叶萧萧满院庭。

（选自2004年7月西北大学出版社《刘润秋诗文集》）

威县赋

宋春生

崔巍太行以东兮，
浩渺滏漳之右；
自古千里沃衍兮，
而今万顷平畴；
虽云天设地造兮，
实亦劳动整修。
星分毕昴之宿兮，
地介冀兖二州。
建置或沿或革兮，
因朝代更替之由。
汉广宗，隋宗城，
唐宗州，元威州。
洪武定名威县兮，
已历六百馀秋。
洺水表涸兮，潜流永在；
大河南移兮，馀脉长留。
歌引黄入威兮，
喜绿野之油油。
沃土得其滋润兮，
优质粮棉无匹；
人物承其惠泽兮，
世代才俊寡俦。

峨峨鲧堤，
曲折绵延，
庙祀不已，
四千馀年。

威土膏腴，
毓秀钟灵。
北齐陈元康，
神武称其能[①]。
草檄风雪夜，
暗书倚马成，
洋洋洒洒写，
笔墨未及凝；
更将身障主[②]，
血溅衮袍红。
宋有范质，《刑统》纂成，
折狱循之，讼得其平。
元人刘肃，位高德纯，
秉烛拟表，拯救平民，
勋昭简册，庆流子孙。
王公伯大，古之遗爱，
治河筑城，惠及百代。
明臣董威，贾公待问，
不附阉势，辛劳忠勤。

止戈从来以武，
维和必要军强。
英明领袖任命，
刘杰二机部长，
原子弹爆，国威益彰。
核潜艇，卫海疆，
测深海，探远洋。
改革开放，邓老高瞻，
任老仲夷，勇闯前沿，
羊城深圳，经贸领先。

威县传统，御侮反封。
黄巾起义，县民影从，
戮力固守，广宗古城[③]。
抵御外侮，义和团兴，
三举义旗，八国震惊；

① 神武：北齐政权奠基人高欢。
② 主：指北齐君主高澄。
③ 广宗古城：东汉广宗古城在今威县方家营村。

其事未成，其魂不瞑。
逮至抗日，子弟皆兵，
眼望宝塔山，
脚踏刘邓踪①。
冀南党委行署
驻威红旗高擎，
党政军民鱼水，
对敌周旋始终。
我能持久战，
倭贼树降旌。
雄师南下，蒋军潜踪，
五星旗展天下亮，
九州高唱东方红！

威民植棉兮，年代久，
良种何来兮？天孙留②。
赞其质，
优等之巅堪称尤；
言其量，
国用之馀可出口；
譬其暖，鹅绒覆体；
喻其柔，浮云入手；
评其价，
贵拟金樽，珍若玉斗；
述其利，
家室丰裕，仓廪富有。
“优质棉花基地”，
国家命名奖酬。

盛产葡萄紫，
又多秋梨黄；
黄者甜而脆，
紫者鲜而香；
鲜者销九省，
甜者惠异邦。

书画之乡，艺林独步；
士马精妍③，盛名久著；
潘楷端严谨，
英烈碑煌煌。
王能作榜书，
牌匾俱生光。
薛擅榜隶草，
展厅满琳琅，
频膺国际奖，
金奖酬华章④。
山水陈壮丽，
花鸟李精良。
工笔冯扛鼎，
写意巨擘杨。
园丁描粉黛，
羽士写暗香。
后起之群彦，
蓄势待高翔⑤。

且喜青衿年少，
缜习文⑥，勉格物⑦，

① 刘邓：刘伯承与邓小平率领八路军一二九师和冀南人民坚持抗日。

② 天孙：织女。

③ 士马精妍：兵强马壮，军容严整。语见鲍照《芜城赋》。

④ 薛鸿群2001年8月，赴韩国参加中日韩国际联展获金奖，2011年9月首届亚太文化艺术节暨国际书画名家展，频频荣膺金奖。

⑤ 本节涉及人士：潘遇亨、王九鹏、薛鸿群、周秉恭、陈从容、李智纲、冯英杰、杨作文、王春秋、墨道人。

⑥ 缜习文：缜密体察文章之理。《中庸》：“文理密察”。

⑦ 格物：研究事物、自然物。这里指代物理、化学、生物学。《大学》：“致知在格物”。

深知兵，精演武。
习文兮，以弘扬传统；
格物兮，以创新发明。
知兵非好战，
演武卫承平。

威之城镇，日新又新，
设计有序，居之宜人。
楼何似兮春笋，
得雨润兮生根。
劳动之馀兮，晴窗泼墨；
构思之隙兮，月夕听琴。
舞姿柔兮柳下，
剑影劲兮松荫。
客水自南来，
微风皱及滨。
锦鳞结队戏，
渌波碧粼粼。

筑威境之路兮，
有纬有经；
矢譬其直兮，
砥喻其平。
虽驱车以行进，
其迅疾若乘风。
更有新修机场，
助君奋翼飞腾。
紫塞赤城收眼底，
青崖白鹿纳胸中。
问君何所似？
飘然一仙翁。

今之威邑，旭日初升，
斧头镰刀指引，
六十万众奔腾，
不忘初心，奋进新时代；
笃行使命，并肩远征程。
看来年——
燕赵明珠放异彩，
冀南赤帜卷雄风。
四塞河山归禹甸①，
百年父老返尧封。
二十年后——
天象现吉徵：
五星连珠，“聚于东井”。②
到那时——
肤色不分黄白黑，
共仰神州腾巨龙。

2018 年岁杪

① 这里化用明代高启诗：“四塞河山归版籍，百年父老见衣冠。”意谓国家统一。

② 《汉书·高帝纪》载，汉之五年，汉王入关，五星聚于东井（双子座）。被称为汉朝兴盛繁荣之吉兆。预测 2040 年也将有这种天象。

冬夜口占志感

王秀川

甲子十月冬，王振华、魏保信两同志来访，未暇招待，书此志憾。

荒斋寒夜远客过，清茗迻谈赵三多。
多少资料待订定，东道未尽愧我薄。

越旬日，王君惠函并《满城汉墓》景册致谢。

三百里惠云中书，陵山汉墓入画图。
拙审辛劳厘定苦，国宝琳琅赖爬梳。

重　逢

高珉庵

与王亚平十年别离，一旦相会不胜欢喜乃赋此，以作欢迎并送行。

喜子偶然到故乡，故乡也可润诗囊。
弹指十载绝音信，流水今天会草堂。
往事重谈增慨志，旧朋访问热衷肠。
王郎老矣星星鬓，革命阵营正奔忙。

（选自《回忆诗稿》）

沁园春·故乡颂

顾自忠

华北冀南，千里平原，万顷良田。喜燕翩柳绿，麦茵铺地。蜂吮桃红，云雀喧天。谷穗金黄，棉花雪艳。画图难描少彩鲜，尤难描画，那男欢女乐，童骄翁健。

时光易逝不旋。脑中印，迷离扑朔翻。曾披星戴月，餐寒茹暑，日愁果腹，岁患无棉。斗转星移。葵随日转。得雨蔗苗惹津涎。人抖擞，扬鞭催战马，跻世比肩。

（选自2013年6月线装书局《格律诗词尝试与常识》）

拳　殇

李金鹏

鸦片战后，国势日弱，群夷伏伺，国运维艰。威邑赵君三多，心存君国，命系皇天；投袂而兴，爰起义师。怀同泽之切痛，聚直东之英才，烛洞天之神炬，逐异域之狼豺。

庚子之秋，八国兴师，京津沦陷，帝后西狩。夷逆焚我园圃，杀我同胞，拔梅花之桩，窥庙堂之奥；逞虎狼之威，掠华夏之宝。拳民廊坊一战，首挫其锋；京华十日，喋血九城。素骥识途，妇孺乡关望断；乌骓鸣江，精魂思归江东；草莽完节，始知中原有士；雄关忠碣，方显众志成城。

辛丑和约，贻害尤深，割地赔款，祸国殃民。苛政如猛虎兮忍无可忍，相约以团练兮万众同心；扫清灭洋兮雄风重振，虽死犹生兮风范长存。

庚子百年，以祭群雄，吁天补裂，以唱大风。恨金瓯之残亏兮，叹神器之不归；寄吾心于丹青兮，愿国祚之不衰。

（选自《中学生课外文学读本》，河北教育出版社2005年6月版）

贺新郎

纪念毛泽东一百一十周年诞辰

阎沛龙

崩壁江河煮。赖君能、五彩飞石，漏天重补。八百万摧如席卷，几个残倭东顾。跨鸭绿、飞镝蛟雾。四宝一开天下靖，纵鬼蛇、谁敢悄悄语。裂天地，日初吐。

千秋一客风骚主。寸管动、飙升河汉，震惊幽路，东去大江关西唱，牙板晓风低诉。胜鲸饮、百篇轻赋。往矣风流今朝看，傲昆仑、唱雪谁能句。有钱邓，奏弦鼓。

（选自《中学生课外文学读本》，河北教育出版社 2005 年 6 月版）

鹧鸪天·怀念陵台

李贵明

高丘载誉史为凭，数百年来紫气腾。
陌上风光欣尽览，周边父老俱生情。
原野阔，历阴晴，故园爱国鉴心诚。
一场浩劫夷平地，徒有青碑对盛名。

悼王延飞

史作杰

寒儒一介索然居，疏粝为食褐为衣。
生计迂拙亲故少，为诗古奥知音稀。
耽读瓮罄人称傻，行远囊空众谓奇。
一片痴情终不改，草堂遗韵见心迹。

（选自 2012 年 11 月科学文化艺术出版社《舜华居文稿》）

豆爆的声音

徐学君

就应该这个样子
活要活出自己的声响
爆燃
炸裂
抑或绽放
何必惊天动地
只要一股清纯
一种痛感
一副血性的肝肠

莫说葱郁积蓄的激情

莫说慷慨解囊
一颗心豁然蹦出
为岁月献出沉甸甸的金黄
（选自2003年11月北京燕山出版社《豆爆的声音》）

要做星星一颗

胡林声

你曾在我的日记上
写下这样的一句话
热爱生活
却不能理解生活
当时
我实在无话对你说
本来
生活里有阴霾
也有晴和
趁年轻
即使做不成皓月一轮
也要做星星一颗
即使照不亮角角落落
也努力使自己发光发热
（选自2006年12月中国言实出版社《飘洒的雨丝》）

第二节　散　文

创作优美的叙事诗

王亚平

中国的叙事诗和抒情诗一样有着优秀的传统，在历代文学史上放出绮丽的色彩，在广大的人民群众中间发生过深远的影响。那些具有中国风格被人民喜闻乐见的叙事诗，有的被改成剧本，有的被写作唱词，《木兰从军》《孔雀东南飞》等，至今还流传在民间。不少叙事诗中所写的人物、故事，一代一代的被人传播着，喝道着，越传越远，越说越广，越传播越被人民喜爱。经过人民的增删，文艺家的创造加工，使语言更优美，人物更突出，故事更动人，成为中华民族文学艺术的珍宝。

最可喜的是：不少优美的古典叙事诗，谱之以曲调，能向广大群众歌唱。汉魏的乐府诗，多半是能唱的叙事诗。其实早在《诗经》中，就已有了叙事诗的蓝本，就出现了优美的叙事诗。像《卷耳》那样的诗，既有强烈的诗情，又叙述了男女爱恋的故事。通过一个采苍子的妇女，怀念起她在外奔波的亲人，设想他走山过岭，涉水过河，旅途生活的困难劳顿，筐儿不满，再也采不下去了，干脆把筐搁置在大路旁。

采采卷耳，不盈倾筐。

嗟我怀人，置彼周行。

仅四句，就把这个妇女怀念丈夫的心情刻划出来了。每一句，每一个词儿，都是从现实生活中脱胎出来的，从挚情的火花中创造成功的，它还富于节奏感与音乐性，这是我国伟大的诗歌现实主义的初期楷模。屈原的《九歌》，又增添了一些神话，民间传说的东西，表现形式上，也运用了浪漫主义的手法。“屈平词赋悬日月”，李白的话很形象的写明了屈子的才华与动人的技巧。

从此几百年以后，才产生了汉魏乐府，出现了很多优美的流传很广的叙事诗。那些诗光芒万丈，灿烂生辉，照亮了中国文坛，在中国诗歌史上大放光彩。如《江南》《陌上桑》《上山采麻芜》《焦仲卿妻》《木兰诗》等作品，都是众口说唱，流传不歇。

诗人们，生活在“百代江山今最娇”的时代，我们经见了多少伟大的英雄，出现了多少可歌可拉的人物故事，产生了多少为革命死得光荣的英雄先烈，我们应该写些无愧于这个时代的优美的叙事诗！更概括更形象地塑造这些英雄人物，使他们光辉的形象照耀人间！使他们动人的震撼百代的事迹永远往下流传！

我们早已产生过“生的伟大，死的光荣”的刘胡兰那样的人物，已被诗人歌唱、歌剧家描写过了。革命的觉醒的中国人民以有这样女儿而高兴而骄傲！我们早已产生过董存瑞、黄继光，他们也被人有所描写与演唱了！在以后的解放战争中，在土地改革的斗争中，在社会主义革命、社会主义建设的各条战线上，都出现过许多英雄模范、革命先烈，他们如灿朗的星斗，高悬的日月，瑰丽的花朵，珍贵的瑰宝，引导着强大的军民，不怕苦不怕死的革命者，前仆后继，战斗不息。我们一想到这些人，就立刻受到鼓舞感到振奋！就立刻下决心愿以他们做榜样，向他们学习！最近我们又看到了蒋筑英、罗健夫那样的科学家，他们把全身心献给了党、专业和祖国。我们也看到像周怡那样的姑娘，为了和恶人搏斗、救活祖国的花朵，毫不迟疑地跳下地铁轨道，救出亲爱的小学生，她丝毫没想到个人的生死危险！这样的拼搏精神和那些为祖国赢得荣誉的体育健将完全一样，她们（和他们）才真正是心灵美的表率！两个精神文明的代表人物！社会主义革命、建设的前驱！也正是人类解放的希望！

诗人们，更高地举起你的笔吧。有多少人物值得描写值得叙述啊！他们的为人应该塑造成人人敬仰的形象。他们的事迹应该百代千代的传颂，他们是社会主义的财富，他们是亿万人的榜样！他们的事迹比古代诗人所写过的更伟大更感人更广泛更长久地流传！我期待着伴随抒情诗出现一个叙事诗的创作高潮。

（原载 1983 年 1 月 5 日《河北日报》）

人物外号

——《赵树理的创作生活》节录

王亚平

赵树理在他的小说中，为了突出个别人物的特点，有时给他或她起个外号。给人物起外号，这在中国古典小说里是常见的。最引人起兴的是《水浒》，一百零八人，差不多每个都有外号，什么“黑旋风”“花和尚”“母夜叉”“浪里白条”等，起得多么好，多么激人心神啊！老赵沿用了古典小说的传统优点。同时，他也发现农民生活有风趣，说话带谐谑，常常给人起外号。比如称小聪明为“机灵鬼”，叫笨人为“老笨蛋”，气性急的是“火烟炮”，说脾气犟的人是“老牛筋”，骂地主老财是“活阎王”“吸血鬼”“西霸天”等。

这样看来，人的外号，来源于生活。赵树理小说中人物的外号，我记得很清楚的有“三仙姑”“二诸葛”“铁算盘”“小腿疼”“小飞蛾”等。这些外号，既表露出人物性格的特点，也带有着生活的气息。凡是读过他的小说的，谈到给这些人物起的外号，都说想得妙。

单说“小飞蛾”这个妇女，她一半在旧社会，一半在新社会，嫁给个张木匠，心里实在不满意。她娘家村里，有个相好的，限于婚姻不自由，又不能两厢情愿地结婚。她生来有点风流，想自己找到个满意对象，却在封建买卖婚姻制度下，由家长做主给了不合意的张木匠，比如飞蛾想飞也飞不走，飞不走又想飞，老赵给他起个外号——“小飞蛾”，也就十分切当。当时有个演梆子的武旦，个儿不高，腰肢轻柔，演做起戏来，一人能撑满台，观众称他为“小飞蛾”。老赵把她也写进小说里，使群众看到“小飞蛾”就想到舞台上的武旦，提到满台飞的武旦，又想到张木匠家的“小飞蛾”。至于老赵给她起外号时，是否受了小飞蛾武旦这个外号的影响就不知道了。

“小腿疼”这个外号起得也够妙，一听这个外号，立刻会想这样在劳动时偷懒的人物形象。这样妇女，在我的故乡就见到，当她要偷懒时，总要谎报一点头疼、腰疼、小腿疼一类的情况。如果经常提一种理由，（说谎）日子久了，就成了她的外号了。这完全由生活中来，也就能帮助语言，形象化一个人的生活，老赵是很深知这个道理的。

（选自2014年1月文化艺术出版社《永远结不成的果实》）

我说杂文

胡青坡

我对“杂文”这种文体是喜爱的，除收集名家的杂文集外，在报刊上遇有杂文发表，必先阅读。因为这类文字大抵短而精，形象化又有趣，看起来比较省力，解决问题明快。久而久之，自己也曾写过一些。因此对于杂文也有些看法，兹分述之，就正于同好。

一

杂文这个品种，大约从来就为大专家们所看不起的。鲁迅的时代，它曾被许多人攻击过，例如邵洵美、施蛰存，杜衡即苏汶等，不仅反对鲁迅也反对杂文本身。解放以后，我也曾听到过某大作家说他不喜欢杂文。去年一位老编辑谈起某作家来，说他既写不出小说、诗歌、散文，也写不出逻辑性很强的论文来，至多能写点杂文而已。言下之意，杂文是文学的末路，是文人不得已而为之的穷途末技。

杂文真是这样的吗？大概不是的。

鲁迅先生开始写杂文的时间，就成集的《热风》看，是1918年。他所用的题目是《随感录》，从25至45，都是这个总题目。很明显是从日常生活中随时摄取的材料写成的杂感。从《随想录》56起，才有了标题。不论怎么说，他是从杂感写起，而逐渐发展形成了这一为人所喜闻乐见的文体。瞿秋白同志为鲁迅编集时用的书名也是《鲁迅杂感选集》，并为鲁迅所首肯。总之，这种文体的创造伊始，就是对当时的事物有感而发，为反对一些腐朽的事物而进行战斗的。鲁迅一生的创作，《鲁迅全集》十卷，其中杂文就占了五卷半。可见其一生中的大半的时间是运用这种文体进行战斗的。瞿秋白同志说：“鲁迅的杂感，其实是一种‘社会论文’——‘战斗的阜利通’。”又说：“杂感这种文体将要因为鲁迅而变成文艺性的论文的代名词。”

的确，由于鲁迅先生的杂文的锋利，它对敌对事物以及革命队伍内部的坏风气的狙击和严肃的批评，都产生了巨大的效果。因而使人们认识到杂文这种轻武器的战斗作用，于是杂文的作者和读者就逐渐多起来了。三十年代出现的杂文作家有唐弢、徐懋庸、聂绀弩、夏衍、廖沫沙、秦似等。而今三联书店和人民文学出版社出版他们的杂文集，就是他们过去战斗的业绩。至于居其次者，那就更多了。南宁师范学院中文系吴隐林同志等，收集了五四以来的杂文作家一百多人的作品编成一集已在广西出版。当然，全国范围的杂文作者不止一百多人。

现在各个报刊，从中央的《人民日报》起到各省市的报刊，大都设有杂文专栏，有的虽未标明杂文而实际上是杂文的，如《今日谈》《长话短说》《虚实篇》《管见集》《管见篇》等都是。过去“左”倾的时期，运动一来，总是先拿“杂文”开刀，而且无限上纲，说它是反党反社会主义什么的。因而杂文队伍曾几次被打散，杂文作家受难、殉难的事，亦颇不乏人。然而运动过后，作者散而又聚，受冤者平反之后又写。他们为什么那么顽强呢？寻其根因，无它，杂文产生的社会基础仍在，杂文的读者仍在，杂文仍为社会所欢迎。近几年来形势大变，领导者喜欢运用杂文这一形式为工作开路了。河北省委的主要领导同志亲自主持成立了“杂文学会”，还出版了《杂文报》《杂文界》。这就是说，无论领导还是群众的精神生活是离不开杂文的。因为它有用，见效快。

如此说来，杂文的任务、性质是什么呢？我想，还是依照先辈鲁迅先生的说法吧。他说：

“……比起高大的天文台来，杂文有时很像一种小小的显微镜的工作，也照秽水，也照脓汁，有时研究淋菌，有时解剖苍蝇，从高超的学者看来，是渺小、污秽，甚至是可恶的，但是在劳作者自己，却是一种严肃的工作，和人生有关，而且也不十分容易做。”

“杂志报章上少不了它，‘杂文家’们放不掉它，也可见正非‘投机取巧’客观上大有必要的。”

又说：

“杂文作者的任务，是在对于有害的事物，立刻给以反响或抗争。是感应的神经，是攻守的手足。”

这就是杂文的性质和它所担负的任务。

二

鲁迅的时代已经过去。解放以后，毛泽东同志关于杂文的问题，曾讲过多次。这里引证他的两次谈话，就可以明白，杂文仍然是需要的和重要的。

1957 年 3 月 10 日，毛泽东同志在新闻出版座谈会上说过：

“……文章写得通俗、亲切，由小讲到大，由近讲到远，引人入胜，这就很好。你赞成不赞成鲁迅？鲁迅的文章就不太软，但也不太硬，不难看。有人说，杂文难写就难在这里。有人问，鲁迅现在活着该怎么样？我看鲁迅活着他敢写也不敢写。在不正常的空气下面，他也会不写的，但更多的可能是会写的。俗话说得好：“舍得一身剐，敢把皇帝拉下马。”鲁迅是真正的马克思主义者，彻底的唯物主义者。真正的马克思主义者，彻底的唯物主义者，是无所畏惧的，所以他会写。……现在的杂文怎样写，还没有经验。我们把鲁迅搬出来，大家向他学习，好好研究一下。他的杂文方面很多，政治、文学、艺术等等都讲，特别是后期，政治讲得最多，只是缺少经济的。……他是书香门第出身，人家说他是“封建余孽”，说他不行，但鲁迅还是写。现在经济方面的杂文也可以写。文章的好坏，要看效果，自古以来都是看效果做结论的。”

1957 年 6 月 30 日，毛泽东同志对《新民晚报》负责人赵超构说：“我很喜欢杂文，也想经常为报纸写杂文。如果让我选择职业的话，我想做一个杂文家。可惜我现在无此选择的自由。”

毛泽东同志是赞成杂文的，尤其称赞鲁迅的杂文。他在若干地方讲过鲁迅的杂文。在困难的延安时期，他还通过党的地下组织，从上海辗转到陕北根据地，得到一套《鲁迅全集》，经常带在身边，着意攻读。因为鲁迅的著作与革命的方向是一致的，它总结了各个时期的战斗经验，无限丰富而又有文采。毛泽东同志自己也写过一些杂文。可惜的是，历次的政治运动特别是“文化大革命”中，为坏人所利用，凡写过杂文的人，大概谁也难免于难。

三

杂文作家各有各的风格和韵味，不可能也不必要求得一致的。但杂文也有它自己的特色，并不是随意写来都符合杂文的要求。我们常常品评某些篇章说它具有杂文的味道或味道足些，而对另外一些篇章却说它没有杂文的味道或味道不足。显然杂文毕竟要有杂文的韵味，有它自身的要求。依我看，至少要有这样四条：

1. 事实的依据。杂文的创作与其他作品一样都是来自生活的。它是作者在生活中有所感而产生的议论，也就是从事实出发，引出来的看法、感想等等。事实是杂文的生命线，离开生活的真实空发议论，等于说谎，说谎有悖于为人的道德，更无从谈起战斗力。因为既要批评某种时弊或病态现象，总不能搞假想敌而发空论。即使是讽刺吧，讽刺的第一要义是必须真实，否则就成为造谣污蔑。至于把对象的特点加以夸张，引起读者的注意，增加效果，也是允许的，因为它是文学作品。

2. 独立的见解。任何文学作品都要提出自己的见解，这种见解还应该是新鲜的带有独创性的，如果是重大发现，能传诸万代而不朽，那就很了不起了。但是，那能有几?! 即使是大思想家，也不是每次立言，都可以传世的。就一般而言，杂文中所论述的，不论是政治生活，经济生活，文化艺术生活，还是道德观念，思想品质等等问题，都要说出一点能启迪人们智慧的新意来，是十分必要的。“文章切忌随人后”，杂文更不能人云亦云。因为说二话，说废话是没人要看的。

3. 尖锐而泼辣。杂文是战斗的匕首、投枪，对敌人要一击而致敌于死命；对革命队伍内部斗争，也要猛吓一声：“你有病啊!”让他出一身大汗，然后慢慢医治。如此说来，不论对象是敌是我，都要有点威势，也就是要尖锐。如果没有一点气势，引不起人们的注意，当然也谈不上什么效果。所谓泼辣就是要有原则的坚定性，坚持斗争，不达目的决不罢休。鲁迅先生的《论费厄泼赖宜缓行》的打落水狗的精神就是这种泼辣的典型。

4. 要有文采。杂文既是文艺论文，这就规定了它必须有艺术性，因此就要求它有感情，有形象和典型性。运用语言要准确、生动、有味道、有文采。具备了这些，杂文才有看头，才能打动读者，产生应有的效果。短短的一篇杂文，如果语言无味，谁还肯看下去呢？“言而无文，行之不远”，杂文的写作更要注意及此。

我想有了这几条，杂文的韵味也许就比较足了。

四

对于杂文我想打个比喻。当然任何比喻都难十分确当，但究竟有类似之处，于是才有事物的可比性。杂文的可比性呢？我想它可与语言艺术中的“相声”，美术中的“漫画”相比。因为它们的任务和功能基本上相同，都是以批评为己任的。当然也不排斥它赞扬新生事物。

我翻阅过侯宝林的著作：《侯宝林谈相声》，从中知道它的主要任务是以幽默的语言，讽刺那些应该否定的社会现象。这里面有一套学问，很不简单，所以它为广大群众所欢迎。华君武及其他漫画家的漫画，也都是批评那些应该否定的事物。以往由于政治运动的冲击，相声为了适应这种要求，曾一度以表扬好人好事为主，生硬地加进一些笑料、噱头，效果并不怎么好。而杂文也可以写好人好事，但其主要的功能仍是批评时弊和一切应该否定的事物。这也是无可怀疑的。有人说，现代不是鲁迅的时代，杂文不应走鲁迅的路了，这当然有其一面的道理。现在中国是共产党领导的人民的天下，而且已经几十年了，但是，现代仍然有而且长远的有应该消灭的不符合时代要求的坏现象。这一点恐怕谁也否认不了的。批评这些坏现象也是必不可免的。它与表扬新生事物可以并行不悖。

有一天，一位杂文作者来坐，说起他为什么写杂文来，他讲了几句很有意思的话。我看用它来结束本文是合适的。“有人问我为什么写杂文？我一不为名，二不为利。我写杂文是‘打一枪换一个地方’，常常改换笔名，除编辑外，谁也不知道是我写的，所以出不了名。杂文都是短小的千字文，稿费很少，所以也发不了财，有什么利呢？那么为什么写它呢？——我为了出口气。”

我附加上一句：

“这口气是为人民而出，不是为个人而出的。否则就是无聊。”

1985 年 6 月

（选自 2002 年 9 月湖南文艺出版社《拾花集》）

《刘兰芳评传》序

罗扬

刘兰芳同志的性格像一团火。她热烈地爱着所爱，热烈地憎着所憎。每次听她说书，我都为她那火热的感情、语言所深深感动。

刘兰芳同志是在粉碎“四人帮”之后，以说《岳飞传》而名扬全国。当时，全国有数十家广播电台，电视台播放他的《岳飞传》，每当播放时间，许多地方的评书听众都围坐在收音机、电视机旁，听她说书，街巷的行人格外稀少，据说民事刑事案件也明显减少。至于在剧场、广场直接观赏刘兰芳的现场演出，更是人山人海，其受欢迎的程度，简直难以言状。一个演员、一部书，竟能吸引着、感动着如此众多的听众，在我国说书史上大概是空前的。

为什么会发生这样大的轰动效应？这自然有多方面的原因。我以为根本原因之一，在于刘兰芳说的这部书的内容及艺术合乎人民的心意，表达出人民对一切忠诚于祖国和人的英雄豪杰、志士仁人的热爱与崇敬，以及对他们受到的不公正待遇而产生的深切同情。刘兰芳说的是宋代的故事，引起听众共鸣和思考的却是十年动乱年代发生的某些近似的历史悲剧。很明显，人们从这里获得的不仅是一般的娱乐和艺术欣赏，而更重要的是爱国主义的教育和历史的教训。我想，这也许就是刘兰芳的《岳飞传》所具有的不可低估的思想艺术力量。我们从这里也可得到一种启示："寓教于乐""雅俗共赏"，是我国说书艺术的好传统，我们必须很好的弘扬这个好传统，才能使说书艺术真正成为最受广大群众欢迎的艺术。应当说，刘兰芳在这方面的确为我们提供了一个很好的范例。

刘兰芳同志是讲说传统的能手，也是讲说新评书的闯将。长期以来，她陆续创作演出了数十篇新的短篇评书。这些新评书迅速地反映了现实生活中的新人新事新面貌。由于刘兰芳经常和群众生活在一起，熟悉群众的生活、思想、感情和语言，具有对新事物的敏感和热情，又能掌握评书艺术的规律、特点和艺术技巧。这些新作品大都做到人物性格鲜明，构思巧妙，语言生动传神，经过她风趣活泼和富有鼓动性的表演，无不受到群众的热烈欢迎。她在编演新书方面已经做出很大的努力，并取得可喜的成绩。她还准备再创作演出一两部新长篇评书，为长篇评书闯出一条新路子，争取更多的青年听众。这种想法是很好的，盼能早日实现。

刘兰芳还是一多面手，她出身于说书世家，从小开始学唱的是东北大鼓，由于她人聪明，嗓子好，又能勤学苦练，十几岁就唱出了名声。前些时候，我听她演唱了一段东北大鼓节目，确实不同凡响，颇显光彩。她后来虽然改说评书，没有向唱的方面发展，好在说书艺术是一种容量很大的艺术，表演者需要丰富的知识和多方面的艺术才能，她在唱功方面所下的功夫，对她的说书艺术也很有帮助。凡是听过她说书的人都会感到，如果刘兰芳没有演唱鼓曲方面的功夫，并把这种功夫很好地运用到评书表演当中，要说表得如此字正腔圆，铿锵有力，如此富有节奏感，音乐感，也许是不可能的。

刘兰芳能够在艺术上取得突出的成就，从根本上说，在于她有理想，有抱负，有对党和人民的无限忠诚和无私奉献精神。她是在新中国成立后成长起来的，从小就下定决心，要学好一套本领，为人民服务。她把为人民服务看作是文艺工作者的光荣。几十年来，特别是入党以后，她更加自觉地以共产党员文艺工作者的标准要求自己。她走到哪里，就和哪里的人民打成一片，真心诚意地为他们服务。她从来不摆名演员的架子，从来不辞劳苦，不计报酬，不讲条件，凡是群众需要自己做而自己能够做到的，她都尽心尽力去做。一九八一年，她率鞍山市曲艺团赴广西、云南前线慰问人民解放军指战员。她和全团同志爬高山，穿丛林，深入前沿阵地慰问演出，使战士们深受感动。她和全团同志也受到很大的锻炼。须知她担任团长的鞍山市曲艺团是一个集体所有制的表演艺术团体，一切费用都要靠演出的收入。这次赴广西、云南前线慰问演出，前后一个多月时间，不但分文不收，连往返的路费、伙食费等费用也都是曲艺团自己负担。如果没有高度的爱国热情，如果没有无私奉献、艰苦奋斗的精神，要做到这一步是不可能的。

陈云同志曾经用"出人、出书、走正路"七个大字勉励曲艺工作者。刘兰芳用自己的行动回答了陈云同志的殷切期望。《刘兰芳评传》一书，是李微同志抱着很高的热情编写的一部传记著作，是刘兰芳同志沿着正确的道路不断前进的记录，对于人们了解和研究刘兰芳及其艺术，将是有帮助的。

（选自1995年8月中国文学出版社《曲艺创新录》）

花

顾自忠

花，姹紫嫣红，气息芳香，美化着人们的生活，谁不爱花呢？如今，人们追求生活的美、自然的美，从城镇高楼大厦的会议室、办公室、卧室、阳台到农村的农家小院、屋檐下，随处可见各种各样的花草。人们爱种花，爱赏花，已成为一种习尚。

人们的兴趣各异，对花的爱好自然有别。有人既爱那种种在农家院里萦绕在篱笆上的喇叭花，也爱那种野生野长在山坡、路边、田头的山杜鹃花和马兰花，它们在粗犷、泼辣中透出媚人的风姿。有人爱花又没有那么多时间侍弄它，只好在院里或花盆里种上几株月季或夹竹桃，喜欢它们从春至秋花儿常开。

有人爱那种种在温室里、花圃里、精制的花盆中，由花匠或主人精心栽培，细心管理的芍药、牡丹、君子兰，它们的枝嫩、叶硕、花娆、喷吐馥香，令人陶醉。然而，我最爱的是那种在一望无际的田野里的，为亿万农民所喜爱的花——棉花。

棉花，本不应在花卉之列，它作为一种农作物，除了农艺师和农民，又有谁把它当作一种花去欣赏啊？也许是我多年与农村的农民打交道吧，跟农民逐渐试学会了种棉花、欣赏棉花的花。

冀南平原坦荡无垠。这里是国家的棉海，你只要来这里考察一下，就会感到这种棉花比种任何名贵的花草更煞费苦心。

暮春，南风早已吹绿了杨柳，迟发的枣芽也终于萌动了。“枣芽发，种棉花。”农家的院子里摊晒着白生生的棉籽，晒过的棉籽，经过温汤浸种、催芽，当饱鼓鼓的棉籽呶出雪白的嫩芽尖尖，农民下地扶耧或一担担挑水一锄锄挖坑，把它播种在耕耙得疏松的褐色的土壤里。农民们盼苗出土，赛过盼儿子降生啊！他们的焦急难耐，一天几次跑到田里，顺垄看呀，扒呀，看已播下的种子扎没扎芽，出没出苗。

初夏，棉花披露出鲜绿的两片叶子，农民们像照管幼儿似的，一遍又一遍的锄草、暄地，使土壤松松软软，增温保墒，为幼苗健康发育备下了海绵床。当着生出几片真叶之后，农民们一棵一棵的追肥，为幼苗茁壮成长备足了食粮。农民们看到那纤弱的幼苗日见粗壮，茎高了，片片绿叶舒展开了，真如同看到儿子长高那样，心里高兴呀！可是这时，可恶的蚜虫、红蜘蛛偷偷地爬到叶子的背面，贪婪地吮吸着甜美的液汁，这真比抽取农民身上的血液还要使人心疼啊！农民们被激怒了，纷纷背起药桶，一遍又一遍地喷洒药液，地下落下一层黑黑糊糊的虫子的尸体，仗打得漂亮，棉苗生机勃勃，真是多么舒心哪。

仲夏，当棉花生出第十片叶子之后，棉花开花了。满地里，一株株，开放出黄色的喇叭花。不几天，花儿由黄变红，像一盏盏小灯笼。花儿落了，生出一个个青色的小铃铛的嫩棉桃。底部的花儿落了，上部的花儿又开了。一片片花，开得令人欢欣！可恨的棉铃虫的蛾子，装扮得像蝴蝶一样，在花丛中翩翩起舞，暗中悄悄地把鱼籽一样的虫卵籽产在了棉花的新梢的嫩叶上。当卵子由白变黄，再由黄变红之时，正是幼虫出壳之日，如不及时除治，幼虫便会咬蕊蕊落、咬花花脱、啃桃桃空。农民们是很清醒的：蕊落、花脱、桃空岂不是空忙一场！他们不顾烈日当头，汗湿衣衫，身背药桶一遍又一遍地喷洒刺鼻难嗅的农药，经过连续战斗，棉铃虫这个孽障完蛋了！花开花落，一个个棉桃坐住了，长大了，农民们心中充满希望之花。

秋末，花儿开到顶上，下部的棉桃由绿色变成了赤裸色，逐渐咧开了嘴，绽出一朵朵雪白的棉花。农民们心醉了。尽管他们腰扎包袱，弯着对头弯的腰板，整天摘，腰板疼了，直一直、捶一捶，摘收了一包又一包，他们的脸上也绽笑开了花……

朋友，你是否觉得我离了题，不谈花儿却大谈棉花呢？在冀南平原，不，在所有棉区，广大的棉农每谈到“种花”，说的就是种棉花吧！这样，你或许要说，种花、养花是一桩雅致的趣事，种棉花那是农民的劳动，是农民的职业，是农民的本分。不错，种花、养花、种棉花都是包涵着劳动呀。既然是劳动，特别是农民的劳动，确实是辛苦的，可苦中有甜呀！棉花是农民心中的花、富裕的花。不信的话，金秋十月的摘花季节，你还是随我到农家来吧。当你走进农家院时，看到他们新盖的红砖房，进到屋看到洁白的粉灰墙，堂屋中摆放着时兴家具、收录机、电视机，炕上叠放着一床床崭新的被褥，你不禁会问他们的生活变化。他们会笑着指给你看在屋里一垛垛的棉花，说是靠党的政策、靠科技种棉发了家。这时，也只有这时，你才会真体味到他们心里总是棉花，也确实为棉花的年年丰收，心里乐开了花。

朋友，你可能穿的是涤纶或毛料服装吧？你如果以此去向农民炫耀，他们会骄傲地告诉你：不管是谁，不管他多么阔气，谁也离不开经济、实惠、柔软、舒适的棉纱。你要归璞返真，回归自然吗？请用棉纱。

朋友，你尽管喜爱各种各样的名花，但我要劝你：你应该爱那田野里的一片片的棉花。当你确实觉得棉花可爱时，难道你不更爱那终年操劳棉花的人吗？

（选自 1993 年 2 月百花文艺出版社《冀南风情》）

地名趣闻话贺钊

李智刚

贺钊，以集市贸易闻名的古老村镇，坐落在河北省威县中部。

贺钊名称的来历，没有资料可查，那是非常久远的事了。在 20 世纪 50 年代初期的中国地图上，除县名外，威县数百个村镇之中，只有贺钊二字标在上面，可见贺钊历史悠久，地理位置重要。

大约在清末民初，贺钊人听说冀州请来北京富连成科班大戏，便去请戏班，富连成科班是当时有名的大戏班之一，常进大城市，登大舞台，哪肯到一个无名小地方来？贺钊人不服气，于是，社会贤达，商界代表，共同研究对策，巧用贺钊周围地名，编出一套美化贺钊的故事来。

首先，将贺钊称为贺州（谐音）。贺州有多大？曰：贺钊有“四门四关四吊桥，真山真水真老虎”。镇上有“七十二眼井，八十二座庙。狮子头上一座庙，庙上一座房，房上一棵大椿树”。站在西门远望，有“九营相卫”；南门之外，有“十八寨相护”（合称九营十八寨）；站在北门上看，正北对着“五河口”，“郑河”一条。十五里地一座“雪塔”，东门之外，有南北二“小城”，东西二“大城”，站在东门上，可同时“听三县鸡叫”。

戏班里的年轻人听后如坠五里云雾，人心骚动，不知贺钊多大地方，决心去看个究竟。故事编得非常成功，贺钊人终于看了一场大戏。

俗话说看景不如听景，戏班走进贺钊之后，自然远非所闻。尽管贺钊是比较繁华的村镇，若和县城相比，差距是明显的，编故事的人解释来，却振振有词，情理俱在。

贺钊人所言“四门四关四吊桥”，确有其事。贺钊不止有四门，而是西门两座，北门一座，南门三座，东门两座，还有腰门（街中之门）三座，都是青砖砌成，可通大车过往。虽没有城门之威风，缺少城墙之险峻，其建筑规格，可谓仅次于县城之门，这在县城以下的大村镇之中，实属罕见。

追其历史，这里无县衙，设门保卫谁？清朝中期以后，朝政腐败，群雄四起，盗匪横行，给正常的商业运行带来直接威胁，贺钊街里能修建八座街门，三座腰门，标志着贺钊商业活动的繁荣昌盛，为商业和财主们的安全而建，自是情理所在。

贺钊地处华北平原南部，盛产棉花，以棉花产品为主的集贸市场，闻名四方。当地生产棉花，经加工轧成成品棉包，通过京杭大运河，远销天津、上海诸大城市，于是这里就有了收购棉花的棉店，轧花坊，轧包坊，经营棉花的经纪人，轧包工人、搬运脚夫，等等。这一带的农家妇女，人人都是纺棉织布的能手。口外的商人，将塞外的牛马贩运到这里，同时将这里的土布带回去销售。这里的土布市场，牲口市场相继繁荣，土布的深加工也应运而生。贺钊的染布作坊有多家，规模大，档次高，多为山西人所开。棉花产品市场的发展，带动了其他行业，如银号、当铺、旅馆、饭店、药店、杂货店、皮革店、副食店、洗澡堂、理发店，等等，街内店铺林立，楼房瓦舍拔地而起，如逢大集，庙会，商贾云集，人山人海，更加热闹非凡。商业的繁荣，促进了村镇的发展，打井多，修庙多，唱戏多，外来移民多，成了贺钊的明显特点。

贺钊的庙多，名不虚传。至今人们还相信“八十二座庙”真有那么多，其实，那是为了说着顺口，不可能正好八十二座。贺钊的庙，多为道家供奉，如玉皇阁、真武庙、奶奶庙、天齐庙等，那规模最大的庙（俗称大庙），叫作“碧霞宫”，即是道家典型的宫观名称，碧霞宫对面，建有一座古老的戏楼，每年正月二十一开始祭神打醮，二十四庙会，必在戏楼上唱大戏，给传统的宗教活动增添热闹气氛。贺钊人爱看戏是有悠久的历史渊源的。贺钊的庙多还表现为街道的形式上，这里多为丁字街，每逢街头、街口，必建庙宇。庙有大有小，一个街口也可能有几座庙，庙内还有小庙，大大小小，就难以计数了。

除了庙多之外，贺钊街内还建有天主教堂、基督教堂。各种宗教信仰，都有自己的队伍。旧社会，贺钊属威县之外的山东邱县管辖，实际上是“三不管”的地方，叫作“飞地”，所以，这里形成外来移民多，宗教信仰多，各种帮会组织也多的一个庞杂的小社会。

再说四门之外，除了北门，都有桥洞，各有一庄，和县城的关相比，实际上城关也是一庄，没有实质的区别。北门之外既无庄，也无桥，倒有土山一座。编故事的人为凑成四门四关四吊桥，将北门外寺庙大殿后墙上所画的仙人张果老骑驴所过之桥，名曰“过仙桥”，一直成为趣谈。北门外土山之上，逢庙会，有外来人搭篷暂住，岂不有了北庄？

西门外之“九营”，实为九个叫作“营”的村庄。南门外之“十八寨”，同样是十八个“寨”名村庄聚集在这一带，叫起来，有那么多营寨保卫贺钊，实际上是自然形成的村名而已。北门外之“五河口”，是五个叫作“小河”的村子相连在一起，这里根本没有河，“郑河”非河，“雪塔”非塔，皆是借村名为据。东门外邻村有南小城、北小城村，东大城、西大城村，所谓“大城”“小城”都是小于贺钊的村，“城”之大名，成为编故事的绝好材料。东门外邻村有两个分属威县和南宫县管辖，加上贺钊本身，在东门之上，可听三县鸡犬相闻，这是当时的事实。

所谓“真山真水真老虎”，山指北门外土山，山下有大片坑塘蓄水，山水皆为真，老虎实为夸大之词。每逢庙会，土山之上有人搭篷，篷上附有老虎图案，这便是老虎的根据了。至于那“狮子头上一座庙”，更令人捧腹大笑，小西门内丁字街口墙上，有一座嵌在墙上的小庙，小庙下面有一石狮子为墙基，庙在一座房的墙上，院内一颗大椿树高出房顶，这便是“庙上一座房”、“房上一棵大椿树”。

前人借地名之便，巧编故事，在那交通不便，信息闭塞的时代，借互不了解之机，夸大本地繁荣、富有，提高本地的知名度，是经常的事。前人的典故颇多，编得又合情合理，充分显示出前人的聪明才智，一直被后人传为佳话。由于时代的变迁，历史将永远成为过去，日军入侵时，商店、银号、作坊、街门、寺庙、教堂，都已变成瓦砾一片，荡然无存，贺钊衰落了。解放后，由于某种原因远离公路，标在中国地图上的名字，也换成别的村名。然而，历史又赋予贺钊人新的希望：银号没有了，有了新人民银行；四门拆掉了，现代化的油面公路穿街而过；少了七十二眼井，迎来了自来水进家到户；八十二座庙没有了，新建了中学、小学。北京的大戏不用去请，坐在自家炕头上，北京的戏，南京的腔，外国的歌舞，可以尽情地看个够，前人哪有我们享福？

（选自2000年9月中国戏剧出版社《心境》）

梦萦故里

李金鹏

我想我是属于这座古老的村镇的，我的思想和灵魂是属于古老的街巷，环村的池塘，葱郁的树木的。

我的家乡是七级镇，她有着千年的历史，文化底蕴深厚，旧时称“忠武寨”。故晚清至民国，七级周边数村皆属“忠武保”，七级镇的团练为“忠武团”。

贯穿村镇南北的那条公路从我记事起就这样穿过村庄，人流不息，四乡的百姓赶集上店，商贾在街道和村边经商贸易，热闹非常。

方志记载：“七级建村于东汉。当时佛教传入，渐及燕赵。曾修‘大兴善寺’于此，寺内筑敬佛宝塔，僧徒渐多，香火日盛，商贾农工因聚为村落，盖取‘救人一命胜造七级浮屠’之义以名村。”旧时，七级镇即指七级村和七级堡两个自然村。土城四围亦包括七级村和七级堡。堡意为城中之城。七级堡在七级城之西南隅，亦有四门。前皆加小字，曰小西门，小南门云云，以对应七级镇之四门。另加今东七级正北之“小北门”，七级镇共有九门。旧时七级堡是七级镇的“商业街”。晚清，各地商贾来七级经商，所以七级堡的姓氏比较复杂，盖与外商来此落户有关。

上世纪六十年代，七级堡南北街两边的建筑仍为旧时商店的“板搭”门面。“文化大革命”前，下雨天，我们从门店的回廊穿过，衣服不会湿。从小西街向北穿过曲折古朴典雅的明清建筑，可以到七级堡的南北街来。那些曲曲折折的悠悠古巷，那些古老的民居，深深的庭院，成片的池塘，人文的情怀，无一不烙印在我内心深处，无论时光如何磨蹭，都挥之不去。古镇给人的，永远是魂牵梦绕。此去经年，红尘滚滚，多少流年易逝，古镇给人的是深厚的历史文化底蕴和轮回千年的世事沧桑，让古镇的一草一木都充满灵性，一砖一瓦都写满故事。

从七级堡老供销社旧址向北约百米，南北街的北端是原来七级堡的小北门。向北还有一段街巷，正冲着西七级的“真武庙”（乡民呼之为“周鼓庙”）。真武应“北方玄武”，民间俗称真武大帝，荡魔天尊，是道教大神之一。

出西门，西北二里许是七级著名的“唐帝庙”旧址。相传此庙为两层道观，上层为阁楼，俗称“阁”（土音 gǎo）。相传唐帝庙为唐代尉迟敬德所监造，民间有“敬德走马看古槐”的传说，传说他在修庙期间曾到南宫“大河头”看一棵老槐树。大河头的古槐直到近代还枝繁叶茂。唐帝庙有很多古老的神话故事，代代相传。根据《重修唐帝庙碑记》记载：“今庙中正殿之上，卤薄庄严，羽葆骈列，冕旒而长须者即岳神也。”此庙正殿供奉“东岳天齐仁圣大帝”，即传说中主宰人之生死的幽冥界的主宰，即幽冥教主，民间俗称“天星爷”。两边有“十王殿”，供奉十帝阎君。著名诗人王伯廉《重修唐帝庙碑记》还记载了殿宇中的装潢，写道：“殿中东西壁画殷季诸荒唐事，笔笔生动，须眉活现，似出刘半阮手。余顾而乐之，徘徊不忍去”。每逢节日庙会，巨鹿、广宗和南宫各县的香客百姓云集。《重修唐帝庙碑记》记载了癸丑年（1913 年）下元节庙会的盛况：“诸信士又演剧赛神，奔走十方之士女，箫鼓嘈杂，拜仁王也；香烟叆叆，焚旃坛也。盖廊宇之曼廻，甍盖之岧嵽，幡幢之迷离，宝相之晶荧，有不可殚述者焉。”我幼时的记忆里，唐帝庙就是一个高大的废墟。相传日寇来七级之前，庙还存在，日寇进驻七级前，用大炮把唐帝庙轰成一片焦土。我们小时候，常常爬上唐帝庙的废墟，骑在废弃的石头赑屃碑座上玩。在生产队锄地的时候，经常会捡到明清年代的古铜钱。

从今西七级真武庙向东走，过十字街向东百余米，就走到了中七级小学的位置。中七级小学对面原来是村公所，是七级村的社区精英们办公的场所。抗战初期，王任重和陈再道等共产党、八路军的领导人就在此办公。中七级小学的位置就是当年的七级村区立第二高等小学校的位置。1915 年，教育家李郇雨先生在七级创立七级村区立第二高等小学校，他教育学生以“勤朴诚毅”为宗旨。自己身体力行，以此作为立身标准。他在该校担任校长的四年间，殚精竭虑，克己奉公，“所得薪金除饭资外，悉捐入校中，共计银洋六百余元”。当时县长谢学霖奖给“乐育为怀”匾额，以示褒奖。省视学阎承之来威县考察后，加以，“不辞劳怨，卓著成绩”的评语，直隶省长颁发一等嘉奖章（民国《重修威县志》卷十六）。

由此向东，后街南侧，小学东边，有一池沼名曰“母家濠”。明朝初年，“燕王扫北”，畿南一带，因战乱灾荒，民生凋敝，人烟稀少，朝廷令“迁山西民以实之”。明朝永乐二年，七级李姓等姓氏自山西迁民至此。母姓为七级村最早的“土著居民”。母家濠北侧胡同北头路西母家旧宅对门即李茂斋故居。李茂斋是邢台市著名的八卦掌拳师，是八卦掌第三代传人。李茂斋自幼跟随父亲李均重在涿州经商，字号“天兴李”。李茂斋清末拜八卦掌名家刘凤春为师。习练八卦掌。刘凤春为大内带刀护卫，御赐“九城太保”。李茂斋于上世纪五十年代回七级，是冀南著名八卦掌名家，他的纪念碑在七级村北 106 国道西侧。

由中七级小学往东200米路南，原有一座巍峨的门楼，上世纪五十年代曾为区政府的治所，六十年代为七级完全小学校址。所谓完全小学，实际上只是小学的五、六年级所在地。小学校分散于今东七级、中七级和七级堡的三个小学校中。上世纪四十年代，此处原为七级抗日高小旧址，抗战期间，多少英雄儿女从这里走向抗日前线。

从中七级与东七级交会处往南的小街西侧原有“穿心店”旧址，此为贯穿于七级村东北隅南北走向的通衢，北至大北门和小北门，南通大南门。记得小时候，七级村著名的“孝丐”李秋生就住在穿心店的东屋里。“穿心店”与“扁担濠”交会处向西为旧时“马道”。马道南侧即今前七级的位置，过去是七级村打工族的棚户区，所以民居建筑杂乱而不规范，街巷狭窄歪斜，旧称“拐里”，因孙姓居多，俗称“孙家拐”。扁担濠北段西侧是武术家孙化南的故居，孙化南为著名红拳拳师，艺德双馨，闻名遐迩。由此向南西侧俗称“前庄上”。这里有近代著名拳师李老昆的故居。李老昆原是七级后街著名的红拳拳师肖老济的高徒，义和团时期，北上涿州，学习了义和神拳，把红拳的技击和义和神拳的“气功”相结合，创造出一套颇具自身特色的武术形式。民国时期，他的高足魏兴杰字彬臣，南北闯荡，定居石门。他在李老昆红拳基础上，发扬光大，创“气功长拳”，成为中国武林“气功长拳”的一代宗师。

沿着扁担濠向南，南段东沿是威县著名教育家、书法家宋德功的“佩兰别墅”旧址。宋德功先生在民国初年，引领潮流，崇尚民主，献身教育，倡办女学，是七级村引以为豪的文坛领袖，也是威、南一带著名教育家、书法家。据村中老人回忆，民国时期，宋德功的女子学校，大门口有一影壁，向西的一面，写着“博爱”两个大字，向东一面写着孙文的《总理遗嘱》。扁担濠旧时碧水荡漾，岸柳成行，堪称七级一景。难怪威县著名诗人王伯廉来到这里，写下著名的《佩兰别墅记》，文中描述这里“道左寒潭漾清光于门外，宅南大柳送秋色于墙头。”

沿扁担濠南行正南方原为上世纪六七十年代的前七级戏院，现已变成一片民宅。向西一拐便是前七级的“三官庙”，庙中供奉“天官、地官和水官”。《历代神仙通鉴》说三官乃元始天尊真气所化，从口中吐出，后降人间，即尧、舜、禹三位传说人物，后封为三官大帝。宋代将三官与三元联系起来，所以后世把正月十五上元节、七月十五中元节和十月十五下元节说成三官大帝的生日。至今前七级的信众仍过着这三个节日。庙内神主为威县著名水陆画画家郭维城绘制。三官庙对联：“帝德无边尧天舜日；生平有象国泰民安。”（李金鹏撰联，西七级赵汝明先生书丹）

从三官庙南边小街向南走至向西的东西道就是原来大南门的位置。南门外原来的耕地现已变为前七级的民宅。南门旧址向西是原七级医院和七级镇中的旧址。

穿行在七级的街巷，从七级堡到真武庙，经由后大街，南拐到扁担濠，经由佩兰别墅旧址到三官庙，一处处景点；李郇雨、李茂斋、孙化南、李老昆，宋德功、一位位人杰，一股历史的幽韵向我们徐徐袭来。那些久远的故事，或爱或恨，或恩或怨，或褒或贬，湮灭在街道的一门一窗、一草一木，湮灭在古老的迷离里。经年过往，生活就是那么如梦如幻，如歌如景，无奈着，希望着，憧憬着，彷徨着，苍白着，熣灿着。站在时光的深巷，静静地倾听风划过季节的轮回，回味在浅浅的岁月里，看世事尘埃落定。心，就在清寂的时光里，孤寂、恬淡、遥想、品味。淡定从容地去品味和感悟，品尝苦难过后的香醇，把那悠长的离愁别绪和生命里的残阳，放逐在古老的屋檐下，洒落在树边的枝头上。

平凡的人生，总有风雨相伴，总有崎岖不平，总有花残月缺，总有悲欢离合。让我们在清寂的时光里历练自己，成长自己。守着一份恬淡的情怀，持着一份古老的怀念，静静地等待属于自己的那一份辉煌，那一份美好。

记忆中的故乡——段家王村

李华方

冀南平原上有一座古县城——威县，县城东北五十里有一个集镇大村，这就是我的故乡——生身之地段家王村。

儿时的故乡有后、前、西三条大街，也就是现在的后王村、前王村、西王村。三条大街组成一个“品”字，中间一个大壕坑，方圆一千多亩，取名王家大坑，闻名遐迩，常年积水不断，就是大旱的1943年也是清水荡漾，鱼儿翔游。夏秋季节波光涟漪，是孩子们的天然游泳池，冬天又成了滑冰场。壕坑四周杨柳荫岸，岸边造房，垂钓的人们洒点水边，一派江南风光。

壕坑中间有一“孤岛”，建有砖墙瓦舍，这是段家祠堂，后来改为村学。水中学堂绿树掩映，以曲桥与岸相接，四周渔筏漂荡，湖光水色，美不胜收。我在此任教时曾填《卜算子》词来赞颂这里的美好风光：“汪洋碧水边，垂柳杨桃艳，水中蓬阁见校园，书声朗一片；鹅鸭穿丛莲，鱼儿游桥边，舟中儿童赞校园，非是在人间。”

三条大街以西街最为繁华，大街两旁店铺罗列。生产用具、生活用品、杂货饮食，三步一铺、五步一店。这里四九大集，每到集日，远近十几里几十里的人们都来这里贸易。朴实好客的村民，一早起来迎接新朋旧友，无论是云游客商，或是坐地旧贾，不管本钱大小，村民都予以帮助。摆设摊点，谁家都可提供门板、木床。存放货物，帮你精心看管，都分文不收。

村里大多数人家都有生意，忙起来早午两顿饭是没空做的，有的人家从饭店要饭要菜，有的则吃馒头、油条、大饼、老豆腐，从茶馆倒水或自己烧汤。不遇集日饭店的锅勺也是叮当响，酒铺猜拳行令，茶馆座无虚席，各种风味小吃昼夜不关门。

这里有句俗话：“大吃不如‘小吃’，花钱少，味道好。”论起故乡的小吃，真是另有一番情趣。它的色香味不亚于北京的烤鸭、天津的狗不理、兰州的拉面、西安的泡馍，要说就里，无非是制作家都有一手绝活。酥香的旋子饼用的锅是前后灶，前边是锅，后边是箅，把搅好的面擀平成饼，加上油盐，搓筒拉长盘旋，再擀成饼，先把它放到前锅烙熟，然后再拿到后箅炙烤，等到焦黄内油外流时出锅。这种饼吃起来酥香爽口，味道鲜美。乳白的老豆腐与众不同的是熥油打卤。必须用上好棉油，急火将油烧开，再文火慢烤，只熥到油不冒烟气，乌黑变稠为止。熥好的油不能再加一点火。否则就会起火，因此，熥油都在露天广场。细嫩如脂似膏的豆腐，浇上熥好的棉油辣椒卤，吃起来浓香微辣，真是美哉。喷喷香的烫面包子更是一绝，上好的白面用温水烫和，擀出包皮如纸似绫且有抻性，包馅的调制更讲究，中肋肉与油的搭配必须相当。剁好的肉搅拌出浆后，加盐、油和其他调料，再拌入以葱为主的少量菜馅。包子蒸熟后，用手一提包皮，肉丸在皮内滚动。出锅的包子与煎饼一起放在草囤子里，当掀开草囤盖，解开布包，一种浓香便扑鼻而来，让人垂涎欲滴。一张煎饼卷上两个包子一吃，鲜香欲醉，有说不出的美感。还有五香肉、香油麻糖、细果子、芝麻饼子，等等等等，都有与众不同的制作绝活，与众不同的独特风味，因而我村的小吃远近闻名，吸引了不少外地人来这里品尝。

故乡的容貌与繁华，远非一壕一街一吃所能描绘的，也并非月是故乡明。今天，这里古风尚存，人们农商相兼，又逢天时地利，公路擦村而过，人们追风逐路，在公路两侧建起了商业摊点，南北进货，东西网联，正以新时代的步伐发展着。

（选自2001年1月6日《邢台日报》）

英烈亭记

胡林声

“一一四”英烈亭矗立在威县城内火神庙街东侧，它虽然不是重楼杰阁，结构也并不奇特，但一眼望去既嵯峨峥嵘，又玲珑剔透，圣洁而庄严。六级的青石台阶，红色栏杆；一座墨色的英烈碑屹立在亭子中央，正面镌刻着“一一四英烈碑”六个洁白大字，后面是遒劲的释文，最动人的还是顶内壁正中的那只仙鹤，玉羽雪白，鹤顶鲜红，红的像血似火。它好像对每个仰观者嘱咐：踏着烈士的血迹前进吧，前面的生活更美满！这时，你会蓦地感到，整个英烈亭亦生了翅膀，恰似一只红顶仙鹤，正在蓝水晶一般的天空中展翅高飞。

我不是初次登亭了，算起来足有十几次。记得第一次是跟伯父来的。因为年纪小，对亭子到底啥样子都不甚清楚，脑子里一会儿变幻个这样的房子，一会儿想像个那样的屋子。头天晚上伯父把我拉到跟前说，天明带我去登英烈亭，我高兴地几乎跳起来。伯父伸手把我按到一个小凳子上严肃地说：“孩子，一一四英烈亭是为了纪念一百一十四名英雄而建立的！”我瞪大了眼睛。接着，伯父就向我讲起了一一四英烈的英雄事迹来：

1938年春天的一个夜里，厚厚的云层遮住了天幕，好像天和地都融成了一体，黑得伸手不见五指。这时从西边山上来了一支神通广大的八路军，神不知、鬼不觉地来到威县。兵分两路和城内的敌人展开了激烈的战斗。一路从城东北角迅速登上了城墙，干掉夜遇的敌人后，就摸着向西进攻。不料，在离北门不远的地方，战士们遭到了敌人机枪的扫射，他们立即隐藏在城墙的倒塌处英勇反击，我们的子弹像旋风一样刮向敌人，北城墙战成了一片火海。另一路从东城门打进城后，直入敌军司令部。四十多名同志在枪林弹雨、硝烟如雾的恶劣环境下，前仆后继，在弹尽援绝之后，继以砖瓦坚守阵地，坚持战斗达四小时之久。两路英雄终因寡不敌众，全部壮烈牺牲。此次战斗我军牺牲连长以下指战员一百一十四名，被誉为一一四烈士。人民群众为了让子孙后代永远铭记烈士的英雄业绩，便建了碑，修了亭。

那是一个明朗的早晨，秋高气爽。我扯着伯父的手，踏着六级青石台阶登上了英烈亭。微风吹拂着我脖子上的红领巾，心里觉得开阔极了。古人云：“凭栏遥瞩，必悠然而动遐思。”不过，到底自己年幼无知，看不出个道道儿来。没顾上细观，就又一味地沉浸在昨夜伯父讲的故事当中去……

后来，在县城读书时登亭的机会就更多了。但是，印象最深的一次是1965年我加入共青团的那天，学校组织了新团员登亭活动，还请了老县长给我们讲解放县城的英雄事迹，集体朗诵了碑文。英烈碑上最后几句誓词我还是那次背下来的呢：

排万难以争取民主兮，团结更广大之群众；反内战以巩固和平兮，消灭法西斯之余凶。

反倒退以坚持进步兮，实现和平建国之纲领；不达目的誓不中止兮，犹如大江东去之朝宗。

随着年龄的增长，岁月的流逝，我参加了工作。在菊花盛开、秋色宜人的季节，我又一次来到英烈亭。面对平素熟悉的六级青石台阶，心情激动得像大海的波涛无法遏止。我默默地踏着青石台阶一级一级地登攀。突然，一阵笛鸣夺去了我的目光。向着东方太阳升起的地方望去，英烈们洒过热血打过仗的东城墙，已变成了墨黑绸带似的柏油马路。路上车若奔马，人若行云，满载着大棉包的五辆十轮大卡车像拉着朵朵白云一掠而过；紧接着就是拉着一批新机器的拖拉机，像报晓的金鸡，个个昂着头，轻快地追逐着，像是急着向人们报告现代化建设的捷报……真是一路红旗，一路凯歌，伸向远方，流向天际。

我肃立在英烈亭上，仰望着展翅高飞的仙鹤……那红顶仙鹤竟惟妙惟肖地变化起来，由小变大，由小变大，最后变成了一幅壮丽的画卷：红色的十月，红霞满天，红旗飞舞……红旗下搞经济建设的亿万大军，在奔向四个现代化的金光大道上挺枪跃马，一日千里……这时候，也只有在这时候，我比以往任何时候都更加热爱我们的祖国。我已横下一条心，为了祖国的繁荣富强，为了祖国的未来，我要像一一四英烈一样，献出自己的一切乃至生命。

明丽的秋阳，照耀着整个英烈亭，夹带着秋实果香的阵阵秋风吹着青松、翠柏、高杨、垂柳，吹着我滚烫的脸连同我火热的心。从英烈亭下来，我走向安谧地躺在长绿丛中的一一四英烈墓，走向英烈墓旁的一潭秋水。秋水像泼洒下的翠玉，明亮晶莹，清澈见底，从水面上可以清楚地看到英烈亭金色的亭尖，城镇工厂冒着白烟的烟囱，荟萃各路英豪的县委小礼堂乳白色的拱形屋顶。听老人们讲，自从一一四英烈们解放了这个城镇后，这潭碧水从没有干涸过……

我敬仰英烈亭，然而，我更加敬仰一一四英烈。看哪，在九九八十一路经济建设大军的队伍里，一一四英烈不正行进在我们的行列中吗?

（选自 1992 年 9 月香港讯通出版社《迟到的花季》）

南门外的小拱桥

潘儒栋

县城南门外的小拱桥畔是我孩提时代最爱去的地方。小桥横跨护城河，位于古城郭的“吊桥”处。虽然它不再具有吊起、放下的功能，人们按其位置起名，仍称“吊桥”。

这是一座条石为基，青砖为券的小拱桥。作为古城墙的配套工程，少说也有二三百年的历史。三十年代末，尚无文物概念的人们拆除城楼、炮台和城墙时，手下留情，小桥得以保存下来。虽经历次修葺，岁月的印痕仍然显而易见。多年的风雨侵袭，水流的冲刷浸泡，券砖已斑驳风化：砖缝中的石灰，伴随剥蚀的砖末脱落殆尽，显得结构稀疏松垮，像老人口中摇摇欲坠的豁牙断齿。泡在水里的砖、石上，长长的绿毛随着波浪而涌荡，轻盈而柔软。小桥两侧的护栏高及膝盖，青砖砌成，俗称“桥翅子”，人们常坐在上面歇息。桥面用青石板铺就，人行马踏，车轮碾轧，石板已失去棱角。整座小桥像饱经风霜的耄耋老者，阅尽人间沧桑。

在我的记忆里，小桥周围的景色优美宜人，令人流连忘返。碧绿清澈的护城河水从东到西，满满当当，荡荡漾漾，一直环绕着整个县城。受河水的滋润，两岸的树木长得高大繁茂，树冠相接，遮天蔽日。小桥隐于树丛中，阴凉清爽，是人们乘凉消暑的好地方。河南岸鳞次栉比的房屋，坐落在绿树浓荫里。深而陡的岸边，钻天杨在微风中哗啦啦地拍着巴掌。婀娜的杨柳，粗壮的树干斜卧在水面上，绵软的枝条像翠绿的丝带低垂下来，随风轻扬。碧波上的几只白鹅，悠闲地戏着水。追对儿的鲤鱼，不时地跃出水面，激起层层的涟漪。作伴而来的浣衣女，手中艳艳的衣物展开、收拢，点缀着风景。远方水面稍阔处，撑着小筏的捕鱼人撒着网。桥洞两边，水草密布。鸟儿藏在浓密的枝叶间，啁啁啾啾。枝头的蝉鸣，水面的蛙鼓，水下鱼儿“喀喀”的食草声，偶尔的鸡鸣狗吠，宛如一幅小桥流水人家的写意画。

小桥是人们进出县城的必经之路。晨曦中，夕阳下，进城赶集的乡下人，在桥翅子上歇脚，盘算着应办的事情。出城劳作的城里人，荷锄扛锨，成群搭伙说说笑笑。犁田耙地的牛儿，拉着犁耙轻快地走向田野。到城外觅食的羊群在牧人的引领下，急步走过小桥。老头羊迈着沉稳的脚步摆出一派绅士风度；奶声奶气的小羊羔摇头摆尾撒着欢儿。小桥附近带孩子的妇女，边乘凉边坐在桥翅子上给孩子喂奶。见多识广的白胡子老汉，摆弄着玉石嘴的旱烟袋，乌黑油亮的烟荷包在长长的烟杆上打着秋千。他们谈古论今，慢条斯理地聊天、抬杠，诉说着哪年的大水漫过了拱券的几层砖，炫耀着自己的阅历，轻松地打发着时光。

由于两岸房、树的遮挡，小桥成了良好的“避风港”，人们常聚不散，不少小伙伴们也来凑热闹，捕蜻蜓、捉知了、逮青蛙，像光腚猴般下水游泳，胆大的孩子敢爬上柳树跳入水中，扎猛子从桥洞里穿过。把黑黑的淤泥甩上河岸，坐在上面打滑梯，玩得不亦乐乎。然而最有趣的却是钓鱼。我们骑在桥翅子上，举着自制的最简单的小鱼竿，往钩上钩一块切碎的鲢鱼肉，沿小桥的石壁放入水中。不知是鲇鱼爱钻石缝还是喜欢桥下的阴暗，这里的鲇鱼不仅多，而且“傻”，既贪吃又叼死嘴，咬住不放，直到扑扑楞楞被拽上桥。因为“傻”，最容易上钩，一会儿就钓十几条。它们躺在石板上，呱哒着宽大的嘴，像蛇一样扭动着身子打滚，极不情愿地变成我们的盘中餐。

岁月如烟。四十多年转眼过去了，当年游泳爬树的小伙伴早已是五十开外的中年人。唯一不变的是昔日的小拱桥，它仍默默地站在那里。然而，随着时光的流逝，小桥已风光不再——老远就能看见券砖已七零八散，更显得老气横秋，破败而了无生气。这座浸透了古代文明的小拱桥，却被现代文明产生的污染所包围，遭受着折磨。桥下已是垃圾场，蚊蝇乱飞，臭气冲天。雨水的减少，使深深的护城河已干涸。雨季的新水，不几天就浮起一层厚厚的绿沫，掺杂着垃圾中的漂浮物。县城下水道里的污水夜以继日流淌，强烈的异味直钻鼻孔，南岸的大树被“熏”死，皮脱枝断，成了枯株朽木。那伸向天空的残枝，像张开的双臂，诉说着自己的不幸和冤屈。人们再也不到桥上来玩。时有时无的水里也没有了像样的鱼。随便走进一户桥头人家，房屋高大、宽敞，装修豪华，灯饰流光溢彩，与小桥形成强烈的反差。夕阳的余晖洒在古老的小桥上，更增加了几分凄凉和孤寂。我想，这绝不仅仅是小拱桥的悲哀。

（选自2008年12月《韶光碎影》）

掌 声

董保纲

我常常想起一个关于掌声的故事。那是我上高中一年级的时候。班里有位叫英子的女孩儿，沉静漂亮，但是总爱蜷缩在教室的一角。上课前，她早早地就来到教室，下课后，她总是最后一个离开教室。后来我才知道，她的腿因为得了小儿麻痹症而落下了残疾，她不愿意让人看到她走路的姿势。

一天，上演讲课时，老师让同学们走上讲台讲述一个小故事。轮到英子演讲的时候，全班四十多双眼睛一齐投向了那个角落，英子立刻把头低了下去。演讲老师是刚调来的，还不了解英子的情况，他就一直点英子的名字。英子犹豫了一会儿，最后慢吞吞地站了起来，我们注意到，英子的眼圈儿红了。在全班同学的注视下，英子终于一摇一晃地走上了讲台。就在她刚刚站定的那一刻，不知是在谁的带动下，骤然间响起了一阵掌声，那掌声热烈、持久，在掌声里，我们看到，英子的泪水流了下来。掌声渐渐平息，英子也定了定情绪，开始讲述她童年的一个小故事。她的普通话说得很标准，声音也十分动听。

当她结束演讲的时候，班里又响起了一阵掌声。英子很礼貌地向演讲老师深鞠一躬，又向同学们深鞠一躬，然后，在掌声里一摇一晃地走下了讲台。奇怪的是，自从那次演讲以后，英子就像变了一个人似的。她不再那么忧郁了，她和同学们在一块儿游戏、说笑，甚至有一次她还走进了学校的小舞厅，让同学们教她跳舞。后来，英子的学习成绩很好，尤其是数学和物理，高二那一年，她代表我们学校参加了全国奥林匹克物理竞赛，还得了奖。

三年时光，匆匆而过。三年之后，英子被北京的一所大学破格录取。后来，英子给我来信说："我永远不会忘记那一次的掌声，因为它使我明白，同学们并没有歧视我。我应该鼓起勇气微笑着面对生活，那次掌声给了我第二次生命……"我这才明白英子变得开朗活泼的原因。从那儿以后，我学会了给人鼓掌，尤其是当别人身处困境的时候。其实，人都是需要掌声的。在人生的舞台上，谁不希望自己的演出得到喝彩？掌声，是一种尊重，更是对一个生命的鼓励和肯定。

（选自 1998 年 2 月 1 日《羊城晚报》）

第三节 小 说

故 乡

胡青坡

1945 年，日本投降后的个把月，我回到了久别的故乡。

太阳将要接触隐约的远山时，我望见了蹲在绿树下的熟识的矮屋，突然兴奋而且紧张起来。故乡对于人的诱惑，是那样不可抗拒的强烈。黄昏时分，我踏着羊肠小路，走过发着青香的绿丛丛的田野。举目四望，看见菜园的老井上还是静静地垂系着井绳，老榆树更显枯老了，朝南伸出的一枝，现在连叶子都没有生长，依然安静地矗立着。一望无边的香椿树，更加茂密而且高大了。好久我不曾嗅到的异香，混同着草香，一阵阵地扑上鼻来。此起彼伏的虫鸣，发着醉人的腔调……美丽的故乡，我生长的土地呀！它曾经被日本兵蹂躏过八年。敌人盘踞时期，我们的伙伴曾经在这里战斗过。那时，深夜里从这里走过，所遇到的是沉寂，是恐怖，是敌人的嗥叫，是乡亲们亲切的护送。然而这一切都已成为过去，现在这块土地是解放了。

“我们的，一切都属于我们了。”

我的脚步更加轻快，几乎想飞奔起来。当我走过村南的土地庙前时，已是满天星斗，看不清谁在那里乘凉了。我招呼了一下，他们立即把我包围起来。

“来了！……”

“来了！……”

“唉呀，果真是你，你来了，伙计……”

小三子——我少年割草时期的朋友，从我肩上夺走了包裹，拔腿就跑，一直跑到我的家。

母亲端出棉油灯时，院子里已经拥满了人。大人问我从哪里来，孩子们问我可带回了驳壳枪。增寿族伯坐在一旁，呆呆地看了我好半天，然后高兴中夹带着一点儿悲伤的口气说：“回来了就好，几年听不到你的消息，有你没有你，谁知道？”

“写信也不好寄！”我说。

“就是。这么兵荒马乱的……你在山上了吧！”

“山上有什么危险呢？大叔，你不一定有我遇见的危险多。”

“是的。”我一面回答，一面问，“你是谁呢？”

“叫大叔认认。”西邻家二嫂从人群中拖出了一个二十岁左右的青年，“你不认识他了，他是小明。”

“认识，认识。”我连忙说，“啊！长成大汉子了。你怎么样？”

“我在区上当过三年游击队，常常碰上日本兵和汉奸队，危险事多啦！那一天夜里我们攻打赵十里的炮楼。嘿！……”

他指手画脚，声音异常高亢，想立即讲述他们的战斗故事，旁边有人说：“算啦，算啦，听大叔说吧。”

小明被制止了，他蹲在我和增寿族伯之间。接着大家就提出了一大堆问题。如：山上都是石头吗？他们怎么种地？山西人为什么喜欢吃醋？核桃树、柿子树是什么样子？山西的民兵都会造地雷吗？……于是，我被当成“山上专家”似的被考问起来了，这样一直谈到小半夜，老人不断地打哈欠以后，大家才渐渐走散。

我已感到疲倦，送走了乡亲之后，很想休息下来。可是母亲替我铺好了床，还在我身边无休止地说东道西，告诉我几年来的家庭、亲戚、朋友、街坊的变化，于是我问：“小明怎么参加了游击队呢？”

我记得，他住在我们村北头一座小小的年久失修的宅院里。他父亲给人种地兼做木匠，是一个半驼背的老实人；母亲是一个长身材，手脚勤快的女人。他自幼跟着父亲母亲劳动，不爱说话，也不爱玩耍，老实而且胆小。

“这几年，变化很大，小明爹被日本兵抓去修碉堡时枪毙了，三年前咱村里又遭了一场大灾劫，小明就当兵去了。”

“怎样的大灾劫呢？”我紧着问。

母亲叹息了一声，开始讲述这场大灾劫。

三年前的二月二十七，在咱村住着的武装工作队的一个队员到街上买东西，被敌人的密探发现了他有短枪，他们立刻注意起来，见他回到了小明家去，回头就报告了敌人。

当天上午，敌人骑兵队就迅速地包围了我们的村庄。谁都知道，村里将要发生可怕的事情了。住在村边沿上的人家，望见敌人的大马奔起旋风，迅速地逼近了村庄，大人们在恐怖地张望着，孩子们悄悄地跑回家去。敌人进村后，照例是驱使伪村长找人沿街打锣。铜锣敲遍了全村，且走且喊，招呼所有的人都到村南的庙上开会。

“都去了吗?”

是的，都去了。每次都一样，日本兵和汉奸总是吆喝：“一个不留，留在家里的是八路，杀头。”我们都去了。

人们在小庙前站好，汉奸和梦九和一个日本顾问在庙台上坐了“大堂”。在“大堂”左右两边，架好了机关枪。以前敌人也不断到我们这村里来，可都没有过这样的架势。

“小明家里的人来了吗？快站出来!”汉奸和梦九大叫。

“哎呀！果然是这!”母亲依稀带着恐怖回忆当时的情况说，“谁不知道他家住着领导咱们抗日的便衣八路呢？……”

全村的男女老少立刻知道这种灾劫临到她们头上来了，这个寡妇和孩子不知道要遭到怎样的下场呢？彼此望一望发黄的或是发白的脸色，不敢吭声。

就是这样等了好半天，汉奸用拳头击着桌子发响，日本兵摆着耀眼的洋刀，人群里找不出小明家里的人来。敌人着急了，抓着伪村长刘怀珍问：

“谁是小明家的人？你快快找出来！我已调查清楚了，他家窝藏着八路!”

“怀珍当了汉奸吗?”我急忙地问。

“不要急，等我告诉你。刘怀珍是一个好人，是农会派他支应敌人，掩护八路军的，叫什么革命的两面政权，俺也不懂。当然，他不会说谁是小明家的人。敌人没有办法了，立刻下令开放机关枪，子弹像疾飞的蚂蚱、蜻蜓从人们的头上飞过去。孩子搂着娘，蜷伏在怀里不敢动，几位胆小的老婆婆已经吓昏了。”

“没有。”怀珍说。

“妈的！你撒谎，没有?”

“他家没有人来……”

“放屁，非打不成，给我揍!”

怀珍被按在地上，所谓护兵马弁那些走狗和爪牙们，立刻挥动了马鞭子，噼噼啪啪地抽打起来。开初怀珍还叫唤了几声，以后只见他咬牙，扑通扑通地像是打皮鼓，眼看他的脸色由黄而白，嘴里吐出白沫来。怀珍的女儿上前为父亲求情。汉奸问明她是谁以后，就说：

“别废话，预备棺材去吧!”

“我是小明娘!”

小明娘突然从人群里走出来，她再看不下去怀珍为她受难，才走出的。

“那好，那好极了。你也早该慷慨一点儿，免得别人替你吃苦。我问你，八路住在你那厢屋里?”

汉奸和梦九说着，看了看日本顾问笑了笑，表示着轻松的姿态，仿佛说已经找出了门路。

“我家没有!”

“还在发犟吗？我一切都调查好了。”

“没有，我们从来没有见过八路军。”

“那么，早晨从你家走出挂匣子枪的是什么人？你还不承认吗？”

“没有的事，压根儿我家就没有带枪的！”

“是的，枪在腰里藏着的，可是被我们的人看见了。”

“没有的事。”

“不要发硬，你们的村长，就是发硬吃了苦，你一个妇道人家，还能吃得住吗？你想想看，你愿意怎么样？是带着我们去抓他们，还是愿意叫我们打死？”

他们忽然又用软软的腔调说着硬话。但是结果是一样的“没有”！

沉默起来，待了一大阵。

她想起来家里武工队同志们讲的话，她知道他们都是为大家的自由而斗争的人。他们告诉她：打走了日本兵，我们会有好日子过。他们正是替丈夫报仇的人，他们白天休息，晚上跑到村外去开会，捉拿汉奸，维持了抗日的秩序。里面有一个李同志，每天夜里工作回来，总是喊着“老大娘”，讲解他们英勇战斗的故事。前几天在陵上村被日本兵包围起来了，有一个没有突围出来的同志，打得剩了一颗子弹，最后打进了自己的脑袋。这件事，连敌人也惊呆了。——“老大娘，你知道吗？我们是共产党的好队伍，共产党是替咱们穷人打天下的。”

“是的，他们都是我们的好孩子。”她想。

“快说！”日本兵吆喝了。

“……”

“不讲吗？好！等一会儿你会清清楚楚地说给我们的！”

他们立刻取来一根大顶门棍，马鞭子也在摆晃着。

“快讲。”

“我家没有！”她坚决而有力地回答。

随着这声音，便响起了马鞭子的抽打声，一面抽打一面问：“在哪里？”小明娘也只是一言不发地忍耐着。最后，敌人感到拷问的惨败，便扬起大棍，随棍子下去发出一声：“我的娘啊！”嘴里已流出血来。

“死了！”

“死了！”

“扔到一边！”汉奸大怒，厉声叫道，“你们瞧，没有她的口供，也是一样，反正一个八路也跑不了。自卫队长带路，进宅搜索。”

汉奸队出发了。小明娘翻翻眼，对着大家笑了笑，仿佛说：“孩子们对得起咱，咱们也对得起孩子们。”不久她死了！

沉默，我们沉默了一会儿。

“以后呢，打起来了吗？”我喘了一口气，转而问母亲。

“打了，机关枪响成一片，真是吓死人！”

“打得怎么样呢？”

“打了好半天，等到快落太阳的时候，从村北头拉来了四条死尸，就是那四个同志。”

“你可知道怎么打的仗吗？”

“我没有看见。西邻小三，还有小琴、小玉都被拉去挡枪眼去了。他们回来都传说，八路军真是好样的。”

接着母亲转述这一段激烈的战斗故事。

按着往常规律，当敌人包围村庄时，武工队是不打硬仗的，所以他们发觉敌人围村时，立即隐蔽起来。当汉奸队到达小明家的时候，他们首先在房上架了机枪，正对门也摆上一挺，日本兵就吆喝着他们进去。他们搜遍了各个房间，没有碰见一个人。他们一面惊奇，一面翻箱倒柜，结果什么人也没有。

“没有的！”

“怪事，怎么会没有呢？”

“注意！他们一定在地洞里，弟兄们小心了。”

当他们用刺刀挑开了沙土堆下的木板时，这场战斗就开始了。

砰！洞里发出第一枪，正打在那个伪军的头上，他只叫了半声“娘”，就躺在洞口旁动也不动了。“兄弟们，来呀！”伪军立刻慌乱起来，许多人在嗥叫，许多人在打抖，在房上的日本兵、汉奸和梦九即刻叫道：“用火烧！”

“火，柴火！”

“快！快！快！”

“烧死他们哪！”

他们极度恐慌了。房子和对面的机枪，空放了一梭子，又是一梭子。

一整捆秫秸点着了，立刻要塞进洞口去。

但是他们谁敢近前呢？汉奸又是骂又是开枪，伪军才在烟火弥漫中走近洞口。

他还没来得及把火放在洞口，武工队李队长第一个先冲出来。他的枪打得很好，一梭子弹打出去，打倒了五个，纵身一跳就由房子里跳到二门底下；随着后面六个同志也一齐跟上来。李队长打着前面的敌人，但是敌人的机关枪封锁了大门，他在空隙里疾步跳到门墙边，投出一个炸弹，对面的机枪哑了。他们进到过道时，房上的机枪又追赶过来了。当李队长到达房上时，门洞里吃了一颗炸弹，两个武工队的同志牺牲了。五个人四下里急忙跑奔，眼看就跳进了“护村沟”，对面来了一排扫射的机枪，两个同志被打倒了。

四个同志死了，李队长和另外两个同志冲出去了。敌人又放了一把熊熊的大火，把小明家的房子烧光了。

“啊！小明就这样参加了游击队！”我叹了一声说。

“是的，以后还有事呢。”

母亲说时还带着恐怖的情绪。她说，敌人将我们四个同志的尸首，从村北拖到村南庙上来，摆在小明娘的身边。大家看都不忍看一眼，午前还活得好好儿的这五个人，现在变成了五具尸体。汉奸们把队伍排好后，叫我们老百姓也站好队，和梦九与日本兵叽咕了几句，就又讲话了。

“你们今天看见了，当八路、窝藏八路，怎么样呢？通通地杀掉了，你们以后看着办吧！”他略一停顿，用凶恶的眼光看了一下人群，又吆喝起来：

“村长、自卫队长、情报员，滚出来！”

怀珍就在他的旁边。自卫队长怀信是一个大眼睛的瘦子，二十五岁的青年人，为刚才的战斗，脸色还在发着黄色。情报员刘老新，油坊抱大锤的老工人，因为在锅灶上工作多年而害着严重的沙眼症。他们三个人，一齐被“审问”。

“你们为什么不报告?”

“我们不知道。”

他们回答着一样的然而先后不齐的话。

“你们应该负责任!”

“……”

“现在我们要走了，”敌人轻蔑地说，“你们这一辈子靠近八路，今天就要严办。下一辈子可不要靠近八路了!”

“来人！拉过去!”

他们三个人被拉到庙后面，没有捆，也没有绑，让他们面向西跪下。我的天爷，又是三枪，他们倒在地下，血流了一大摊。

敌人骑上大马，跑掉了。他们走了好远，几百个乡亲还没有走散，都默默地站在那里。

“是的，敌人看见他们要失败了，就更加发疯，越发要杀人的!”我说着叹了一口气。

农会主席大庚招呼着人，把他们三个人的尸首，还有小明娘的尸首排列在一起，另外四个同志的尸首也排列起来，他就讲话了。他说：“大家伙儿看见了，咱们村里牺牲了八个人，四个同志是军区派到我们敌占区来的，他们都是老红军，有的是湖南人，有的是江西人，有的是四川人。他们到处打敌人，杀汉奸，保护我们抗日的人民，使敌人不敢到处乱窜，他们为我们死了！怀珍是老实人，机灵的人，我们派他应付敌人；刘老新是乡亲，甘愿冒险替我们支差；怀信是个好孩子，他们与敌人进行秘密斗争，保护我们，今天他也为我们牺牲了；小明娘为掩护我们的武装工作队，至死不屈。我们应该纪念他们，替他们报仇!”

小伙子们在喊“对”，老人们在悲叹中点头，妇女们在哭泣。

太阳落下去了，西北风卷着黄沙，弥漫了天空和街道，人们在飞沙中走散，夜里抬来了八口白棺，把他们装殓起来。大庚领导着男女老乡进行了祭奠，祭奠过后他说：“我们都是种地的老百姓，现在敌人逼得我们过不下去了。我也是共产党员，今天我领头参军！谁来?”

当场就有十五个举手，小明就是一个。

“人死了已经三年多，”母亲说，“小明也就当了三年游击队，打过许多仗，有一次打死了十几个汉奸和日本兵！他有时半夜回来，也来看我，讲他打仗的事给我听，问候你的消息。我告诉他说：‘你在外面好好儿地学打仗吧！孩子，你知道你是为谁打仗的?’他总是说：‘大奶奶，不用嘱咐，我忘不了。’”

“啊！就是他们，把这里的抗日坚持下来了。”我沉重地默默地在想。

“现在村里还传言着为纪念他们唱大戏呢!”

“那好!”我说。

“你想看看他们四个人的坟吗？就在咱那十亩地后面的土岗上，上面有一棵白杨树的就是。前两天，几个骑马的人来看过了，听说已经栽上了牌位，还要立碑呢!”

鸡叫了两遍，母亲回去休息，我却激动得睡不着。我想：有仇恨，就有战斗，现在老百姓是真正坚强地站起来了。

1950年6月

（选自2002年9月湖南文艺出版社《拾花集》）

武松改行

罗庆朴

武松打虎，一举成名，被县衙门聘为武术教练。半年之后，率队参加全国比武大奖赛，连连告捷，捧杯而归。又半载，访日访美访欧，所向披靡。武松露脸，县太爷也跟着沾光，喜不自胜。一日，县太爷正喜滋滋把玩武术队的金杯、金牌、奖状，忽有贴身衙役呈来一页状纸。县太爷抬眼看去——

青天大老爷明鉴：

近来武松红得发紫，“打虎英雄”之外，又成了“武术明星”。但据小的们所知，其人实为偷鸡摸狗、欺世盗名之徒。吾等斗胆剥他画皮，乞大老爷明察。一、武松欺胞兄武大郎貌丑心慈，主动搬至武大处居住，居心不良。有人在武松房内发现珍珠美容霜半瓶，疑为潘金莲所赠。二、武松不听劝告，出国期间与观众握手五百零八人次，签名四百零三个，已成为候补艾滋病患者。三、据已故张猎户反映，武松所打景阳冈之虎，系花五十两白银从猎户手中买去的死虎。四、他肆意残害国家一类保护动物……

一群知情者

县太爷看罢状子，早已冒了一身冷汗。武松向以忠厚得本县赏识，怎会有那许多恶行？但人心隔肚皮，万一本官一叶障目，岂不误事？县太爷用朱笔批了个核桃大的字：“查”！

朱批一下，武松自是门庭冷落。内查外调，三年有余，耗费白银八千两，换回一个结论：所列罪状，皆属子虚乌有。县太爷恭请武松担任捕快，武松坚辞不受，言“功夫早已荒疏，请允离职与兄嫂合资开烧饼铺，但求温饱，足矣”，云云。

（选自 1993 年 5 月江苏文艺出版社《当代讽刺小品精萃》）

第四节 戏剧 曲艺

老区儿女（独幕话剧）

李双旭

时间：当代

地点：冀南某地

人物：秋姐、冬哥、春妹

一所农家庭院内外。

冬哥着军服提包上，他站定脚跟，似乎在寻找记忆中的一个地方。

春妹背书包哼着校园歌曲上。当她发现面前的解放军，不由得上前打量。

春妹：这个解放军多像我冬哥呀！（试探地）冬哥！

冬哥：嗯，小妹，你……

春妹：（惊喜地）哎呀，你真是我哥呀！（扑向冬哥）

冬哥：（携春妹高兴地转一圈儿）春妹，你长得好快呀，一晃三年，都快长成大姑娘啦。

春妹：哥，你长得也好棒啊，也变成大小伙子啦。

冬哥：你呀，还是那么淘气！

在春妹喊“姐姐”声中，秋姐闻声出门，她发现眼前的冬哥不由一怔。

秋姐：小冬，弟弟，是你……

冬哥：姐姐，我是探亲来了。

秋姐：探亲？啊，弟弟，可把你盼回来啦，快，快进家吧。

冬哥：姐，这是谁盖的家呀？

秋姐：这是咱新盖的房啊。

春妹：嗬，怪不得冬哥在此东张西望不敢进哪，原来像小鸟一样，不认识自家的窝啦。

秋姐：贫嘴，还不让你哥快进家。

（三人前后进院，秋姐帮冬哥接过背包。）

冬哥：（兴奋地）爹！娘！我回来啦！

秋姐：（忙掩饰地）哎，弟弟，你快坐下，路上太累了吧？春妹，给你哥打水去，让你哥洗洗。

（春妹应声端脸盆下）

秋姐：弟弟，来，让姐姐看看。（姐弟二人相互观瞧）

冬哥：姐，你变啦。

秋姐：变啦？姐哪儿变啦？

冬哥：变黑啦，瘦啦，姐，你也好像变老啦。

秋姐：（一愣）什么？变老了吗？

冬哥：哟，姐姐，你都有白头发了。来，我给你拔去这几根白发，你还是那么年轻漂亮。

秋姐：兄弟，你别开玩笑啦，快坐吧。

冬哥：姐，咱爹，咱娘哪？（找爹娘状）

秋姐：（一震）咱爹……咱娘……

冬哥：哎，姐姐你看，我给他二老买回什么礼品？（边说边打开背包往桌子上掏东西）姐，这两瓶虎骨药酒是给咱爹买的，治咱爹的腰酸腿疼准灵。看，这是为咱娘买的寿糕，如果我没记错的话，今儿是咱娘的六十大寿，对吧，姐姐？

秋姐：咱娘的六十大寿……

冬哥：所以我一下火车，赶忙在副食店买到这块寿糕。今天，一定让她老人家高兴高兴。

秋姐：（异常痛苦地）你，你不要再说下去啦……

冬哥：（一愣，不解地）姐姐，你这是怎么啦？噢，我明白了，你这是在挑兄弟的礼吧？你是看没有你自己的礼物吧？姐姐你看！这是给春妹的英汉词典。姐，你猜，我给你买的什么？

冬哥故意逗趣地将玩具藏在身后，春妹端水上。

冬哥：姐姐，三年前我入伍的时候，你就定亲啦，如果我没说错的话。到现在，我那小外甥一定会喊舅舅了吧？姐姐你看！（亮出电动小手枪）

秋姐：弟弟，你……

春妹：哥，你胡说些什么呀！咱姐到现在还没有结婚哪！

冬哥：（惊讶地）什么？没结婚！为什么？

春妹：为你，为我，为了咱爹咱娘啊！

冬哥：为你，为我，为了咱爹咱娘？我怎么越听越糊涂哇？哎，春妹，咱爹咱娘去哪儿啦？你快去找找，就说我回来啦。

春妹：哥……我……（欲说又止）

秋姐：（慢慢地走到冬哥面前）弟弟，有件事，今天我不能再瞒你啦。

冬哥：姐，什么事，有那么严重吗？好，你说吧。

秋姐：小冬，咱爹和咱娘，他，他……

冬哥：（警觉地）怎么啦？

秋姐：他，他们全都去世啦！

冬哥：（震惊地）啊？姐，你，你说什么？

秋姐：（冷静地）咱爹是你参军后的第二年五月初三去世的，咱娘是八月初七咽的气。

冬哥：不！不！不是真的！不是真的！

春妹：哥——（哭泣着扑向冬哥）哥，哥哥，姐姐说的全是真的。咱爹和咱娘是不在人世啦……。

冬哥：（呆呆地站在那里）……爹、娘，你们没见儿子一面，怎么就……

秋姐：弟弟，你心里难受，要哭，你就大声地哭吧。

春妹：哥——（扑向冬哥失声痛哭）

冬哥：（浑身颤抖地逼近秋姐）我入伍的时候咱爹咱娘就有病，我一直不放心哪。可你一封封信总是让我安心，安心……你说！你为什么欺骗我?!

秋姐：我是欺骗了你。

冬哥：咱爹娘就我这么一个儿子，把我养大成人容易吗？就这么不吭一声就再也见不上一面啦，姐，你好狠心哪！

秋姐：我？是狠心——

冬哥：（爆发地）你干的这些，还像个做姐姐的样子吗？

（上前一把揪住秋姐的衣裳）你，你不配做我的姐姐！

一时失去理智的冬哥狠狠地将秋姐向一旁推去。秋姐险些跌倒在地，春妹见状忙上前扶住秋姐那瘦弱的身躯。

春妹：哥！你怎么能这样冤屈姐姐呢？

冬哥：什么？我冤屈了她？

秋姐：（满含热泪、宽宏大量地）春妹，你哥哥心里难受，要骂姐姐几句，就让他骂吧。

春妹：（不平地）不行！哥哥他不知内情啊…

冬哥：（心痛似锯地）内情？人都死啦，还有什么内情？

春妹：哥哥，你知道吗？咱爹临咽气的时候你正在前线，临咽气的时候还口口声声叫着你的名字：小冬啊，小冬我想你呀！咱老区的儿子，在前线要有种，要为祖国多打胜仗啊！爹说完就断了气……

冬哥：爹——

秋姐：我当时多么想让你回来，或写信告诉你，可我，又怕分了你的心哪……

冬哥：啊——（发昏地傻打自己的脑袋）

秋姐：准知道，爹坟头上的土还没干，娘又病倒在床上，到医院一检查，才知道娘得的是癌症，已经到了晚期。

春妹：为给咱娘看病，姐姐变卖了家里所有值钱的东西，用地排车拉着咱娘，风里、雨里，深一脚浅一脚，一步一步到处求医呀。

秋姐：当时，有多少亲朋好友劝说，拍一封电报让你回来料理后事，为咱娘送终。

春妹：咱姐就是这样左右为难，给你拍电报就违背了爹娘的心愿，不拍电报，舅舅不依不饶！当时，姐姐跪着求舅舅，求乡邻说，再大的事由姐姐顶着，冬哥要是回来，我给他赔罪。

秋姐：春妹，你不要再说啦。

春妹：不！我要讲给他听！姐姐料理了娘的后事，每次给你写信都假说平安。可是姐姐每次写信的时候，失声痛哭，泪水都湿透了信纸。还有，姐姐为了让我能继续上学，让你在部队安心服役，她白天忙地里晚上忙家里，为了盖房子，让你复员后能成个家，她一再推迟婚期。为这，姐姐的对象也和姐姐吹啦。

冬哥：怎么，他们分手啦？

秋姐痛苦地点了点头。

春妹：整整三年啦，姐姐她没有添过一件衣裳，没舍得吃过一个鸡蛋，就连香皂是什么味，她都忘了。哥，你好好看看，姐姐里里外外穿的是什么，她人都瘦成什么样子啦？（哭泣）

冬哥：（万般悔恨地）姐姐，我的好姐姐！（猛地跪在秋姐面前）

秋姐：（忙扶起冬哥）弟弟，快起来，你不要难受，人死不能复生，爹娘的事总算过去啦。如今你报效国家和人民，还荣立了一等功。咱爹咱娘会含笑九泉的，姐姐我再苦再累也感到光彩！

冬哥：不！姐姐，这一等功应该属于你，是你对子弟兵的一片爱心换来的呀。

秋姐：凭我一个弱女子，能有多大的力量。你看咱这新房，这是县委、县政府、人武部和国防教育部门的领导帮助咱盖起来的。乡亲们也都是自愿的义务工。

冬哥：（激动地）领导、乡亲们……

秋姐：对呀！小妹，把你哥哥的这些东西全带上，咱们一起给咱爹咱娘上坟去。告诉咱爹咱娘，咱老区儿女没有忘本。

冬哥：对！告诉咱爹咱娘，你们的儿女，没有给你们丢脸。

三个造型。

（选自2005年6月河北教育出版社《中学生课外文学读本》）

《惊蛰雷》（节选）

董凤鼎

第一回　奉指示星夜奔威县　接任务只身斗群敌

话说一九三五年，惊蛰过后，轰隆隆一声春雷，万物复苏，冀南大平原像是听见了起床号令，一下子抖去了身上的雪被，换上新装。柳染绿，桃吐红，草发芽，苗泛青……又一个春天开始了。

在一个漆黑的夜晚，村里的人，都睡熟了。鸡不鸣，狗不叫，鸦鹊无声，万籁俱静。就连滏阳河的水也偷偷地拧着劲儿，悄悄地打着旋儿，默默地流着。这时，一只大蛤蟆“呗儿”蹿到水边，后腿一蹲，前腿一支，脖子一扬，正要往岸上蹦，突然停住了，一扭头“扑通”跳回水里，钻入河底。这是咋的啦？原来它瞪眼一看，发现河岸上坐着两个人，不由得吓了一大跳，赶紧逃命了。

河岸上坐着的这两个人是谁呢？

一个是中共冀南特委书记张霖同志，一个是平汉游击队第二支队队长朱三杰。因为天黑。看不清俩人的衣着相貌，面部表情。只见俩人并肩而坐，低声细谈：“小朱，这次滏西暴动，你们支队干得很漂亮！前天，特委在邢台召开了紧急会议，决定派你马上去滏东暴动区，组织第二次暴动……”

朱三杰一听，不由吸了一口冷气，心想：“莫非妹妹秀花出了意外？怎么她刚去了又让我去呢？”

原来，这次暴动是以滏阳河为界，分滏西和滏东两个暴动区，原计划分别在同一天举行暴动，然后两路会师，一块向北挺进。朱秀花就是被派往滏东组织暴动的。不料，滏东暴动区，因叛徒告密，暴动失败了。敌人逮捕和杀害了很多地下党员和参加暴动的骨干。朱秀花是死是活也没有音信。朱三杰怎么能不担心呢？

特委书记张霖看透了朱三杰的心思，索性挑明说：“你妹妹至今下落不明，这说明滏东的情况太复杂了。所以，特委决定派你再去滏东，尽快地同那里的地下党取得联系，找到秀花，查清叛徒，除掉隐患，重新发动第二次暴动。”

“什么时候动身？”

“现在就走。小朱啊，你这次要去接头联系的人叫陈化宣，是我党的老交通员。通过他再联系杨栋同志。老杨是南宫、广宗、威县三县的中心县委书记，对外公开身份是小学教员。只要找到他，下一步就好办了。记住，此次之行，时间紧迫，事关重大，情况复杂。一定要大胆谨慎，沉着老练，遇事不慌，当机立断。”接着张霖又详细交待了一番接头地点、暗号等等。

朱三杰一字一句听完了交待，抬起头来，看了看满天星斗，估摸着快到半夜了。此地到威县城不过七十多里，照他的夜行速度，黎明前准能赶到。他急忙插了插刀，掖了掖枪，紧了紧鞋带，整了整衣裳。辞别了特委书记张霖，取道正东，扬长而去。

诸位，你知道这朱三杰是谁？他就是当年景花就义前生下的那对孪生兄妹中的男孩。如今年方二十岁，长得五大三粗，墩墩实实。他从小练就一身“靠山力”的硬功夫，手使两把盒子枪，左右开弓，百步穿杨，弹无虚发。腰挂一口锃明瓦亮，削铁如泥的家传宝刀。这把刀，红绸子缠把，犀牛皮做鞘。刀鞘上，一溜十三眼儿。透过小眼孔，刀光闪闪，寒气逼人。

这把刀，跟着朱三杰闯虎口，掏狼窝，下龙潭，进蛇洞，削敌人的脑袋，如同案板上切瓜，“咯嚓”一个，“咯嚓”一个，不用来二回。那些贪官污吏，土豪劣绅，谁要是白天干了坏事，晚上，朱三杰就只身提刀，登门算账。坏家伙还正在被窝里睡觉呢，“咕噜噜”脑袋就滚到炕下边去了。直到那脑袋像个皮球，在地上轱辘来，轱辘去，滚了七七四十九遭后，还不知道刀是从什么地方削下去的呢！嗨，他这一辈子也甭想知道了。

因此，朱三杰人送外号“小砍刀”。在冀南一带，只要一提起“小砍刀”三个字，那真是无人不知，无人不晓。特别是沾“坏”字的，像坏财主，坏东家，坏保长，坏警察，坏狗腿子，坏爪牙等等坏七坏八的坏东西，一听到“小砍刀”三个字，胆子大的也湿裤裆。哟！那胆小的呢！嚯！胆小的一听到“小砍刀”三个字，“哧”地一声，上吐下泻两头冒了。

朱三杰的这把刀，本是家传宝刀。据说，他落生不久，他父亲就给他系在身上了。可是，直到如今。家传宝刀已伴随他二十年了，他还没见过自己的亲生父亲呢。每当想起这件事，他就默默地抚摸着这把家传宝刀，黯然泪下。

那位问了，朱三杰他父亲又是谁呢？

眼下嘛，这还是个难解之谜。

只知道，朱三杰和妹妹朱秀花，自幼跟着养父朱兴宝长大。后来，朱兴宝老汉重病在身，眼看不行了，才把兄妹俩叫到跟前说：“孩子，我不行了。实话对你们说吧，你俩不是我的亲生孩子。你爹姓司，是个教书的先生，那一年夏天，你爹避难把你俩携到我家来，说你们的母亲被敌人杀害了。把你俩托我先抚养一时。并把这把传家宝刀交给我，说日后有人来认孩子，以刀为凭。后来，兵荒马乱，咱老家清凉江开了口子，我担着你俩逃荒来到这广宗县件只村，再也没打听到你爹的下落。记住，咱老家是威县马庄营。日后，你俩要好好保存这把传家宝刀，想法打听你爹的下落。若能找到，我在九泉之下，也就瞑目了。”老汉说完，“咕噜”吐了一口鲜血，头一摆，腿一伸，离开了人间。

从此，兄妹两人沿街乞讨，相依为命，稍大一点就当帮工、打短工、扛长工。风风雨雨，坎坎坷坷，历尽了千辛万苦。后来，兄妹俩参加了长工会，由长工会加入了共产党，参加了平汉游击队。

再说通往威县城的路上，朱三杰心急火燎，大步流星地飞奔着。能不急吗？妹妹生死不明，叛徒是谁不清，情况怎样复杂，接头是否能成……这一切都是他所要急需知道，急待解决的啊！因此，一路上，他小步跑，大步颠，“噔噔噔”，一溜烟，如脱缰之马，似离弦之箭，不停不歇不打尖，一气走了七十里，来到威县城边。他抬头望了望阴森森、黑洞洞的西城门，门紧闭着。城楼上哨兵鬼魂一样游动着。他只好猫着腰，顺着城壕向北走了一段，来到北城外。正要向东拐，忽然，脚下被绊了一下。嗯？这是什么东西呢？低头一看，是一具尸体。再仔细看去，只见城壕内黑压压地躺满了尸体。这些尸体，都是无头之尸。不用说，敌人又在这里搞了一场大屠杀，把血淋淋的人头挂在城楼上示众了。

朱三杰见此惨状，不由怒从心底起，火打胆边生。暗暗骂道：“狗日的，等着吧，这血债定要你们一笔笔来还。”一想，不行，这儿不是久留之地，要是招来黑狗子，岂不误了大事！他强压了压复仇的怒火，抬腿正要离开，忽然，发现尸体堆里有几个尸体，正一晃一动地向他爬来。啊，怪了？怎么尸体还会“咕拥”？

这其中究竟是怎么个缘故，还得听我交待几句：这威县，新换了一个伪县长，姓梅，叫梅法天。这家伙是头顶长疮，脚底下流脓——坏透腔了。他为镇压农民暴动，想出了一个又狠又毒的鬼点子，命令把威县城的四个城门关闭三个，只开着北门。他亲自到北门督阵，在门旁边这么一坐，不管你是出城的、进城的，见面先打三棍子，敲钟闻响，察言观色：见脸变色的，是共产党，杀；气发喘的，是共产党，杀；眨巴眼的，是共产党，杀；喊屈叫冤的，是胆小怕事的共产党，杀；一声不哼的是硬骨头茬子共产党，杀；噢，不管怎么样反正都是杀。每杀一批，都割下头，挂在城楼上示众，妄图杀一儆百。

伪县长梅法天，为什么宁要错杀一千，决不漏掉一个呢？他的花花肠子是：一则用此镇压冀南农民暴动；二则以此讨好他的顶头上司——南宫伪专员刘必达。因为冀南暴动震动了全国，蒋介石从南京发来专电，指令河北省主席宋哲元，限期剿匪于冀南。宋哲元岂敢怠慢，马上派出商震的部队、冯占海的部队围剿冀南。同时，又委任两个杀人魔王——张尽臣和刘必达分别为尧山和南宫的伪专员。

杀人不眨眼的刘必达，走马上任，一到南宫，就接连杀了十二个剿共不力的小官吏。以杀鸡给猴看来督阵鼓气。

梅法天一看来势不妙，心中暗暗盘算：若不赶紧露两手，心毒手狠的刘必达可能也要拿我开刀。因此，使出了坐守城门，见人就杀的绝招。不是说露两手吗？他露的另一手，就是把他的“一担挑”王鸿义，也给当成共产党嫌疑犯，砍头示众了。为此，刘必达还赠送了“大义灭亲”的金字大匾。岂不知，这是梅法天挖空心思，绞尽脑汁想出的“一箭双雕”的毒计。

原来，王鸿义有个独生女儿，长得天仙一般。梅法天这个死不要脸的老色鬼，竟不顾姨夫的身份，把亲外甥女拢在身边日日寻欢，夜夜鬼混。王鸿义憋气窝火，忍无可忍，便夜闯梅府，教训女儿。梅法天正中下怀，就高骑驴，反诬王鸿义图谋不轨，把他当作共产党嫌疑犯，砍下了人头，挂上了城楼。王鸿义的女儿王巧英便安安稳稳地躺在梅法天的怀里了。那么，王巧英的妈咋不管呢？嗨，她妈早就跟梅法天不清不浑了。俗话说：根不正，苗不正，结个葫芦歪歪腚；没有这样的娘，能有这样的闺女吗！

哎，你还别说，梅法天这么“大义灭亲”一震唬，还真震出个叛徒。这叛徒是谁？暂且不表。梅法天却利用这个叛徒，逮捕了大批的地下党员和骨干分子。并把这些人一一斩首示众了。梅法天还想出个鬼花招，派一个保安小队，夜里潜伏在死尸堆里。看谁来认尸，见人就抓，企图钓住大鱼。所以，那往前爬的不是尸体，正是“蹲坑”的黑狗子。

话说朱三杰一见有几具尸体直“咕拥”，不禁一愣。他二目圆睁，正要仔细辨认，猛然觉得身后有一股凉风扑来。凭他多年的经验，料定有人暗下毒手。心想：瞎了狗眼，敢来太岁头上动土，今晚让你尝尝“小砍刀”的厉害！朱三杰不慌不忙、不躲不藏，等到来者逼近，猛一个鹞子翻身，随即“唰”地来个“二鬼拧绳”的扫堂腿。这一腿下去，千斤有余，别说扫在腿上，打在脚上，就是踢在石磙子上，也能把石磙子打飞十丈开外。不料，他这一腿下去竟放了空。身后那人，来个“旱地拔葱”，腾空而起，就势“饿狼扑食”的两手一推。这一推，没功底的人，非闹个狗抢屎，嘴啃泥，鼻口窜血脸没皮！哟喝！朱三杰一个趔趄，返身就追。说时迟，那时快，就见那几个蠕动的“尸体”，一哄地蹿了起来，狗叫狼嚎地喊：“队长，坏了，跑了，俩都跑了！”“追呀！撵呀！”“抓活的有赏呀！”“呼呼呼”连响几枪。

朱三杰见腹背受敌，索性一不做，二不休，杀他个痛快！他猛转身，一甩手，一蹿高，扑了上去。“噌噌噌”势如猛虎下山，蛟龙出水！只见他挥起宝刀，冲着黑影，左右开弓，“劈哧叭嚓”，一连气撂倒几个。吓得后边的黑狗子酥了骨，麻了爪儿，抱头乱窜，呼爹喊妈。朱三杰收起宝刀，拔出盒子枪，“啪啪啪”又是一梭子。

这帮黑狗子的小头目名叫刘自力，外号“琉璃球”，长得小头小脸，小鼻子小眼。这家伙真不愧是又尖又滑的“琉璃球”，他一不追，二不撵，站在原地，放开嗓门，一个劲地“追呀，追呀”地空喊。喊着，喊着，咦，怎么撒气漏风，变腔走调了？一摸，呀，多了一片上嘴唇，成了三瓣嘴啦！再一摸粘乎乎的鲜血直流，两颗大门牙也露出来了。原来朱三杰一枪打来，子弹正好擦着“琉璃球”的上嘴唇滑过，一下子穿豁了。这小子“妈呀”一声，撒腿就跑，“叽哩咕噜”连滚带爬。剩下的黑狗子更如惊弓之鸟、漏网之鱼一般四处奔逃。

再说朱三杰，身负重任，不敢恋战。他边打边撤，甩开保安队，不一会来到城东的一片宽阔地带，这才长喘了一口气。暗想：哎呀，这情况真够复杂呀！虽说这帮黑狗子不在话下，可刚才在身后推我一把的又是谁呢？这个人可是有点硬功夫啊！他跟了我多久了？到底是什么人？便衣特务？不像。要是的话，黑狗子一追，他该回头就截呀！自己人吗？也不像。要是自己人，他怎么扔下我就跑了呢？

朱三杰正在纳闷，只听前面喊了一声：“嗨嗨，我在这等着你呢！看你再跑？”说完“呼”地扑了过来。

诸位，欲知后事如何，且听下回分解。

（选自1983年12月花山文艺出版社《惊蛰雷》）

第五节　民间传说

骗龙王

李金鹏

传说从前威县飞乌村有个穷苦农民黄占林，他聪明能干，为人正直，孝敬父母，为乡里人所称道。

有一次，他母亲病了，他准备去七级镇请医抓药，可是老太太却听信了本村一个巫婆的话，硬要他去龙王庙许愿。

黄占林随巫婆来到龙王庙，巫婆在那里装腔作势，口中念念有词。黄占林在龙王面前许下愿：如果母亲病好，秋后还愿，上人头大供一桌、馍馍一百、酒一坛，外加一台戏。巫婆听后又惊又喜，喜得是，发财的机会要来了，惊得是，还没见许过人头大供的呢！

黄占林从镇上抓了药，在邻居家熬好，告诉母亲说这是从龙王庙讨来的“灵药”。老人吃了药，出了些汗，第二天就大见好转，很快就好了。

转眼到了秋天，还愿的日子到了。这一天龙王庙前可热闹了。一大早，男女老少把龙王庙挤得满满的，大家都等着看戏哩。天不早了，还不见黄占林的人影，巫婆等得有点不耐烦了。突然有人喊：“来了，来了！”黄占林空着手笑呵呵地从人群里挤过来。他不慌不忙，走到供桌前，给龙王爷磕了个头，站起来唱个诺道：“龙王爷在上，小人黄占林还礼了。”巫婆纳闷：“你的一百馍馍、一坛酒在哪儿呀？”

黄占林笑嘻嘻地从怀里掏出个馍馍。“馍馍一掰（百）。”说着用手把馍馍掰开，放到供桌上。接着又从怀里摸出一个小酒瓶：“酒一弹（坛）”。说着左手倒酒，右手用中指一弹。这下气得巫婆直白瞪眼，乡亲们却叫起好来。巫婆气急败坏地说：“你的人头大供呢？戏还唱不唱？”黄占林说：“唱，唱。”说着钻到供桌底下，从事先在供桌下挖的一个窟窿里探出头来，唱起了乱弹腔。唱的是：“上有龙王神，下有黄占林，许你一台戏，可没许多少人。”这一来气坏了巫婆，乐坏了老少爷们。从那以后，黄占林还愿的事就流传开了。

威县“三白”西瓜与王母娘娘的传说

董凤鼎

威县的“三白”西瓜，因其白皮、白籽、白瓤而得名。威县的“三白”西瓜，不仅具有味美、多汁、耐存等优点，还具有神奇的药用价值。其对于高血压、心脏病、糖尿病、肠胃病、痢疾、小儿厌食等均有疗效，且无副作用。它之所以具有祛火、解毒、消炎、活血、降压等功效，是因为，它不仅含有多种维生素，特别是含有号称生命元素的硒。因此，威县“三白”西瓜远近闻名十分畅销。

据说，威县的“三白”西瓜还是王母娘娘亲自培育的呢。至今在冀南大地上还流传着这个美丽的传说——

当年，王母娘娘划天河为界，隔断牛郎织女的姻缘之后，却发现天宫上上下下的诸仙子，都渐渐地疏远了自己。这时，她才意识道是不是自己太绝情了？看来是自己错了。于是她化作一位农妇，降到人间想了解民间疾苦“将功补过”。她所到之处，见有不少农夫在暴日下干活渴死在地里，她便想种一种能解渴、耐放、高营养的瓜来，让老百姓都能享受。她回想起自己培育的颜色鲜红的大蟠桃，还没等开“蟠桃会”就被“孙猴头”偷吃光了。这次培育的瓜一定是颜色不诱人，而让老百姓吃着实惠。对了，那种瓜育瓜者还得选对人！我得亲自去选人。于是她便驾起祥云飘飘荡荡下到人间。当她看一望无际的大平原时，不禁说道：“好地方，就在这儿了！”她从头上取下一枚簪子，就地南北一划，顿时便出现了一条大河。这条大河碧波荡漾，水清见底，王母娘娘赐名“清凉江”。

在清凉江边，有两户人家。一家姓王，叫王万能；一家姓张，叫张善实。

王万能精明过人，处处算计，有利前跑，无利后躲，不管给谁打交道，从不吃亏！

张善实则忠诚老实，厚道为人。

这天，因为连降几场大雨，清凉江江水猛涨，上游水流湍急，大有水溢堤溃的危险。王万能从家中走出之后，望了望眼前的波浪翻滚的清凉江，又回过头来看了看自家那青砖红瓦的楼房。他心中暗想：就是清凉江水漫过大堤，冲进村庄，淹了我的一楼，我还能上到二楼的窗台上涮涮脚丫呢。他不禁又看了看张家那风雨飘摇的小土房，心里不由幸灾乐祸地想：哼，等着大水一来，他家房倒屋塌，让我看个热闹吧。

王万能正在边看边想时，忽然看到从清凉江边冲过来一个老太太。老太太十分吃力地爬上岸来说：“孩子，快救救我吧，我已经几天几夜没有吃东西了。”王万能扫了一眼老太太，见她又老又脏一副极穷的样子，本想调头一走了之，可忽然灵机一动，计上心来。他用手一指，对老太太说：“瞧！看见了吗？就是那一家，对，就是那个小土屋内，有个姓张的人家，去吧，到那儿，就有吃有喝了。”正说着，只见张善实从家中走出来，王万能趁此机会大喊：“老张，快来救救老太太！”

张善实连忙跑过来，二话不说，扶起老太太，见她身体虚弱，就把她背起来，一直背回家去。王万能扭脸偷偷一笑，暗说：“傻家伙，你有东西就填这黑窟窿吧。”

张善实把老太太背回家后，先让她喝了水，吃了饭。她不一会儿就容光焕发，焕然一新。

一转身的功夫，身上的脏衣服全不见了，全然是一副贵妇人的装束。

老太太说；“我看你家一贫如洗，过一会儿，我孙女儿还要来，像你这样的人家，怎么能一下子添俩人吃饭。我看那一家人家，住得是楼房瓦舍，准是户富贵人家，我想到他家去讨口饭吃，不再给你添累赘了。”张善实一听连连说：“老奶奶，使不得，使不得。我这里再苦再穷，也有你的一口饭吃。你可千万别上他家去！实话给你说吧，他叫王万能，是能说会道，家中过的也很富裕，鸡鸭鱼肉顿顿都有，他真是能到了家，也精到了家。他是有便宜就上，吃亏的事别想。还又尖又滑又贪又懒，很多老实的人，都吃过他的亏，邻里乡亲没有不骂他的。老奶奶，你千万别去。我家父母去世早，家中就我一人，我会把你当我的长辈养老送终。”

老太太一听，乐得合不上嘴，说：“好，说定了，我就在你家住下来了。”

王万能见张善实背走老太太再没出门，心想，这个傻家伙，还真把又脏又老的流浪婆当成了宝贝供了起来？正想到他家去看看笑话，忽见从清凉江岸上又走来一个人。走近了，才看出是一位衣着华丽十分美丽的女子。王万能一见，顿时就两眼直勾了。他连忙上前搭讪说：“请问这位女子，你要到哪里去?”女子说：“我和奶奶逃荒而来，不料，她老人家从船头掉进这条河，我沿河而来，寻找奶奶，你是否见过这位老人?”

王万能一听，发财的机会来了，便说：“我倒是见到一位落水的老人，我也能帮你找到。不过，你怎么谢我呢?”边说边死死盯着女子身上的珠光宝气。只见那女子顺手从怀里掏出一条金光闪闪的链条，说：“这是一条赤金项链，先送给你，事成之后，定有重谢。”

王万能慌忙接过金链条说：“好！走吧，我领你去。”一边走，一边对女子打着坏主意。他满脸堆笑，又哄又骗说：“看见了吧，那座楼房就是我家的，你若能嫁给我，我保你一辈子享不尽的荣华富贵。”说着，就想上前动手动脚，图谋不轨。可任凭他怎么紧跟急走，就是追不上那位女子，仅仅一步之遥，就是不能近身。

到了张善实家门口，女子回头说：“好，你就在这等着吧。”说完，她就独自进去了。

王万能非常生气，心想：是我领你来的，可来到了家门口，你却叫我在这儿等着，不行，我非得进去不可！接着，却发生了意想不到的事情！无论王万能怎么用力向前走，两只脚，就是一动不动！急得他眼冒金星，却直直地戳在那里。

女子轻迈细步，走进屋内说：“奶奶，我把神瓜种子带来了。还给种瓜人带来了一个能看家护田的。”

老太太接过神瓜的种子说：“小伙子，实话告诉你吧，我本是天上的王母娘娘，到此我已观察你多天，你是天下最诚实的孩子。像你这样忠厚老实，必是有德有福之人。这是一种神瓜的种子，它的名字叫‘三白西瓜’。我把这种子赐于你，从此就会降福人间。”

张善实一听连忙说：“谢谢老奶奶的一番好意。可是，这么金贵的种子，我不敢种。实不相瞒。皆因为我的邻居王万能，实在是不好惹，我斗不过他，到头来，神苗出土结果后，恐被他一扫而光，我实在是有负老奶奶的重望。”

老太太笑了笑说：“这，你就不必多虑了。”说着，老太太一挥手，轻轻说了声：“让它进来吧。”

直挺挺站在门外的王万能，把屋内的说话声听了个一清二楚。他想破口大骂张善实，可是一张口，骂出的声音竟是"汪，汪，汪"。再一看自己浑身长出了毛，两只胳膊竟成了两只前腿。再一看，那套在自己脖子上的金项链，竟成了拴狗的铁链子……

它乖乖地走进屋内，成了忠实的看家狗。

从此后，在冀南大地上，威县的"三白"西瓜，一传十，十传百，越传越神，越传越远，而且久负盛名。后来，人们就把王母娘娘到过的村子叫作"王母村"，而神奇的"三白"大西瓜也世世代流传到了今天。

傻二小学话

潘明辉

从前，有一个人很痴呆，做事非常机械。因为他排行老二，人称"傻二小"。

有一天，傻二小赶集买了一只小兔。走到半路，一不小心，小兔从他手里跑了出来。傻二小赶忙去追。追呀追，追呀追，追了好大一会儿，小兔猛一转弯，钻进了一个坟窟窿，不见了。傻二小围着坟转了一圈，见这个洞是两头相通的，他就把头巾摘下来，蒙在洞的一头，自己走到另一头，用棍去轰。小兔走投无路，一下子从洞里钻了出来，头顶着他的白头巾就跑。傻二小又追，一直追到一个村子的人家里。傻二小闯进这一家，原来这家死了人，每人头上戴着一个孝帽在吊孝。傻二小大大咧咧地问："跑进你们家一个小兔没有，头上还戴个白布？"这伙吊孝的一听，噢，我们戴着孝帽，你说小兔顶白布，这不是骂我们吗？这伙人一齐动手，把傻二小揍了一顿。

傻二小走回家，把发生的这些事向老婆说了一遍。他老婆把大腿一拍："这还不好办吗？你也太死心眼了。你也吊个孝，人家还打你吗？"傻二小寻思道："也对呀。"就记在了心里。

又一天，傻二小看见一个人家吹吹打打，抬着花轿，娶亲呢！他就闯进人家大门，放声哭了起来。街访邻居亲朋好友正在喝喜酒，见这人来吊孝，兴致大减，主人叫来几个人，把他打了出来。

傻二小哭丧着脸，一进门就埋怨他老婆："你说让我吊个孝，我看一家那么热闹，我去吊了个孝，人家又打了我一顿。"他老婆问："那家人在干什么呢？"傻二小说在娶媳妇呢。他老婆说："你向人家道个喜人家不高兴吗？"傻二小听了，又记住了。

过了几天，傻二小见一家着了火，一大群人端盆的端盆，担水的担水都在忙着救火。傻二小走上前，双手一抱拳："啊，恭喜恭喜。"唉呀，这家人这个气呀，拿起扁担把他揍了出来。

傻二小回到家里，向老婆又告开了状："今儿个我见了一家着了火，我向他们道了喜，他们又把我揍了。他老婆说："人家着了火，你还道什么喜呀！你也帮着救救火不行吗？"傻二小一听，忙说："知道了，救火。"

一天早上，一个打铁的来到了村里，生了半晌的炉子，累了一头汗，刚说快着了，只见傻二小端着满满一盆水"哗，"把水向炉膛里泼去。打铁的气得直颤抖，拿起锤子照屁股上就是一锤子，傻二小捂着屁股向家里走了。

傻二小把挨打的事又向老婆说了一遍，他老婆说："你帮人家打几锤，人家还打你吗？"

到了下午，傻二小见两个小孩在街上打架，就走过去，照准两个小孩，一人一拳，就打这两个小孩儿，两个小孩一看，他们两个也不打了，就合起伙来把傻二小揍了一顿。

傻二小越想越想不通，回家又向老婆告状。他老婆说："那还有不打你的吗？你好声好气地劝一劝，你就挨不了揍了。"

第二天，街上两头牛打架，傻二小走上前，和颜悦色地说开了："一个二小劝你俩，等我走了您才打。"两个牛你一下我一下把个傻二小拱在了一边，踏了个半死。

第六节　佚诗佚文选录

饯张七琚任宗城

即环之季也，同产八人俱以才名

唐·储光羲（江苏镇江人）

他日曾游魏，魏家余趾存。
可怜宫殿所，但见桑榆繁。
此去拜新职，为荣近故园。
高阳八才子，况复在君门。

贺李昉

宋·范质

翰苑重求李谪仙，词锋颖利胜龙泉。
朝趋建礼霞烘日，夜直承明月印天。
圣主重知缘国士，相公多喜为同年。
青春才子金门贵，蜀锦袍新夺日鲜。

寄宣议大师英公

宋·范杲

西游久不得师书，睹物相思展篆图。
情厚未忘莲社约，分深曾伴橘洲居。
青云作阵宜长卧，白酒资吟莫破除。
见说近来挥彩笔，字皆飞动有功夫。

送许先辈尉宗城

宋·司马光（山西夏县人）

红尘久帝城，高价动公卿。
竹柏寒方茂，骅骝老更成。
冰霜驱马瘦，书剑束装轻。
丞相虚东阁，遥知倒履迎。

勉子侄

宋·程珌

外物不足恃，翻覆百年间。
唯有万卷书，可以解我颜。
男儿贵立志，达人得大观。
百川日夜流，与海会波澜。
丘陵安于卑，宁复望太山。
方当少年时，发齿未凋残。
圣贤户庭阔，人人可跻攀。
谨勿随余子，碌碌走丘樊。

威县道中

明·王铎（河南孟津人）

野外无人见束薪，破庐返照射高垠。
旧田旧井三岐路，冷水冷烟一病身。
酒少那禁燕地薄，兵多敢望洛阳春。
木鱼毳衲吾生事，非是年衰效隐沦。

填　仓

清·刘调赞

家家此日争填仓，试问阿谁创此方。
共祝今年丰于昨，风调雨顺叩穹苍。

（选自《杖溪诗草》）

续志有感

清·刘自立

关心梓里几沧桑，闲阅蠹编话滏阳。
独伴青灯书鉴影，满浮太白史添觞。
春王聊学服听传，秋水应惭郭注庄。
未睹藜光天禄照，风尘羞说校书郎。

题《袁中郎瓶史》

由平日爱慕蕴结所致，醒即追录，略加补正，用柬同社诸君

民国·黄镇磐

风雨乾坤贮一瓶，花移几案袭芳馨。
羞簪白发人垂老，高照红妆我独醒。

诗爱公安空著史，术传瀛海诩专经。
若知数典无忘祖，异国奇葩敢不庭。

（选自《三贤诗集》之《石安唱和》）

读《楚碧堂诗草》

尚铭丹

吁嗟乎，洺阳三百年间，王氏两才子，一王月萝一先生（王以锷）。先生之诗出天性，月萝遗稿秾以清。欲为分轩轾，诗哲莫能名。大集篇尤富，字字金玉声。或似王摩诘，或近阮步兵。三复讽诵之，逸趣何纵横。几穗心花放，荡胸吐紫英。提笔缀其帙，阐微让吾兄（族兄十笏团蕉居士为作后序）。块然而默尔，何以见心倾。西窗磨就数升淡墨。东林洒洒向高枝，惊起隐凤和喈鸣。

登启秀楼

郭栋臣

楼在临清城南门外，南临汶河，北靠砖城，东通歇马厅，西达鳌头矶，与土山相对。

倭寇逼我登此楼，入目四野处处愁。
大好河山成碎粉，几多村落变荒丘。
年逾花甲身凛凛，岁近古稀雄赳赳。
气吞瀛珠方解恨，手刃裕仁才复仇。

老　家

王博习

悲惨的滋味爬上心头，
灵魂打个细碎的抖，
记忆里展开凋残之花，
朵朵抹上浓重的黑锈。

从前的老家是颗橄榄，
风光酿着甜蜜的酒，
黑水抱着白山，
大地满是愉快的温流。

春阳里闪着孩子的风筝，
田间蹀躞着成群的羊牛，
轻盈的尾巴荡着细草，
蝴蝶飞进村姑的纤手。

六月天燃起了流火，
一阵雨洒破一个艾忧；
青苗的抽长拉起希望
——明天有个可喜的丰收。

广场上飞着金黄的星，
爆炸着青青的豆，
玉蜀黍有牛角般大，
殷红的高粱像把扫帚。

秋风飘来了一阵凉爽，
人心调起平静的节奏，
积得了半年的新粮，
不愁冬来风雪的怒吼。

那一年突然的遭了炮火，
老家沦进敌人的魔手，
逃走的人们失了保障，
往祖国去潦倒漂流。

五年的时光转眼飞过，
老家再没有光明与自由，
眼泪洗不尽这个悲恨，
旅心日夜的泛起乡愁。

（选自 1937 年 3 月《中流》第 1 卷第 12 期）

河水谣

王博习

河里水，
哗啦啦，
转来转去没有家；
穿红裤的女人正淘米，
放牛的孩子来问话。
“大嫂啊：

河从哪里来？
河从哪里去？
为啥不用它来浇地，
水浇麦田苗儿发。”
“小哥儿，
会说话，
百灵鸟儿赛嘴巴，
你不看，那群人，
正在河滩干什么？”
他一看，真不错，
张大叔，李三娃，
一铲一铲用刀挖。
挖开一条渠，
省得拜天求菩萨。
河里水，
哗啦啦，
流下水来有了家。
家在麦田里，
家在麦根下。
麦根下，搭了窝，
顺着麦根向上爬，
春天一来麦苗长，
多打麦子富国家，
富国家，一枝花，
好抗战，两枝花，
打走鬼子三枝花，
中国解放哗啦啦……

怎不歌唱鲁迅

史轮

我们这伙人，
怎不歌唱鲁迅！
日本帝国主义者
跟大小的坏人，
都在鲁迅笔下打寒噤。

我们这伙人，

怎不歌唱鲁迅！
一唱起鲁迅来，
杀敌的力气，就披了一身。

我们这伙人，
怎不歌唱鲁迅！
等歌声遍布天下，
人人熟识了鲁迅，
这世界就崭新。

我们这伙人，
怎不歌唱鲁迅！
我们都是鲁迅的学生。
挺着持久——这武器，
身为革命先锋军。

佩兰别墅记

王以锷［伯廉］

佩兰别墅者，宋子子勋授徒之所，而其友人为之醵金以筑者也。拓地十笏，业简栖冲，结茅数间，咨经诹史。书摊卷而皆黄，蕉临池而尽绿。弟子何劳夏楚？先生即是春风。此中大好著书谈经，著个秦博士，问谁为之筑屋，将毋古伯夸。彼夫杨烈桥边，赐阿称之讲座；竹林屋里，开遵彦之书声，不是过也。

夫子勋亦寒素耳，家徒四壁，田无一棱，寄少妇于母家，投此身于人海。茶残酒冷，凄凉宾馆之秋；墨瘁纸劳，潦倒长安之市。踪迹同乎旅雁，生涯比之磨驴。漫云小住为佳，此非吾土；纵有一枝可借，不是安巢。盍长卿于是，亦倦游矣。然而砚田之税，所余无多；草堂之资，实难猝办。空染缁尘于京洛，莫悬绛帐于扶风。是则张禹堂中，绝少横经之地；子云宅内，不容问字之车。则亦奉美雁而无从，树李桃而未得也。所赖半生知已，几个良朋，挥橐内之金，构溪上之屋。湒炀不碍，朝漯无嫌。寒菜抽青，呼便了荷锄从事；虚室生白，许彭宣下榻其中。殊是清风才堪入室；纵有俗客不敢到门。此佩兰别墅之所由径始也。

壬辰九月，蹑屩来游于是。道左寒潭漾清光于门外，宅南大柳送秋色于墙头。落叶满径，踏此碎黄；寒藤一篱，袅其瘦绿。童子开帘以先迎，主人隔窗而一笑。相与跌宕文史，流观图书。抵掌于皋比之旁，谈心于茗碗之侧。为述鸠工之颠末，俾作骈俪之文章。遂吮柔毫，为记崖略云尔。

第二章　著　述

本节所收书目，系威县籍人或在威县工作并正式出版的书目（个别重要历史文献资料为内部资料）。书目次第以出版时间为序。同一作者的多种著述，以其最早出版的著述时间为代表参与排序。

第一节 文教科技类

威县文教科技类著述一览表（部分）

表 25－1

书名	作者	印刷或出版时间	出版者
草子集	胡青坡	1979	湖南人民出版社
拾花集	胡青坡	2002	湖南文艺出版社
红军长征中的七次会师	马玉卿	1982	甘肃人民出版社
毛泽东成长的道路	马玉卿	1986	陕西人民教育出版社
毛泽东革命的道路（1921—1935）	马玉卿	1990	陕西人民教育出版社
毛泽东革命的道路（1949—1957）	马玉卿	1994	陕西人民教育出版社
抗日华侨与延安	马玉卿	1995	陕西人民教育出版社
伟大的民族，可爱的祖国—古代的中国	马玉卿	2001	河北人民出版社
百年的屈辱，英勇的抗争—近代的中国	马玉卿	2002	河北人民出版社
巨人的步伐，中华的复兴—现代的中国	马玉卿	2003	河北人民出版社
毛泽东和他的百位家属	马玉卿	2008	陕西人民出版社
血与火的年代	马玉卿 于源 李灵霞	2005	人民出版社
惊蛰雷	董风鼎	1983	花山文艺出版社
赵三多	董风鼎	2000	国际文化出版公司
耿耿难眠	柯云路 罗雪珂	1984	人民文学出版社
历史将证明（中篇小说集）	柯云路 罗雪珂	1984	山西人民出版社
女人的力量（电影剧本）	罗雪珂	1985	长春电影制片厂
80 年代通讯特写集	林里	1985	中国新闻出版社
太行工人运动史略	林里	1986	山西省总工会研究室
今日中国	林里	1986	北京中国新闻出版社
奔波・跋涉・攀登	林里	1989	经济日报出版社
新闻记者的日常生活	林里	1995	广东高等教育出版社
我当记者五十年	林里	1997	中央文献出版社

续表 25－1

书名	作者	印刷或出版时间	出版社
经济特区风云录	林里	1998	中央文献出版社
五十年间三代人（林里人物通讯集）	林里	2000	三峡出版社
新曲艺文稿	罗扬	1985	中国曲艺出版社
说唱西游记	罗扬	1986	新华出版社
曲艺创新录	罗扬	1995	中国文学出版社
当代中国曲艺	罗扬	1998	当代中国出版社
曲艺耕耘录	罗扬	2001	中国文联出版社
中国民间文学集成·威县故事歌谣谚语卷	胡林声 董凤鼎	1988	内部资料
迟到的花季	胡林声	1992	讯通出版社
守望的书屋	胡林声	2004	中国和平出版社
中学生课外文学读本	胡林声	2005	河北教育出版社
飘洒的雨丝	胡林声	2006	中国言实出版社
淋湿的思绪	胡林声	2009	大众文艺出版社
清凉江畔故园情	胡林声 潘明辉	2008	大众文艺出版社
一步一层天	李盘文	1988	百花文艺出版社
河北民歌集	李盘文		
农村社会学	唐忠新	1988	天津人民出版社
农村亮出了黄牌	唐忠新	1989	中国妇女出版社
贫富分化的社会学研究	唐忠新	1998	天津人民出版社
中国城市社区建设概论	唐忠新	2000	天津人民出版社
社区服务思路和方法	唐忠新	2003	机械工业出版社
构建和谐社区	唐忠新	2006	中国社会出版社
社区防控犯罪研究	唐忠新	2006	天津社会科学院出版社
冀南文学作品选	刘艺亭	1989	河北教育出版社
回春曲	刘艺亭	1996	花山文艺出版社
黑红点	刘艺亭	1996	花山文艺出版社
今天和明天	刘艺亭	1996	花山文艺出版社
母亲的活笸箩	刘艺亭	1996	花山文艺出版社

续表 25－1

书名	作者	印刷或出版时间	出版社
我的乡土	刘艺亭	1996	花山文艺出版社
风雨人生	刘艺亭	2008	黄河出版社
晚清学堂学生与社会变迁	桑兵	1991 1995 2007	稻禾出版社（台湾） 学林出版社 广西师范大学出版社
清末新知识界的社团与活动	桑兵	1995	生活·读书·新知三联书店
国学与汉学——近代中外学界交往录	桑兵	1999	浙江人民出版社
孙中山的活动与思想	桑兵	2001	中山大学出版社
晚清民国的国学研究	桑兵	2001	上海古籍出版社
庚子勤王与晚清政局	桑兵	2004	北京大学出版社
晚清民国的学人与学术	桑兵	2008	中华书局
说梦	朱晓平	1992	作家出版社
石女	朱晓平	1993	中国社会科学出版社
大栅栏（剧本）	朱晓平	2001	辽宁人民出版社
大栅栏（长篇小说）	朱晓平	2001	中国青年出版社
桑树坪纪事	朱晓平	2002	新世界出版社
舞台序曲	邢立斌	1992	贵州人民出版社
冀南风情	顾自忠	1993	百花文艺出版社
人类争取自由解放的斗争	吴敬华	1993	天津社会科学院
再展雄姿——天津如何走向 21 世纪	吴敬华	1994	天津人民出版社
中国北方经济中心——著名专家论天津	吴敬华	1997	天津人民出版社
天津崛起——关于天津发展战略的报告（上下）	吴敬华	2009	天津人民出版社
决策与智囊	吴敬华	2009	天津人民出版社
怎样画木本花卉	李智纲	1993	河北美术出版社
李智纲画集	李智纲	1998	天津人民出版社
心境	李智纲	2000	中国戏剧出版社
葡萄画法	李智纲	2005	陕西人民出版社
党的基本知识新编	潘春堂　俞锡扬	1994	河北大学出版社
四千里路云和月：冀南支队南下回忆录	魏子文	1995	黄山书社
冯英杰画集	冯英杰	1995	中国连环画出版社

续表 25－1

书名	作者	印刷或出版时间	出版社
冯英杰画集	冯英杰	1999	河北美术出版社
鸡的工笔画法	冯英杰	2003	山东美术出版社
冯英杰鸡画精品集	冯英杰	2004	天津美术出版社
辉煌人生（上、下）	张广伟	1996	成都科技大学出版社
新世纪之光（上、下）	张广伟（合）	1998	北京燕山出版社
春秋战国士人与政治	王长华	1997	上海人民出版社
孔子答客问	王长华	1997	上海人民出版社
诗论与体论	王长华	2001	学苑出版社
风雅体诗选	王长华	2004	河北大学出版社
中国历史的 B 面	王长华	2006	新世纪出版社
河北文学通史	王长华	2009	科学出版社
春华秋实	王炳炎	1998	内部印刷
四十年风云	郭森	1998	湖南人民出版社
农业自然资源可持续利用	谷树忠	1999	中国农业出版社
中国资源科学百科全书・资源经济	谷树忠	1999	中国大百科全书出版社
中国资源报告 2002	谷树忠	2003	商务印书馆
义和团之源起	窦孟朔　顾自忠	2000	国际文化出版公司
义和文化初论	窦孟朔	2005	社会科学文献出版社
中共三位地下党员所知道的商震将军与三十二军	王启明等	2001	云南人民出版社
晚霞吟	李岫远	2001	河北文联出版社
悠远的足音	李岫远	2006	中国言实出版社
散曲应用新编	张经五	2002	贵州人民出版社
许四海画集	许四海	2002	中国美协出版社
2007 年书画名家自选作品集	许四海	2007	中国美协出版社
许四海工笔花鸟画集	许四海	2007	解放军出版社
2001 年当代实力派画家作品集	许四海	2009	中国美协出版社
清风雅韵・许四海工笔花鸟画集	许四海	2009	解放军出版社
薛鸿群书法集・毛泽东诗词卷	薛鸿群	2003	中国文联出版社
薛鸿群书法艺术	薛鸿群	2007	青岛出版社

续表 25－1

书名	作者	印刷或出版时间	出版社
最深情的故事最真心的感动	董保纲	2003	远达出版事业有限公司
最真心的故事最深刻的感动	董保纲	2005	济南出版社
一路花香	董保纲	2005	济南出版社
放下	董保纲	2009	湖北长江出版集团
威县书画撷英	杨立群	2003	内部印刷
豆爆的声音	徐学君	2003	北京燕山出版社
海河干流史研究	王伟凯	2003	天津人民出版社
明《大诰》三编研究	王伟凯	2008	天津社会科学院
义和团首领赵三多研究	黄成俊	2004	社会科学文献出版社
古诗文读本	潘新文	2004	河北教育出版社
威县文史概览	李金鹏　潘明辉	2004	社会科学文献出版社
洺阳旧事	李金鹏	2006	社会科学文献出版社
永恒的记忆	赵士英	2005	内部印刷
沧桑岁月	赵士英	2008	中国文联出版社
往事拾遗	赵士英	2009	内部印刷
刘兴华书法艺术	刘兴华	2005	华夏文艺出版社
汉风劲草	刘兴华	2008	华夏文艺出版社
大碰撞：2004－2006 中国改革纪事	马国川	2006	新华出版社
威县名人录	威县名人录编辑委员会	2006	内部印刷
杨作文画集	杨作文	2007	科学教育出版社
名家冯淑荣工笔牡丹	冯淑荣	2008	山东美术出版社
韶光碎影	潘儒栋	2008	内部印刷
十笏草堂诗稿	王延飞	2008	内部印刷
红色情怀——于华烽回忆录	于华烽	2008	北方文艺出版社
时光的翅膀	吴洪群	2009	大众文艺出版社
悦读经典	张宏	2009	河北教育出版社
获救之舍	穆晓禾	2009	中国戏剧出版社

第二节　史志谱牒类

1983—2009 年威县史志谱牒类著述一览表

表 25－2

书名	印刷或出版时间	出版社名称	主编
威县地名志	1983.9	内部资料	县地名办公室
威县大事记	1985	内部资料	张金淼
峥嵘岁月（一）	1986.6	内部资料	县委党史资料征集办公室
峥嵘岁月（二）	1987.10	内部资料	县委党史资料征集办公室
威县公路交通史	1988.2	内部资料	张子修
威县水利志	1996.10	内部资料	李世宁
威县志	1998.8	方志出版社	张桂菊
威县教育志	1999.3	教育科学出版社	吕愚然
威县一中校史	2001	内部资料	王兰君
中共威县党史大事记	2005	内部资料	中共威县县委党史研究室
威县人民代表大会志	2006.11	社会科学文献出版社	史振龙
威县政协志	2008.12	中央文献出版社	李俊申
威县志校注	2009.1	中国文联出版社	王韶峰
威县南梁庄潘氏家族志	2009	内部资料	潘明辉

第三章　序跋选录

明万历《重修县志序》①

余始抱四方之略，博求掌故，欲识天下户口、阨塞、风俗、政治盛衰，盖见志记之不可以已云。岁丙辰，受事来威，威俗固近醇。无豪若薙本以烦锄夷，无险若山川以需钩钜，可以安坐而理。第余始事剬裁，而簿书委积，几务纠纷，必人咨而人询之，不胜㞌㞌。暇日取邑志一流览焉，其所胪列物土民风、钱谷丘乘，与夫人物之臧否，礼乐政教之因革，条分缕析，灿若指掌；乃前令固陵田公之鉴定，而林下姜君所纂述者。余因私庆蓍鉴在兹，与其人

① 因万历版县志原书复印件字迹及排版装订等原因，1998 年版《威县志》误将其前序与后序混为一篇，现勘误后重录于此。

咨而人询，则曷，若按籍而索之？于是乎得抚摩噢咻之略，得酌盈济虚之术，得高山景行之益，诸凡救弊补偏，厘奸剔垢，率循途辙而缓急布之，匪直润饰新政，且将永为观刑矣。顾其为书，当时尚属草创，不无后先，跖戾名实、互乖体裁、未尽适宜者，乃复就姜君而质焉。参订互议，欲以去讹存真，删繁就简，增饰其所未备，以毕数年未竟之功。幸君雅意适与余合，爰寻旧绪，悉加润饰，间亦有所删补，文省于前，事增其旧，耳目一新，美爱可传矣。夫故府功令具载案牍，而宣尼大圣犹病文献无征。后之视今亦犹今之视昔也。余固愿今日之案牍可据，而后日之文献足征，俾令兹土者拱手受成而不假咨询，则未必无纤毫裨益焉耳。歒劂告成，漫题简端以记岁月云。万历庚申秋七月吉，知县事济南张蒙正撰。

明万历志后序

余不佞，谫劣无似，跧伏林壑，废弃自甘，敢不自揣量而妄议笔削。顾向者田公见委，稍取旧志裁定之，间亦附以燕说。迨今，张公览之，曰：“核矣而未精也，确焉而未备也。”进不佞而教之，复加润饰，犁然蔚然，始成完书矣。不佞至愚且贱，肩兹重委，非不竭虑殚精，期于尽善，顾朝菌不知晦朔，蟪蛄不知春秋，限于识也。智尽能索，技止此耳。遂使信今传后之典，卒成于衰朽之陈人，其何以观哉？虽然，老马之智可以识途。是书也，姑自比于掌故案牍，俾后有达识宏裁者起而删述，得据此以为信，则区区铅椠之业未必不为前茅矣，是不佞所沾沾私庆者，虽蒙众姗笑所不辞也。

林下姜允清撰。

《杖溪学乐录》自序

刘调赞

乐者，礼之辅也。古人礼必比乐，盖礼以节身，乐以和心。礼无乐则离，乐无礼则流，古礼乐斯须不可去。《尚书》舜命夔典乐教胄子，《周礼》乐正以乐教国子，司徒以乐教万民。《内则》“十有三年，学乐、诵诗、舞勺。”《论语》曰：“成于乐”。则古之以乐为教、为学者昭昭也。周室东迁，礼渐崩，乐渐坏。孔子三千七十博习考订，而乐赖以不亡。乃秦火而后则蔑如矣。汉兴，搜揽遗籍，河间献王得《乐记》二十四卷，刘向校书得二十三篇。然仅存其书而声音节奏之学无传，则乐之不亡，脉脉如线。及司马迁言律数以后，诸儒言律者棼棼，或算数，或寻尺，或截管，或累黍，或考葭灰，而毫发无关于乐，则乐以亡。呜呼！乐生于人心，通于伦理，关于政治，而可亡乎哉？窃常考之，事亲从兄，和乐中正，乐之实也；屈伸俯仰，缀兆疾徐，乐之文也；羽籥干戚，琴瑟钟鼓，乐之器也；五音六律，抗对矩勾，乐之声也。用声以考器，因器以达文，因文以求实，则乐备矣，故古之圣人制乐必先审声。

赞自癸卯从蠡吾恕谷先生，检身治心，质经学礼，而未暇及律吕。迄丙午，读恕谷《学乐录》，若有所得。乃就善歌者学歌，就善笛者学笛。己酉正月，复抵蠡考究律吕。又遍览毛河右先生《诸乐录》，始旷若发覆。归而细按今世歌吹，复证古经记载，处处吻合。乃知声音在天下，而乐之亡者，实未尝亡也。自后儒高谈讲著，厌弃下学，因之声音一道，漫然不习。乃谓古乐既亡不可复寻，又以后世俗学不足与闻，遂坐致其废亡也。不知今人之耳目身心犹古人之耳目身心也，今人之视听饮食犹古人之视听饮食也。至于声音何独不然？诚即今所歌曲，谱以正词，和以正声。去今失以返古是，则乐之既亡者，必不至终亡矣。

赞识浅学疏，原不足与礼乐之大，惟即其学习者录之。可以口试，可以耳审，或亦有志学乐者之一阶耳。至于歌功颂德，通神明，和上下，与礼共垂永久，以俟君子，而非予所能赞一词也。

《蜻洲同游录》序

王以锷［伯廉］

试谈植物，绿缛其叶，葳蕤其花者，吾庐之故物也。有人焉分其种以去，播之、培之溉之、芸之，窒素之而磷酸之，犹是吾庐之种子也。而其叶其花，顿放异彩矣，且结实矣。所结之实且超特而超越匹俦矣。回视吾庐之故物，则绿缛者瘁焉，葳蕤者萎焉，害虫聚族而居，潜蠹其生机焉，可奈何？谋者曰："彼能分其种以去，我独不能采其术以归乎？此蜻洲之游所由来也。"

乙巳之夏，畿辅大府牒诸州县，各州县各举一人或数人不止，治装东游，考察日本学制，以为他山之助。凡分四班，皆由津门展轮，盖创举也。于是江户八百八街，时见吾直之衿佩焉。嗟乎！强邻眈眈，祖国殄瘁。东游诸君子果能劚其我山，抛尔矜矛，虚心湛目，人步步之，人趋趋之。且或自出意匠，人水而我冰之，人蓝而我青之。如此则学界日进，吾国其有瘳乎？枣强王君明远，谋刊同学之录。其言曰："吾侪归国，皆以学务为要务者也，倘有商榷，必借尺素。乡里之不知，邮筒其何施乎？惟即诸人之籍贯，刊为一册，庶不至鱼沉而雁渺也。嗟乎！强邻眈眈，祖国殄瘁，吾侪之归也，仍望劚其我山，抛尔衿矛，勿忘人步步之，人趋趋之，人水而我冰之，人蓝而我青之，庶不负此游也夫。"夫此游也，倡其意者同乡会员诸君子。玉成之者，严京卿也①。面喻而派之者，项城宫保也②。

《楚碧堂诗草》后叙

尚希宾

右《楚碧堂诗草》，吾邑诗人王伯廉先生之所为作也。先生诗都千五百余首，此刻仅先生手所摘录者。惟先生诗付印之岁，正印度大诗人泰戈尔莅吾国演讲之年，吾于是枨触胸次间不能无所感，吾于是哓哓喋喋不能已于言。

十九世纪，科学时代、理智生活之时代也，二十世纪，艺术时代、情感生活之时代也。理智主义之肆虐枯窘狭隘，生趣毫无。苟非另辟一新世界观及新人生观以救之。厌倦之情儿傀焉，不可以终日。幸有艺术主义者出，用以摧陷其魔障而昭苏其精神。虽音乐、图画、雕刻、建筑、舞蹈、剧曲均为艺术一部，而感人较深、收效较神，自必以诗为称首。先生寝馈诗中生活而为先进也久矣。与泰氏较，思想派别不必同。要其诗之本于直觉，出于情感，且以艺术济科学之穷则无不同。然则诗人者，岂惟应运之骄子，不又救世之福星乎？

世之品次，诗人者，动目以人类儿童，盖以诗人天真烂漫，惯游戏于美感中也。泰氏今年六十有三，世之景仰者咸以人类儿童及自然儿童赞之矣。先生今年亦七十有三，较泰氏十

① 严京卿：严修，时任直隶省提学司督办。

② 项城宫保：袁世凯，河南项城人，时任直隶总督。

年以长，性坦气豪，精强不亚少年，或且远过之。尝欲颠倒七十三岁之数为三十七岁以自况，其风趣可想。然则先生坦白夷旷，自率性真，亦人类之儿童也已。

吾不知泰氏他所撰著奚若，所克寓目者，仅选译之《飞鸟集》，就中似象征主义居多。先生诗不立宗派，吟兴所至，强半即目语。尝自谓："吾诗例不作谎言。"而匠物之工、抒情之妙、真所谓张承吉善题目佳境不可移置他处者。揆之各种主义，似与写实主义为近。惟其近写实主义是以不蹈袭前人，自成一家风骨。虽然此特就较重者言耳，实则理想主义、自然主义、感伤主义、浪漫主义。诗人虽各有偏至，断未有不兼具者，亦不独泰氏与先生诗然也。

余雅嗜先生诗集中佳句，略能上口，究不能测其所至。姑即所见臆度之，大抵得力于学问游览及自然界者为最著。先生博极群书，记性尤强。手所钞帙多至十一函百三十八卷。其他涉猎所及可知，其淹贯又可知矣。且东游日本，西走咸阳，异国新闻，名都胜迹，耳目所寄，皆成诗材。大有足迹所经，悉欲辟为诗人领域之势。不宁惟此，先生精神矍铄，尤好早起，独自行散郊外，寄意风烟，怡情花鸟，彼高风逸致，直与自然界作伴侣者，又不知几何年矣？蕴蓄既富，吐嘱自工。吾不知与泰氏诗得自森林、哲学者为何如。要其领袖后进，为一时宗工，又岂幸致者哉？

抑又闻艺术学有所谓趣味二字者，解者言人人殊要。其足为人生无聊之良药则无疑。诗者，趣味之尤永者也。人而不厌此干燥生涯、污浊社会则已，人而厌此干燥生涯、污浊社会，试一游勃格通式所标之诗人世界，将所谓真性情、真意味、真圆满者，即此而在焉。此岂名缰利锁中人所能梦见者？世有疑吾言者乎？盍即泰氏与先生之诗，一翻撷而玩味之？

民国十三年阳历五月同邑弟尚希宾书于十笏团蕉之西偏

《求是斋诗草》序

张葵阳［晴原］

《求是斋诗草》，吾友尚君蔚南之所作也。忆昔在东瀛时，君寓东京，余寓京外巢鸭村，相距十余里而遥。每逢星期六，功课已毕，步访君于神田旅馆。邀三五同心，瀹茗话旧，笑言哑哑；或杯酒论文，谈中说外，争雄辩而屑玉霏霏，惊起馆主人男女老幼门外窃听，每至夜分犹不归。归途月黑，仄径崎岖，听路旁松风谡谡，竹林瑟瑟，不感毛戴且甚乐也。每一存想，犹昨日事。曾几何时，君已作古，弃娑婆而长往。披兹遗编，感今念往，不知陨泣之无从也。

君博古通今，淹贯中西，晚皈依乾竺，原不以诗鸣。然其诗淡而有味，简而中理，如饮食之于菽粟，刻不可离。且世之讲滋味家，列食谱亦不能外菽粟而独立。孔子曰：肉虽多不使胜食气，斯即君诗之谓也。

君之诗高珉庵手抄。抱一自城借来，托余抄录，余曰："诺。"素患脑疾，不时晕眩，欲把笔不能，疲苶已极，然言不可食。选其优者，聊以塞责。字之夭斜，不暇计也。

《醒回篇》发刊序

黄镇磐

北尽黑龙，西跨天山，东南至海，其间一大帝国，昏蒙沉暗，佥曰“睡狮”，非一世也，其所由来久矣。自十九世纪中叶以后，凡逆旅过客，秉烛夜游。辉光接天，吾人方酣眠，何殊聋聩？岂知他洲探险者，突飞天堑，狙我庑，排我闼，直窥我堂奥，若屏气蹑足，乘人于梦寐间。乃未几，大厦连云，坦途不夜，枪林弹雨，车轰马嘶，虽长夜漫漫，如此喧嚣，差足破吾人之清梦。苟振衣起视，则见危楼飞阁，列天神仙子之居，而回顾同侪，多处于濯淖污泥中。初不谓我境内之公园蹊径，经彼设施，独摈我地主游踪，恐污蕙路，殆不齿于人类焉。曾游沪上之有心人，莫不悼为含垢蒙耻也。复不料宗教家天堂地狱之说，不俟于死后，乃毕呈于生前，借镜返观，又何异于是。呜呼！噫嘻！谁作孽耶？其天耶？抑人耶？奈何我皆醉而彼独醒也？

近数年来，朝野上下，少启一线之曙光，而吾回众，观望不前，追随其后。山川攸阻，风气各殊。西北多慷慨悲歌之士，无如轻身犯难，俗尚顽强；东南多雍容娴雅之儒，无如肆志偷安，习趋浅薄。此皆习俗之移人，无足怪者。即吾人至今渐臻觉悟，而回思数年前之在吾国，又何非与世浮沉，餔糟啜醨以自适哉！而究其至此，厥有二因：一因专制之国，束缚太严，一二明达，关于国政是非，糜不钳口而结舌；而他因率皆井底观天，隙中窥斗，梦梦者大抵然也。而今也，越国行远，回首皆非。计吾教同学斯土者，隶十四省，达卅六人，昂头于富士山之绝巘，濯足于太平洋之潮流，西望宗邦，烟横雾锁。因慨于四亿余万之同胞，群情涣散，惟吾回以宗教关系之故，尚有一小团体，存于若续若绝之交。同仁且喜且惧，因于日京组织一清真教育会，谋内地之宗教改良及教育普及两事。又虑吾人散处于廿一省之辽阔，焉得化身千万亿，执人人以告之耶！力有所不逮，势有所不能。弗获已，遂于课余寸晷，各摅厥臆，征集论丛。前承钦使杨星垣先生廉泉之赐，荷内地诸同志佳艺之颁，终赖在会同人，节若集资，力谋印布，皆不外大声疾呼，以高其唤醒吾回之热度，此是篇发刊之不容以已也。然吾海外羁人，寸心绵邈，操狭望奢，岂有他哉！亦惟以笔代舌，以莛撞钟，自侪于瞍赋工谏之列，深冀诸父诸昆之一寤，勿使在上者因循至九年，尚借口于立宪国民程度之不足，斯为幸耳。况夫吾教中之东游返国，及掇巍科膺显宦者，皆不乏人。历途虽异，而抱负略同。过黄海以西，知非波糜相逐，系苍生之望，意必寝餗难安。即此宗教与教育为之起点，推之社会由是开明，国家由是强盛，天下由是乂安，举无非由迩及遐，由自治以治人也。翘首以观，是所望于同教先觉诸君子。

岁次著雍涒滩孟冬、直隶黄镇磐识于日本东京。

第四章 创作歌曲选

美不过威县咱们的家

1=♭E 4/4

独唱

李双旭词
张俊沛曲

♩=100 民歌风

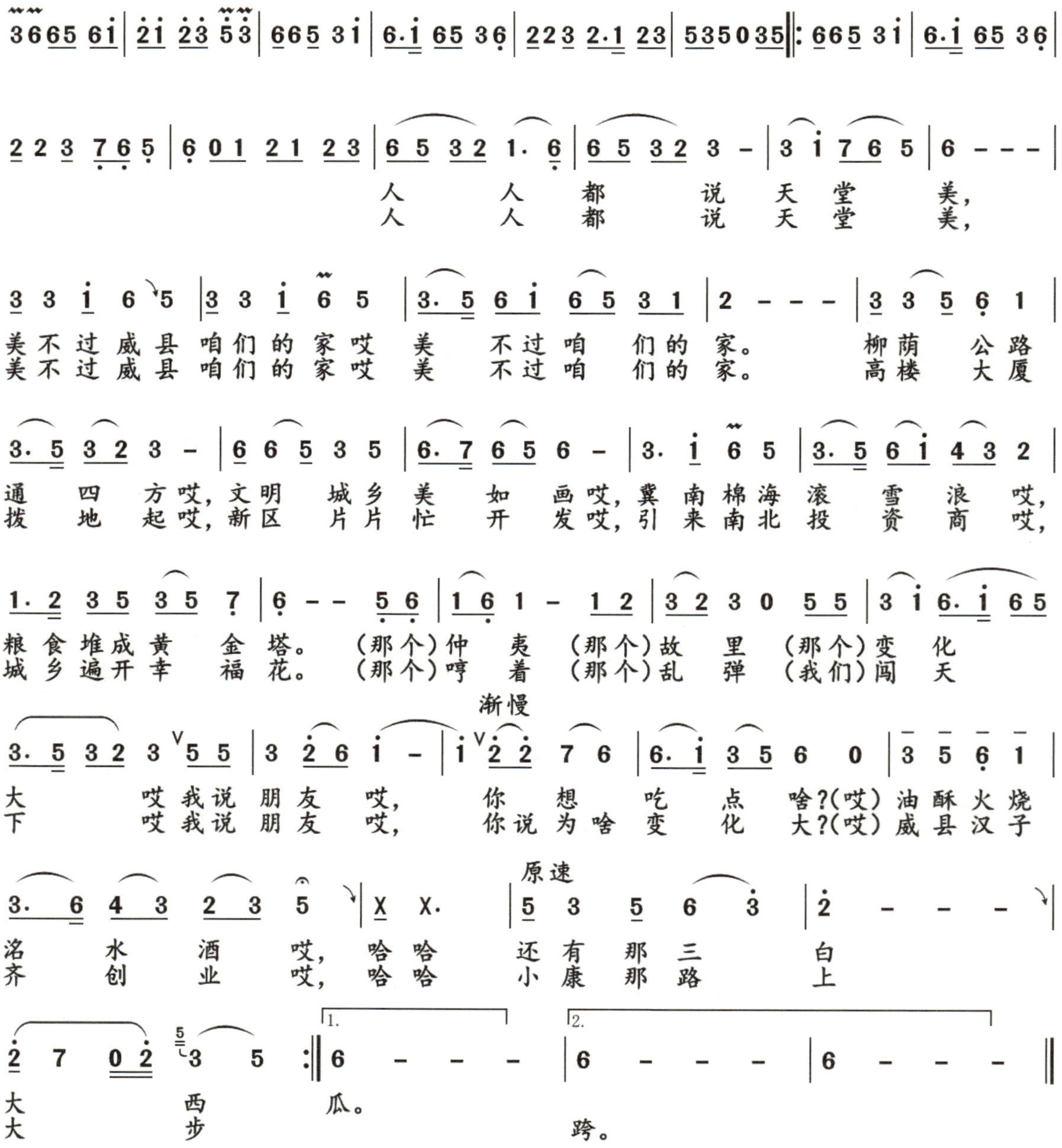

威县是俺家

1=G $\frac{3}{4}$ 2/4

男生独唱

张贵安词
张贵安曲

♩=120 乱弹风格深情地

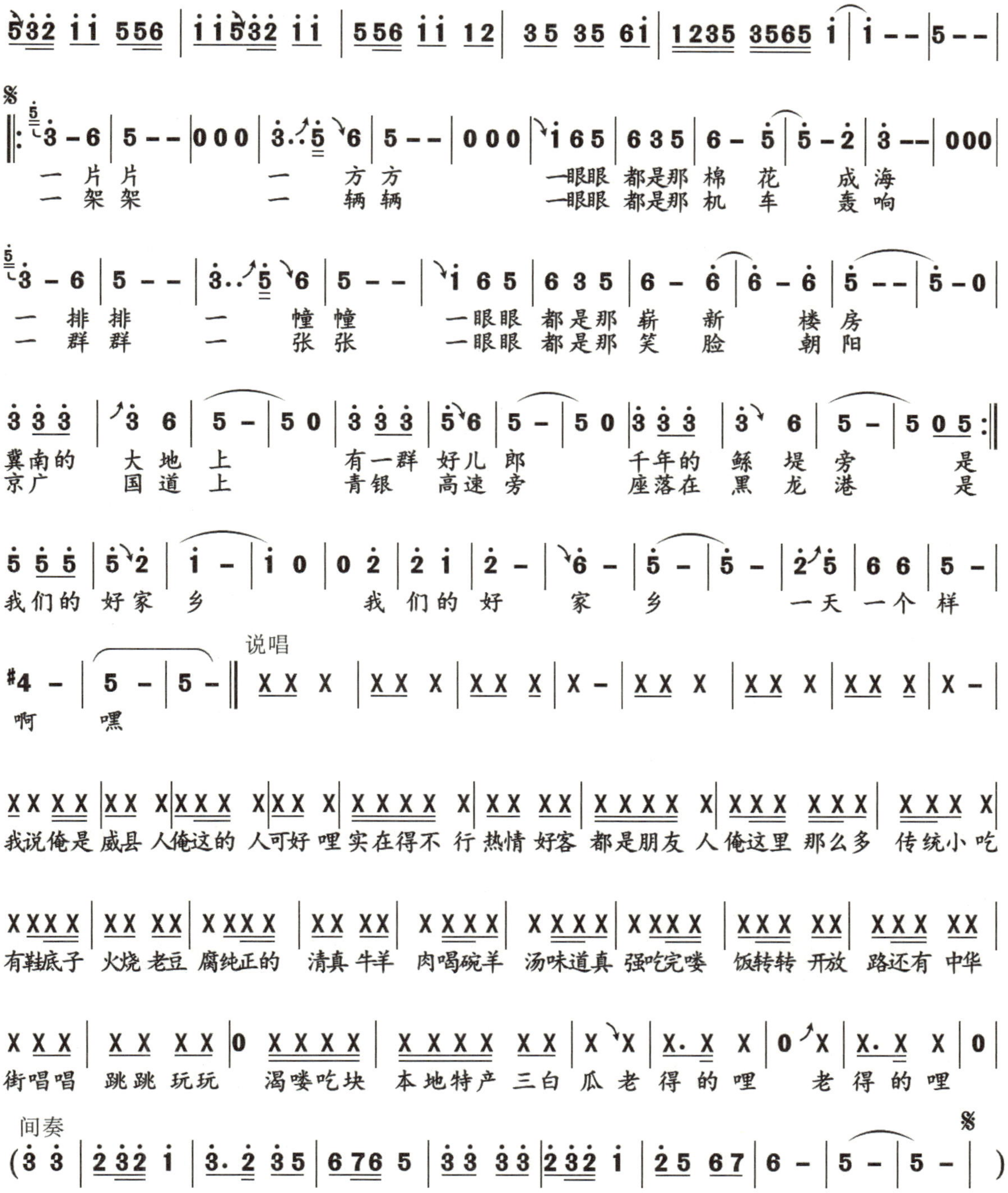

梦 里 威 县

1=F 4/4

女声独唱

王 超
李素芝词
张志辉曲

♩=112 中速稍快 柔美地

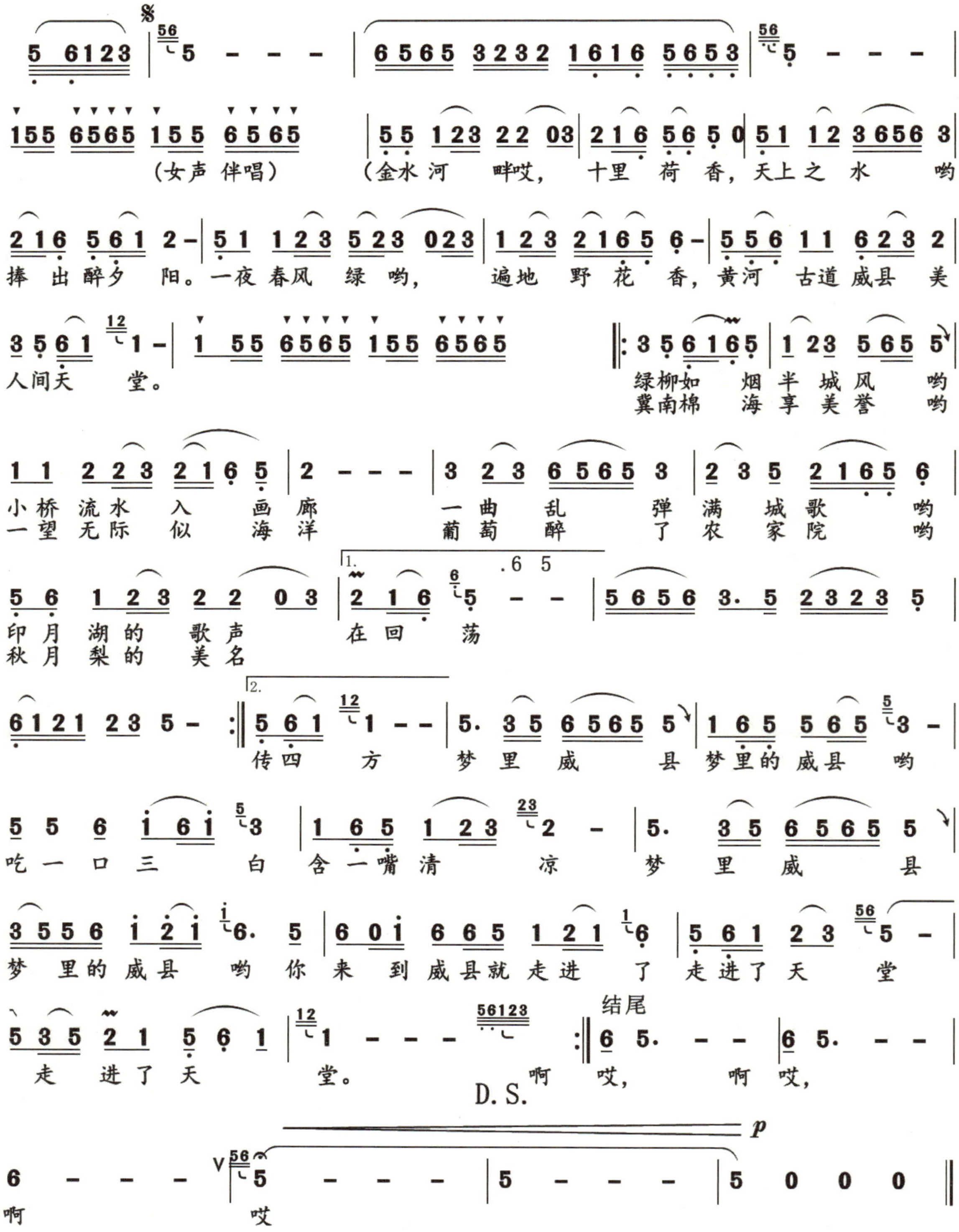

第二十六编　非物质文化遗产

威县非物质文化遗产主要有乱弹、梨花大鼓、武术等传统项目和壁画、剪纸、纺织、编织等传统手工艺技能。乱弹是威县颇具特色的一个古老地方剧种，境内有东、西两路乱弹，都有较大影响。梨花大鼓民国初年传入威县，1930年后，威县一带的梨花大鼓艺人名家辈出，流派纷呈。1949年新中国成立后，威县梨花大鼓演唱艺术家孙金枝曾多次参加国家、省级大型曲艺会演并获奖。威县武术在明清两代较为盛行，尤其在清末，几乎村村有拳场，年轻人以练武为时尚，有的拳派参加到到反帝反封建的斗争中（如义和拳即由梅花拳而来），有的参加民团进行保家自卫。抗日战争和解放战争中，有很多练武青年参加革命，为民族解放事业做出了贡献。威县拳种主要有红拳、梅花拳、八卦掌、三皇炮锤、查拳等。

民间艺术、花会精彩纷呈，流传于境内的花会主要有八面鼓、龙灯、狮子舞、烟火、旱船、太平车、高跷、竹马等。每逢届会、春节及元宵节之际，城镇和乡村的人们自相扮演各种角色，载歌载舞。

非物质文化遗产是指各族人民世代相传并视为其文化遗产组成部分的各种传统文化表现形式，以及与传统文化表现形式相关的实物和场所。

悠久的威县历史积淀了丰厚的文化遗产。威县县委、县政府高度重视非物质文化遗产的保护工作，成立保护组织和机构。文化部门积极组织开展全县非物质文化遗产的普查和申报工作。截至2009年底，威县共有威县乱弹、梨花大鼓两项列入国家级非物质文化遗产保护名录，威县梅花拳、土布纺织技艺两项列入河北省非物质文化遗产代表作名录。

第一章　乱　弹

乱弹戏是河北省历史悠久并具有一定影响的剧种，与昆腔、高腔、丝弦并称为河北省四大剧种。因其流布地域和腔调上的区别，又有东、西路之分。东、西两路乱弹以威县为分野，东路流布于威县、南宫东南部、清河县和山东的临清、冠县一带，西路流布于威县西北部、南宫西部、广宗、巨鹿、任县、隆尧和石家庄的赞皇、藁城一带。

第一节　乱弹的源流与发展

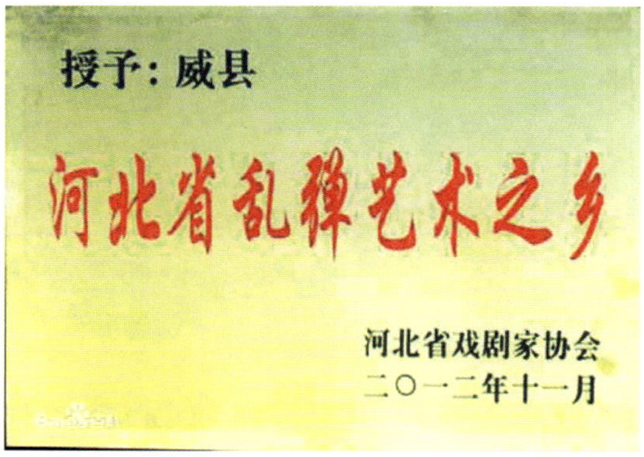

图 26－1　乱弹艺术之乡牌

清初，刘献廷《广阳杂记》载："秦优新声，有名乱弹者，其声甚散而哀。"这是迄今所知最早有关乱弹腔的记载与描述，也为研究乱弹产生的年代提供了一定的依据。刘献廷生于清顺治元年（1644），卒于康熙三十四年（1695），当时，"乱弹"既为"新声"，当创行不久，因此，王芷章先生在《腔调考源》中说乱弹腔产生于顺治末年到康熙中叶以前的三四十年间，是有一定道理的。

明末清初，随着南北的通商贸易，"西客"（陕西与山西商人）去南方经商，属于北曲系统的"西调""西秦腔"等腔调随着"秦优"的戏曲活动传到枞阳、安庆、石牌一带。南北艺人的合班，使"西调""西秦腔"等腔调与流行在这一带的腔调同台演唱，相互融合，产生了"梆子乱弹腔"。南北艺人演唱此调时，既用竹梆（或枣木梆）司节奏，又用伴奏北曲的弦索（弹拨乐器）伴奏。《缀白裘》（清代乾隆年间刊行的戏曲剧本单出选集）第六集中有"抑扬婉转，佐以击竹弹丝，而天籁自耿"的记述，说的就是这种情况。随着"秦优"和徽班艺人的戏曲活动，"梆子乱弹腔"便在大江南北广为传播。

清乾隆年间，直隶清苑县进士李声振有一首《百戏竹枝词》，对乱弹腔作过细致的描述，原文是："渭城新谱说昆梆，雅俗如何占号双？缦绸谁听筝笛耳，任他击节乱弹腔"。据考证，这首词写于乾隆二十一年至三十一年（1756—1766），这说明此时乱弹不仅已在河北演出，而且因其雅俗共赏受到普遍欢迎。另据徐大椿所著《乐府传声》一书中的记载可知，在清乾隆年间，乱弹便已成为与当时的"西腔""高腔""梆子"相提并论的重要声腔并在北方流行。

乱弹腔在河北威县和山东临清（直东交界）一带广为传播，在其发展过程中，受到燕赵、齐鲁民俗和北方弦索声腔、梆子声腔的影响，其风格渐而趋向高亢激越、浑朴粗犷。主要唱腔仍保持着原来的基本调式，伴奏沿用唢呐、笛子和弦索。由于保留了南曲以檀板司节奏的习惯，渐而取消梆子击节，逐渐形成唱腔悠然以长、伴奏音繁节促的特点。乱弹至清嘉庆、道光时，业已形成自己独特的风格，随着京徽的合流，乱弹便脱颖而出、自立门户。

清嘉庆、道光年间，乱弹即在威县官道两侧扎下根基。清道光十五年（1835），威县东赵庄尼大六等人在经镇连续开过五科乱弹科班，这时东、西乱弹尚未分流，科班中传授的就是今天仍保留于今河北威县河里庄、鱼堤、从容、银边庄、广宗冶村一带的乱弹，亦即今天的西路乱弹形式。东路乱弹的异军突起在同治、光绪年间。清咸丰四年（1854），太平军占领临清州，据《临清县志》记载，仅仅几天，临清居民被杀 1.6 万多人。临清梨园行旧时名伶之幸存者多散居到临清附近乡间。从清道光末年到同治七年，山东、直隶交界一带连年战乱（太平军北伐、捻军抗清斗争），乱弹班的演出范围便向直隶顺德府（今邢台市）一带推移，在巨鹿、隆尧一带扎下根基，清同治末年，西路乱弹艺人"二老蔫""穷猫"（隆尧人）去北府（真定府一带）教戏，把乱弹的流布范围向北扩展至今藁城、元氏、赞皇一带。流行在当时直隶境内的乱弹，因地域偏僻，受到外来剧种影响较小。艺人代代相传，对原有的艺术形式多不改革，基本保持了清朝时期旧貌；东路乱弹流行在汶卫流域和黑龙港流域，“水路辐辏，商贾所通，倡优游食颇多”，因而受到其他剧种影响较大。加之东路乱弹艺人不断吸取其他剧种的长处，故而有较大的发展。至清朝末年、民国初年，东、西两路乱弹已分别发展而成为同一名称的两个“剧种”，基本上难以同台演出。

清光绪七年（1881）左右，东路乱弹艺人马老俊在南宫高村开办东路乱弹科班，并聘请西路乱弹演员王计存和一个唱白脸的去教戏，不教唱腔（威县西路乱弹老艺人李洪魁谈）。清光绪二十一年（1895）尹立和在枣强王寿村开办乱弹科班，培养了东路乱弹的一代名伶王长发（艺名大王四）、宋长岭。二人是东路乱弹承前启后的关键人物。在这一时期，活跃在直、东（今河北与山东）交界各县的乱弹班社中，与尹立和同辈的名艺人还有范文宾、戚振甲、王金柱、张青锋、孟昭生、宋老木等，这说明东路乱弹当时已具有整齐的阵容和雄厚的力量，这些人不仅是名演员，其中不少是戏曲活动家，他们的戏曲活动奠定了东路乱弹的基础，也培养出不少出色的乱弹后继人才。

辛亥革命后的二十多年间，是乱弹的兴盛时期。这一时期，班社众多，名伶辈出。东、西两路乱弹都开科授徒；许多班社常年不散班并开始进入城市，1920 年、1930 年，东路乱弹两次赴津门“唱馆子”。第二次进天津是受天津粮商李九江、李九鼎邀请，由清河三里庄李四把、杨六把牵头，孟宪坤、张玉山领班，大王四（本名王长发）领衔主演。在天津庆云戏院和泰康商场五楼等处演出达三个月之久，乱弹演出盛况可见一斑。这一时期，邢台乱弹的演出范围已扩展到真定府、枣强、天津、山东临清以东和豫北、晋东南一些地区。尤其在临清，几乎成了乱弹的一统天下，就是处于鼎盛时期的京剧也要退避三舍，甚至一些著名京剧团也常被乱弹顶得开不了锣。

1937 年，抗日战争爆发，国难当头，民不聊生，乱弹这一戏曲艺术也因此遭到空前浩劫。戏班解体，艺人失业，生活无靠，生命难保。许多名艺人被迫改行，东路乱弹艺人刘盛坤、卜光明被日军抓劳工，刘盛坤死在日本。孟宪坤的“显顺台”只剩下十几个人，因给八路军演出，遭到日伪军追捕，有家难归。1943 年，战乱加灾荒，失业的名艺人王长发、范文宾、尹立和、张老茂、闵五奎、杨明先、戚振甲等人先后饿死。中原大地、哀鸿遍野，梨园行遭灭顶之灾。

1947 年后，冀南各县相继解放，乱弹班社也开始恢复演出活动；不少农村“社火班”也请师授徒，乱弹开始复苏。

新中国成立后，在“双百”方针指下，乱弹这一古老剧种得以发展。20 世纪 50 年代，威县乱弹剧团、藁城乱弹剧团、隆尧乱弹剧团、临清乱弹剧团四个专业剧团先后成立，农村业余班社如雨后春笋，竞相成立。乱弹艺术的发展进入一个崭新的发展阶段。特别是以威县乱弹剧团为代表的东路乱弹，随着传统剧目的整理和现代戏的编演，艺术不断提高，多次在省、地会演中获奖、蜚声燕赵艺坛。1980 年，该团编演的《王怀女》一剧搬上电视屏幕，使更多的观众欣赏到乱弹艺术。

第二节 乱弹的行当与表演

角色行当

乱弹的角色行当体制分为生、旦、净、丑四大行，按年龄、性格、身份、特征又分为若干小行。东、西两路乱弹在小行划分和名称上有些区别。

生行　乱弹原来分为老生（挂白髯）、末生（挂黪白髯）、胡子生（挂黑髯）、小生、武生、娃娃生六个小行。清末，末生归到老生和净行中。老生行为生行之首，唱、做、念均为重工戏，如《碰碑》中的杨继业、《高平关》中的高行周。末生在乱弹戏中，除扮演挂黪白髯口的老员外等角色外，还指净行中的次要角色，如《汴梁图》中的苏连吉、《下燕京》中的崔富。胡子生，一般挂青髯。小生又分文小生和武小生。文小生一般指风流潇洒、斯文儒雅的青少年男子。武小生一般指年轻英俊的武将。武生分大武生、二武生。大武生指披靠的武生；二武生指穿箭衣的武生。东路乱弹称法上已无区别，统称为武生。新中国成立后，乱弹剧团内沿用京梆称法，谓之长靠武生、短打武生。娃娃生专门扮演剧中儿童，如《沟沙滩》中的高宝童。旦行，原统称之为包头。包括青衣、老旦、花旦（亦称小旦）、彩旦、刀马旦。青衣饰正直善良的已婚妇女，唱做并重，表演文静稳重，如《秦香莲》中的秦香莲、《舍万金》中的李翠莲。老旦专演老年妇女，表演庄重，在乱弹戏中一般没有重工戏，如《临潼山》中的李母。花旦扮演年轻活泼的丫环或俏丽风流的少女，如《荷珠配》中的荷珠。彩旦（亦名丑旦）扮演媒婆一类角色。刀马旦（武旦）一般扮女将、女寨主、女仙、女妖一类角色，讲究把子功夫，如《五雷阵》中的三霄女、《王怀女》中的王怀女。刀马旦多由小旦兼演。

净行　分为大花脸、二花脸两个小行。大花脸扮演地位显赫，年岁较大的重要角色，如《白逼宫》中的曹操、《王莽篡朝》中的王莽。二花脸大都扮演净行中性格爽直豪放的人物。表演上重功架、念白和做功，如《走马荐》中的张飞，《海水隅》中的尉迟敬德。

丑行　分为三花脸和四花脸。民国年间东路乱弹称三花脸为“胡调”。三花脸戏路很宽，扮演人物上至公子王侯，下至匪盗、家院、店小、花子，皆以幽默滑稽为主，如《贺龙衣》中的时迁，《石佛寺》中的小和尚。三花脸注重念功，讲究吐字准确、清楚。念白用山东白或京白。四花脸指行动迟钝、表情呆滞的丑角，如《石佛寺》中的小举子。

图 26－2　威县乱弹剧照

表演与特技

乱弹的表演古老浑朴、热烈粗犷，且以武功见长。乱弹艺人在舞台实践中，学习、应用民间武术的技法，发展了乱弹的武打表演。许多乱弹武生如：张文章、奎子、张福申、李东海、赵福成、张凤同、张凤山、常信生等，都身怀绝技、武功非凡。乱弹有些武戏如《拿金钱豹》等，用真枪真刀，动作惊险、难度极大。乱弹的表演特技有飞锥穿钗、滚绳卷帘、叼碗捉提、簸粮下高、吊辫子、耍牙等。乱弹戏注重把子，传统成套的把子有三点刀、单半截挺、双半截挺、单刀拐、大春秋、满天红、老虎枪、老八下等。新中国成立后，专业剧团移植剧目，吸收学习京剧、河北梆子的一些优秀把子套路，丰富了乱弹的表演艺术，使乱弹艺术的表演更加完美，更加为群众所喜爱。

第三节　乱弹的唱腔与音乐

东、西两路乱弹的板式都是以“二鼓头”和“慢板”（东路叫慢乱弹）流水板、一鼓头等乱弹腔为主。但西路乱弹在民国年间仍保持着“诸腔杂陈”的特点，除乱弹的板腔体唱腔外，还演唱昆腔、扬州调（扬州乱弹）、高腔、罗罗、唢呐二黄和俗曲、小调等。东路乱弹不唱昆腔、高腔和唢呐二黄，但唱罗罗、扬州乱弹和小调。戏中所用的昆腔曲牌也比西路少。

两路乱弹都是以板腔体为主，唱词均为上下句结构，以七字句和十字句为基本句式。西路乱弹有一些昆腔戏，老艺人说，“不能伴奏昆腔戏的不算把式”。西路剧目中也有用词牌接上下句结构的唱腔，如《李翠莲上吊》一剧中用“皂罗袍”接二鼓头。

东、西乱弹男女腔均为本音咬字，假嗓拖腔，东、西两路生角唱腔差别不大。旦角唱腔西路翻高八度时发出“呕”音，俗称带“吼”，东路不带“吼”。东路女腔原与男腔旋律上大同小异。

民国初年，东路乱弹老乐师孟昭生和其弟子范宪林、郭子正等人，对乱弹的伴奏谱不断地进行改革与实践，使之较原来更为流畅华美。王长发对二鼓头唱腔进行改革，创“连腔唱法”；孟宪东（大眼明）在继承王常发连腔唱法的基础上，创“花腔唱法”，使东路乱弹男声唱腔起伏跌宕，富有变化。著名演员王金海就是孟宪东的传人。威县乱弹剧团在排演现代戏《洪湖赤卫队》《白毛女》时，对传统唱腔进行改革，旦角演员江浩兰在继承传统唱腔的基础上，创造出委婉有致的唱腔，颇得观众的好评。临清乱弹剧团的女演员臧文秀（艺名小红）对乱弹唱腔悉心研究、锐意创新，根据自己的嗓音特点，独辟新径，创出俏丽圆润、起伏有致的新腔，丰富了乱弹的声腔艺术。

图 26－3　乱弹文场乐器

乱弹文场传统伴奏乐器为唢呐两支、竹笛一支、方笙两个。生角多用唢呐、笙伴奏；旦角多用笛子、笙伴奏。文角多用笛子、笙伴奏；武角多用唢呐、笙伴奏。因笙音量较小，常用两笙配一笛（唢呐称大笛、七孔笛亦称小笛或横笛）。四十年代末，临西东路乱弹艺人赵福堂（外号赵二麻子）制低音笙并开始用于东路乱弹乐队，取代了第二方笙。乱弹的伴奏乐器、伴奏特点独具特色，其唢呐的哨、芯、杆、碗均不同于河北省其他地区的唢呐，故形成乱弹唢呐的音色、技巧的独特风格。西路乱弹的七孔笛较梆笛粗，声音浑厚，兼具曲笛音色。它比六孔笛多一孔。故低一个大二度。演奏上采用昆曲笛子的唤音、叠指、颤指并吸收了梆笛的历音技巧，独具特色。乱弹的笙既不同于传统笙，即依照五度相生律调音的笙，也不同于新兴的十二平均律笙。它为了与乱弹唢呐谐合，采用纯律调音。乱弹独特的演奏风格以及与唱腔之间形成的“支声复调”，使乱弹音乐独具魅力。

乱弹传统曲牌流传至今的尚有100多支，其中“混牌子”主要源于昆腔，一般都有唱词或锣经，如山坡羊、粉蝶儿、大泣颜回、朝阳歌、一江风等。“清牌子”分大唢呐牌、海笛曲牌、竹笛曲牌三部分。常用的清牌子有大开门、小开门、扬州开门、二板揣、老调揣、开门序、唢呐皮、步步娇、四上鲜、九连环等。

乱弹乐队武场锣鼓经丰富，仅开台锣鼓就有九种，其中“七五三”“十二连城”为其他剧种所罕见。唱腔板式前的“开头”有多种，其中“老二鼓头”“软二鼓头”很有特色。

乱弹唱腔（一）

【二股头】东路闪板起和抢板起

选自乱弹传统戏《王莽篡朝》唱段

1=C 2/4

♩=72

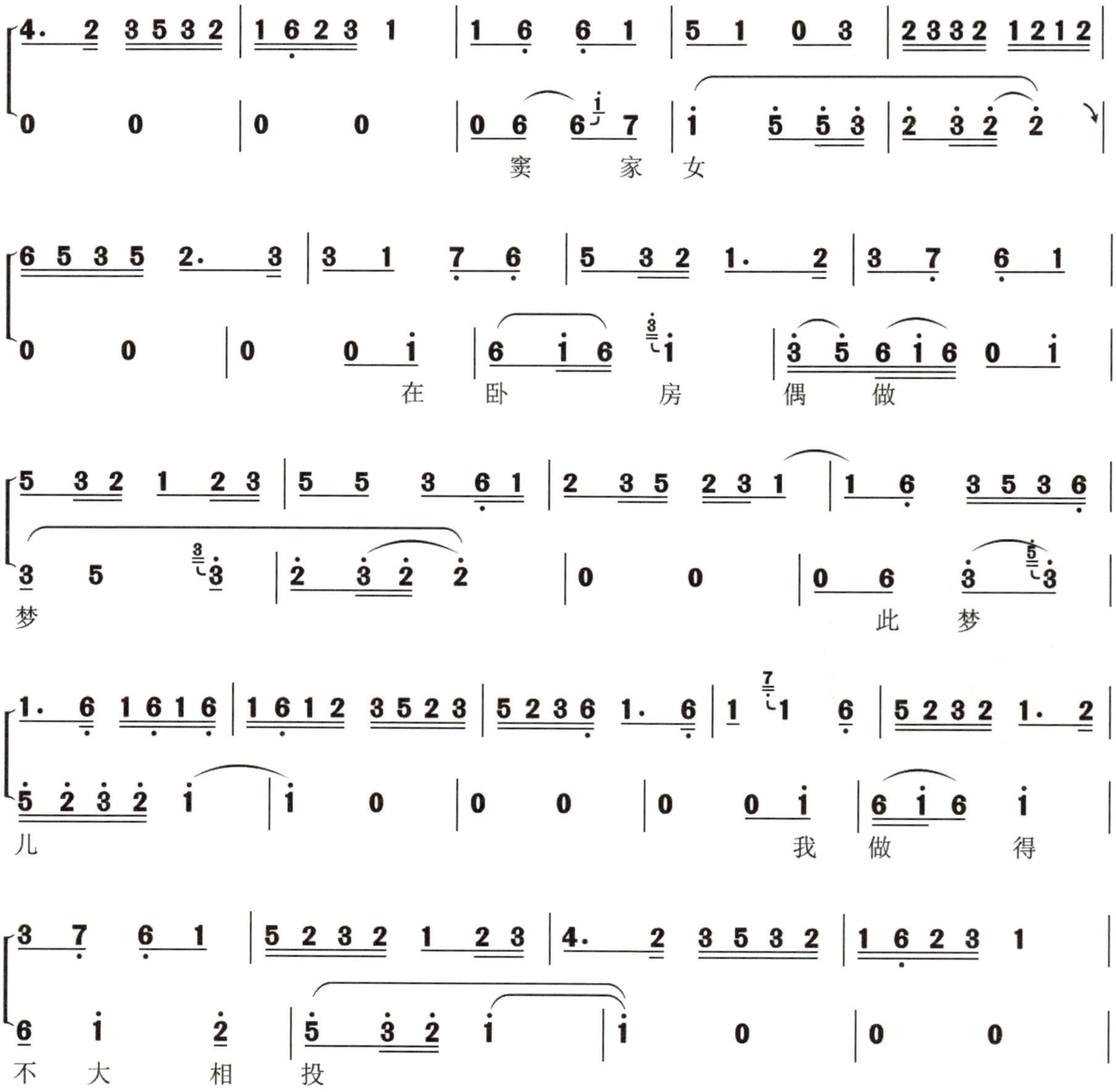

乱弹唱腔（二）

1=C $\frac{1}{4}$

【慢乱弹】

选自《王怀女》唱段

♩=120

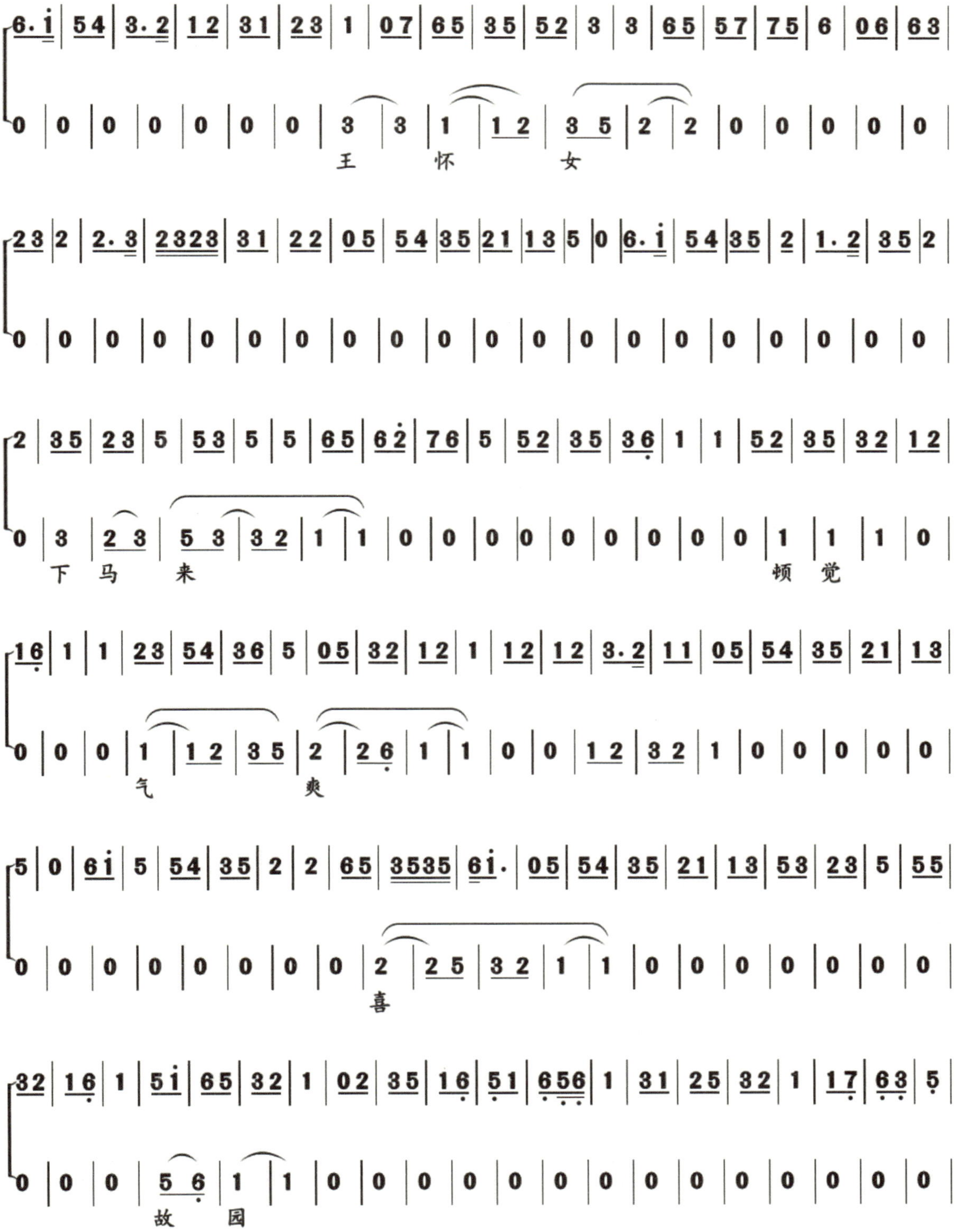

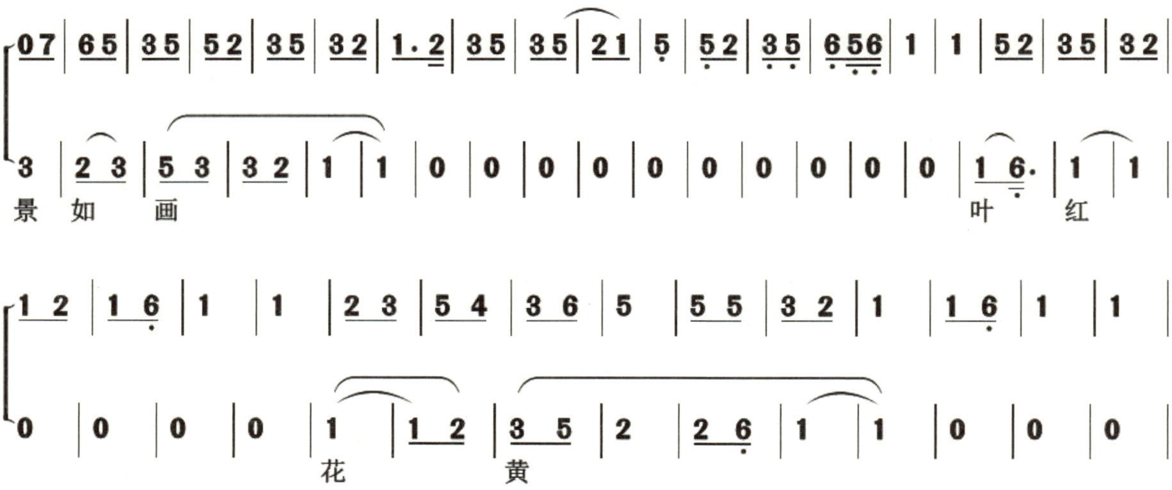
景 如 画
叶 红
花
黄

乱弹曲牌（一）

扬州小开门

1=C $\frac{4}{4}$

刘竹奇记谱

♩=60　　（筒音作 6̣ ）

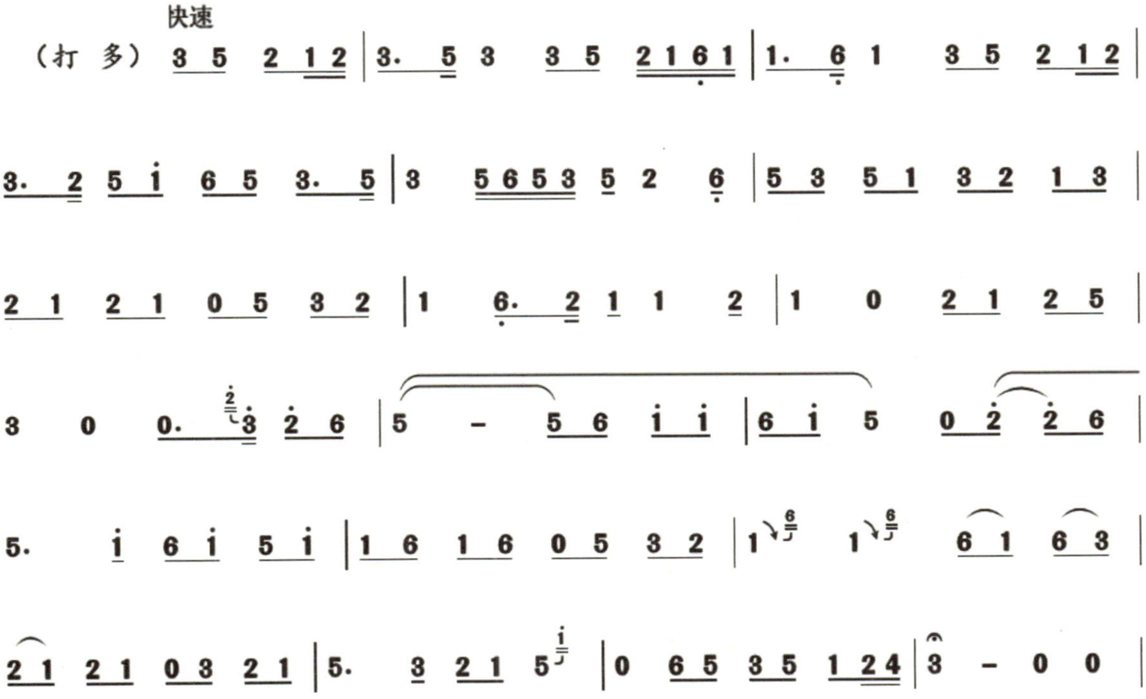

说明：此曲又称（扬州调开门）。艺人相传此曲和（扬州乱弹）均从扬州地区传来常接在（大落）之后。亦可用笛子演奏

乱弹曲牌（二）

“五六五”小开门

1=C $\frac{4}{4}$

刘竹奇记谱

♩=60　（唢呐筒音作 $\underset{\cdot}{6}$ ）

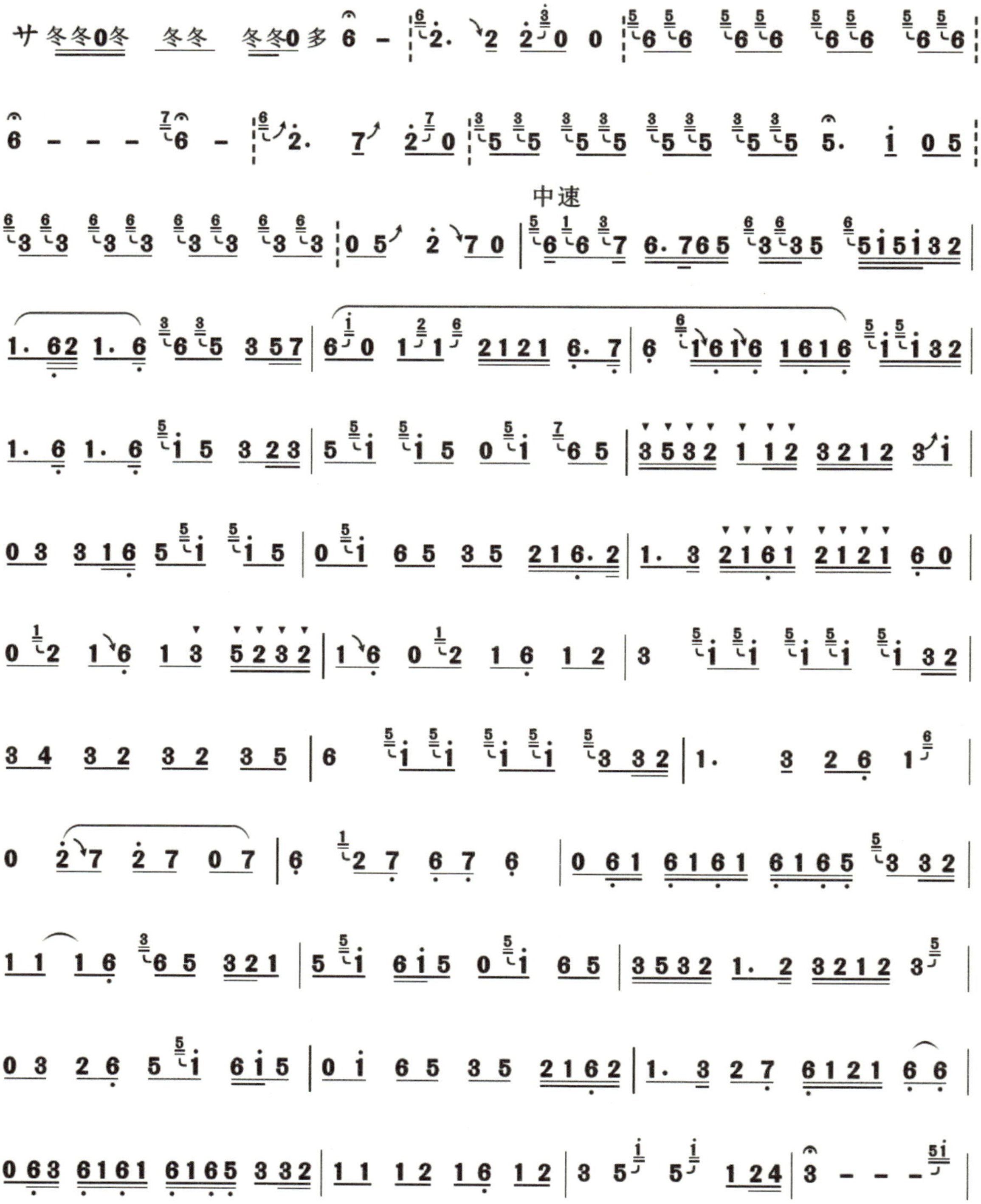

说明：乱弹戏的（“五六五”小开门）多用在旦角上场后坐场时

乱弹曲牌（三）

二板揣

1=C $\frac{1}{4}$

刘竹奇记谱

♩=60　（筒音作 6̣ ）

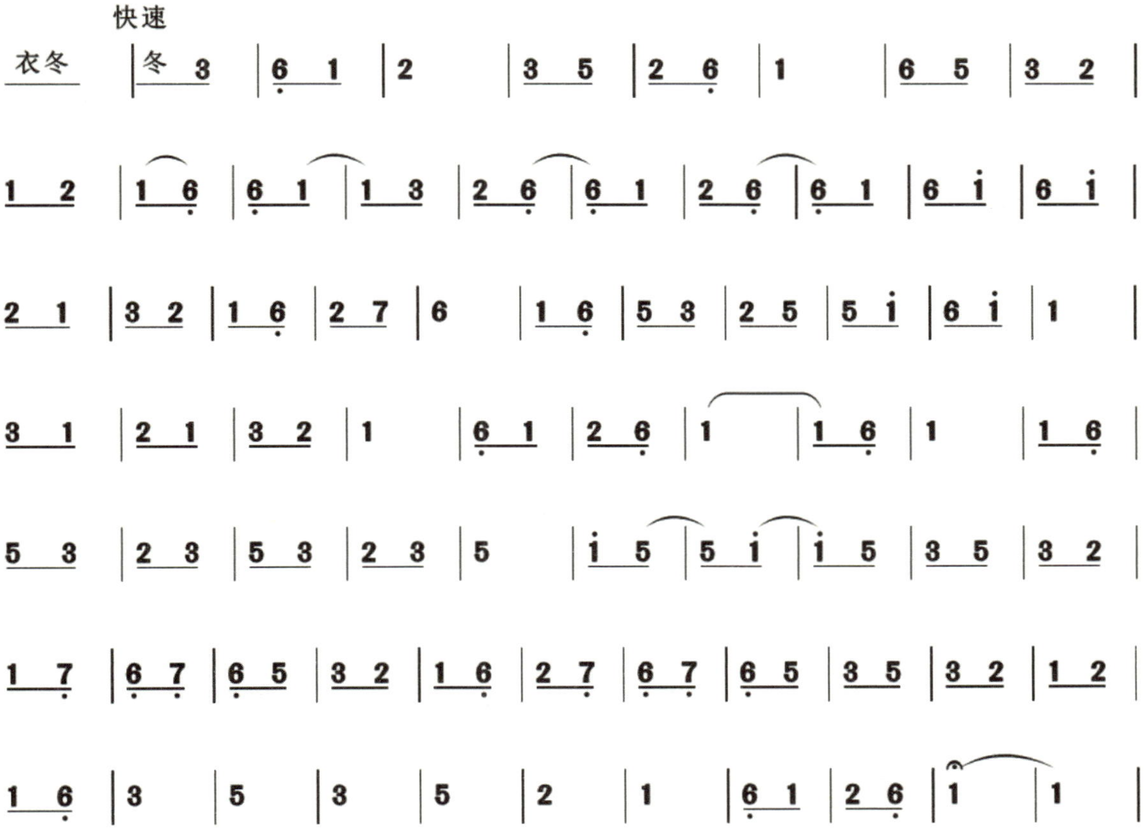

第四节　乱弹传统剧目

乱弹剧目丰富，传统剧目有二百多出，其中用乱弹腔演唱的传统代表剧目有：《临潼山》《广武山》《煤山》《两狼山》《长寿山》《石佛寺》《全忠孝》《岐山角》《五雷阵》《白逼宫》《王莽篡朝》《海水隅》《盗绣龙甲》《大上吊》《汴梁图》《下燕京》《高平关》《调寇》《平江南》《巧奇冤》《女中魁》《沟沙滩》《粉妆楼》《晋阳宫》《红书剑》《药壶记》等。

昆腔戏有《拿金钱豹》《铁弓戟》《倒铜旗》《闹天宫》《三打祝家庄》《宁武关》《界牌关》《清风寨》等。另外，《北游》《观山》《高老庄》用扬州乱弹、高腔演唱；《卖线子》用罗罗演唱；《百草山》用小调演唱；《赵匡胤打枣》则用北方俗曲“打枣杆”演唱。

第五节　乱弹的班社与演员

乱弹著名班社

乱弹历史悠久。早在清道光年间，乱弹就有正式的科班。道光十五年（1835）前后，威县东赵庄尼大六就在经镇开科授徒，连办五期乱弹科班，名“风顺台”。威县河里庄李福广就是第五期科班的艺徒。乱弹的科班一科三至四年，科班广请名师、严格训练，艺徒出科时都能独当一面，不少艺徒一专多能、身怀绝技、能掌握几十出乃至上百出戏。有的班社采取跟班学艺的方法；农村“社火班”则利用农闲，各户捐款，聘请教师进行传艺。

清光绪七年（1881）左右，马老俊在南宫高村开办的东路乱弹科班开了东路办科班的先河。

及至光绪二十一年（1895），威县东路乱弹老艺人尹立和在枣强王寿村开办乱弹科班，为乱弹培养出大王四和宋长岭两位关键人物，开创了东路乱弹的新纪元。

民国年间，乱弹曾一度呈现兴盛景象。东、西路乱弹都曾开办过科班，为乱弹培养造就了一大批艺术人才。当时东路乱弹最著名的演员有“四、五、六”之称，四指大王四，本名王长发，五指闵五奎，六指吴六，本名吴青山。著名的科班有1925年，清河县张青锋在山东冠县野马庄开办的“凤义科班”。聘请东路乱弹著名演员尹立和、段老韦、杨明先、大王四、宋长岭当教师，并特邀河北梆子著名武生常进生、西路乱弹著名武功教师张奎东、张福继担任教师。该班艺徒不仅学习东路乱弹近百出传统戏，还学习了河北梆子和西路乱弹的不少武戏，培养出张凤同、张凤山、赵凤成（本名福成）、尹凤刚（本名长刚）等著名演员。

此外，还有1926年，西路乱弹艺人吴发甲在巨鹿县杨武乡开办的“天顺和”科班，艺徒有王其昌、李福勇、李福申、傅福林等。1921年，李九娥在清河黄金庄开办乱弹科班，著名须生孟宪东（艺名大眼明）即其高足。

民国初年到1936年的二十年间，邢台乱弹班社众多、名伶辈出，是乱弹的兴盛时期。这一时期著名班社及主要演员有：

东路班社：

凤义班。主演：王长发（须生、艺名大王四）、戚振甲（白脸、外号庙二），乐师：解绍堂（号四臣）。

显顺台（孟宪坤乱弹班）。主演：孟宪东（工须生、艺名大眼明）、吴青山（艺名吴六、工青衣、刀马兼演武生）；乐师：孟昭生、孟宪朝（鼓师）。

李九娥班。主演：庄万春（号老胖、工青衣）、张玉山（工花脸）、王广福（工青衣）。

高村乱弹班。掌班：马老俊（老生）；主演：马老艾（工净角）、傅纪春（胡子生）、麻义群（白脸）。

西路班社：

李东海班。掌班：李东海（字保安、工须生、武生）；主演：窦新起（号二和尚）、薄庆林（号大鼻子眼）、张福申（武生）。

郭桥乱弹班。掌班：吴发戌；主演：王其昌（艺名福昌）、吴洪振（工青衣）、恒兰（工丑角）；鼓师：奎子。

南大章班。掌班：周老泰（工胡子生）；主演：奎子（武生、花脸）。

著名演员

孟宪坤（1898—1964），字从世，戏曲活动家，常庄乡孟官庄人，出身梨园世家。7 岁学艺，9 岁登台，18 岁唱红，成为东路乱弹不可多得的须生之一，临清商界一度流传“宁舍十两金、也得看老宪坤”的顺口溜。他从 18 岁领班演出，誉满冀鲁，1930 年曾带班赴天津演出三个多月，扩大了乱弹的影响。抗日战争中，带领剧团活动在冀南一带，深受解放区军民的欢迎。解放前夕，配合形势，演出新剧，为党的工作的开展做出了贡献。1953 年，受省戏审会之邀，口传剧目 90 余出。1954 年，率团参加河北省第一届戏曲汇演，任评审委员会委员。是年，任威县乱弹剧团副团长。他是威县乱弹剧团的奠基人之一，他为乱弹艺术终生奋斗。其传略载《中国戏曲志·河北卷》。

王长发（1880—1950），艺名大王四，临西县指挥屯人，东路乱弹最负盛名的表演艺术家。1925 年，与张青锋共同创办“凤义”科班，1930 年，与孟献坤组班赴天津演出，在庆云戏院、泰康商场五楼演出，领衔主演达三个多月，誉满津门。群众中曾流传着“宁看王四的光脊梁，不看车喜的好衣裳”，足见其艺术魅力。他的演唱嗓音浑厚、神满气足。他创东路乱弹的“连腔”唱法，为乱弹声腔发展做出了卓越贡献。他与闵五魁、吴青山合演的《汴梁图》名冠一时，有口皆碑，著名戏曲家纪根垠曾在其专著中把王长发列为乱弹三位著名演员之首。他是乱弹艺术发展史上承前启后的一代宗师。

孟宪东（1906—1967），艺名大眼明，常庄乡孟官庄人。出身于乱弹世家，从小受到乱弹艺术的熏陶。8 岁随父跟班学艺，15 岁入黄金庄李九娥乱弹科班。出科后，与其父兄长期从事乱弹艺术活动。他嗓音好，扮相美，对艺术精益求精，他扮演的《调寇》中的寇准为行家所称道。他对乱弹声腔精心研究，锐意创新，在王长发连腔唱法的基础上创花腔唱法，对乱弹的声腔发展做出了贡献。他于 1954 年，参加河北省第一届戏曲会演，1956 年参加邢台地区会演，在《秦香莲》一剧中饰王延龄，获演员奖。他是东路乱弹继王长发之后的著名须生之一。

王金海（1923—1981），艺名小老王。固献乡郭村人。因家贫自幼随舅父陈克昌跟班学艺，拜郭树岭为师。虚心求艺，练功刻苦，12 岁以演《洪风口》中的秦玉成名。后工须生、老生，艺术上日臻成熟，成为唱做兼优、文武全才的名演员。他的演唱韵味醇厚、满弓满调。其二鼓头（板式）的演唱最见功力，堪称绝唱。他在多年的艺术实践中，塑造了寇准、程婴、岳飞等光彩照人的英雄形象。1952 年，任威县文工乱弹剧团副团长，1954 年，率团参加河北省第一届戏曲会演，获演出二等奖，是邢台东路乱弹四五十年代最负盛名的演员之一。

第二章　梨花大鼓

第一节　源流与发展

梨花大鼓原是山东的一种曲艺形式，亦名山东大鼓、犁铧大鼓，发源于鲁西北农村。因威县与山东接壤，清末民国初，梨花大鼓便已在直东交界一带广为流传。1920 年以后，威县一带的曲艺艺人开始演唱此调，1930 年以后，威县一带的梨花大鼓艺人名家辈出、流派纷呈。随着该曲种在山东的式微，威县一带的梨花大鼓成了直、鲁两省曲坛的代表性的曲种。

据《中国大百科全书》记载：该曲种早期只以敲犁铧碎片来演唱当地的民歌曲调，后逐渐发展成为有板式变化体结构的成套唱腔，击矮脚鼓，敲特制的半月形梨花片，由三弦伴奏的演唱形式，长期流传在农村中，由农民业余演唱。再后出现流动的民间艺人，并形成孙、赵两大门户，流传日益广泛。明末清初诗人贾凫西运用鼓词形式写了《木皮散人鼓词》，他端坐集市击鼓演唱，嬉笑怒骂，寄亡国之激愤。清末，刘鹗在小说《老残游记》中描绘了白妞、黑妞在济南明湖居演唱时的情况，师史氏《历下志游》及凫道人《旧学笔记》均有所记述。

清末以前，梨花大鼓一直活跃于山东农村，著名艺人有郭老占、何老凤、范其凤、李老凤等，以后，白妞、黑妞进入城市演唱，女艺人大量增加。著名演员有上半截、下半截、盖山东、白菜心、郭大妮等。20 世纪 30 年代以后，享名曲坛的有谢大玉、李大玉、赵大玉、孙大玉。以后，杜大桂、姬素英、鹿巧玲相继而起，流传地区不仅山东城乡，而且南至徐州、南京、上海，西至郑州、洛阳、汉口、重庆，北至北京、天津、东北各地，盛极一时。但自西河大鼓、河南坠子兴起之后，山东大鼓渐趋衰落。

图 26－4　张君丽演唱梨花大鼓/刘新旺摄

梨花大鼓清末民初传入威县。较出名的艺人有郭老彬、魏金凤。抗日战争时期，威县既是冀南的政治中心，又是梨花大鼓的艺术中心。梨花大鼓的优秀演员大部集中在威县。因梨花大鼓在“一切服务于战争”的方针指导下，在行动上紧密配合战争的需要，在书目上从多方面反映抗日战争，迎合了广大人民群众同仇敌忾、共赴国难的心理。梨花大鼓艺人配合抗日战争，宣传抗日思想。这一时期梨花大鼓的艺人团体分为三家，即以魏金凤为首的魏家班，以孙金兰、孙金枝为首的孙家班和以郭老彬为首的郭家班。共有艺人70余人。演出区域南到豫北的清丰、南乐、东明、长垣和冀南邯郸地区各县，东南则到鲁西北的阳谷、寿张、莘县、梁山一带，北到深县（深州市）、饶阳、保定、徐水，东北到沧州、北京和天津，西至石家庄、井陉、获鹿、晋阳、太原。这一时期为威县梨花大鼓艺术史上的鼎盛时期。40年代后期，梨花大鼓形成以孙金兰、孙金枝为代表的南派和以魏金凤、郭玉琴为代表的北派。新中国成立后，梨花大鼓曲艺团多次参加省、地、县会演。1958年，孙金枝率梨花大鼓艺术团参加全国第一次曲艺会演，受到周总理的接见。60年代后期，梨花大鼓艺术开始走向衰微，大批梨花大鼓艺人改唱坠子。80年代初，为抢救梨花大鼓，威县文化部门先后聘请孙金枝、尚艳君为教师，举办梨花大鼓培训班，培养了一部分青年演员。

第二节　流派唱腔与板式

梨花大鼓主要分南口、北口两大流派。南口流传广，影响大，早期原唱快口，唱腔流畅动听。《老残游记》中描写白妞所唱《黑驴段》，节奏全快板，越唱越快，如“大珠小珠落玉盘”，字字清楚，实属独到。后起的女演员谢大玉、杜大桂、鹿巧玲都宗法南口并有所发展。北口流行于山东东北部、河北南部一带，俗称“老牛大捽缰”调，曲调质朴，吐字夯实有力，富于乡土气息。代表性艺人为郭老占、何老凤等。其中以何老凤影响最大，他的唱腔曾被京韵大鼓、梅花大鼓、河南坠子等曲种吸收。另外，李老凤曾在北口的基础上吸收南口的精华，自创新腔，称为小北口，原来的北口被称为老北口，所以又有南口、老北口、小北口三派之分。

梨花大鼓的音乐唱腔基本上为板腔体，主要板式有二性板、三板、垛板、大甩板、双扒口板、梆子穗板、快牌子腔板、慢牌子腔板、走指慢板（大慢板）、慢板花腔、快板花腔等。梨花大鼓伴乐比较简单，最初为书鼓和两枚犁铧碎片。后来，将犁铧碎片改为铁片和铜片，并增加三弦伴奏。一般1人演唱或2人对唱，2人至3人伴奏。唱词基本上为七字句和十字句。

第三节　梨花大鼓的书目

梨花大鼓的书目极为丰富，有大部书100余部，比较著名的有《包公案》《薛仁贵征西》《香罗帕》《杨家将》《呼家将》《大破孟州》《五女配》《海公案》《五虎平西》《三省庄》《刘公案》《林海雪原》《江姐》《闪闪的红星》《野火春风斗古城》《播火记》《平原枪声》《杜鹃山》《新儿女英雄传》《海岛怒潮》等。梨花大鼓艺人演唱的传统段子有《双锁山》《蓝桥会》《许仙游湖》《女起解》《樊梨花》《小黑驴》《小黑牛》《西厢记》《打黄狼》《戏牡丹》《刘备祭灵》《走马荐诸葛》《草船借箭》《诸葛招亲》等103个。在抗日战争、解放战争和新中国成立后的几个历史阶段，梨花大鼓艺人还编写创作了抗日、土改、征兵、卖余粮、尊老扶幼等内容的段子300多个，其中孙金枝的《广场思亲》在中央人民广播电台和河北省人民广播电台播出，并获创作奖和演出奖。艺人们还创作了反映各种事物的“赞”，计有“辕门”“白马”“白袍”“红马”“黑袍”“绿袍”“刀”“枪”“剑”“铡”“战场”“木”

“山”“水”“火”“风”“雨”“风花雪月”“金标”“棍”等20余个。另外，还有类似“赞”的“符”有“美人符”“盔甲符”“行军歌符”等。

梨花大鼓曲目丰富，《中国大百科全书》说，该曲种中篇书有《三全镇》《金锁镇》《大破孟州》《大送嫁》《范孟亭推车》等数十部；短篇段儿书尤为丰富。另据赵士英《艺苑梨花话荣枯》一文介绍，威县一带的梨花大鼓曲目仅大部书就有100多部，较之山东曲目丰富得多。

第四节　主要演员

孙金枝

孙金枝（1928—1989），常屯乡横河村人，梨花大鼓演唱艺术家。她学艺刻苦，加之天赋好嗓，天资聪颖，9岁便能登台演唱《马前泼水》《金姐凤英》等十余个段子，颇得观众欢迎。1941年，她只有13岁，即成了“压轴”的主演。她的嗓音洪亮唱腔华丽柔美，善于抒发人物情感。表演既有气魄又潇洒大方，形成了自己独特的艺术风格。她的《广场思亲》曾荣获1980年全国优秀曲目演出奖，并分别由中央和省广播电台录音向全国播放。孙金枝晚年在梨花大鼓艺术上积极探索，勇于革新。既立足于梨花、借鉴评书的表白，吸收西河大鼓、京韵大鼓的吐字、行腔，还吸收戏剧表演的身段功夫，如手眼身法步等基本功，将其有机地融汇到自己的说唱艺术中来。这些努力，使梨花大鼓在艺术上迈出新的一步，丰富了说唱艺术的表现能力。

鉴于其艺术成就，党和政府给了她很高的荣誉。她历任中国曲艺家协会理事、河北省曲艺术家协会常务理事、河北省文学艺术联合会第四届委员、河北省曲协副主席、第四次全国文代会代表。

郭老彬

郭老彬（1887—1962），高公庄乡小张山村人，冀南曲坛上演员和曲目创作家，群众誉为铜嗓郭老彬。其艺术特点是嗓音洪亮，说唱并重，吐字清楚。在表演上，注意人物的内在感情与故事情节的密切结合，并吸收戏剧中手、眼、身、法、步等表演技巧，努力塑造曲目中的人物形象。其一生整理和创作了20余部大书，《呼家将》《五虎平西》《包公案》等曲目，在梨花大鼓界中颇负盛名。他还根据传统演义小说、民间传说故事编写成三四十个段子，创作了梨花大鼓中的许多“赞”和“符”。表现元帅标准的“三韬、六略、五才、十诫”也出自他的手笔。

郭玉琴

郭玉琴，1930年生，梨花大鼓演员，高公庄乡小张山人，郭老彬的孙女。她的母亲赵贵存是梨花大鼓的优秀演员。她聪明好学，7岁学艺，9岁即能登台演出。20岁时，她已经成为郭派艺术的优秀继承人。她最拿手的传统大书有《三省庄》《秦英征西》《破孟州》《呼延庆打擂》等十余部，传统段子会唱80多个。1949年后，她曾数次参加县和地区曲艺汇演，均获得不同的奖励。

张广兴

张广兴（1903—1983），赵村乡西张舸村人，是一位颇有才华的曲艺作家。其创作的《伪军大队长反正》《巧夺炮楼》《假女婿》等段子，在抗日斗争中都产生了很大的影响。1945年日本投降后，他参加县组织的宣传队，创作的鼓词段子计有《枪毙和梦九》《王三翻身》《送情郎》《劝夫参军》《杨法贵摔子》等30多个。其中《杨法贵摔子》和《王三翻身》两个曲目，当时的冀南书店曾出版他的作品专集，发行冀南区50多个县市和其他解放区。新中国成立后，其编写有关婚姻法、抗美援朝、参军上前线、卖余粮、合作化、计划生育、根治海河等内容的鼓词达50多个。同时，还整理了《包公案》《小八义》等传统书目。晚年还创作《野鹊借粮》《铁牛赞》等段子。

孙金兰

孙金兰（1915—1995），常屯乡横河村人，是孙金枝的三姐。金兰投师于梨花大鼓艺人刘金榜。三年出师后，孙金兰即自领班巡回演出。此后，她又把艺术传授于她的胞妹孙金枝。后来，孙金枝成了梨花曲坛上的巨星，孙金兰有着不可磨灭的贡献。她的嗓音清亮、吐字坚实、表演稳健大方，拿手的大书目有《五女配》《包公案》《刘公案》《海公案》《金钱记》等12部，而尤以《五女配》《刘公案》最为精彩。“大金兰、大金枝”的名字妇孺皆知，闻名于冀南各地。枣强的观众给她编的歌谣是：“有钱没钱，不能不看大金兰！”

魏金凤

魏金凤（1908—1966），七级镇马军寨人，艺名“盖直隶”“盖京南”。她又把自己儿女都培养成冀南一带的曲艺演员。女儿魏莲香（艺名“七岁红”），儿子魏忠欣，都是冀南一带有名的曲艺人才。她天赋嗓音洪亮，各地观众评论她是：“白日灌满堂，夜晚听三里”。在演唱上，字正腔圆，字字句句都送到观众耳底。特别是上演的《小黑驴》和《王婆骂鸡》段子，经她和张老香精雕细刻，反复加工，从字句的抑、扬、顿、挫到音乐的伴奏配合，都达到几近完美的程度。到20岁时，她的艺术水平有了新的提高。她的唱腔在原有泼辣的基础上，具有音律婉转、质朴刚毅、节奏简明的特点。在表演上，注意塑造人物形象和手眼身段的配合。她还讲究演唱气派和“喷口”。此时，她的演唱艺术已达到炉火纯青的地步。魏金凤的曲路十分宽广。她会大书20多部，而尤以《秦琼打擂》和《双合印》最为拿手。她会的段子有200多个。其中，尤以《小老鼠告猫》《小黑驴》《王婆骂鸡》最为精彩。

魏莲香

魏莲香，艺名“七岁红”，七级镇马军寨人，魏金凤的女儿，1934年她出生于曲艺世家，是著名梨花大鼓演员。由于她天赋聪颖，6岁时即能背唱几个小段，7岁即登台演出。她首次演出的《小毛驴》《小黑牛》曾轰动一时，“七岁红”的美名就是从这时名扬冀南的。她15岁时即能唱“压轴”大书。她的嗓子音质好，曲路宽。她最拿手的大书是《丝绒记》和《双合印》。拿手的段子除《小黑驴》《小黑牛》外，再就是《王婆骂鸡》和《关公挑袍》。魏莲香对待艺术肯钻研，善创新。善于把京剧、评剧、歌剧中的精华吸收到梨花大鼓中来。因而，她演唱书目中的花腔比别人多。如《王婆骂鸡》这个段子，过去是快板式的唱腔，改成“排子腔”，因之，更增强了艺术的感染力。她和兄长魏忠欣合演的《左边成告状》《双合印》，无论故事内容，还是表演技巧，都达到了炉火纯青的地步。

魏忠欣

魏忠欣（1929—1986），艺名“吸铁石”，七级镇马军寨人，梨花大鼓演员魏金凤的儿子。魏忠欣天资聪明，既是优秀演员，又是三弦琴手，还能创作整理书目。他的幼年和青年，正值抗日战争和解放战争期间，战争的艰苦环境，也成就了他的艺术才华。他在艺术上的最大特点是表演细腻，善于运用戏剧艺术的手眼身步基本功塑造人物形象，并能生动地表达书目中人物的思想感情。他会演十余部传统大书，最拿手的代表书目是《双合印》和《左连成告状》。他更擅长演以反映现代生活为内容的书段，且善于在演出中观察生活，体验生活，为表演吸取丰富营养。20 世纪 70 年代，他演出计划生育内容的《早婚害》《都同意》。大书《平原枪声》经过他精雕细刻，加工整理，更为精彩，成了他的代表和保留书目。

至 21 世纪，威县梨花大鼓的主要演员有张素芬、魏兰芝、张君丽和伴奏琴师张桂群。

第三章　民间艺术

第一节　民间文艺

八面鼓

八面鼓形成于清朝中叶，主要分布于七级镇的后尹村、张营乡的从容、邵梁庄等村。

传承历史　八面鼓于清朝中期传入威县尹村。八面鼓这一民间艺术在这里生根开花结果，代代相传，逐渐形成以独特的鼓乐为主，以幽默俏皮的民间舞蹈为辅的民间艺术。八面鼓在后尹村一带村庄兴盛一时。“文革”期间，一度销声匿迹。改革开放后，在老艺人的倡导和鼓励下，后尹村和从容村的八面鼓队再现新姿。

表演内容　主要包括鼓乐和舞蹈两部分。八面鼓共有伙鼓八面，鼓面直径约 50 厘米，厚 20 厘米，双面牛皮蒙制，系低音鼓，每一伙鼓配有四个大镲、四个中镲，低音大锣一面。另有一小鼓为点鼓，系高音鼓，配一小镲和一小手锣，鼓乐队由 20 人组成。八面鼓主要有四种打法：大西洋景，节奏轻快，对比突出，变化较大，由弱到强，适于在大街行进中演奏。小西洋景，节奏连贯，稳慢，适于在小巷行进中演奏。十二铜锤，节奏紧凑，铿锵有力，适于在大街、广场上停留。流水，节奏轻快，随意反复，用于以上三种打法的连接处。以上打法交替出现，形成一套独特的鼓乐形式，时而明快清脆，时而浑厚激昂。

基本特征　在于鼓乐与舞蹈的紧密结合。在演出中，随着阵阵鼓乐，有一男一女，小丑打扮，右肩至左侧腰各斜挎一串铜铃，女的拿手帕，男的持小扇，跳入场中，随着欢快的鼓点节奏，跳着杈步和双蹦步。有男进造型，有女退亮相，进进退退，甚为俏皮漂亮。随着舞蹈的进展，逐渐加入老婆、老头、中年男女若干名。他们在鼓点的节奏中舞动自如，把舞蹈的气氛推向高潮。一般用于庆丰收、度佳节、过庙会等欢乐场面。

竹马

“竹马舞”又称“跑竹马”，是春节期间民间的一种花会形式，多在元宵节前后表演。自明末清初，竹马已在域内盛行。主要分布在梨园屯镇的梨园屯村和第什营乡的苏留寨等村。

竹马是一种群体舞蹈，起源于古代的儿童游戏。据文献记载，竹马起源不迟于汉代。《后汉书·郭伋传》记载：郭伋任并州牧时，“有童儿数百，各骑竹马到此迎拜”。东汉五言古诗

《小儿诗》有“嫩竹乘为马，新蒲折为鞭”的描述。宋明时期，民间就有竹马这种舞蹈形式。明代阮大铖编写的剧本《双金榜》中就有竹马舞蹈的表演的记述。故老相传，明末清初，威县梨园屯就有竹马这项民间舞蹈。在长期的演出中竹马表演不断改进，逐步形成了具有地方特色独居风格的艺术形式。

图 26－5　竹马表演/2015 年摄

竹马的制作是用竹篾扎起骨架，外面用布或数层纸裱糊，外饰以彩绘。竹马分前后两截，系在表演者的腰间。马腹下用布围住，以遮住表演者的腿脚。马颈系铃，有的表演者脚上系铜板，跑动时发出有节奏的响声。舞蹈特点是表演者既要表演骑马者，又要模拟马的动作，两者之间要配合协调。主要动作是上半身表演不同的人物在马上的各种姿态和表情；下肢用颤动的小步、平稳的快步前踢后蹬以及蹲步等模拟马的各种神态动作。竹马可以自由转动，表演者可在“马上”做各种姿势，如倒立、盘坐、倒骑、侧躺等。

竹马是一种群体性舞蹈，表演一般是八匹竹马和一匹“怪骡子”。

竹马表演首先是“叫马”，在激越的叫马鼓乐中，八匹骏马集合整队。接着是“领马”，在“领马鼓”乐声中，把马队带到表演场地。在鼓声和唢呐声中，八匹骏马和那头“怪骡子”驰骋于圆形场地内。怪骡子的乘骑者丑角打扮，黑脸白鼻，卡八字胡，戴辣椒帽，肩挎一串铜铃，用脚尖走路，有节奏的抖动肩膀，铜铃发出有节奏的响声。他在场内行动无拘无束，乱跑乱跳，横踢竖咬，做出多种怪异动作。有时在旦角马的前后，动手动脚，挤眉弄眼，捻胡子，打响鼻，与旦角调情。有时候在威武的将军面前缩成一团，做出各种滑稽相。怪骡子的表演，往往决定观众对这场表演的评价。

表演者按照传统戏“上装”，男长靠，女软靠，生、旦、净、丑行当齐全，马鞭、刀枪把子一应俱全。其节目名称亦采用戏曲的名称，并参考其情节，如留存下来的有《千里送京娘》《昭君出塞》《三打祝家庄》等作品。《千里送京娘》整个舞蹈表演大约为一个小时。该舞蹈有八个表演者骑着八个竹子扎制成的马和一个为京娘牵马的马童共同表演，另外还有 5 至 14 人的伴奏乐队。骑马的八个表演者为三女五男。京娘为主要角色，另外两个女主角是两个武将。男角中有一个是护送京娘的官员，其余四个是护卫兵。

乐队用硬乐伴奏时至少五个人，乐器有鼓、锣、大钹、小钹、铜板各一个。软乐伴奏时至少四个人，最多九个人。常用乐器有笛子、笙、二胡、唢呐等。伴奏乐曲一般采用乱弹的曲牌，如《满堂红》《一枝花》《上天台》等。

第二节　民间工艺

延秋五谷字画、藏品葫芦

贺营乡大宁村张延秋，自幼爱好书画。2000 年始，研究用五谷杂粮制作字画，终于在

2007 年研制成功“延秋五谷字画”，并通过网络销往全国各地及国外。作品是一种以芝麻、谷子、油菜籽等五谷杂粮，经过特殊处理后为主要原料纯手工制作的粮食字画，是极具中国特色的纯手工艺术礼品，纯天然、绿色、环保无污染、品位高雅，立体、浮雕的效果极强，有极高的收藏价值和独特的装饰效果。作品多次参加展览，很受欢迎，畅销国内外。

图 26－6　五谷画/2009 年摄

2008 年，张延秋又进行产业延伸，发展中国藏品葫芦艺术，从种植葫芦、雕刻、烙画到销售形成一条龙产业链，并带动本县部分农民通过种植葫芦致富，进行培训书画爱好者雕刻葫芦进行销售，扩大规模。张延秋的葫芦作品获 2009 中国第三届国际葫芦文化艺术节银奖。河北卫视、《生意经》杂志等多家媒体对延秋五谷字画进行了报道。

彩绘壁画

壁画　1949 年前多用于庙宇，新中国成立后多用于民舍中门口的影壁墙。其内容广泛，不拘一格，有故事、人物、山水、花鸟、松柏、翠竹、龙凤等。洺州镇的陶瓷壁画生产从 1986 年开始起步，到 2000 年发展到 30 家，仅肖侯庄一个村就有 22 家。最初以唐三彩壁画为主，经过 20 多年的发展，产品不断更新换代，技术不断创新，已发展成为绘图电脑化、传送机械化、烧制滚动化，全部生产实现自动化。

绘画　民间绘画，为传统水墨、水彩画，色彩艳丽，寓意吉祥，内容以松柏、翠竹、花鸟、山水等为主，形式以壁挂中堂较多。20 世纪 90 年代始，改为玻璃画，常需在玻璃背面作反字反画，使观看者在玻璃正面看到的图像具有正面效果，极富工艺美术色彩。此外，民间绘画作品还有书写花鸟美术字的中堂条幅，绘有庙宇松柏的家布和民间诸神的水陆画等。

土布纺织及印染

土布纺织　土布纺织工艺是威县劳动人民长年实践和智慧的结晶。它保留发展了中国传统和纺织技术，承载着科技、艺术、民俗、信仰等传统文化信息，具有较高的历史文化价值，对研究中国纺织技术的发展脉络有着重要作用。

威县土布纺织工艺的形成无确切文字记录，当与威县的棉花种植经营同时，土布纺织工艺主要是世代相传。由于土布纺织与农民生活息息相关，同时受自给自足观念的影响，土布纺织通过家传，农民相互帮助借鉴，其技术广为普及。20 世纪 90 年代始，随着居民生活水平的提高，成衣普及，不再依赖土布。21 世纪，土布纺织产品因其绿色、环保、舒适受到消费者的喜爱，常作为礼品送给亲朋好友。至 2009 年，城内较有名气的土布纺织产品有“巧媳妇”“老纺车”等。

1. 纺织流程：土布纺织工艺非常繁杂，分多道工序。主要有轧花、弹花、搓布絮、纺线、打线、浆线、染线、络线、拐线、掏综、闯杼、绑机、织布、捶布等。

2. 纺织工具：轧车、弹车、络子、旋风、综、杼、梭子、纺车、织布机等。

3. 成品布按薄厚分二匹综和四匹综。

4. 成品布的分类：成品布按花色分为白布和花布。白布为纯白色，没有图案，花布有各种图案。花布图案主要有：方格布、汉字布和花鸟鱼虫布。方格布又分斗式方格布、竹节式方格和水纹方格布。条纹布可根据经线的颜色分为多种不同条纹布。汉字布可分为王字布、土字布、工字布、双喜字布。花鸟鱼虫布是把代表喜庆、吉祥、富贵的石榴花、荷花、蝴蝶、鹿等织成图案。

图 26－7 老粗布纺织/2009 年摄

5. 土布制品：传统的土布主要用来制作衣裤、被褥、鞋袜等，随着时代的发展，土布制品越来越丰富，除衣服被褥之外，土布还用来做被罩、拎包、旗袍、玩偶。

土布印染 县内传统印染手工艺有套板防染、针线防染两种。其中套板防染流程简洁，适宜作为服务类项目。该手工艺常被用于印染包袱、被面、褥面、门帘等。第什营村有村民擅长此技，专门开染坊，招揽生意。此外，民间还有很多农村妇女掌握针线印染技术，她们手工制作缝花、连花、系花等印染花进行印染，其手工印染花做工精细、花样随心所欲，较宜制作高档工艺品。

第四章 传统武术

第一节 梅花拳

梅花拳，全称为“五式梅花桩”，习称梅拳，是中国历史悠久的优秀传统拳种之一。已列入中国非物质文化遗产名录。

威县梅花拳历史较为久远。相传明永乐年间（1403—1424），威县李家寨张姓梅花拳的一支随山西移民迁至威县，有别于今广宗、平乡的梅花拳。后平乡梅花拳的两支先后传入威县。至 2009 年威县梅花拳以平乡邹、张（俗称“大架”“小架”）两支为主。

清光绪二十四年（1898）四月间，《总署收山东巡抚张汝梅文》中就有关于威县一带梅花拳的记载。清光绪二十四年秋，威县梅花拳首领赵三多联合山东冠县梨园屯（今属威县）红拳首领阎书勤打起“义和拳”的旗号，在蒋庄马场举行起义，揭开了义和团运动的帷幕。

威县翟庄村著名梅花拳师李庭桂（十三代传人），在梅花拳张派小架的基础上，根据自身特点，熔铸创新，自成一家。晚清，李庭桂在直隶武强县王家庄开设拳场，在河北武强一带传人众多，影响颇大，堪称一代宗师。习云太在他编著的《中国武术史》“梅花拳”一节中，对其作了专门介绍。国内在河北和山东有两处李庭桂的衣冠冢，可见其影响之大。近人韩其昌，河北深县（深州市）人，1949 年前人称“沱南侠”（十六代传人），系李庭基嫡派

图 26－8　梅花拳演练/2009 年摄

传人，1949 年后在北京大学体育系工作，为国家教育界和武术界培养出一批高层武术人才。其弟子威县李家寨梅花拳师张文周，初师朱汉君，后师韩其昌，现为威县梅花桩研究会会长。几十年中，其为弘扬梅花拳这一传统武术，培养了大批武术人才，使这一拳种在威县得以发扬光大。

梅花拳包括五势梅花桩、功架、八方群步、成拳、拧拳、拈拳。其功法讲求：一气、二力、三法、四门、五势、六合、七抓、八打、九摔、十拿。其器械套路包括春秋刀、五式梅花刀、棋盘大枪等。除常规器械外，梅花拳还有自己的独门兵器，如文棒、量天尺、落子枪、五虎锛、乾坤轮等几十种兵器，对练套路不下百种。

第二节　十字八方拳

威县流传着一种历史悠久、内功深厚、套路丰富的神秘拳种。传入威县 200 年来，该拳以其自身的丰富、独特和实用，经久不衰，深为威县人民所喜爱。由于历史上该拳祖师对此拳种的历史和拳名讳莫如深，只称其祖师是仙人传艺，所以至今没有一个确切的名字。“十字八方拳”之名是李金鹏在为该拳种申遗前，经其门人同意根据该拳派套路特点定名。现已列入河北省非物质文化遗产名录。

据该拳派门人谈，其祖师姓冯。从其拳种和套路看，主要有八方拳、十字拳、小红拳、十二阵合手串子（实为六合拳十二路散手）、佛手架子（似是蔡李佛拳部分套路）。特别是该拳派器械套路十分丰富且很有特色。此拳在威县的传承是，一辈：冯士礼，二辈：杨清峰，三辈：张俊成，四辈：张克勤、张克聚、张恒祥，五辈：杨双印、张春生、杨明斗等。李金鹏认为此拳很可能是乾嘉年天理教“地王”冯克善所传。初步考证，此拳传入威县时间约在清嘉庆十年（1805）。嘉庆年间天理教反清起义震动朝野，遭到清政府的残酷镇压。当时不少反清义士为避官府捉拿，藏匿民间。该拳种素有“小红拳”之说，是该拳派祖师为避官府捉拿，隐讳其名，用“小红拳”蒙蔽官府。

图 26－9　十字八方拳/李金鹏 2009 年摄

该拳派在全民健身活动中成绩显著，积极参加市、县文化活动。杨化田（三段）在 2001

年市“武协杯”比赛中获得传统武术比赛第一名。该拳派在威县郭固、寺庄、狼窝、史庄、马桥、城关、北梁庄、牛村、宫庄、侯贯、孙庄、赵村、赵庄、王庄等村都有传人。特别是郭固、寺庄两村的几百名武术爱好者，每天习练，蔚成风气，为推动全民健身活动和农村精神文明建设起到不可替代的作用。

第三节　红　拳

红拳是中国流行最广的拳种之一。在河北、山东、西北、东北和四川民间都十分流行。由于红拳源多流杂，起源说法不一，师承脉络不甚清晰，拳术套路也不一致，只能根据现有资料，作一粗线条勾勒。

红拳为外家拳，属少林派。武林中传说，历史最为悠久影响最大的有四种拳派，谓之“上四门”，它们是：“红、梅、弹、迷”。梅指梅花拳，弹是弹腿，迷为迷踪拳，红指的是红拳，占东北艮卦。由此可见，红拳在中国武术史上的重要地位。相传红拳为宋太祖赵匡胤所创，故亦有“太祖拳”之称。

《中国武术史》（习云太著）记载：“据传清代后期，关中并出‘三三’。所谓‘三三’，即指出现三名拳手，一个外号鹞子高三（山），字鸿齐，专练子拳（猴拳），另两个是黑虎邢三和饿虎苏三。今人渭南张生芳得此拳传授。四川红拳系由一姓马的拳师由陕西传到四川的，据说是鹞子高三（山）所传的拳，马以后传给黄春奎，黄传陈大章。”

红拳是威县流布最广、习练人数最多的拳种之一。尤其在清代和民国期间，威县一带许多村庄都设有红拳拳场，著名拳师灿若群星，数不胜数。考之威县红拳源流师承不一。威县历史上著名的义和团领袖阎书勤等“十八魁”，就是红拳传人。沙柳寨的红拳手潘太祥早年参加赵三多的义和团。传说七级著名拳师李老昆先学红拳，后在涿州参加义和团，学了“神拳”（神拳不是一种拳术，而是义和团时期盛行的一种习武风习），自成一家武术，很有影响。其传人有魏兴杰、魏祥玉等。特别是魏兴杰（字彬臣），创气功长拳，在石门武术界德高望重，影响很大。民国年间威县著名的红拳师傅有冯世礼、杨清峰、魏兴杰、王德庆、孙化南、李德皋等。

红拳主要分大红拳和小红拳两种，虽都以红拳名之，但实际上它们是来源于两个系统的两个拳种。如大红拳既有拳也有掌，拳为方拳，掌为柳叶掌。套路有大红（洪）拳、四门斗、八大戏、二十四式、六合手、八步疾等。而小红拳中有小红拳、八方拳、十字拳、十二阵合手串子、佛手架子。大小红拳的拳术和器械套路都很丰富，这充分说明红拳是一种非常优秀的传统拳，需要后人认真挖掘、整理，以使其发扬光大。

第四节　八卦掌

八卦掌（亦称八卦拳）是中华武术中的一朵奇葩。董海川是八卦掌的创始人和主要传播者。

董海川（1793—1882），直隶文安县朱家坞人。八卦掌的广为流传是在清道光中叶以后。相传董海川在九华山遇“云盘老祖”，山居三载，尽受其技，深得八卦先后天之理，技艺臻于化境。清末在京授艺。据《国术概论·八卦名家传略》记载："自董海川传授八卦掌法之后，各地好武之士闻风而来者日众，执弟子礼者日多。于是八卦拳术，乃名噪一时，海川之徒数十人，而以尹福、程廷华、马维祺、刘凤春、史立卿、魏吉、宋永祥、宋长荣、梁振普等为最。"

刘凤春字茂青（翠花刘），由于"入董门晚，年最幼，受董教浅"，程廷华"强教之，刘亦力学不倦"，终成一代宗师。光绪年间（1875—1908），刘在大内充任带刀护卫，名冠一时，有"盖九城"之誉，敕封"九城太保"。民国初在都门及涿州一带传艺。传其子刘文华、苏玉龙及李茂斋（名清林）。李茂斋为威县七级村人。时茂斋与其父兄在涿州码头镇经商，经营苏、杭、沪绸缎，字号曰"天兴李"。经苏玉龙介绍，得列刘氏门墙。茂斋天性聪慧，悟性极高，幼年习练红拳，有一定武功基础，加之练功刻苦，甚得刘凤春喜爱。艺成后，一日，刘在院中与茂斋对练八卦大枪，用枪尖点破左眼角，遂用金戒镏摩之，留一金痣，以示其为刘之入室弟子。1949 年后，李茂斋先生自涿州返里，威县李氏八卦掌自此始。

八卦掌以八卦为盘，九宫为法。"集成拳术，复按易理，定八卦，合五行"，按卦象、卦形和卦式练而成掌，故名八卦掌。八卦掌以其八个基本掌法（仰、俯、竖、抱、劈、撩、挑、旋）而变化，每掌变为八式，共为六十四掌。八卦掌运用八卦图原理作为基础理论，练习法指树为圆，以圆为圈，踏圈而行，足踏八卦，一周凡八步。其气功桩法要求八式八法，其三盘掌也按八卦之理，分为，狮形（占乾卦）、麟形（占坤卦）、龙形（占震卦）、凤形（占巽卦）、蛇形（占坎卦）、鸡形（占离卦）、熊形（占艮卦）、猴形（占兑卦）。其身法讲求十三法，即，吸、闪、摇、拧、回、转、翻、停、吞、吐、浮、沉、中正。其作战三法为：一、互进法，人来我解，而后还击；二、堵截法，人来我接，同时还击；三、脱身化影法，即人来我脱身化之，化中有打。身体部位按照易理，四肢各两节分为八卦，即所谓"用八卦之象，练八卦之身"。

图 26－10　八卦掌演练/2009 年摄

李茂斋 1950 年自涿州回到故乡七级镇，耕作之余，传艺授徒，使刘派八卦掌流传于世，其事载《威县志·人物卷》。其传人有李长锁、宋月中、李根山、李朝恩、宋文仓、李俊英、贺明法、田玉行、杨同等。其子李长锁晚年致力于传业授徒，生徒遍及邢台、南宫、威县一带。传人杨同也在七级传艺授徒。

第五节　三皇炮锤

三皇炮锤，又称炮锤，是中国古老的传统拳种之一。关于"三皇"，民间素有"三皇（天皇、地皇、人皇）治世"之说，拳界附会为伏羲、神农、黄帝，以示其古。本拳种实取天、地、人三才以名其拳，所谓"炮"者，盖言此拳威力如炮。相传明末清初时，河南嵩山少林寺僧普照作为秘技传给门徒甘风池、乔三秀。甘风池未见外传，乔三秀之孙乔鹤龄由河南迁居河北冀县（冀州市）冯管村隐居授徒。乔鹤龄传宋迈伦、于连成。宋、于各有特点，逐步发展成两大派系，流传至今已有十代。宋迈伦奉师致终，获得真传。宋既保留了本拳的风格特点，又发展了这一拳种，自此名震京都。后此拳传入广宗和威县经镇，经镇传河岔股、雪塔等地。现有演练者约500人左右。

威县著名拳师高士元师承高树恒，高树恒师从宋迈伦，宋迈伦为清末武术名家，官职五品蓝翎。

抗日战争期间，高士元作为傅作义部下，战斗在绥远抗日前线，1949年9月19日起义，参加中国人民解放军。晚年，在威县传艺授徒，1992年去世。

三皇炮锤经历代名师演练发展，套路日臻完美。三皇炮锤主要有十二种基本拳法，称十二炮，即开门炮、劈山炮、连和炮、转面炮、十字炮、脑后炮、泻肘炮、冲天炮、撩阴炮、扎地炮、窝心炮、七星炮。另有一趟拆手拳，一套“夫子三拱手”技击法和诸多器械套路。它功架刚劲、朴实无华，很少蹿跳虚势。去是长拳，回是短拳。三皇炮锤以十字锤为本，长短兼备，内外兼顾，以气为主，重在应用。在健身方面以五行为要，气充肺盈，随势吞吐，气沉丹田。在技击方面，以圈裆步稳己，以整劲发人，讲求以速取胜。在器械方面，以大枪见长，其他兵器也都有独到之处。

第五章　非遗保护与传承

因受审美情趣的多元化及影视艺术的冲击，威县非物质文化遗产已从昔日的辉煌逐步走向衰败甚至灭绝境地。面对非物质文化遗产的种种困境，如何抢救、保护和传承非物质文化遗产这古老的文化遗产，如何把民族艺术之根留住，威县县委、县政府进行了认真探索和实践。

第一节　非遗保护

成立组织

为弘扬优秀传统文化，切实做好非物质文化遗产的保护和传承工作。威县县委、县政府高度重视。2005年，县成立以政府县长为组长的非物质文化遗产保护领导小组，把非物质文化遗产保护和传承列入工作议程，作为一项重要工作来抓，制定出台《威县非物质文化遗产保护和传承10年工作规划》，责成文化、宣传、财政、广电等部门合作开展保护和传承工作。2006年，成立威县乱弹协会、威县梅花拳协会等非物质文化遗产保护和传承群众组织。这些组织积极开展工作，取得了初步成效。

工作开展

一是对威县非物质文化遗产进行普查。为了有效保护和合理利用传承非物质文化遗产，促进传承活动的开展，在人力、物力、财力紧张的情况下，做了大量的工作：收集、整理全县非物质文化遗产项目包括戏曲、曲艺、民间舞蹈、民间美术、民间音乐等7个类别，威县乱弹、梨花大鼓、梅花拳、土布纺织工艺、八面鼓、竹马、三白西瓜种植技术、威县火烧制作工艺等10多个项目录入成电子文档，编写《威县非物质文化遗产普查成果汇编》一书。搜集整理文字、图片、音像等一大批珍贵的史料。二是组织撰写《威县乱弹面面观》《威县乱弹源流初探》《威县乱弹艺术考说》《威县乱弹唱腔音乐风格之我见》《百年乡艺“八面鼓”》《梨花大鼓唱古今》等具有学术价值的文章。三是编印《威县乱弹曲牌》《威县乱弹唱腔》《威县乱弹传统剧本》《威县梨花大鼓》《威县梨花大鼓传统曲目》等威县非物质文化遗产存书。录制出版威县乱弹传统剧目《杨金花夺印》《汴梁图》《高平关》等以及《威县梨花大鼓传统曲目》《威县梅花拳》《威县乱弹》等有关非物质文化遗产保护和传承光盘。

第二节　非遗传承

传承措施

2008年，威县乱弹、威县梨花大鼓列入国家级非物质文化遗产保护名录，并确定了传承人。为更好地发挥非物质文化遗产传承人作用，建立以乱弹协会为主导、以枣园乡冯庄为基地的一套完善的培训制度。国家按照非物质文化遗产保护的级别，每年给予约6000元的补贴，用以培训人才。传承人以师带徒，开展培训工作。

传承效果

威县冯庄乱弹剧团，现有演职员50余人，汇集了威县最优秀乱弹演员，阵容强大，行当齐全。服装、道具、音响一应俱全，具备承揽各种大型演出能力，可以演出乱弹传统大型剧目、小品、歌舞等，年演出340余场次。其中，进养老院年公益演出上百场次。2005年，威县乱弹情景剧《康庄晨练》荣获河北省优秀奖。剧团多次参加省、市、县的非物质文化遗产展演和演出及电视的拍摄。复排录制《临潼山》《汴梁图》等10余出乱弹传统剧目光盘，多次受到上级表彰，荣获河北省“基层文化之星”荣誉。

第二十七编　文物古迹

秦汉以降，威县曾为郡、为国、为州、为县，虽历经沧桑，仍保有多处历史遗存。悠久的历史，众多的文物古迹，彰显着灿烂的文化。古遗址有鲧堤、界桥遗址、经城遗址、上白城遗址、经县古城遗址等；古墓葬有定陵、范质墓、王浚墓、刘含锷墓等；古碑刻有新宗城县三清殿记碑、贾待问墓志、张家庄保善寨碑、梁母墓碑等；革命胜迹有威县烈士陵园、冀南行署旧址等。

威县历史悠久，文化遗产资源丰富。2009 年，全国第三次文物普查，全县发现文物遗存点 189 处。

威县现有国家级重点文物保护单位义和拳议事厅 1 处，省级重点文物保护单位有宋陀罗尼经幢、西汉定陵、元王伯大墓、明王浚墓等 4 处，市级重点文物保护单位 8 处，县级重点文物保护单位 30 处。馆藏文物 289 件，有战国、汉、唐、宋、明、清至民国时期的陶器、瓷器、石器、骨器、铜器、铁器、刺绣、钱币等。其中，国家二级文物 1 件，三级文物 11 件，其他文物 277 件。

第一章　国家及省级重点文物保护单位

第一节　义和拳议事厅

图 27－1　义和拳议事厅/李金鹏 2006 年摄

义和拳议事厅位于威县县城东 15 千米处的沙柳寨村。义和拳议事厅是赵三多等义和拳首领当年计议军机大事的地方。该厅为一典型北方传统民居，始建于清光绪年间（1875—1908），1986 年威县人民政府进行修复。1988 年、1990 年国家文物局和河北省文物局又拨款进行维修。义和拳议事厅占地面积 315 平方米，院内有北房 5 间，室内布置一套介绍赵三多和他领导的义和团斗争的展览。在院落东南角建有赵三多纪念碑亭。碑亭为威县人民政府于1985年修建，碑阳阴刻楷书“赵三多纪念碑”六个大字，碑阴为赵三多纪念碑碑文。2006年，义和拳议事厅被国务院定为全国重点文物保护单位。

第二节　宋刻陀罗尼经幢

陀罗尼经幢建于北宋淳化二年（991）。1985年8月25日，在县城东南河渠出土。现由县文化主管部门收藏保管。

陀罗尼经幢共为10节，通高3.28米。此幢有大、小幢身两节，均为青石质八棱碑，八面俱为阴刻楷书。大幢身通高116厘米，最大直径29厘米，每面宽10.5厘米，刻《观弥勒菩萨上生兜率天经》一部。经首有“朝散大夫、前殿中丞、前知滑州路，为自身年七十七省老耄预修生藏一所，于幢子上镌《上生经》一卷，伏愿天地神祇诸佛菩萨鉴照，谨启”五十三字。经文由乡贡学究赵永图书，李荣刻字。伞盖以上的莲台上坐小经幢。小幢身亦为八棱碑，每面刻字16行，行45字，阴刻楷书《陀罗尼经》（亦称《大随求真言》）一部，幢身风化较重，字迹漫漶。

《观弥勒菩萨上生兜率天经》是佛教“弥勒净土”信仰的经卷，此经为宋代居士沮渠京生所译。此经说法的场所是舍卫国孤独园，说法的对象是优婆利。经中讲，佛以初夜时分身放光明，尔时以憍陈如为首，文殊、天龙、夜叉及其眷属等目睹佛之光明，皆悉云集。尔时世尊以一音声说百亿陀罗尼门。弥勒对佛道：“世尊，往昔于毗尼中及诸经藏说阿逸多次当作佛。此阿逸多今具凡夫身，未断诸漏，其人命终，当生何处？”尔时佛答优婆利曰：“此人从今十二年后命终必得往生兜率天。”经文继而讲述兜率天的种种庄严。此经大意是讲兜率天是十善之报应胜妙之处。人若持五戒八斋具足之戒，身心精进，不求断结，修十善法，思维天上妙乐，即可往生弥勒净土庄严世界。

此幢出土地点在河渠底部，第九节首先被发现，整个经幢基本保持原建时的直立状。从幢体的保存现状看，伞盖以下保存完好，幢身所刻经文字迹清楚。伞盖以上四节（包括小幢身）风化剥蚀严重，字迹漫漶不清。由此可知，自北宋淳化年后威县至少发过两次大水。第一次约在淳化二年以后不久，伞盖以下五节被淤积于新形成的地表之下。伞盖以上五节多年暴露在地表之上，历经风雨，侵蚀风化。后又经大水泥土淤积，复被埋于地下。第二次约在宋元祐年间（1086—1094），幢刹（第十节）在第二次大水时摇落坠地，被埋于土中。经多年后至出土时，经幢所坐地基在今天的地表下约七米。陀罗尼经幢的发现对于研究威县一带古代水系、地貌和宗教信仰有很高的参考价值。此幢各个构件有较高的艺术价值，且经幢双节幢身者也极为罕见。所刻《观弥勒菩萨上生兜率天经》也是珍稀的佛教经卷。因此，此幢具有较高的艺术价值、科学价值和历史价值。

陀罗尼经幢1988年被定为县级重点文物保护单位，1990年河北省政府公布为河北省重点文物保护单位。

第三节　定　陵

威县老城西北4千米处有大高庙村，该村西北里许有村名小高庙。两村间有一高台，俗称

“陵台”，高约20米，直径54米，占地面积约2290平方米。此台为汉广宗王刘如意的陵墓，名曰定陵。陵西另有一台，传为其嫔妃附葬之墓，今已无存。相传台上原有一座古庙，后颓圮。

图27－2　定陵/2009年摄

考定陵约建于西汉元始二年（公元2年）之后，平帝封代孝王玄孙之子刘如意为广宗王，食邑广宗、经县两处。刘如意就国后薨于封地，埋葬于此并筑台建庙。昔时庙外丰碑巨碣，陵前俑马成列，华表高矗，今已荡然无存。庙外原有古柏一株，传为唐柏，粗约三人围，“文化大革命”期间被砍伐。

据王建衡《洺阳杂俎》记载，定陵“在邑西北高庙村，台上旧有广宗王庙”。王建衡还将《古庙空台》归于《洺阳八景》之一，并有诗云：“古庙何时见，空台此日存。崔巍俯万象，寥落近孤村。”“定陵埋骨广宗王，食邑百里旧辉光。砊砀帝气消耗尽，剩有古柏伴斜阳。”

定陵现仅存土丘一座，2008年10月被公布为省级重点文物保护单位。

第四节　王伯大墓

元代威州达鲁花赤王伯大墓位于洺州镇东关潘家庄村东南处。王伯大（回族）墓地是安葬王伯大夫妇和黄阿訇夫妇的茔地。王伯大娶潘庄潘氏女（汉族）为妻，是威县历史上最早的一例回、汉族通婚。该墓地占地290平方米，四周建有围墙，保护完好。

2008年10月，经省政府批准，被公布为省级重点文物保护单位。

第五节　王浚墓

图27－3　王浚墓/2018年摄

王浚墓位于洺州镇郭安陵村北1千米处，该墓原规模宏大，华表石坊，翁仲马俑、很有气派。1958年，马俑、石刻遭破坏，现仅存一土丘。土丘圆形，高6米，直径15米。王浚（1431—1485），字克深，今方家营乡王高寨村人，明成化二年（1466）进士，任监察御史，曾任南京都察院右佥都御史，巡抚甘肃等处。王浚为官清廉、政绩显赫，为后人传颂。据《大明宪宗纯皇帝实录》卷之二百六十八记载，王浚生于明宣德六年（1431），卒于成化二十一年（1485）七月，享年55岁。2008年10月，经省政府批准，王浚墓被公布为省级重点文物保护单位。

第二章　爱国主义教育基地

第一节　义和团纪念馆

义和团纪念馆于2000年纪念义和团运动100周年之际动工兴建，2003年建成并对外开放，为一大型现代建筑。该馆占地27000平方米，建筑面积6000平方米。馆内有一套反映义和团运动的大型展览。

展览分为三个展厅。序厅迎面为“民族魂”大型群雕。展览内容共分八个部分。第一、第二展厅各有四个部分。第一展厅以毛泽东对义和团运动所作的高度评价作为序言。以下分四个部分陈列。第一部分“列强侵略、国门洞开”，分为鸦片战争后的中国时局、强权下的“门户开放”和经济掠夺、炮口下的传教事业、清廷腐败万民倒悬四项内容。第二部分“民教冲突教案迭起”，把晚清教案分为三个时期：近代教案始发期（1846—1860年）、近代教案发展深化时期（1860—1894年）、晚清教案高潮时期（1894—1898年），表现中国人民在列强的经济、文化侵略下愤怒的呐喊。第三部分“直东交界首举义旗”，表现了义和团运动在威县一带的爆发及其原因。第四部分“星星之火、势成燎原”，分为“正定大佛寺聚议与枣强起义”“风云际会、高潮迭起”“直隶义和团挺进京津”三项内容。第二展厅陈列五至八部分。第五部分“八国铁蹄蹂躏津沽”，分为义和拳与部分清军抗击西摩尔联军，联军在天津的暴行。第六部分“京都血泪华夏狼烟”，分为“古都浩劫”“八国联军与清政府联合镇压义和团”“中国军民英勇抗击外国侵略者”三方面内容。第七部分“丧权辱国、中华蒙难”，主要表现腐败无能的清政府，在列强的压力下签订《辛丑条约》，为德国公使克林德修建牌坊等一系列丧权辱国的行为。第八部分“扫清灭洋、血沃中华”，分为“广宗抗捐，官逼民反”“扫清灭洋，慷慨悲歌”“精神永驻，丰碑长存”三方面内容。主要表现清光绪二十八年（1902）直隶广宗武举人景廷宾与赵三多等人联合举行“扫清灭洋”大起义。本部分结尾采用列宁和德国《前进报》载文对义和团的高度评价等资料，并以周恩来总理接过德国格罗提渥总理归还义和团旗帜的巨幅图片作结束。整个展览以周恩来总理关于义和团英勇斗争的论述作为结束语。

义和团纪念馆与周围环境先后投资300余万元，种植草地6600平方米，栽植松柏400余棵，硬化场地12000平方米。2000年义和团运动100周年之际，中国史学会、中国义和团研究会，在义和团纪念馆立义和团运动100周年纪念碑，奠定了威县作为义和团发源地的基础。

义和团纪念馆先后被河北省委、省政府命名为河北省爱国主义教育基地，被省军区命名为河北省国防教育示范基地，被共青团河北省委命名为河北省青少年爱国主义教育示范基地，2004年，被省人事厅、省文物局评为河北省文博系统先进单位，被邢台市委、市政府命名为文明单位，2006年，被邢台市委组织部命名为邢台市中青年干部培训基地。

第二节 烈士陵园

烈士陵园现址位于县城世纪大街西侧，朝阳路北侧（原址在东街路南县政府院内，1994年迁此）。陵园东西长50米，南北宽70米，占地3500平方米。正门上方镶嵌着著名史学家郭沫若题写的“烈士陵园”四字。陵园中轴线上建有一座六角飞檐式凉亭。亭后的墓地内埋葬着114名烈士的忠骨。亭内竖有一一四英烈碑。碑阴刻有《一一四英烈碑记》。刘润秋撰文，潘遇亨书丹。碑文详细地记载着1938年5月10日在威县发生的那次惨烈的战斗和八路军将士的英雄壮举。

图27-4 一一四英烈碑/2009年摄

1946年冀南行署、冀南军区为纪念解放威县牺牲的英烈修建陵园，在原侵华日军“威灵塔”基座上修建一一四英烈碑亭。陵园作为威县爱国主义教育基地多年来一直发挥着其不可替代的重要作用。

2008年7月4日公布为县级重点文物保护单位。

附：一一四英烈碑碑文

民国二十七年旧历四月十一日，国民革命军第十八集团军一一五师三四四旅六八九团进攻被敌寇盘踞已逾半载之威城。战斗从晨一时开始至九时结束。最先登城之战士，即由东北城角攀上者。由于当时威城工事坚固，敌寇预有准备，而该部队初到平原，人地生疏，对城内形势更不熟悉，且战斗进行中又遇到后方敌伪会匪袭击，攻城部队不得不忍痛撤出行将胜利之战斗，是役在城内共牺牲连以下指战员一一四名。

此次战斗之猛、牺牲之烈为冀南平原以前所罕见。最惊人者，一为北城上之战斗。战士二十余人沿城向西跃进，将近北门时，突遭近城民房楼上敌寇机枪扫射，战士隐伏城墙塌陷处顽强抵抗，因机枪压顶不能抬头，乃完全以手榴弹应战，结果全部殉国。一为东城门内之战斗。当部队最后撤出时有四十人失掉联络，被围困于东南一所民房内，东城上敌寇复配合射击，当时火网交织硝烟如雾，我军弹尽援绝，继以砖瓦，全体壮士均为国家民族流尽最后一滴血。噫嘻！勇哉烈矣！此一一四将士之死，振我军之威，寒敌寇之胆，显示我人民军队之素质，奋发我中华民族之气概，所谓死重泰山，足以当之。

战后三日，敌寇因受我之严重打击，昼夜惊惧，遂不敢再守，弃城逃窜，威城解放，市民腾欢，乃烈士搏斗牺牲换取之伟绩。是年冬，威城复被陷落，但先烈之血基已成最后胜利之砺阶。盖烈士形骸虽灭，而精神益彰，激励奋进，前赴后继，犹如长江之水，源溯细流，综临沧海，郁为大观。

现在抗战胜利，和平实现，虽争取民主巩固和平，尚有待于后继之奋斗，然而八年艰辛取得最后胜利，已足慰诸先烈之英灵。于兹勒石仅向先烈宣誓：

排万难以争取民主兮，团结更广大之群众。
反内战以巩固和平兮，消灭法西斯之余凶。
反倒退以坚持进步兮，实现和平建国之纲领。
不达目的誓不中止兮，犹如大江东去之朝宗。

冀南行署、冀南军区恭立纪念
1946年5月

第三章　古遗址　古墓葬

第一节　古遗址

鲧堤

据民国《重修威县志》记载，鲧堤“自堂阳延入甘陵，经威县邵固集北，其村有名圈里（现全礼村）者，三面濒堤。上宽五丈有奇，高二丈有奇。”载在《路史》可考。“今邵固集东，堤址仍存。”现在鲧堤威县段自邵固至南仓庄，再向北折至团堤入南宫境，全长约20千米。尤以邵固至孙庄一段，大致规模十存五六，高7米，宽15米，虽经风雨侵蚀，犹能显示出堤高坡陡的景象。

经城遗址

经城遗址位于县城北偏东24.5千米处（现经镇村），是古经县、经城县旧址。旧时，经镇东街有关帝庙，北门外有真武庙，南门外有大寺院，名法云寺。抗日战争前，法云寺还遗存有2个大石佛像、1个铜像。1990年，经镇还保留着县城样式，保存面积约2500平方米。

第二节　古墓葬

汉唐至金元古墓群

位于威县县治东北25千米后郭固村东侧。南北长150米、东西宽100米，面积15000平方米。出土文物可分铜器、铁器、陶器、瓷器。时代跨汉、唐至金元。因历代墓葬层层叠压，一次共出土发现汉唐至金元文物214件，大部分器物形态精美、做工精细，尤其唐代陶俑造型多样、形象逼真、栩栩如生、充分展示了大唐陶艺风采。大批唐代邢窑陶俑的出土也为研究邢窑提供了珍贵的实物资料，它表明唐代邢窑不但烧制瓷器，同时还烧制蕴涵政治、思想、文化、生活、生产多方面丰富内容的随葬明器，为探索邢窑产品以及烧制工艺等方面提供了不可或缺的依据。

范质墓

范质墓位于县城正北偏东12千米贺营乡袁庄村正北127米处，该墓距范质故乡范家营

1.5 千米。墓为圆形土丘，封土高2米，平均直径6米。宋朝宰相范质（911—964）字文素，一生历经后梁、后唐、后晋、后汉、后周、北宋六个朝代，五朝为官，两朝任宰相。临终告诫后人不向皇帝请封谥号，不刻碑立传，就俭葬此地。2008 年 7 月 4 日公布为市级重点文物保护单位。

第四章　现代革命遗迹

1949 年 8 月之前，今河北省南部和山东鲁西北部分为冀南区，威县地处冀南区 51 个县的中心地带。抗日战争期间，冀南首脑机关有大部分时间是在威县度过的。仅在 1938 年 12 月到 1940 年 8 月不足 2 年的时间里，冀南区在威县农村中就召开过县地级以上的大型会议 9 次。如由刘伯承、邓小平主持召开的北张庄军政干部会议，在河岔股召开的讨伐石友三军事会议等，都是关系全局性的军政重要会议。抗日战争结束后，1945 年 6 月底中共冀南区党委、冀南行署领导机关由邱县迁入威县城。由于冀南区三大机关长期驻扎威县，也使邓小平、刘伯承、徐向前、陈赓、杨秀峰、宋任穷、陈再道、吕正操、韩先楚、王任重、程子华、许世友、王从吾、马国瑞、刘志坚、王光华等老一辈无产阶级革命家在威县留下了他们的历史足迹。

第一节　八路军一二九师师部及领导办公旧址

一二九师师部旧址

一二九师师部旧址位于七级镇张庄村，原建筑已拆除，已改建为民房。

图 27－5　八路军一二九师司令部旧址（七级镇张庄）

1938 年初，八路军一二九师分兵突进开辟冀南抗日根据地。12 月下旬，一二九师师部移至威县张庄，开辟了冀南平原抗日根据地。1939 年 1 月 3 日，邓小平在威县张庄一二九师部驻地召开军政干部大会，在会议上作了《冀南抗日根据地的工作报告》，传达中共六届六中全会的精神。会议根据冀南的斗争形势，确定依靠工农群众，依托广大乡村，坚持冀南平原游击战争，坚持抗日民主阵线的方针。会议为冀南军民进一步开展抗日斗争奠定了思想基础。冀南军民在刘伯承、邓小平等人的领导下，与各路“扫荡”之敌展开英勇的斗争。尤其是香城固伏击战，全歼日军安田中队和四十联队补充大队 250 余人，烧毁汽车 8 辆，其他缴获甚多，给骄狂的日军以沉重的打击，扩大了八路军坚持冀南抗战的影响。3 月 7 日，刘邓率部返回太行山区。

徐向前、杨秀峰、宋任穷办公旧址

办公旧址位于威县高公庄乡西平村，现仅存北屋3间，为一民宅。

1938年4月2日，由中共南威工委书记王悦尘引领，宋任穷等入住西平村，开办军政训练班，召开团以上干部会议。5月中旬到10月中旬，杨秀峰、刘志坚、王任重等人也先后在此短住。11月至12月底，徐向前一直住在西平村，主持反“扫荡”斗争。在西平村主要活动为：指导高级训练团进行军政干部轮训，以尽快适应平原作战抗日斗争的需要；贯彻执行毛主席的人民战争重要思想，创造了平原地区的人山思想；宣传党的抗日斗争，收编、改造各种武装组织，壮大抗日武装力量。

图27-6 徐向前、宋任穷办公旧址（西平）/2012年摄

第二节 冀南区机关旧址

中共冀南区党委及行署办公处

中共冀南区党委旧址位于县城南街，现为畜牧局办公用房，仅存7间南屋。冀南行署遗址位于县城北街口路东，原为县粮食局大院，现保存一排南屋。从1945年6月到1949年解放战争的整个历史阶段，威县是冀南地区首府，冀南区党委、行署一直驻在威县，领导全区军民为打败蒋介石解放全中国取得了辉煌的战绩。1949年8月1日，华北人民政府发出调整行政区划的通令，重设河北省，冀南区党委、行署胜利完成其肩负的历史使命。

图27-7 冀南行署旧址（县城南街）/2012年摄

杨秀峰与宋任穷办公室旧址

杨秀峰与宋任穷办公旧址在高公庄乡草楼村，现为一处闲置民宅。

1938年8月中旬，杨秀峰任冀南行政主任公署主任，宋任穷任副主任，其驻地为南宫城里，后转移至威县草楼。领导冀南平原抗日根据地的抗日斗争。1939年，在草楼召开冀南区51个县代表会议，通过选举，冀南区行政主任公署改组为冀南区行政委员会，杨秀峰当选为主任。

图27-8 杨秀峰与宋任穷办公旧址（高公庄）/2012年摄

宏济医院旧址

宏济医院旧址位于威县高公庄乡草楼村，原为草楼村村民住宅，现仅存遗址。遗址原为一北方传统典型四合院民居。大门口位于四合院的东南角，进入院中北屋为正房，院子两侧为东西厢房。

图 27－9　宏济医院旧址（草楼）/2012 年摄

宏济医院建于 1938 年 5 月，成立之初是一所为抗日服务的县级医院，院长范立轩。1940 年 2 月，宏济医院脱离威县，隶属于冀南军区。同年，宏济医院在行政上归冀南行署领导，业务上接收军区卫生部领导。1941—1944 年下半年，医院根据敌情适时转移，有时随行署活动。1945 年 9 月 2 日日本投降，冀南宏济医院遂改名为冀南人民医院。1947 年，解放战争节节胜利，前线的伤病员源源不断运到地处后方的威县，根据实际情况，行署扩大了医院的规模，加强了医院的技术力量，成立一个护士训练班，军区卫生部也相应建立医士和药理两个班，医院成为这三个专业班边学习边实践的阵地，培养了大批医药卫生人员。

冀南卫生学校旧址

冀南卫生学校旧址位于高公庄乡河里庄村，原为一北方传统民居，原有北房及东、西两厢房。大门口位于南侧，现仅剩北房及东墙。

图 27－10　冀南卫生学校旧址（河里庄）/2012 年摄

冀南卫生学校 1946 年成立，次年 2 月开学。学校的主要任务是为冀南军区培养医务人员。校长鲁之仪（原任冀南军区卫生部长，后任第二野战军卫生部副部长），副校长陈敬持（枣强人），政委是沈笑石。学员有学生、工人和在职干部。学员和教职工近 300 人，分医生队和护士队。医生队有一个队 4 个班，护士队下设 2 个中队和 8 个班。1947 年 8 月，护士队随部队南下大别山。之后，医生队迁至赵庄教堂，并入冀南人民医院。

冀南书店旧址

冀南书店旧址位于威县方家营乡方家营村，为一民宅，已列为县级重点文物保护单位。

1945 年 10 月，为了恢复文化出版，加强宣传工作，冀南区党委就决定组建自己的文教宣传机构——冀南书店。1946 年 3 月，冀南书店在威县方家营组建成立。赵鼎新任经理兼总编辑，宋之光任副经理，胡青坡任副总编辑。除编辑部外，还设印刷部和发行部，编辑、印刷、发行统一管理。印刷部的印刷厂有铅印和石印。封面和插图为石印。除承印自己编辑的书刊外，主要印小学课本。冀南书店始终把为广大工农兵服务作为宗旨。从成立到同年 5 月底即出版图书 16 种，计 52000 册。1946 年 4 月，创办了综合性通俗刊物《工农兵》（半月刊），后又创办综合性文摘刊物《文丛》。1947年夏天开始编印工农兵丛书。冀南书店除出版本地区创作的作品外，还出版过中外文艺作品，如赵树理的《邪不压正》、苏联小说《我是劳动人民的儿子》等。1946年，毛泽东在延安亲自题写新华书店的店名，为了在解放区统一名称，冀南书店改名为冀南新华书店。

图27－11　冀南书店旧址（南方家营）/2012年摄

1948年后，冀南书店完成其历史使命，其印刷厂并入冀南行署印刷厂，编辑部改为区党委宣传部编审科，继续主编《工农兵》半月刊，发行部改为冀南新华书店，专事发行与印刷。1949年迁入北京成立“新华书店总店”，并成立“中国新闻出版署”与“中国新闻印刷厂”等机构。

冀南参议会会议旧址

冀南参议会会议旧址位于威县高公庄乡草楼村，原为草楼村一场院，现为村委会办公室。

1939年9月18日，冀南参议员大会在威县草楼召开，冀南行政区参议会成立。参加会议的有来自全区民选参议员近500人。大会的内容，一是听取和审议了冀南行政公署杨秀峰关于《冀南抗日民主根据地开创经过和今后施政方针》的报告，二是改组主任公署，设立行政委员会，推举杨秀峰、宋任穷为正、副主任，三是选举产生冀南行政区参议会，王乃堂、平杰三为正、副参议长，张浩天为秘书长。会议还审议了参议员提出的提案200多件。1941年8月，冀南行政区参议会第二次会议在威县草楼召开，冀南行署秘书长范若一代表杨秀峰主任作工作报告。因杨秀峰调冀太联办任主任，这次会议选举宋任穷、刘建章为冀南行署正、副主任，范若一仍任秘书长。

图27－12　冀南参议会旧址（草楼）/2012年摄

冀南日报社旧址

冀南日报社旧址位于方家营乡西徐固寨村，原为北房及东西厢房，现仅剩北房，为一闲置民宅。

《冀南日报》于1939年9月18日创刊，艾大炎任社长，莫循任总编辑。1940年4月1日，《冀南日报》改为冀南区党委机关报，最高发行量8000份。1942年4月29日因大“扫荡”停刊。1945年8月20日，晋冀鲁豫中央局根据形势的变化，决定集中力量恢复《冀南日报》，10月，报社迁威县

图27－13　冀南日报社旧址（西徐固寨）/2012年摄

城东徐固寨村。11月，莫循回冀南日报社，任社长兼总编。1949年7月30终刊，8月1日合并于《河北日报》。

第五章　碑　刻

第一节　新宗城县三清殿记碑

该碑立于宋元祐三年（1088），碑身为正方形，边长约70厘米，正文21行，行24字，另有两行小字为附记。此碑原湮没于地下，1913年在县城内出土。1949年后被河北省政府收管，现存于北京石刻艺术博物馆。

该碑记述了宗城县因遭水患而迁移县邑治所，县民郗氏等倡建三清殿等内容。

碑文书法为“集王”之作，整篇笔势流畅，气韵生动，可与《怀仁集王羲之书圣教序》相媲美，书法界视为珍宝。李公泽撰文，集字者为大名人张洁，生平无考。该碑是研究古代威县地理、政治、宗教、民俗等方面的宝贵资料，具有极高的历史价值和艺术价值。

新宗城县三清殿记

大名张洁集晋右将军王羲之书

邑之兴，余尝按其图谍，其来远矣！自汉代孝王孙如意封弟为广宗王，后魏置广宗郡，北齐复废郡为邑，至隋仁寿初改宗城焉，迨今千有余载。邑居三河之间，相距无百里之远，间或为浸润决溢之患。元祐初，大河一决，并漳、御而东注于海，奔湍渺漫，极目千里，非堤防可得而御。国家岁尝为之计矣，尚未得其御之之策，而民朝恐暮惕，常虑其为鱼之患。而幸晏侯宣德来尹是邑，未几，布政而请议于上，遂迁其邑，民得奠枕，咸戴其复生之赐。虽公居具备，事在有司，而祭宇庙祠，自非民之乐为，不敢以擅公家之利。邑有郗氏宝之，谂予曰：“以生事系于之邑，藉自祖宗善干之积，今坐享其衣食之丰，实赖圣神阴相多矣！”由是，有三清像宇之建，悉君之力也。而

图27－14　新宗城县三清殿记拓片

又倡率宣圣、显应、天王、城隍、增福，凡六庙。虽欲助于众力，而经画创置之劳，一出于君，故四时祷祠，人咸归于有地，求为片文，以纪落成之日，余辞不获，故从而书之。故郗氏之勤于此者，盖知所报矣。夫圣神者，国家尝崇庙貌，岁时荐飨牺牲币帛，以将其礼。宜乎郗氏报之之勤也。惜夫郗氏业于市廛，未尝从事于儒墨，因其利而遂知报于圣神。吾辈一旦脱身垅亩，朝廷付之以重事，则奔走御侮，效死于四方者，奚足怪哉？余承其所请，又嘉其市贾之徒，得其利而不忘其所报，抑亦庶几于吾道云耳。新徙是邑，又不敢略其所纪。元祐戊辰仲秋望日，南都李公泽记。

（同立押录：张定、张孟、宋弁、赵淑、刘息、张立、张明、潘文、张昇、郭靖、韩昉、赵郓、苏上。贴司：白爽、潘昱、张温、张容、苑祺、郗畋、张楚、张介、游汴。书手：张遇、李平、刘超、李景等同立。塑人：凌宝。庙主：王明。装人：范孝忠。）

第二节　义和团碑刻

威县是义和团运动的发源地。清光绪二十四年（1898），赵三多领导的义和拳蒋庄起义被史学界认定为是义和团运动的发端。搜集赵三多及其义和拳运动史料，对义和团运动史的研究有着极其重要的意义和作用。1998 年秋，威县文物工作者将文物普查与义和团研究相结合，对威县境内相关区域进行普查，相继发现《刘含锷功德碑》《重修张家庄保善寨碑》《张问渠碑》《罗教士祠堂碑》等碑刻。这些碑刻对义和拳起义和清光绪二十八年（1902）发生在威县境内的反洋教斗争有着详细记载，可“正史之讹，补史之缺”，填补了义和团发源地研究的空白。

义和团运动一百周年纪念碑

义和团运动一百周年纪念碑位于义和团纪念馆西侧。2000 年义和团运动一百周年之际，中国史学会、中国义和团研究会为纪念义和团起义一百周年，确立威县义和团的发源地的历史地位，立此碑，建造了碑亭。

碑阴录文：

义和团运动是中国近代史上一次重大的反帝爱国运动。它以广大农民群众为主体，于十九世纪末自发纷起于山东、直隶的一些地区。从其组织说，最初是由多支拳会汇合而成，赵三多所领导的义和拳是其中重要的一支。义和拳最初活动在当时山东冠县的飞地十八村梨园屯及其相邻的直隶威县沙柳寨一带。梨园屯贫民阎书勤等十八魁为反抗天主教会势力压迫，寻求沙柳寨拳首赵三多支持。至迟在一八九七年（光绪廿三年）春夏，赵三多将其所率梅花拳改名义和拳。一八九八年初天主教会藉德军侵占山东胶州湾而更加肆虐，赵遂重聚拳众于是年八九月，在十八村的蒋家庄马场树“助清灭洋”旗帜，宣布起义，义和团运动由此正式发端。它所提出的组织名称与旗帜口号，为山东、直隶许多反洋教的民间组织所接受，运动由此得到迅速发展。义和团运动失败后，赵三多隐蔽于广宗一带，一九零二年四月他又率众参加了景廷宾的“扫清灭洋”起义，成为起义中的一支主力。

刘含锷功德碑

刘含锷功德碑原在寺庄村南刘氏墓地路旁，乡人称为“路碑”。该碑青石质，高 210 厘米，宽72.5厘米，厚25厘米。碑阳文字为阴刻楷书，由清宣统元年（1909）科拔贡、候补直隶州判董廷瀛撰文。该碑现移至县城由文化主管部门保管。

图27-15　刘含锷功德碑拓片（局部）

该碑主要记述了自清光绪二十四年（1898）至清光绪二十八年（1902）义和拳和景廷宾起义军在威县一带的活动。碑文记载："光绪戊戌，拳匪倡乱，惨杀教士，为祸最烈"。这是迄今所见唯一记载威县赵三多领导的义和拳起义的碑刻史料。该碑详细记述了义和拳和景廷宾起义军在威县围攻教堂、杀教士等历史事件。特别是寺庄武进士刘含锷和寺庄乡团团总宋谦光（字梗楠）带领寺庄"总胜团"自清光绪二十四年（1898）至清光绪二十八年（1902）抗击义和拳和景廷宾起义军的史实，因此，该碑具有很高的历史价值和研究价值。

刘含锷，本名廷钺，清同治甲戌（1874）科兵部观政进士。他考中进士后，并未出仕，在其故里寺庄村侍候父母。碑文载，他"赋性肫笃，与人无争，有贫必济，遇急必周"，有很高的声望。义和团运动期间，他与宋谦光率领寺庄乡团"总胜团"多次打败赵三多的义和拳和景廷宾的起义军。据该碑记载："公与谦光同心协力，抗拳匪，拒景某，并走谕该团各村，示以大义，禁其盲从，寺庄教堂得以安然无恙。"寺庄村民事后给刘含锷立此功德碑。

碑阳录文：

自古德以政著、惠因财称者往往不乏。吾威刘公，讳廷钺，字含锷，甲戌科兵部观政进士也。公自登科以后，并未出仕，无政可施；家仅中产，无财可诩。然其德惠及人之广□□深。即政权已操，财累巨万者，未必能有其善举。光绪戊戌，拳匪倡乱，惨杀教士，为祸最烈。□至庚子，景廷宾继起，联络乡团，围攻教堂，贻害尤深。寺庄奉教之家既多且久，当时，宋谦光先生为寺庄团团长，公即其习射高弟也。公与谦光同心协力，抗拳匪，拒景某，并走谕该团各村，示以大义，禁其盲从，寺庄教堂得以安然无恙。事后，与他团相较，一被诛连，一庆安康；一坠陷阱，一登衽席。未尝不叹其德惠之广且深也。公赋性肫笃，与人无争，有贫必济，遇急必周。与乡邻接，豆区釜钟悉示厚意，然皆出自诚心，并非解衣推食市名也。迄今公已亡矣，其德惠在□，阖村感激，捐资树碑，嘱余以为序。余与公为忘年友，素敬其人，不敢以谫陋辞，因援笔而为序。

清宣统己酉科拔贡、候选直隶州州判通家弟董廷瀛撰文

重修张家庄保善寨碑

重修张家庄保善寨碑刻于清光绪二十九年（1903），原立于七级镇张家庄村内。抗日战争期间，运至七级村，修于日军炮楼墙基下。1965年，因修京广公路，该碑出土，运至前七级四队电磨坊垫到柴油机下，后被铺到前七级排水道口。1987年6月，运至县文保所院内。碑为青石质，长方形，无碑首，上部已残。碑残高1.50米，宽0.70米，厚0.25米。碑阳、碑阴均为阴刻楷书。碑阳20行，行50字。记载清光绪二十八年三月十九日（1902年4月26日），威县张家庄本堂神父罗泽浦被杀于威县境内。随后，景廷宾起义军于三月二十二日攻打威县张家庄教堂。该碑还记载了清政府派兵镇压景廷宾起义军，并保护张家庄教堂，以及景廷宾被捕被害于威县的史实。该碑还记载了在外国势力和官府的威逼下，七级周围各村出资出伕为张家庄重修寨墙等事。碑阴字20行，行48字，记载张家庄的乡规民约。2000年9月26日，河北省文物鉴定委员会鉴定为国家二级文物。

碑阳录文

重修张家庄保善寨，恐历年久远，未知创自何人，修自何时，款自何出，是以□原由勒□□明，以施永远记念弗忘云。

自光绪庚子年，拳匪倡乱之际，假为仇教，焚毁教堂房屋，杀害教士信友□□□□□□□被剿，将教堂房屋人命俱以金赔补，惟我村未受拳匪之难。是以阖村公议，创修土围一园。此项花费未按地亩□□□□□□□短，暂借富家之资。于光绪二十八年壬寅，广宗县东兆村武举景廷宾，家居不□，抗公不遵上章，于正月下旬，住□□□□□□□仍不遵法，即日开仗，将东兆围剿，而景匪脱网后，刘泗海助景造谣传贴，沟通十三县乱党，在蛇头寺蜂屯蚁聚，竖旗□□□□新军，于三月十九日，罗教士由大名府回程，撞遇永平团勇，与教士为难，及从者二人俱蹈白刃而死，其苦甚矣。我村系教士罗君之本堂，而团匪量事万难处妥，因此先与我村为难。于月二十二、三日，景匪带领数万匪党，将我村围攻，旗帐飘飘，炮响连天，杀声不断，凶险极矣。我村男女老幼同心协力，昼夜在围固守，方得胜战。幸蒙主佑，一人未伤。乱党毙命数百矣，撇留军器，败回件只。董、贺二军门带领马步练军数营住防我村护守，岑太尊电禀奉直督袁宫保谕，上宪诸位大人带领马、步、炮诸军四十余营，剿拿景匪。于四月初二日围攻件只，将寨破开，乱党又毙命两千有余，而景匪竟复脱逃。乱党屯聚未散，与诸军战征数镇，而匪毙之数千矣。是年六月，营务处伊在成安县擒获景匪，于二十四日在威邑将景匪及从者数人概正法，又剿各团为首。邻村因在团助景，自觉有愧，邀请中人说情，甘认罪与我村，重修寨墙，各助寨资，保全身家，特奉上宪执法营务处伊统领段、道台庞、太尊岑、州尊吴、县令张诸大人与金总铎函禀主教马君会同商议，派出董事数员，设立保善局，收支从宽办理，调合民教相安。事已处妥，奉金总铎之命，重修寨墙，始画寨图太极之形，邀阖村人等会同公议，购买地基，长四百三十三丈六尺四寸，宽四丈五尺，周围共站（占）地基三十四亩三分五厘。无论凸凹，均按每亩价京钱肆拾吊文。于癸卯年春保善寨墙兴工，建立四门，派出监工数员，各分地段监管，协助经营，修之坚固。四月间，其工完竣，邻村恭赠牌匾旗伞数式，公颂大戏一台，庆贺新寨。与邻村和睦，并无异□□□□后，下有余资，添买地二十五亩八分，将地外租，收回租价以需寨墙岁修之用。□□□议，将寨墙地基树木各立条款章程十二条，均注明于碑阴。

直隶东南天主教务事总理法大司铎金监督

保善局建修

清光绪贰拾玖年岁次癸卯腊月中旬穀旦立

碑阴录文：

为公议章程以便通知遵行而杜讼端事，窃建修寨墙其工非易恐有不□□徒认意侵占地基、毁坏寨墙、拆毁寨门砖瓦、砍伐树木等情，立勒石示禁，各宜凛遵，违者受罚。是以公举寨主公正绅董□司其事，议定章程十二条，计开：

本村东地一段三亩六分三厘；村东地一段三亩五分；村东东西地一段四亩九分七厘；村东南地一段三亩七分八厘；村西北地一段十亩零六分二厘；四尊炮台外地基增宽，寨墙铺底一丈五尺宽，坍塔八尺，寨沟上口一丈五尺，沟外道七尺宽，寨内东南门里地基一段，对东炮台内地一段，东北角东西地一段，西北角地一段，西门北地一段，对西炮台内地一段，北门西寨墙借胡同地二段，有侵占以上地基者查出按事款公议罚办。

私用寨墙寨沟之土故意毁坏获住按照家产公议罚办。

拆毁寨门私用砖瓦木料获住按照家产公议罚办。

砍伐公中树木及寨沟红荆获住照树颗公议罚办。

私扒寨墙，夜间私开寨门，毁坏锁钥，认意出入，获住照贼送官究治，若私议和结，按照情形公议分别罚办。

私卖公中军械一切等物，获住照物价加倍罚办。

有获住应行罚办者，查无虚捏情弊，均按所罚钱文数目折半给赏，该项一交即发给。若因贪利或挟嫌诬陷他人以罚者，查出反坐从重议罚。

所罚钱文除应行给赏外，概归执事人等收存，以资公用而杜弊窦。

罚款照章办理有抗不认罚者，该执事人等同往理喻，若仍前固执，送官究治，所废川资出于公中。

租种地亩立定每年清明日将租价交清，如至期不交另行改租。

不论亲疏远近，均照章办理，概不准私行宽免。

寨墙被雨损坏，执事人操办修补。

本堂司铎同保善局公立

赵三多纪念碑

赵三多纪念碑位于沙柳寨村义和拳议事厅院内，是1985年威县人民政府出资重修义和拳议事厅时所立。院落的东南角建碑亭。碑阳阴刻“赵三多纪念碑”六字。碑阴为碑文，阴刻楷书18行，行50字，顾自忠撰文，王九鹏书丹。该碑高1.76米，宽0.74米，厚0.24米。

碑阴录文：

赵三多，字祝盛，河北省威县沙柳寨村人，生于清道光二十一年，卒于光绪二十八年。三多出身贫苦，是梅花拳首领，广收弟子三千余人，行侠尚义，在山东、直隶边境一带的威、曲、冠、丘、广等县深孚众望。

甲午战后，伴随着帝国主义武装入侵，文化渗透日甚，窜入内地的传教士借传教之名横行乡里。三多目睹此情，义愤填膺，遂于光绪二十一年改梅花拳为义和拳，意在团结拳民灭洋。时值梨园屯村民与天主教争夺庙地，清官吏屈从洋人，镇压村民，激起民愤。是村十八魁阁书芹、高元祥等受村民所托，拜三多为师，通力抗洋。三多慨然应允，率拳民于光绪二十四年八月十八日在河北威县蒋家庄村树“助清灭洋”旗帜起义。清政府即派山东巡抚张汝梅镇压。因寡不敌众，起义失败。三多冲出重围，北上枣强、武邑、晋州、正定、沧州等地组织拳民，继续抗洋。光绪二十五年四月初八日，三多在正定县大佛寺召开各路头领会议，改义和拳为义和团。光绪二十六年四月初四日，在枣强县卷子镇，三多领导了第二次起义，遂攻克景州朱家河教堂，开仓廪均粮。此次起义波及京、津，威震清廷。九月，被袁世凯部和山东联军击败。

积两次失败之教训，三多认识到灭洋必须反清，遂举“扫清灭洋”旗帜，于光绪二十八年三月十六日联合广宗县景廷宾，在巨鹿县厦头寺第三次起义。清政府派段祺瑞、倪嗣冲、张腾蛟各部进剿。四月一日战于东召、件只，义和团败，三多转战巨鹿，后在吉家屯被捕，解押南宫监狱，三多誓不妥协，于七月六日绝食身亡。清政府为镇慑拳民，又将其枭首示众。

赵三多率义和团起义凡三次，持续五年之久，实为义和团运动起义最早、为时最长、活动区域最广、声势最大的一支劲旅。足见我中华民族不屈不挠同敌人血战到底的英雄气概，其爱国精神可歌可泣。兹树碑铭刻，激励后人。诗曰：

义聚拳民图报国，怒向鬼蜮投干戈。

先驱慰泣红旗舞，英灵伴唱四化歌。

威县人民政府

一九八五年八月一日立

第三节　名人碑刻

贾待问墓志铭

贾待问（1533—1602），字学叔，别号春容，威县城内人，因其曾受“都察院右副都御史，兵部尚书、太子少保”的封号，威县人习称他为“贾都堂”。

其墓在威县北关外，旧时墓前翁仲石兽成列，气象森严，后遭人为破坏。

1976年，威县北关群众发掘此墓，县文化主管部门报请上级文物部门对此墓及时处理，发掘出随葬文物及贾待问、贾母赵氏和贾公原配夫人周氏的墓志三合。该墓志是最大一方。为正方形，边长96厘米，字51行，行54字。

墓志铭文：

明故资德大夫、正治上卿、太子少保、兵部尚书兼都察院右副都御史、赠太子太保、春容贾公墓志铭：

赐进士出身、资善大夫、礼部尚书兼翰林院学士、予告前经筵日讲官、国史副总裁、直起居注、东阿年弟于慎行撰文。

赐进士第、通奉大夫、前翰林院庶吉士、太常卿寺、奉敕提督军务、兼抚治郧阳等处地方、都察院右副都御史、年弟郑国仕书丹。

赐进士第、通议大夫、奉敕巡抚陕西等处、宁夏地方赞理军务、都察院右副都御史、食二品俸、予致仕晋勋级一阶眷生朱正色篆盖。

洺州，古之赵国，河山盘郁，故多巨公名臣，毋论古往，当今皇帝时，即有五大司马，皆值塞上多事，任军国之重，有防御功。五大司马者，肥乡、邯郸两张公，曲周、广平两王公，威县则贾公也。四公立朝，差有久近，其功多在东北，贾公则以西边开府，累功官至宫保，竟卒军府，天下奇其遇而悲之，及慕其德望，有余思焉。方公之卒，制府具疏驰奏，因为请恤。主上闻讣，嗟悼，诏赠太子太保，谕祭四坛，赐将作金钱使，使往莅其葬。葬有日矣，二子同芳、荫芳奉大参袁公状请志与铭，以行与公同升故也。志曰："贾公讳待问，字学叔，别号春容。其先东莱人，高祖讳忠，当国初，西徙籍威之新台里。再传讳升。三传赠尚书公瑄，始学儒术，以明经贡。四传赠尚书公民，少籍博士，丁母李夫人忧，庐墓三年，归而始室，邑乘称孝子云。初娶张，生子待聘，继王及赵，皆爵夫人，赵生公及待举，举为邑丞。赵夫人之有娠，梦神白衣执幢导一童子入门，寤而公降。七岁就傅，读书颖解。稍长，益嗜文史。及补诸生，试多褒首。嘉靖戊午，举京兆高第，隆庆戊辰，成进士，令陕之咸宁。咸宁治会城烦剧，公才敏器博，推以至诚，案牍如积，迎刃而解。尝清兼并之税五千余顷，治声流闻。壬申，召入为礼科给事中，稍迁吏刑左右。公之居琐垣，风仪详整，进退雍容，而击断纠虔不讳疆御，再疏论劾冯珰，声震中外，上固不之罪也，而当涂嗛之，出为怀庆知府。怀庆，古之河内，沁水出城西北，秋雨泛溢，民居漂流，公疏而浚之，筑长堤其上，水不为灾，河内之民德之。察能，改守松江。松江，中倭日深，困于兵食。公为节缩裁省，除冗役冗食若干，请发帑金五万，代三服官，垦境内闲田，下其直而售之，得金三千以佐都水，吴民德之，治称上考，受锡命于朝。戊寅，升山西参政，驻节汾州。汾城殷，赈民居东南二郭，狭而中虏，乃增西北二郭为之子城，恣民徙居。辛巳，转本省按察使。甫三月，升湖广右布政使，无何，转左。居楚三年，出内平允，藏吏无所低昂。潦旱仍灾，请免秋税七千余石，洁以为额，楚民德之。甲申，转南京光禄寺卿，旋拜都察院右佥都御史，巡抚南赣，镇遏有方，盗不入境。疏通盐法，使吉人受筴于广，公私交便。丙戌，召入协理院事，道中晋右副都御史，巡抚福建，条上清查寺田，兼用客兵，严禁勾引，简练水陆诸事，精意行之，皆有成效。旋以内艰，去位。庚寅，火真与套虏合入，寇莽捏二川，河湟大震，诏遣经略制府会兵出讨，值公服除，起抚甘肃。至则日夜筹划，设伏制虏，斩甲首及卤马羊牛无算，招其旁番族八万有奇。虏断右臂，不敢饮马于河。明年，改抚陕西。会有他语，诏需后命，家居三年，荐者日众，乃以操江起家，旋升兵部右侍郎兼右佥都御史，巡抚陕西。时当宁夏兵变，岁复不稔，民多饥莩。公多方拊噢，稍得苏息，秋月防虏，移驻河湟，适中调度，再出遮击，斩首积二百三十余级，所俘卤降服可六千余。虏创而逸，西塞以宁，诏晋右都御史，仍兼侍郎，巡抚如故，锡金币。已而关中又饥，下在所，长吏煮粥施赈，全活可数万人。松山在河西塞外，羌虏之要也，小酋宾兔窃据三十余年，莫能驱逐。公会制府甘肃，大集七路之师，分道出击，遂复疆土。所部将吏收番族千七百有奇，马驼牛羊万四千有奇，羌虏道绝。诏晋公兵部尚书兼右副都御史，巡抚如故，赐金币。久之，火酋复入寇边，遣将逐之，战于节子冈，斩首虏二百有奇，诏进勋阶如令，受金币。壬寅九月，二品满考，会枢府以公积功并闻，诏晋太子少保，赐之策书及赉金币，于是大父母、父母皆晋二品封爵，如今称矣。时公以防秋出次，十月事竣，还省，行至临洮属，有寒病，为留信宿，诘辰起御便坐，发行文书已，顾二仆曰："我头涔涔也，寒甚，奈何？"军帅守吏以医入侍，却药不进，因治书，呼二子，汗出而瞑。越二日，家嗣奔自会城，迎以东归。公抚陕八年，德教浃洽，元元乐业。

税使梁永，恣其傔从，剥民财物，多杀无辜。公上书劾状，逮其人，付之重典。梁请于四镇税马及得镇守三边如正德故事，公曰："此乱萌也。"亟会制府上疏，力陈不可。其谋遂寝，陕人欢若更生。

及公之没，军民悲惋如失所天云。卒之前夕，有星殒于西方，按史杨公行部巩昌，一夕梦别驾司理入告，请为开府前驱，寤而异之。门启报二人卒，午而公讣至也。临洮一儒生骤白其母："贾公召我。"母曰："梦也。"顷之，又白如初，是夕遂卒。夫其生有所自，去有所适，斯已异矣。

公为人丰下甚，髯貌整而恪，宽绰坦洞，色笑温然，不为畔岸。才器博大，无论夷险，处之裕如而不露芒刃。少奉二亲，备极孝养，居丧哀毁如礼。其事兄伯尤庄。伯卒，无后，与弟季居，所得禄赐，尽以付季，使视生产。季又先卒，子育其孤，以一官任之。里居和厚，遇布衣故人，欢若平生，大都以恺悌长者，虚中体物。而内安外攘，功名烜赫若此，岂不彬彬质有其文武哉？

公生嘉靖癸巳二月二十九日，卒万历壬寅十月十二日，得年七十岁。元配周氏，周山女，累封夫人丈夫。子二，长同芳，官生，娶秦氏，左布政使吉士女，周出。次荫芳，恩生，娶牟氏，临清卫官讷女，贰室，陈出。女三，长适孙荷。荷卒，矢节三十余年。详具邑志。次适蒋可慕。俱周出。次适霍次知副使维芨子，陈出。孙女二，俱同芳出。所著《文集》藏家，《奏疏》四十卷梓行于世。以万历三十二年闰九月十三日，葬于城北郭外，癸山丁向。

铭曰：古者使相文武通，明兴列秩宫保崇。自开府命惟贾公，贾公名世才且雄。博硕其器仁其衷，三十六祀从飞龙。朝夕献纳侍紫宫，左闽右越节制同。山无伏莽海不风，玉关西镇寝夕烽。河山百二抚镐丰，戎车岁驾数奏功。旃庐北徙宛马东，萧条万里狼望空。皇睠西顾念尔庸，黄金白璧出内中。三迁八座作股肱，图形画室铸景钟。前军星落气若虹，谁者骑箕造颢穹。天书赠禭恩恤隆，东园题凑夏屋封。桓之左右柏（同栢）与枫，是何蓊蔚佳气重，加书其坎誉永终。

梁母碑

该碑为抗日爱国将领梁立柱之母的墓碑，碑残高2米，宽0.70米，厚0.23米，青石质。碑阳中间为"显妣张太君之墓"七字，上款为"中华民国二十三年国历八月五日夏历七月四日谷旦子时仙逝"；下款为"立柱勒石"。此碑是国民党抗日爱国将领梁立柱之母的墓碑。碑阴刻有国民政府五位军政要人林森、蒋中正、汪兆铭、戴传贤、熊斌所题挽词。林森题词为"教忠有训"，蒋中正题词为"懿矩长存"，汪兆铭题词为"慈惠禔躬"，戴传贤题词为"母仪足式"。熊斌题词字体较小，刻于碑的下方，铭曰："懿惟阃范，九流所倾，教垂荻画，哲嗣名成；觥觥山立，万夫之英，手提劲旅，溽暑长征；戡乱章贡，为国干城，板舆迎养，心若孩婴；云胡周甲，驾鹤西行，女宗邈矣，彤管垂声。"此五位要人的题词荟萃一石，海内罕见，弥足珍贵。

图27－16《梁母碑》原拓（局部）

郭栋臣墓碑

郭栋臣为固献乡沙柳寨村人，曾参加过赵三多的义和团，抗日战争期间，为中共早期党员，投身抗日战争，做了大量的工作，曾任晋冀鲁豫边区参议员。墓在沙柳寨村南公路南侧一里许，威县人民政府于1994年决定为他树碑立传，由原县长顾自忠撰文。碑通高1.80米、宽62厘米、厚20厘米。字14行，行58字。

墓表录文：

郭栋臣先生，名立贤，字栋臣，故世人皆称栋臣。公元一八八一年，先生生于威县沙柳寨村一个农民家庭，自幼读书，青年时，赵三多领导的义和团起义，对他革命思想的形成起了巨大的作用。

为寻求改变清末黑暗现实的道路，先生发奋读书，曾在保定讲武堂和政法学堂学习，毕业后到武昌鄂军任职，因不满当局横暴，弃职还乡务农。

图27－17　郭栋臣墓碑/2016年摄

一九三七年，七七事变，先生响应共产党抗日救亡的号召，是年毅然参加革命并加入中国共产党。此后，先生历任战委会干事、自卫大队长、企之县农会组织部长、县参议员、冀南区参议员等职。先生年近花甲，在战委会工作时，按照党的指示做了许多工作。先是深入匪穴，规劝土匪反正，使土匪中的青年优秀分子带枪参加八路军，成立威县游击第四中队。先生配合抗日民主政府，动员青年参军，组织群众破路、攻折敌楼等。一九四二年和一九四三年，日寇疯狂扫荡，冀南一带先后发生旱、水、蝗灾。先生照抗日民主政府的指示，组织群众自救，亲率救灾呼吁团赴冀鲁豫求救，得到领导支持，非灾区群众募捐，运回麦种四十万斤和一批救灾粮款，使灾区人民的生产和生活得到安置。

一九四五年，晋冀鲁豫边区参议会上，先生被选为常务委员，任冀南办事处主任。一九四七年，先生代表冀南人民参加华北区人民政府选举，后被任命为冀南人民文化馆馆长。同年，因赴前方劳军，中途跌伤，一九四九年评为一级残废，回家休养。

一九五二年，先生于古稀之年被聘为河北省文史研究馆员，辛勤笔耕，写出十余篇近代史资料，尤其是义和团缘起的资料，对赵三多首举义旗、义和团缘起威县，提供了珍贵详实的史料。

一九七三年，先生逝世，享年九十二岁。

先生一生可歌事迹难以备述。碑文所记，足见景行仰止。

威县人民政府

公元一九九四年

魏斌臣纪念碑

魏斌臣，赵村乡后赵村人，武术家。他涉猎众门，博采众长，自成一家，为中华武林气功长拳的开山祖师。魏斌臣墓地在大赵村村南大道西侧，碑通高1.96米、宽1.09米、厚0.28米，碑首高0.72米、宽1.17米、厚0.32米。碑阳、碑阴俱为阴刻楷书，墓表全文590字。此碑为河北省石家庄市气功长拳众弟子所立。

图27－18　魏斌臣纪念碑/2016年摄

纪念碑录文：

魏武师斌臣，河北威县大赵村人（1870—1967），英姿伟岸，气宇轩昂。一生酷爱武术，苦志勤学。启蒙于本乡李洛坤，尽得少林长拳之精华。及长成，于开封府德胜镖局行镖，时拜内养功大师李艺彩为师，深悉内功之奥妙。后行镖至山东步洲下堤吴家屯，又学王姓武师六合拳法。后应鲁玉璞、薛海楼之邀，在北京会友镖局行镖。中年后，魏师因学艺心切，遂弃镖专习武功。访友至山西，结识形意大师袁秀臣、宋约斋，深研内家拳法。后定居石家庄传艺授徒。魏师一生致力于武术，艰修苦习，广集博收，涉猎众门，汇众家学派于一体；集释道儒俗于一身。兼收并蓄，精研妙理。吸收精华，勉力体验，融会贯通。潜心研究，功臻大成。集长拳之功架，内家拳之劲法，气功之呼吸，创气功长拳。为开山宗师奠定了不朽之功业。

气功长拳形似长拳，劲走内家。定式如气功桩法。舒展大方，刚柔相济。功架周正，刚劲饱满。区分春秋四季，老少中年不同练法。实为治疗五痨七伤，身体虚弱，强身健体，祛病延年之良验之法。深受武林同道推崇喜爱。

魏师崇尚武德，谦和待人，解难排忧，扶弱抑强，行侠仗义，誉满武林。教育后进，终身勤勉，不遗余力，现今桃李满园，人才济济。追念恩师授业之情，音容如故，行息如鉴，不禁悲从中来。感戴永铭。

余等受业恩师，追随骥尾，志当继承发扬，光大门楣，团结互助，研习艺理，崇尚武德，推广武林。使吾师开创气功长拳之艺业绵远流长。造福社会。则先辈遂未竟之志，必将安息，含笑九泉。

李茂斋纪念碑

李茂斋，七级镇中七级人，是八卦掌第三代宗师，师承董海川八大弟子之一的刘凤春。李茂斋纪念碑在七级村北原106国道西侧。2008年4月立石。该碑通高2.40米，宽0.98米。碑阳正面为阴刻隶书：八卦掌宗师李茂斋纪念碑。上款：公元一千九百六十六年夏历四月初八仙逝。下款为八卦掌同门众弟子恭立，公元二千零八年清明节立石。碑阴为阴刻楷书600字，记述李茂斋先生生平事迹及同门众弟子立碑事略。李金鹏撰文。

纪念碑碑文：

中华武术源远流长，名家辈出，代不乏人。相传祖师董海川得云盘老祖点化，始创八卦掌，享誉京师，独步武坛。涿州刘凤春（翠花刘）者，董海川八大弟子之一，茂斋先生之业师也。

先生讳青林，茂斋其字也。生于清光绪二十二年，即公元一八九六年。先生弱冠时随父亲李均重在涿州码头镇经商，经营苏沪绸缎，字号“天兴李”。清末拜八卦掌名家刘凤春字茂青为师，刘凤春曾为皇清大内带刀护卫，敕封“九城太保”。先生入刘门后，深得刘凤春喜爱，得其真传，内外兼修，苦练经年，终成艺业。

图 27－19　李茂斋纪念碑/2008 年摄

芦沟炮响，神州陆沧，先生闭关修炼，高风亮节。侠肝义胆，嫉恶如仇，于涿州惩治河霸，痛击匪军，艺德远播，有口皆碑。

建国后，先生自涿州返乡，劳动之余，传习国术，成就武术人才甚众。刘派八卦掌冀南之传播，实赖先生之力焉。先生兼擅岐黄，乡民有疾，每每施治，无不妙手成春。公元一九六六年夏历四月，因疾逝于故里。天地苍苍，云海泱泱，先生之德，山高水长，艺德长存，遗爱乡邦。

丁亥之秋，同门倡议，拟于戊子清明为先生勒石纪念，遂延形家勘址，揭之于阡，以彰其德焉。因作铭曰：太行巍巍，绵亘千里；师名山齐，终古未已；行为世范，艺传千古；镵辞贞珉，后人仰止。

刘啸东墓表

刘啸东墓位于张营乡邵梁庄。

图 27－20　刘啸东纪念碑/2016 年摄

墓表录文：

刘啸东先生名吟皋，一八八六年生于邵梁庄。先生幼年聪颖，勤奋不辍，初习旧学，一九零三年中举；后就新学，务求富国强民之道。一九零四年毕业于保定人文学堂，任直隶农业试验场场长，一九零七年留学日本，回国后执教于保定第二女师和育德中学。民国初年，任直隶省议会议员。一九一五年参加巴拿马太平洋万国博览会，取道旧金山考察，主编《畜牧部调查记》一卷。后因国事日非，壮志难酬，先生于一九二五年愤然去职家居。

抗日战争初，先生以“国家兴亡匹夫有责”鼓动民众，奋起抗敌。先生真诚拥护中国共产党抗日救国纲领，一九三九年应邀冀南首次参议会，当选为参议员，任行政委员会委员、晋冀鲁豫边区参议员，曾多次与冀南行政领导共商抗日大计。日伪围剿时，先生多次凭其智勇掩护我抗日干部，且临危不惧挺身解救被日伪军威逼殴打之群众。先生对抗日救国不仅躬亲力行，且教子于民族危亡之际投身革命。威县伪县长将其次子濂生（中共党员）捕作人质，妄图胁迫先生事敌，而先生宁舍骨肉，绝不事敌，濂生遂遇害。先生身赴国难，舍子御敌，高风亮节足照千秋。

先生以其学识于冀南教育界深孚众望。先生为传授新学，提携后生，于一九零六年联系当地乡绅创办小辛威县第一所高等小学堂，凡四十三年，培养人才数以千计。

一九四三年先生病逝，享年七十五岁。先生求学执教，从政毕生，爱国忧民，其精神将永为后人所钦仰。

第六章 文物收藏及保护

第一节 馆藏文物

图 27－21 唐拄杵武士俑/2007 年摄

2009 年，全县有馆藏文物 289 件。有战国、汉、唐、宋、明、清至民国时期的陶器、瓷器、石器、骨器、铜器、铁器、刺绣、钱币等。属国家二级文物有重修张家庄保善寨碑 1 件，三级文物 11 件。20 世纪 90 年代，11 件三级文物移交邢台市文物管理处统一收藏保管。

2009 年威县馆藏三级文物一览表

表 27－1　　单位：件、厘米

名称	时代	质地	数量	尺寸	藏品来源
五彩仕女将军罐	清康熙	瓷	1	高 35.5，底 20，口 19.2	旧藏
黄釉钵	唐	瓷	1	高 13，口径 13	1985 年县二中西大坑出土
白釉深腹碗	宋	瓷	1	高 10.5，口径 20.5	同上
花卉葡萄纹镜	唐	铜	1	直径 9，厚 1	同上
白釉灯	宋	瓷	1	高 25	征集
莲座人物坐像	宋元	陶	1	高 10	1985 年县二中西大坑出土
墨书苏权墓志铭	唐	砖	1	边长 35	南梁庄唐墓出土
石杵	明清	石	1	高 9，径 11	1985 年县二中西大坑出土
石杵	明清	石	1	高 3.5，径 11	同上
陶拍	不详	陶	1	长 16.5，宽 12	旧藏
义和团“万宝符衣”	清	布	1	33.5×33.5	大宁村民收藏

第二节　文物保护与收藏

文物保护

1979 年，威县文化馆设在威县老城十字街西南角。下设文物保管组，负责文物保管工作。馆藏文物仅是修岳城水库时挖掘出的部分瓷器。

1987 年 9 月，设威县文物保护管理所，办公地点移至威县东街口东北角文化馆新馆二楼，有人员 9 人。有办公室、所长办公室、文物仓库、警卫室共 7 间。

文物保护管理所为全县文物保护做了大量基础性的工作。公布两批县级文物保护单位，并建立文物保护单位档案，树立县级文物保护单位的标志，确定文物保护员。

配合全县义和团研究，开展区域性的专项文物普查，发现了重修张家庄保善寨碑、罗教士祠堂碑、刘含锷功德碑、张问渠碑、梁母碑等重要碑刻，为确立威县义和团发源地的历史地位，奠定了文物基础。

文物收藏

随着居民生活水平的提高，民间文物收藏渐成风尚。收藏学会原名收藏协会，成立于 20 世纪 90 年代中期。由退休县领导李佩刚任会长，书法家薛鸿群任顾问。至 2009 年，有会员上百人。2004 年农历四月十八日，利用威县县城会期，成立威县古玩市场，地址在县一中南 100 米，定农历三、八为集期。收藏种类有瓷器、木器、玉器、铜器及书画等。

第二十八编　卫　生

明清时期，县内医疗条件比较落后，农村城镇行医者均为中医，主要依靠中药、针灸、推拿等手段治病救人，而且医生及药店有限。至清末，全县中医行医者仅40余人，药店10余家。清代徐光沂、李成凤以治疗伤寒、瘟疫见长，张同德专治咽喉，房英开善治疽，张万礼长接骨，赵平年、刘维祺善治妇科疾病。20世纪30年代，西医传入威县，开始用听诊器、血压计、注射器、体温表等简单医疗器械诊断和治疗疾病。1938年，县抗日民主政府开办一所为抗日服务的县级医院，初名为宏济医院，后划归冀南军区，更名为冀南医院。冀南医院为培训医务人员，提高医疗技术发挥了重要作用。1949年6月，建威县人民医院，1956年建妇幼保健站与卫生防疫站。20世纪60年代，全县医疗网点不断增加，医疗队伍不断壮大，医疗设备和技术不断提高，天花、麻疹、霍乱和伤寒等传染病基本得到控制和消灭。

1979—2009年，威县卫生事业有了长足发展，医疗水平大幅提高。2009年，县人民医院、中医院医疗环境发生翻天覆地的变化，医疗设备更加先进，医疗功能更为全面；县疾病控制中心、县妇幼保健院进行新建、扩建；新建、改建16所乡镇卫生院，累计完成投资1644万元。2007年，全县实施新型农村合作医疗制度，2009年参合人数达44万余人，参合率94%。医疗队伍相应扩大，全县拥有各类医务人员1198人，其中中级以上职称人员167人；医疗技术水平明显提高，县人民医院可以实施冠脉造影及冠心病介入治疗、颅内血肿微创穿刺粉碎清除术等高难度手术，城乡居民大病不出县、小病不出乡已不再是梦想。

第一章　卫生体制改革

30年间，威县医药卫生系统在人员管理、乡镇卫生院、公费医疗、医药经营管理、新型农村合作医疗等方面进行了一系列改革，并取得显著成效。

第一节　卫生管理体制改革

公共医疗体制改革

1979年，县属医疗卫生机构经费由县财政全额拨付。乡镇卫生院主要靠县级财政与农村集体经济联合支撑。1985 年后，全县县属医院及乡镇卫生院等医疗单位扩大经营管理自主权，实行独立核算、自负盈亏。

1992 年，国务院下发《关于深化卫生改革的几点意见》，全县医疗服务进入市场化阶段。是年，乡镇卫生院“三权”（人事权、财权、管理权）下放到乡镇，县卫生局只负责对乡镇卫生院的业务指导。由于集体经济支撑的缺失、传统合作医疗的式微、乡级财政困难与投入的不足，致使乡镇卫生院设备简陋，技术力量薄弱，运行举步维艰，乡镇卫生院的基本功能遭到削弱，城乡发展不平衡，资源配置不合理。而县属医院之间开始走向竞争，又由于各医院条件和技术水平不同，各医院收入状况差距加大。医疗单位的企业化经营，一方面创收弥补经费不足，提高医疗条件，但也影响医疗机构公益性的发挥，医药费用上涨过快，造成人民群众“看病难，看病贵”等现象。

2003 年，乡镇卫生院收归县卫生局管理，即人员、业务、经费等由卫生局管理。2005 年，全县乡镇卫生院进行布局调整，又先后投资 1600 余万元进行房屋改扩建及医疗设备添置，至 2009 年，全县 16 所乡镇卫生院全部达到省标准化乡镇卫生院标准。2007 年，全县实施新型农村合作医疗制度，提高在乡报销比例，乡镇卫生院开始大跨步发展，逐步恢复其公共卫生服务机构的职能作用。

2009 年，全县进入新医改施行阶段，基本医疗卫生制度成为公共产品，提出了基本公共卫生服务均等化目标。逐步落实政府的领导、保障、管理、监督责任，破除公立医院逐利机制，在全县范围内构建起布局合理、分工协作的医疗服务体系和分级诊疗就医格局，以有效缓解群众看病难、看病贵问题。

人事分配制度改革

1979 年，县卫生部门实行全额财政工资。1988 年，实行职称聘任制，按照择优聘用、平等自愿、评聘分开的原则，实行专业技术职务聘任制。根据各类不同人员的特征和单位的岗位分布，实行相应的聘用办法，打破专业技术职务终身制，工资按聘任职务和岗位决定。

1995 年 1 月，全县分院和卫生院实行院长任期目标管理，并与县卫生局签订目标责任书。10 月，全面推行绩效工资制，按照按劳分配和生产要素参与分配的原则，按岗定酬，按任务定酬，按业绩定酬。

1999 年 6 月，县中医院推行执业资格准入和专业技术职务聘任制，单位与职工通过签订聘用合同，明确单位与被聘人员各自的责、权、利，保证双方的合法权益，根据各类不同人员的特点实行相应的聘用办法，打破专业技术职务终身制，开始由身份管理向岗位管理的转变。

2009 年，全县公共卫生与基层医疗卫生单位实施绩效工资，加大奖励性绩效工资比重，体现多劳多得、优绩优酬。

经营市场放开

1980 年，国务院批准卫生部《关于允许个体开业行医问题的请示报告》，允许个体医生开业行医。之后，随农村合作医疗制度解体，全县合作医疗点陆续承包到个人，个体诊所、专科诊所相继出现，所有制结构由单一公有制变为多种所有制并存，至 1993 年，全县个体诊所有 480 处。2007 年，威县实施新型农村合作医疗，对农村提出卫生服务一体化管理。2009 年，要求每村建立一个标准化村卫生室，对承担基本医疗服务和公共卫生服务的乡村医生实行定额补助，以推进农村卫生服务网络，全县大部分村级个体诊所通过标准化建设后转为村卫生室。是年，全县共有488所农村卫生室，个体诊所17处。

1979年，在计划经济体制约束下，医药销售、采购主要依靠邢台地区公司（二级批发站）分配供应，然后由县医药公司（三级批发站）销售到县各级医疗部门和农村诊所。1983年，县医药公司人、财、物、产、供、销由邢台地区药材公司统一管理，同时县医药公司更名为威县医药药材公司。1985年，地区医药公司将人、财、物三权下放到县管理，实行双重领导。1987年，医药经销渠道放宽，县医药药材公司实行承包经营，经营体制发生变化。1990年，县医药公司下辖南街、北关2个零售药房和章台、梨园屯、侯贯3个四级医药批发站。1992年，公司进行第二轮承包。1995年，医药公司发展到9个零售药房和5个医药批发站。2001年，县医药公司有干部职工192人，4个科室，8个批发部和14个零售药房。2002年6月，县医药公司进行产权制度改革，医药品经营市场全面放开。是年，县城开办第一家个体零售药房——裕德堂。之后，个体民营零售药房迅速发展，至2009年，全县药品零售企业发展到39家，医疗器械经营企业1家，年销售额达4300万元。

卫生机构调整

乡镇卫生院布局调整 1979年，全县有27所公社卫生院，另有章台、七级、梨园屯、侯贯4所县人民医院分院。1984年，公社改称乡（镇），全县有27所乡镇卫生院，章台、七级、梨园屯、侯贯仍为县人民医院分院。1996年，全县32个乡镇合并为16个，但仍保留原来的分院、卫生院。2005年10月，县四所分院分别更名为章台中心卫生院、七级中心卫生院、梨元屯中心卫生院、侯贯中心卫生院。是年12月，根据《河北省农村卫生机构改革与管理的实施意见》中“一个乡镇举办一所卫生院”的规定，全县乡镇卫生院进行布局调整，每个乡镇只保留一所规模适当、效益较好、人员素质较高的乡镇卫生院或中心卫生院，其余卫生院通过撤、并、转等方式进行资源重组或改制，不再冠以乡镇卫生院名称，改称为门诊部。乡镇卫生院设置预防保健科，并配备专职防保人员。2009年，全县有16所乡镇卫生院，其中有4所中心卫生院。

其他机构改革 2002年8月，县公费医疗办公室分离出卫生系统，划归县人事劳动和社会保障局。10月，爱国卫生运动委员会办公室并入县卫生局，其职能由卫生局承担，设科级职数1人。

2005年，县药品检验所分离出卫生局，成立药品食品监督管理局，负责药品、医疗器械、化妆品和消费环节食品安全监督管理。

2006年，撤并县卫生防疫站成立卫生监督所，担负全县卫生监督执法职能。

第二节　医疗制度改革

公费医疗改革

1980年前，全县对党政机关事业单位干部职工以及在乡镇的二等乙级以上残疾军人实行公费医疗。就医者在县内公费医疗办公室指定的医疗单位就诊，持医疗单位开具的药费单据，由单位定期汇总报县公费医疗办公室核销，费用全额报销。县城工作的干部职工在城区医疗机构就诊，乡镇工作的干部职工和在乡镇居住的残疾军人在本乡镇卫生院就诊。1981年，全县享受公费医疗的人员实行费用个人垫支，年底由单位汇总，凭单据到县公费医疗管理办公室报销。1982年，设立县公费医疗领导小组，常务副县长担任组长，由财政局、卫生局、劳动局等单位局长担任副组长，负责管理全县的公费医疗工作，领导小组下设办公室，负责公费医疗的具体工作。1982—1985年，县公费医疗办公室统一印制公费医疗手册，凭处方、手册、收据报销。1986年全县离休干部、二等乙级以上残疾军人实行据实报销，其他干部职工实行定额包干制，每年30元。1992年7月，省财政厅、省卫生厅下发《关于加强全省公费医疗管理和深化改革的通知》，根据文件精神，全县实行医疗药费与个人挂钩的办法。2001年10月，县医疗保险改革工作全面启动，县人事劳动和社会保障局为全县基本医疗保险的行政管理部门。2002年，县公费医疗办公室分理出卫生系统，县公费医疗工作移交到人事劳动和社会保障局管理。是年，启动城镇职工基本医疗保险工作，而离休干部医药费仍据实报销。2009年，城镇职工基本医疗保险参保人数14155人，离休干部报销医药费共计306万元。

农村合作医疗改革

1968年，全县开始实行农村合作医疗制度，各大队设合作医疗站，设赤脚医生1至5人不等，能治疗一般常见病，群众自愿参加，治病全部免费或部分免费。到1972年，全县412个大队建立合作医疗站，享受合作医疗和人数达到312502人。1980年后，随着农村实行家庭联产承包责任制，乡村公共积累下降，这种以集体经济为基础的农村合作医疗制度在全县逐步解体。1984年后，各合作医疗站均承包到人，合作医疗站成为乡村医生的私人诊所。之后，农村合作医疗停滞，农民医疗费用完全靠个人支付，负担较重，带来诸如看病难、看病贵、因病返贫等现象。

2007年1月，全县实行新型农村合作医疗制度。县委、县政府研究制定《新型农村合作医疗实施方案》和《新型农村合作医疗实施细则》，由个人、政府多方筹资，以大病统筹为主，实行单病种报销优惠。全县参合人数38.9万人，参合率81.3%。是年，新型农村合作医疗接诊参合患者11万人次，补偿门诊费用110万元，补偿住院费用1131万，慢性病补偿209万元。2009年，全县参合人数44.3万人，参合率95%，全年共补偿住院基金3475.63万元，门诊补偿306.45万元。新型农村合作医疗的运行，有效降低广大农民群众看病费用，初步缓解农民看病难、看病贵问题。

第二章　医疗机构

县、乡、村三级医疗网点在改革中不断发展，布局日趋合理，医疗环境日趋完善。2009年，全县有县属医院4家，乡镇卫生院16所，农村卫生室488所，个体诊所17家。

第一节　县属医院

威县人民医院

威县人民医院始建于1949年6月，地址在城内北街路西。1976年医院迁至北关外，占地

6500平方米，建筑面积2300平方米。当时科室少，设备简陋，技术落后。1994年始，人民医院发展步伐不断加快。1998年人民医院开始筹备扩建，收购原搬运站和北关村土地共近3公顷。1999年4月，投资408万元，新建5600平方米门诊楼；2000年6月，投资422万元，新建6900平方米病房楼，同年建成5栋职工住宅楼；2002年5月，新建1320平方米综合服务楼；2004年9月，投资220万元，新建2451平方米传染病房楼；2008年，投资400余万元，建成5间层流净化手术间和9个高级专科手术间；2009年，在医院北侧购置土地5.5公顷，在建项目综合住院楼建筑面积达55000平方米。1995年被评为“爱婴医院”，至2004年，先后被确定为邢台医学高等专科学校、河北工程学院教学实习医院，邢台市人民医院、白求恩国际和平医院协作医院。至2009年，该院已建成医疗科室齐全、设备先进、技术力量雄厚、救治能力较强的集医疗、教学、科研于一体的二级甲等综合医院。

1978年，全院有医务人员100人，经多年发展，1992年职工达到148人，其中卫生技术人员133人。到2005年，全院职工323人，其中高级技术人员12人，中级技术人员70人。2009年，全院职工486人，其中医生192人，护士252人，其他管理人员41人。技术力量中，高级职称22人，中级职称138人，初级职称273人。大专以上文化程度465人。

图28－1　共解疑难（范林锁2015年摄于人民医院）

1979年以前，医院除一台200MAX光机、一台心电图机外，再无其他先进设备。1986年增添日本阿洛卡B超显像仪，1989年增血流变仪。1995年后，陆续购进CT设备、磁共振系统、超声诊断系统、尖端影像系统、大型彩超机、全自动分析仪等大型现代化设备。到2009年，该院共有仪器设备800多台（件），总价值约3600余万元。

1988年以前医院年收入仅十几万元，1992年门诊量8万余人次，住院患者3000余人次，收入突破百万元大关。2000年突破千万元大关，2005年达2500余万元。2009年门诊量25万人次，年住院量26842人次。

威县中医院

威县中医院于1981年11月由威县人民医院城关分院改建而成。改建初期只有医务人员10余人，占地7000余平方米，科室少、设备差、技术低。经过近三十年的发展，规模不断壮大。2000年12月顺利通过上级主管部门专家组验收，被评定为“二级甲等”中医医院。开放病床60张。

1981年县中医院仅有医务人员10余人，到2005年，共有干部职工91人，其中卫生技术人员76人。2009年共有干部职工130余人，其中高级职称30余人。

1981年改建初期，只有50毫安X光机，单目显微镜、单导心电图机、脚踏吸引器等医疗设备4台（件）。到2009年，已配备急救装置救护车3辆，购置200毫安X光机、遥控胃肠机、计算机放射成像系统（CR）、进口彩色B超、心电工作站、经颅多普勒、电子胃镜、麻醉机、胎儿监护仪、牙科综合治疗仪、耳鼻喉工作台、牵引床、熏蒸床、全自动血球计数仪、生化分析仪等大中型设备76台（件），总价值500余万元。

图28－2　中医院/2016年3月王陆军摄

威县第二人民医院

县第二人民医院（又称县计划生育技术服务站）始建于1995年，是全县唯一一所集计划生育服务和医疗服务为一体的综合性医院。位于县顺城路（邢临线）与中华大街交界处。建筑面积2500平方米，内设：内科、外科、妇产科、儿科、肛肠科、骨伤科、乳腺科、放射科、检验室、优生实验室、彩超室、心电图室等科室。医疗设备有彩超、便捷式黑白B超、500AX光机、乳透仪、乳腺治疗仪、波姆光治疗仪、不孕症治疗仪、牵引床、激光治疗仪、半自动生化分析仪、全自动生化分析仪、洗板机、酶标仪、离心机、显微镜、尿分析仪、恒温箱、出凝血时间分析仪、三导心电图机、手术床（自动）、简易手术床等大型医疗设备。

2009年，县二院有技术人员35人，其中本科学历1人，大专及以上学历21人，中专学历11人。

至2009年，县二院实施各项计划生育手术4万余例，无一例重大责任事故。其间还为患者做普外手术、妇产科手术、骨科手术、眼科手术等7600余例。

威县妇幼保健院

妇幼保健院（站）建于1956年，担负着全县妇女儿童医疗卫生相关的临床和保健业务。1978年在县城北街建门诊、病房楼一座，职工9人，建筑面积227.37平方米。随着业务的发展，1997年更名为威县妇幼保健院，全院职工26人，其中主治医师2人，医师15人。2005年，妇幼保健院搬迁至洺水东路，占地4000平方米，建筑面积1692平方米。同年10月，经邢台市卫生局评定，达到综合性医院标准，挂“威县第三人民医院”牌子。2007年，新建婴儿洗浴室，为新生儿提供触摸洗

图28－3　妇幼保健院内景/2019年摄

浴。2009 年，建婴儿监护室和妇产科监护室，为抢救危重病人提供了硬件保障。全院共有职工 76 人，其中副主任医师 1 人，主治医师 10 人，医师 10 人，助理医师 18 人。医院内设妇产科、儿科、内科、外科、中医科、不孕不育科、口腔科、泌尿科、急诊科等十余个门诊临床科室，设检验科、放射科、B 超室、手术室、理疗科、保健科、新筛科、药剂科、收费室等十个医技辅助科室，设办公室、财务室、医务科、总务科四个行政、后勤保障科室。主要设备有彩超、全自动血 C 分析仪，全自动生化分析仪、遥控 X 光机、电子阴道镜、胎心监护仪、呼吸机、麻醉机、心电监护仪、脑电地形图、多导心电图及其他医疗设备 30 余件，有效保证了临床所需。2009 年全年门诊量 38278 人次，住院 2242 人次。

第二节　乡镇卫生院

1979 年，全县有 27 个公社卫生院。1984 年公社改称乡，公社卫生院随之改称为乡卫生院。乡卫生院属集体事业单位，实行单独核算，自负盈亏，按劳分配，民主管理，院长负责。1990 年，全县有 4 所分院和 27 所乡镇卫生院。2005 年卫生院布局调整，全县共有 16 所乡镇卫生院，15 个门诊部。16 所乡镇卫生院为章台、七级、侯贯、梨园屯 4 所中心卫生院及方家营、第什营、贺营、贺钊、张营、常屯、常庄、固献、枣园、高公庄、赵村乡和洺州镇 12 所乡镇卫生院。15 所门诊部分别设在张庄、干集、王村、潘固、邵固、固献、经镇、寺庄、成志庄、雪塔、南里村、桑园、大宁、邵梁庄及柳疃。

图 28－4　贺钊医院/2006 年摄

2005 年以前，威县乡镇卫生事业发展缓慢。2005 年始，乡镇卫生院有所起色。2007 年，全县实施新型农村合作医疗，乡镇卫生院开始大跨步发展。2006 年，贺钊乡卫生院多渠道融资 500 万元，进行房屋扩建与设备添置，新建 320 平方米病房楼一栋，购进 CT、彩超、遥控 X 光机及生化分析仪等检验、检查设备。2007 年枣园乡卫生院投资 56 万元，新建 850 平方米二层门诊病房综合楼；修缮原有房屋 250 平方米。2007 年，引进国家级乡镇卫生院建设项目对 12 所乡镇卫生院进行改建，2008 年实施完毕。该项目国债支持资金和省配套资金 758 万元，卫生院自筹 260 万元，总投入资金 1018 万元，新建业务用房面积 12605 平方米，辅助面积 1800 平方米。新增住院床位 240 张、医疗设备 96 台（件），培训技术人员 176 人。2009 年，七级中心卫生院迁建，总投资 250 万元，其中中央预算内投资 185 万元，自筹 65 万元，建筑面积 2760 平方米。章台中心卫生院扩建，中央预算内投资 50 万元，自筹 59 万元，建筑面积 1300 平方米。梨园屯中心卫生院扩建项目，中央预算内投资 50 万元，自筹 50 万元，面积 1340 平方米。同年，引进中央预算内投资 287 万元，对 16 所乡镇卫生院的设备进行更新。

至 2009 年，各乡镇卫生院共有医务人员 519 人，有彩超、心电图机、CT 等大中型医疗器械，16 所乡镇卫生院均达到河北省标准化乡镇卫生院标准。

第三节　农村卫生室及个体诊所

1982 年，全县有农村医疗点 510 个。1984 年，各合作医疗点均承包到人，成为个体医药店。同年，县卫生局对全县乡村医生进行业务考核，56 人取得乡村医师资格，181 人取得乡村医士资格，分别占全县 821 名乡村医生的 6.5% 和 22%。1990 年，全县有乡村医生 850 人。1993 年，全县有村卫生室 480 处，乡村医生 628 人，基本上能满足当时的医疗需求。1994 年，国务院颁布《医疗机构管理条例》，县卫生局根据条例规定，对全县卫生室进行规划、核查，对达不到规定条件的卫生室予以撤销，符合条件的核发医疗机构执业许可证。2005 年，全县共有农村卫生室 783 处，乡村医生 784 人，个体诊所 4 处。2009 年，全县共有农村卫生室 488 所，乡村医生 1159 人，个体诊所 17 处。

图 28－5　李寨卫生室/2017 年摄

第三章　医疗队伍

30 年间，全县医疗队伍不断壮大，开展多种形式的业务培训，医疗队伍的业务素质普遍提高。

第一节　队伍结构

1979 年，全县医疗队伍由专职医务人员和半农半医的赤脚医生组成。1985 年，农村合作医疗制度解体，赤脚医生改称乡村医生。是年底，全县共有专职医务人员 391 人，其中医师 34 人、医士 256 人、护士 28 人、药剂人员 23 人、检验人员 7 人、其他技术人员 43 人，有半农半医的乡村医生 725 人。1984 年县卫生局对

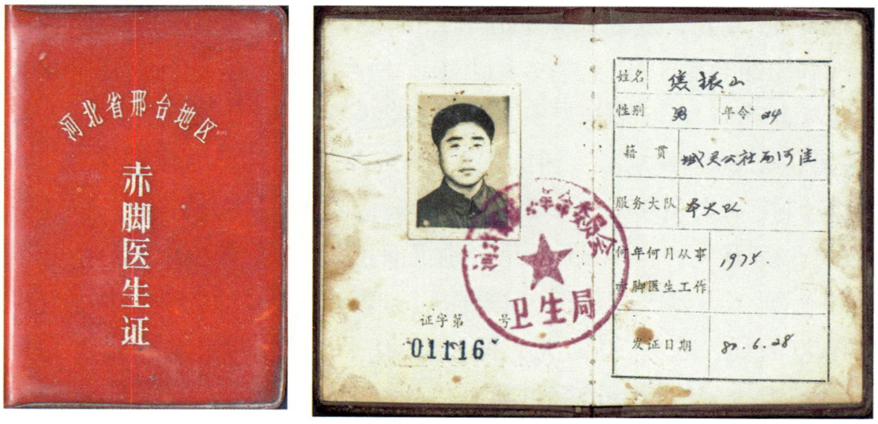

图 28－6　赤脚医生证

821名乡村医生进行统一考核，其中56人取得乡村医师资格，181人取得乡村医士资格。之后几年，威县医疗队伍迅速壮大，医疗水平迅速提高，1990年底全县专职卫生技术人员发展到1243人，其中中医师85人、西医师181人、中医士42人、西医士197人，护士48人、助产士7人、中药剂人员10人、西药剂人员12人、检验人员13人、其他技术人员648人，有乡村医生850人。

1990年后国家相继出台《中华人民共和国护士管理办法》（1993年）、《中华人民共和国执业医师法》（1999年），提高了进入卫生机构的门槛，全县卫生技术人员准入步入法制化管理轨道。1999年，全县卫生人员共446人，其中中医技术人员50人、西医技术人员287人、护士57人、其他技术人员52人，农村卫生从业人员578人。2000年后全县卫生事业进入快速发展时期，《中华人民共和国执业医师法》《中华人民共和国护士管理办法》得以贯彻实施，全县卫生技术人员逐年增长，业务素质逐步提高。2009年，全县卫生技术人员共计1198人，其中中医技术人员116人、西医技术人员822人、护士165人、其他技术人员95人，农村卫生从业人员756人。

第二节　队伍培训

学校培训

1977年，威县成立赤脚医生进修学校，校址在城内北街，学校主要招收农村赤脚医生，学习内容主要为农村常见病的防治。至1981年，共招生3届、4个班，计200人。1981年底该校停止招生，1988年7月，经上级批准，学校更名为威县卫生进修学校，校址在威县赵庄（原河北威县师范学校旧址）。当年招收医师班1个，学生50人。1993年开始举办大规模培训，是年举办乡村医生中专水平培训班，对全县165名乡村医生进行为期二年的培训，并通过考试发给中专水平证书。1998年开始先后与邢台医专、省电大、沧州渤海学院、石家庄柯棣华中专联合举办学制二至三年的中专护理、社区医学、中西医结合班，参加人数2110人，毕业颁发国家承认学历的中专毕业证书。

2002年起，先后与河北医科大学、河北北方学院、河北工程大学、河北白云学院联办了有399人参加的临床医学、高护、中西医结合大专班，学制三年，毕业后颁发专科毕业证书。2005年与华北煤炭学院联办，通过全国成人高考先后录取各专业本科学生169人，已获得证书128人。

至2009年，卫校共培训学员3890人次，遍布全县各级医疗单位，乡村两级医护人员医技水平得以普遍提高。

其他形式培训

20世纪80年代，医务人员培训形式主要有离岗进修、开办短期培训班、选拔人员到省市举办的培训班学习、选派业务骨干人员到上级医院学习进修等。

2009年，开始执行中央财政专项补助农村卫生人员培训项目，对全县16个乡镇卫生院、500多个村卫生室的管理人员、业务骨干、乡村医生进行培训，培训内容涵盖合理用药相关知识、常见病、多发病的临床诊断及治疗、急诊急救相关知识、卫生技术人员从业行为、基层医疗卫生机构信息化建设、基本公共卫生服务等内容。各乡镇卫生院选拔一名业务骨干参加培训，为期130天，包括15天的集中理论培训和115天的临床技术带教。每个村卫生室培训乡村医生1人，采用视频教学的方式分批进行培训。2009年县卫生局共举办培训班115次，培训乡村卫生人员5794人次，提高了乡镇卫生院人员及乡村卫生室人员的业务水平和服务能力。

县人民医院多次选派业务骨干到省级以上医院进修深造，多次组织各科室主任、护士长到上级医院挂职学习，并邀请省市专家开展学术讲座和诊治活动。县中医院建立起继续教育制度，派出大批医务人员进修，以提高医疗服务水平。

第四章　医疗技术

30年间，随现代医疗科学技术的发展，先进的医疗设备不断更新，全县西医医疗水平不断提高。传统的中医在传承中发展，进行了使用技术的推广及《辅行诀脏腑用药法要》研究，农村中医（药）服务能力和水平逐步提升。

第一节　西　医

1979年全县西医医疗水平低，设备简陋，外科手术仅限于阑尾切除、胃穿孔修补、疝气术和一般外伤的处理，内科对于心脑血管也仅限于观察、对症治疗。1980年后，各医院不断更新、增添先进的医疗设备，大中专毕业生充实壮大医疗队伍，医疗水平有很大提高。其中最具代表性的是县人民医院，1990年，县人民医院有内一科、内二科、外科、妇科、眼科、口腔科等。外科能做胃、肠、肾、乳腺、阑尾等部位的手术；妇产科能做子宫全切术、宫外孕手术等；内科能治疗心血管病、脑血管病等疑难病症。1991年后，随现代医疗科学技术的发展，先进医疗设备层出不穷，治疗科室越分越细。至2009年，县人民医院临床医技科室增至40个，其中治疗科室16个。

内科

县人民医院内一科能对各种急慢性脑血管病进行及时、准确、规范的治疗。静脉溶血治疗超早期脑血栓，应用抗凝、抗血小板、扩容等治疗进展性脑梗死达到国内先进水平。同时对各种头痛、头晕、颅内感染（化脓性脑膜炎、结核性脑膜炎、病毒性脑炎、脑囊虫病）、周围神经病、急慢性脊髓炎、各种肌肉疾病（重症肌无力、多发性肌炎）、帕金森病、神经官能症、一氧化碳中毒及迟发性脑病等治疗，均有较好效果。

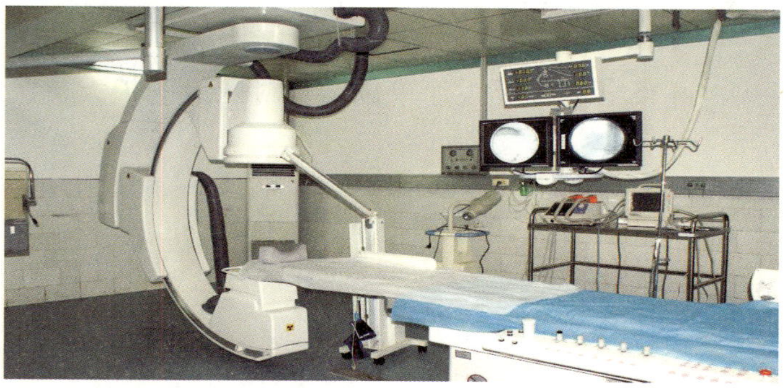

图28－7　县人民医院CGO－3000血管造影介入治疗系统/2010年摄

1988 年 3 月，由内科分出内二科，1992 年在邢台市较早开展血液病诊治，以治疗心血管及血液病为主。2004 年成立心脏重症监护病房和呼吸重症监护病房，成功抢救众多危重病人。在治疗心梗、溶栓、室上速转复、难治性心衰、顽固性哮喘、肺心病、肺性脑病、急性中毒等方面，在同级医院处于领先水平，能成功开展冠脉造影及冠心病介入治疗。

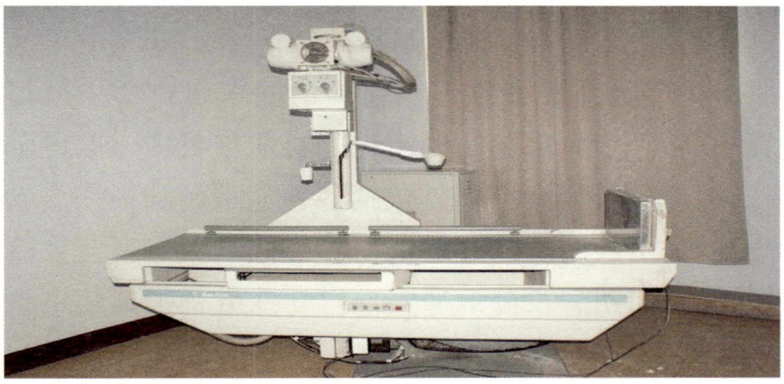

图 28－8 县人民医院数字化遥控胃肠高频 X 射线机/2010 年摄

2008 年 11 月，成立内三科，是呼吸、消化、内分泌和中毒为主的多系统综合内科临床专业科室，能在肝癌、肺癌、咯血、消化道出血、肝硬化、阻塞性黄疸、主动脉夹层动脉瘤、下肢静脉血栓、糖尿病足、胃癌、胰腺癌、食道癌、膀胱癌、结肠癌、脾功能亢进、气管食管瘘、布加氏综合征等疾患中展开介入治疗。

普外科

县人民医院普外科于 1961 年开展第一例阑尾炎手术后，逐步开展了穿孔、肠梗阻、疝气等手术，能进行肝胆、胃肠、急腹症、阑尾、疝气、甲状腺、静脉曲张、静脉炎手术等。

徐用明，石家庄市正定县人，1963 年毕业于天津医科大学，毕业后分配到威县人民医院工作，1976 年，担任副院长兼外科主任。在县人民医院章台分院工作期间，曾为三益庄村 68 岁村民赵成芝进行手术，成功切除其腹腔内生长 30 余年、20 千克重的大肿瘤。后又成功为鱼台村村民安录达摘除重 0.6 千克的舌瘤，《河北日报》（1973 年 7 月 27 日）对此进行了报道。

骨科

骨科于 1995 年由外科分出，能进行骨折内固定手术、脊柱椎弓根内固定术、髋膝人工关节置换术、颈腰椎间盘髓核摘除术、椎管内肿瘤切除术、椎体成形术等高难度手术。脊柱外科能进行脊柱椎体压缩性骨折切开复位内固定术、椎管狭窄椎板减压手术。对老年人常见的骨质疏松性脊柱压缩骨折，能采用骨水泥或人工骨置入椎体的椎体成型术。2007 年 1 月，对侯贯村村民完成首例双侧全髋人工关节置换术，至 2009 年，患者健康活动自如。能进行高龄股骨近端骨折的人工股骨头置换术，病人最高年龄 86 岁。能进行外固定架及小切口固定技术治疗四肢多发性骨折、粉碎性骨折、经皮微创锁定钢板治疗老年胫骨骨折、关节镜下的关节内骨折复位固定等微创手术。

肿瘤科

肿瘤科于 2001 年 6 月由外科分出成立，能进行头颈部腮腺瘤、颌下腺肿瘤、甲状腺叶切除，甲状腺全切除及颈部淋巴结清扫术。可进行胸部肺叶切除、食管癌中下段手术、纵隔手术、自发气胸开胸修补、脓胸纤维板剥脱术等。2006 年 10 月，为一名女性患者成功切除骶尾畸胎瘤。

脑外科

脑外科于2002年由外科分出成立，能进行颅内血肿微创穿刺粉碎清除术，已完成手术1000余例。2002年，县人民医院在第二届全国颅内血肿微创穿刺粉碎清除术研讨会上取得“全国脑防办微创清除协作医院”称号，在2004年卫生部脑防办组织的科研项目中，取得全国第三名的成绩。2009年，脑外科业务涉及神经外科各个区域，包括各种危重颅脑损伤、颅内各种肿瘤、脑积水等，可进行颅骨成型术，采用钛网及钛钉对缺损部位修复。方家营乡徐固寨村男性患者张某某，患脑胶质瘤，术后健康如初。章台镇郝家屯村女性患者张某某患脑积水，术后生活正常。

妇产科与儿科

县人民医院妇产科能进行子宫经阴道全切术、横切剖宫产、全子宫切除术、子宫颈癌根治术、卵巢癌根治术、腹膜外剖宫产、输卵管再通术等，在全县率先开展新式剖宫产术。2008年，采用腹腔镜可开展各类引产手术，可进行腹式改良子宫切除术、阴式子宫全切术、卵巢肿瘤剔除术等。

儿科于1993年由内科分出，人员少，设备简陋，治疗疾病病种也十分单一，主要是支气管肺炎、肠炎、肾炎、脑炎等疾病。经多年发展，医疗设备已处于全市县级医院领先地位。2006年，成立新生儿重症监护室，治疗病种也有较大突破，包括新生儿呼吸窘迫综合征、新生儿缺血缺氧性脑病、胎粪吸入综合征、新生儿颅内出血、新生儿病理性黄疸、婴幼儿肺炎、肠炎等。

眼科

县人民医院眼科成立于20世纪50年代初。至2009年，已发展成为集预防、诊断、治疗、美容于一体的综合科室，年门诊量1万余人次，设有验光配镜室、眼科暗室、眼科A/B超室、眼科手术室和眼科治疗室。手术方式由最初的肉眼操作到显微镜下的精心施治，由单一的手术方案到多种个性化选择，如白内障由最初的肉眼大切口术式到显微镜下的切口术式，再到显微镜下的超声乳化术，手术质量、安全系数及术后效果都得到显著提高。

耳鼻喉科与口腔科

县人民医院耳鼻喉科有鼻内窥镜、耳内窥镜、喉内窥镜等，能进行微创手术。可进行外耳道肿物切除及外耳道鼓膜照相、鼓膜硅胶管置入术等。

口腔科成立于1977年，只能进行拔牙、镶牙以及牙床周围炎症一类常见病的治疗。经多年发展，至2009年，可进行大锥形根管治疗技术、可见光固化修复、精密高熔铸造可摘义齿、标准方丝弓正畸技术、MBT直丝弓正畸技术、口腔X线投照、粘液囊肿摘除术等。

皮肤性病科

皮肤性病科成立于2002年。采取中西医结合治疗皮肤科常见病多发病，可对疑难病如白塞氏病、天疱疮、红斑狼疮、银屑病、汗孔角化症、酒糟鼻等症进行诊治。

第二节　中　医

30年间，中医治疗呈现以县中医院和县人民医院中医科为主，又有乡村中医为点的发展格局。

县中医院是中医发展的主要院所，中医治疗率达60%以上。中医内科副主任医师衣之镖，擅长肝病和各种疑难杂症，利用业余时间潜心钻研中医经典论著，先后在北京中医学院、中国中医研究院东直门医院等多家医院进修深造，经过名家的指点和四十余年的临床经验，其中医理论体系日臻成熟，已有著作多部，其中《伤寒论阴阳图说》《张大昌医论医案集》《辅行诀五脏用药法要校注讲疏》《辅行诀五藏用药法要研究》《辅行诀五藏用药法要传承集》已由学苑出版社出版发行。颈肩腰腿痛专科主治医师邢华智、邢建业父子，经过30多年的临床实践，摸索出一套治疗颈椎病、腰椎间盘突出及骨关节损伤的系列手法，疗效确切，花钱少，痛苦小，治愈率高达85%，吸引周边十余个省市区患者前来就诊。

县人民医院中医科利用中医中药、针灸理疗和中西医结合治疗各种常见病、多发病和疑难杂症，如急慢性肝炎、胃肠病、肝胆肾结石病、心脑血管症及后遗症、糖尿病、周围血管病、男科功能障碍、妇科月经不调、男女不孕症、颈肩腰椎病、风湿性关节炎、各种疼痛病、小儿呕吐腹泻、惊痫症等，给予中医辨证施治，突出中医特色，疗效独特。理疗室有颈腰椎病牵引疗法，针灸推拿按摩疗法，电脑多功能中频治疗，电脑针灸仪、电子针疗仪、微波治疗、电磁治疗、远红外按摩等。

随中医适用技术的推广，农村中医（药）服务能力和水平不断提高，中医治疗使用中药、针灸、推拿、按摩、拔罐、气功、食疗等多种治疗手段。民间不乏儿科、骨科、妇科等专科的特色中医治疗方法。

姜炳勋，洺州镇姜七里村人，师从张心正，得之真传，行医40余年，熟知经典，学术精湛，学验俱丰，善治各种疑难杂证，屡起沉疴。1996年，受政府卫生组指派，由衣之镖协助在七级医院脱产整理其学术经验，写出《医学说部》书稿，内容包括医事、医案、方剂和药各200例（篇）。

张铭连，1962年2月生，洺州镇张霍寨村人。1984年毕业于河北医科大学，2008年任邢台市眼科医院院长，主任中医师，硕士研究生导师。从事眼科临床、科研工作30余年，其在治疗疑难眼底病、葡萄膜炎、干眼症等复杂眼病方面有丰富的临床经验，是国家中医眼科重点学科和临床重点专科带头人。其在眼科临床实践中，坚持“中体西用，继承创新”原则，以中医眼科理论为指导，用现代医学先进技术作支撑，发展中医现代特色眼科，创立“目络瘀阻”论点，研制出“活血通络颗粒”等6种中药制剂。其“活血通络颗粒的研制及治疗缺血性眼病应用研究”获河北省科技进步二等奖，为全省眼科界最高奖项。邢台市眼科医院已发展成为晋冀鲁豫中原地区区域性国内一流的眼科医疗中心。

王世公村陆氏有祖传手写《胎产全书》一册，书中有《敬亭家传产后赋》等文。陆氏治产后病数十年，在当地仍有很高声誉。第什营乡乔家庄村焦兰泽、焦兰菊有祖传治妇女病秘方，也很灵验。章台镇南胡帐村有中医祖传《老仙一把抓》一书，内容丰富，有理疗、按摩、养生、针法、丹药等，后又与《李氏正骨》融合为一，其第二十世传承人胡德法，对儿科、男科、骨科、外科的治疗有独到的一面。

附：医学谚语及针灸、经典土方

医学谚语

扎针拔罐子，病好一半子。

一个偏方，气死名医。

饭前饭后百步走，能够活到九十九。

气生百病。

笑一笑，十年少。

吃饭先喝汤，胜过开药方。

是药三分毒。

若要小儿安，常需三分饥和寒。

寒从脚入，病从口入。

酒是穿肠毒药，气是惹祸根苗。

气疯气傻，气聋气哑。

（病）三分在治，七分在养。

内科不治喘，外科不治癣。

白痰轻，黑痰重，见了红痰要了命。

男怕穿靴，女怕戴帽。

干痨气臌噎，阎王会下的客。

是翻不是翻，先扎四大弯（翻，是指一些急性腹痛的病。四大弯是指肘弯和腿弯处）。

三白西瓜是天生白虎汤。

穿山甲，王不留，妇人渴了奶水流。

七个胡椒一个枣，灯上烧焦吃了好。

天上的云，地下的鳖，活人脑子，仙人的血。（此四味药是飞罗面、土元、人耳屎、人奶汁，共砸烂，贴治顽恶疮）。

针灸、经典土方

耳后静脉放血后敷胡椒面，主治吊线风，牛皮癣，慢性支气管炎等。此方所治符合《黄帝内经》“取耳间青脉以治其瘈”一语。

舌下两侧静脉放血，治疗胸胁满，头晕呕逆等症，前王村段立民结合耳尖和后溪放血，治疗治肝炎胃炎等症，求治者甚多。此方源于《黄帝内经》“心病者必胸内痛，胁下支满，膺背肩胛间痛，两胁下痛，……取其经手少阴，太阳及舌下血者，其变刺郄中血者”一条。

挑刺腘窝肘部内侧治疗各种急性腹痛，根据同上。

割治四缝，放出白水粘液，治疗小儿痞积，哮喘咳。此方多种医书中有载。

苦瓜把（本草名：苦瓜蒂又名苦丁香）公麻雀屎（本草名：白丁香）为面吹鼻中，治各种病导致的黄疸。此方在唐朝以前医书中有记载，今威县仍有数家使用，但配方略异，都以上两药为基本方，单用此二味亦有效。

苦参醋泡七次为面服之，治疗各种精神病。此方符合《辅行诀五脏用药法要》的治疗法则。

涩拉秧根（本草名：茜草根、芦茹）泡酒服，治疗腰腿痛。煎水泡脚治小儿久泄不止。此药《黄帝内经》《本草经》中均有载，治腰腿痛符合《本草经》“主风寒湿痹”之说，治小儿久泄，符合《本草经》“补中”之说。

小儿夜啼，蝉蜕七个煎水服。此方《本草经》有载。

小儿麻疹不出，用芫荽加酒砸烂，遍擦全身即出。

人指甲（本草名：筋余）置香烟中吸入，治呛食泡。符合本草药理。

刺菜根（本草名：小蓟）煎水服，治鼻出血和吐血。《本草经》有载。

麦余（本草名：浮小麦）煎水治多汗。符合本草药理。

老母猪前蹄煎汤服，治少乳。《本草经》有载。

大麦芽煎服可回乳。多种医书有载。

生桃仁七个，生杏仁七个，小酸枣去核七个，葱尖七个，栀子仁七个，穿山甲一片，蜂蜜一盅，白酒一盅，核桃仁三个，白面适量，共捣如泥，敷脐周及腹部，治小儿痞积（小儿消化不良，肝脾肿大）。符合本草药性。

看谷老（亦称糠谷老，为霜霉科真菌，禾生，指梗霉寄生在谷子上所产生的病菌穗。）七个煎水服治小便痛。符合本草药理。

小扫帚苗（本草名：地肤子苗）煎服治小便不利，尿痛。《本草经》有载。

獾油外涂可治烫火伤。符合本草药理。

生铁锈水外涂可治拦腰带（带状疱疹）。

蓖麻子仁，砸如泥，贴于百会穴，可治子宫脱垂及脱肛；贴颊车穴可治吊线风（面神经麻痹，符合本草药性）。

槐娥煎服治痔出血。《本草经》有载。

柿蒂焙黄面服，或煎服可治呃逆。多种医书有载。

葱根煎服治外感汗不出头痛。《本草经》有载。

据传，清末威县曾流行黄疸（传染性黄疸型肝炎），服用苦菜和柳枝煎汤服，皆愈。符合本草药性。

黄连草（又名咽喉草，本草名不详）煎服治咽喉痛，其味符合本草药理。

第三节 《辅行诀脏腑用药法要》研究①

南朝时期道教领袖陶弘景（456—536），总结其毕生的经验和教训，以其独特的医哲观念和深邃的多学科知识，择录已佚汤液经典部分内容，总结出经方按味组方的法则，撰成《辅行诀脏腑用药法要》，以作为教授学道弟子而用。典籍成书之后，因社会动乱等种种原因，未能得到广泛传播。其后，经几代宗师王远知、潘师正（贝州广宗人，即今之威县）、司马承祯等数次整订《辅行诀脏腑用药法要》。《辅行诀脏腑用药法要》有多种文本并存。后被封存于敦煌藏经洞，与世隔绝。

清光绪二十六年（1900）封存近900年的敦煌莫高窟，被驻洞道士王园箓无意中发现。

① 该节内容由张大昌弟子衣之镖提供。

因当时社会动乱，出洞文物大量流失海外，但《辅行诀脏腑用药法要》一轴，有幸未被失落。1918 年，被时任湖北军马总稽查之职的威县张偓南先生，以 85 元现洋从王道士手中购得，珍藏家中，世代袭传研究。其嫡孙张大昌得传后，更是深知此卷价值不菲，疗效卓著。将其整理本两次上交中国中医研究院，却由于种种原因而无结果。后经中国中医研究院王雪苔、王淑民、陶广正等先后到威县考察咨询，又经相关专家反复考证、鉴定，至 1988 年才载于马继兴主编的《敦煌古医籍考释》中公开刊行，引起社会上一些有识之士的关注，但在学术界依然反响不大。张大昌只能沉默以对，但并不放弃，继续对《辅行诀脏腑用药法要》进行深入的研究，并将未献出部分的全部内容传授诸弟子，相互传抄其文本，为后世研究奠定基础。同时其研究《辅行诀脏腑用药法要》所撰写的《处方正范》《医哲心法》《医话医案》等文稿由其门生衣之镖、刘德兴等人编撰成册，名为《经方述义》。2005 年，由钱超尘、赵怀舟、衣之镖及张大昌入室弟子组成京津冀三地互动合作学术团体，广泛搜集现存世传承本《辅行诀脏腑用药法要》资料，对现存资料进行全面考证，辨伪和研究，并对校注整理的文本资料进行临床观察。

1995—2009 年，在京津冀三地互动合作研究《辅行诀脏腑用药法要》的过程中，既有《张大昌医案医论集》《伤寒论阴阳图说》《十一师秘要》再版，又有《辅行诀传承集》《辅行诀研究》《辅行诀校注讲疏》《方证学习精义・伤寒阔眉》《经法杂谈》《辅行诀脏腑用药法要校注考证》出版。研究成果在社会上产生较大影响，已涉及医史、哲学、高等院校教育、经络学、诊断学、针灸学、药物学、方剂学、文献学、临床医学等各个方面，其影响已波及全国各地。

第五章　卫生防疫

1979 年后，计划免疫项目不断增多，接种率逐年增高，一些传染病、地方病和突发性疾病得到有效控制，公共卫生在整治中不断改善。

第一节　公共卫生

食品卫生

1978 年国务院颁发《中华人民共和国食品卫生管理条例》以及《农村集市贸易食品卫生管理办法》。1980 年，县卫生防疫站对全县部分食品卫生工作人员进行健康体检。1982 年国务院颁布《中华人民共和国食品卫生法（试行）》。1983 年 7 月，威县开始实施食品卫生法，食品卫生管理工作走向制度化和规范化。县卫生防疫站明确规定，严禁痢疾、伤寒、肝炎、肺结核等传染病患者从事食品生产和经营工作。对违反卫生法的单位和个人依法进行警告、吊销卫生许可证、罚款、查封、销毁不符合标准的食品等处罚。

1988 年开始，县人大每年都对《中华人民共和国食品卫生法》贯彻执行情况进行检查。2002 年组织 30 名工作人员参加了市卫生执法培训班，同时实行卫生监督员包片责任制，并对违法行为做出处理。2003年开展“食品药品放心工程”，年内组织3次大规模的食品卫生执法检查，没收不合格食品3000余千克，行政处罚12家，停业整顿7家。2003年全县共有食品从业人员2218人，体检2194人，查出“五病”（痢疾、伤寒、病毒性肝炎、活动性肺结核、化脓性或者渗出性皮肤病）31人。食品生产经营点729个，发放卫生许可证729个，签证率100%。2006年，卫生监督所在撤并原威县防疫站的基础上成立，当年共查处违法案件34起，查处假冒伪劣食品3265千克，罚款11.8万元。2009年，新的《中华人民共和国食品安全法》实施，卫生监督职能有所变动，食品加工领域划归技术监督部门监管，食品流通领域划归工商部门监管。是年，全面实施食品卫生监督量化分级管理制度，按照量化评价方法，重新对所有餐饮单位进行卫生许可审查。2009年共查处违法案件26起，查处假冒伪劣食品3610千克，罚款11.5万元。

学校卫生

1990年6月，《学校卫生工作条例》颁布实施，为贯彻执行条例规定，县卫生、教育部门联合对全县中小学生进行定期健康抽查，对近视、沙眼、营养不良、龋齿等常见病、多发病及时提出预防措施，同时对各类教室的采光、照明、课桌椅、食堂卫生等有关学生健康的设施进行综合评价，全县中小学校卫生管理工作开始走上规范化轨道。1997年全县中心小学和普通中学全部设置卫生室，配备基本的医疗器械和药品，并有兼职保健教师。2003年“非典”时期，全县中小学加强学校卫生管理工作，各中小学配备消毒器具，每日进行校园消毒，班级配备体温计，每日测量体温，同时对学生进行个人卫生教育。中考、高考期间进行封闭式管理。由于工作细致，全县无发现一例疑似病例。2007年，全县中小学开展“创建花园式校园、搞好校园的绿化美化”工作，学校卫生环境大为改观。2008年，加大全县中小学食堂卫生监管力度，要求各学校做好食品卫生、采购定点等工作，禁止非食堂工作人员进入食堂操作间和仓库，严格按照食品卫生法做好饭菜24小时留样工作，每天排查一次。积极配合防疫部门对学校食堂、饮水卫生进行检查。

公共场所卫生

1987年4月，国务院制定《中华人民共和国公共场所卫生条例》。是年，对影剧院、商场、车站、饭店、理发店等公共场所营业单位实行卫生许可证制，对从业人员进行卫生知识培训和健康体检。1991年对宾馆、招待所及其他公共卫生场所实行卫生监测。

2005年，开始对歌舞厅、网吧等公共场所进行卫生监管，对不符合条件的公共场所依法责令整改，并对全县公共场所进行卫生监督对公共场所从业人员进行健康体检。2009年，全县有976名公共场所从业人员参加体检，发放健康证明971张，对体检不合格人员进行调离工作岗位处理。

第二节　传染病防治

流行性出血热防治

流行性出血热是以鼠类为主要传染源的自然疫源性疾病。1985年，县内发生流行性出血热，县政府发出《关于大力开展灭鼠活动，控制流行性出血热流行的通知》，要求各乡镇迅速采取措施，控制该病流行。1996年，全县发现流行性出血热15例，死亡1例。随着农业开发以及畜牧养鸡业的发展，鼠密度增高，流行性出血热防治压力增大，县爱卫办每年春秋两次组织灭鼠活动，全县境内鼠密度大大降低，但在局部地域鼠密度仍然较高，流行性出血热防治工作仍很艰巨。

肺结核病防治

结核病是一种传播较为广泛的传染病。威县的结核病防治是伴随1995年3月启动的世界银行贷款中国结核病控制项目（卫生V项目）① 而逐步规范起来的。“卫生V项目”结束后，2002年启动世界银行贷款——英国政府赠款中国结核病控制项目（卫生X项目），该项目为期七年。作为“卫生X项目”的补充，2002年启动全球基金第一轮结核病项目，2005年又启动全球基金第四轮结核病项目。两个全球基金项目的实施，有力的推动“卫生X项目”的开展，促进威县结核病控制事业的顺利发展。到2009年，县疾病预防控制中心共接诊可疑就诊病人4664人，发现活动性肺结核病人2864例，治愈1838例。

手足口病防治

2008年、2009年手足口病连续传播。手足口病是一种发疹性传染病，婴幼儿和儿童普遍易感，尤其是3岁以下的孩子。病毒传播途径多，一旦流行，就会使很多孩子被传染，被传染上的孩子会在手、足皮肤或口腔黏膜上出现类似水痘样的小疱疹，因而被称为手足口病。针对手足口病传播途径多，县采取预防控制措施，加强监测，做好疫情报告，托幼单位作好晨间检查，及时发现病人，采集标本，明确病原学诊断，并作好患者粪便及其用具的消毒处理，预防疾病的蔓延扩散。同时做好儿童个人、家庭和托幼机构的卫生，让家长尽量少让孩子到拥挤的公共场所，以减少感染的机会。医院也加强预防措施，设立专门的诊室，严防交叉感染。2008年，威县报告手足口病例60例，无重症病例。2009年，报告手足口病579例，重症19例，死亡2例。

艾滋病防治

2001年3月12日威县发现首例艾滋病病毒感染者，至2005年底，累计发现艾滋病病毒感染者5例，其中病人3例。经流行病学调查疑为血液传播4例，性接触传播1例。2004年，威县被确定为第三轮中国全球基金艾滋病项目县，负责在全县宣传艾滋病防治知识和对病毒感染者的干预、救助、检测及关怀工作。县防治艾滋病性病领导小组、县项目办组织多部门利用12月1日“世界艾滋病日”“三下乡”等举办大型宣

图28-9 团县委举办艾滋病防治宣传/2009年7月摄

---

① 1992年3月31日，世界银行贷款中国结核病控制项目协议生效。协议确认，该项目在中国12个省5.6亿人口中付诸实施。此前，河北省对5个项目县进行9个月（1991.4—1991.12）的项目示范性实施工作，为嗣后12个省项目县的实施奠定了基础。

传咨询活动3次，先后印发和分发各类宣传单23万份，宣传册3.5万册，宣传画300张，宣传展牌20个，在全县城乡刷写永久性标语和宣传栏2002条块，开展了形式多样的宣传教育活动，艾滋病防治知识的知晓率由2004年的不到10%提高到2008年的73.6%。县疾控中心利用全球基金艾滋病项目，免费提供艾滋病咨询与检测，对检测结果绝对保密。同时为艾滋病患者提供治疗和关怀服务，除进行“四免一关怀”① 外，县卫生局、民政局、财政局、教育局于2005年联合制定《威县贫困艾滋病患者关怀救助管理办法》。2006年发现艾滋病感染5例，死亡1例。2009年，发现艾滋病病毒感染2例，艾滋病疫情呈低流行态势。

其他传染病防治

1999年，全县发生霍乱11例，波及5个乡镇，由于及时封锁疫点，并对疫区开展消、杀、灭及疫情检索，没有发生二代传染病和死亡病例。狂犬病是由疯犬咬伤后引起的，以烦躁、怕风、恐水、畏光、痉挛抽搐，终致瘫痪而危及生命为主要表现的疾病。1995年后，狗和家养宠物逐渐增多，但对其缺乏管理，狂犬病的发生概率随之增加。2003年，县动物防疫部门加大对家养宠物的管理，对家养犬进行登记，给予预防接种，对于无主犬及野犬采取控制措施，消灭流浪犬，对可疑的病犬和猫进行捕杀，发现狂犬、狂猫立即击毙，以免伤人。境内居民在被健康状况不明的动物（尤其是狗）咬伤或抓伤后，都能及时就医，采取对伤口处理、进行抗血清注射和狂犬疫苗免疫接种“三管齐下”的救治措施。2009年，第什营乡成志庄村和常庄乡鸭窝村各发生1例狂犬病例。2009年全球甲型流感肆虐，威县报告甲流感病例7例，死亡2例。

第三节 地方病防治

地方性氟中毒主要临床症状为氟斑牙、氟骨症，发病原因主要是本地饮水中含氟量过高。1999年，威县防疫站对全县500个村庄饮用水进行调查，共采集500份水样，在全市防疫检验中，威县属重病区，含氟量最高的达4.4毫克/升，波及7个乡镇，分别是七级、赵村、高公庄、章台、常屯、梨园屯、方家营。2006年，对全县病区进行普查，6492人中氟斑牙3137人，发病率为48.03%，Ⅱ氟骨症68人。自2005年开始全县分批实施饮水安全供水工程，当年投资62.26万元，解决5个村2000人的饮水安全问题。2007年开始，实施“联网供水村村通”工程，至2009年，共投资7158.9万元，165个村15.25万人的饮水安全问题得以解决，从而降低氟中毒的发病率。

第四节 计划免疫

计划免疫是控制和消灭传染病的有效措施。20世纪80年代，“四苗”（百白破、卡介苗、

① “四免”分别是服用免费的抗病毒药物，接受抗病毒治疗；得到免费咨询和艾滋病病毒抗体初筛检测；免费提供母婴阻断药物和婴儿检测试剂；为艾滋病遗孤提供免费义务教育。“一关怀”是国家对艾滋病病毒感染者和患者提供救治关怀。

麻疹疫苗、脊髓灰质炎疫苗）接种率逐年增高，传染病发病率逐年降低。1991 年，为消灭脊髓灰质炎，在全县开展对 0～4 岁儿童每年两轮的“强化免疫”活动，适龄儿童服苗率达 99.9%，境内无一例脊髓灰质炎发生。1993 年，将乙肝疫苗纳入儿童基础免疫管理，并在成人中推广接种乙肝疫苗。1995 年，经省级考核验收，实现以乡镇为单位儿童四苗接种率达 85% 的目标。

1997 年，完成境内无脊髓灰质炎的证实工作，由于资料翔实准确齐全而受到省级表彰。2004 年，在章台分院、邵固卫生院、贺钊卫生院建立规范化接种门诊，创建严格按照《河北省规划门诊标准》逐项落实，软件建设和硬件建设顺利通过上级验收，接种率和接种质量进一步提高。2005 年 9 月，各乡镇卫生院全部达到市级规范化接种门诊标准。是年底，脊髓灰质炎疫苗接种率达 100%，麻疹 98.9%，百白破 97.8%，卡介苗 96.7%，乙肝 99.1%。2008 年 7 月计划免疫扩容，免费疫苗增添流行性脑脊髓膜炎 A 群疫苗、甲肝疫苗、麻风疫苗、麻腮风疫苗、流行性出血热疫苗。2009 年，脊髓灰质炎疫苗、百白破疫苗、乙肝疫苗接种率皆在 99% 以上，麻疹类疫苗、甲肝疫苗、乙肝疫苗、流脑类疫苗接种率皆在 96% 以上，全县相关传染病发病率大大降低。

第五节　防控非典型肺炎

2003 年春，非典型肺炎（以下称“非典”）在全国蔓延。面对疫情，县委、县政府及时成立威县防治非典型肺炎领导小组，带领全县人民戮力同心，抗击“非典”。2003 年 4 月 22 日下午，在燕南宾馆召开开展春季爱国卫生动员大会暨防治非典型肺炎动员大会，县四大班子全体成员，各乡镇党委书记、乡镇长，县直各单位主要负责人，卫生系统医疗单位主要负责人参加会议，会议要求各级政府、各单位要把防治“非典”当作一项重要的政治任务抓紧抓好，党政主要负责人要亲自抓、负总责。自 4 月 23 日起，利用一周时间在全县开展卫生大扫除和消毒活动，县防疫站负责消毒药品供应和技术指导，卫生主管部门要搞好技术培训，做好防大疫的人员、技术、物资、器材等准备工作，各乡村各单位要加强流动人员管理，建立行政和卫生系统两道疫情信息通道。

由县政府主管领导牵头，组织卫生、财政、宣传、公安、教育、民政、建设、交通、环保、工商、药监等有关部门协调辖区内非典型肺炎疫情的预防、控制和救治工作。及时掌握疫情动态，遏制疫情传播蔓延并调集专业人员做好流行病学调查，检查指导隔离和消毒等措施的落实。做好对疫区、疫点的封锁、隔离。公安、交通单位的工作人员 24 小时昼夜值班，在车站、各条街道、路口、106 国道等对过往车辆、人口进行严密盘查，对每个过往人员进行体温测试，可疑人员进行留观。卫生部门成立威县防治非典型肺炎应急处理小组，对所有防疫人员进行统一调配，组建流行病学、消毒等 10 支专业队伍，公布疫情专报电话和咨询电话，所有岗位人员 24 小时值班，做到疫情接报立即出动。随着返乡人员的大量增加，乡镇成立 60 余支流调队。先后对 9200 名返乡人员进行流行病学调查和监控，对 750 名发热病人进行医学观察，对 149 名留观人员及接触者进行疫源跟踪。县防疫站在未出现疫情前对全站职工和全县防疫医生进行两次业务培训和技术练兵，掌握非典型肺炎的临床特征、诊断标准、治疗原则及防护措施。另外通过新闻媒体、报刊、宣传手册深入开展卫生科普知识宣传，共下发宣传材料25万份，电视台播稿20余篇。面对全国范围内防治物资紧缺状况，威县组织专门采购队伍，跑遍10余个大小城市，购买10余吨消毒剂及口罩、隔离服、胶鞋、手套等大批防护用品，保证防治工作的需要，解除一线工作人员的后顾之忧。6月24日，“非典”疫情解除，抗击“非典”斗争最终取得胜利。

第六章　妇幼保健

1975年恢复设置妇幼保健站，负责全县妇女、儿童的常见病、多发病以及孕产妇、婴幼儿的疾病预防与保健，并对乡镇卫生院、村卫生室的卫生妇幼保健工作进行业务技术指导。

第一节　妇女保健

普及新法接生

1953年，全县开始推行新法接生。新法接生就是按照临产的规律，用科学的方法消毒接生。1979年，全县使用新法接生的产妇5105人，新法接生率为70%。1986年，全县开始对孕产妇建立母子保健保偿制度，变保健无偿服务为低收费有偿服务以补充保健经费的不足。1990年新法接生率达到99%。2000年，妇幼保健院对全县从事妇产工作人员进行一次系统全面的培训，并通过电视台讲座向广大育龄妇女进一步宣传新法接生。2006年全县共计出生7643人，新法接生率达100%。2009年，全县新生儿8380人，入院分娩率98%。

妇科病查治

1984年开始，对全县妇女保健工作开展普查，是年普查妇女2000人，发现宫颈癌患者2例。1987年普查妇女4500人，查出宫颈癌患者1例。1986年，全县妇女保健工作施行规范管理，建立妇幼工作报表制度。1989年普查25761人，查处各种妇女病患者4714人，治疗4417人，治疗率93.7%，治愈2845人，治愈率64.4%。1990年，普查妇女20143人，查出各种妇女病患者1786人，治疗1709人，治疗率95.7%，治愈率65.3%。2000年，县妇幼保健站对妇幼医生进行妇幼保健知识培训，印制妇女卫生保健手册，面向全县农村免费发放，宣传卫生保健知识。同时，对全县孕产妇实行系统化管理，截至2009年，全县孕产妇建册率达96%，系统管理率96%。2000—2009年，每年对全县妇女进行普查，普查情况见下表：

2000—2009 年威县妇女普查情况一览表

表 28 - 1　　　　单位：人、%

年份	实查人数	患病人数	患病率	查处疾病种类							
				盆腔炎	附件炎	宫颈糜烂	子宫脱垂	阴道炎	子宫肌瘤	宫颈癌	乳腺癌
2000	15722	3362	21	200	177	2209	4	969	4	3	0
2001	12314	3054	24	360	292	1880	2	812	6	1	0
2002	12216	2638	22	337	290	1547	3	748	0	3	0
2003	17302	4302	25	500	403	2363	0	1439	21	1	0
2004	15267	3450	23	564	487	1979	2	904	18	1	0
2005	20240	5185	26	1001	833	2020	3	1910	50	1	0
2006	12649	3532	28	630	470	1870	0	989	50	3	0
2007	12649	3738	30	880	741	1880	0	905	58	3	0
2008	12719	4994	30	890	721	1980	0	900	60	1	0
2009	14566	2521	26	890	580	1040	0	421	60	1	1

第二节　儿童保健

1974 年在全县儿童中展开计划免疫工作。1977 年后，县妇幼站开展儿童蛔虫病防治工作，1977—1980 年，共检查 1 ~ 7 岁儿童 22860 人，投药 20574 人，投药率 90%。1986 年县妇幼站对全县儿童保健工作施行规范管理，建立妇幼工作报表制度，对 1 ~ 7 岁儿童实行系统管理，对体弱多病者实行专案管理，并普查儿童 4200 人，查出佝偻病、贫血等疾病 481 人，全部予以投药治疗，治愈率 86%。1990 年，对全县 11350 名儿童进行普查，对患病者给予治疗。1999 年后，县妇幼保健院每年对全县儿童进行一次健康普查，发放儿童保健手册和维生素 D2 丸，同时对幼儿园的师生定期体检，实行监督检查，儿童保健工作逐渐走向正规。2005 年，印制儿童保健手册，全年共发放 1 万余册。2008 年，聘请省儿童专家坐诊，深入全县乡、镇、村对全县 10 岁以下儿童进行血铅免费检测，并对血铅偏高儿童进行药物干预。

1996—2006 年威县儿童健康查体情况一览表

表 28 -2　　单位:%

年份	0～7 岁儿童数	应查人数	实查人数	查体率	查出疾病人数	矫治病人数	矫治率
1996	35794	9853	6993	70. 19	912	826	90. 6
1997	35557	11259	6250	55. 51	1162	1108	95. 4
1998	35805	11558	5454	47. 19	1105	1094	99. 0
1999	36379	11849	5809	49. 03	1339	1337	99. 9
2000	37136	12421	7788	62. 70	1590	1577	99. 1
2001	36936	16899	10795	63. 88	1950	1916	98. 3
2002	36548	16548	11039	66. 71	2522	2500	99. 1
2003	37596	15596	8981	57. 59	1056	1036	98. 1
2004	33917	10917	4803	44. 00	987	960	97. 3
2005	37247	17247	7521	43. 61	1032	1028	99. 6
2006	36347	16347	8910	54. 51	1987	1985	99. 9

第七章　爱国卫生运动

1978 年始，全县爱国卫生运动进入一个新的时期。1987 年始，每年 3 月为文明礼貌月，主要活动内容是“五讲四美”，其中就包括讲卫生。1989 年始，每年 4 月在全县范围内开展“爱国卫生月”活动。1997 年和 1998 年相继开展创建“省级卫生城”和“省级文明城”活动。城镇农村进行改水改厕、灭鼠灭蚊工作，城乡环境在治理中逐步改善。

第一节　城乡环境管理

1986 年始，以治理农村脏乱差、县城乱搭乱建乱停乱放为重点，每年 4 月在全县范围内开展爱国卫生月活动，元旦、春节举行全县性的卫生大扫除，夏季统一进行消杀蚊蝇，春冬两季开展灭鼠活动。1997 年和 1998 年相继被命名为“省级卫生城”和“省级文明城”，县城所在地洺州镇成为全省综合改革示范镇，七级镇被列入省级小城镇、建设重点镇。2000 年后，全县爱国卫生运动以创建巩固省级卫生县城为重点，以创建市级卫生镇、村、单位为目标，广泛深入地开展全民卫生活动。2005 年，全县爱国卫生工作贯彻“政府组织、地方负责、部门协调、群众动手、科学治理、社会监督”的方针，以治理城乡环境卫生为重点，以治理“五乱”（垃圾乱倒、污水乱泼、禽畜乱跑、柴草乱垛、粪土乱堆）为主要内容，全面推行“门前三包，门内达标”① 责任制。2008年，开展夏季卫生运动，进一步加强传染病防治工作，印发红头文件以加强工作力度，该年度县爱卫办被评为邢台市“爱国卫生先进单位”。2009年制定《威县“清洁城乡、保护健康”爱国卫生运动实施方案》，以“清洁城乡、保护健康”为主题，组织相关部门多次开展整顿、检查、评比、表彰，城乡卫生环境得到明显改善。

第二节　改水改厕

改水

1995—2005年间，县政府相继出台有关改水工作文件，制定全县改水工作规划，县投资2000万元，部分乡村投资1000万元，实现村村通自来水的目标，确保居民的饮水安全。2003年，全县安全卫生水覆盖率90%，达到国家规定的标准。

改厕

2007—2009年，争取国家农村改厕项目资金167万元，改厕4300座，配套资金由乡、村自筹。其中2007年1000座，资金35万元；2008年800座，资金32万元，改厕类型以双瓮式卫生厕所为主，兼少量三联沼气式卫生厕所。2009年改厕2500座，由市爱卫办统一招标采购，给予每厕以地下物资实物补贴，共计100万元，改厕类型全部为双瓮式卫生厕所。

第三节　灭鼠灭蚊

1982年始，县政府每年拨专款用于发放消毒药品，消灭蚊蝇。每年春、秋二季动员组织力量开展大规模群众灭鼠运动。1989年、1990年两年共投放灭鼠药饵5万千克，灭鼠150余万只。1997年县政府下发《关于加强春季灭鼠的通知》，召开全县动员大会，开展两次全城群众性灭鼠活动，投放灭鼠药2.5吨，由县爱卫办统一购买、统一发放，做到“五不漏”，使鼠密度由4.7%降到1.2%以下。此后，县爱卫会每年召开专门会议安排部署灭鼠杀虫工作，坚持以环境治理为主、药物消杀为辅的原则，每年春秋两季由各乡镇和县直各单位、各部门自备慢性灭鼠药源，按照乡不漏村、村不漏户、户不漏间的要求，集中开展灭鼠除害活动，鼠密度一直控制在国家规定的标准之内。杀灭蚊蝇，于每年4—9月突击消杀，对公共场所重点部位，开展病媒生物密度监测。

第四节　健康教育

1998年前，县卫生部门针对特定疫情、传染病对人民群众进行健康知识教育，通常采用广播、电视、宣传单、墙画等形式进行宣传普及卫生知识。1998年，县卫生防疫站成立健康

---

① “门前三包”是指责任单位包卫生、包秩序、包绿化。“门内达标”是指责任单位庭院、室内干净整洁，窗明几净，符合卫生达标单位的要求，沿街店面卫生整洁，文明经商。

教育科，有专人分管健康教育工作。卫生宣传教育以普及卫生防疫知识、实现群防群治为目的。2003年始，结合卫生防病工作的需要，每年利用“3·15”消费者权益保护宣传日、“3·24”防治结核病宣传日、“4·25”计划免疫宣传日、“5·18”食盐加碘消除碘缺乏危害宣传日、“5·31”世界无烟日、“12·1”世界艾滋病日等机会进行专题宣传，并利用电视片、广播、电影、宣传车、横幅、标语、展牌、宣传单、小册子、小画报等多种形式，不断加强对人民群众进行卫生知识教育，增强健康保健意识。

2005年，依托乡镇卫生院和乡村医生，全县522个行政村都设立健康教育宣传专栏，各个医院都设立健康教育咨询服务站，各中小学校开设健康教育课。2007—2009年，对农村环境卫生治理和卫生厕所改造进行宣传，以促进农村卫生工作的整体推进。

第五节 创建省级卫生县城

组织管理

1997年7月，县成立创建“卫生城”指挥部，由县委书记、县长任指挥长，三名县级干部任常务副指挥长，离岗主抓创建工作，城建、卫生、工商、公安、洺州镇等有关部门主要负责人任成员。各单位也成立创建领导小组，组长由主要负责人担任。形成纵向到底、横向到边、纵横交织的责任人包点的“面、块、段、点”责任网络体系。把县城城区分为五块，由五套班子分包，公安、城建、工商、卫生等职能部门选拔得力人员30人，与原单位脱钩，组成公安巡警大队、城管监察大队，并制定《巡警条例》《城管的若干规定》，明确以创建工作的执法检查和违章治理为主要职责。组成环卫、街道、居民小区三级清扫保洁队伍。环卫清洁队员91人，保持城区各条街道和路段的整洁卫生，城区各路段一律承包给临街单位和门店管理，实行“门前三包”，包绿化、包卫生、包秩序。先后召开8次由包块县级干部包街局级干部及各单位主要负责人参加的调度会，通报进展情况，表扬先进，批评落后，保证工作进度和质量。

创建工作实施

创建卫生城共拓宽街道6条，硬化大街36万平方米，新修和疏通改造下水道2万米，拆除违章建筑1800平方米，拆除临搭临建200处，建造工艺围墙2000米；投资150万元，安装170盏高标准的路灯，实现了主要街道的照明；先后投资1460万元，兴建振威市场等八大市场，总建筑面积达33983平方米，可容纳摊位2700个，解决了洺水路的以街代市、马路摊点、门前货场及店外经营等问题。投资900万元，对3个变电站进行改造；投资400万元，安装万门程控电话交换机，实现国内、国际直通；投资50万元，新打水井一眼，日供水能力达到700立方米，自来水普及率达到95%。购置机动垃圾运输车4辆，洒水车1辆，吸粪车一辆，果皮箱320个，新建垃圾转运站1处。制定《关于加强县城绿化美化的若干规定》，城区街道植树5000万株，建成绿地1万平方米，植草皮1万平方米，建花坛346个，建绿篱5000米，购盆花19958盆。人均绿地2.9平方米。由10名专业人员，组成园林绿化队，造花木苗圃13万平方米。对城区的饮食服务摊点进行分类排队，对基础较好的饭店、副食店进行整改，树立样板，督促后进单位和门店进行整改。警告并限期整改的85户，停业整顿27户，罚款 8 户次，吊销卫生许可证 8 户，没收销毁变质食品 150 多种 4000 多千克。对各类食品行业先后进行 14 次抽查。卫生许可证发放率、从业人员体检率和四病调离率均达到 100%。

第八章　医药卫生管理

县卫生局是全县医疗卫生系统行政主管部门，全面履行对卫生医疗机构、医疗卫生队伍、血液供给、医政医药以及公费医疗经费等管理职责。2009 年，全县有 543 家医疗机构具有医疗机构执业许可证，共有 1161 名乡村医生办理乡村医生执业证书。20 家县直、乡镇医疗机构达到《河北省医疗机构药品质量管理办法（暂行）》标准要求。同时推进农村药品监督网和药品供应网络（简称“两网”）建设。

2007 年，新型农村合作医疗（简称“新农合”）开始运行，新农合有效缓解了农民看病难、看病贵的问题。

第一节　医政管理

医疗机构管理

1979 年，在计划经济体制下，举办医疗机构的渠道单一，只允许国家和集体举办医疗机构，不允许个人和其他形式办医，全县医疗机构有县属医院和社队办的医疗合作站。1984 年后，农村合作医疗制度解体，医疗合作站承包到人，成为乡村医生的个体诊所，县卫生局加强对医疗机构的管理，对取得乡村医师、医士资格的医生发放乡村医生证书，核发允许其开业的许可证。1994 年 9 月，国务院《医疗机构管理条例》开始施行。1999 年 5 月，《河北省医疗机构管理实施办法》（简称《实施办法）颁布实施，是年，县卫生局根据《实施办法》对全县医疗机构统一审核发放医疗机构执业许可证，全县共有 1000 余家医疗机构取得医疗机构执业许可证。此后，县卫生局依据《实施办法》每年对乡镇卫生院、个体诊所等医疗机构的医疗机构执业许可证进行校验，县人民医院、县中医院及妇幼保健院的医疗机构执业许可证则由市卫生行政部门进行发放、校验。2009 年，全县具有医疗机构执业许可证的医疗机构共有 543 家。

卫生队伍管理

1979 年起，进入医疗机构人员按取得相应技术职称资格行医。1998 年，根据《中华人民共和国执业医师法》和省、市卫生（厅）局的统一部署，对 1998 年 6 月 26 日前按照国家有关规定取得医学专业技术职称和医学专业技术职务人员，依法逐级向省卫生厅申报办理相应的执业医师资格证书。对未能认定的乡村医生，按照《乡

图 28－10　乡村医生证书

村医生从业管理条例》和省、市上级主管部门的统一安排，进行逐级上报审批认定，到2009年，共有1161名乡村医生办理乡村医生执业证书。

自1999年开始，根据《中华人民共和国执业医师法》有关规定，对所有进入医疗机构的人员必须参加医师资格考试，取得相应执业医师资格证，并办理执业医师注册证书后，方可上岗从事相应的医疗服务工作。

1987年始，护士岗位实行职称评定，1993年实行护士职业资格考试与执业注册。1994年，依照《中华人民共和国护士管理办法》，从事护士工作必须依法取得中华人民共和国护士执业证书，从此全县卫生技术人员准入正式步入法制化管理轨道。到2009年，全县共有229名护士取得中华人民共和国护士执业证书。

2003年，执业护士资格考试与全国卫生技术人员职称考试并轨，同时所有医务人员必须参加全国执业医师资格考试，不再进行职称评定，执业助理医师相当于医士职称，执业医师相当于医师职称。

第二节 药政管理

1979年，县卫生局负责药品的监督、检查和麻醉品、剧毒品的管理。1985年7月，《中华人民共和国药品管理法》颁布实施，卫生局依法行使药品监督权。是年，县卫生局对医药公司11个药品批发零售站、点进行检查验收，并核发“药品经营许可证”。1988年5月成立威县药品检验所，属卫生局下属股级事业单位，负责全县药品质量的监督管理、检查、检验。1990年10月1日，县卫生局将监督检查中查出的27000余元的假冒伪劣药品当众销毁。之后，逐步加强药品、医疗器械的监督管理，每年开展打击假冒伪劣药品的整治工作，以规范药品市场秩序。2000年11月，成立威县药品监督管理局，负责对县内药品的研制、生产、流通、使用进行行政监督和技术监督。2006年4月，成立威县食品药品监督管理局，药品监督管理职能划归县食品药品监督管理局。

图28－11 威县药监局揭牌典礼/2006年4月摄

第三节 新型农村合作医疗管理

2007年，威县自愿申请承担河北省新型农村合作医疗扩大试点任务，面向社会公开选拔12名具有中专以上学历、懂微机、懂操作、精明强干人员组成强有力合管中心。试点工作于2007年1月1日全面启动，对847个村级卫生室进行注册、登记，核发执业许可证，制定统一标准。确定乡级合作医疗定点医疗机构16所，实行统一模式管理。在第一参合年度全县

38.9 万人参加新型农村合作医疗，实现 80% 以上的参合率，达到参合率 80% 以上省确定目标，在全市乃至全省名列前茅。是年，新型农村合作医疗接诊参合患者 11 万人次，补偿门诊费用 110 万元。收治参合住院患者 2.4 万人，补偿住院费用 1131 万元。慢性病补偿 6800 人，补偿 209 万元。农合运行第一年使两万多名参合农民得到住院补偿或分娩补偿，其中，达到封顶线 1.5 万元补偿的 6 人，补偿 1 万元以上的 24 人，5000 元以上的 320 人，1000 元以上的 3650 人。

2008 年威县为实行合作医疗县，参合人数达 41.3 万人，参合率 81%，达到省要求的 80% 以上的目标。在新型农合运行一年的基础上，重新调整补偿方案，乡卫生院住院费用由 50 元改为 100 元、报销比例由 60% 提高到 80%；县级住院起付线由 300 元改为 200 元、报销比例由 50% 提高到 60%；县外住院起付线为 2000 元，报销比例由 40% 提高到 50%。实行全省统一用药目录，使参合患者得到更大实惠。是年，落实门诊补偿 19.1 万人次，金额 120.6 万元，住院补偿 3.1 万人次，补偿金额 2300 万元。

2009 年参合人数 44.3 万人，比上年纯增 3 万人，参合率为 95%，市级住院起付线降至 1000 元，提高县、乡两级补偿比（5%、10%）达到 65%、80%，扩大特殊病种大额门诊补偿病种范围，由 2008 年的 12 种扩大到 17 种。全年共补偿住院基金 3475.63 万元，门诊补偿 306.45 万元，基金运行安全平稳。新型农村合作医疗的运行，有效降低广大农民群众看病费用，农民患者的医疗安全得到保障，初步缓解农民看病难、看病贵的问题。

第二十九编　体　育

自古燕赵多慷慨豪侠之士，县内居民历史上性情豪爽重义，有尚武之习俗。明清时期，县内村庄多有拳场，农忙时耕作，农闲时练武。民国时期，县内流行的拳种有梅花拳、红拳、太极拳、八卦掌、形意拳等。清末民国初，学堂渐起，体育课进入课堂，体育主要项目有体操、田径、队列、篮球等，体育设施简陋且少。1949 年后，在“发展体育运动，增强人民体质”的号召下，各种体育活动迅速发展起来，从学校到机关，从城镇到乡村，体育活动开展得非常普遍和活跃。运动场地增多，威县简易师范、县第一中学建有田径场，大部分农村也有简易篮球场，乒乓球台、案最为普及。体育项目丰富多样，主要有田径、球类和棋类。体育比赛次数也增多，有机关单位、各级学校自行组织的小型比赛和运动会，有全县组织的大型田径比赛，也有参加上级组织的运动比赛，如 1958 年，威县组队参加邢台地区武术汇报表演大会，拳师李茂斋获八卦掌比赛第一名。“文化大革命”期间，学校体育掺入一些军事训练项目，体育课一度称为“军体课”。

1979—2009 年，体育事业在改革中迅速发展。投资主体由单纯的财政拨款改为多渠道、多形式的经费投入；组织方式由政府主导，部门包办改为社会多方参与、齐抓共管；体育设施日臻完备，各种体育组织先后建立并积极开展活动；群众体育遍及城乡，丰富多彩；竞技体育在国家及省、市举办的多项比赛中不断创出佳绩；体育教学向规范化方向发展；体育事业正走向产业化。

第一章　体育设施及经费

第一节　体育设施

1971 年，威县在县政府大院建灯光球场 1 处，无看台。1977 年，县体委修建训练房 1 个（县政府大院西北隅），面积 220 平方米，主要用于武术操练和乒乓球训练。1990 年底，全县共设有 300 米跑道的田径场 3 个，分布于县一中、河北威县师范学校（西关）和七级中学；设有 200 米跑道的田径场 5 个，分布于县二中、胡帐中学、洺州镇中学、贺钊中学、常屯中学。全县有篮球场198个，其中学校150个、县直机关16个、农村32个。有乒乓球台、案200余幅。2009年，投资85万元为45个行政村配备安装了农民健身器材，投资5万元为“风情苑”安装了健身路径。2009年，全县有标准田径场2个，分别位于第一中学和第二中学；小型田径场20多个，篮球场40多个，乒乓球台100余幅；毽球训练室1个，门球场1个；全民健身路径12条。

第二节　体育经费

20世纪80年代，威县体育经费均依靠县财政投入。90年代始，体育投入渠道拓宽，除政府主渠道外，其他部门、单位及个人也加大投入。除学校外，县粮食局、交通局等单位筹建了篮球场，县卫生局、国税局、人民银行、财政局、人民财产保险等单位均设有乒乓球室。台球室多为个人投资，为有偿服务。

为募集体育活动资金，推动体育事业快速发展，县体育局（体委）于1994年、1996年、2000年三次举办即开型中国体育彩票销售活动，销售量共计40万张。2000年邢台市体育局分配给威县2台电脑体育彩票终端机，都设在县城。2009年，全县有电脑体育彩票终端机5台。

第二章　体育机构与队伍

第一节　管理机构

1979年，县体育管理机构为体育运动委员会。主任缺职，设副主任1人。1990年，县体委内设业务股，有工作人员7人。1996年8月，体育运动委员会改称体育局。设局长1人，副局长2人，下设秘书股和业务股。1998年2月，县教育局、文化局、体育局全称教育文化体育局，各自独立行使职权，独立办公。2002年7月，文化局、体育局与教育局分离，成立文化体育局，下设文体股，主管体育工作，有工作人员3人。

第二节　体育团体

武术协会

1985年成立，设主席、副主席和秘书长各1人。主席为高树阁。

老年体育协会

1985年成立。设主席1人，副主席10人，秘书长1人。2009年有会员30人。

气功协会

1985年成立，设主席、理事长、秘书各1人，学练者多为中、老年职工，少部分为青年职工。至1990年底，气功协会共举办10期培训班，培训人员300多人。

梅花桩研究分会

1987 年成立，设会长、顾问各 1 人。2009 年有会员 25 人。

东方象棋社

1990 年成立，地点在常屯乡苏村，经常组织象棋爱好者举行象棋大赛。

信鸽协会

1995 年成立，设主席 1 人，副主席 2 人。

象棋协会

1998 年成立。

乒乓球协会

2000 年成立，设主席 1 人，副主席 2 人，成员 20 人。主席为鲍立国

篮球协会

2003 年成立，设主席 1 人，副主席 4 人，成员 30 人。主席为李西华。

太极拳协会

2004 年成立，设主席 1 人，副主席 2 人，成员 40 人。

洺华青少年体育俱乐部

2009 年，县二中成立洺华青少年体育俱乐部，俱乐部设足球、篮球等项目。2009 年，该俱乐部被国家体育总局命名为国家级青少年体育俱乐部。

第三节 体育队伍

运动员（队）

运动员多集中在学校，少量分布在企事业单位。运动项目以田径、武术、篮球、乒乓球为主。1979—2009 年，全县共为各级体育院校、体育专业队输送运动员近百人。涌现出全国武术冠军左长辉、省乒乓球冠军任玉会、国家少年篮球队队员赵晔、河北省女子拳击冠军梁亚楠（现为省拳击队队员）、省武术冠军王英硕等体育人才。

20 世纪 70 年代至 80 年代，威县体育成绩一直走在邢台地区前列。1984 年，邢台地区在威县举行少年乒乓球赛，威县队获团体总分第一名。

1974 年，城关南街小学建立了小篮球队，由体育教师杨建勋执教。次年，参加邢台地区小学生篮球赛，男女队双获第一名，为中学生篮球运动培育了后备力量。20 世纪 80 年代，威县第二中学篮球队在体育教师杨建勋的严格训练和精心指导下，曾破格参加地区重点中学篮球赛，并由乙级队升为甲级队。

1979 年 6 月，威县城关以南街小学为主建成业余少年儿童游泳队，多为三至五年级学生，由县二中体育教师刘玉普担任教练员。在一无设备，二无经费的情况下，因陋就简，利用课余、假日在坑塘里进行训练。1980 年 8 月，威县少年儿童游泳队参加河北省在白洋淀举行的少年儿童游泳比赛，刘学峰获儿童组 50 米仰泳第一名，王国桂获少年乙组 100 米仰泳第二名。1981 年 8 月，河北省在邯郸举行游泳比赛，威县刘学峰、妙春凤等 9 人代表邢台地区参加比赛，7 人得奖，获 6 枚金牌。1982 年，威县游泳健儿冲出河北，走向全国。至 1984 年，

这支游泳队曾多次代表省、地、县参加各级游泳比赛，多次获奖，受到各级领导的赞誉和表扬。

1979年后，高心见在县一中组织起男女田径队，通过广泛选拔队员，课余刻苦训练，运动成绩迅速提升，填补了在邢台地区中学生运动会奖牌为零的空白。1981年，邢台地区重点中学运动会，县一中的马秀红破邢台地区400米纪录。1984年邢台地区重点中学田径赛，孟祥士获800米第一名。之后，县一中田径队的王秀敏、邱玉英、王卫东、王海丽、解东辉、黄堃、李健、李春起等多次参加地区（市）传统项目比赛，取得优异成绩，并被体育院校选拔录取。1984年以后，追求升学率之风日盛，轻体育重智育日占主流，学校体育工作受到冲击，很多运动队时有时无，甚至是比赛时临时组建，比赛后解散。一些优势项目优势不在，比赛成绩下滑。

教练员

20世纪80年代初，县内体育教练员主要有高心见（田径）、李西华（篮球）、徐步瀛（篮球）、齐大征（乒乓球，邢台地区著名教练）、高树阁（象棋）等人。他们各自发挥自己的体育特长，为威县体育事业的普及发挥了推动作用。90年代始，陆续有鲍立国、杨建勋、尹文建、董树阳、姚宇胜、杨立才、孟祥仕、解东辉、李峰等人加入到教练员行列。这些人均为大中专院校毕业生，他们向省市专业队及大中专体育院校输送了大批人才。

威县籍在外教练：左长辉，现为宁夏体工队教练；任玉会，现为省体工队教练。

裁判员

1990年，全县有国家一级裁判3人，国家二级裁判13人。2009年，威县有国家级裁判27人。杨立才为国家（田径），高树阁为国家1级（象棋），李西华为国家1级（篮球），姚宇胜为国家B级（柔道），鲍立国为国家1级（乒乓球）。全县有二级裁判15人，三级裁判10人。主要项目包括乒乓球、篮球、柔道、田径、象棋等。

社会体育指导员

2009年，全县有社会体育指导员21人（其中鲍立国为国家级），二级5人，三级15人。1998年，威县第二中学组织成立毽球队，参加了邢台市毽球比赛，取得好成绩。县二中成为威县唯一一所省级体育传统项目学校。至2009年，威县二中组织毽球队连续参加邢台市第一至十二届体育传统项目学校毽球比赛，并取得优异成绩。2009年全县共有体育项目传统学校6所：省级1所（县二中），市级2所（县一中、朝阳路小学），县级3所（七级中学、实验中学、实验小学）。

第三章　学校体育

学校体育工作的基本任务是增进学生身心健康、增强学生体质；使学生掌握体育基本知识，培养学生体育运动能力和习惯；提高学生运动技术水平，为国家培养体育后备人才；对学生进行品德教育，增强组织纪律性，培养学生的勇敢、顽强、进取精神。1982年，全县中小学开始推行《国家体育锻炼标准》的达标活动。1986年，高中、中专招生加试体育，不合格者不予录取。1990 年，体育课为学生毕业、升学考试科目。全县中小学、职业中学每天安排课间操或早操等课外体育活动，以保证学生每天有 1 小时体育活动的时间。

第一节　体育活动

体育课

1979 年，中小学体育课每周两节，列入课表。中学生的体育考核成绩和其他学科一样记入学生手册并纳入学籍档案。规定学生体育成绩不及格，毕业和升入高一级学校要受到限制。1982 年 8 月，国务院批准全面推行关于 1974 年制订并几经修改的《国家体育锻炼标准》，进一步激发学生参加体育锻炼的积极性，提高体育课学质量。

起初，全县各学校体育课程开展还不够规范。1980 年，由从天津回到威县一中任教的体育教师高心见，组织体育观摩教学，传播规范的执教理念，逐渐解决了全县中学部分体育教师不会备课、不懂课堂常规的问题。1984 年举办体育教师培训班，重点学习体育教学大纲研究新教材。通过培训使体育教师基本上能按照新教学大纲和新教材的要求上课。县一中还建立起体育教学活动档案，推进了体育教学的规范化。为培养体育后备力量，造就体育人才，县规定一中、二中招生，对优秀运动员可以适当降低分数破格录取，借以集中训练，加速体育人才的培养，并很快结束了长期没有考入体育专业本科大学的历史。1981—1990 年，威县输送体育本科生 8 人，专科生 19 人。邢台地区体委所办体校每年招学生中，威县学生占三分之一。县一中在省教委教研室开展的重点中学体育教学活动检查评比中多次获奖。

1990 年 3 月，《学校体育工作条例》发布施行，中学体育工作日益引起重视。为加强对体育工作的领导，部分学校特别是范围较大的学校，增设体育工作领导和教研机构，威县一中增设体卫处，威县二中建立体育教研组。为上好体育课，威县二中于 1997 年制订体育活动细则，对体育课做出十条规定，对师生均提出明确要求。对教师不但要求每堂课要备课，而且每堂课后要写出教学小结，进一步提高体育课的规范化、科学化程度。

2000 年后，随办学条件的提高及师资力量的加强，专任体育教师增多，不少乡镇中学及完全小学配备了专任体育教师，中小学体育课质量有很大提高。县教研室也多次到各中小学对体育课进行听评课，并给予指导。

图 29－1　体育走进校园

2007 年 5 月，认真落实《中共中央国务院关于加强青少年体育增强青少年体质的意见》，全县中小学把增强学生体质作为学校教育的基本目标之一，建立健全了学校体育工作机制，以保证学校体育课和体育活动的正常开展。但学校体育仍然面临体育老师不足、担心学生受伤、学习时间与运动时间矛盾等问题。片面追求升学率的影响还没有消除，重智育轻体育的倾向突出。有的学校课程表上安排的体育课时得不到保证，经常被挪作他用，或是用于补语文、数学、英语主科课程，或是用来开会等，学生体育锻炼的时间无法得到保证。

课外体育活动

早操、课间操　中小学的早操、课间操，每次安排20至30分钟不等，多年来形成制度。早操在清晨起床后进行，活动内容一般以慢跑和广播体操为主，课间操一般在上午第二节课和第三课之间进行，活动内容以广播体操、眼睛保健操为主。鉴于两操各有其不同的功能和效果，所以有的学校早操、课间操兼上，有的学校则依据季节，夏季只设早操，冬季则只设课间操。

图29－2　实验中学课间操/2013年摄

课后体育活动　中小学在一天课程完了之后，根据不同季节安排40至60分钟的课外活动。课外活动非常广泛，体育活动是重要内容之一。课外体育活动是体育课堂教学的延伸和补充，是学校体育工作的重要方面，列入学校工作计划和课表。课外体育活动每个班级每周两次，即所谓“两活动”，由体育教师班主任或学生体育干部组织。

课外体育活动的内容多种多样，而主要的是复习、巩固体育课所学教材，进行《国家体育锻炼标准》锻炼，同时还鼓励学生根据个人爱好自由选择体育项目，如打乒乓球，打篮球，跳绳，棋类或其他游戏活动等。课外体育活动在促使学生经常参加锻炼、提高体育运动水平等方面，都发挥了应有的作用。

图29－3　实验小学拔河比赛/2012年摄

由于片面追求升学率的影响，社会和学校存在重智育、轻体育的倾向，学生课业负担过重，休息和锻炼时间严重不足；另一方面由于体育设施和条件不足，学生课外体育活动时间难以保证。

第二节　体育达标

1983年开始，各中学建立学生体质检测制度，学生从入学起，建立体质健康卡片，每年检测结果记入卡片，纳入学籍档案，体育工作进一步受到重视。

1986年，省、地规定高中、中专招生加试体育，体育不合格均不录取。这一举措，进一步促进了体育达标活动的深入开展，提高了《国家体育锻炼标准》达标率。1987年县对各中学实施《国家体育锻炼标准》情况进行全面检测，结果表明，各县办中学生达标率均在90%以上，各乡镇中学也分别达到70%至80%间。1990年后，县教委对各中小学工作实施评估督导制度，体育达标工作列入其中，体育达标工作得以有条不紊的开展。1997 年，全县开展“普九”工程，各乡镇中学配置体育器材，客观上对体育达标工作起到积极影响。2002 年，教育部、国家体育总局制定《学生体质健康标准（试行方案）》和《学生体质健康标准（试行方案）实施办法》。2004 年始，全县各级各类学校全面实施这一标准，学生建立体质健康档案，并把学生每学期的测试成绩记入该档案。

第三节　运动器材和场地

1979 年，全县各类学校运动场地比较简陋，无一处标准运动场，体育器材也较少，很多农村中小学都使用自制的体育器材，如自制的篮球架、单杠架、跳高架等。1984 年遵照中共中央“重点抓好学校体育”的要求，县文教局要求各县办中学依照《国家体育锻炼标准》需要配置必要的体育器材，资金来源，采取学校自筹、县上补助的办法解决。各乡中因陋就简自制器材，为实施《国家体育锻炼标准》创造条件。很多学校平整操场，条件好的中学如一中、二中建成灰土压制的篮球场。至 1990 年，全县共有设有 300 米跑道的田径场 3 个，设有 200 米跑道的田径场 5 个，另有篮球场 198 个，乒乓球台、案 200 余幅。

1997 年，在实施“普九”工程中，新建标准操场 29 个，并按照国家教委和河北省教委的有关规定，对各乡、镇中学体育器材按二级标准进行配置。全县各乡镇中统一标准、统一数量，并由县教育局统一购置，每所中学添置器材 60 多件（套），价值 28 万元，全县总投资 900 万元，使各中学体育器材基本上能够满足体育教学大纲和《国家体育锻炼标准》规定项目的需要，从根本上改变了过去因器材不足而致部分体育活动无法开展的局面。

2000 年后，运动场地向标准化发展，很多乡镇中学修整运动场，跑道地面用白灰、炉渣、土混合进行压制，多数篮球场得到硬化。但有一些学校体育器材管理不善，致使常用的体育器材残缺不全，或仅有的器械长期束之高阁，闲置不用，造成散失或破损。

第四节　学生运动会

1975—1979 年，每年举办一次中学生田径运动会，一般由县文教局和县体委联合主办，参加单位有县办中学和各公社中学，参加人数一般在 400 人左右。1982—1987 年，县文教局（教育委员会）每年组织中学生田径运动会一次。高中组团体冠军除 1985 年被贺钊职中夺走外，其余年份均被县一中获得。初中组团体冠军全部被县二中夺得。1987 年后，中学生田径运动会一般由各校举办。有的学校每年自办一次学生运动会，多在春季，有的学校举办春季和秋季运动会。

图 29－4　全县中学生运动会篮球比赛/2009 年摄

2005 年，县教育局组织全县中学生春

季田径运动会，并规定对比赛中获得优异成绩的学生在中考成绩中给予10至20分的加分奖励，运动会的召开提高了学生加强体育锻炼的积极性。至2009年，运动会已历5届，运动会的召开带动了学校体育工作的开展。

第四章　群众体育

第一节　职工体育

职工体育是在全县机关、企事业单位中开展的群众体育活动。20世纪70年代末开始，全县各机关职工篮球、象棋、乒乓球比赛活动逐渐丰富。各单位利用节假日，经常举办小型体育活动。20世纪90年代开始，职工体育每年利用节假日举办各项比赛，水平逐年提高，同时各体育协会相继成立。1997年，威县分别被国家体育总局和省体育局评为“全民健身宣传周”活动先进单位，多次被市体育局评为“优秀组织奖”。县财政局、医院、邮政局、油棉厂、农业银行先后被邢台市评为职工体育先进单位。1998年，鲍立国被国家体育总局、教育部评为“体育工作先进个人”。2005年，陆秀珍家庭被评为“全国全民健身好家庭”。

图29－5　文体局举办夏季篮球联赛/2009年摄

第二节　农民体育

健身项目及组织

随着农民生活水平的提高，农民对体育健身有了新的认识，活动项目增多，由原来武术、拔河等扩展到跑步、象棋、乒乓球、篮球、健身球、秧歌、太极拳等十几项体育健身活动。1993年，农民体育协会成立，后又相继成立北街太极拳队、北街乒乓球队、北关秧歌队、白伏秧歌队等农村体育队伍。

体育活动

域内农民每年都举办体育比赛和民

图29－6　农民运动会拔河比赛/2006年摄

艺会演，如东方象棋社自1996—2002年连续举办6届全县农民中国象棋比赛；1994年贺营乡赵庄村举办农民运动会；七级象棋社2002—2005年连续举办大峰三江、华新杯等象棋比赛。20世纪90年代以后，农民体育竞技水平不断提高，1995年洺州镇被省、市体育局命名为省体育先进乡镇；1999年，威县篮球队参加河北省农民运动会篮球比赛获男子团体第四名；2003年参加邢台市首届农民运动会健身操比赛获一等奖、乒乓球比赛获个人第三名；2004年参加邢台市第二届农民运动会获乒乓球队团体第四名、个人第二名，中国象棋队获团体第五名。同年，北街太极拳队参加河北省老年太极拳比赛获团体第八名，并获优秀组织奖。

第三节　老年体育

老年组织

1985年，县成立老年体育协会，负责组织老年人力所能及的运动项目。1987年，县体委和老干部局联合成立老干部门球队，多次参加邢台地市举办的老干部门球比赛。1990年，老干部活动中心建成投入使用，设有图书室、棋类活动室、健身室、台球室等。老干部每天可以在活动中心参加体育活动。后又先后成立太极拳协会、无极健身球协会、自行车骑游队、门球队、秧歌队、太极拳队、健身操队、乒乓球队等。

活动项目

老年活动项目从原来的气功、长跑等少数项目发展到自行车、太极拳、太极剑、秧歌、门球、乒乓球、健身操、腰鼓、象棋、扑克等十多种项目。

老年活动

2002年，威县老年秧歌队参加在江苏无锡举办的第六届“中华不老城”活动，荣获铜牌奖；2003年，威县老年健身球队参加全国无极健身球比赛，获优秀奖；2004年，威县老年太极拳队参加河北省老年太极拳比赛，获县级太极拳24式团体第二名，太极剑32式团体第二名；2005年，老年无极健身球队获河北省无极健身球比赛梅花奖（最高奖）、太极拳队获河北省老年太极拳比赛团体第三名，个人单项有7人获奖。自1996年始，威县多次被市老年体协评为先进县。

第四节　少数民族体育

威县是邢台市县市区少数民族人口最多的县。县文体局为开展好少数民族体育活动做了大量工作，培养一大批优秀少数民族运动员，在各级体育比赛中取得优异成绩。1998—2005年先后参加河北省第五届、第六届少数民族运动会和省少数民族体育单项比赛，并取得较好成绩。1998年，在省第五届民运会上，健球队获女子团体第五名、男子团体第六名，蹴球队获女子双蹴第四名；2000年，河北省民族体育单项比赛中蹴球队获女子双蹴（沙春景、王文静）第一名，男子双蹴（石磊、张青昆）第二名，男女混蹴（张青昆、王文静）第三名，女子单蹴（沙春景）第三名，男子单蹴第五名，毽球队获女子团体第三名，男子团体第六名；2002年，在河北省第六届民运会上，获男子双蹴第六名，男子单蹴第五名。同年，县文体局被河北省民宗局评为民族体育先进单位。2004 年，在省民族体育单项比赛中，王辉获男子单蹴第一名，马晓众获第五名，鲍雅获女子单蹴第六名；男子双蹴获第三名。

第五章　体育比赛

第一节　田径比赛

1979—1987 年，县文教局每年组织中学生田径运动会 1 次，人数一般为 400 人左右。高中组第一名除 1985 年以外，其余全部由县一中夺得。初中组成绩较好的有城关中学、七级中学、胡帐中学、常屯中学。1987 年后，中学生田径运动会一般由各学校举办，威县多次组队参加省市举办的田径运动会。县一中历次组队参加邢台地市中学生田径运动会。

图 29－7　跳高比赛/2014 年摄

第二节　球类比赛

篮球比赛　从 1983 年起，县体育局（体委）一般每年组织一至二次职工篮球比赛，组队参加者多为县直机关。同年，县粮食局获得团体第一名。中小学篮球比赛，桂冠则由县一中和县二中交替获得。此外，威县还多次参加省（地）市举办的篮球比赛。

乒乓球比赛　乒乓球是威县体育强项。70 年代末，随着全国乒乓球运动的开展，县内干部、职工和中学生多次举办乒乓球比赛。1985 年始，县体育局（体委）每年组织职工乒乓球赛。职工篮球赛分团体和个人两项。比赛时间多在“五一”“七一”“十一”和元旦，地点多在县政府院内体委训练房、义和团纪念馆等处举行。

2006 年，全国文博系统乒乓球比赛，威县鲍立国荣获第二名。

威县多次组队参加邢台市（地区）举办的乒乓球比赛。1984 年，邢台地区在威县举办少年乒乓球赛，威县队摘取团体桂冠，高丁获男甲第一名，陈俊雷获男乙第一名，朱雪梅获女乙第一名。1986 年，在邢台地区第七届运动会乒乓球比赛中，鲍立国获男子成年组单打第一名。1987 年，邢台地区第二届青少年运动会乒乓球比赛在威县举行，威县队获得团体第一名，陈俊雷、秦艳风、朱雪梅分别获单打第一名。1989 年，在邢台地区青少年运动会上，威县乒乓球队摘取团体桂冠，魏东森、马庆瑞分别获得男子少年甲组、男子少年乙组第一名。2006 年，全国文博系统乒乓球比赛，威县鲍立国荣获第二名。

第三节 武术比赛

威县武术源远流长，民间多有习武练武之风。80年代以后，威县的武术队伍发展较快，很多农村都有自己的武术队。进入90年代以后，随着农村经济的富裕，各村武术队都配备专用服装，更换武术器械及大鼓锣镲。全县较优秀的农村武术队有李寨武术队等。这些武术队不断参加县城举办的春节文化活动——民间文艺调演。域内比较流行的武术种类有梅花拳、红拳、太极拳、太乙拳、八卦掌、三皇炮锤、十字八方掌、查拳、通臂拳、六合拳、迷踪拳、气功长拳、形意拳等。1979年，杨立秀在邢台地区武术汇报表演大会上获女子个人第一名。同年4月，八卦掌拳师李长锁参加河北省在沧州举行的武术观摩表演赛，荣获纪念奖。

第四节 中国象棋比赛

中国象棋是威县传统体育项目，县内每年举办中国象棋比赛，并参加省市举办的有关比赛。其中，1979年，邢台地区在清河举办的中国象棋比赛中，王梅芝获女子第一名。

1979—2009年威县体育代表队参加全国、省、市比赛成绩一览表

表29－1

时间	比赛名称	比赛地点	比赛成绩
1979	邢台地区象棋比赛	清河县	王梅芝获女子第一名
	河北省武术观摩表演赛	沧州	七级八卦掌拳师李长锁获纪念奖
	邢台地区武术比赛	南宫	杨立秀获女子个人第一名
	邢台地区职工篮球赛		男队获第六名
1980	邢台地区小学篮球运动会		男、女团体第一名
1981	邢台地区重点中学田径运动会	邢台一中	马秀红破400米邢台地区纪录
	邢台地区重点中学篮球赛	邢台一中	男队第八名，女队第七名
1982	邢台地区第六届运动会（田径、篮球、象棋、武术）		象棋获团体第一名，田径获女子第三名，马秀红破800米邢台地区纪录获第一名
1983	河北省体育竞赛	南宫	高丁获乒乓甲组男子单打第八名
1984	邢台地区重点中学田径运动会	邢台一中	一中马秀红女子800米第一名，邱玉英女子铅球、铁饼第一名，孟祥士男子800米第一名
	邢台地区第一届青少年运动会（田径、篮球）		男篮获第五名
	邢台地区青少年乒乓球赛	威县	获团体第一名，高丁、陈俊雷、朱雪梅分别获男子甲组、乙组，女子乙组第一名

续表 29－1

时间	比赛名称	比赛地点	比赛成绩
1985	邢台地区重点中学田径运动会		（一中）团体第八名
	邢台地区重点中学篮球赛		一中获男队第六名，升入甲级队
1986	河北省全运会柔道比赛		邱玉英获女子72公斤级第二名，无差别级第三名
	邢台地区重点中学田径赛		团体第十名
	邢台地区乒乓球比赛		鲍立国获男子成年组第一名，高丁获男子甲级第一名
	邢台地区农民运动会		男篮第六名，王玉珍象棋第三名
	邢台地区重点中学篮球赛		二中男女进入乙级
1987	邢台市第二届青少年运动会		获团体第四名，乒乓球获团体第一名，陈俊雷、秦艳凤、朱雪梅分别获单项第一名
	邢台地区重点中学田径运动会	邢台一中	获团体第八名，邱玉英获铁饼、铅球女子第一名
	邢台地区青少年游泳比赛		团体第二名，黄自军、范玉强、张岩、石少华获6个第一名。
	邢台地区重点中学篮球赛	邢台一中、二中	二中男女队升为甲级队
1989	邢台市第三届青少年运动会乒乓球比赛		团体第一名，魏东森获男子甲组第一名，马庆瑞获男子乙组第一名，张瑞刚获男子组第三名，秦艳凤获女子甲组第三名
1990	河北省青少年乒乓球锦标赛		团体第六名
	邢台市中学生田径运动会		李健获铅球第二名，刘忠获标枪第四名，何召军铁饼第二，铅球第四名
	河北省农民篮球赛		女子团体第六名
1991	邢台市第八届运动会		柔道比赛团体第四名，刘营、李平、李晓平、马志国分获各级别第二名
	邢台市第八届运动会乒乓球比赛		团体第三名，马秋娥、王建文获个人前六名
	邢台市第八届运动会武术比赛		传统项目二等奖
1992	邢台中学生田径运动会		李洪涛铁饼第五名
1993	邢台市职工乒乓球比赛		团体第二名
	邢台市中学生田径运动会	邢台一中	张俊彪获跳远第二名，何召军铁饼第三名

续表 29－1

时间	比赛名称	比赛地点	比赛成绩
1995	邢台第九届运动会乒乓球比赛		团体第三名，陈俊雷获男子成年组单打第一名，秦艳凤获女子成年组单打第二名
	邢台市中学生运动会暨第九届运动会田径赛		唐海娥女子获 1500 米、3000 米第一名，柴士兴获跳远第四名，张艳芳获 200 米第三名，陈建明获跳高第三名
1996	邢台市职工乒乓球比赛		团体第三名
	邢台市老年门球比赛		甲级队
1997	邢台市第一届体育艺术节		优秀组织奖
	邢台市乒乓球比赛	宁晋县	团体第四名
	邢台市中学生田径运动会		团体第八名
1998	河北省第五届少数民族运动会		女子双蹴第四名，沙春景、王艳红，女子毽球团体第四名，男子毽球团体第六名
	邢台传统项目毽球比赛		女子团体第一名
	邢台市“乒协杯”乒乓球比赛		团体第三名
1999	河北农民运动会		男子篮球团体第四名
	邢台市第十届运动会		乒乓球队获团体第三名，男子少年甲组第三名，女子甲组第三名，男子成年组第六名，少年女子甲组第三名，男子乙组第三名，女子乙组第三名，男子成年组第六名，女成年第五名。男子篮球团体第八名。田径队（一中）获第六名
2000	河北省少数民族运动会蹴球比赛		沙春景、王文静获女子双蹴第一名，石磊、张青昆获男子双蹴第二名，沙春景获女子单蹴第三名，王文静、张青昆获男、女混合双蹴第三名，石磊获男子单子单蹴第五名
	河北省少数民族运动会毽球比赛		女子毽球团体第三名，男子毽球团体第六名
	邢台市传统项目毽球比赛		男、女团体第一名（二中）
	邢台市中学生田径运动会		团体总分第八名，宋保贞获男子 5000 米第二名，刚栋梁男子标枪第二名，赵江彬获男铅球第三名
2001	邢台市传统项目学校毽球比赛	邢台二中	男女团体第一名

续表 29－1

时间	比赛名称	比赛地点	比赛成绩
2002	全国第六届“中华不老城”老年秧歌比赛	江苏无锡	铜牌
	河北省第六届少数民族运动会蹴球比赛		马晓众获男子单蹴第五名、王辉、马晓众获男子双蹴第六名
	邢台市乒协杯比赛		团体第二名
	邢台市职工运动会		男子篮球第八名
	邢台市中学生篮球赛	邢台一中	体育道德风尚奖
	邢台市传统项目		男女团体第二名
2003	全国文博系统乒乓球比赛		鲍立国获第二名
	邢台市乒乓球邀请赛		团体第三名
	邢台市中老年乒乓球比赛		团体第五名
	邢台市十一届运动会		男子篮球第八名
2004	河北省少数民族运动会蹴球比赛		男子单蹴王辉第一名、马晓众获第六名，王辉、马晓众获双蹴第五名，鲍雅获女子单蹴第六名
	邢台传统项目毽球比赛		男女团体第二名（二中）
	河北省老年太极拳比赛		团体第二名，二四式拳第二名，三十二式剑第二名
	邢台市第一届农运会乒乓球比赛		团体第五名，个人魏东森第三名，象棋队获体育道德风尚奖
	邢台市第一届农运会健身操比赛		团体一等奖
2005	全国中老年健身操比赛（广东韶关）		团体优秀奖
	河北省老年太极拳比赛		团体第六名和优秀奖（刘保生、张文辉等多人获单项奖）
	河北省无极健身球比赛		梅花奖（最高奖）
	邢台市第二届农运会乒乓球比赛		团体第四名，姜培玉获个人第二名
	邢台市第二届农运会象棋比赛		团体第五名
	邢台市传统项目比赛（毽球）中学生组		男、女团体第二名（二中）

续表 29－1

时间	比赛名称	比赛地点	比赛成绩
2006	邢台市第三届农民运动会乒乓球比赛		团体第一名、姜培玉获单位第二名
	河北少数民族运动会	张家口	男双第五名、女双第八名
	河北省老年太极拳比赛		集体第四名
	河北省老年健身球比赛		梅花奖（最高奖）
	全国文博系统乒乓球比赛		鲍立国获第二名
	全国少数民族运动会武术比赛		左长辉获第一名
2007	邢台市第十二届运动会	邢台体育馆	金牌 3 枚，银牌 8 枚，铜牌 9 枚，获团体总分金牌第九名，获优秀组织奖。其中武术运动员获金牌 3 枚，银牌 1 枚，团体总分第六名。女子篮球队获集体第二名，男子篮球获第六名。田径队获银牌 3 枚，铜牌 5 枚
	河北省少数民族运动会（全国选拔赛）	河北体育学院	高国环、陈翠巧获女子双蹴第二名，王辉、马众获男子双蹴第五名。女子健球队获集体第三名
	河北省老年太极拳比赛	秦皇岛	集体第六名。解存英、李雪英分别获 42 式太极拳第二名、第三名。房立飞获太极器械（刀）第二名
	河北省老年健身球比赛	秦皇岛	荣获金奖
	全国老年健身球比赛	海南	获优秀奖、体育道德风尚奖
2008	全国老年健身球比赛	广西	获优秀奖
	河北省第一届体育大会	邯郸	威县太极拳队代表邢台市参赛，团体获第二名；单项，秦志红、解存英分获第一名和第二名。王秀岭获太极剑第二名
	全国康龙武林大会	中央电视台	石瑞杰获梅花桩拳总冠军
	韩国太极拳邀请赛		解存英获 24 式金奖、32 式银奖、40 式铜奖
2009	邢台市首届武术（太极拳）比赛	任县	一等奖 12 个，二等奖 3 个，三等奖 2 个，团体总分第二名
	邢台市传统项目学校毽球比赛		二中获女团体第二名，男团第三名
	邢台市乒乓球运动会（处级组）比赛		获团体第四名
	河北省健身操比赛		威县健身操队获团体银奖

第三十编　人　物

威县人杰地灵，名贤俊彦，史不绝书。北魏以身护主的大行台左丞陈元康，唐代时称“二盖”的大儒盖文达、盖文懿，宋代《刑统》修订人、骨鲠廉洁的宰相范质，金代冒死上书辨析冤狱的尚书省令史刘肃，明代清正廉洁的兵部尚书贾待问，公正无私、人称“李铁面”的工部侍郎李春，清代名儒王建衡等，均是历史名人。时至近现代，涌现出更多无愧于中华民族的优秀人物。义和团著名领袖赵三多、阎书勤，国民党抗日爱国将领梁立柱，中共威县地方党组织创建人潘笑圃、宋彩芹、马东斗，为中华民族解放而牺牲的李林、潘锡龄、王一夫、任虎臣、刘洪范等，冀南第一战斗英雄王登安，著名诗人、作家王亚平，军旅诗人史轮，早期参加革命、有卓越贡献的高级干部李子元、任仲夷、郭森、王悦尘等，均为威县人的杰出代表。

前志立传人物有48人：陈元康、范质、刘肃、贾待问、李春、王建衡、刘自立、阎书勤、赵三多、杨锦江、王以锷、宋德功、屈保章、尚希宾、李林、潘锡龄、任虎臣、王一夫、李侍曾、范立轩、王含之、刘吟皋、张延春、马龙彪、张妈妈、和梦九、梁立柱、刘洪范、王登安、孟宪坤、李茂斋、张心正、郭栋臣、李慕三、范若一、苏林阁、罗星甫、王金海、徐楚波、潘遇亨、王亚平、刘润秋、李子元、张泊生、张奇华、李清顺、孙金枝、丁锐锋。

1979—2009年，威县广大干部群众在波澜壮阔的改革开放和社会主义现代化建设中，奋发进取，开拓创新，涌现出一大批高级专业技术人才、劳动模范、先进典型。他们凭借自己的智慧、勤奋与担当，为威县经济社会的繁荣与进步做出了贡献。在旅居游子中，改革开放的先驱任仲夷、中国核工业的奠基人之一刘杰，名重全国，增添了威县的美誉度。更有一大批威县籍人士分布全国各地，他们积极拼搏，勇于奉献，为祖国的各项建设增砖添瓦，贡献力量。

第一章　人物传

全编立传人物共计46人。断限内31人，以卒年为序；后附15人为补记前志未录之历史名人，以生年为序。

李所庵

李所庵（1898—1983. 10），又名李德欣，贺钊乡雪塔村人。1937 年 8 月参加中共冀南地下党组织的抗日自卫队，任冀南抗日自卫队队长。后编入冀南抗日独立第二师，任一团二营营长。1938 年 6 月，加入中国共产党，先后任八路军青年纵队第三团二营营长、七七一团二营营长、十一团团长、冀南第四军分区副参谋长、副司令员等职。

1942 年 8 月，李所庵率七七一团一部在威县城北同日军小队相遇。在激烈交火后，与日军展开白刃战。他身材魁梧、出手勇猛，首先刺死日军小队长，又一连刺死两名日军士兵。在他的带动下，战士们个个英勇顽强、拼死搏斗，将日军全部消灭，还烧毁日军汽车两辆，缴获日军各种武器、望远镜等战利品。

1943 年 2 月 26 日，冀南第二军分区副政委李宝灼、敌工科科长宋之光因汉奸告密被捕，押于南宫日军宪兵队监狱。3 月 27 日，李所庵率第十一团两个连在南宫县大队和内线配合下，秘密进入南宫县城，机智巧妙地杀掉日本宪兵，砸毁监狱大门，救出李宝灼、宋之光等 40 余名抗日军民。八路军无一伤亡，受到冀南军区首长嘉奖，并记功一次。

解放战争时期，历任冀南第十军分区副司令员、冀南军区参谋长，曾参加解放邯郸、邢台、石家庄等战斗和平津战役。

1950 年，李所庵任西南军区公安部队第二纵队副纵队长、中国人民解放军西南军区政治大学川东分校（后改为第六分校）校长、川东军区教导团团长。1952 年 8 月，任西南工业部行政处处长、西南工业部重庆办事处主任。1953 年 12 月，任云南省有色金属管理局行政处处长。1956 年 3 月，任云南省冶金厅党委书记。1963 年 3 月离休，任河北邢台机械局党委荣誉书记，享受行政十一级待遇。

刘贵珍

刘贵珍（1902. 9—1983. 12），赵村乡西寺庄人，现代医家。抗日战争爆发后，利用在天津工作的便利，为家乡抗日军民筹措资金，购买和运送物品。由于叛徒出卖，被抓到日本宪兵队，后经多方周旋而被释放。1944 年春，回到家乡。次年，经王悦尘介绍，在冀南行署外贸局工作，投身抗日斗争。

1947 年，患上严重的胃溃疡、神经衰弱和肺结核。组织上派人把他护送回寺庄养病。回寺庄后，跟其远方亲戚刘渡舟学练气功，4 个月后完全恢复健康，重新回到工作岗位。

1948 年，拜刘渡舟为师，得到内养功真传，学习、挖掘、整理内养功疗法，于 1949 年在冀南行署干部休养所用于临床治疗，取得很好效果。1949 年，加入中国共产党。

1953 年，在唐山筹建气功疗养所，将气功用于临床。首次在 X 光下系统观察功前、功中和功后气功对膈肌、肠胃运动等变化，观察练功前后的血象变化和血压变化，首次证明气功对消化系统具有调节作用，为气功治疗溃疡病、胃下垂等疾病找到理论根据。

1955 年，受卫生部委托，全国人大代表、中国佛学会主席巨赞法师两次率卫生界全国人大代表进行实地考察，通过对大量病案病例和检测数据科学分析和论证，以及对病人座谈、采访和深入了解治疗情况，证实了气功疗法的真实性和可靠性。12 月，卫生部部长李德全亲笔签署嘉奖奖状、颁发奖金，对以刘贵珍为首的气功疗法研究小组给予表彰和奖励，同时以卫生部名义向全国推广这种“慢病快治”的医疗气功方法。

1956 年，刘贵珍调到北戴河，建全国第一个气功疗养院，出任院长。整理出“内养功”“强壮功”，随后又根据内功、导引、八段锦等整理出“保健功”“行步功”等功法。同年，被评为河北省先进工作者、全国劳动模范，受到毛泽东主席等中央领导人的接见。

1957 年，编写第一部以临床实践为基础的气功学专著《气功疗法实践》出版发行，先后印刷近百万册，畅销国内外。日本将其全部译为日文，称其为“医学气功鼻祖”。另著有《气功疗法临床应用指导》《气功学》等书籍及气功学术论文 80 余万字。第一次在全国范围内将这种以培育正气为主的自我锻炼方法命名为“气功”。20 世纪 60 年代初，多次应邀去北京为中央领导人讲解功法和教练气功，还多次与日本、美国、苏联、德国、印尼等 14 个国家的医学专家、学者进行气功文化学术交流，为国家赢得了荣誉。

“文化大革命”期间蒙冤挨批。1979 年 12 月，刘贵珍冤案平反，重新出任北戴河气功疗养院院长。1981 年，被晋升为全国第一位气功主任医师。1983 年 12 月 27 日去世，享年 81 岁。

刘贵珍作为当代气功的领军人物，《大辞海·医药科学卷》称其为“气功学家”。

王秀川

王秀川（1910—1985），原名毓才，洺州镇马安陵村人。1915 年在威县县立模范小学读书，1921 年考入邢台直隶省立第十二中学读书，1925 年转入北京私立大同中学，1927 年考入北京私立中国大学预科，1929 年考入该校本科法系。从 1933 年至 1939 年，自学古典文学、书法、拓摩、刻竹等。1939 年，经威县王冰之、于光甫等人启发，参加威县战委会，任宣传干事。1943 年到徐州经商，后在徐州汽车修理厂任会计。1948 年徐州解放后，修理厂改名为华东运输公司徐州公司，仍任会计。1950 年因母病回家。1951 年任威县商联会文化教员。1952 年在徐家庄完小任教员，1962 年退职。1971 年由徐家庄迁居马安陵。1978 年，受邢台地区行政公署外事室和文化局聘请拓摩邢台地区境内著名石刻，1979 年兼任装裱指导。1980 年，任邢台地区文化局文物室威县收购员。1982 年，受河北省文物事业管理局聘请，为拓摩装裱训练班主讲，保定图书馆古籍整理顾问。1983 年，在县地名办公室协助工作，曾参加《威县地名志》的编修。

王秀川学识渊博，和善厚道，除精于石刻拓摩书画装裱，还善书法及诗歌创作，县文化界多有受益者。1985 年去世，享年 75 岁。

高世平

高世平（1918. 2—1986. 1），曾用名高九增，七级镇北高庄村人。1938 年 2 月加入中国共产党，同年 5 月参加八路军。先后任一二九师晋南干部学校学员，晋冀豫军区政治部干事，

冀南军区直属第一队政治处组织干事，党总支书记，冀南军区第二军分区政治部组织科副科长、科长。

解放战争时期，先后任冀南军区政治部副主任，冀南军区卫生部政治委员，晋冀鲁豫野战军第二纵队卫生部政治委员，第二野战军第三兵团十军二十八师政治部主任。

1950年3月，负责四川宜宾军管会工作，4月，任中共宜宾地委委员。1964年任山西省军区政治部主任，1966年3月任山西省军区副政委。先后任川南军区政治部主任，北京军区后勤部副政治委员（正军职）。曾荣获二级独立自由勋章、二级解放勋章。1955年被授上校军衔，1965年晋升为大校。

柴保中

柴保中（1914—1989），曾用名陈士东，侯贯镇杨长屯村人。1930年在济南正谊中学读书时秘密加入中国共产主义青年团，1931年10月转为中国共产党党员。不久，由于中共地下党组织遭到破坏，先后到北平、山东淄川煤矿、东北兴安岭铁矿、大连港等地当过工人、教员，参加组织工人罢工等革命活动。曾参加过蔡廷锴领导的十九路军抗日斗争，开展过农村游击队活动。1937年10月，与共产党员王笑一以桑园镇为中心，组建一支游击队。抗日战争和解放战争期间，历任中共临冠邱区委书记，中共清江县县委组织部长、书记，中共冀南四地委敌工部部长、民运部部长、组织部部长等职务。

1949年3月，与乔晓光等人率领冀南区1900人南下湖南常德地区，任常澧地方工作委员会委员，12月12日任中共常德地委常委、组织部部长。1950年12月，任常德专员公署专员。后先后任长江航运管理局党委书记、上海港务局局长、党委书记。1951年，长江水利委员会拨款要把分洪区老堤“戴帽加埂”，他通过黄克诚向毛泽东主席写信，力陈长江水利委员会的做法损害了洞庭湖地区人民群众的利益。此信引起国务院总理周恩来高度重视。随后召开由水利部，湖南、湖北两省及长江水利委员会等部门有关人员参加的专门会议，先表扬湖南（柴保中）写信向毛主席反映情况，后批评有关方面不当做法并予纠正。

1954年2月，任上海港务局党组书记，1956年10月任交通部部长助理，1957年任长江航运管理局书记，1958年回交通部。1959年1月任上海港务管理局局长，1964年任北方区海运管理局副局长，1979年任交通部港口管理局局长。1983年离休，享受副部级待遇。

李锋晨

李锋晨（1923.2—1989.5），方家营乡张官寨村人。1938年2月参加八路军，同年7月加入中国共产党。曾在一二九师东进纵队训练队、冀南独立二师、新四旅十一团等部，历任干事、连指导员、营教导员等职。抗日战争时期，带领部队广泛发动群众，坚决反击日伪军的疯狂“扫荡”，为建立和巩固抗日根据地英勇作战，出生入死，多次受到上级赞扬。

解放战争时期，先后任刘邓大军第二纵队五旅十五团教导员、旅政治部民运科长，鄂豫军区金（寨）固（始）霍（丘）指挥部政治处主任、潢川军分区政治部组织科长等职。1945

年9月至11月，先后参加上党战役和邯郸战役。在兴善战斗中，率领一个连突破敌军前沿阵地，为全歼敌人开辟前进道路。1946年8月始，先后参加定陶战役、龙堌集阻击战以及鄄南、滑县、豫北等重大战斗。在随刘邓大军挺进中原，坚持大别山斗争中，曾参加羊山集歼灭战、解放商城等战斗。他以坚定的革命意志，忠于职守、不怕牺牲，努力做好战斗中的政治思想工作。

1949年后，历任河南军区政治部组织科长、秘书科长，河南军区新乡军分区副政委，武汉军区政治部群工部副部长、政治部秘书长。湖北军区政治部副主任，湖北省军区政治部顾问（副军级）等职。长期从事部队政治工作，为和平时期保持和发扬人民军队政治工作的优良传统，加强部队革命化、正规化建设做出了巨大贡献。1955年荣获三级独立勋章和三级解放勋章。1988年荣获中国人民解放军独立功勋荣誉章。

王悦尘

王悦尘（1908—1989），原名王成瑞，赵村乡南寺庄村人。青少年时期，先在威县小学、初中读书。后在邱县师范讲习所任教，1936年参加革命工作，1937年12月加入中国共产党。

抗日战争时期，先后担任中共南威工委书记，冀鲁豫省委党校教务主任，冀南四地委书记，冀南一专署专员等职。积极组织地方抗日武装，在粉碎日伪军合围“扫荡”中，不怕牺牲，忘我奋斗。1945年10月，邯郸市人民政府成立，任第一任市长，就职时提出要迅速实现工作重点由乡村转向城市，城市发展应面向农村，为农村服务等主张。1946年初冬，担任中共邯郸市委书记兼市长，组织领导土地改革，大胆保护和发展工商业，为邯郸市党的建设、市政管理、发展生产做了大量卓有成效的工作，为党如何接管城市工作积累经验，为京津地区输送了一批城市管理干部。1948年4月，任冀南人民法院院长，华北人民政府司法部秘书室主任。

1949年后，历任司法部一司司长，司法部办公厅主任，甘肃省人民委员会办公厅副主任等职。在参加甘肃地区中蒙边界谈判中，坚持立场和原则，取得圆满成功。1978年后，由甘肃调回北京，参加司法部筹建。1980年2月，任司法部副部长，兼任第六届全国政协委员会法制组副组长。

1989年9月24日在北京病逝，终年81岁。乔石、习仲勋、王芳、任建新、刘复之、王任重参加遗体告别仪式并送了花圈。

管鲁生

管鲁生（1921. 5—1990. 1），洺州镇管安陵村人，出身于书香门第。1936年考入冀县初中，刚读完一年级，七七事变爆发，遂居家务农。1939年5月，被迫在敌伪警察所当警察、保安书记、警务系长。1949年2月，威县教育科起用一些农村知识分子，被任用，先后安排

到淯上营小学、城内完小担任教员。1951 年威县中学（威县第一中学前身）成立，调威县中学任教，直至 1988 年 12 月病休。

教学期间，通过自学和教学实践，逐步成为威县一中屈指可数的业务骨干。1956 年评定工资，定为中教五级，月工资 73 元，这样的级别和待遇，在当时威县教师队伍中寥寥无几。

在教学和班主任工作中，独具特色。特别在备课上，更是一丝不苟，教地理课，对教材反复阅读钻研，必达烂熟于心。每年春节假期在家只呆三两天，其余时间仍住在学校备课、绘图，常常工作到深夜。不管深夜工作到多久，第二天早操钟响以前，老师早已漫步在操场上，等着和学生一起跑早操。所任班级为响应学校号召，勤工俭学，决定买辆小拉车，可是钱不够，管老师悉知后，竟把自己的一件大衣卖掉将钱交到班里。

其讲课言简意赅，形象生动，如把甘肃省地形比作“弹花锤子”，把意大利地形比为一只大马靴蹬到地中海里。因此，学生对他讲的课，理解深刻，记忆牢固，有些知识甚至终生不忘。他讲课常常不仅是课本上内容，还大量收集报刊资料作为辅助教材，像 20 世纪 50 年代黄河溢洪堰工程、东北西部防护林、治淮等大型建设工程，都随时结合教材，讲给学生，使学生既学到知识，开阔眼界，又受到爱国主义教育。

年近花甲时，刚刚恢复高考，学生求知若渴，一面指导校内学生复课迎考，一面挤时间为校外往届毕业生编写复习资料，指出学习重点。那些考入高等学校的学生，都念念不忘管老师的精心指导和培养。

其教学艺术、育人风范、为人处世和燃烧自己照亮别人的精神，都在他教过的学生当中留下了深刻印象。

王宗约

王宗约（1905—1991），原名王博文，章台镇潘固村人。出身文化家庭，年少时在一百三十余县联考中一举夺魁，获得一辆自行车奖励，轰动一时。

王宗约在南宫县立中学读书时，和进步同学一起积极响应五四爱国运动，因领导学生罢课，抵制日货被学校开除。后考入邢台第四师范、保定莲池学院。毕业后，在威县一带教书，与王亚平等人创办进步刊物《友声》，出版过《贫非罪》《赤化！奴化》等多本革命小册子。

“七七事变”后，王宗约怀着一腔爱国热血，积极投身抗日救亡运动，先后与共产党人范若一等组织抗敌救援会和八路军抗日游击独立二师。先后担任独立二师党代表、八路军东进纵队政治部主任、威县抗日民主政府秘书、民政科长、清江县抗日政府文教科科长等职。还曾担任冀南四专署简易师范学校校长，为抗日根据地培养了大批干部和师资。

1945 年 10 月，任柳林（武训）师范学校第一任校长。任职期间努力把武训师范办成一所延安抗大式学校，为革命队伍输送了大批人才。1956 年后，先后在聊城第三中学、临清师范任校长，成为鲁西北地区三位名校长“二张一王”之一。直到 1983 年 78 岁时才从教育一线退下来。其学生遍布全国各地、各行各业，其中有河北省原副省长王东宁，全国供销社原主任解芳，以及丹彤、许梦侠等省部级干部多人。

贾英福

贾英福（1945.9—1991.6），第什营乡芦头村人，企业家，高级工程师。1964—1969年在天津大学电力机械系学习。1969—1976年留校，在科研生产处工作，1970年加入中国共产党。1976年调回威县，任县工业局办公室主任。1978—1981年任县经济委员会生产科长，期间参加县磷肥厂和章台化肥厂筹建工作，尤其是建化肥厂，从考察到正式投产一直住在厂内，直至正规运营才回到经委。

1981年任威县酿酒厂厂长。当时，酒厂已严重亏损。为扭转被动局面，采取一系列行之有效的措施。在生产工艺上，严格执行稳、准、细、净的各项标准。由于过度劳累，头发提前脱落。1983年，省轻工业厅组织全省酒厂厂长到承德培训学习，培训内容是研制优质白酒的生产工艺。培训结束后组织统一考试，他的成绩名列第一。为此，省轻工业厅把研制优质白酒和低度白酒任务交给威县酿酒厂，并拨款90万元作为研制经费。

1983—1985年，酒厂占地规模由40多亩扩大到近百亩，新建化验室、勾兑室、样品室大楼、低度酒专用库、培泥制曲车间、优质酒生产大厂房及发酵池，改建地上地下优质酒分级储存库及容器，扩建粮食仓库、粉碎车间、麸曲酒母车间等。1983年研制出优质麸曲洺水特曲，1984年又研制出浓香型38°洺水特曲，填补了河北省低度白酒的空白（全国共有低度白酒厂家8家）。1985年，威县38°洺水特曲参加轻工业部在北京西苑饭店组织召开的国际白酒评品大会，荣获铜质奖（三等奖）。威县白酒进入市场后，以其浓香醇正、甘甜绵软、口味纯净、回味悠长，受到广大消费者的青睐，产品远销东南亚，在北京人民大会堂成为来宾招待指定用酒，以至于在北京出现排队购买威县洺水特曲的盛况。中共邢台地委、行政公署于1985、1986两年为其荣记“创业立功”一等功。1986年3月，省轻工业厅颁发麸曲白酒和38°洺水特曲新工艺科技进步奖。威县酒厂扭亏为盈，利税连年增加。当1988年调离时，酒厂员工已由100多人发展到300多人。

贾英富清正廉洁，公而忘私，从不沾公家便宜，每次参评退回的样酒，也都如数归库。1991年6月10日，因病去世，终年46岁。其生前在县城没有自己的房产；去世时，灵柩只能停放在老家3间旧房内，吊唁者无不动容。

高士元

高士元（1912—1992），高公庄乡经镇村人。出生在一个殷实的农民家庭里，自幼喜爱武术。读完小期间，跟随村内高树恒（高树恒曾为当时有名的大枪将，在河南一带走镖，师从清末武术名家宋迈伦）学习拳法，日有长进。

1933年，在北平法学院学习期间，听说北平有个“石头和尚”。传说有一次和尚用木车推水，一伙孩童用石头投和尚的车轮子，想让他洒水。不料，和尚走过后，孩子们发现投的石头都被和尚用脚踩碾成碎末。从此，石头和尚的称号便传开了。高士元投奔石头和尚为师，

拳术技艺大进。

1936年，入江西星子县中国国民党庐山军官训练团政法队学习，后由班长升至团长。抗战期间，战斗在绥远抗日前线，深受傅作义将军器重。1940年，在与日军一次战斗中，他奉命化装改扮，带一士兵进入敌人封锁区，进行战前侦察，正在一家店铺吃饭时，赶上四个日军要搜身。高士元闪电般使出形意拳，摔倒前两个，后两个刚想反抗，高士元又用三皇炮拳的“夫子三拱手”，瞬间把后两个点倒在地，动弹不得。他随即说声“走”，跟他的士兵还未看清怎么回事，便被顺手拉走，顺利脱身。

1949年9月，率部起义，参加中国人民解放军。

一生酷爱武术，博学多才，文武兼备。因为历经风雨，饱经沧桑，所以他在交友和授徒上非常慎重。1972年，广宗杜家庄太极名师杜西文多次上门，想和他切磋武艺，都被推托谢绝。9月的一天，杜西文又一次登门造访。高士元无奈之下，与其交手，只一招“鼍变蛇形”就把杜西文托上炕，杜心悦诚服，再三讨教。从此二人成为好朋友。

高士元把形意拳象形取意、三体式站桩、内外三合、金木水火土五行、十二形与三皇炮拳的十三趟拳中“十字锤”“夫子三拱手”等技法熔于一炉，独创“形意炮锤拳”，成为著名的三皇炮锤、形意拳师。

1978年后，专心教徒，常用历史上爱国人物故事教育徒众，既教武艺，又教做人，深受人们称赞。

1992年，无疾而终，享年81岁。

刘剑秋

刘剑秋（1913—1993），原名刘云峰，字剑秋，张营乡刘家营村人。小学毕业后，考入河北省立冀县六师，1935年毕业。先后在巨鹿县师范、广宗第三完小任教。抗日战争爆发，随即参加威县战委会、抗敌救援会，从事抗日活动。1938年5月，威县抗日政府筹办抗日高小，先后任校长、教导主任等职。

抗日战争时期，学校无固定校址。刘剑秋带领师生与敌人周旋于威县与广宗、邱县、曲周交界处的沙荒树林中。有时实在不便集体行动，就化整为零，学生各回本村，他和教师们则化装成卖油、卖菜的商人，巡回到各村给学生布置作业，开展抗日宣传。为鼓舞学生斗志，自编歌曲教学生传唱，有一首歌词是：“小米饭，黄又黄，鬼子烧杀又抢粮，青年学习苦无处，抗高成立在沙行。方法多，计划详，不怕鬼子来扫荡。”

抗日战争胜利后，调枣园第六完小任教员。1948年7月，任威县师范教导主任。精通各门课程，随时可以代替因事缺课的教师上课。学校建房，他带领学生下城壕脱坯，为学校一次增建校舍17间。

“文化大革命”期间，被开除公职，遣返回家。1972年9月落实政策，被安排到距家近百里的枣园高中任教员，只发30多元生活费。对这些他毫不计较，不但出色地完成教学任务，还凭着自己多年来办学经验，积极为学校领导出谋划策，提合理化建议。

1978年1月，调威县一中工作，并恢复教导主任职务。1982年起，连任县第五、六届政协副主席。1987年离休后，仍关心学校发展和建设，学校后院有一条土甬路，每遇下雨，泥泞不堪，他便用捡来的砖头，把土甬路砌成砖路。学校自来水下水道不畅，他一个年逾花甲的老人，一连几天挖掘下水道，清除污泥。

他常说，人活着就应该时刻想着别人，多做些有益的事。这是他的人生信条，也是他的人生价值观。1978年调工资，主动把已经确定给他的升级指标，让给另一位教师，用自己的实际行动做出表率。他工作50余年，任劳任怨，尽管经历曲折，但从来不闹情绪，唯以工作为重。

王九鹏

王九鹏（1915.12—1994.1），字云程，号治远，洺州镇北街人。中国书法家协会河北分会会员，中国老年书画研究会会员，河南省郑州市书画院顾问，县书协副主席。出身于书香门第，祖上以书法世家而名扬一方，其高祖王金城、祖父王钦明的书艺在直隶一带颇有影响。6岁开始临池，从祖学书，初习柳公权《玄秘塔》，后摹赵孟頫草迹，继写行书，力攻王羲之《圣教序》。日复一日，寒暑不辍。早岁于津门遍访书法名师，后与冀、鲁、豫等地书法名家多有切磋，在书法艺海中弄舟七十载。其书法功底深厚，既得柳公之真谛，又谙右军之笔意，作品多以行草见长，庄严洒脱，神采飞扬。尤擅大字榜书，12岁起便常为商号书题匾额，巨窠大字雄浑开张，凝重大方，远近闻名。威县、邢台及邱县一带不少机关、学校、商号、饭店匾额多出其手。《邢台日报》《河北日报》多次发表其书作及介绍文章，书法作品多次在省内外参展，并屡屡获奖。也被多家展馆和日本、新加坡、中国香港等国内外人士收藏。1989年，威县人民政府为他举办个人书法展。

毕生从事教育事业，为人师表，桃李遍及各地。其子孙后代，有多人执教，1985年威县县委、县政府给予“教育世家”荣誉，并赠匾额一块，后被授予河北省优秀教育世家称号。晚年致力培养书法后继人才，循循善诱，诲人不倦，后学门徒成才者甚多，为家乡故土成为书画之乡做出很大贡献。王先生常以“岂能尽如人意，但求无愧我心”自勉，一生严于律己，宽以待人，从不计较个人名利。世人求字每每有求必应，故其作品存世较多、留传颇广。尤其乡亲邻里，但有婚丧嫁娶，必亲临执笔挥毫。其德其艺声名远播，可谓德艺双馨。

张光斗

张光斗（1913—1994），曾用名金奎、星阁，洺州镇管安陵村人。学生时代就读于威县乡村师范学校。青年时受革命思想影响，在威县鱼台、掌史、里庄任教员、校长期间，曾参加中国共产党组织的“读书会”和“流动图书馆”，参加了许多中国共产党的进步思想宣传活动。

抗日战争爆发后，积极投入抗日救亡运动。1938年6月加入中国共产党，并先后任威县

战委会总务部长，冀南行署科长，冀南四专署局长、办事处主任、监委。在艰苦卓绝的斗争中，在家人遭敌人逮捕的困境下，坚定不移地开展各项革命工作，不畏艰险，不怕困难，为抗日战争的胜利贡献了自己的力量。

解放战争时期，先后任河北省邯郸大华公司、面粉公司经理，冀南工商三分局局长，新华烟草公司冀南分公司经理，冀南建华公司经理兼行署工商处副处长，河北省合作总社副主任。这期间，致力于解放区的经济工作，为恢复和发展解放区的生产，支援解放全中国的革命斗争做了大量有益的工作。

1949年新中国成立后，调中央贸易部工作，先后担任国外贸易司出口处、东欧处处长，国外贸易司副司长、驻东德商务参赞、中国运输机械进出口公司、中国化工进出口总公司和香港华润公司总经理等职务。在任期间，他积极开拓国际市场，努力增加外贸出口，为发展国家外贸事业做出了积极贡献。在香港华润工作近十年间，团结广大内派干部和当地员工，积极开拓，努力进取，不断拓展公司业务，使贸易额有大幅度增长，为支持国内经济建设做出了贡献。在港工作期间，为香港的回归、祖国的统一做了许多富有成效的工作。

1981年10月，担任对外贸易部顾问。退居二线后，仍然热情关心国家对外贸易事业的发展，关心国家改革开放，经常向有关领导提出对经贸工作的看法和建议，为外贸事业的发展献计献策。

张光斗是中国人民政治协商会议第五、六、七届全国委员会委员。1994年10月4日，因病不治，在北京逝世，享年81岁。

张大昌

张大昌（1926—1995），字唯静，章台镇南镇村人（原籍张营乡邵梁庄）。在威县、广宗、平乡一带行医多年，治愈病患不计其数。他广收弟子，传经授道，著有《医哲心法》《诊疗要述》《三十六脉略述》《汤液经法拟补》等专著，弟子们根据其记录本和医案医话等资料整理编辑出版《张大昌医论医案集》。

张大昌出生于中医世家，家中藏书万卷，上起轩岐仲景，下至明清，医药典籍应有尽有。加之自幼天资敏悟，好学深思，家藏诸书无不遍览，特别对《伤寒论》《金匮要略》《辅行诀五脏用药法要》等背诵纯熟，运用自如。临床四十余年，应用经方，得心应手，尤其对再生障碍性贫血、乳腺癌、胃脘痛、颈椎病、骨质增生等疑难病症及妇科杂症治疗效果显著，有些病例疗效堪称奇特绝妙，深得患者赞叹。如威县某男性患者，头痛、阳痿，治疗半年无效，病情反而加重，求治于张大昌。先生诊断说："斯膀胱气化失司，利其下窍，宣畅经络即瘳矣。"随后服药五天即愈。广宗一孕妇，时发子痫，经医院治疗无效，而且遍体浮肿，下肢如瘫，不能行走。先生诊断说"斯乃妊娠致地道下闭，气血上逆，故面赤如朱、痫肿、瘫仆。"服张先生处方"桂枝茯苓丸"，三副药后，即能站起，继用三副，病症全无。贾女士，左侧面疼，久治无效。他诊断说："此小恙，局部浅表之络失畅尔。"随即用皂角、白芥子研末，炼蜜调敷患处，疼痛顿如信手拈去。一年夏天，一妇女咽喉肿痛，面赤如火，滴水不能咽下。他用竹筷杵其鼻孔，令出血数杯，即拿西瓜让她吃，果然顺溜咽下，毫无疼痛之感。一儿百日咳，久治不愈。他说："咳阵作，此痉咳耳。"用蜜水调药末抹其母乳头上，小儿吮之即愈。

他不但医术精湛高超，解救患者无数，而且精神境界卓然不凡。1974 年将家藏三代古经方佚书——陶弘景撰《辅行诀五脏用药法要》一书，无私奉献给中国中医研究院。他终其一生，一意行医，"唯以利人为旨，于名利断不可求"。1979 年中榜国家征考名医宿学，也曾一度执教于邢台经训班，但几十年间，除一段时间在县章台医院专务诊疗外，大部岁月奔波乡里，诊无虚日，成为遍地褒奖的乡间名医。

徐修业

徐修业（1937.8—1997.11），枣园乡枣园村人，中国共产党党员，曾任白果树公社（乡）书记、县林业局局长、政法委专职副书记等职。青年时期在邯钢参加工作，在全国民兵射击比赛中因成绩优异，公安部部长罗瑞卿亲自授予他一支冲锋枪，予以表彰。之后，调到威县，先后在县基层粮站、县公安局、县林业局和县委政法委工作。1977—1986 年，担任白果树乡（公社）书记期间，克服重重困难，顶住各种压力，身先士卒，艰苦创业，带领全乡干部群众大搞方田林网建设，综合治理沙荒地，改善生态环境。共绿化道路 56 条，216 千米，绿化沟渠 32 条，121.5 千米，营造片林 313 公顷，农田林网控制面积 3700 公顷，植树造林 5.9 万株，主要树种是毛白杨雌株、泡桐等，成为全国平原县农田林网建设中的一面红旗。1991 年，荣获中央绿化委员会颁发的劳动模范证书。1997 年 11 月去世，享年 60 岁。

胡青坡

胡青坡（1916—1998），原名胡振清，字晴坡、青坡，笔名田蓬岗、闻人千等，贺营乡胡庄村人，现代作家。

胡青坡早年在县立高小和威县简易师范读书时，就对文学发生浓厚兴趣，常写小说、散文、诗歌等。1934 年，在威县小报第一次发表短篇小说《毛线袜》。简易师范毕业后，留母校附属小学任教，后代理该校校长。当时，正值抗日战争全面爆发，毅然投笔从戎，于 1938 年 4 月在家乡参加革命，同年 9 月加入中国共产党，先后担任中共威县县委常委兼宣传部部长，冀南分区报社总编辑，文救会主任等职，编辑过抗日刊物《救国堂》《苍鹰》，在《抗战动员》《新中国》《新文艺》等期刊上发表过小说、散文、文艺评论。著有报告文学《日本帝国主义的宠犬》，揭露汉奸的卖国行径。1945 年后，任《冀南日报》编委，冀南书店副总编，主编《工农兵》半月刊。他的作品《反攻》《一天的工作》在冀南颇有影响。

1948 年，南下到洛阳，任《新洛阳报》副总编辑，中共洛阳市委常委兼宣传部长、市委常委兼文教局长。1950 年 2 月调任中南区（辖六省二市）军政委员会文化部办公室主任，后任中南文艺出版社社长兼总编辑，武汉作家协会副主席，党组副书记。团结、培养、扶植了一批全国知名的作家、艺术家。组织出版了一批小说、散文、诗歌、报告文学等有较大影响的文学作品，是中南地区文艺出版事业开拓者和奠基人之一。曾任《长江文艺》副主编，发表过《创作三题》《文学作品正确反映人民内部矛盾问题》《论革命文学的战斗传统》等论文。在《武汉晚报》开辟“昼记”杂文专栏，发表《时间就是性命》《八年如一日》等作品。

1962 年 8 月，调任湖南省文化局局长、党组书记，湖南省文联副主席。1963 年，在毛泽东旧居修葺特别是在筹建毛泽东陈列馆工作中，积极出谋献策。陈列馆向社会开放后，每天参观人员成千上万。

“文化大革命”后期曾任湖南省社会科学研究所副所长。1978 年调任中国文联筹备领导小组成员兼副秘书长，积极筹备并参加中国文联全国委员会扩大会议和中国文学艺术工作者第四届代表大会，是文学方面特邀代表。1980 年 12 月，任中国社会科学院语言研究所党委书记兼副所长。

1982 年离休后，仍然笔耕不辍，继续创作杂文、散文、文学评论，发表在《文艺报》《瞭望》《湖南日报》《长江文艺》等报刊上。晚年还撰写了各个革命时期的文学回忆录 100 余万字，出版有《故乡集》《小林和小花》《草子集》三部著作，另出版有作品选集《拾花集》。

1995 年 8 月，抗日战争胜利 50 周年时，中国作家协会授予其“抗战老作家纪念牌”。在 60 多年的革命生涯中，长期担任党的思想、宣传、文化、出版战线的重要领导职务，并且有突出的建树和贡献。1998 年 9 月 26 日因病逝世，享年 82 岁。

王启明

王启明（1910—2002），章台镇北胡帐村人。1929 年考入河北军事政治学校，同年 4 月加入中国共产党，并任地下党小组长，公开身份是学生大队步兵第二中队学生。尔后长期从事党的秘密工作。受中共中央北方局领导，在国民党第三十二军秘密从事兵运活动。抗日战争时期，参加正定保卫战，身负重伤。伤愈后，又参加武汉保卫战，率官兵三千余人坚守江西九江德安城，重创敌军。

1940 年，考入国民党重庆陆军大学第五期特别班。1944 年任陆军总司令部参谋处少将科长、少将高参，进入了掌握国民党核心军事机密部门。身处敌营，他胆大心细，沉着冷静，把一些重要情报想方设法转给中共中央和中央军委。

解放战争爆发后，1946 年 12 月，受中共党组织派遣回到国民党三十二军任少将参谋长，受中共南方局安排任该军地下党负责人，准备策反三十二军起义。因策反意图过早暴露，随即接受刘伯承、邓小平的指示，于 1947 年 3 月率 200 余人起义，回到人民解放军，结束了长达 18 年之久的敌营工作。1947 年 6 月始，先后任晋冀鲁豫军区第四纵队参谋长、纵队党委常委，第二野战军第四兵团第十四军副军长兼参谋长、军党委常委，强渡黄河、长江，参加平汉路消灭敌整三师战役、郑州战役、淮海战役等。1950 年参加进军云南。

云南军区成立后，任军区副参谋长，军区党委常委。1955 年，被中央军委授予少将军衔和中华人民共和国一级解放勋章。1960 年底，任云南省军区副司令员、党委常委。1965 年 9 月，任云南省副省长兼云南省农业大学校长、党委副书记，云南省政协副主席等职。1985 年离休，2000 年享受正省级待遇。2002 年 10 月 19 日在昆明逝世，享年 93 岁。

米光

米光（1917.7—2005），曾名王瑞三、王瑞明，赵村乡北亭上村人。9岁上学，后因家庭贫困辍学务农。此期间共产党员刘绍禹给他传授文化知识，讲了许多救国救民的道理，为他后来走上革命道路打下牢固的思想基础。1932年2月，经共产党员王一夫介绍加入中国共产党。

抗日战争时期，先后任威县锄奸队队长，威县游击大队政治处民运干事，自卫队支队长、教导员，威县各界抗日救国联合会武装部部长，六区区委委员兼六区抗日救国联合会主任，民运部部长，组织部部长，农会主任，冀南军区总工会宣传部部长等职。他深入敌后宣传党的抗日政策，发动群众，带领游击队员协助主力部队粉碎了日伪军多次“扫荡”和蚕食，为夺取抗日战争的胜利做出了贡献。

解放战争时期，米光随刘邓大军南下，先后任中共河南省邓北县县委副书记，邓县县委书记，镇平县县委书记。1949年后，先后任河南省军区南阳军分区司令部人民武装部部长，中央军委人民武装部参谋，总参谋部预备役士兵处副处长，组织处副处长，兵员动员处处长，中央办公厅、国务院办公厅联合接待室副主任，总参谋部五七干校副校长，总参谋部动员部副部长。经常不辞劳苦，深入基层，调查研究，提出建议，为军委、总部领导决策提供依据，为加强国防后备力量建设倾注了大量心血。

1955年，被授予三级独立自由勋章，三级解放勋章，1964年晋升为大校军衔，1988年被授予中国人民解放军二级红星功勋荣誉章。

张东梅

张东梅（1916.5—2005.5）常庄乡西安上村人。1938年3月参加革命并加入中国共产党，先后任县委宣传干事，区工作队长，区长，冀南四分区队列参谋，一分区队列股长，一分区二十六团参谋长。曾先后参加百团大战、反“扫荡”、反“铁壁合围”和解放临清、邯郸、安阳、桐柏、邓县等战斗，英勇顽强、不怕牺牲，立下战功。

解放战争时期，历任冀南军区司令部侦察科科长，晋冀鲁豫十纵队二十八队副参谋长，湖北军区独立四师参谋长，四野工兵司令部参谋长，参加了挺进中原、淮海战役、渡江战役和西南剿匪等重大战斗。

1949年后，曾任中南空军司令部情报处长，空军二航校师干班学员，空军23师师长，空军二航校校长，昆明军区空军指挥所副主任等职。1960年晋升为空军大校军衔。

1982年，作为正军职干部离休。曾荣获三级独立自由勋章、二级解放勋章和独立功勋荣誉章。2004年被总政评为全军先进离休干部。2005年5月26日因病逝世，享年89岁。

周白荡

周白荡（1919.08—2005.10），原名周汝贤，北京市怀柔区王史山村人。幼年曾读私塾小学，继读高小、师范学校。父亲是剃头匠，常被人看不起，对周幼小心灵刻下深深烙印。渐养成勤勉严谨、一丝不苟的性格。抗战期间，迫于生计，曾任伪职。1950年2月，在威县参

加教育工作，初任城内完小教员，1952 年 6 月调入刚成立的初级中学任教员兼班主任。教过英语、地理，后长期从事语文教学工作。

1956 年暑期，威县招收高中班，遂在高中任教。是年，实行工资制，周白荡与林凤禄、管鲁生、刘剑秋四人被评为中教五级教师，月工资 73 元，为全县教师工资最高。自此以后，周老师一直担任高中毕业班语文课，并兼任语文教研组组长、班主任。周老师几十年如一日，全身心投入教学工作中，其整天坐在屋中，不是备课，便是批改作文，从不与人闲聊天，东拉西扯。星期天放假也只是看看电影逛逛书店而已。尤其值得称道的是他对学生作文的批改，不但全批全改，而且针对每一个学生，在内容、结构、语言诸方面指出优缺点，提出努力方向。批语恰如其分，无一雷同，用红毛笔正楷书写，一字一格，学生奉若书法作品。其字独具一格，被学生誉为“周体”。1961—1963 年，威县中学教学质量低迷，升学率处于低谷，学校采取措施，将 3 个理科班前 16 名组成一个新高三班，由周老师任班主任兼语文课老师。1964 年高考成绩揭榜时，全班 47 名考生，有 44 人升入大专院校，28 人进入重点院校。1966 年“文化大革命”开始，被下放至侯贯公社刘庄大队监督改造。1973 年底落实政策，恢复公职，重回威县中学任教。自 1977 年恢复高考后，一直担任毕业班语文，至 1982 年退休。周老师从教 30 余年，不苟言笑，身体力行，潜移默化中影响着许许多多的学生，诸多学生以受教于周白荡老师为荣。

周老师常带黑边近视镜，梳背头，走路腰板挺直，一派学者风度。其生活有规律，起居有时，很少生病。2005 年 10 月，在北京怀柔去世，享年 87 岁。

任仲夷

任仲夷（1914. 9—2005. 11），梨园屯镇西小庄村人。无产阶级革命家，中国改革开放重要的参与者和见证者，广东改革开放起步发展时期的重要领导人之一。

早在 1935 年就读北平中国大学期间，就踊跃参加“一二·九”抗日救亡学生运动。1936 年 3 月加入中国共产主义青年团，5 月转为共产党员。先后担任中共北平市中国大学党支部书记、北平西北区委书记。抗日战争时期，历任鲁西抗日游击第三纵队司令部秘书长，泰西八路军六支队军政干部学校校长，冀南行署教育处副处长、处长，中共冀南区党委干部教育处副处长、党校校长、党总支书记，冀南政治干部学校校长，中共冀南五地委、二地委常委兼专员，中共邢台市委书记、市长。他还是共产党高级干部队伍中一位少有的既懂政治又懂经济的通才，青年时代他在中国大学攻读的专业就是政治经济学，抗战时期他主编了党内第一本《政治经济学》教材。

解放战争时期，历任大连市副市长、市长、市委书记，旅大行署秘书长兼党组副书记，中共旅大市委常委兼秘书长。1949 年后，历任松江省委常委兼秘书长，哈尔滨市委第一书记兼市政协主席，军分区第一政委，中共黑龙江省委书记。在哈尔滨，组织冰灯的研制和推广工作，取得卓著成效，被誉为“冰灯之父”。

“文化大革命”开始后，被下放农村劳动。1972 年 6 月，重新回到领导岗位，任中共黑龙江省委常务书记兼省革委会副主任。1977 年 3 月后，任中共辽宁省委第二书记兼省革委会第一副主任、辽宁省委第一书记兼省军区第一政委。这期间积极参与真理标准大讨论，率先反对“两个凡是”，撰写《理论上根本的拨乱反正》和《解放思想是伟大的历史潮流》两篇理论文章，深刻阐述实践是检验真理的唯一标准。在他的主持下，解放了一大批干部，为震惊全国的张志新冤案平反昭雪。主政辽宁三年，不仅政局平稳，经济发展更跃至全国三甲之列。

1980 年，受命出任中共广东省委第一书记兼省军区第一政委。他审时度势，把发展和调整有机地结合起来，提出“一定要把调整同执行特殊政策、灵活措施很好地结合起来，努力做到特殊政策真特殊，灵活措施真灵活，先走一步真先走”的“三真”方针，确保广东经济稳定健康和更加活跃地发展。中国第一家国际酒店白天鹅宾馆在广州试营业，任仲夷欣然接受香港企业家霍英东邀请并题词，表达他支持广东改革开放的态度和决心。

广东率先放开物价，国内商品物资纷纷流向广东，广东成为在价值规律作用下第一个搞活市场的范例。据《中国统计年鉴》记载：1979 年广东省经济总量列全国第 23 位，到任仲夷离任的 1985 年，广东已经赫然跃居全国第 1 位。

2004 年，90 岁高龄的任仲夷回到阔别 60 年的故乡，从自己并不丰厚的积蓄里拿出 10 万元捐赠给梨园屯镇西小庄小学。

任仲夷是中国共产党第八次、十次、十一次、十二次、十三次、十四次、十五次、十六次全国代表大会代表，中国共产党第十一届、十二届中央委员，1985 年 9 月当选为中央顾问委员会委员；第一届、二届、四届、五届、六届、七届全国人民代表大会代表。

王东宁

王东宁（1917. 2—2006. 3），赵村乡中安仁村人。1930 年高小毕业后考入省立冀县第六师范学校，在校期间，接受马列主义革命思想，1931 年 4 月加入中国共产党。1936 年师范毕业后，在威县徐家庄高小任教，积极向学生宣传进步思想，扩大党的影响。

1937 年“七七事变”后，积极投身到抗日救国革命运动中，历任威县县委秘书、宣传部部长、县委书记、冀南四地委委员兼南宫县委书记、冀南运东地委副书记兼宣传部部长、冀南六地委宣传部部长、冀南四地委组织部部长等职。他机智勇敢、不畏艰险，在组织动员广大军民联合抗日、支援前线工作中发挥了重要作用。

解放战争时期，先后任冀南党校教务主任，冀南区党委社会部副部长等职。积极动员和团结群众，同各种反动势力进行坚决斗争，出色地完成了党交给的各项任务。

1949 年后，先后任河北省公安厅秘书处处长、副厅长、厅长。1964 年 10 月任河北省政府副省长兼省公安厅厅长。经常深入实际调查研究，及时制定采取一系列行之有效的措施，维护全省社会稳定，为经济和社会事业发展创造良好环境。

1979 年任河北省革命委员会副主任。1980 年 2 月任河北省副省长、省政法小组副组长，

1981年7月任省委常委、副省长。1983年5月任省政府顾问、党组成员兼省委政法委副书记，1985年5月任省顾问委员会副主任。

20世纪80年代初，威县赵庄师范学校远离县城10多千米，地处偏僻，交通不便，不利于学校发展，影响了赵庄师范师资队伍的稳定，甚至青年教师找对象难成为突出问题。赵庄师范校长薛鸿群几经努力，试图将师范搬进威县城，可是均因理由不充足未获得省教育厅批准。最后，通过王东宁的协调，赵庄师范于1987年顺利搬进县城。

郭森

郭森（1909—2006），常庄乡枣科村人。幼时勤奋好学，16岁考入县立十四高小，毕业后在村内小学任教。他追求进步，主动同共产党组织建立联系，组织成立左翼青年读书会。在党的指导下，青年读书会逐渐发展成为冀豫鲁流动图书馆，撒播宣传马列著作和革命理论书刊，对唤醒知识分子和进步青年的革命觉悟起到了启蒙作用，特别是对威县共产党组织的建立和发展奠定了坚实的思想基础和理论基础。

1929年1月，郭森加入中国共产党，成为冀南地区最早的党员之一，也是威县党组织创始人之一。他以小学教员身份为掩护从事党的地下工作。1933年春，任中共威县县委组织部长，后调任广宗县委书记，冀南特委兼巨鹿中心县委书记。期间，除继续负责流动图书馆工作外，积极组织建立游击队，开展以“反恶除霸，分粮吃大户”为主要内容的冀南农民暴动（即河北省南部十四县范围内发动的历时近两年的群众武装斗争），震动了平、津、保（定）大城市，沉重地打击了国民党当局和封建顽固势力。

1937年初，前往延安中央党校学习，之后受党中央指派返回冀南抗日前线。先后任中共直南特委书记，冀南区党委组织部副部长，区党委秘书长，冀南二、四地委书记。在抗日战争最艰苦时期，他不畏牺牲，一边发动群众打炮楼、拔据点、开展地道战等武装斗争，一边带领群众开展生产自救，为冀南抗战胜利做出了重要贡献。

解放战争时期，郭森任冀南区党委组织部部长、社会部部长，带领广大干部群众进行土地改革，为搞好生产，支援前线斗争，做了大量艰苦细致的工作。1949年1月，担任新成立的南下区党委组织部部长，负责组织抽调全区3000多名干部随军南下。后长期在湖南省委工作，曾任湖南省委组织部部长、省人委政法办主任，监察厅厅长、省财贸部部长、省政协副主席等职务。“文化大革命”结束后，任中共湖南省纪委第一副书记，省人大常委会副主任。

郭森公道正派，坚持原则，长期担任党的高级组织干部，十分关心爱护党员和干部，为加强基层党组织的建设和培养选拔优秀干部做了大量卓有成效的工作。他从不计较个人名利得失，敢讲真话，立场坚定，显现出一个老共产党员的高风亮节。

1985年7月，退居二线。1992年8月离休，享受省长级待遇。

2006年逝世，享年97岁。

史子才

史子才（1920.11—2007.2），常屯乡马桥村人。

1938年4月参加革命，同年6月加入中国共产党。抗日战争时期在威县战委会组织部工作，后担任青救会主任，县大队教导员，敌工站站长，分区敌工科副科长，平汉纵队政治部联络科副科长等职。1940年参加八路军，参加了百团大战、上党、聊博、平汉等战役。解放战争期间，先后任冀南军区政治处主任，二纵十军政治部联络部副部长，四川内江专署第二专员兼税务局长，川南军区政治部组织部部长，十军干部部副部长，参加过淮海战役和渡江战役。抗美援朝时期任入朝部队师政委。后随十军改编到海军，先后任青岛基地干部部副部长，海军航空兵干部部部长，海军训练基地副政委兼政治部主任，国务院第六机械工业部革委会副主任，海军北海舰队航空兵政委，北海舰队政治部主任，北海舰队副政治委员（副兵团职）等职。1985年离休。2007年2月2日，因病在北京逝世，享年87岁。

高景秀

高景秀（1935.8—2009.2），七级镇北高庄村人。出身于七代中医眼科世家，1963年毕业于北京中医学院，留校工作后曾从师于中医眼科专家韦文贵、唐由之和北大医院教授李美玉。自20世纪80年代中期，任北京中医药大学眼科教研室和附属东直门医院眼科主任，主任医师、教授、硕士生导师、中国农工民主党党员，兼北京中医药学会——皮、五官、眼专业学会委员、香港中国医学院客座教授和康而福国际健康事业医学顾问。30余年间，一直从事眼科临床、教学和科研工作。在理论上，对传统“五轮学说”的五轮部位与脏腑配属提出新见解，并根据经络学说首创“眼病五方辨证法”，为眼病辨证论治提供理论依据。临床上，擅长运用经方、祖传秘方，配合针灸、经穴按摩等，治疗疑难眼病，如睑缘炎，虽多年不愈，用祖传验方一般7～10天即可痊愈，且很少复发；深层病毒性角膜炎，是一种顽固性可致盲眼病，服用其自行研制的“消朦退赤汤”，见效快，有效率高，复发率低；视网膜色素变性是一种慢性、进行性致盲病，服用其自制“通络明目”，配合针灸、经穴按摩等，经过2～3个月治疗，多数患者视野扩大，视力提高，夜盲改善。为此，《中国新闻》《人民政协报》《人民日报（海外版）》等媒体，先后以《开拓光明的白衣使者》《疑难眼病的克星》《创造光明的奇迹》为题，多次进行报道。其事迹被《现代名医大典》《中华国医导医指南》《中国当代医药界名人录》《北京名医》等收录。主要论述有《角膜属气论之我见》《试论眼与经络的关系》等。2009年2月在北京病逝，享年74岁。

墨道人

墨道人（1925.4—2010.2），俗姓孙，名清泽，道号明瑞，第什营乡芦头村人。中国道教协会理事，河北省道教协会名誉会长，中国美术家协会陕西分会会员。青年时爱好绘画，尤

酷爱山水和梅花，以重墨形成自己的风格，故号“墨道人”。

孙家祖祖辈辈是贫苦庄稼人。墨道人十几岁的时候，日本侵略军的暴行激起他满腔愤怒，加入共青团，当上抗日儿童团副团长，带领儿童团参加抗日斗争。1943年，日军的疯狂“围剿”和家庭生活的窘迫，逼得他离家出走，逃到山东梁山成为一名道教龙门派全真道士，次年与道友西行入西安八仙宫，后又到楼观台。他平生志在老庄学说，道课之余，以墨为乐，画梅自娱。其画作以善墨之法自成面目，颇为同道名家赞誉。

早年从师于何海霞、陈瑶笙先生，深得何、陈之笔意，且系统地研习了绘画技艺，临摹大量名家作品。既画山水，也涉猎花卉蔬果，尤以画梅著称。曾在西安美术学院当花工，又到楼观台国营林场当花工，手植梅花千余株，每日琢磨梅花的色姿神韵，所以他笔下的梅花，师古人而不拘泥于古法，法自然而兼具传统，或作苍龙飞舞，或作梅雪争春，或似鹤、似凤、似鹿，无不形神兼备，气韵生动。他的笔法泼辣奔放，苍劲雄浑，常把梅花独具的“雪魄冰魂”之神韵，展现于疏影琼枝之间。他画梅刻求以韵胜，以格高，“绝无繁琐千万朵，仅有传神二三枝”，大黑大白，豪爽粗放，浪漫朴拙，苍雄大气。

其画作曾多次在《解放军报》《陕西日报》《西安晚报》等报刊发表，多次参展并获奖，1988年获中国西安书画赛“金龙杯”大奖。画作有的被国家艺术单位收藏，有的被选赠给日本、美国、加拿大等外国友人，有的被刻石陈列。北京白云观、武汉黄鹤楼、庐山仙人洞等处都展有其巨幅梅花。

墨道人一生作画无数，把全部作品随手奉人，不取分文报酬，更不蓄私财。有不少海内外朋友要高价收买他的画，都被谢绝。2002年前后，在陕西美术博物馆和中国美术博物馆举办梅花专题展览，展出后悉数捐赠给国家博物馆。2004年3月，将一组12幅心爱之作《龙梅》捐给陕西图书馆，作品既可单独成画，相连悬挂又能成一围形态各异、酷似巨龙的精美屏风。2007年10月，与三位威县籍画家组织了一次“救心工程”，他们把义卖80幅作品所得款项，全部资助给四川南充一名先天性心脏病患者。威县民间流传着他的大量画作。

2010年2月6日去世，享年85岁。

王笑一

王笑一（1916—2010），曾用名王元之，1916年12月生于侯贯镇杨长屯（原属山东临清）一个农民家庭。自幼读书，后入济南第一中学、北京市通州潞河高中学习，燕京大学肄业。1937年，在临清县加入中国共产党。1938—1941年先后任山东省临清县战地动员委员会主任、中共临清县委书记、鲁西北行政委员会秘书长、鲁西北专署专员、地委委员。1942—1948年先后任冀鲁豫第八专署专员、地委委员、冀鲁豫行署民教处处长、中共平原分局豫东工委委员、冀鲁豫行署豫东办事处主任、冀鲁豫行署秘书长。1949年1月天津解放，任天津市人民法院院长、政法委员会副主任。1953年任天津市政府副秘书长。1955年任天津市委统战部部长。1958年任中共河北省委统战部部长兼天津市委统战部部长、河北省政协副主席。1959年任中共河北省委常委、秘书长兼统战部长。1965 年调中央外交部，在中央外交学院学习一年。1967 年调北京市，任革委会外事组组长、革委会副秘书长兼外事组组长。1977—1979 年先后任北京市委常委、市革委会副主任，政协副主席。1979—1983 年先后任中共北京市委常委、副市长兼外事办主任、北京市外事工作领导小组副组长。1983 年任北京市顾问委员会常委。1991 年任北京市人民对外友好协会顾问。

在革命战争年代，怀着忧国忧民的赤诚之心，很早就接受进步思想，走上了追求真理、决心革命的道路。1931 年“九·一八”事变后在冀南一中参加中国共产党领导的学生请愿运动。1936 年，在北京通州潞河中学加入中华民族抗日先锋队。1938 年 3 月，同一批进步青年成立了临清十区战地动员委员会（当时杨长屯是在威县境内而属于临清县管辖的“飞地”，与附近十几个村庄号称临清北十八村，为临清县第十区），简称战委会，王笑一任主任。战委会围绕抗日斗争开展各项工作，并成立了一支抗日游击队，任队长。战委会成立后不久，将十区战委会扩大为临清县战委会，王笑一任主任，并于 5 月份由中侯村迁驻临清县城。同时又把十区抗日游击队佩戴上“八路”臂章拉到临清，在临清大街上进行检阅式行军，在市民中产生了很大影响，临清很快出现了抗日热潮。战委会增设了工救会、商救会、妇救会、青救会等抗日群众团体。国民党政府为了争夺对临清的控制权，在恢复国民党县政府的同时，成立了“临清市动员委员会”，以动委会与中共战委会相对抗。王笑一等代表战委会与国民党谈判，针锋相对的进行斗争。1938 年 11 月，临清第二次失陷。王笑一等回到杨长屯，重新组织了一支由四五十人组成的抗日游击队，继续开展抗日游击战。

建国初期，按照党中央的部署，以极大的热情投身到社会主义政权的建设中。重点是组织领导了天津市法院的接管工作用天津及河北省的统战工作。“文革”期间，不顾个人安危，保护干部免受冲击，表现出一名共产党员的政治立场和崇高的革命情操。1972 年参与负责美国总统尼克松访华的接待工作。在改革开放新时期，认真贯彻执行中央的外事政策，为推动北京市的经济建设和社会发展开展做出了贡献。

2010 年 7 月 24 日，因病医治无效在北京逝世，享年 94 岁。

徐校卿

徐校卿（1909. 10—2012. 5），赵村乡徐家庄村人，1982 年加入中国共产党，新中国第一代眼科专家。河北省眼科专业委员会副主任委员，河北省政协第三、四、五届政协委员，保定市第四、五届政协副主席。徐校卿因少年时体弱多病，还经常目睹老百姓患病后得不到及时救治而至残疾、病逝的悲惨情景，便立下“不为良相即为良医”的宏愿。1929 年，中学毕业后考入北平大学医学院（北京大学医学部前身），在该校医疗专业学习六年。1935 年获得医学学士学位后，任北平中央医院胸科医师。1937 年初，向毕业于苏联莫斯科大学医学院的波兰籍眼科著名医生宣蔚仁（现立陶宛维尔纽斯人）学习眼科治疗技术，后来成为好朋友。宣蔚仁于 1929 年受罗马教皇之命由巴西到中国，任职于顺德府公教医院（邢台眼科医院的前身）。1938 年宣蔚仁聘任徐校卿去顺德府公教医院工作，徐欣然前往，任医务主任兼眼科医师。1946 年参加革命工作后任晋冀鲁豫军区卫生院医务主任。1949 年，邢台眼科医院更名河北省人民眼科医院，徐校卿任院长。1949 年 10 月 1 日，应华北军区卫生部邀请，作为观礼代表参加中华人民共和国开国大典。1949 年、1950 年两次荣获河北省卫生厅颁发的“白求恩医务工作者模范奖章”。1950 年任河北医学院副教授兼附属医院眼科主任。1952 年任河北省第六人民医院（后更名河北省第二人民医院、保定市第一人民医院）院长；保定市卫生局副局长。1959 年任河北省中医研究院附属医院院长。1962 年任保定专区医院、保定地区第二医院院长。1987 年离休，享受地师级待遇。2012 年 5 月去世，享年 103 岁。

魏振瀛

魏振瀛（1933. 11—2016. 9），固献乡白果树一村人，法学家和法学教育家，新时期中国民法学主要开拓者和奠基人之一，北京大学法学院教授。1950 年 9 月参加工作，1953 年 1 月加入中国共产党。1956 年 9 月入北京大学法律学系学习，1960 年本科毕业后留校任教，历任助教、讲师、副教授、教授，并曾任民法教研室主任、系党总支副书记、书记、系主任及北京大学学术委员会委员等职务。退休后，于 2000—2004 年担任澳门科技大学法学院副院长。还曾兼任中国法学会副会长暨学术委员会委员、中国法学会民法学经济法学研究会副总干事、国家教育委员会法学学科教学指导委员会副主任委员等职务。

魏振瀛教授毕生从事民法学的教学与研究工作，长期致力于民事责任理论、合同、侵权、物权、人身权、法人制度等重要民法领域的研究，著述丰硕，产生了广泛、巨大的学术影响。1983 年 5 月，《民法教程》出版，其为主要作者之一，该书是改革开放后较早且最有影响的民法教科书之一，提出了民法理论上许多根本性问题，注重本国制度的纵向比较和外国民法的横向比较，对后之《民法通则》有重要影响。其主编《疑难合同案例研究》（1992 年）是国内最早的案例分析著作之一。主编教材《民法》自 2000 年出版已经修订至第 6 版，印数百万册。曾参与多部重要法律的起草工作。1985—1986 年，与佟柔、江平、王家福一起，受邀担任民法通则起草专家咨询小组成员，并负责起草“民事责任”一章。

魏振瀛教授为人谦逊、善良，从不以大师、泰斗自居，始终以最严谨学术标准要求自己，乐于和年轻人相与问学，晚辈学者和学生无不深受感染。

刘杰

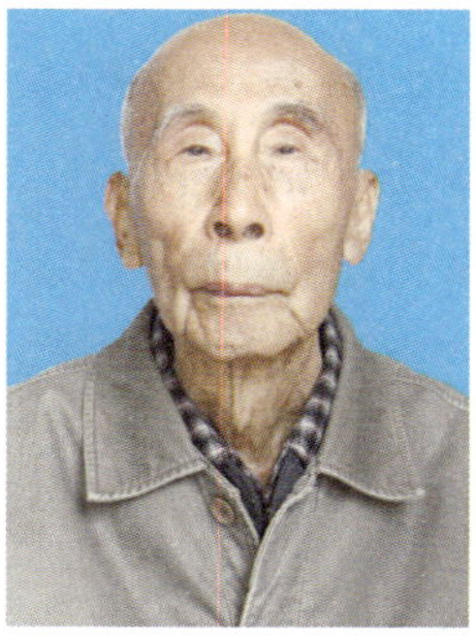

刘杰（1915—2018. 9），原名刘渤生，张营乡邵梁庄村人，中国核工业和核武器研制的主要开拓者和奠基人之一。父亲刘吟皋是清末举人，一位爱国、进步的开明士绅。刘杰幼承家训、志存高远，在学生时代（1932 年）加入中国共产党，参加北平“一二·九”爱国运动。“七七”事变后，历任宛平县中心县委书记、晋察冀边区三分区地委书记，组织民众奋勇抗战。抗战胜利后曾任中共察哈尔省委书记。1948 年奉命南下。1949—1953 年任河南省委副书记兼工人工委书记、政协副主席、中南军政委员会工业部部长。1952—1957 年任地质部常务副部长、党组书记、国务院三办副主任。期间，地质部找到了中国第一座铀矿。从 1954 年开始，主持创建核工业部，担负组织领导创建核工业与研制核武器重任。1956—1960 年任三机部、二机部副部长、党组副书记。1960—1967 年任二机部部长、党组书记，国防工业办公室副主任。1967 年被迫停止工作。1978—1985 年任中共河南省委书记、省长、省委第一书记、人大常委会主任。1982—1987 年为中顾委委员。他还是中共七大代表。

在研制原子弹期间，经历了中央决策、争取苏援、苏援中断、完全彻底自力更生等几个阶段。1959 年 7 月，在苏联撕毁协议后，国务院总理周恩来代表党中央指示：自己动手，从头摸起，准备用 8 年时间搞出原子弹。1960 年 8 月，苏联政府撤出全部在中国的专家，停供所有设备材料。是时，内则工业科技落后，经济严重困难，外则西方国家封锁，更有苏联违约。刘杰以对党和人民高度负责之精神，循中央之策，大力协同，攻艰克难，在 1962 年提出制造中国第一颗原子弹两年规划，得到毛泽东等党和国家领导人的赞同。为鼓舞士气，二机部决定以苏联撕毁协议时间“596”（1959 年 6 月）作为中国第一颗原子弹工程的代号，激励大家造出中国的“争气弹”。1964 年 10 月 16 日 15 时，中国第一颗原子弹试验成功！在大力研制原子弹的同时，科学家们从 1960 年底已开始摸索氢弹原理。1966 年 12 月 28 日，氢弹原理试验成功。从第一颗原子弹试验到氢弹原理突破，仅仅用了两年零两个月！1967 年 6 月 17 日，成功完成氢弹空投试验。

刘杰在二机部工作 13 年，圆满实现原子弹、氢弹研制试验和核潜艇动力装置初步设计，建成中国核燃料循环工业体系，为中国核工业创建和长远发展奠定了坚实基础，成为“两弹一艇”元勋。2009 年，荣获中国管理科学学会首届“管理科学奖”颁奖大会颁发的管理科学特殊贡献奖。

2018 年 9 月 23 日在深圳逝世，享年 104 岁。

附：补记人物

王伯大

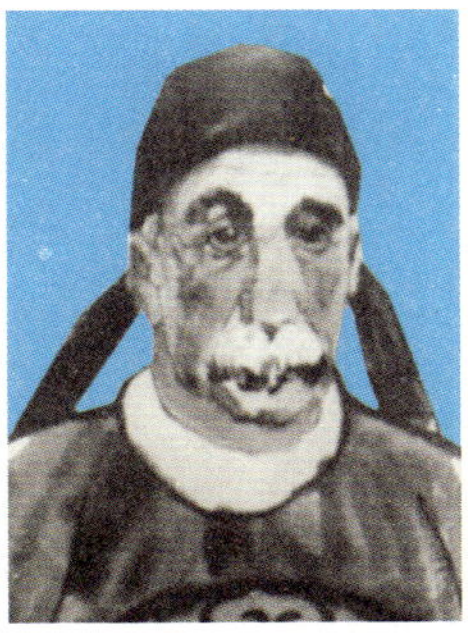

王伯大（生卒不详），字朝列，回族，今北京市房山区人，元末进士。元至正十年（1350 年），以参知政事任威州达鲁花赤（蒙古语，为“长官”之意）。

王伯大任威州长官后，清正廉明，戒除往日官吏私交拉拢之陈规，不染名士饮酒赋诗之习气，专心扎实认真地办理政务。他曾帮助治理黄河获得成功。在威州任上，兴办学校，以施教化；奖励农业，以务根本；平均赋役，以减诉讼。在他的治理下，威州百废俱兴，老百姓安居乐业。

王伯大还在管好财政收支和军事储备的情况下，协同幕僚捐出薪俸，修葺州衙厅堂。

王伯大是名回族人，信仰虔诚。到任时，威州尚无伊斯兰教，他多次从山东临清请黄氏阿訇（黄氏阿訇原是西域易不拉欣后裔）到威州传播伊斯兰教。王伯大与黄氏阿訇情同手足，同入威州州籍，同建清真寺（今黄街清真寺）。明嘉靖年间（1522—1566），王氏后人又从临清请来黄凤、黄鸾二位阿訇继续主持伊斯兰教务，从此教门更为弘扬，人丁日益兴旺。

王伯大堪为民族团结之典范。他为官任上，娶城东潘庄汉族名门之女潘氏为妻，潘家将自家110亩良田作为陪嫁转到王伯大名下，王伯大与黄姓阿訇归真后相继葬于此地，此地后来也就成了王、黄两家的坟茔地。王、潘两家回汉通婚，这在威县尚属首例。历史虽绵延600多年，但王、潘两家不同民族、不同信仰和习俗的亲和关系却一直流传，延续至今。

董威

董威，字德隅，号柳齐，明景泰三年（1452）出生于直隶威县。祖籍浙江湖州长兴县，明洪武年间其先祖为避兵乱迁山西太原，继而落居直隶威县。成化二十三年（1487）丁未科费宏榜进士。历任南京户部主事、员外郎、郎中、江西布政司左参议、贵州布政司左参政，加进正议大夫、资治尹等官职，时人称之“参政公”。

董威为人仁恕俭约，声色货利无所好，以清廉忠孝称于世。在户部任主事、员外郎至郎中期间，夙夜惟勤，清慎自持，厘革积弊，出纳钱谷以清白之操闻于人。在江西任参议时，值灾荒之年，盗贼窃发，他所分守管辖的袁、赣等地尤其难以治理。他设法抚捕，平心应物，安重不扰，很快使盗贼息灭，百姓得以安居。

正德元年（1506），宦官刘瑾得宠，权倾朝野，党同伐异，卖官鬻爵，朝廷官员无不忌惮。很多官员迫于刘瑾淫威，不得不用重金向刘瑾交纳“拜见礼”或“谢礼”。董威“刚介廉慎，动遵矩矱，”以盘剥民众纳贿交欢刘瑾为耻，并屡屡冒犯刘瑾，遭到刘瑾中伤。刘瑾滥用“罚输粟法”，假托圣命处罚董威小米若干石，责令交到居庸关军营中。董威被罚得倾家荡产，但他“处之裕如，了无怨色”。刘瑾被铲除后，朝廷启用被刘瑾枉罚的官员，擢升董威为贵州左参政。董威深感刘瑾虽除，但佞幸犹炽，壮志难酬，于是急流勇退，数次上章请辞，得允后回归故里威县，时人称之“见几焉”。

董威至孝。正德年间（1506—1521），曾“以表使得便道归省”，适值母亲刘氏染病，他侍奉汤药数月，不离母亲左右。刘氏病愈，命董威返回任所，并勉励他要“光祖宗，报国家，励清白”。董威把平时积攒的五锭俸资留作赡养母亲的费用，刘氏拒绝说：“家有薄田数顷，且有诸儿在膝下，足以给朝夕矣！何假于汝？汝留以助廉，勉修职业。”董威迎请母亲到任职地奉养，母亲以年高道远力辞不许。董威任职期间，朝廷曾于弘治五年（1488）、弘治十一年两次颁发圣旨，加赠其父董瓛为“南京户部山东清吏司主事”“南京户部四川清吏司员外郎”，其母亲刘氏为“太安人”“太宜人”，以表彰他们的“善教之功”。

史志记载，董威罢官回归故里时，刘瑾必以杀之而后快，派人中途追杀。董威见追兵紧急，令眷属先行，自己只身藏匿于五虎庙中。追杀的人追至庙前，却见庙门蛛网尘封，芳草满阶，四无人迹，索然而返。董威因此得以躲过大难。后董威在安仁村重修五虎庙，并由董氏后裔世代奉祀。安仁村五虎庙至今尚存。

董威回归故里后，非庆贺大礼，足不至出门，常在闲暇之时与县内耆英作诗饮酒。编撰《董氏族谱》，教导子侄晚辈，“优游林下二十余年”。嘉靖四年（1525）卒于正寝，享年74岁，以忠孝入县“乡贤祠”。

李廷桂

李廷桂（1792—1890），方家营乡翟家庄人，清代著名武术家。自幼习练梅花拳，为梅花拳第十三代传人。

据习云太著《中国武术史》记载："梅花拳最初以家传方式流行于民间，清乾隆年间逐渐面世，当时公开教授梅花拳的拳师李廷玉（十三代传人），在河北省武强县王家庄开设拳场，后又邀请师弟李廷桂同道教拳。"这里所记载的就是威县方家营乡翟家庄梅花拳拳师李廷桂受兄长李廷玉临终所托，到武强大王庄代兄传艺的史实。李氏兄弟冀中传艺，使梅花拳这一古老而神秘的拳种在冀中大地传承繁衍，名家辈出，在冀中武林异军突起，如日方中。冀中历史上著名的武术家任俊杰、尹英杰、尹墨池、韩其昌、韩复光都是李廷玉、李廷桂的传人。

李廷桂武德高尚，武艺超群，在直隶山东名闻遐迩。

李廷桂初到冀中传艺，行侠仗义，专打人间不平。曾流传下"传艺西留曹""仗义夺庙产"的佳话。那里的武师无不为其折服。清嘉庆十七年（1812），李廷桂曾赴山东梁山姜家庄传艺授徒，把梅花拳这一中国传统武术形式传播到齐鲁大地。至今山东仍保存着记载李廷桂传艺的碑刻。

2000年后，随着邢台梅花拳被列为中国非物质文化遗产名录，翟家庄李氏墓园被列为县级文物保护单位，梅花拳这一古老的传统武术又重新焕发生机与活力。现在每年正月初七，衡水市深州、饶阳、武强等县市李廷玉、李廷桂的传人，齐聚李氏墓园，举行祭祖演武仪式。以怀念祖师，交流技艺，把李氏梅花拳发扬光大。

高老尊

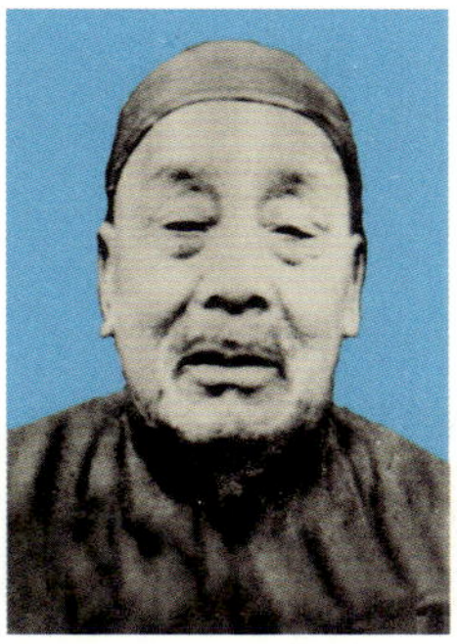

高老尊（1869—1963），原名高全贵，号老尊，第什营乡高家村人。一名地地道道的农民，又是一位享誉四方的正骨医生。

高老尊出身贫苦，少年时流浪到曲周县柳曲村，在一个富户家里喂牲口打零活。一个偶然机会，得以从师学习正骨。后白天顶班种地，晚上学正骨。几年后，在众多师兄弟中只有高老尊和师兄弟李存科二人学成。李存科学的是"柳枝接骨"，而高老尊学的是徒手接骨。师傅叮嘱，回家后接骨不要急于出手，等到有十几亩地能端起饭碗时再出手，接骨是为别人解痛苦，但一定不要接受钱财。

高老尊24岁时回到家乡，以给别人扛活糊口。一次，在王目村扛活时，东家郭良的孩子摔成骨折，东家让老尊赶着牛车找医生给孩子看病，每去一处须拿2斤点心当作礼物，但去了多处也没看好病，老尊牢记师傅的教诲没有出手。这一天东家又让老尊赶车给孩子看病，老尊没有信心，但又不能不去，半路上把车停下，自言自语说："这2斤点心让我吃了吧，我来试一试。"结果一试，没几天孩子的病就好了。东家说："老尊，你为啥不出手？让我那孩子受这么大的罪。"自此高老尊会接骨就传开了。

高老尊医德高尚。凡是找他接骨的人，都以礼相待。终生未收一分钱，为接骨包扎，每年还要赔上几百斤糊好的袼褙。即使是行乞讨饭的，也不歧视，既看病又管饭。为患者看病占用了他大量时间，但他有求必应，没有怨言。有一年春天，天降喜雨，家里让他去犁地，但因为给患者治病，一天只开了一道墒。

高老尊医术精湛，堪称接骨一绝。他能止血止痛，不管骨头碎到何种程度，经过他的手，均能给接好，不留后患，因此每天接骨者络绎不绝。他常说："摸筋摸根，教人教心，不用问什么病，只要手一摸，骨头坏了骨头学舌，筋坏了筋学舌。"一位30来岁脚脖折断患者，在别处治疗没有接好，走起路来一瘸一拐，吃力又难看。患者听说高老尊医术高超，慕名前来问怎样能把脚治好。老尊不愿让他二次受罪，建议他维持现状。患者坚决不同意，老先生怎样劝也不听，只好说把患处重新弄断重新接。患者为不落终生残疾，忍着巨大疼痛毅然在门槛下把患处重新弄断。经过老尊重新治疗，最终痊愈，没有留下残疾。临西县尖冢村患者老张胫骨掉下三指，老尊用手点脚趾头让患者咳嗽，咳一声，胫骨往上走一点，一直恢复到原位，众人称奇！杏园村一女子，墙倒后被砸墙下，盆腔砸坏，不治不但不能生育，而且还有生命危险。由于是一未婚女子，男女有别，老尊不愿医治。患者父母知情后，双双跪倒说："老先生，你把她当作你的亲闺女来治吧。"老尊医治后，病痊愈，且生育一男孩。

高老尊一生只收有一个徒弟，系广宗县马坊营村杨金生。他和师傅高老尊一样，终生不收别人钱财。

1963年冬，高老尊病逝，享年94岁。受其影响，村内也有正骨者。老尊去世已近50年，现如今邻村有伤筋动骨者还去高家就诊。

魏斌臣

魏斌臣（1870—1967），本名兴杰，赵村乡赵村人，武术家。自幼酷爱武术，苦志勤学，启蒙于七级村武师李洛昆，尽得少林长拳之精华。及长，于开封府得胜镖局行镖，时拜内养功大师李艺彩为师，深悉内养功之奥妙。后行镖至山东步洲下堤吴家屯，又学王姓武师六合拳法。后应鲁玉璞、薛海楼之邀，在北京会友镖局行镖。中年后，因学艺心切，遂弃镖专习武功。访友至山西，结识形意大师袁秀臣、宋约斋，深研内家拳法。

后定居石家庄，传艺授徒，教育后人，终身勤勉，不遗余力，桃李满园，人才济济，不少弟子成为河北武术界中坚。他崇尚武德，谦和待人，解难排忧，扶弱抑强，行侠仗义，誉满武林。

一生致力于武术，艰修苦习，广集博收，涉猎众门。汇众家学派于一体，集儒、释、道、俗于一身，兼收并蓄，精研奥理，汲取精华，融会贯通。集长拳之功架，内家拳之劲法，气功之呼吸，创气功长拳，终成一代宗师。所创"气功长拳"形似长拳，劲走内家，定式如气功。舒展大方，功架周正，刚劲饱满。区分春秋四季、老少中年不同练法，实为治疗五痨七伤、强身健体、祛病延年之良验之法，克敌制胜之上乘拳法，深受武林同道推崇。

黄镇磐

黄镇磐（1873—1939），字石安，回族，威县人，爱国志士，国民革命先驱之一。出身名门，其父黄铭新为湖北省武术总教习。黄镇磐聪慧好学，以优异成绩考取公费日本留学，入日本东京早稻田大学政治经济科学习。

清光绪三十一年（1905），孙中山在日本联合各革命团体成立同盟会，黄镇磐是同盟会早期重要成员。还参与组织创建国内由14省36名回族留学生组成的"留东清真教育会"，黄镇磐任书记，并主持编印刊物《醒回篇》，反映青年学生谋求生存与发展的强烈呼声，为辛亥

革命作舆论准备。

毕业回国后，奉孙中山之命，与留日同学廖仲恺到吉林作巡抚陈昭常的幕僚，实际上是策动反清起义。清宣统三年（1911），辛亥革命起义后，黄镇磐任上海地方检察厅检察官，为孙中山法律顾问。

1913年3月，宋教仁在上海遇刺身亡。黄镇磐承办此案，将凶手捕获，并以起诉书形式，把袁世凯指使杀手暗杀宋教仁之真相，译成八国文字，送交上海各报发表。国人大哗，海外震惊。鉴于黄镇磐不畏强暴，刚正不阿，上海各界人士公推他为上海律师公会会长。后任广东省高等检察厅厅长。在镇压陈炯明叛变时，右臂中弹受伤，伤愈后返回上海，与沈钧儒等合办上海法学院，任副院长。

1927年12月，任国民政府最高法院刑一庭庭长。1929年，廖承志在上海被国民党特务逮捕。黄镇磐对廖无端被捕一事甚为不平。随后，借与蒋介石有旧交，谒见蒋介石，要求澄清事实。当蒋承诺把廖案移交司法机关审理后，他才离去。因此得罪了蒋介石。不久被解除代理最高法院院长职务，改任民一庭庭长。抗日战争全面爆发后不久，辞职回上海，继续从事律师职业。

1939年8月，汪精卫邀其出任南京伪政府司法院院长兼司法行政部部长。黄镇磐重民族气节，坚辞不就。汪精卫指使特务头子李士群宴请黄镇磐，再次遭拒。李掏出手枪，指其胸口进行威胁，黄镇磐顺势后退跌倒，被砸坏的痰盂碎片扎入后脑，因失血过多，以身殉国，终年66岁。

耿金锡

耿金锡（1878—1945），字纯嘏，枣园乡牛寨村人。出生于耕读之家，幼时聪颖，好学诗书，又兼秉性豪爽，尚勇习武，日有长进。清光绪二十六年（1900），列强逞凶，国权丧失，人民生灵涂炭，国势日渐衰微。金锡正值方刚年华，余勇可贾，遵父命考入国民革命军陆军学校，胸怀一腔热血，以图振兴国家。后参加讨袁护法战争，英勇善战，几经提升，历任排长、连长、营长、团长、参谋长，成为蔡锷将军手下一员猛将，后升任靖国滇军第一军第二混成旅旅长，其与靖国滇军第二军第三混成旅旅长朱德关系密切，亲如兄弟，与金汉鼎旅、项泽光旅被称为滇军四大名旅。

1921年，被授少将军衔。他带兵有方，技术精准，曾有一次一发炮弹打入敌人炮筒，威震敌胆，由此“耿大炮”之名盛传一时。他威震一方，结识不少名流。其父耿治化60岁大寿时，金锡驻军川南不能返乡省亲拜寿，上至云南省长、军长、师长，下至朋辈同僚，或撰联，或贺辞，遥祝其父大寿。其中陆军少将第三混成旅旅长朱德的敬祝词传载至今。威县著名诗人王以锷等名流曾登门拜寿。

耿金锡晚年试图逃避混乱时局，于是潜心撰写自传。1945年病逝于陕西宝鸡。

段其澍

段其澍（1879—1934），字雨村，侯贯镇前王村人，陆军大学毕业后，任冯玉祥部总参议。

段其澍是西北军元老，颇受冯玉祥敬重礼遇。1925年4月，作为冯玉祥的代表参与冯玉祥跟孙传芳结拜把兄弟事宜。还曾携带冯玉祥亲笔信到汉口会见吴佩孚，愿与吴结为友好，共同对付奉系。

段其澍学识渊博，胆略超群，在冯玉祥部任高级教导团团长时，其才华发挥淋漓。《冯玉祥自传·新民府》中曾写道“这时是我求知欲最旺盛的时期……教官都是由陆大毕业的……其中最使我服膺的是段雨村先生……”后来，段其澍曾任将军府参军、两湖巡阅使署参议、陆军检阅使署顾问、学术研究会会长等职，国民政府授予其陆军中将衔。1920—1921年，连年荒旱，威县哀鸿遍野。他时切桑梓之念，连次派人还乡施行赈济，村人至今犹念其德。去世后，冯玉祥派夫人和女儿护送其灵柩回威县故里安葬。有诗集《段雨村诗抄》行于世。

冯占元

冯占元（1887—1947），字恩普，洺州镇东街人。早年加入西北军，曾入模范连受训，历任连长、营长、旅长等职。当时东北一带土匪肆虐，担任绥西剿匪总司令，平定匪乱颇有成效。

1923年，孙中山与奉系张作霖合作，冯占元奉张作霖之命招抚吉、黑两省马杰作特别队，号定国仁义军。1935年3月任国民政府军事参议院参议。1936年2月，国民政府授少将衔。1945年退役，曾获陆军少将三等文虎章，四等嘉禾章。1947年在南京逝世，安葬于威县故里，终年60岁。

李炘

李炘（1893—1977），侯贯镇后王村人，肄业于保定军校第四期步兵科。1915年秋，在冯玉祥部任16混成旅旅部参谋。1916年，跟随冯部奔赴四川参加护国讨袁运动，第二年参加讨伐张勋复辟。1918年任湘西镇守使署官兼16混成旅伤残工厂厂长。1922年4月，随冯部参加第一次直奉战争，10月参加第二次直奉战争和冯玉祥发动的北京政变，后任国民一军骑兵第二师第五旅旅长。1927年4月起，历任郑州市市长、开封警察局局长。1930年，率部参加中原大战。1932年6月，任国民政府军事参议院参议。1935年，任河北省公安局局长，抗日同盟军军事委员会委员。1936年3月，被国民政府授予陆军少将衔，12月，任国民政府河北省政府委员。1938年6月，兼河北省建设厅厅长。后任33集团军少将处长，国民政府高参，八战区巡回团团长，陕西荣誉军人管理处中将处长。

1949年后，任西南军政委员参事，四川省政协委员。

李盛泽

李盛泽（1893—1977），字郇雨，赵村乡大张山村人。天资聪颖，幼年承习家学，10岁拜大儒士高子穆为师，潜心于儒学，打下坚实国学基础。后入保定中学就读，民国初年，肄

业于北京国民大学。

李盛泽思想进步，提倡民主、科学，倡办学堂。1915 年创立七级村区立第二高等小学校，后又创办徐家庄高等小学校、大张山村女子学校，还协助肖步墀创建威县实业学校，期望通过培养人才，振兴家乡的工业与实业。他教育学生以“勤朴诚毅”为宗旨，并以此作为自己的立身标准，身体力行，垂范后生，受到学生们由衷敬佩和爱戴。

李盛泽在七级第二高等小学担任校长期间，以超乎常人的爱心和赤子热忱教育培养学生，几年如一日，殚精竭虑，兢兢业业，并把所得薪金除饭资外悉数捐给学校，计银洋 600 余元，受到县长谢学霖褒奖，并授予“乐育为怀”匾额一块。省视学阎承之到威县考察后，加以“不辞劳怨，卓著成绩”评语，颁发给他直隶省长一等嘉奖章。

1931 年，威县设立自治区，当选为第六区区长。他关心民众疾苦，热心兴办教育，禁烟禁赌，打恶除霸，深受群众拥戴，却不得上司欢心。于是，在做好兴利除弊的公务之余，用心钻研中医学，为乡民治病医疾，时有惊喜之效。任区长四年，耳闻目睹了官场是非混淆，心积块垒，不愿意随波逐流，更不愿与黑暗政府同流合污，因而愤然辞去区长职务，返回乡里行医治病。

1937 年底，八路军在冀南开辟抗日根据地，李盛泽随即投入抗日救亡运动，参加威县战地动员委员会，任六区战委会总务处长，抗日民主政府成立后，应县长范若一邀请，任抗日民主政府财政科长。1940 年后，因结核病复发，组织决定让他回家养病，并负责该战委会工作，兼任冀南行署参议员。在此期间，他以自己的声望和行医之便掩护了大量抗日人员。

抗战胜利后，李盛泽到南宫县医院中医科工作，治愈患者不计其数，许多疑难杂症，经他诊治，手到病除，成为名震一时的中医师。1954 年应聘到天津中医院，主要从事中医临床工作。他还对中医养生学有研究，著有《气功养生集》一卷。1977 年病逝，终年 84 岁。

史轮

史轮（1902－1942），原名马清瑞，字超尘，笔名史轮，常屯乡东马庄村人，烈士，延安街头诗运动发起人之一，晋察冀诗派代表诗人。

1930 年，史轮在“胶东王”刘珍年创办的烟台军官学校读书，期间，加入中国共产党。后到青岛、大连、天津等地进行进步活动，曾被捕入狱。释放后回到家乡，在辛店、胡帐等地教书。

20 世纪 30 年代，史轮开始诗歌创作，这一时期，其主要代表作有诗集《白衣血浪》，由上海泰东图书局 1933 年 6 月出版发行。在这首过千行的长诗中，诗人以凄美的文字，诗意的情怀，以“白衣”代表爱情的纯洁，以“血浪”反映封建礼教之穷凶极恶，描述了一段封建时代的爱情悲剧。

1937 年 7 月 7 日，卢沟桥事变爆发后，史轮辗转到达山西加入西北战地服务团，在团内任战地记者。太原失守（11 月 9 日）前后，史轮创作了独幕话剧《忻口之战》，后收入《西北战地服务团戏剧集》。

1938年，时任国民党十八集团军高级参议、为中共积极从事统战工作的宣侠父，在西安被敌人暗杀，身在西北战地服务团的史轮，以长诗《我永远敬念——你超人的灵魂》纪念宣侠父。

1938年8月7日，史轮与同在西战团“战地社”的诗人田间、邵子南等与延安文协“战歌社”诗人柯仲平、林山等人，联合发表《街头诗运动宣言》，指出开展街头诗运动的目的“不但在利用诗歌作战斗的武器，同时也就是要使诗歌走到真正的大众化的道路上去”。街头诗包括传单诗、墙头诗、岩头诗、打油诗等，成为晋察冀等根据地一种引人注目的文艺形式。当年，在从甘谷驿到清涧的岩石上，曾有人见过史轮写过这样几句诗：“在抗战里，我们将损失什么？那就是——武器上的锈，民族的灾难，和懒骨头！”

1939年1月，史轮与邵子南、曼晴、方冰等人的战地社创办诗刊《诗建设》，抗大学员钱丹辉等人成立“铁流社”。是年3月，以战地社和铁流社为中心，创办《诗战线》，形成晋察冀诗派。史轮在这一时期创作了大量诗歌，成为晋察冀诗派代表人物，其作品多见于《诗建设》《边区诗歌》等刊物，其中《大家来杀鬼子兵》《老百姓摸枪》等，曾在群众中广泛流传。1942年秋牺牲。

1959年3月，由作家魏巍编选的《晋察冀诗抄》（中国青年出版社出版）中，收录了史轮的六首诗歌，分别是《大家来杀鬼子兵》《老百姓摸枪》《歌谣》《我们是人》《怎不歌唱鲁迅》《事务工作》。

1984年，经原西北战地服务团领导向河北省政府申请，被追任为革命烈士。

薛子佩

薛子佩（1908—1943），名书绅，张营乡北马庄村人。出生于一户殷实的农民家庭，自幼聪颖好学，在校学习成绩优异，后来受五四运动新思潮影响，决心读书报国。

抗日战争全面爆发后，薛子佩满怀一腔热血，于1938年1月积极投入到抗日救亡洪流中，先后任威县抗日战地总动员委员会动员部秘书、威县参议会秘书、冀南行署参议会参议等职务。不论在哪个岗位上，总是兢兢业业，尽职尽责，受到抗日干部和群众的一致称赞。1942年，日军大举进攻华北抗日根据地，薛子佩奉上级命令转入地下工作，以开设济世堂药房为掩护，联络同志，传递情报，发动群众，继续坚持斗争。

1943年9月4日，红龙和经镇炮楼的日伪军分两路围剿北马庄、勿堂村一带的抗日力量，薛子佩组织带领地下干部和群众，隐藏在村东一片密林里，后被日伪军发现，驱赶到军寨村东禾场。此时，场内已有千余人被围困，场外架着几挺机枪，周遭的日伪军端着长枪，刺刀寒光闪闪，逼向人群。这时，因汉奸告密，薛子佩被日伪军从人群里推搡出来，威逼利诱让其指认在场的同志。他昂首挺胸，痛斥日伪军暴行。日伪军用刺刀顶着他的胸口，往他鼻子里灌辣椒水，又拿皮鞭抽打得他皮开肉绽，各种酷刑都没能使他屈服。最后，丧心病狂的日伪军残忍地将他杀害。在场的三十多位抗日同志生命得以保全。

薛子佩烈士遇难时，年仅36岁。威县抗日政府县长为他主持追悼会，远近乡民争相赶来为他送葬。他的父亲悲愤过度，八天水米不进而殒命，母亲胸襟开阔，忍悲节哀，毅然决然地把幼年的孙子送入抗日游击学校，期望继承先烈遗志，报效祖国。烈士遗孀刘氏，含辛茹苦，备受艰辛，上孝婆母，下抚子女，成为独撑艰危的持家顶梁柱。

郭秋卿

郭秋卿（1910—1971），原名郭永范，赵村乡后赵村人，摄影艺术家。1917 年华北大饥荒，父兄将其送进县基督教教会慈善收容所，继而经山东泰安辗转送至镇江基督教教会孤儿院。他在该院学习照相，作为自己谋生技能。

他聪颖勤奋，成绩优异，先后在上海、南京、武汉、天津等地照相馆当摄像师、修版师。由于他的钻研和勤勉，不久即在上海摄影业崭露头角。一是他最擅摄像采光用光，以光让人物形象扬长避短；二是他创造了“郭氏梅花皴”修版独门绝技，使他名噪一时，成为上海滩争相聘用的最年轻摄影技师。在沪从业时，他曾与民国“六君子”之一的邹韬奋交往颇深，邹所办《生活周刊》，每期必读，并装订成册，妥为珍藏。

1927 年返故里，开办照相馆。次年春，郭秋卿“天真”照相馆在威县城内西街（落子街口西）开张营业。可调光玻璃摄影室、进口照相器材、油彩园林布景、照相用西服革履、领带旗袍等一应俱全，让 20 世纪 20 年代威城人啧啧称奇，诧异不已。一时成为小城热门谈资。郭秋卿除工作外，闲暇时经常摄影采风，曾拍摄很多威县标志性建筑、历史遗迹、文化旧址、商绅会所、乡土风俗、历史新闻事件及风云人物照片不下 500 件。如 1929 年威县古城墙全景照、1930 年威县城隍庙祭祀照、1933 年广宗县衙大堂照、20 世纪 30 年代第八抗日战区军民抗日御敌誓师大会照及妇女抗日救亡联合会合影照等。这些历史影像照片，是历史社会人文研究的珍贵资料，成为不可复制的历史文化遗产。

抗日战争期间，郭秋卿被委任为第八抗日战区粮秣委员。其以职业为掩护，数次秘密穿越封锁线，通过在上海结识的爱国人士，为战区的战地医疗队买到盘尼西林等匮乏奇缺药品，受到战区通令嘉奖。

1955 年，出席全国首届“中华摄影艺术观摩交流大会”，撰写的《人像摄影用光与修版技巧》作为大会经验交流材料，为京剧表演艺术家李少春拍摄的扮装照《美猴王》获大会特等奖。由于他有丰厚的文化积淀，懂戏曲、懂艺术，吸引众多艺术家邀其为自己拍照，如马连良、裘盛戎、周信芳、李和曾、奚啸伯以及豫剧表演艺术家肖素卿等人。

20 世纪 50 年代，“天真”照相馆改制为国营单位，但直至 1966 年“文革”前，郭先生一直是相馆总体管理者、经理兼主摄影师、技术训导师。无论先前所收学徒还是改制后分配学员皆由他亲手培养，教他们摄影和照片冲洗技艺，更教他们如何做人，并倾其所能地给他们解决工作和生活中这样那样的困难与问题。社会上业余爱好者前来求教，也来者不拒，热心传艺。他教出的徒弟，至今提起恩师，感戴之情仍溢于言表。

郭秋卿先生于 1971 年逝世，终年 61 岁。

王博习

王博习（1917—1942. 5），章台镇潘固村人，笔名莎寨、羽白，冀南抗战诗人。出身于文化家庭，他和哥哥、弟弟都是威县早期的共产党员。

王博习聪颖内秀，思想进步，酷爱文学。他在中学读书时就开始发表诗作，挣稿费供自己求学和生活。毕业后去北平，17 岁加入中国诗歌作者协会，在《诗歌杂志》等报刊上发表一些诗作。抗日战争初期到延安，入鲁迅艺术文学院学习，同时从事文学创作。毕业后分配到晋东南太行抗日根据地，担任文化教育界救国总会干事，主编《文化哨》《文艺轻骑》等刊物。1940 年到冀南文化教育救国总会，创办并主编《新文艺》。期间创作了一大批抗战题材的诗歌、小说及报告文学，在冀南区产生较大影响，被誉为大器早成、才华横溢的抗战诗人。《河北南部解放区文学概观》一书称其既是激情满怀的抗战诗人，又是出色的文学编辑，还写有感人的小说，是冀南根据地文坛上一名难得人才。

王博习的诗作流传下来的数量不太多，但反映的生活面却比较宽广，几乎包括了边区斗争生活各个方面。小叙事诗《拦牛人的故事》中，主人公小银是一个牛倌，地主的剥削和贫瘠的荒山，让他们祖孙三代饱尝人间辛酸，入侵的日军杀死了他的母亲，使小银旧仇又添新恨。在敌人的一次“扫荡”中，小银独自一人留在村里，用捡到的一支大枪“作了英勇的壮举”：“打死了八个敌人/他也被敌人活活的烧死”。诗篇以简洁质朴的语言刻画了一位英勇的、有血有肉的中国青年农民形象。作品中，还涉及一些边区诗人很少顾及的题材，如《麦田里的骑者》写了一个逃出军营的日本骑兵，独自在麦田里流浪，“破旧的皮靴像有拖不动的沉重/钢盔扣着他满怀的忧郁”。当偶然遇到一双中国母女时，却露出了少有的人性的温情——他想起家乡的亲人，不禁流下了痛楚的眼泪，最后在长叹中自杀在麦田里，带走了太多的绝望和愧疚。诗篇所包容的一些人性化的内涵，留给人们更多的思索。

正当他意气风发地奋进在民族解放战争的征途上大显身手的时候，却因公致疾，于 1942 年 5 月 21 日病逝，年仅 25 岁。其诗作被《中国现代经典诗库》《解放区文艺大词典》《冀南文学作品选》等收录。

第二章　人物名录

本章收录人物共598人次，其中，县内人物255人次，县外威县籍人物343人次。

1979—2009年威县省级及以上人大代表、政协委员名录

表30－1

姓名	性别	民族	出生时间	籍贯	工作单位	职务	出席大会名称	时间
刘炳才	男	汉	1937	枣园乡东张庄	枣园乡东张庄村党支部	书记	全国第六届人民代表大会	1983
刘炳才	男	汉	1937	枣园乡东张庄	枣园乡东张庄村党支部	书记	省第七届人民代表大会	1988
王巧玉	女	回	1936	洺州镇黄街	县一中	教师	省第七届人民代表大会	1988
姜长岭	男	汉	1937	方家营乡王家陵	县人大常委会	主任	省第八届人民代表大会	1993
刘炳才	男	汉	1937	枣园乡东张庄	枣园乡东张庄村党支部	书记	省第八届人民代表大会	1993
冯英杰	男	汉	1931	方家营乡庞苏庄	县政协	副主席	全国第七届政协会议（特邀）	1993
杨其海	男	汉	1920	赵村乡西安仁	县人民政府	县长	省第六届人民代表大会	1983
张乃芳	女	汉	1935	枣园乡南林庄	城关南街小学	教师	省第六届人民代表大会	1983
柳景昶	男	汉	1928	北京市	县经济委员会	副主任	省第六届人民代表大会	1983
王二贵	男	回	1921	洺州镇星光	县百货公司	售货员	省第六届人民代表大会	1983
李希顺	男	汉	1941	邢台县	县人民政府	县长	省第七届人民代表大会	1988
白雪莲	女	回	1967	洺州镇星光	县一中	教师	省第八届人民代表大会	1993
白雪莲	女	回	1967	洺州镇星光	县一中	教师	省第九届人民代表大会	1997
白雪莲	女	回	1967	洺州镇星光	县一中	教师	省第十届人民代表大会	2002
王中山	男	汉	1949	隆尧县	中共威县县委	书记	省第九届人民代表大会	1997
黄俊莲	女	回	1953	洺州镇王庄	县政协	副主席	省第十届人民代表大会	2002
黄俊莲	女	回	1953	洺州镇王庄	县政协	副主席	省第十一届人民代表大会	2008

1979—2009 年威县烈士名录

表 30－2

姓名	籍贯	出生时间	牺牲时间	牺牲地点	牺牲时所在单位及其职务
苏林阁	洺州镇王庄	1957	1980.7	王庄	洺州镇王庄民兵
孙东康	常庄乡孙庄	1956.8	1980.9	山西省大同市	51094 部队 81 分队战士

威县籍省军级干部名录

表 30－3

姓名	性别	出生时间	籍贯	工作单位	职务
于华烽	男	1920	张营乡后花疃	黑龙江哈尔滨市政法委	副书记
王　为	男	1919	赵村乡郭田庄	辽宁军区司令部	副参谋长
王东宁	男	1917	赵村乡中安仁	河北省政府	副省长
王亚平	男	1905	洺州镇皇神庙	中国曲艺研究会	副主席兼秘书长
王启明	男	1910	章台镇北胡帐	云南军区	副司令员（少将）
王笑一	男	1916	侯贯镇杨长屯	中共北京市委	党委、秘书长
王真如	男	1921	章台镇南章华	中共天津市委	常委、纪委书记
王悦尘	男	1908	赵村乡南寺庄	司法部	副部长
邓易非	男	1917	赵村乡东寺庄	解放军海军试验基地	政治委员
尼　特	男	1925	七级镇西七级	空军第十军政治部	主任
史子才	男	1920	侯贯镇马桥	海军北海舰队	副政委
任仲夷	男	1914	梨园屯镇西小庄	中共广东省委	第一书记
刘　杰	男	1915	张营乡邵梁庄	中共河南省委	第一书记
刘光修	男	1928	固献乡郭村	空军北戴河疗养院	院长
齐建敏	男	1925	常庄乡西安上	黑龙江省军区	副司令员
李子元	男	1917	第什营乡秦里庄	中共四川省委	书记
李夫全	男	1918	张营乡后小辛	湖北省人民政府	中共湖北省委常委、常务副省长
李健民	男	1918	七级镇前尹村	中央纪律检查委员会	委员兼副秘书长
李锋晨	男	1923	方家营乡张官寨	湖北省军区政治部	副主任
李隐秋	男	1924	侯贯镇大里庄	解放军总参基地指挥部	主任
米　光	男	1917	赵村乡北亭上	解放军总参谋部动员部	副部长（大校）
杨　博	男	1924	七级镇中七级	解放军总参通信部	顾问
宋志英	男	1927	高公庄乡吴宋庄	中共广东省委	常委、政法委书记
宋志荣	男	1923	赵村乡西寺庄	广州空军司令部	副参谋长
张东桓	男	1920	常庄乡西安上	解放军总参军训部	副部长
张　超	男	1920	章台镇王撞	国防大学科学技术教研室	主任（大校）
张登义	男	1939.1	贺钊乡北小城	国家海洋局	局长
张文学	男	1945.7	枣园乡牛寨	广西北族自治区政府	副主席

续表 30－3

姓名	性别	出生时间	籍贯	工作单位	职务
张东梅	男	1916	常庄乡西安上	昆明军区空军指挥所	副主任
张东渠	男	1935	常庄乡西安上	沈阳军区坦克三师	师长（少将）
张光斗	男	1913	洺州镇管安陵	中国化工进出口总公司	总经理
张学信	男	1921	侯贯镇董吕庄	煤炭部纪检组	组长
张雪涛	男	1915	贺钊乡雪塔	武汉市人民政府	副市长
张镜清	男	1918	梨园屯镇干集	华北军区后勤部	部长
范若一	男	1911	章台镇南章台	国务院	参事
罗 扬	男	1927	洺州镇罗安陵	中国文联	副主席
周 烈	男	1914	枣园乡枣园	解放军总参谋部动员部	副军职
胡 柳	男	1920	常屯乡辛店	海军第三海校政治部	副主任
郭 森	男	1909	常屯乡枣科	湖南省人大常委会	副主任
郭力文	女	1920	洺州镇西街	全国妇联	副主席
柴保中	男	1914	常屯乡杨长屯	交通部港口管理局	局长
徐楚波	男	1896	高公庄乡西平	全国政协	常委
高 锐	男	1916	洺州镇南街	兰州军区空军司令部	顾问
高世平	男	1918	七级镇北高庄	北京军区后勤部	副政委
高西江	男	1926	七级镇北高庄	全国人大常委会法律委员会	顾问
高晴普	男	1923	七级镇北高庄	解放军总参谋部通信部	顾问
桑文重	男	1926	常屯乡枣科	第十九军政治部	主任
韩一梦	男	1916	梨园屯镇红桃园	海军旅顺基地	顾问
傅石霞	男	1917	贺营乡后潘村	中央工艺美术学院	副院长
刘春先	男	1946. 3	枣园乡东张庄	总参二部	局长（少将）
魏东普	男	1950. 10	固献乡魏家村	石家庄机械化步兵学院	政委（少将）
夏延军	女	1963. 12	赵村乡前赵村	河北省政府	副省长
董树奎	男	1955. 9	第什营乡董家庄	国家税务总局	总经济师

威县籍厅师级干部名录

表 30－4

姓名	性别	出生时间	籍贯	工作单位	职务
丁锐锋	男	1918	枣园乡南辛庄	湖南省计委	副主任
于 志	男	1918	方营乡北方营	上海机电设计院	党委书记、院长
于 馨	男	1916	常屯乡东邴庄	衡水地委组织部	副部长
于在亭	男	1956. 9	常屯乡西邴庄	北京军区装备部干休所	所长（上校）
马玉卿	男	1931	贺钊乡余官营	解放军西安政治学院	教授
马治堂	男	1913	贺钊乡余官营	峰峰矿务局	机关党委书记（行政 13 级）
王 东	男	1923	七级镇高亮	天津市粮食局	副局长

续表 30－4

姓名	性别	出生时间	籍贯	工作单位	职务
王　林	男	1920	方营乡王家陵	邢台地区行政公署	顾问
王一栋	男	1930	侯贯镇南中侯	邢台军分区	军分区顾问
王一祯	男	1924	侯贯镇南中侯	北京市墙体材料工业公司	党委书记（行政13级）
王书德	男	1925	固献乡张村	湖北省委宣传部	政治处主任（行政13级）
王永金	男	1930	赵村乡北亭上	北京市商业部门	经理、书记、纪委书记、工会主席
王永淼	男	1930	高公庄乡宋安村	贵州省人大常委会	常务委员、农经委副主任
王汝桥	男	1958	洺州镇桑家庄	秦皇岛军分区	司令员
王真如	男	1921	章台镇南章华	天津市监察委员会	副书记
王庆凯	男	1924	侯贯镇王村	武汉市二轻局	局长
王长兰	男	1956	赵村乡郭田庄	天津预备役高炮师	师长
王连海	男	1930	常屯乡高庄	原十三军司令部	副参谋长
王彦才	男	1956	常屯乡东郦庄	广州61156部队卫生所	所长
王芮轩	男	1913	第什营乡第什营	商业部副食品局	顾问（行政10级、副部级待遇）
王丽天	男	1909	方营乡四马坊	中央民族学院政治理论教研室	副主任（行政12级）
王利民	男	1923	章台镇潘固	湖南省博物馆	副馆长
王希明	男	1919	侯贯镇杨长屯	湖南省对外贸易局	局长、党组书记
王迎之	男	1917	侯贯镇杨长屯	湖南省常德行政公署	副专员
王宏彪	男	1923	张营乡邵梁庄	铁道部第三勘测设计院	党委副书记
王英会	男	1922	赵村乡北亭上	大连港务局	党委监委书记
王杰文	男	1932	方家营乡宋庄	北京军区空军后勤部财务处	处长
王岳华	男	1925	赵村乡中安仁	湖南省宣传部	副部长
王金城	男	1927	洺州镇皇神庙	广东省梅县军分区后勤部	政委
王伯群	男	1924	章台镇潘固	中共广东省政府直属机关工委	书记
王建阁	男	1925	高公庄乡高公庄	湖南省湘西土家族自治州	宣传部部长、革委会副主任
王栋臣	男	1917	贺营乡西沙营	中国船舶工业总公司第九设计院	副院长
王树桥	男	1914	枣园乡西台吉	湖南省气象局	局长、党组书记
王哥华	男	1918	高公庄乡东赵庄	北京市农场管理局	副书记、副局长
王晓军	男	1928	赵村乡中安仁	中国农业电影制片厂	行政、人事、美术动画室主任
王海如	男	1921	赵村乡安仁	邯郸军分区政治部	副主任
王继志	男	1923	常屯乡侯贯镇王	解放军防化学院	副院长
王惠庭	男	1921	常屯乡西正店	湖南省工商局	副局长
王子印	男	1953.4	侯贯镇义和营	北京军区政治部军人俱乐部	主任
王虎森	男	1945	侯贯镇西王村	河北省人口与计划生育委员会	副主任
王温如	男	1911	方家营乡宋庄	中国人民解放军总后勤部军需处	处长
王长华	田	1956	方家营乡西堂村	河北师范大学	副校长
王蓬仙	男	1919	张营乡北马庄	河南省南阳地区建委	副主任
王林卿	男	1918	章台镇潘固	广东省第二轻工业厅	副厅长

续表 30－4

姓名	性别	出生时间	籍贯	工作单位	职务
尹洪绍	男	1922	张营乡元寺	二炮工程技术总队	副政委
申连春	男	1926	章台镇东柏悦	广西军区河池军分区	副司令员
田布光	男	1922	张营乡元寺	河北省老干部局	局长
田成欣	男	1924	赵村乡西徐庄	民航上海管理局后勤部	部长
史一凡	男	1924	常屯乡东郦庄	河北省政协	常委
司舒中	男	1912	第什营乡王王目	中共河北省纪律检查委员会	专职委员
邢立斌	男	1918	侯贯镇大潘庄	贵州省文化局	党组书记、局长
吕书淼	男	1919	章台镇潘固	湖南省娄底行署建委	副主任
吕剑飞	男	1922	侯贯镇南中侯	邯郸地委	第一书记
朱世豪	男	1925	常屯乡鸭窝	国家卫生部长春生物制品研究所	主任、书记
刘　栋	男	1911	赵村乡郭田庄	云南省建工厅	副厅长
刘一哲	男	1918	固献乡刘河北寨	中国人民银行总行工商信贷局	副局长（行政 12 级）
刘艺亭	男	1917	固献乡刘河北寨	河北省文联	副主席、党组书记
刘方辰	男	1927	章台镇鱼堤	新华社河北分社	副社长
刘文明	男	1923	常屯乡西正店	军分区	参谋长
刘刚锋	男	1916	侯贯镇刘家庄	天津市委党校	副书记、副校长
刘志明	男	1921	章台镇掌史	基建工程兵六十三支队	政委
刘克春	男	1925	侯贯镇北侯贯	长春第一汽车制造厂	厂长办公室主任
刘怀贵	男	1925	赵村乡张舸	云南省进出口公司	党委书记
刘英世	男	1917	侯贯镇南仕	湘西自治州纪委	副书记
刘松南	男	1919	张营乡刘家营	天津市第一轻工业局	党委书记
刘尚贵	男	1930	章台镇章刘村	北京市总工会	副主席
刘秉凯	男	1924	赵村乡郭田庄	国家气象局保卫处	处长
刘金三	男	1912	章台镇章刘村	交通部广州航道局	副局长
刘金琢	男	1926	贺营乡范家营	某师后勤部	副部长
刘春晖	男	1925	贺钊乡陈刘庄	涟源兵站政治部	副主任
刘桂芳	男	1919	第什营乡西古城	广东纺织品进出口公司	副主任、副经理
刘恩显	男	1928	章台镇掌史	湖北省文化厅	副厅级调研员
刘铁峰	男	1912	贺营乡西徐村	云南省东川市法院	副院长（行政 11 级）
刘竞宇	男	1921	侯贯镇北中侯	河南省社会科学院哲学研究所	所长
刘润秋	男	1898	章台镇掌史	人民日报社通联室	主任（行政 12 级）
刘增山	男	1921	章台镇鱼堤	上海机电建筑工程公司	党委书记
齐立柱	男	1923	常屯乡西辛店	武汉军区空军	副师长
关廷秀	男	1922	第什营乡蔡寨	中共洛阳市委	第一书记、革委会主任
米　青	男	1921	赵村乡北亭上	北京市第二商业局	副局长、顾问
江　风	男	1916	赵村乡中安仁	国家一机部技术设计总院	党委书记、院长

续表 30-4

姓名	性别	出生时间	籍贯	工作单位	职务
安经章	男	1924	赵村乡张舠	河北地震局	副局长、党组副书记
安效珍	男	1938	常屯乡安庄	河北省教委	副主任
许连生	男	1928	贺营乡袁家庄	海军北海舰队航空司令部机要处	处长
许延岭	男	1960	七级镇后尹村	海军 92246 部队	副司令员
孙子系	男	1911	七级镇马军寨	河南省高级人民法院	副院长
孙玉玺	男	1919	张营乡陆台	西藏自治区公路勘察设计院	副院长
孙克柔	男	1912	张营乡陆台	北京市人民检察院	劳改检察处处长、党组成员
孙步尧	男	1922	赵村乡张舠	湖北省人民政府机关事业管理局	党组书记、局长
孙步华	男	1921	赵村乡张舠	纺织工业部纺织科学院研究院	党委书记
孙秀山	男	1920	赵村乡陈贤塔	湖北省民政厅	副厅长
孙振彪	男	1922	七级镇马军寨	河北省外贸局	副局长、副书记
孙鹏飞	男	1910	枣园乡东孙庄	秦城监狱	党委副书记、顾问
孙意远	男	1913	贺钊乡侍曾村	湖南省粮食厅	副厅长
孙慕堂	男	1923	张营乡元寺	对外经济贸易部计划局	处长
孙德光	男	1915	梨园屯镇干集孙街	国家外贸部进出口局	司长
孙毅北	男	1920	赵村乡陈贤塔	辽宁省政协、中共辽宁省统战部	秘书长、副部长
孙志海	男	1559.9	赵村乡西张舠	27 军干休所	政委
孙　举	男	1926	赵村乡南寺庄	广西南宁市警备区	政委
李　珍	男	1923	贺钊乡东贺钊	中国电子进出口总公司天津公司	党委书记
李　琳	男	1929	贺营乡魏村	解放军信息工程大学三系	副主任
李　谦	男	1918	梨园屯镇王世公	湖南省民政厅	副厅长
李永欣	男	1954	赵村乡东寺庄	解放军总医院	师职政治协理员
李　森	男	1928	七级镇大里罕	四川省华西医科大学口腔医院	院长
李增仁	男	1951	赵村乡西范庄	石家庄人行	工会工作委员会主任
李玉堂	男	1947	固献乡沙河辛庄	工商银行河北省分行	巡视员
李丁一	男	1917	常庄乡南仓庄	河北省轻工业局	副局长、党组副书记
李子方	男	1916	贺钊乡侍曾村	西南公安部七处	处长
李子萱	男	1913	枣园乡鸡泽屯	湖南省常德专区法院	院长
李双鞭	男	1924	常屯乡魏寨	广州军区郴州综合仓库	政委
李立堂	男	1932	章台镇中章台	中国农业银行湖南省常德市分行	行长
李成庆	男	1926	贺钊乡余官营	853 厂	副厂长、工会主席
李光军	男	1910	七级镇前七级	国家粮食部油脂局	局长
李华北	男	1910	第什营乡王王目	邢台冶金机械轧辊厂	副厂长
李芳圃	男	1914	章台镇北章台	湖南省财经学院	副院长
李英光	男	1924	赵村乡东贤塔	湖北省体育运动委员会	副主任
李明中	男	1928	张营乡南里庄	湖南省五机局	局长
李纯勇	男	1965	章台镇郝屯	河北省工商联	副主席

续表 30－4

姓名	性别	出生时间	籍贯	工作单位	职务
李所庵	男	1898	贺营乡雪塔	云南省冶金厅	党委书记
李建华	男	1924	赵村乡东贤塔	湖南省广播局	副局长、办公室主任
李保亨	男	1916	侯贯镇大里庄	湖南省农业厅援外办	主任
李宝琛	男	1931	赵村乡东贤塔	中国人民解放军总参谋部	处长
李俊河	男	1925	高公庄乡鱼台	太原理工学院化工系	书记
李盘文	男	1918	枣园乡鸡泽屯	河北省文联	党组副书记、副主席
李焕民	男	1900	张营乡军寨	铁道部北京铁路局技校	校长（行政 12 级）
李殿英	男	1922	侯贯镇马桥	中国人民解放军东海舰队后勤部司令部	副参谋长
李恒贵	男	1940	常屯乡魏寨	空军指挥学院战役研究室	主任
李宏英	男	1947	侯贯镇大里庄	石家市政协	主席
李金芳	女	1954	七级镇太平庄	国务院机关事务管理局	办公室主任
李和忠	男	1950	方家营张官寨	石家庄陆军学院	教官
李慕三	男	1918	贺钊乡东贺钊	陕西省工业交通政治部	副主任
李德光	男	1926	章台镇鱼堤	河南省鹤壁市人大常委会	主任
李恒州	男	1949.7	张营乡窑洼	第二炮兵装备部驻 529 工厂军事代表师	总代表（大校）
李儒芳	男	1962.11	固献乡固献一	北京军区军犬繁育训练基地	政委（上校）
杨子云	男	1917	贺钊乡东雪塔	湖南省水利电力厅	厅长
杨子实	男	1923	七级镇西范庄	湖南常德专署	副专员
杨绍南	男	1924	赵村乡张舠	广东省公安厅	副厅长
杨祝三	男	1916	赵村乡张舠	南阳专署	副专员
杨振洲	男	1930	贺钊乡董村	政协湖南省怀化地区联工委	副主任
杨增华	男	1924	赵村乡张舠	湖南涟源钢铁有限公司	总经理、党委副书记
肖桂乾	男	1924	固献乡固献	湖南涟源钢铁有限公司	党委副书记、工会主席
肖桂晨	男	1927	固献乡固献	国家一机部太原重型机器厂设计研究所	书记、所长
肖慧纳	女	1917	七级镇七级	中共中央组织部党政干部局	副局长
吴瑞亭	男	1913	常屯乡东正店	安徽省建设厅城建局	局长
吴敬华	男	1945	常庄乡何家庄	天津市委	副科书长兼市委办公厅主任
吴凤臣	男	1949	固献乡沙河辛庄	北京市教育考试院	副院长
邱纪禹	男	1921	贺钊乡西大城	昆明军区司令部通讯兵部	副部长
邱英忠	男	1921	贺钊乡西大城	鹤壁市人武部	部长
邱文双	男	1963	梨园屯镇东王曲	邢台市政府	副市长
何中桂	男	1925	七级镇中七级	后勤二十一分部	副部长
余少先	男	1924	贺钊乡南雪塔	中国水电部水电基础工程局	党委书记
沙旭光	男	1923	贺营乡西沙营	光明日报社	秘书长
宋书亭	男	1918	章台镇宋庄	中共邢台地委	书记
宋亚田	男	1913	高公庄乡吴宋庄	贵州省外贸局	局长、党委书记
宋文三	男	1914	高公庄乡吴宋庄	湖北武汉军区管理局	局长

续表 30－4

姓名	性别	出生时间	籍贯	工作单位	职务
张　杰	男	1924	赵村乡中赵村	河北省冶金工业局	副局长
张　宣	男	1923	贺营乡东中营	中共青岛市委	常委、市人大常委会副主任
张天一	男	1913	赵村乡前安仁	中共河南省南阳地委	副书记、副专员
张卞农	男	1909	方营乡徐固寨	湖北省商业局	副局长、顾问
张布群	男	1926	张营乡邵梁庄	湖南省农业厅	副厅长
张东鹏	男	1924	赵村乡中赵村	武汉军区后勤部三十四分部	副部长
张永刚	男	1957	固献乡沙柳寨	武警部队西藏总队	副参谋长
张永三	男	1923	赵村乡张舠	天津市南开区	区委副书记、区长
张竹轩	男	1914	贺营乡西草厂	国务院对外贸易部纪检组	副组长
张希光	男	1913.5	章台镇南镇村	长春光学精密机械学院	副院长
张陆川	男	1915	贺钊乡张小河	河北省文史资料委员会	办公室主任（行政 12 级）
张奇华	男	1921	张营乡张营	核武器研究基地 221 厂基迠指挥部	政治部主任
张书乾	男	1961.12	常屯乡东柳疃	空军大连指挥所	副司令员
张凤岗	男	1942.9	洺州镇西街	中国人民银行总行宣传部	部长
张佩英	女	1923	枣园乡潘店	湖北省武汉市纺织局	党委书记兼局长
张泊生	男	1907	章台镇南镇村	天津美术学院	副院长
张怡庵	男	1913	枣园乡潘店	湖南省轻工业局	副局长
张士景	男	1949.2	张营乡东庄	光明时报社人事部	主任
张昭业	男	1951	枣园乡寺前	济南军区	参谋长助理
张建华	男	1947	赵村乡前南寺庄	天津市河东区人大常委会	副主任
张承舟	男	1922	章台镇南镇村	中共邢台市委	顾问
张经武	男	1917	洺州镇北街	贵州省基本建设委员会	主任
张俊豪	男	1928	赵村乡前安仁	北京军区机要局	副局长
张俊升	男	1905	赵村乡前安仁	华东军区装甲兵	副参谋长
张济民	男	1914	张营乡前花疃	内蒙古自治区轻工业厅	党组书记、厅长
张栖梧	女	1917	枣园乡牛家寨	铁道部第四工程局群工部	部长
张浩天	男	1909	章台镇南镇	中国人民银行河南省分行	行长
张海吉	男	1929	赵村乡前安仁	中国人民解放军空军防空兵	副师长
张盘新	男	1911	侯贯镇义和营	辽宁省沈阳市	常务副市长、政协常务副主席
张瑞峰	男	1924	张营乡邵梁庄	湖南省劳动人事局	副局长
张靖如	男	1922	贺营乡许官营	郑州市总工会	副主席
张镜湖	男	1914	枣园乡潘店	山东省临沂专区科委	主任
陈好勇	男	1923	高公庄乡草楼	国家海洋局后勤部	副部长
陈建业	女	1922	威县城内	河北省电力局	副局长
陈夫田	男	1923	赵村乡东范庄	河北省出版事业管理局	副局长
陈耀贵	男	1926	枣园乡官地	空军高炮第三师	师长

续表30－4

姓名	性别	出生时间	籍贯	工作单位	职务
陈联群	女	1954	第什营乡麦子乌营	邢台医学高等专科学校	党委书记、校长
苗　青	男	1924	侯贯镇东董吕庄	河北省政协	副秘书长
范芷馨	男	1916	章台镇南章台	铁道部建厂工程局	副局长
林　里	男	1921	七级镇北双庙	人民日报社	高级记者
林　清	男	1925	高公庄乡后苏庄	内蒙古军区哲里木盟军分区	副司令员兼通辽警备区司令员
罗星甫	男	1891	枣园乡罗庄	邯郸晋冀鲁豫边区烈士陵园	党支部书记、主任
周　青	男	1924	侯贯镇西侯贯	吉林省地矿局	顾问
周　真	女	1918	侯贯镇西侯贯	西安音乐学院人事处	处长
房福盘	男	1924	梨园屯镇干集	青岛防控指挥部	主任
赵　玉	男	1907	高公庄乡小赵庄	湖南省检察院	检察长
赵海成	男	1942	章台镇大章台	中国人民银行河北省分行	纪委书记
赵　诚	男	1918	洺州镇白伏	三机部624所	副所长
赵　剑	男	1914	侯贯镇赵宋村	锦州市铁路局运输学校	党委书记
赵万德	男	1923	固献乡南赵庄	成昌兵站部	副部长
赵云堂	男	1925	固献乡沙柳寨	西藏自治区纪律检查委员会	副书记
赵华光	男	1923	高公庄乡小赵庄	河南省农科院	副院长
赵春泰	男	1933	梨园屯镇杏园屯	巴塘大站	站长
赵锡桓	男	1926	枣园乡东台吉	兰州民航局	局长
赵锡峨	男	1926	枣园乡东台吉	辽宁省大连市检察院	检察长
革　平	男	1915	方家营乡方家营	西安医学院第一附属医院	党委书记、院长
胡月桂	男	1920	贺营乡胡庄	河南省潢川专署	专员
胡青坡	男	1916	贺营乡胡庄	中国社会科学院语言研究所	党委书记、副所长
胡贵平	男	1928	贺营乡胡家庄	中共云南纪律检查委员会驻省金融系统纪检组	组长
段钟南	男	1915	侯贯镇王村	湖北省科委	副主任
荆子刚	男	1912	七级镇小里罕	浙江省体委	副主任
贺　超	男	1921	贺营乡贺营	峰峰矿务局综合利用处	处长（行政13级）
贺光文	男	1920	贺钊乡郭牛村	山西省雁北专署	副专员
姜勤生	男	1954	贺钊乡西郑河	北京军区联勤部第四休干所	师级
姜国安	男	1941.7	梨园屯镇梨园屯	天津军事院校	工程兵（大校）
秦笑南	男	1920	第什营乡秦李庄	广西北海市政协	副主席
袁子珍	男	1924	贺营乡袁家庄	辽宁省军区司令部	副参谋长
哨方舟	男	1921	侯贯镇前王村	湖南省常德地区基本建设委员会	副主任
徐少岩	男	1913	失考	国家民族事务委员会文教司	副司长
徐印增	男	1923	赵村乡西徐庄	国防科工委	后勤助理员
徐合安	女	1908	高公庄乡西平	八四五厂	厂长、党委书记

续表 30－4

姓名	性别	出生时间	籍贯	工作单位	职务
徐麟德	男	1928	枣园乡枣园	海军航空兵七师	副师长
栾廷俊	男	1926	方家营乡孙家陵	解放军二六二医院	政委
高之棋	男	1920	七级镇后魏疃	沈阳军区后勤部四分部	副政委
高春柏	男	1911	七级镇后魏疃	湖南省税务局	局长
高祥辉	男	1917	七级镇后魏疃	中共河南省信阳地委	常委、组织部部长
高振波	男	1942	张营乡前花疃	山西省科学技术委员会	副主任
高朝玺	男	1924	常屯乡高庄	江西省宜春军分区	副参谋长、党组副书记
贾炳兴	男	1949	侯贯镇大里庄	解放军信息工程大学	教授
翁乃奎	男	1958	第什营乡头百户	内蒙古军区	副参谋长（大校）
唐树钰	男	1952	常屯乡东辛店	河北省科协	常务副主席、党组书记
郭　林	男	1920	常屯乡枣科	河南省电力局	局长
郭　毅	女	1917	固献乡后葛寨	湖南省郴州地委	副书记
郭万田	男	1924	赵村乡后赵村	中国人民解放军军事学院第一战役战术教研室	副主任
郭文波	男	1919	高公庄乡小张庄	河南省地矿局纪委	副书记
郭立德	男	1921	贺钊乡郭牛村	西安音乐学院	党委副书记
郭华三	男	1914	贺钊乡庄家村	沈阳电缆厂	厂长
郭宝兰	男	1926	第什营乡王王目	青岛水警区	副政委
郭岐峰	男	1924	赵村乡后赵村	湖南省航运管理局	副局长、党委副书记
郭栋臣	男	1881	固献乡沙柳寨	冀南区办事处	主任
姬　增	男	1911	赵村乡南寺庄	国家农机部纪检组	副组长
姬金锐	男	1935	赵村乡南寺庄	邢台师范专科学校	副书记
萧　磊	男	1914	贺钊乡西大城	黑龙江省劳动人事厅	厅长
崔桂林	男	1924	张营乡元寺	成都军区后勤部驻重庆三十七分部	副部长
章　茜	女	1923	章台镇南镇村	国家第六机械工业部教育局	副局长
梁　涛	男	1929	常屯乡北大城	四十六野战医院	政委
梁绍庭	男	1919	赵村乡西安仁	湖北省襄阳市工业局	局长
董希真	男	1916	张营乡后小辛	旅大警备区后勤部	副部长
董武臣	男	1929	张营乡后小辛	内蒙古军区第 253 医院	五官科主任（正师）
蒋士兴	男	1912	洺州镇东郭庄	北京市环境卫生局	副局长
蒋世欣	男	1957	方家营乡南方家营	山西省高速公路管理局	党委书记
蒋怀玉	男	1906	方家营乡五马坊	湖南省水利电力厅	副厅长
韩化一	男	1920	常屯乡夏家庄	北京煤炭设计研究院	副院长
韩学勇	男	1915	常屯乡夏家庄	中共冀南五地委	组织部部长
韩银柱	男	1928	高公庄乡后苏庄	武汉市政协	副主席
戚凤奎	男	1946.11	第什营乡戚家庄	空军第六研究所	副所长（大校）

续表 30－4

姓名	性别	出生时间	籍贯	工作单位	职务
傅永川	男	1918	贺营乡后潘村	国家第二机械部石家庄工业学校	校长（行政 12 级）
傅明山	男	1908	贺营乡后潘村	武汉市民政局	副书记、副局长
傅石霞	男	1917	贺营乡后潘村	中央工艺美术学院	副院长
靳玉珂	男	1910	常庄乡尚家寨	农业部土地利用局	副处长
管寿章	男	1924	第什营乡管王街	广东省建筑工程局	党组成员、政治处主任
翟宝锷	男	1921	贺钊乡西雪塔	炮校政治部	副主任
潘春堂	男	1923	枣园乡潘店	河北大学	党委书记
薛　瑞	女	1922	常屯乡枣科	湖南省经济贸易委员会	副主任
魏子文	男	1927	梨园屯镇杏园屯	国家五六一八厂	党委书记
魏云亭	男	1925	方家营乡四马坊	铁道兵某团	政治委员
魏华一	男	1927	侯贯镇魏宋村	中共河南驻马店地委	副书记兼纪委书记

威县立功或受奖军人名录

表 30－5

姓名	性别	出生时间	籍贯	工作单位	荣誉名称	授予单位	授予时间
邓　斌	男	1972	陕西岚皋	威县武装部	军事训练干部标兵	中国人民解放军原总参谋部、总政治部	2008
					二等功	原 27 集团军	2007
陈祥军	男	1991	常屯乡安庄	83 集团军 131 旅	二等功	原 54 集团军 127 师	2016
马海生	男	1965	侯贯镇后王村		一等功		
翁乃奎	男	1958	第什营乡头百户	内蒙古军区	二等功	原 27 集团军	1988
					一等功	北京军区	1989
张慎盈	男	1962	枣园乡南辛庄	原 52941 部队	一等功	原 63 集团军	1990
米　光	男	1917	赵村乡北亭上	总参谋部动员部	二级红星功勋荣誉章	中华人民共和国中央军事委员会	1988
张镜清	男	1918	梨园屯镇干集	北京军区后勤部	独立功勋荣誉章	中华人民共和国中央军事委员会	1988
李锋晨	男	1923	方家营乡张官寨	湖北省军区	独立功勋荣誉章	中华人民共和国中央军事委员会	1988
韩一梦	男	1916	梨园屯镇红桃园	原海军旅顺基地	独立功勋荣誉章	中华人民共和国中央军事委员会	1988
齐健敏	男	1925	常庄乡西安上	黑龙江军区	独立功勋荣誉章	中华人民共和国中央军事委员会	1988
桑文重	男	1926	常屯乡枣科	第 19 军政治部	独立功勋荣誉章	中华人民共和国中央军事委员会	1988
刘光修	男	1928	固献乡郭村	空军北戴河疗养院	独立功勋荣誉章 解放功勋荣誉章	中华人民共和国中央军事委员会	1988
齐立柱	男	1923	常屯乡西辛店	空降兵某团	独立功勋荣誉章	中华人民共和国中央军事委员会	1988
刘文明	男	1923	常屯乡西正店	某师	独立功勋荣誉章	中华人民共和国中央军事委员会	1988
张　枫	男	1921	七级镇马军寨	成都军区	独立功勋荣誉章	中华人民共和国中央军事委员会	1988
梁　涛	男	1920	常屯乡北大城	46 野战医院	独立功勋荣誉章	中华人民共和国中央军事委员会	1988
王继志	男	1923	侯贯镇王村	解放军防化学院	独立功勋荣誉章	中华人民共和国中央军事委员会	1988
刘金琢	男	1926	贺营乡范家营	某师后勤部	独立功勋荣誉章	中华人民共和国中央军事委员会	1988
龙朝频	男	1962	侯贯镇南侯伶仕	51030 部队	二等功		

威县1979—2009年省级及以上劳动模范名录

表30－6

姓名	性别	出生时间	籍贯	工作单位	授予单位	荣誉称号	荣获时间
郜廷俊	男	1942.1	洺州镇南关	机械厂	河北省人民政府	劳动模范	1982.2
姜保金	男	1963.3	洺州镇十里村	洺州镇政府	河北省人民政府	劳动模范	1995.4
郭维芹	男	1948.1	洺州镇北郭庄	威县酒厂	河北省人民政府	劳动模范	1992.4
姜文芳	男	1966.2	常庄乡后店	棉油二厂	河北省人民政府	劳动模范	1999.4
张国平	男	1952.6	贺钊乡集小河	威县合金铸造厂	河北省人民政府	劳动模范	1995
吕好学	男	1958.12	固献乡白果树四	邮政银行	河北省人民政府	劳动模范	2004.4
徐义治	男	1950.4	梨园屯西河口	威县酿酒厂	河北省人民政府	劳动模范	1981
张乃芳	女	1934.3	枣园乡南辛庄	教育局	河北省人民政府	劳动模范	1981
王兰君	男	1951.5	洺州镇黄街	县一中	河北省人民政府	劳动模范	1985
李林考	男	1945.9	赵村乡大张山	农业局	河北省人民政府	劳动模范	1979
李玉早	男	1957.1	方家营乡油坊	油坊	河北省人民政府	劳动模范	2004.4
王双杰	男	1957.12	高公庄东赵庄	高公庄乡	河北省人民政府	劳动模范	1999.4
于一秀	女	1945.5	方家营乡西徐固寨	西徐固寨村	河北省人民政府	劳动模范	1994
徐步青	男	1971.3	梨园屯西河口	华威牧业	河北省人民政府	劳动模范	2004.4
李俊华	男	1937.1	七级镇前七级	前七级村	河北省人民政府	劳动模范	1995.4
王永存	男	1954.6	赵村乡亭上	商业局	河北省人民政府	劳动模范	1977
王学恕	男	1930.11	山东海阳县	卫生局	河北省人民政府	劳动模范	1956
张茂桐	男	1933.2	贺钊乡张小河	章台油棉厂	河北省人民政府	劳动模范	1959
徐树阁	男	1974.7	高公庄乡西平	西平村	河北省人民政府	劳动模范	2009
魏凤烨	男	1965.3.1	七级镇西魏疃	县二中	河北省人民政府	劳动模范	2009
徐修业	男	1937.8	枣园乡枣园	中共白果树乡党委	中央绿化委员会	劳动模范	1988
郭振庄	男	1935.3	南宫市	统计局	河北省人民政府	劳动模范	1992
黄成俊	男	1938	洺州镇王庄	县政协	河北省人民政府	劳动模范	2009
杨英振	男	1922.11	七级镇小里罕	小里罕党支部	河北省人民政府	劳动模范	1979
赵光考	男	失考	南宫市	县百货公司	河北省人民政府	劳动模范	1981
邢秀石	男	1966.5	常屯乡辛庄	县一中	人事部、教育部	全国教育系统劳动模范	1998.8
刘炳才	男	1937	枣园乡东张庄	东张庄党支部	河北省人民政府	劳动模范	1981
韩双石	男	1935.3	南宫市	检察院	河北省人民政府	劳动模范	1989

威县1979—2009年获省部级表彰先进个人名录

表30－7

姓名	性别	出生时间	籍贯	单位	荣誉称号	授予单位	授予时间
蒋庆恩	男	1938.12	固献乡蒋庄	枣园中学	儿童少年先进工作者	河北省人民政府	1983
冯笑文	女	1959	洺州镇东街	城关东街小学	儿童少年先进工作者	河北省人民政府	1983

续表 30－7

姓名	性别	出生时间	籍贯	单位	荣誉称号	授予单位	授予时间
王贵苗	男	1943.12	赵村乡西安仁	西安仁小学	优秀园丁	河北省人民政府	1984
霍永范	女	1944.2	常屯乡东王目	东王目小学	优秀园丁	河北省人民政府	1984
王聚安	男	1949.8	洺州镇西街	南街小学	优秀园丁	河北省人民政府	1984
杨淑群	女	1947.8	章台镇北杨庄	西小河小学	先进德育工作者	河北省人民政府	1988
李修竹	男	1929.5	侯贯镇北侯伶仕	侯贯学区	优秀园丁	河北省人民政府	1984
于泗学	男	1957.11	方家营乡北方家营	北方家营小学	优秀园丁	河北省人民政府	1984
姜连起	男	1939.9	洺州镇张家庄	张家庄小学	优秀园丁	河北省人民政府	1984
张西瑞	男	1929.12	张营乡邵梁庄三	北胡帐小学	优秀园丁	河北省人民政府	1984
于志荣	女	1936.6	张营乡西平镇	西平镇小学	优秀园丁	河北省人民政府	1984
李秀文	女	1946.2	七级镇阎家庄	后尹村小学	优秀园丁	河北省人民政府	1984
王忠海	男	1939.12	侯贯镇后王村	前王村小学	优秀园丁	河北省人民政府	1984
范庆丰	男	1948.12	梨园屯镇东王曲	赵营小学	优秀园丁	河北省人民政府	1984
孙翠芳	女	1945.8	固献乡沙河辛庄	沙河辛小学	优秀园丁	河北省人民政府	1984
高培群	男	1950.12	高公庄乡经镇	经镇小学	优秀园丁	河北省人民政府	1984
张林图	男	1929	枣园乡南林庄	东张庄小学	优秀园丁	河北省人民政府	1984
王焕云	女	1947.10	七级镇小里罕	小里罕小学	优秀园丁	河北省人民政府	1985
胡林声	男	1959.6	贺营乡胡庄	县二中	优秀园丁	河北省人民政府	1985
吴家峰	男	1956.10	常屯乡魏寨	侯贯中学	优秀园丁	河北省人民政府	1985
阎芳芝	女	失考	失考	河北威县师范附小	优秀园丁	河北省人民政府	1985
杜桂岭	女	1945.1	侯贯镇魏宋村	沙柳寨中学	优秀园丁	河北省人民政府	1985
李振业	男	失考	方家营乡后里村	南里村乡中学	优秀园丁	河北省人民政府	1985
杨建勋	男	1953	洺州镇十里村	县二中	优秀园丁	河北省人民政府	1985
王建希	男	1933.2	赵村乡大张山	赵村中学	优秀园丁	河北省人民政府	1985
谷棉泽	男	1956.7	七级镇七级堡	七级堡小学	优秀园丁	河北省人民政府	1985
杨立才	男	失考	贺钊乡北雪塔	县一中	优秀园丁	河北省人民政府	1985
刘夫村	男	1934.1	张营乡刘家营	胡帐中学	优秀园丁	河北省人民政府	1985
胡九明	男	1937.12	第什营乡胡杨街	胡杨街小学	优秀园丁	河北省人民政府	1985
宋秀珍	女	1942.1	张营乡从容	贺营小学	优秀园丁	河北省人民政府	1985
高凤兰	女	1945.11	贺钊乡张牛村	黄台小学	优秀园丁	河北省人民政府	1985
王凤娥	女	1943.10	侯贯镇杨长屯	前屯小学	优秀园丁	河北省人民政府	1985
于桂芬	女	1944.1	常屯乡夏庄	夏庄小学	优秀园丁	河北省人民政府	1985
刘培英	男	1949.1	枣园乡东张庄	东张庄小学	优秀园丁	河北省人民政府	1985
张百忍	男	1954.4	梨园屯镇干集东街	干集东街小学	优秀园丁	河北省人民政府	1985
刘言永	女	1960.3	章台镇掌史村	掌史小学	优秀园丁	河北省人民政府	1985

续表 30－7

姓名	性别	出生时间	籍贯	单位	荣誉称号	授予单位	授予时间
尹桂平	女	1942.7	贺营乡西中营	西中营小学	优秀园丁	河北省人民政府	1985
王金良	男	1934.11	贺营乡北台吉	第一职业中学	优秀园丁	河北省人民政府	1985
王保收	男	1954	贺营乡大宁	县委组织部	优秀工作队员	中共河北省委	1992
刘百福	男	失考	侯贯镇南侯伶仕	南侯伶仕小学	优秀园丁	河北省人民政府	1986
王朝敏	女	1938.11	侯贯镇王里庄	侯贯视导组	优秀园丁	河北省人民政府	1986
任德群	女	1929.7	梨园屯镇西小庄	常庄学区	优秀园丁	河北省人民政府	1986
侯秀芬	女	1956.10	常庄乡桑园	桑园小学	优秀园丁	河北省人民政府	1986
吴秀云	女	1950.9	贺钊乡东贺钊	贺钊学区	优秀园丁	河北省人民政府	1986
薛凤鸣	男	1930.7	张营乡北马庄	章台视导组	优秀园丁	河北省人民政府	1986
张秀梅	女	1942.2	张营乡西平镇	张营校区	优秀园丁	河北省人民政府	1986
李献雪	男	1961.12	张营乡前小辛	邵梁庄校区	优秀园丁	河北省人民政府	1986
伊盘奎	男	1950.11	枣园乡全礼村	全礼村小学	优秀园丁	河北省人民政府	1986
潘庆有	男	1940.6	梨园屯镇干集东街	干集校区	优秀园丁	河北省人民政府	1986
彭书亭	男	1952.2	赵村乡前南寺庄	前寺庄小学	优秀园丁	河北省人民政府	1986
高玉广	男	1952.9	赵村乡东贤塔	东贤塔小学	优秀园丁	河北省人民政府	1986
董林声	男	1954.2	第什营乡王王目	王王目小学	优秀园丁	河北省人民政府	1986
张存莲	女	1936.1	张营乡康寺固	北街小学	优秀园丁	河北省人民政府	1986
牛俊峰	男	1959.7	方家营乡西方家营	西方家营小学	优秀园丁	河北省人民政府	1986
刘振忠	男	1951.9	第什营乡西古城	古城小学	优秀园丁	河北省人民政府	1986
阎秀娥	女	1956.3	梨园屯镇干集孙街	梨园屯小学	优秀园丁	河北省人民政府	1986
郭素香	女	1960.7	贺钊乡郭牛村	桑园小学	优秀园丁	河北省人民政府	1986
李连江	男	1942.11	贺钊乡小王庄	贺钊乡中学	优秀园丁	河北省人民政府	1986
张奎方	男	1946.7	张营乡张营	章台镇中学	优秀园丁	河北省人民政府	1986
郭洪钦	男	1964.8	高公庄乡后苏庄	七级中学	优秀园丁	河北省人民政府	1986
杜国芹	女	1944.1	常屯乡夏家庄	常屯中学	优秀园丁	河北省人民政府	1986
张际乾	男	1945.7	枣园乡井湖寨	枣园乡中学	优秀园丁	河北省人民政府	1986
刘素云	女	1958.10	固献乡孙庄	固献乡中学	优秀园丁	河北省人民政府	1986
董来泓	男	1938.7	赵村庄中安仁	安仁完小	优秀园丁	河北省人民政府	1986
王步谦	男	1948.10	侯贯镇义和营	县一中	优秀园丁	河北省人民政府	1986
王兰君	男	1951.1	洺州镇黄街	县一中	优秀园丁	河北省人民政府	1986
胡文振	男	1949.4	贺营乡大宁	大宁乡中学	优秀园丁	河北省人民政府	1986
李瑞生	女	1944.12	贺营乡曹王营	北郭庄中学	优秀园丁	河北省人民政府	1986
陈灿池	男	1940.3	常屯乡辛店	第一职业技术中学	优秀园丁	河北省人民政府	1986
尹彦芬	女	1959.2	贺营乡西中营	邵梁庄完小	优秀园丁	河北省人民政府	1987

续表 30－7

姓名	性别	出生时间	籍贯	单位	荣誉称号	授予单位	授予时间
冯贵庭	男	1950.6	洺州镇前麻固	第什营乡中学	优秀园丁	河北省人民政府	1987
邱明锁	男	1950.2	常屯乡北常屯	常屯完小	优秀园丁	河北省人民政府	1987
武常岭	男	1963	常屯乡西正店	县一职业中学	优秀园丁	河北省人民政府	1987
潘新文	男	1963	枣园乡潘店	县二中	优秀园丁	河北省人民政府	1987
潘国胜	男	1938.8	云南省	县一中	优秀园丁	河北省人民政府	1987
苏振宇	男	1941.7	天津市南开区	县一中	优秀园丁	河北省人民政府	1987
					特级教师	河北省人民政府	1994
田春友	男	1933.2	赵村乡张舸	七级镇中学	优秀园丁	河北省人民政府	1987
王德方	男	1953.1	广宗县	七级中学	优秀园丁	河北省人民政府	1987
刚海生	男	1956.7	章台镇东里村	东里村小学	优秀园丁	河北省人民政府	1987
潘竹存	女	1967.8	贺钊乡张牛村	张牛村小学	优秀园丁	河北省人民政府	1987
刘书君	女	失考	失考	全礼村小学	优秀园丁	河北省人民政府	1987
阎体乾	男	1953.5	梨园屯镇梨园屯	梨园屯完小	优秀园丁	河北省人民政府	1987
赵洪爱	女	1956.3	固献乡固献二	固献二小学	优秀园丁	河北省人民政府	1987
臧书珍	女	1957.8	南宫市	马军寨小学	优秀园丁	河北省人民政府	1987
董书萍	女	1957.8	赵村乡中安仁	安仁完小	优秀园丁	河北省人民政府	1987
王瑞其	男	1957.10	高公庄乡前高公庄	高公庄小学	优秀园丁	河北省人民政府	1987
丁灵恩	男	1952.3	高公庄乡草楼	草楼完小	优秀园丁	河北省人民政府	1987
赵庆祥	男	1949.1	七级镇士通	士通小学	优秀园丁	河北省人民政府	1987
张淑荣	女	1941.12	高公庄乡李家屯	章华小学	优秀园丁	河北省人民政府	1987
李修峰	男	1943.4	候贯镇北侯伶仕	南侯伶仕小学	优秀园丁	河北省人民政府	1987
张丽芝	女	1952.3	常庄乡东安上	桑园完小	优秀园丁	河北省人民政府	1987
王炳恒	男	1955.7	候贯镇崔里庄	崔里庄小学	优秀园丁	河北省人民政府	1987
焦春发	男	1955.3	洺州镇西河洼	西河洼小学	优秀园丁	河北省人民政府	1987
王瑞芳	女	1954.1	方家营乡西方家营	北方家营小学	优秀园丁	河北省人民政府	1987
刘凤朝	男	1947.11	洺州镇李寨	李寨小学	优秀园丁	河北省人民政府	1987
薛洪钦	男	1954.5	方家营乡薛高寨	薛高寨小学	优秀园丁	河北省人民政府	1987
张会春	男	1956.12	第什营乡王王目	九马坊小学	优秀园丁	河北省人民政府	1987
庄朝雨	男	1962.7	贺钊乡庄家村	庄家村小学	优秀园丁	河北省人民政府	1987
刘兴新	男	1951.5	张营乡南里庄	南里庄小学	优秀园丁	河北省人民政府	1987
魏爱珍	女	1963.5	固献乡魏家村	枣园乡中学	优秀园丁	河北省人民政府	1987
李华方	男	1933.11	侯贯镇西王村	教育局	先进德育工作者	河北省人民政府	1988
李岱昌	男	1963.1	七级镇东七级	七级中学	先进德育工作者	河北省人民政府	1988
卢光俊	男	1958	枣园乡于化	枣园中学	全国优秀教师	国家教委、人事部	1989

姓名	性别	出生时间	籍贯	单位	荣誉称号	授予单位	授予时间
李素珍	女	1963. 12	枣园乡西台吉	洺州学区	全国优秀教师	国家教委、人事部	1989
孙士诚	男	1946. 4	固献乡孙河北寨	孙河北寨小学	全国优秀教师	国家教委、人事部	1989
魏忠阳	男	1947. 8	高公庄乡西鱼台	县一中	特级教师	河北省人民政府	2003
吉廷雨	男	1939. 5	广宗县	县一中	特级教师	河北省人民政府	1994
刘建新	女	1963. 5	章台镇章刘村	县一中	模范教师、中小学优秀德育工作者	河北省人民政府	2009
赵玉霞	女	1972. 8	七级镇高亮	县一中	优秀教师	河北省人民政府	2009
赵国增	男	1966	洺州镇白伏	县一中	特级教师	河北省人民政府	2007
邢秀石	男	1966	常屯乡辛店	县一中	特级教师	河北省人民政府	2004
王俊华	男	1954. 3	候贯镇杨长屯	教师进修学校	全国优秀教师	国家教委、人事部	1989
李连阁	男	1966. 12	赵村乡大张山	大张山完小	全国优秀教师	国家教委、人事部	1989
李瑞增	男	1957. 4	章台镇北胡账	章台镇北胡账小学	全国优秀教师	国家教委、人事部	1989
柴峨军	男	失考	张营乡前小辛	章台镇党委	优秀纪检干部	中央纪律检查委员会	1990
张乃普	女	1966	枣园乡南辛庄	刘河北寨小学	河北省优秀园丁	河北省人民政府	1987
魏凤烨	男	1965	七级镇西魏疃	县二中	全国模范教师	教育部、人事部	2007
邢秀石	男	1966	常屯乡辛店	县一中	全国模范教师	教育部、人事部	1998
张增丽	女	1967	赵村乡前安仁	朝阳路小学	优秀教师	河北省人民政府	1998
张占平	女	1972. 7	贺钊乡雪塔	朝阳路小学	优秀教师	河北省人民政府	2004
陈振勋	男	1963. 10	新河县	县政法委	优秀工作队员	中共河北省委	1993
刘爱民	男	1954	贺营乡大宁	县公安局	优秀工作队员	中共河北省委	1992
鲍立国	男	1960	南宫市	县文广新体局	体育工作先进个人	国家体育总局、教育部	1998
黄成俊（回族）	男	1938	洺州镇王庄	威县县委	全国少数民族团结进步先进	国务院 国家民委	1988 1990
卢好喜	男	1947	河南省	公安局	全国优秀人民警察	公安部	1994

1979—2009 年威县省级以上协（学）会会员名录

表 30 – 8

姓名	性别	出生时间	籍贯	单位	协（学）会名称	入会时间
王九鹏	男	1915	洺州镇北街	洺州镇李寨小学	河北省书法家协会	1980
李清顺	男	1938	赵村乡北辛庄	县物价局	河北省书法家协会	1980
薛鸿群	男	1933	张营乡北马庄	威县师范学校	中国书法家协会	1983
刘兴华	男	1962	洺州镇管安陵	国家税务局	中国书法家协会	1999
李华栋	男	1968. 1	贺钊乡东贺钊	邢台市群艺馆	河北省美术家协会	
马恒建	男	1971	梨园屯镇东赵村	县文广新体局	中国书法家协会	2002
蒋世欣	男	1957. 2	方家营乡北方家营	山西省高速公路管理局	中国书法家协会	1997
李印华	男	1963. 4	赵村乡北辛庄	邢台学院	中国书法家协会	1999

续表 30－8

姓名	性别	出生时间	籍贯	单位	协（学）会名称	入会时间
杨　波	男	1973	固献乡朱家庄		中国书法家协会	2008
赵士英	男	1930	河北景县	县政协	河北省书法家协会	1991
马贡明	男	1931	章台镇西柏悦	县政府办公室	河北省书法家协会	1992
李灵霞	男	1950	高公庄乡小赵庄	县物资局	河北省书法家协会	1988
张成宝	男	1963	常庄乡鸭窝	县人大常委会	河北省书法家协会	1986
范米加	男	失考	贺营乡范家营	县农行	河北省书法家协会	1984
王银杰	男	1958.1	张营乡邵梁庄	县文化局	河北省书法家协会	1991
潘儒栋	男	1951	洺州镇南街	县人社局	河北省书法家协会	2005
宋子轩	男	1965.5	高公庄乡吴宋庄	县检察院	河北省书法家协会	1991
侯洪波	男	1963.12	常庄乡北仓庄	县统计局	河北省书法家协会	1995
李智纲	男	1940	贺钊乡东贺钊	邢台市文联	中国美术家协会	1998
王春景	男	1942	洺州镇星光	天津宝坻区画院	中国美术家协会	2001
谷　钢	男	1942	河北威县	吉林艺术学院	中国美术家协会	
徐复生	男	1943	赵村乡徐家庄	河北大学工艺美院	中国美术家协会	1982
王桂群	女	1947	河北威县		中国美术家协会	
陈　薇	女		枣园乡邵固		中国美术家协会	
张子栋	男	1959	方家营乡东徐固寨	北京武警总队	中国美术家协会	2009
赵春堂（回）	男	1947	洺州镇黄街	天津美术出版社	中国美术家协会	
井庆昂	男	1973	常屯乡西王目	河北科技学院艺术学院	中国美术家协会	2006
许四海	男		方家营乡第三口	第二炮兵	中国美术家协会	2008
马为超	男	1975.9	固献乡固献一	邢台市群艺馆	中国美术家协会	2009
冯英杰	男	1931	方家营乡庞苏庄	县政协	河北省美术家协会	1977
墨道人	男	1925.4	第什营乡芦头	河北省道教协会	陕西省美术家协会	1982
陈从容	男	1941	洺州镇北街	县文化局	河北省美术家协会	1982
					中国国画家协会	2005
王俊海	男	1941	洺州镇南关	县文化局	河北省美术家协会	1999
周秉恭	男	1922	河北玉田	威县赵庄师范		
杨作文	男	1936	赵村乡西安仁	威县师范学校	河北省美术家协会	1982
张保珩	男	1938	洺州镇李寨	威县师范学校	河北省美术家协会	1982
周金锁	男	1946	侯贯镇西侯贯	县文化馆	河北省美术家协会	
田　磊	男	1967	洺州镇东街	贺钊乡政府	河北省美术家协会	2007
冯淑荣	女	1965	方家营乡庞苏庄	县文广新体局	河北省美术家协会	1999
王春秋	男	1960	洺州镇星光		河北省美术家协会	1992

续表 30－8

姓名	性别	出生时间	籍贯	单位	协（学）会名称	入会时间
邢立青	男	1966.5	侯贯镇大潘庄		河北省美术家协会	2005
刘庭芳	男	1949.2	洺州镇莫尔寨		河北省美术家协会	2004
胡志朝	男	1965.11	贺营乡胡庄		河北省美术家协会	2009
张庚伟	男	1965	洺州镇李寨	邢台学院	河北省美术家协会	2001
李华栋	男	1968.1	贺钊乡东贺钊	邢台市群艺馆	河北省美术家协会	1998
林俊英	女	1965	高公庄乡河岔股	县文化馆	河北省美术家协会	1999
耿宾全	男	1974	张营乡军寨	县委组织部	河北省美术家协会	2008
陈朝春	男	1959	洺州镇北街	县总工会	河北省美术家协会	2008
陈朝文	男	1963	洺州镇北街	邢台织染厂	河北省美术家协会	2009
尹成涛	男	1969.7	张营乡元寺		河北省美术家协会	2002
罗　扬	男	1929	洺州镇罗安陵	全国文联	中国曲艺家协会	
王亚平	男	1905	洺州镇皇神庙	中国曲艺研究会	中国作家协会	
刘艺亭	男	1917	固献乡刘河北寨	河北省文联	河北省作家协会	
马增奎（回）	男	1943	洺州镇黄街	县教师进修学校	河北省作家协会	2001
董凤鼎	男	1946	第什营乡董家庄	县党史办	中国曲艺家协会	1982
					河北省作家协会	1980
胡林声	男	1959.6	贺营乡胡庄	县教育局	河北省作家协会	1980
胡子宏	男	1968.4	贺营乡胡庄	邢台市文联	河北省作家协会	1995
李双旭	男	1949	高公庄乡河里庄	县文化馆	中国戏剧家协会	1993
董保纲	男	1973	第什营乡董家庄	邢台牛城晚报社	河北省作家协会	1997
邱宏图	男	1962.11	清河县	县广播电视局	河北省戏剧家协会	1988
吴洪群	男	1967.4	第什营乡吴王目	县教育局	河北省作家协会	2000
徐学军	男	1944.6	赵村乡南徐庄		河北省作家协会	
陈庆存	男	1955	常屯乡西辛店	县文化馆	河北省戏剧家协会	1987
					河北省舞蹈家协会	1989
张金华	男	1938	第什营乡苏留寨	县一中	河北省戏剧家协会	
闫沛龙	男	1953.10	梨园屯镇梨园屯	县国税局	河北省作家协会	2000
张广伟	男	1955	常庄乡鸭窝	县委宣传部	中国曲艺家协会	2006
					河北省作家协会	1998
李金鹏	男	1951	七级镇中七级	县人大常委会	河北省摄影家协会	2008
					河北省戏曲家协会	1988
尹长刚	男	1912	桑园乡后屯	县乱弹剧团	河北省戏剧家协会	1985
耿尚伟	男	1921	邯郸市邱县	县乱弹剧团	河北省戏剧家协会	1985

续表 30－8

姓名	性别	出生时间	籍贯	单位	协（学）会名称	入会时间
刘桂海	男	1958	洺州镇西街	县检察院	河北省音乐家协会	1985
刘桂福	男	1955	洺州镇西街	邢台学院	河北省音乐家协会	1986
贺振行	男	1949	贺营乡贺营	县公安局	河北省音乐家协会	1981
史善会	男	1921	贺宁乡大宁	县文化馆	中国曲艺家协会	1982
宋志军	男	1921	高公庄乡河贫股	县教育局	中国曲艺家协会	1982
史亚光	女	1970	侯贯镇南侯贯	县一中	河北省音乐家协会	2009

1979—2009 年威县正高级职称专业技术人员名录

表 30－9

姓名	性别	出生年月	工作单位	职称	籍贯	评定时间
马兰柱	女	1946. 2	县电视台	正高级工程师	贺钊乡东雪塔	2000. 12
刘兴利	男	1968. 5	县农业局	农业技术推广研究员	常庄乡何家庄	2005. 12
魏加旺	男	1948. 10	县农业局	农业技术推广研究员	侯贯镇魏宋村	2008. 12
邢瑞普	男	1952. 5	县农业局	农业技术推广研究员	洺州镇北街	2008. 12
周金锁	男	1947. 7	县广播电视新闻出版体育局	群众文化研究馆员	侯贯镇西侯贯	2008. 12
王存瑞	男	1964. 3	县人民医院	主任医师	固献乡大寨	2009. 12
宋连君	女	1961. 7	县林业局	正高级工程师	南宫市	2009. 12
甘秀丽	女	1965. 1	县农业开发办公室	农业技术推广研究员	南宫市	2009. 12

1998 年版《威县志》1979 年之前大事记

秦

威县境属巨鹿郡。

西　汉

尝分巨鹿郡堂阳县置经县，治所在今经镇西北二十里。

元始二年（2）

四月，平帝立代孝王玄孙之子刘如意为广宗王，置广宗国（治在今方家营）。

东　汉

建初八年（83）

汉章帝分巨鹿郡地，置广宗县（治所在今方家营村）。

永元五年（93）

正月，和帝封皇弟刘万岁为广宗王，广宗县升为广宗国。九月，王死，国除，复县。

中平元年（184）

正月，巨鹿张角起义爆发。起义群众头裹黄巾为标记，称为“黄巾军”，张角和其弟张宝、张梁，在广宗城（今威县城东方家营）烧官府，杀污吏。

六月，卢植连破张角，张角逃于广宗，卢植围攻广宗城。

十月，皇甫嵩与张角弟张梁大战于广宗。梁众精锐，嵩不能克。乘其稍懈时，大破张梁军，斩梁及梁军首级 3 万。

初平三年（192）

春，袁绍与公孙瓒大战于界桥（古桥址在今方家营村东、大葛寨村南处）。公孙瓒大败还蓟。

西　晋

永嘉四年（310）

二月，汉之辅汉将军石勒攻打冀州之广宗、清河等郡、县，农民自愿跟随者达 9 万余人。

四月，王浚部将祁弘与后汉冀州刺史刘灵大战于广宗，刘灵被杀。

建兴元年（313）

晋大司马王浚派大将田徽任兖州刺史，保护定陵（今威县城北大高庙与小高庙之间），石勒派将军孔苌出兵击之。

四月，石勒攻乞活军领袖李恽于上白（今第什营乡南古城附近），将李恽杀死。

东　晋

大兴二年（319）

五月，祖逖攻打投降后赵的陈留郡太守陈川。石虎、桃豹率军将祖逖击退，遂徙川部众5000余户于广宗（今县域南部）。

咸和七年（332）

暴风，大雨，冰雹。雹大如鸡子。行人、禽兽死者万计，树木摧折，禾稼荡然，受害面积千余里。

后赵建武十二年（346）

在广宗县置建兴郡（治所今威县方家营），辖建始、兴德、临清等5县。

太和年间（366～371）

后燕名将慕容农毁定陵城。

北　魏

太平真君二年（441）

经县废，并入南宫县。

太和十年（486）

析广宗县北部和南宫县南部置经县（治所今经镇村）。属长乐郡。

太和十一年（487）

置广宗郡，广宗县、经县属之。不久废。

永平元年（508）

八月，北魏冀州刺史元愉自称皇帝起兵反魏。北魏宣武帝以尚书李平为都督讨元愉，军至经县（今经镇村）内部兵变，但很快被李平稳定。

孝昌二年（526）

于广宗（今县城东方家营）复置广宗郡。

东　魏

天平元年（534）

十一月，东魏孝静帝至邺，把魏郡、阳平、广宗等11个郡划为都城畿辅之地。

武定元年（543）

正月，广宗郡献白雉。

武定三年（545）

五月，广宗郡献白乌。

武定五年（547）

八月，广宗郡火烧数千家。

北　齐

天保七年（556）

广宗郡废，复广宗县（治所今县城东方家营村），属贝州（治所今清河西）。经县亦废。移武强县于原经县治。

天保八年（557）

七月，蝗虫成灾，声如风雨，大害农禾。

北　周

建德七年（578），于武强县治（今经镇）复置广宗郡。

隋

开皇六年（586）

武强县治徙离，复于武强废址（今经镇）置经城县。

开皇十六年（596）

析经城县置府城县。

仁寿元年（601）

因避太子杨广讳，改广宗县为宗城县。经城、宗城、府城三县并存。

大业元年（605）

府城县并入经城县。

大业三年（607）

罢贝州。宗城、经城两县改属清河郡。

大业八年（612）

大旱，瘟疫流行。

唐

武德四年（621）

于宗城县置宗州，辖宗城、经城、南宫、武强四县。析经城县置府城县。

十二月，刘黑闼率兵数万进攻宗城。屯兵宗城的黎州总管李世勣见势不妙，遂弃城走保洺州。

武德九年（626）

宗州废。省府城县入经城县，宗城、经城两县改属贝州。

天宝元年（742）

宗城、经城改属清河郡。

兴元元年（784）

正月，唐叛将朱滔遣兵攻宗城、经城。

天祐二年（905）

避朱全忠父朱诚讳，改宗城县为广宗县。后复改为宗城县。

天祐三年（906）

四月，镇州大将王剑大战魏州叛将李重霸于广宗。

宋乾德元年（964年）

范质卒。范质（911—964年），字文素，大名宗城（今威县）范家营人。历经后梁、后唐、后晋、后汉、后周、北宋六朝，五朝为官，两朝为相。自幼聪明好学，933年考中进士。周太祖起兵进取京城时，范质藏匿民间，周太祖派人寻得后立即召见范质。当时雪下的很大，周太祖脱下自己的龙袍给范质穿上，后被封为兵部侍郎，枢密副使。赵匡胤“陈桥兵变”后，范质出任北宋宰相，推举了吕庆余、赵普等人才，还参与了郊祭礼仪的制定，完备了宋朝礼仪，受到了宋太祖的重用。范质一生谨守法度，清廉为官，勤于政事，为历史贤相。

五　代

后梁乾化二年（912）

十一月，赵将王德明将兵3万至临清，攻克宗城。

后梁乾化五年（915）

七月，梁将刘郇欲西袭晋阳，遇雨不得进，渡漳水，东屯于宗城。

后晋天福六年（941）

十二月十三日，镇州节度使安重荣大集境内饥民，众至数万，南向邺都，声言入朝。石敬瑭急派天平节度使杜重威领兵征讨。双方相遇在宗城西南，展开激战，镇州人大溃。重荣收余众，走保宗城。杜重威攻占宗城，获马3000匹，绢3万余匹。

宋

宋庆历八年（1048年）

黄河在商胡（今河南淮阳）决口，改道北流，水泛河北，由今威县入南宫境。

熙宁六年（1073）

八月，宋析河北为四路：大名、真定、定州、瀛州。宗城、经城两县属大名路。

省经城县为镇，入宗城县。

元祐元年（1086）

大水，民房毁坏甚众。

崇宁四年（1105）
宗城县治因避河患迁徙于邵固镇（今邵固）。
建炎元年（1127）
金将乌延胡里改攻打宗城，宋军溃，追杀千余人。宗城县改属河北西路洺州。

金

正隆元年（1156）
宗城县治由邵固迁于今县城。
泰和元年（1201）
分宗城县地，在北洺水镇置洺水县。
天兴三年（1234）。
宗城县并入洺水县。

元

（蒙古）定宗二年（1247）
洺水县遥隶威州。
（蒙古）宪宗二年（1252）
威州州治徙至洺水（今县城），辖井陉、洺水两县。
（蒙古）宪宗五年（1255）
分洺水县民户之半于武道镇（今广宗县城）置广宗县。自此，威县、广宗二县分治。
（蒙古）至元元年（1264）
威境大旱，农业歉收严重。
（蒙古）至元二年（1265）
无雨，寸草无收，黎民大饥，人相食。
泰定元年（1324）
大雨五十日，水灾严重。
至顺三年（1332）
一年三次遭受蝗灾。
至正八年（1348）
蝗灾严重，禾稼俱无，人相食。
至正十年（1350）
省洺水县，入威州。

明

洪武二年（1369）

威州改为县，始名威县，属广平府。

成化十六年（1480）

夏，大水，房屋倒塌甚众，溺死者无计。

弘治六年（1493）

蝗虫遍野，禾稼损伤成灾。

弘治十五年（1502）

九月，地震有声。

正德二年（1507）

冬，大雪，户门被封，道路不通。

正德十五年（1520）

七月十九日，大雨夹冰雹，大如鸡蛋，尤甚者大如“春杵”，禾稼尽伤。

嘉靖二年（1523）

三月十二日，黑风，昼晦如夜。

嘉靖五年（1526）

十月二十七日黄昏，火流星由东北流向西南，光曜如昼，有声如雷。

嘉靖八年（1529）

六月，大水，房屋淹没殆尽。

嘉靖十五年（1536）

夏，飞蝗蔽日。

十月某夜，流星坠落如雨。

嘉靖二十五年（1546）

秋，蝗虫遍野。

嘉靖二十九年（1550）

自上年秋至是年六月，无雨。饥民遍地。

同年，胡容、王组等修《威县志》八卷。

嘉靖三十二年（1553）

秋，大水，禾稼大伤，民大饥。

万历十四年（1586）

大旱，威境无麦。

万历二十七年（1599）

秋，蝗蝻遍野，物价上涨严重，百姓流离者甚众。

万历三十年（1602）

七月二十七日，昼晴，忽迅雷震击。城东时家庄赵姓妻阎氏正织布，被雷击而死。须臾，天晴如故。

万历四十八年（1620）

三月十七日，怪风自西北而来，飞沙扬石，昼如夜。

同年，张蒙正等修《威县志》八卷。

天启五年（1625）

正月二十五日，红风，昼晦如夜。
崇祯三年（1630）
秋七月，叛兵500余人自临清北入北辛店，抢掠牲畜金珠衣帛等物无算。
崇祯四年（1631）
冬，大雪3日夜。
崇祯七年（1634）
除夕，雨霰大作，雷电轰鸣。
崇祯八年（1635）
二月二十九日，怪风自西北起，晦暝异常，麦尽伤。
崇祯十年（1637）
夏，蝗蝻遍野，田苗尽伤。
崇祯十一年（1638）
七月，飞蝗蔽日。
十一月二十二日，清军包围威城，民宅焚烧殆尽，杀掠一空。
崇祯十三年（1640）
小麦绝收，物价昂贵，斗米价银1两2钱，父子、夫妇相食。
崇祯十四年（1641）
六月，大旱，蝗虫成灾，百姓饥甚。人相食。

清

顺治二年（1645）
夏，无麦，至六月始雨。
顺治三年（1646）
蝗虫遍野，禾苗尽伤
同年，张璞等修《威县志》一卷。
顺治五年（1648）
闰四月十五日，大雨成灾。
顺治六年（1649）
四月，山东起义军张调甫等转战直隶曲周、威县等县，后去临清。
顺治十一年（1654）
八月二十五日辰时，地震有声。怪风自西北而东南。
顺治十六年（1659）
山西沈阳卫十八营地并归威县，屯田7511.6公顷，屯丁1410口。
康熙元年（1662）
秋，阴雨连月。
十一月二十二日，地震有声。
康熙六年（1667）

九月二十三日，地震有声。

康熙十二年（1673）

李之栋等修《威县志》十六卷。

康熙四十五年（1706）

知县刘德亮主持于县城西街成立义学。

雍正四年（1726）

于城北张舠村建立义学1所。

乾隆五年（1740）

知县卢豪然主持于城内成立学宫东义学。

乾隆十三年（1748）

老官寨建立义学1所。

咸丰五年（1855）

灾荒，农业歉收。农民向知县李均善要求缓征公粮，李不允，激起民愤。万余人以石撞击北城门，入县署。

咸丰十一年（1861）

春，山东白莲教起义首领张善继率教众数万人，攻打威城。县令组织城中军民固守迎击，经数战，大败教众。

同治六年（1867）

春，盐枭王五、萧羊等聚众数万，与清军刘云鹤、王来敏、黄名进等大战于威县城南马庄（今董庄和秦里庄）。

光绪十八年（1892）

梨园屯阎书芹率“十八魁”开展武力护庙斗争。

光绪二十三年（1897）

义和拳首领赵三多、阎书芹在梨园屯亮拳示威。

光绪二十四年（1898）

秋，沙柳寨义和拳首领赵三多在冠县蒋家庄（今属威县）起义。

光绪二十六年（1900）

六月，义和团首领赵三多集拳民七八千人于二十二日、二十四日、二十六日3次攻打魏村教堂。

光绪二十八年（1902）

威县始设邮政局。

光绪三十二年（1906）

威县成立劝学所，王以锷任总董。

同年，威县邵梁庄刘吟皋主持于邵梁庄（后迁至前小辛）创立第一所区立高等小学。学校占地10余亩，有房40余间。

光绪三十三年（1907）

七月，威县始开办警务。全县分5区，有警士360人。

宣统元年（1909）

威县成立官办初级女子小学。
宣统二年（1910）
威县创办县商会，第一任会长杨锦江。

中华民国

1912 年

大旱，颗粒无收，饥民遍野，盗贼蜂起，民不聊生。

1913 年

6 月 23 日，威县奉命改组旧县公署。

1914 年

威县属直隶大名道。

1915 年

县长谢学霖主持改组县农会，并制订章程和实施细则。

1916 年

县警察局改组为警备队。

1920 年

大旱，农业绝收。
同年，全县各乡为防匪患，成立民团组织。

1923 年

8 月，威县劝业所成立。
9 月，威县奉省令开设县财政所。
10 月，威县劝学所改组为教育局。
12 月 6 日，县成立自治预备会。

年底，县财政所正式成立。

1924 年

5 月 4 日，威县为自治县。

10 月 24 日，县议会、参事会成立。

1926 年

郭森、潘笑圃等人创办“读书会”，传播马克思列宁主义。

1928 年

废道。改直隶为河北省，威县始隶属于河北省。

1929 年

9 月，宋彩芹、潘笑圃、马东斗先后在河北第七师范（驻大名）参加中国共产党，为威县第一批党员。

同年，由尚希宾主纂、王以锷襄纂的《重修威县志》二十卷由北平京津印书局出版。

同年，潘笑圃、郭森等人在“读书会”的基础上创办“流动图书馆”。

1930 年

1 月，潘笑圃寒假回家，经广宗中心县委书记梁雨辰批准，在宋庄（现属章台镇）小学成立中共威县第一个党支部。潘笑圃任支部书记，宋彩芹任组织委员，马东斗任宣传委员。

7 月，在北胡帐高级小学校成立中共威县第一届委员会，潘笑圃任书记，宋一轩任组织部长，马东斗任宣传部长。

秋，中共河北省委巡视员刘履冰到威县考察工作，介绍上海等地办“流动图书馆”的经验。此时，威县“流动图书馆”馆员已发展到 200 余人，书籍达到 2000 余册。其中左联出版的书籍达 40 余种，有中共中央的《红旗》周刊和《共产党宣言》《苏维埃中国》《国家与革命》等书籍。

1931 年

9 月，“九一八”事变震惊中外，波及威县，以抗日救国为中心的革命活动，在全县十分活跃。

冬，方家营高小学生在共产党领导下，发动驱逐反动教员李湘梅的罢课斗争，最后赢得胜利。

年底，建立中共威县中心县委，李亚光任书记。威县中心县委辖南宫、威县、广宗、冀县 4 个县委。

1932 年

春，由于国民党省、县党部的干扰和破坏，“流动图书馆”就此终止。

夏，中共直南特委委员王从吾到威县考察工作。

冬，中共直南特委刘大凤到威县视察，特委指示成立南宫中心县委，潘笑圃任县委书记，机关驻地广宗槐窝。

1933 年

春，中共威县县委并入南宫中心县委。

1934 年

冬，成立中共广宗中心县委，辖威县、广宗、南宫、巨鹿、邱县 5 个县，郭森任中心县委书记。

冬，中共河北省委为加强冀南地区的领导，将直南特委分成南北两个特委：一是南部的冀鲁豫边区特委，二是以威县、南宫、巨鹿、任县、尧山、隆平为活动区的冀南特委。

1935 年

春，冀南农民武装暴动波及威县。中国工农红军平汉线游击队不断到威县活动。

秋，平汉线游击队特务队长朱三（刘文信）将国民党威县党部“捕共队”的田泽南在元寺处决。

9 月，威县北部东西平镇、军寨、勿堂村等村组织“布袋队”，开展了分粮吃大户运动。

同年，春旱无雨，秋季淫雨不止，河流多处决口，百姓流离失所。

1936 年

1 月，国民党二十九军驻扎经镇一带。威县县长梅华法，残酷镇压共产党员和农民暴动人员，全县处于白色恐怖中。

春，冀南暴动失败。南京国民党政府电令“冀察政务委员会”主席宋哲元消灭“冀南赤祸”。调数千兵力到邢台、任县、隆平、巨鹿、南宫、威县一带。

5 月，威县国民党县长梅华法带武装警察 70 余人，夜袭城东南第四营，将“华北人民抗日讨蒋救国军”特务连长朱三及地下党员司舒中、李华北逮捕。

5 月下旬，朱三于威县县城西街村西英勇就义。

1937 年

3 月，河北省建立 17 个行政督察区，威县属第十四行政督察区。

春，范若一由日本留学回家，邀王惠甫、王全斋、王一夫、罗管亚、陈焕文等人，组织“抗日救国后援会”，发展会员遍布全县。

8 月，县内土匪、散兵游勇、民团、会道门等各种武装组织乘机蜂起。他们打着抗日救国招牌，互相争夺地盘，掠夺粮、款，民不聊生。

秋，临清十八村和南宫三区（即侯贯、杨长屯、桑园一带）成立三边区委会。

11 月 16 日，日军侵占威县城。

冬，威县“治安维持会总务处长”和梦九奉日军旨意成立“新民会”，宣传“大东亚共荣”，开办教师训练班，强化奴化教育。

1938 年

1 月下旬，东进纵队司令员陈再道率部到南宫，李侍曾派人去南宫迎接。

1 月，八路军东进纵队骑兵连由任县邢家湾开赴威县，进驻鱼堤。

1 月，根据中共冀南特委指示，中共南威（南宫、威县）工作委员会在南寺庄成立，王悦尘任书记。

2 月 16 日，李侍曾部接受八路军改编。部队改编为冀南抗日游击独立第二师。

3 月 25 日，八路军一二九师东进纵队一团及骑兵团消灭威县伪军 200 余人。

3 月，在东进纵队帮助下，中华民族革命战争威县战地动员委员会成立。并相继建立农民抗日救国会、妇女抗日救国会、店员抗日救国会、工人抗日救国会、文化建国会等群众抗日救亡组织。

3 月，成立广威（广宗、威县）中心县委。

4 月初，冀南抗日游击独立第二师驻扎七级整训。东进纵队政治委员宋任穷由南宫到七级，召开营以上干部会议，讲抗战形势和中国共产党抗日政策。

5 月 5 日，威县抗日民主政府正式成立。范若一任县长。属河北省冀南行署四专区。

5 月 9 日，八路军一二九师副师长徐向前、东纵司令员陈再道和政委宋任穷在经镇召开参战部队首长和参谋人员会议，下达进攻威县城的作战命令。徐向前、陈再道亲临前线指挥。主攻部队是东纵一一五师六八九团。陈锡联率七六九团和曾国华支队进驻平乡高阜镇以打击平乡、邢台援威之敌，韩先楚率团主攻威县城。

5 月 10 日凌晨，六八九团发起攻击，由东北城角攻入威县城。在关键时刻，汉奸和梦九背叛七级协议，带领汉奸队向六八九团射击。日军乘机反扑，六八九团牺牲 114 人。此役毙伤日伪军百余人。

5 月 15 日，日本侵略军清水部队和伪军慑于八路军威力，弃城窜回邢台。六八九团和独二师进驻威县城，配合抗日政府开展工作。

5 月中旬，县抗日政府发布布告，宣告施政方针："抗日救国，保家杀敌"，号召全县人民团结一致投入抗日斗争，努力生产。

5 月中旬，全县划分为 3 个区，建立抗日区政府。

5 月下旬，经过号召，群众踊跃参军，县游击大队建立 8 个中队。

6 月 6 日，日伪华北政务委员会在邢台设冀南道，辖冀南 32 县，由任国良任道尹，威县属之。

6 月 12 日至 15 日，国民党山东省第二专员范筑先，在中共鲁西特委协助下到威县会见一二九师副师长徐向前、政治部主任刘志坚。双方分别介绍鲁西北和冀南抗战形势，达成两区互不侵犯、互通情报、协同抗日等协议。

6 月 20 日，冀南行政主任公署在威县草楼成立，杨秀峰当选为主任，宋任穷为副主任。威县属第四专区。

6 月下旬，独二师由香城固回师威县。徐向前、宋任穷主持整编，独二师改编为冀鲁第一支队。

6 月，中共威县县委恢复，高绪之任书记。

7 月初，临（清）冠（县）邱特区警察局在辛店成立，结束国民党对该区的统治。

8 月 21 日，威县冀鲁游击第一支队，改编为青年纵队第三团，调离威县转战冀鲁。

8 月，县抗日政府在威县城内连续举办两期共 200 余人参加的教师训练班。训练内容主要是抗战基础知识、统一战线理论、战时教学方法和抗日教材、抗日歌曲等。

12 月 30 日，八路军一二九师在北张庄召开军政干部会议，传达中共六届六中全会精神，由刘伯承、邓小平主持。参加会议人员主要是冀南区党政军干部。这次会议根据六届六中全会精神，结合冀南斗争形势，确定依靠工农群众，坚持冀南平原游击战争，推行减租减息，改造基层政权，与敌作长期艰苦斗争。

12 月，县抗日政府肃清县境内土匪，处决反动豪绅申益安，实行公平合理负担，进行全民战争动员，拆掉城墙。

1939 年

2 月 28 日，陈赓、王新亭指挥三八六旅六八八团、新一团、补充团，在南草厂村南、香城固村北大沙河中将日军安田部全部歼灭。击毙日军 200 余人，生俘 8 人，击毁汽车 9 辆，获炮 4 门，八路军伤亡 50 余人，创造了平原反"扫荡"以小代价换取大胜利的模范战例。

2 月，日军二次侵占威县城。成立日伪"威县公署"，和梦九任"知事"。

3 月，国民党第十军团石友三部万余人移驻郭固、马桥、王村、东西董吕庄、狼窝、侯贯等 30 余村，并成立县政府。时威县出现两个县政府，即抗日民政府、国民党政府。

6 月，七七一团在威县城东郭村歼王官庄之敌，消灭数十人，获炮数十门。

7 月底，连降大雨，日伪军扒开运河、滏阳河堤，两岸土地被淹，沥涝成灾。

8 月 21 日至 9 月 30 日，中共冀南区党委、冀南军区在小辛召开 40 天政治学习会议。区委书记李菁玉，军区司令员宋任穷，政治部主任王光华莅会。

8 月，中共冀南区党委在小辛召开地委书记扩大会议，选举参加中共七大代表。

8 月，石友三部在威县公开杀害抗日干部、群众 55 人。

9 月 27 日，冀南参议员大会在草楼村召开。冀南行署领导杨秀峰作《冀南抗日民主根据地开创经过和今后施政方针》报告。会议选举杨秀峰、宋任穷为行署正、副主任。

11 月，冀南部队一部在威县境内歼灭日军一一〇师团小林三郎大佐所部 400 人。

1940 年

2 月 9 日，在河岔股小学召开军政干部会议。参加会议的有冀南军区政委宋任穷、司令员陈再道、政治部主任刘志坚，传达作战部署。

2 月 9 日至 17 日，宋任穷、程子华（冀中军区政委）指挥青纵七七一团、冀南军区特务团等部消灭驻狼窝村孙良诚部一个团。

3 月，冀南银行路东行成立第一个县支行——威县支行。

4 月 4 日，威县南部和东南部 60 余村和曲周县、邱县各一部分组建企之县。

5 月，中共冀南区党委决定设立威县实验县。

5 月，威县县参议会成立。

6 月，八路军东纵一团攻打贺钊据点。击毙日伪军 200 余人，营救被关押军民 300 余人。

7 月 1 日，日伪华北政府委员会将冀南道分设为冀南道和顺德道。顺德道道尹公署设在邢台，王季章任顺德道尹。威县属之。

7 月 7 日，建立清江县。

7 月，威县县大队在城北仁里集将日军小队长百井击毙。

同年，威县抗日武装青年营成立。各村建立了抗日模范班。

1941 年

春，威县县大队智取孙家陵炮楼，俘伪军 29 人，缴获机枪 1 挺、步枪 15 支。

5 月，和梦九在威县城内成立“三菱公司株式会社威县分社”，为日本收棉花，掠夺原料，出卖民族利益。

8 月，冀南参议员第二次会议在草楼召开，冀南行署秘书长范若一代表杨秀峰作行署政府工作报告。

11 月 25 日，冀南新七旅二十团在威县击毙日军 50 余人，俘伪军 100 余人。

年底，中共冀南区党委撤销威县实验县。中共威县县委改属四地委。

1942 年

1 月，威县农民抗日救国会、店员抗日救国会、青年抗日救国会、妇女抗日救国会合并为抗日联合救国会，简称“抗联”。

2 月，日军推行“治安强化运动”，反复“扫荡”清乡。全县据点、炮楼增至近 30 个。

6 月 12 日，冀中军区司令员吕正操率冀中领导机关工作人员转战威县，驻掌史村，遭到日伪军3000余人的围攻。在敌强我弱的情况下成功突围。这次突围受到中共中央军委的电令嘉奖，誉为“平原游击战坚持村落防御战的范例”。

7月下旬，县武工队和游击队在经镇据点大集上将日军小队长击毙。

10月10日，建立宏毅县。

1943 年

春，严重干旱，夏粮绝收，秋收无望，日军推行“三光”政策，天灾人祸造成空前大灾荒。

5月，中共威县中心县委成立。

7月下旬，淫雨连绵，沥涝成灾，蝗虫遍地，遮天蔽日，庄稼被吃光。抗日政府以蝗虫换粮的办法鼓励群众捕蝗。

8月中旬，抗日政府向全县灾民发放大批贷款，组织生产自救。

8月，日军乘水灾之机，投放霍乱疫苗，导致威境霍乱病流行肆虐。群众缺医少药，死人甚众。

9月19日，连降大雨7天，沥水成灾。数十万亩农田被淹，城南企之县遭雹灾。日伪军则趁火打劫，加紧袭扰，全县人民处于极困难境地。

12月，和梦九到处抓劳工，将抓到的抗日干部和群众当作苦力卖给日本人，从中大发横财。

1944 年

春，威县抗日政府根据中共北方局指示精神提出：坚持抗战，生产自救，胜利度荒的方针，取得明显成效。

7月，威县抗日政府在草楼、王村、元寺一带分别建立抗日高级小学3所。

10月3日，冀南四分区十一团夜袭王撞据点，歼伪军1个小队。

秋，县抗日政府开展赎地回人运动。

1945 年

1月，威县军民对日伪军进行大反攻。

6月13日，日伪军弃城西撤，抗日政府由雪塔迁至威县城。

6月16日，威县抗日政府召开万人大会，庆祝威县全境解放。会后举行盛大游行活动。

6月，冀南行署统一布置，将中共四地委、专署迁往南宫。中共冀南区党委、冀南行署由邱县迁至威县城。

8月27日，邢台解放。和梦九落入人民法网。

8月，威县抗日民主政府改称人民民主政府。

10月，中共威县县委、县政府迁往潘村。

11月1日，冀南行署通令，宏毅、企之、清江三县撤销，原威县行政区域除毕家庄、魏家庄、郑家庄划归临清县外，其余仍归威县。临清县、冠县、邱县、南宫县、曲周县、鸡泽县在威县的插花地亦划归威县。

12月12日，威县军民召开4万人大会，庆祝抗日战争胜利。临时法庭审判罪大恶极的汉奸和梦九。将其判处死刑，立即执行。

1946 年

1月16日，冀南行署在威县召开各界庆祝和平大会。

1月，冀南区在威县境内办起区党委党校（后并入省委党校）、财经干部学校（后并入财经学院，后又改为经贸大学）、建设学院（后改冀县师范）、军干校（在七级，原称军区教导队、教导团，后改为军干校，1947年随刘邓大军南下大别山）。

3月1日，经过4个多月的筹备，冀南书店在威县南方家营召开成立大会。该书店是中共冀南区党委为恢复文化出版，加强宣传工作而成立，由赵鼎新任经理兼总编辑。

4月16日，冀南行署、冀南军区在威县召开追悼王若飞、秦邦宪、叶挺、邓发、黄齐生等英烈大会。

5月1日，威县烈士纪念亭建成。

7月7日，冀南区党委在威县召开“七七”事变9周年纪念大会，谴责国民党发动内战，并举行游行活动。

同年，威县开展冬季大练兵运动。

同年，威县800名青年参军，赴前线参加自卫战争。

同年，威县开展土地改革运动。

同年，冀南行署医院开始筹建，院址设在威县城内北大街路东。冀南军区卫生部医务主任郝宝康任院长。夏季，医院由县城迁至城北北台吉村，改名为冀南人民医院。全院80余人。

1947 年

1月，威县机关干部实行供给制和粮票制。

5月，威县分别出动4000人、1000副担架组成担架队开赴安阳前线，1000人、300副担架组成担架队开赴东北。

7月，冀南区党委从威县抽调大批干部随刘邓大军南下开辟大别山。

10月，威县抽调264名干部第二次南下。

10月，《中国土地法大纲》公布。中共威县县委抽调干部到农村宣传土地法，纠正土改中出现的问题。

11月，威县4500名青年参军参战。

1948 年

2 月，晋冀鲁豫边区政府派聂真带领 60 人到威县第三、四、六区的董村、潘村、北章台、刘庄等村进行土改复查。

2 月，冀南区党委派王从吾、郭森、刁从真、王浩带领工作团到威县帮助整党、民主抽补和平分土地运动。

春，中共中央土改工作团到威县搞试点。威县被命名为土地改革实验县。

10 月，威县土地改革运动结束。

12 月，中共威县县委召开各区妇女会议。

1949 年

2 月 15 日，威县对京大公路威县段进行普修，迎接东北大军南下。

3 月，冀南区党委、行署在威县组织第三批干部南下，共 3000 人在方家营等村进行训练。4 月 3 日举行欢送会。

3 月，东北大军过境，同当地军民一起为 11 年前攻打威县城壮烈牺牲的 114 名烈士举行隆重的纪念追悼大会，鸣炮 24 响。

7 月 23 日，冀南区党政机关从威县迁往保定，行前举行联欢会。

夏，全县 421 个村发生虫灾。

8 月 1 日，河北省人民政府和邢台地区专员公署成立，威县属之。

9 月，中共威县县委发出开展生产节约的指示。

中华人民共和国

1949 年

10 月 1 日，冀南人民医院改名为河北省第二人民医院，马芝玺任院长。

10 月 2 日至 4 日，全县庆祝中华人民共和国成立。

10 月，威县党政机关从潘村迁至县城。

11 月 20 日，为支援灾民，威县开展捐献运动。全县 260 村共捐献小米 95 吨、谷子 45 吨、高粱 35 吨、其他粮食 2.5 吨。

11 月 24 日至 27 日，威县第一届各界人民代表会议召开。出席代表 987 人。大会听取《政府工作报告》，突出解决了棉花征购问题，选出各届人民代表会议常务委员会。

11 月，在全县开展镇压反革命运动（简称“镇反”）。至 1953 年共逮捕反革命分子 225 人，其中处决 57 人，判刑 80 人。

12 月，郝家屯村发生猩红热流行病，传染 50 余人，死亡 26 人。

12 月，威县开展整党工作，共建党支部 433 个。

1950 年

1 月 5 日，威县人民政府发出《加强管理，严禁私宰、屠杀，保护耕畜，以利生产的通令》。

2 月 3 日至 6 日，威县第二届各界代表会议第一次会议召开，作出《1950 年农业生产草案决议》。

3 月 10 日至 12 日，中共威县县委召开党的代表大会。

5 月，河北省第二人民医院由威县迁至临清。

6 月 6 日，威县将原 9 个区缩减为 5 个区。

7 月 8 日至 8 月 10 日，全县开展抗美援朝捐献活动。共捐人民币 70151. 89 万元（旧币），籽棉 99. 8 吨，小米 5. 9 吨。

8 月，县成立中共威县县委纪律检查委员会。

10 月 25 日，河北威县师范学校成立。校址在县城北赵庄。

同年，威县建供销合作总社，并建 11 个分社、6 个门市部。

1951 年

1 月 26 日，威县成立中苏友好协会。会员 6 万余人。

4 月，威县政府重修“一一四烈士”陵园。园长 43. 5 米、宽 55 米，占地 2392. 5 平方米。

春，河北省政府主席杨秀峰到威县考察工作，并为解决农民种地肥料不足的问题赊销给威县豆饼 1750 吨。

5 月 19 日 21 时，威县北部寺庄至郭村、郝家屯至吴宋庄一带村庄降冰雹。60% 的冰雹如鸡蛋大小，小麦、棉花受灾严重。

同日，威县人民政府发布《严格管理枪支武器的通令》。

7 月 21 日 17 时，威县北部 80 个村庄遭受严重雹灾。大冰雹如小碗，小冰雹如枣，遍地冰雹厚度约 25 厘米。全县有 5840 公顷青苗被砸，其中 3226 公顷被砸成光杆。

8 月，中共中央监委副书记王从吾率中央老解放区慰问团到威县慰问，在广场举行隆重的各界人民代表大会。

9 月 27 日，威县第三届各界人民代表会议第一次会议召开。出席代表 161 人。会议听取关于时事形势的报告。

秋，威县成立初级中学，当年招生两个教学班。

12 月 29 日，中共威县县委召开第二次党代会。

冬，威县成立镇压反革命分子指导委员会。按照“镇反”工作计划，对特务、反动会道门头子（一贯道、东会道、大仙会等）、土匪、反攻倒算的地主恶霸、反革命分子进行严厉镇压。

1952 年

1 月 2 日，中共威县县委向毛主席、华北局、省委、地委报告威县关于增产节约、抗美援朝、开展“反贪污、反浪费、反官僚主义”的情况。

3 月 17 日至 19 日，威县召开第三届各界人民代表会议第二次会议。出席代表 255 人。会议主要内容是开展抗旱、防旱、爱国丰产运动和“三反”、“五反”（反行贿、反偷税漏税、反盗骗国家财产、反偷工减料、反盗窃国家经济情报）运动。

春，威县“反贪污、反浪费、反官僚主义”运动开始。10 月结束。在“三反”运动中，全县党员 44 人受处分。其中开除党籍 6 人，留党察看 9 人，警告处分 22 人，劝告处分 3 人，取消候补党员资格 4 人。

同年，中国人民政协威县委员会召开第一届代表会议。

同年，全县成立郝家屯、北章台、王世公等 6 个初级农业合作社。

同年，中共威县县委建立统战部，县委书记宋书亭兼任部长。

1953 年

4 月 3 日，威县第四届各界人民代表会议第一次会议召开。出席代表 231 人。会议听取《关于 1953 年度农业生产计划（草案）和建设形势》的报告。

4 月 11 日，共青团威县委员会首届一次代表会议召开，会议制定贯彻 1953 年农业生产计划的措施，提出开展爱国增产竞赛活动。

4 月，全县划分为 5 个管理区，75 个乡镇。

6 月 19 日下午 5 时，威县遭受风雹灾害，雹大似茶碗，小似杏枣。

6 月，中共威县县委设农村工作部。

8 月 1 日至 20 日，全县淫雨连绵，沥水成灾。232 个村庄、16972 公顷田地受灾，131 个村倒房 19820 间，砸伤 19 人，砸死 4 人。县委采取紧急措施，组织灾民进行生产自救。

10 月，全县实行粮、棉、油统购统销，取消粮食自由购销市场。

11 月 18 日至 27 日，中共威县县委、县政府召开县、区、乡三级干部会议，讨论粮食收购方案及秋征的各项政策。

1954 年

1 月 1 日，中共威县县委召开县委扩大会议。中心议题：发动群众卖余粮，支援国家建设。会后 10 天内，农民卖余粮 123.5 吨。

1 月 26 日，县人民政府财政经济委员会召开威县第一届物资交流大会。与会者 6000 余人，分 4 个展厅，陈列样品 150 余种。

2 月，威县进行第一次基层选举。正式成立 75 个乡人民政府。

3 月 7 日至 13 日，中共威县县委召开由区、社、互助组代表 120 人参加的互助合作代表会，促进农业集体化。

4 月中旬，经临清、馆陶流入威县境内的山东灾民达 1209 人。威县政府号召伸出友谊之手，帮助难民度荒。

6 月 18 日下午 4 时 30 分，威县城南河洼、城北草楼一带降冰雹，砸毁房屋、树木、庄稼，砸伤群众，受灾面积 3893 公顷，涉及 13 乡，64 个村。

7 月 6 日至 11 日，威县召开首届人民代表大会第一次会议，会议听取《学习总路线和政府上半年工作方案报告》和《提案审查报告》，选举出席省人大代表，并对宪法草案进行学习讨论。

8 月 25 日统计，全县已有 35% 的村建立农业合作社。

10 月 25 日，中共威县县委发布《关于一九五四年粮食、棉花、油料统购统销和农业税收工作方案（草案）》。

11 月 25 日，全县完成第一期布票发放任务。

同年，威县 3 次疏通老沙河河道。

1955 年

3 月，发行新版人民币，按旧人民币 1 万元折合新人民币 1 元的比价将旧人民币全部收兑。

5 月，威县乱弹剧团和威县坠子剧团成立。

6 月 16 日晚 10 时 20 分，威县部分地区遭受雹灾，冰雹大小如鸡蛋，受灾面积达 5525.5 公顷。

6 月下旬，县召开工商联合会会员代表大会，讨论工商业者的社会主义改造问题。

7 月 1 日，威县建立镇反委员会。抽调党员干部组成工作组，深入各乡开展工作。至 9 月底，全县共逮捕反革命分子和各种犯罪分子 113 人。

12 月 3 日统计，全县已建立农业合作社 1574 个。有 52747 户农民入社。

12 月，首次普修威县至清河公路（土路），路面宽 8 米。

12 月，河北省直接调给威县 30 台“GS－35”拖拉机。这是首次进入威县的拖拉机。

同年，威县推广新式农具——双轮双铧犁 625 部。

同年，中国人民银行威县支行发放农业贷款 372187 元。

同年，威县开始实行义务兵役制兵员的征集。

1956 年

1 月 21 日，中共威县县委召开全县万人大会，号召全党全民总动员，迎接社会主义建设新高潮，普遍开展三化（高级化、高产化、水利化）、三高潮（积肥高潮、农业技术改革高潮、竞赛评比高潮）、一指标（实现全县的一切农业生产指标）的社会主义竞赛。

同月，共青团威县委员会印发《关于执行团地委〈发动百万青年、少年开展捕灭鼠、雀运动的决定〉的决定》。全县遂掀起除四害高潮。

同月，威县成立肃反甄别定案工作小组，下设甄别办公室。镇反运动开始。

2 月 4 日，中共威县县委印发《关于办高级农业社的几点意见》，全县共有高级社 312 个。

2 月 27 日至 3 月 7 日，中共威县县委召开三级干部会议，参加人员共 2386 人，会议中心议题是整顿、巩固农业合作社。

3 月，威县对私营工商业进行社会主义改造。把全县个体工商业改造为全行业公私合营。至 4 月底，全县已基本完成私营工商业的社会主义改造。全县共组成公私合营企业 82 个，合作小组 3 个。

4 月 23 日至 29 日，中共威县第一次代表大会召开。出席代表 265 人。会议听取、审议中共威县委员会《关于 1953 年至 1956 年第一季度的工作报告》和《关于 1956 年工作计划（草案）的报告》。民主选举产生中共威县第一届委员会，赵树人当选为县委书记。

7 月 31 日至 8 月 5 日，威县连续降大雨 8 次，降雨量为 440 毫米，洪涝灾害超过以往任何一年。卫运河、古漳河数处决口。8600 立方米/秒的巨大洪峰高 0. 67 米、宽 10 余千米横灌县境。至 9 月 6 日，全县淹地 41654 公顷，受灾村庄 308 个，倒塌房屋 54015 间。共淹死、砸死 16 人，伤 84 人，减产粮食 1460 吨、棉花 5940 吨、花生 19. 9 吨，淹毁存粮 284. 3 吨。

7 月至 10 月，全县将原来 75 个乡合并为 31 个乡，撤销原来 5 个区，成立 2 个办事处。

8 月 19 日，中共威县县委印发《关于防汛抢护与生产救灾工作的紧急指示》。

9 月 13 日，中共威县县委拟定《关于迅速开展生产救灾运动，搞好副业，做好秋收分配，巩固农业生产合作社，克服困难，度过灾荒的工作计划》。

9 月 27 日，县工会发动职工为灾民捐献寒衣。共捐衣服 331 件，捐款 370. 27 元。

10 月 6 日至 7 日，威县召开第一届人民代表大会第四次会议。会议通过《关于迅速开展生产救灾运动，搞好副业，做好秋收分配，巩固农业生产合作社，克服困难，度过灾荒工作计划的决定》。

12 月 8 日至 9 日，政协威县第二届委员会第一次会议召开。

12 月 11 日至 15 日，威县召开第二届人民代表大会第一次会议。大会听取并通过威县人民委员会《1955 年至 1956 年工作报告》和《关于当前工作任务的报告》，选举董维刚为威县人民政府县长。

同年，威县遭受特大洪水灾害。国家赈济拨款 403382 元，组织灾民修建公路，其中威南、威临、威清 3 条公路总长 72. 7 千米。

1957 年

2 月 14 日，中共威县县委拟定《关于推行包工包产制的意见》。至 8 月 7 日，全县 438 个农业合作社实行包工包产。

5 月，威县开展第三次肃反运动。参加运动 388 人，揭发反革命分子 2 人。

6 月上旬，自 5 月初，威县发现蝗蝻，密度严重的每平方丈 500 只，一般的 30 只左右。蝗蝻生长 7 天为一龄，五龄成飞蝗。邢台地委、威县县委发出紧急通知，发动群众进行灭蝗。

7 月，威县在省农业展览会展出 1 个 40 余千克重的西瓜，号称“西瓜王”。

8 月 13 日，邢台至威县公路碎石、碎砖路面铺筑任务完成。

9 月 25 日，中共威县县委作出《关于开展整风运动和反“右”派斗争的计划》，对整风、反“右”派斗争的方针、政策、方法步骤、时间安排和具体要求进行部署。

10 月 26 日，中共威县县委召开万人大会，动员全县掀起一个群众性的水利建设和积肥高潮。

11 月，大葛寨木桥通车，桥长 10 米，2 孔。

12 月 14 日，中共威县县委印发《关于农村基层整风整社的意见》。

1958 年

1 月，在县城东街路南建威县政府招待所。

3 月 6 日，中共威县县委发出《关于大力开展节制生育宣传运动的指示》。

4 月 5 日，威县从南阳引进“胜利百号”山药新品种和多穗高粱新品种。

4 月 16 日至 19 日，威县召开关于贯彻“鼓足干劲，力争上游，使工农业并肩跃进，为实现千厂县而奋斗”的三级干部会议。提出工业建设方针和措施。

5 月 24 日，中共威县县委印发《关于发动全党全民大办教育事业和教育改革的决定》。

5 月 25 日，威县农村整风工作结束。

6 月 3 日，威县在干集召开审判大会，判处道首李某某等 8 名罪犯死刑，立即执行。

6 月 19 日至 22 日，威县召开第三届人民代表大会第一次会议。会议听取威县人民委员会《上半年工作报告》和威县人民法院工作报告。

7 月 5 日，中共威县县委印发《关于制止与防止强迫命令行为的通知》，对由于受“左”倾思想严重影响，犯了强迫命令和违法乱纪错误，影响干群关系的问题提出纠正措施。

7 月 31 日，全县农村实现食堂化，全县共建食堂 3741 处。

8 月 1 日，中共威县县委机关报《卫星报》创刊发行。

8 月 23 日，中共威县县委召开县委扩大会议，决定在全县范围内开展大办人民公社运动。至 26 日，建起东方红、东风、卫星、红星、红旗 5 个大型人民公社。

9 月 26 日，威县自力更生建起一座 10 吨炼焦炉。

9 月 30 日，威县建立广播站。于 10 月 1 日开始播音。

10 月 30 日至 31 日，全县召开大炼钢铁工作三级干部会议，提出炼钢任务 3064 吨的高指标。

11 月 11 日，河北省电影制片厂在威县拍摄王世公、王撞二村山药大丰收和威县发明创造山药切片机等内容的影片。

11 月 20 日，威县、南宫县、清河县三县合并为南宫县。

11 月 28 日至 12 月 2 日，商业部在章台轧花厂召开全国锯齿轧花现场会。章台轧花厂厂长王勤华在会上介绍经验。

1959 年

1 月，县棉油东厂榨油车间失火，烧毁厂房 21 间、机器 14 台，经济损失 51423 元。

7 月 3 日，下午 6 时，威镇公社成志庄、胡杨街、第什营等 6 个管理区的 57 个村庄遭受雹灾。受灾面积 4533.3 公顷，其中，2000 多公顷农作物全部被砸平。

7 月 7 日，河北省民航局派一架“安二型”飞机，到原威县除治棉铃虫。

9 月 10 日至 30 日，中共南宫县委组织部分 3 批为 130 名“右派分子”摘掉“右”派帽子。

11 月 11 日，南宫县境内民兴渠动工开挖。渠长 53718 米。侯贯、梨园屯等人民公社 4.7 万民工参加。

11 月 20 日，南宫县 14 个人民公社建起 14 个公社卫生院、89 处卫生所和 320 处保健站。

同年，中共南宫县委副书记关袖清带领全县 1.3 万人去岳城水库施工 1 年，共挖土方 537300 立方米。孙成群带领 8000 人去大名县挖东风渠，施工 3 个月。

1960 年

4 月 7 日，中共南宫县委决定建立反贪污、反浪费、反官僚主义的“三反”领导小组。下设“三反”办公室。

6 月，南宫县开展社办工业“三反”运动，历时 4 个月结束。

7 月，南宫县威镇公社西徐村生产队办起“天下第一食堂”。

10 月，中共中央监察委员会副书记王从吾和省委书记马国瑞到域内考察工作。

11 月，县乱弹剧团赴邯郸向国务院总理周恩来汇报演出。

12 月 28 日至 1961 年 1 月 11 日，县直机关开展整风运动。内容以反共产风、浮夸风、特殊风、命令风和瞎指挥风为主，同时还进行反贪污、反浪费、反官僚主义的斗争。

12 月，下放县社工业职工 3035 人，让这些职工到农村长期安家落户。

同年，全县架设电话线路 225 千米，12 个公社安装了直通电话。

1961 年

4 月 27 日，南宫县召开四级干部会议。学习中共中央《农村人民公社工作条例》（即“六十条”）和省委补充条例。研究贯彻执行条例的方法。

5 月 18 日，遵照省、地委指示，南宫县划分为威县、南宫县、清河县三县，即日起正式办公。同日，原威县县域的西留善固、谷庄两个行政村划归邯郸地区邱县；原威县县域的小张庄划归南宫县。

5 月，上级拨给威县“新吉尔”苏式嘎斯 -51 货车 2 部。

6 月 26 日，中共威县县委召开全县压缩非农业人口会议。当年压缩非农业人口 2818 人。

7 月 1 日至 8 月 2 日，威县连续狂风暴雨，沥涝成灾。全县受灾面积达 18019 公顷，倒塌房屋 12313 间，砸伤 2 人，死亡 1 人。

8 月 4 日，中共威县县委生活办公室发出《关于迅速发动群众，立即大采青代运动的指示》。要求按照中央“低指标、瓜菜代”的方针，采集青菜、代食品以弥补口粮不足。

8 月 21 日起，威县每天出动 2.9 万余人采集马齿菜、曲曲菜、羊角菜、猪耳菜等 15 种野菜 8.5 万千克。

12 月 31 日，威县财政决算：全年总收入 151 万元，支出 305 万元。

12 月，政协威县第三届委员会第一次会议召开。

同年，威县将 5 个大人民公社划分为 32 个人民公社。

1962 年

春，恢复中共威县监察委员会。

1 月 9 日至 11 日，威县第四届人民代表大会第一次会议召开。大会听取和审查《威县人民委员会三年来工作报告》和《威县人民法院工作报告》。

4 月 15 日，中共威县县委民兵工作组改为威县人民武装委员会。

6 月 21 日，威县遭受风雹灾害。受灾作物面积 8832.7 公顷，毁坏房屋 2564 间，拔掉、折断树木 1283 棵，砸伤 194 人。

8 月 19 日，中共威县县委抽调 150 名脱产干部到落后队工作。

11 月 24 日至 12 月 6 日，中共威县县委召开四级干部会议，有 4254 人参加，主要学习中央八届十一中全会公报，讨论《农村人民公社工作条例修正草案》。

12 月 31 日，威县财政决算：全年总收入 118 万元，总支出 195 万元。

1963 年

5 月 29 日，威县计划生育委员会成立。

8 月 3 日至 9 日，威县连降暴雨，降雨量达 479.1 毫米，造成沥涝灾害。

8 月 10 日，威县遭洪水袭击，五路洪水相继侵袭，洪沥交加，造成特大水灾。一般平地水深 1 米左右。淹没耕地 53342 公顷，倒塌房屋 76942 间，伤亡 609 人，伤亡牲口 163 头。

8 月 10 日至 14 日，威县防汛指挥部连续发出三道紧急命令和两个紧急通知：号召全党全民全力以赴抗洪救灾。

8 月 13 日至 22 日，河北省防汛指挥部和邢台专署防汛指挥部分别电询威县灾情，给威县人民空投急需物品。

8 月 14 日，威县又降一场特大暴雨。老沙河水位猛涨，造成决口，梨园屯、侯贯两个公社大部分村庄、农田被淹。雪塔公社遭雹灾，受灾面积 660 余公顷。清凉江、古漳河、老沙河水位继续猛涨。老沙河溃不成堤，洪水猛泄两岸，决口长达 300 余米。全县各级领导组织所有干部，深入抗洪一线抢险救灾。

8 月 21 日，中共威县县委、县人委发出《给灾区干部社员的信》。信中衷心感谢党中央、毛泽东主席及省、地领导在危急关头，对威县人民的关怀和支援，高度赞扬全县广大干部、社员英勇顽强的斗争精神和救灾中顾全大局、无私无畏的高尚品格。

9 月，中共威县县委采取果断措施，全力以赴抗洪救灾。

11 月 21 日至 30 日，中共威县县委组织 1500 多名干部组成 5 个检查团、124 个检查组，到受灾地区检查解决实际问题，共发放救济粮 12980 吨、款 28 万元、棉布 4616.6 米、煤 1079 吨。

11 月 29 日至 12 月 1 日，威县第五届人民代表大会第一次会议召开。会议通过《威县人民委员会工作报告》和《威县人民法院工作报告》。

12 月 21 日至 23 日，政协威县第四届委员会第一次会议召开。

12 月，威县剧场交付使用。

1964 年

1 月 10 日至 11 日，威县普降雨雪两昼夜，平地雪深 0.3 米左右。

2 月 24 日，威县全面开展粗线条“四清”（清工分、清账目、清仓库、清财物）工作。5 月 10 日结束。

2 月 25 日至 3 月 2 日，邢台地区农业战线劳动模范会议在邢台召开，李寨公社时家庄大队被选为红旗单位。

3 月 9 日，中共威县县委发出《关于结合“四清”社会主义教育运动，进一步开展计划生育工作的指示》。

4 月 14 日，中共威县县委、县人委发出《关于自四月十五日起对苏联代印的人民币实行公开收兑的联合通知》。

4 月 16 日至 19 日，威县普遍连续降特大暴雨，造成沥涝灾害。

5 月 2 日，威县发生因吃大麦食物中毒事件。全县先后有 1893 人中毒。

5 月 30 日，河北省派飞机到威县老沙河、清凉江一带撒药灭蝗。

6 月 10 日，威县有 34 个单位参加第一批“五反”（反对贪污盗窃、反对投击倒把、反对铺张浪费、反对分散主义、反对官僚主义）运动。

7 月，威县开展人口普查工作。全县有 327654 人。

7 月 15 日，中共威县县委成立对台（台湾）工作领导小组。

8 月 11 日至 15 日，两次降雨 741 毫米，造成沥涝灾害。全县共淹土地 24730.7 公顷。

9 月 15 日，中共威县县委决定将威（县）、清（河）公路由土路改建为碎砖路面。邢台专署投资 102640 元。

10 月 15 日，威县 650 名“四清”工作队员到邢台参加集训。

1965 年

2 月初，县委、县人委在全县开展学习、宣传中共中央“二十三条”（即《农村社会主义教育运动中目前提出的一些问题》），要求干部、群众“自觉革命”。

3 月 30 日，威县成立体育运动委员会。

5 月 24 日，李寨公社白伏大队第二生产队牲口棚发生火灾，烧死耕牛 6 头、马 2 匹。

6 月 20 日，威县成立战备领导小组，下设战备办公室。

8 月，威县大葛寨至临西公路铺修。

9 月 14 日，威县海河指挥部成立。

9 月 26 日，中共威县县委召开学习毛主席著作积极分子代表会议，出席会议的有学习毛主席著作积极分子、大队党支部书记、公社党委副书记、工委办公室主任。

11 月 27 日，国务院副总理李先念到河北省考察，路过威县。威县因犯形式主义、弄虚作假等错误受到邢台地委批评。

12 月 31 日，威县财政决算：全年总收入 288 万元，总支出 262 万元。

同年，威县遭受到 1949 年后罕见的严重旱灾。

同年，邢临公路沙柳寨桥建成通车。

1966 年

3 月 8 日，邢台发生强烈地震，震中在隆尧白家寨，震级为 6.2 级。威县震感强烈。

3 月 22 日，威县发生强烈地震，灾情严重的有 137 个村庄。倒房 91215 间，砸死、砸伤 38 人、牲口 5 头，损失粮食 170 吨。

4 月 18 日，为突出政治，加强生产抗灾工作，中共威县县委成立政治部和生产抗灾指挥部。

8 月 4 日，大葛寨桥竣工通车。桥面宽 7 米，桥长 68.28 米。

8 月 25 日，中共威县县委召开干部、职工代表会。56 个单位的党政负责人和群众代表 110 人座谈“无产阶级文化大革命”的开展情况。

8 月 26 日，县直单位干部、职工敲锣打鼓上街游行。“文化大革命”自此在威县开始。

9 月 16 日，中共威县县委成立文化革命办公室。

11 月 16 日至 23 日，威县召开学习毛主席著作积极分子代表大会。

11 月，威县城内机关、居民普遍用上电。同时用上电的有李寨、城关、方家营、固献、干集、梨园屯公社。

12 月 31 日，威县财政决算：全年总收入 297 万元，总支出 351 万元。

同年，老沙河、清凉江清淤工程开始，由省统一安排施工。

1967 年

1 月 23 日，威县人民委员会通知：今后小学在“无产阶级文化大革命”期间的开学和停课问题，县不作统一安排，由当地党委和“文化大革命”组织共同研究决定。学校的正常秩序被打乱。

3 月，威县成立抓革命、促生产第一线指挥部，下设办公室。

4 月 9 日，为贯彻中央《关于大、中、小学校复课闹革命的通知》指示，威县 482 处小学已全部开学复课。

9 月 25 日，据统计：1 月至 8 月全县销售《毛泽东选集》3600 套，《毛主席语录》1800 本，《毛主席著作选读》和毛主席著作单行本 18000 册，毛主席像 10 万余张。

12 月 8 日，威县革命委员会筹备服务小组成立。

12 月，威县工人代表大会、红卫兵代表大会、农民代表大会成立，并分别召开庆祝大会。会后举行大规模游行。

1968 年

1 月 13 日，威县革命委员会成立。同日召开庆祝大会，会后 2 万余人参加大规模游行。

1 月 17 日，县革命委员会召开第一次全体会议。会议发出《关于坚决贯彻执行邢台地区革命委员会〈关于坚决贯彻执行中共中央关于今冬明春农村文化大革命的指示的通知〉的通知》。

1 月 18 日，县革命委员会下达《关于在县以下单位建立革命委员会的几点意见》。

3 月 9 日，威县革命委员会政治部发出《关于中、小学革命师生立即回校复课闹革命的紧急通知》。

3 月 31 日，全县小学教育制度由六年四、二制改为五年一贯制，中学由六年三、三制改为四年二、二制，同时对学生进行军政训练。

4 月，国家投资 180 万元修建京大线（北京—大名）威县段油路。该路段长 49.2 千米，路基宽 8.5 米，油路面宽 6 米，轨道宽 4 米。8 月建成通车。

5 月 11 日，全县中、小学招生由秋季改为春季，废除原考试制度，实行推荐与选拔相结合的办法。

6 月 6 日至 8 月 2 日，全县教育系统教职员工集中在河北威县师范学校（赵庄）举办学习班。

8 月，京大公路（北京—大名）威县段柏油路面建成通车。城内四条主要街道也拓宽铺成柏油路面。

11 月 2 日，威县开始实行贫下中农管理学校。

11 月 6 日，威县革命委员会发出《关于宣传学习落实〈中国共产党第八届扩大的第十二次中央委员会全会公报〉的通知》。

12 月 9 日，威县举办中、小学教职员学习班。确定公社办高级中学。全县建高中 36 所。

1969 年

1 月 11 日至 16 日，威县革命委员会在河北威县师范学校举办毛泽东思想学习班。邢台地区革命委员会主任王震、副主任王集家莅校，纠正“清队”中关于“国民党集团”假案的错误。

3 月 28 日，全县中、小学公办教师一律转为民办教师。教师工资改为工分加补贴，实行民办公助。教师及其家属的口粮按农村口粮标准供应。

春，高公庄公社大李庄大队办起洗衣粉厂。年创总产值 15 万元，纯收入 3 万元。

4 月 7 日和 13 日，县域两次遭受风灾，7333 公顷小麦受灾，明显减产达 70%，部分绝收。

7 月 15 日，章台分院医生徐用明为三益庄大队 68 岁女社员赵成芝成功切除腹腔内生长 30 余年、20 千克重的大肿瘤。

1970 年

2 月 18 日至 22 日，县革命委员会召开全县落实战备，掀起工农业生产大跃进三级干部誓师大会。参加大会共 2005 人。

5 月 6 日，威县酿酒厂改造锅炉，4 个月节煤 3650 吨；用土烘炉制成扬茬机、吹风机。

9 月 25 日，县人民武装部集成《邢台地区交通运输战备资料统计》一书，同时整理《威县兵要地志资料汇编》成册。

12 月 31 日，威县财政决算：全年总收入 338 万元，总支出 308 万元。

同年，威县调整学校布局，精简教师队伍。高中由原来 36 所合并为 13 所，初中由原来的 244 所合并为 178 所，精简中、小学教师 300 人。

同年，七级、经镇、章台 3 个公社安装广播专线，社员户内安装了广播小喇叭。

1971 年

2 月，威县对全县中、小学师生实行军训。参加军训的中、小学师生 28268 人。

5 月 13 日，章台、侯贯、桑园等 13 个公社 80 个生产大队遭受雹灾。97.2 公顷小麦、637.2 公顷棉花绝收。

5 月 28 日至 31 日，中共威县第二次代表大会召开。大会出席代表 676 人，通过《关于实现领导班子思想革命化的决议（草案）》和《关于进一步开展农业学大寨群众运动的决议（初稿）》，选举产生中共第二届威县委员会。

8 月 3 日，邢台地区革命委员会下达《行政编制通知》，通知威县建 32 个公社，干部编制 297 人

12 月，章台 11 万伏变电站投运供电。供电范围：南宫、巨鹿、清河、临西、广宗、威县 6 个县。

同年冬，县邮电局三路载波机投入使用。

同年，全县遭受特大旱灾，全年降水量仅 259.3 毫米，较历年平均值偏少 55%。

同年，威县税务与财政分开，分设县财政局和县税务管理局。

1972 年

2 月，李寨 3.5 万伏变电站竣工，投运供电。

3 月 28 日，中共威县县委、县革命委员会做出《关于以路线为纲，大办农业，夺取今年农业丰收的决议》，要求把发展农业放到首要地位。

7 月 23 日，县爱国卫生委员会成立。

10 月 23 日至 30 日，中共威县县委召开四级干部会议，传达贯彻省委会议精神，重点解决“批林批孔”和“农业学大寨”的问题。

12 月 12 日，县革委会、县人武部联合拟定《关于整顿民兵组织的安排意见》。规定：大

队建立民兵连，生产队建立民兵排，县直企、事业单位党支部建民兵连，党总支建民兵营，公社建民兵团，县建民兵师。

同年，全县小学普及率达 92%。

同年，全县中、小学受“左”的路线影响，95% 以上学校开办“学农基地”“小林场”“小饲养场”，上课时间减少，教学质量普遍下降。

1973 年

6 月 7 日，威县复建体育运动委员会。

6 月 29 日，全县暴雨成灾。连日降中到大雨 10 次，总降水量 687 毫米，4.7 万公顷土地被淹没，倒房 23590 间，砸死、淹死 6 人、牲口 13 头。

7 月 27 日，《河北日报》报道：威县章台分院医生徐用明为鱼台大队社员安录达摘除重 0.6 千克的舌瘤。

10 月，县广播站利用邮电局线路，普及全县广播载波，全县 32 个公社建立放大站，总功率 16450 瓦，519 个大队通了广播。

12 月 21 日，《河北日报》登载《贫下中农管理学校好》一文，介绍威县辛店五七学校贫下中农管理学校的“经验”。

12 月 28 日，威县辛店五七学校代表参加国务院科教组召开的“九省市中、小学教育革命座谈会”。会上转发辛店的所谓贫管会管理学校的“经验”。从此，这所学校成为全国闻名的“教育革命”的典型。

1974 年

1 月 9 日，《人民日报》转载《河北日报》发表的威县辛店大队贫下中农管理学校的文章，题目是《贫下中农管理的学校就是强》。

2 月，位于县委大院的威县第一座水塔建成。水塔容水 100 吨，县城内首次用上自来水。

2 月 2 日，国务院科教组将威县辛店大队的贫下中农管理学校经验转发全国。

8 月 21 日，威县至清河柏油路面建成通车。

9 月 4 日，中共邢台地委提出关于贯彻执行《中共河北省委关于学习威县辛店大队贫下中农管理学校经验的通知》的意见。

同年，威广渠（威县老沙河至广宗县旧店）破土动工。渠全长 10 千米。

1975 年

1 月 2 日，章台棉油厂成功制造一台颗粒机，加工植物叶粉颗粒，产品出口。

1 月 13 日，威县辛店学校校长陈林发被推选为全国人大代表，出席第四届全国人民代表大会。

6 月，梨园屯至辛店油面公路建成通车。公路全长 9.7 千米，宽 6.5 米。

10月28日至11月1日，中共威县县委召开“农业学大寨”会议，提出“全党动手，大办农业，苦战5年，把我县建成大寨县”的奋斗目标。

10月，高公庄公社东现庄社员魏岳玉抢救落水社员魏中连而牺牲。

11月12日，中共邢台地委确定，赵庄师范附属小学移交威县。

12月9日，《河北日报》头版登载中共威县县委题为《做新事物的促进派》的文章。

12月31日，威县财政决算：全年总收入489.8万元，总支出511万元。

同年冬，老沙河、清凉江进行扩挖。

1976年

1月8日，国务院总理周恩来逝世。全县人民自发戴黑纱、白花，沉痛悼念周总理。

2月，县城北关群众发掘出明万历年间（1573—1620）兵部尚书贾待问墓。

5月14日，县革命委员会发布《关于实行火葬的公告》。

6月9日，邢台地区“教师轮流下乡、下厂经验交流座谈会”在威县召开。

7月14日，县革命委员会地震办公室成立。

7月28日3时42分，唐山丰南发生7.8级地震。波及威县，声似雷鸣，大地抖动。

当日，威县广大干部群众向唐山丰南灾区人民捐献、赠送马列、毛主席著作12689册，赶做、赠送各种熟食18074.5千克，赠送衣服、鞋袜11051件，并撰写慰问信。

8月上旬，威县组织医疗队赴唐山抗震救灾。

8月17日，威县发生8级至9级风灾。李寨、大宁、成志庄、城关公社同时遭受雹灾。树木被折断，电杆歪倒，1万多公顷农作物倒伏。

8月24日，威县组成400人的打井队赴唐山滦县抗震救灾。

9月9日，中共中央委员会主席毛泽东逝世。县城及各公社均设灵堂，全县举行隆重吊唁仪式。

10月25日，威县各界举行庆祝大会。庆祝华国锋任中共中央主席、军委主席。

12月，威县引进粮食优种185吨，基本实现队队优种化。

同年，中共威县县委召开各级领导班子整风动员大会，要求各条战线的工作都要纳入“农业学大寨”轨道。

1977年

1月21日，中共威县县委印发《关于社、队整党整风的安排意见》。

3月14日，开始在全县开展公社党委整党整风运动，重点解决路线、干劲、作风、团结等方面的问题。

同日，中共邢台地委批转威县县委《关于社办五七学校情况的报告》。肯定威县创办的公社“五七”农民学校是多快好省地培养农村又红又专技术人才的好形式，要求各县积极推广。

6月29日，南宫、威县、清河、临西4个县签订社会主义竞赛协议书。开展以“讲路线，评班子，评落实政策，比生产条件的变化，比粮、棉、油、猪、树增长速度，比生产成本高低，比向国家贡献大小”为内容的社会主义竞赛。

7 月 22 日，威县李寨棉油厂成功试制省级第一台金刚砂脱绒机。

7 月 23 日，全县 32 个人民公社、519 个大队，同时冒雨举行隆重庆祝大会，热烈庆祝党的十届三中全会胜利召开。

7 月 26 日，威县暴雨成灾，沥涝面积 1643.7 公顷。

12 月 1 日，威县化肥厂在章台建成投产，投资 495 万元，年产 3000 吨合成氨。

12 月 15 日，中共威县县委发出《关于做好撤出工宣队和撤回驻校贫管代表的通知》。

1978 年

春，建立威县国营苗圃场，占地 66.7 公顷。

春，威县大葛寨至临西公路建成柏油路面。路宽 7 米，本县境全长 11 千米。

8 月 16 日，县邮电局“905”自动交换机投入使用，取代磁石交换机。

9 月 20 日，县人民检察院恢复办公。

9 月 20 日，威县王庄大队（现为洺州镇王庄村）党支部书记王丙军（回族）被推选为出席全国少数民族参观团代表。

10 月 18 日，中共威县县委作出《关于为岳城水库、郑河完小、威县师范所谓新国民党假案彻底平反的决定》，为无辜受冤的党员、干部、群众和受株连的家属彻底平反，恢复名誉。

同年，威县搬运站被命名为全国大庆式企业。

1998 年版《威县志》补正

第 4 页第 13 行，“长达近八年”应为“长达八年”。

第 7 页第 5 行，“清将僧格林沁为镇压义和拳运动的军事需要”应为“清将僧格林沁为镇压捻军起义的军事需要”。

第 11 页倒数 11 行，“初平三年（192 年）”应为“初平二年（191 年）”。

第 12 页第 8 行，建兴郡治所应将“章华堡”改为“方家营”。

第 11 页倒数 15 行，“在广宗烧官府”应为“在广宗城烧官府”。

第 14 页第 3 行，“开展激战”应为“展开激战”。第 16、17 行，“绍兴二十六年，宗城县治由邵固迁至今县城”迁移时间待考。第 19 行，“在北洺水镇置洺水县（治所在张庄乡古城，”改为：于废经城县置洺水县。

第 14 页倒数 8 行，“分洺水县之半”应为“分洺水县民户之半”。

第 15 页倒数 16 行，“彗星由东北流向西南”应为“火流星由东北流向西南”。

第 16 页第 20 行，“民宅殆尽”应为“民宅焚烧殆尽”。

第 17 页倒第 15 行，“盐民军五萧羊等数万人”应改为“盐枭王五、萧羊等，聚众数万”。

第 18 页末行，“大名七师”应为“河北第七师范（驻大名）”。

第 21 页第 2 行，“曾国华友队”的“友”应为“支”。

第 22 页第 15 行，“孙良城”应为“孙良诚”。

第 23 页倒数 12 行，“8 月 27 日，邢台解放”应为“9 月 24 日，邢台解放”。

第 23 页末行，“冀南区党委党校在南里村开办”应改为“抗日战争胜利后，冀南区在威县境内办起区党委党校（后并入省委党校）、财经干部学校（后并入财经学院，后又改为经贸大学）、建设学院（后改冀县师范）、军干校（在七级，原称军区教导队、教导团，后改为军干校，1947 年随刘邓大军南下大别山）”。

第 25 页第 12 行，“腥红热”应为“猩红热”。

第 26 页倒数 6 行“威县阴雨连绵”应为“威县淫雨连绵”。

第 27 页倒数 5 行，“河北省直接调给威县 30 台 TS 三十五型拖拉机”应为“河北省直接调给威县 31 台进口拖拉机”。

第 27 页倒数 14 行，此条大事记表述与 401 页相关内容相抵牾。正确表述应为“3 月，发行新版人民币，按旧人民币 1 万元折合新人民币 1 元的比价将旧人民币全部收兑”。

第 28 页第 5 行，“三潮”应为“三高潮”。

第 31 页第 12 至 13 行，此条记录时间应为 1960 年 8 月 4 日。

第 32 页第 15 行，“7690 名干部”应为“1500 余名”。

第 36 页倒数 2 行，“6 月 29 日”应为“7 月 28 日”。

第42页第1行，“河北省副省长王克东”应为“河北省人民政府顾问、原副省长王克东”。

第43页倒数14行，洺水市场开业时间应将12月22日改为11月22日。

第43页第15行，“9月7日”应为8月25日。

第44页倒数17行，“北京大学”应为“北京林业大学”。

第51页18行及第101页第三自然段关于后赵武帝十二年（346）置建兴郡的记述中，认为建兴郡治在今章华堡村，此记述有误。据《水经注》载：赵武帝十二年，立建兴郡，治广宗，置建始，兴德五县隶焉。由此推之，时建兴郡治当在广宗县城，即今方家营处。

第53页末行，“候家村”应为“侯家村”。

第55页倒数9行，“肖候庄”应为“肖侯庄”。

第60页，“威县1961年5月行政区划表”中，城关公社大队数29个，应为30个，漏掉星光大队。

第67页倒数7行，“107国道”应为“106国道”。

第161页倒数10、11行，“清代，威县义和团运动兴起，各军云集威县，血腥镇压义和团运动”应改为“19世纪中叶，清将僧格林沁、胜保血腥镇压捻军起义”。

第167页倒数7行，“1956年国家拨给威县农机局……”应为“1955年国家拨给威县农机局……”。

第199页倒数4行，“试验小学”应为“实验小学”。

第247页倒数17行，“1956年”应为“1955年”。

第474页，“中共威县县委（工委）历任书记、副书记名表”中，书记李德祥籍贯“河北文安”与副书记李德祥籍贯“河北邢台”均应为“河北大城”。

第489页倒数8行，“县长若范一”应为“范若一”。

第534页，“威县封建政权历任知县名表”中，年庆籍贯“满州正白旗”应为“满洲正白旗”。

第535页，“威县封建政权历任知县名表”中，都林布籍贯“满州正兰旗”应为“满洲正蓝旗”。承德籍贯“满州镶白旗”应为“满洲镶白旗”。“威县民国时期历任知县、知事、县长表”中，张书绅、蔡济襄籍贯“抚县”皆应为“杭县”。

第540页，“威县人民政权历任县长、副县长名表”中，革命委员会主任李德祥及副主任李德祥籍贯“河北文安”应为“河北大城”。副主任李宽籍贯应为“河北望都”。

第541页“威县人民政权历任县长、副县长名表”续表中第3、5行中李岚锁的籍贯“河北南宫”应为“河北新河”。

第553页倒数3行，“发行文史书籍3161万册”应为“发行文史书籍3161册”。

第553页倒数2行，“李昕”应为“李炘”，“犁花大鼓”应为“梨花大鼓”。

第558页第6行“1945年8月威县解放后”应为“1945年6月威县解放后”。

第589页倒数3行，“弥盗祸”应为“弭盗祸”。

第600页第5行，“渡荒”应为“度荒”。

第603页第14行，“汉献帝初平三年（192）”应为“初平二年（191）冬”。

第605页倒数12行，“同时被捕的还有第四营的中共地下党员司舒中、李华北等人”应为“同时被捕的还有王王目村的中共地下党员司舒中、李华北等人”。

第609页倒数15行，“此人诡计多端，心狠手辣，是国民党蓝衣特务”应为“此人诡计多端，心狠手辣，是国民党蓝衣社特务”。

第612页倒数9行，“清风”应为“清丰”。

第620页，义和营伏击战中，“这个小队属于贺钊据点的伪军中队长李步春管辖”应为“这个小队属于贺钊据点的伪警备队大队长李步春管辖”。

第633页倒数12行，“十二庄”应为“十二里庄”。

第651页，黄街回民小学中，“学校正式命名为威县黄街回民小学”应为“学校正式命名为威县黄街回民初级小学”。“1974年增招初中班，校名为黄街回民学校”应为“1974年增招初中班，校名为黄街回民中小学”。

第679页第6行，“威县气象站”应为“威镇气象站”；倒数第2行，地震办公室撤销时间“1983年8月”，应改为“1984年5月”。

第692页第8行，“1954年”应为“1950年”。

第695页，文学创作中，“《惊蜇雷》”应为“《惊蛰雷》”。

第709页倒数11行，“《西江官游草》”应为“《西江宦游草》”。

第710页第11行，“《皇朝兴地歌略》”应为“《皇朝舆地歌略》”。

第711页第7行，“《文集》”应为“《楚碧堂文集》”。

第711页第12行，“《十笏园蕉诗集》”应为“《十笏团蕉诗稿》”。

第714页第10行，“气势豪强”应为“气势豪放”。

第731第7行，“周武庙”应为“真武庙”。

第731页倒数11行，“刘衡”应为“刘衎”。

第734页第4行，“东大成村”应为“东大城村”。

第747页第7行，“白芽根”应为“白茅根”。

第775页第1至2行，“清顺治年间，王伯大六代后裔王永孝倡捐扩建，盖后殿5间，前厦3间为三进殿。建后，奏请顺治帝赐名‘静皎寺’，竖匾挂于寺门之上。”遍阅前志，无此记载。王伯大知威州是在元顺帝至正十年（1350），及至清顺治元年（1644）近三百年，文中“王伯大六代后裔王永孝倡捐扩建”不能让人信服，奏请顺治帝赐名之事有待进一步考证。

第775页第17行，“尉迟公”应为“尉迟恭”。倒数12行“贾广思”应为“贾广恩”。

第776页第8行，“元佑三年”应为“元祐三年”。倒数1行，“贴款”应为“赔款”。

第778页第12行，“两个女傧相坐车送饭”应改为“两个女傧相陪新娘到婆家”。

第839页第8行，陈元康生卒年“（？－？）”应为“（507—549）”。第12行，“时有盗杀害高澄”应为“后有仆人（高澄的厨子）刺杀高澄”。

第840页第1行，“吕庆余”应为“吕余庆”。第8行，“《刑统）”应为“《刑统》”。

第840页第13行，“惜一已”应为“惜一己”。

第841页第19行，“工部左待郎”应为“工部左侍郎”。

第844页倒数1行，“帐务”应为“账务”。

第845页倒数3行，“彭躬奄”应为“彭躬菴”。

第845页倒数14行，“谢茂榛”应为“谢茂秦”。倒数13行，“海渊阁”应为“海源阁”；“杨宝奕”应为“杨保彝”。倒数3行，“彭躬奄”应为“彭躬庵”。

第846页第2行，“《文集》”应为“《楚碧堂文集》”；第14行，“纠工侘料”应为“纠工庀料”。

第855页，“和梦九（1896—1945）”应为“和梦九（1887—1945）”。

第868页第1行，“气势豪强”应为“气势豪放”。

第875页“威县籍党政军副地师级及以上干部名录”续表第13行，“刘刚峰”应为“刘刚锋”，“刘家营”应为“刘家庄”（侯贯镇）

第881页第4行，“李太毕”应为“李太华”；第6行，“前魏瞳”应为“前魏疃”；第10行，“高志箱”应为“高之骧”，籍贯应补为“后魏疃”。

第890页，威县省部级及以上劳动模范先进工作者名表中，“于灵恩”应为“丁灵恩”。

第891页，革命烈士英名录中，霍刘至籍贯“黄街”应为“西街”。

第899页“革命烈士英名录”中倒数第3行“钟官平”应为“钟金鉴”。

第919页第8行籍贯栏，“七级堡”改为“中七级”。

第936页“革命烈士英名录”中第9行“宫宾洲”应为“弓宾洲”。

第945页表24—3—15，表头“潘古”的“古”应为“固”。

第952页，革命烈士英名录中，“张延柱”应为“张廷柱”。

第974页“革命烈士英名录”中第4行“刘举廷”应为“刘菊亭”，出生时间应为“1920年12月”，牺牲时间应为“1943年11月”。

第1028页，《谒史志正公可法祠墓》作者“清张葵阳”改为“张葵阳”。

第1029页，《由汉皋戒烟归喜而赋诗》，应为两首。作者“清段其澍”改为“民国段其澍”。“痼疾抛郤乐最真”改为“痼疾抛却乐最真”。

第1039页，“明万历《威县志》后序”文中，误将其前序与后序混为一篇，正确序文见该志《艺文·序跋选录》编。

《威县志》部分缩略语与规范全称对照表

缩略语	全称	缩略语	全称
土改	土地改革	三农	农业、农村、农民
三属	烈士遗属、牺牲军人遗属、病故军人遗属	农网	农村电网
一府两院	县（市）人民政府；人民法院、人民检察院	民国	中华民国
四旁（植树）	宅旁、村旁、路旁、渠旁（植树）	新中国	中华人民共和国
两个文明	社会主义物质文明、社会主义精神文明	东进纵队	国民革命军第八路军129师东进抗日游击纵队
五讲四美三热爱	讲文明、讲礼貌、讲卫生、讲秩序、讲道德；心灵美、语言美、行为美、环境美；热爱祖国、热爱社会主义、热爱共产党	战委会	中华民族革命战争战地总动员委员会威县委员会
三讲	讲学习、讲政治、讲正气	县委	中国共产党威县委员会
社教	农村社会主义思想教育	县委办	中共威县县委办公室
三提五统	村提取公积金、公益金、管理费；乡统一筹集教育附加费、计划生育费、民政优抚费、民兵训练费、修建乡村道路费	敌工部（站）	中共威县县委对敌工作部（站）
“三个代表”重要思想	代表中国先进生产力的发展要求、代表中国先进文化的前进方向、代表中国最广大人民的根本利益	普九	普及九年义务教育
两基	基本普及九年义务教育基本扫除青壮年文盲	三票一卡	汇票、本票、支票；信用卡
三查	贷前调查、贷时审查、贷后检查	统战部	中共威县县委统一战线工作部
两公开一监督	公开办事程序、公开办事结果；接受群众监督	县政府	威县人民政府

续表

缩略语	全称	缩略语	全称
五乱	对企业乱收费、乱罚款、乱摊派、乱集资、乱拉赞助	县人委	威县人民委员会
非典	高致病性非典型肺炎	县纪委	中国共产党威县县委纪律检查委员会
三下乡	文化下乡、科技下乡、卫生下乡	县人武部	威县人民武装部
公路三乱	乱收费、乱罚款、乱摊派	县人大常委会	威县人民代表大会常务委员会
新农合	新型农村合作医疗	大广高速	大庆—广州高速公路
县政协	中国人民政治协商会议威县委员会	团县委	中国共产主义青年团威县委员会
县环保局	威县环境保护局	县广电局	威县广播电视局
县政法委	中共威县县委政法委员会	县农工委	中共威县县委农村工作委员会
县质监局	威县质量技术监督局	社员	人民公社社员
县计生局	威县人口与计划生育局	县安监局	威县安全生产监督管理局
县社	威县供销社联合社	县人劳局	威县人事劳动局
县国税局	威县国家税务局	县地税局	威县地方税务局
县农开办	威县农业开发办公室	县发改局	威县发展和改革局
县人社局	威县人事劳动和社会保障局	老城	原城墙以内的东、西、南、北四街所辖区域
县科技局	威县科学技术局	土管局	威县土地管理局
县药监局	威县食品药品监督管理局	县直工委	中共威县县直属机关工作委员会
市政府	邢台市人民政府	党、中共	中国共产党
市委	中共邢台市委员会	省政府	河北省人民政府
民国志	1929 年版《重修威县志》	省委	中共河北省委员会
嘉靖志	明嘉靖二十九年（1550）版《威县志》	爱卫办	爱国卫生运动委员会办公室
京大路	北京—大名国道（今 106 国道）		

索　引

A

B

C

D

E

F

G

H

J

K

L

M

N

P

Q

R

S

T

W

X

Y

Z

编纂领导机构及编辑评审人员名录

威县地方志编纂委员会

2006 年 9 月

主　　　任：卢建华

常务副主任：顾鹏图

副　主　任：张　锋　潘炳章　牛俊山　苑立刚　尚国英

委　　　员：王献录　王韶峰　孙书锋　刘华林　刘勤义　林永钦　李　峰　杨树光　杨立群　张　宏　孟祥义　尚国生　庞德存　贾明太　董占坤　郭志忠　魏笑声

威县地方志编纂委员会

2010 年 3 月

主　　　任：刘果芳

常务副主任：安庆杰

副　主　任：温战军　陆秀珍（女）　李庆环（女）　苑立刚

顾　　　问：顾自忠　黄成俊（回）　罗兆群　李金鹏

委　　　员：王群玉　王韶峰　孙书锋　刘勤义　杨树光　杨立群　李　峰　张志国　谷树乾　庞德存　庞建国　胡勤胜　侯洪波　郭志忠　耿尚斌　贾明太　蒋志华　董占坤　潘延彬　魏笑声

威县地方志编纂委员会

2015 年 4 月

名誉主任：吕志成

主　　任：安庆杰

常务副主任：商黎英（女）

副 主 任：田立宪　张成宝　赵立强

顾　　问：顾自忠　黄成俊（回）　罗兆群　牛俊山　潘炳章　李金鹏

委　　员：王明庆　王　超　王韶峰　王建智　王建峰(女)　尹文生　冯志锐　孙书锋
孙国福　李东强　李保东　李恩平　杨树光　杨双俊　杨立群　侯洪波
徐树杰　姜瑞臣　翁乃侠　耿尚斌　董贵龙　焦录林　裴旭辉　潘国军

威县地方志编纂委员会

2016 年 3 月

名誉主任：安庆杰

主　　任：商黎英（女）

常务副主任：刘瑞格

副 主 任：田立宪　张成宝　赵立强

顾　　问：顾自忠　黄成俊（回）　罗兆群　牛俊山　潘炳章　李金鹏

委　　员：王明庆　王　超　王韶峰　王建智　王建峰(女)　尹文生　冯志锐　孙书锋
李东强　李保东　杨树光　杨双俊　杨立群　杜君潮　姜瑞臣　翁乃侠
耿尚斌　徐树杰　梁　红（女）　董贵龙　焦录林　裴旭辉　潘国军

威县地方志编纂委员会

2019 年 7 月

名誉主任： 安庆杰

主　　任： 商黎英（女）

常务副主任： 王建华

副 主 任： 夏岳普　李东强　张成宝　赵立强　潘国军

顾　　问： 黄成俊（回）　罗兆群　潘炳章　李金鹏　牛俊山

委　　员： 马宏宙　王　超　王广益　王明庆　尹文生　孙书锋　刘汝恒　刘万中
刘成耀　张　辉　杨树光　杨双俊　杜君潮　赵春荣　赵忠祥　耿尚斌
梁　红（女）　董贵龙　裴旭辉

《威县志》编辑部

学术指导： 孟朋文

主　　编： 王韶峰（2006. 09—2015. 02）
耿尚斌（2015. 02—　　）

副 主 编： 焦东起

编　　辑： 张增丽（女）　徐　雁（女）　时建磊

特邀编辑： 马增奎（回）　刘庚武　邢振生　李金鹏　侯保焱　贺永欣
潘明辉　潘儒栋

校　　对：潘儒栋

曾参与编写人员： 田春荣

《威县志（1979—2009）》提供资料人员

专家学者 杨凤奎 谷华池 李 靖 邵福亮

社会贤达 王兰成 张长庆 张国发 赵士英

部门资料 （以姓氏笔画为序）

于文栋 于立辉 马子雪 王旭之 王 虎 王邯生 王海红 王汉章
王勤建 王世勇 王路强 王立新 王润浩 王丙灿 王明庆 王培英
王录标 王 罡 王凤山 王培行 王济辉 田春荣 田景雪 甘秀莉（女）
付保林 申法珂 申居江 石国英 吕敬纬 吕书军 任学清 任振超
任中阳 任振利 刚恒义 冯长起 冯贵起 许保旺 纪同雷 刘勤修
刘汝章 刘海新 刘 冬 刘良强 刘明亮 刘兴利 刘海启 刘冠民
刘 光 刘银波 刘万中 米洁琼 祁洪雷 孙树其 孙福彬 孙笑双
林 辉 宋春生 宋召禄 宋子轩 宋子禹 宋 杰 杨春梅 杨梦霞
杨同英 杨春旺 陈祖生 陈庆存 陈登轮 陈龙善 李坤波 李素格（女）
李 辉 李建忠 李朝奎 李春玉 李华山 李兴巧（女） 李灵霞
汪晓辉 吴洪群 张贵安 张贵思 张英月 张 晔 张 强 张红梅
张勤山 张 辉 张廷瑞 张恒杰 张国亮 张 健 张长固 张占坤
张文辉 张景淼（女） 张金壮 张青坤 张 辉 张 杰 杜广学
苏国印 吴纪良 吴睿东 季 路 和振杰 邱延林 邱凤祥 罗向政
范玉强 孟繁刚 孟繁奇 郑建华 郑华乾 赵四成 赵庆君 赵英俊
赵代刚 贺永欣 钟振雪 姜宗昌 郝运良 侯炳辉 侯恒录 胡志武
胡林声 胡保忠 郭奎双 郭 杰 高学林 高志国 高振宇 秦志红（女）
姬敬伟 唐树辉 曹文忠 黄贵宁（女） 梁 勇 梁 浩 梁 伟
阎亚平 焦春华 温东升 董立华 董 峰 董民生 董占涛 韩冠华
褚孟存 路 阔 翟秀军（女） 潘明辉 潘炳军 潘贵祥 潘炳楼
霍绪平（女） 薛海兴

编辑分工

李金鹏： 文化、非物质文化遗产、文物古迹
潘儒栋： 居民
潘明辉： 艺文、居民（宗教）、人物
侯保焱： 金融业
刘庚武： 工业、综合经济管理、中国共产党
焦东起： 自然环境、基础设施、城乡建设环境保护、财政税务、人民代表大会、人民政协、群众团体、法治、教育、卫生
邢振生： 经济总览及经济部类数据核对
张增丽： 体育、大事记
耿尚斌： 总述、大事记、政区建置、农业、工业、商贸服务业、综合政务、军事、科学技术
王韶峰： 城乡建设环境保护（公共建筑）、艺文（佚诗佚文选录）、人民政府

评审人员

邢台市评审专家 于茹红（女） 滑春改（女） 武丽珍（女） 孟朋文（女） 张西服 魏亚静（女） 孙小林 耿增华 贾雪芬（女） 李玉钊 宋帅民 谷华池 杨军放 尤春兴 董景园 陈振斌 张国江 李 靖 戴旺学

全国评审专家 张英聘（女） 杨洪进 任丽英（女） 刘建洲 孙进柱 武铁良 常海成 孟朋文

河北省终审专家 王广才 王 蕾（女） 赵俊丽（女） 徐振田 阴记东 杨胜旗 任丽英（女）

编后记

《威县志（1979—2009）》历经十余载，数易其稿，终于付梓。掩卷回首，感慨万千。编纂过程中的艰辛与付出，喜悦与收获，清晰如昨，回味如醇。

2006年9月，县委、县政府根据国务院办公厅《关于进一步加强地方志编纂工作的通知》、省政府办公厅《关于开展续修市、县（市、区）地方志工作的通知》要求，以及市政府的统一部署，启动二轮县志的编修工作，组建修志班子、落实办公设施、迅速展开工作，到2008年已经完成志稿的资料长编。之后，根据上级要求和形势发展，为保证对威县改革开放30年历程记述的完整性，将志书的下限确定为2009年。为此，2010年3月，县委常委、常务副县长安庆杰在全县最高规格会议上对志书编修工作进行再动员。之后，邀请邢台市孟朋文主任对全县修志人员进行业务培训。经过近4个月的奋战，7月底，完成二轮志稿约100万字的编纂任务，并通过县地方志编委会初审。2010年8月，召开志稿市级评审会，与会领导专家对志稿的体例、结构、编排、语体、文字等方面，提出大小500多条重要而中肯的修改建议，为志稿的修改、提高指明了方向。在市评之后，按照“紧出炉、细打磨”的思路，对照市评会上提出的修改建议、自查找出的问题和从各方面征集到的建议，进行精心推敲、反复修改。2014年11月，召开《威县志（1979—2009）》稿全国专家评审会。

老领导黄成俊正在审阅《威县志》稿 2019年摄

为把志书打造成精品，在认真梳理专家意见的基础上，主要做了以下方面的工作：

1. 聘请专家加入修志团队。要想修成名志，必须有名人参与。首先，聘请李金鹏、潘明辉、马增奎、邢振生、刘庚武、潘儒栋、侯保焱、贺永欣等地情专家加入修志队伍，这些人或者是文化名人，或者是行业权威。他们分别承担志书部分编章的编纂任务。其次，请邱县的地方志专家杨凤奎、文联主席邵福亮，广宗县的县志主编谷华池，清河县地方志办公室主任李靖等专家提供帮助。尤其是杨凤奎，无私为志书提供了大量正史资料，解决了不少历史悬而未决的难题。志书的编就，倾注了他们大量的心血。

2. 优化编目。根据上级要求，立足威县县情和地域特点，特别是着眼于改革开放30年的发展轨迹，对编章节目进行调整：由原来的小编体改为中小编体，并且根据内容该拆分的酌情拆分，更多的是对类别相近、内容单薄的该整合的进行整合。比如，立足威县是河北省第一产棉大县的情况，在农业编中把棉花升格为章。成书时由市评稿的48编，调整为30编159章635节。力求使志书结构更加合理、更加紧凑精炼，更能突出威县特色。

3. 填漏补缺。内容修改“减少容易增补难”。凡是需增补的往往都是内容比较重要，但由于供稿单位资料提供不到位甚至没有资料所致。所以，我们就把工作重点放到增补上，先后深入到30多个行政企事业单位，进行二次或多次的、不厌其烦地上门征集，走访知情人、亲历人200余人次，确保了重要历史资料的增补入编。

4、精耕细作。一方面，进一步广泛征求意见，有效解决了部分重点、难点、疑点问题。注意就有关资料向有关主管部门征询意见，阶段性地征求各级领导、社会各界人士的意见。另一方面，对不适合志书的语体，以及病句、错句、错字、白字、错误标点等进行修改。

2018年3月，威县志稿顺利通过省终审。

威县的修志工作，得到了省、市、县领导的关心和大力支持。省地方志办公室主任杨洪进同志非常关心威县的修志工作，多次直接或间接过问二轮志书的进展情况及遇到的困难，并参加志稿评审会，在提高志书质量方面给予具体指导。孟朋文主任多次面对面地进行指导，并在百忙之中到威县，对各分志主编进行培训。县委书记吕志成同志为《洺阳四典》题词“修史鉴今朝，共筑强县梦”，给予修志人员巨大的鼓励、支持和鞭策。县委书记安庆杰同志亲自审阅志稿，并提出具体修改意见。县长商黎英、常务副县长王建华等同志按照“一纳入、八到位”的要求，为县志办及修志人员解决了经费及职称聘任等一个个难题，保障了修志工作顺利开展。

我们是带着感恩的心情完成这部志书的。作为新时代方志人，深感责任之重大，任务之艰巨。幸逢修志盛世，上有各级领导之厚爱，又有老领导、各承编单位、社会各界朋友的鼎力支持。在此，向多年来给予我们支持和帮助的各级领导、各位专家学者及社会各界朋友致以最崇高的敬意和最衷心的感谢！

1979—2009年，是威县历史上发展变化最大的30年，用一本有形之书记载30之历史巨变，难免有“以管窥天，以蠡测海”之憾，加之我们的编纂水平有限，所以志书中的错误和疏漏在所难免。敬请方家及各界人士批评指正。

编　者

2019. 11

《威县志》编修主要参考书目

《资治通鉴》司马光编著，中华书局，2007 年 1 月。

《中国历史地图集》谭其骧主编，中国地图出版社，1982 年 10 月。

《萧山市志》杭州市萧山区人民政府地方志办公室编，浙江人民出版社，2013 年 12 月。

《高安市志（1986—2006）》戴佳臻主编，江西人民出版社，2009 年 12 月。

《井陉县志（1985—2004）》井陉县志编纂委员会编，新华出版社，2006 年 5 月。

《垦利县志（1986—2002）》垦利县地方史志编纂委员会编，中华书局出版社，2005 年 8 月。

《清河县志（1979—2005）》清河县地方志编纂委员会编，中华书局出版社，2011 年 12 月。

《冀州市志》冀州市志编纂委员会编，方志出版社，2012 年 10 月。

《当代志书编纂教程》中国地方志指导小组办公室编，方志出版社，2010 年 11 月。

《中国共产党河北省威县组织史资料 1930—1987》中共威县县委组织部，中共威县县委党史资料征集办公室，威县档案局编，河北人民出版社，1994 年 3 月。

《中国共产党河北省威县组织史资料 1987—1992》赵中强主编，内部资料，1996 年 1 月。

《中国共产党河北省威县组织史资料 1992. 12—1998. 2》尹文超主编，内部资料，2002 年 12 年。

《中国共产党河北省威县组织史资料 1998. 2—2003. 4》王明庆主编，内部资料，2008 年 6 月。

《中国共产党河北省威县组织史资料 2003. 4—2006. 6》王明庆主编，内部资料，2010 年 12 月。

《威县年鉴（2010 卷》《威县年鉴（2011 卷）》《威县年鉴（2012 卷）》《威县年鉴（2013 卷）》李东强主编，中央文献出版社，2013 年 4 月。

《威县年鉴（2015）》威县地方志编纂委员会编，中国文史出版社，2016 年 5 月。

《威县年鉴（2016）》威县地方志编纂委员会编，河北人民出版社，2017 年 11 月。

《威县年鉴（2017）》威县地方志编纂委员会编，河北人民出版社，2018 年 3 月。

《威县地名志》威县地名办公室编，内部资料，1983 年。

《威县水利志》威县水利志编纂委员会编，内部资料，1996 年 10 月。

《洺阳四典》王韶峰主编，河北大学出版社，2014 年 2 月。

《威县志校注》王韶峰主编，中国文联出版社，2009 年 1 月。

《威县人大志》威县人大志编纂委员会编，内部资料，2011 年 10 月。
《威县政协志》李俊申主编，中央文献出版社，2008 年 12 月。
《威县教育志》吕愚然主编，教育科学出版社，2000 年 3 月。
《威县文化志》威县文化体育局编，内部资料，2011 年。
《威县文献》政协威县委员会编，内部资料，2014 年 8 月。
《新邢台 60 年》邢台市统计局，国家统计局邢台调查队编，内部资料，2009 年 9 月。
《威县军事志》威县军事志编纂委员会编，内部资料，2013 年 9 月。
《广宗县志》广宗县地方志编纂委员会编，河北人民出版社，2015 年 12 月。
《洛阳旧事》李金鹏主编，社会科学文献出版社，2006 年 11 月。
《奉贤县续志》上海市奉贤区史志编纂委员会编，方志出版社，2007 年 11 月。
《明史》中华书局出版社，1974 年版
《威县寺院宫观》威县政协文史资料科编，内部资料，2012 年 10 月。
《光耀青史——威县革命老干部简历集录》中共威县县委，威县人民政府编，内部资料，2012 年。
《威县名人录》威县名人录编辑委员会编，内部资料，2006 年 10 月。

图书在版编目（CIP）数据

威县志. 1979—2009 / 威县地方志编纂委员会编. --北京 ：方志出版社，2019.8
ISBN 978-7-5144-3821-5

Ⅰ.①威… Ⅱ.①威… Ⅲ.①威县—地方志—1979—2009 Ⅳ. ①K292.24

中国版本图书馆CIP数据核字（2019）第212143号

威县志（1979—2009）

编　　者：威县地方志编纂委员会
责任编辑：王海荣
出 版 者：方志出版社
地址　北京市朝阳区潘家园东里９号（国家方志馆4层）
邮编　100021
网址　http://www.fzph.org
发　　行：方志出版社图书经销中心
电话（010）67110500
经　　销：各地新华书店
印　　刷：山东黄氏印务有限公司
开　　本：889×1194　　1/16
印　　张：80.25
字　　数：1938千字
版　　次：2019年8月第1版　2019年8月第1次印刷
印　　数：0001～3000册
ISBN 978-7-5144-3821-5　　定价：680.00元

印象威县

古代威县／地处黄河文明的摇篮／威县历史与中华民族文明史同步

近代威县／义和团运动发源地

现代威县／革命老区／冀南首府

当代威县／全县人民依靠勤劳、智慧与担当／知名度、美誉度不断提升

中国承接产业转移投资环境十佳县／中国最具特色经济发展潜力县／中国绿色名县／中国民间特色艺术（书画）之乡／中国三白西瓜之乡／中国毛白杨繁育基地／全国生态文明先进县／全国十大优质棉生产基地／全国棉花百强县

『自强 包容 诚信 担当』是威县精神的集中体现

威县赋

◎宋春生

崔巍太行以东兮，浩渺滏漳之右；自古千里沃衍兮，而今万顷平畴；虽云天设地造兮，实亦劳动整修。星分毕昴之宿兮，地介冀兖二州。建置或沿或革兮，因朝代更替之由。汉广宗，隋宗城，唐宗州，元威州。洪武定名威县兮，已历六百馀秋。洺水表涸兮，潜流永在；大河南移兮，馀脉长留。歌引黄入威兮，喜绿野之油油。沃土得其滋润兮，优质粮棉无匹；人物承其惠泽兮，世代才俊寡俦。

峨峨鲧堤，曲折绵延，庙祀不已，四千馀年。

威土膏腴，毓秀钟灵。北齐陈元康，神武称其能。草檄风雪夜，暗书倚马成，洋洋洒洒写，笔墨未及凝；更将身障主，血溅衮袍红。宋有范质，《刑统》纂成，折狱循之，讼得其平。元人刘肃，位高德纯，秉烛拟表，拯救平民，勋昭简册，庆流子孙。王公伯大，古之遗爱，治河筑城，惠及百代。明臣董威，贾公诗问，不附阉势，辛劳忠勤。止戈从来以武，维和必要军强。英明领袖任命，刘杰二机部长，原子弹爆，国威益彰。核潜艇，卫海疆，测深海，探远洋。改革开放，邓老高瞻，任老仲夷，勇闯前沿，羊城深圳，经贸领先。

威县传统，御侮反封。黄巾起义，县民影从，戮力固守，广宗古城。抵御外侮，义和团兴，三举义旗，八国震惊；其事未成，其魂不瞑。逮至抗日，子弟皆兵，眼望宝塔山，脚踏刘邓踪。冀南党委行署驻威红旗高擎，党政军民鱼水，对敌周旋始终。我能持久战，倭贼树降旗。雄师南下，蒋军潜踪，五星旗展天下亮，九州高唱东方红！